BAYREUTH.

CORNELIA NAUMANN
Scherben des Glücks

CORNELIA NAUMANN
Scherben des Glücks

Das Leben der Wilhelmine von Bayreuth

GMEINER SPANNUNG

Bisherige Veröffentlichungen im Gmeiner-Verlag:
Der Abend kommt so schnell (2018), Königlicher Verrat (2016),
Die Portraitmalerin (2014)

Immer informiert

Spannung pur – mit unserem Newsletter informieren wir Sie
regelmäßig über Wissenswertes aus unserer Bücherwelt.

Gefällt mir!

Facebook: @Gmeiner.Verlag
Instagram: @gmeinerverlag
Twitter: @GmeinerVerlag

Besuchen Sie uns im Internet:
www.gmeiner-verlag.de

Originalausgabe erschien im Sutton Verlag 2009.
Von uns vollständig überarbeitete Nachauflage.

© 2019 – Gmeiner-Verlag GmbH
Im Ehnried 5, 88605 Meßkirch
Telefon 0 75 75 / 20 95 - 0
info@gmeiner-verlag.de
Alle Rechte vorbehalten
1. Auflage 2019

Lektorat: Claudia Senghaas, Kirchardt
Herstellung: Mirjam Hecht
Umschlaggestaltung: U.O.R.G. Lutz Eberle, Stuttgart
unter Verwendung eines Bildes von: https://commons.wikimedia.org/
wiki/File:Wilhelmine_von_Preußen_(1711–1763)_Staatsporträt.jpg
Druck: CPI books GmbH, Leck
Printed in Germany
ISBN 978-3-8392-2508-0

»Wir geben zu viel Geld für Kriege aus.
Es wäre besser, wenn wir mehr Opern aufführen würden.«

Luciano Pavarotti

Inhalt

Prolog. Spiegelscherbe

Ist sie von den Schmerzen erwacht oder vom Mond, der als silberne Scheibe am Himmel steht und eine breite Bahn weißen Lichtes in ihr Schlafzimmer wirft? Benommen starrt sie in dieses Licht, das den weißen Damast ihres Bettes in ein fahles Blau taucht. Ein Leichentuch, denkt sie erschrocken, ich liege bereits unter meinem Leichentuch. Die weißen Nächte bringen den Tod, wer hatte das gesagt? So ein alberner Aberglaube. Es ist doch nur Vollmond.

Sie versucht, sich aufzurichten. Ihre durchlöcherten, mit Wasser gefüllten Lungen wehren sich rasselnd. Aber sie gibt nicht auf, bis sie ihren angeschwollenen Körper mit einer kleinen schmerzhaften Drehung in den Rollstuhl sacken lässt, der neben ihrem Bett steht. Sie bringt die widerspenstigen Räder dazu, sich unter ihren sehnigen, dürr gewordenen Händen zu drehen. Lautlos setzt sich der Rollstuhl in Bewegung. Gestern hatte sie die Lager ölen lassen, sie will niemanden aufwecken, wenn sie in der Nacht durch die Gemächer ihres Schlosses fährt, von Schlaflosigkeit gepeinigt. Der Schmerz bringt sie fast um die Besinnung, aber sie muss in ihr Kabinett, ihr geliebtes chinesisches Spiegelscherbenkabinett, sie spürt, dass etwas geschehen ist.

Ich bin Wilhelmine, denkt sie, Wilhelmine, Prinzessin von Preußen, Königstochter und Markgräfin von einem Misthaufen, der sich Baireuth nennt. Ich gehe in mein fünfzigstes Lebensjahr, und ich werde sterben. In dieser letzten weißen Nacht des Vollmondes werde ich sterben, und vorher muss ich mit meinem Bruder ins Reine kommen. Hochkirch? Wo ist Hochkirch? Er begeht Unrecht, nur ich kann ihn davon abbringen, und Voltaire muss mir helfen. Preußen ist in Gefahr, mutwillig hat es der König in Gefahr gebracht, er muss Frieden schließen. Bevor nicht Frieden ist, darf ich nicht von dieser Welt gehen.

Es knirscht. Sie schreckt zusammen. Sie ist über eine Schnecke gefahren. Nun kriechen diese schleimigen Biester schon bis ins Schloss. Tod und Verwahrlosung überall. Ekel lässt ihren Körper erschaudern.

Die Tür zum Musikzimmer steht offen. Die Instrumente lehnen in ihren Ständern vor den Stühlen, so wie sie es angeordnet hat. Sie will keine schwarzen Särge sehen, sie will die Schönheit der Instrumente sehen, das glänzende Holz in seinen Maserungen bewundern, die Saiten des Cellos berühren, über den geknickten Hals der Laute streichen. Mühsam rollt sie zu ihrem Cembalo. Es steht aufgeschlagen da, das bekommt ihm nicht gut. Aber sie wird sterben, wer soll noch darauf spielen. Zart berührt sie die beiden Manuale. Mon orage pièce, flüstert sie, mein liebes Gewitterteil, funkele für mich.

Als hätte der Mond sie gehört, sendet er seinen Strahl durch die Glastüren und lässt die Einlegearbeit aus Perlmutt silbern aufblitzen. Sie lächelt und berührt das Manual. Ziehen kann sie es nicht mehr. Verächtlich betrachtet sie die bunte Schäferszene auf dem hochgeklappten Flügel, heitere Menschen, die in einer sanft gewellten Landschaft unter Bäumen promenieren. Alles Lüge, alles Illusion, es gibt keine Idylle und keinen Parnass, es gibt nur Untreue, Lüge und Verrat in der Welt, nichts als Verachtung habe ich dafür übrig. Meine Pilgerreise hat mich über diesen Schmutz erhoben, ich bin auf dem Weg zur Wahrheit, und der führt über die Einsamkeit des Herzens.

Sie schließt die Augen und spielt die Cavantine aus ihrer letzten Oper, rasselnd geht ihr Atem, kaum wollen ihr die

Hände gehorchen. L'huomo, denkt sie, der Mensch, frei muss er sein von allen diesen schrecklichen Trieben, die unser Leben beherrschen und in grausame Bahnen lenken, diesen Gedanken muss ich noch ausführen.

Sie beginnt, mit dem Thema in Moll zu improvisieren. Ein Einzugsmarsch für meinen Sarg, das geliebte Fis für den schwarzen Marmor, einen zarten Akkord für meinen lächerlichen ausgezehrten Körper, den der Marmor wie eine kalte Grotte einschließen wird. Duster klingt die Tonfolge vom Cembalo.

Notieren Sie, befiehlt sie, notieren Sie, Pfeiffer!

Sie setzt ihr kleines sardonisches Lächeln auf, jene Mischung aus Schurkerei und Intelligenz, für das sie als hochmütig verschrien ist. Meine Opern müssen feiner ausgeführt werden, die Konzerte brauchen einen neuen Schliff, sie sind zu brav, wir müssen alles sortieren, Pfeiffer, und binden lassen, keiner weiß mehr, welche Notenblätter von mir sind. Notieren Sie, Pfeiffer, ich kann meine Zeit nicht mit Sterben verplempern, ich muss Unsterbliches hinterlassen.

Teil I

Berlin
1709–1731

1

AM 23. OKTOBER 1721 wurde Dorothea Freiin von Wittenhorst-Sonsfeld zur Hofmeisterin der kleinen Prinzessin von Preußen ernannt, und heute, zehn Jahre später, am 11. Mai 1731, sollte sie öffentlich an allen Straßenecken Berlins ausgepeitscht werden.

Dorothea von Sonsfeld hatte den Tisch im Vorraum des Gemaches der Prinzessin Wilhelmine im Berliner Stadtschloss vorbereitet. Nach einem kritischen Blick auf die Damasttischdecke und das schwere Silberbesteck setzte sie sich auf einen der zierlichen Hocker und wartete auf das Frühstück. Ihr Blick fiel auf das türhohe Fenster, das in sechzehn große Quadrate gegliedert war, aber dennoch nur die schwarzen Fensterlöcher der gegenüberliegenden Schlossseite zeigte. Kein Stück Himmel war zu sehen.

Das zweite Fensterquadrat von oben hatte einen Sprung. Es war ein alter Sprung. Seit Jahren hätte sie ihn sehen können, doch erst seit die Gemächer zu ihrem Gefängnis geworden waren, hatte sie jeden Tag Zeit, ihn zu betrachten. Ein alter Sprung in einem alten Fenster in einem alten hässlichen Schloss, dachte sie. Die Dienstmägde hatten das Fensterquadrat mit dem Sprung nie richtig geputzt, vielleicht aus Angst, sich zu schneiden, wahrscheinlich aber, weil sie fürchteten, das Fenster zu zerbrechen oder auch nur den Putzlumpen an der scharfen Kante zu zerreißen – selbst Letzteres wäre von dem geizigen Hausherrn unerbittlich bestraft worden. Geizig ist er, dachte sie. Geizig und hartherzig. Ein altes, düsteres Haus, das einem alten, bösen Mann gehört. Wie konnte ein Vater sein Kind monatelang einsperren. Die ungerechte Behandlung ihrer Prinzessin versetzte das Fräulein in Zorn. Sie wusste: Der König spaßte nicht. Niemals.

Es klopfte. Der königliche Kammerdiener Eversmann steckte sein abscheuliches Gesicht durch die Tür. Das charakterlose Faktotum des alten, bösen Mannes, dachte die Hofmeisterin. Was wollte er am Morgen schon vor dem Frühstück?

»Ich wünsche untertänigst einen guten Morgen. Oh, Hochwohlgeboren haben sich umsonst für das Frühstück der Prinzessin bemüht«, sagte Eversmann, während die Blicke aus seinen unangenehmen kleinen Augen den Raum förmlich durchsuchten. Wie ein Wiesel, dachte die Hofmeisterin, nein, schlimmer: wie eine Ratte, die aus ihrem Loch gekrochen ist.

»Gibt es heute nicht mal Frühstück?«, fragte die Hofmeisterin sarkastisch. Nach all den Widerwärtigkeiten, die man der Prinzessin und ihr in den letzten Monaten vorgesetzt hatte, hätte es sie nicht weiter erstaunt. Gestern hatte es zum Mittagessen verdorbenen Hering gegeben. Ungenießbar, und erst der Gestank!

»Aber ganz im Gegenteil, Durchlauchtigste Hofmeisterin! Ich habe Order vom König, Sie nach vorn in die königlichen Gemächer zu führen …«

Noch im Morgengewand, kam Wilhelmine aus ihrem Schlafzimmer. Offenbar hatte sie sich eilig allein frisiert und Puder aufgelegt. Die Hofmeisterin betrachtete ihren Schützling mit einer Mischung aus Stolz und Besorgnis und lächelte nachsichtig. In Gegenwart des königlichen Kammerdieners hätte sie ihr Morgenhabillée anlegen müssen. Aber sie konnte verstehen, dass die Prinzessin sich dem umständlichen und schmerzhaften Korsett verweigerte. Seit Beginn ihrer Gefangenschaft hatte es auch keinen offiziellen Anlass mehr gegeben, der offizielle

Kleidung erfordert hätte. Außerdem sah sie in ihrem creme-farbenen seidenen Morgengewand mit den weit geschnittenen Ärmeln sehr vornehm aus. Das Gewand mit Schleifen an der langgezogenen, spitz zulaufenden Taille erweckte den Eindruck, die Prinzessin sei tatsächlich geschnürt.

Unter dem Gewand aber war sie abgemagert, und unter dem reichlich aufgetragenen Rouge war ihre Haut blass und für ihr Alter zu welk. Es war nicht Wilhelmines Schuld, mit einundzwanzig Jahren noch immer nicht verheiratet zu sein. Zu lange zieht sich das Procedere schon hin, und schuld allein ist das Gezänk der königlichen Eltern, dachte das Fräulein. Die Prinzessin drohte zwischen den Befehlen eines bösen Haustyrannen und einer Mutter, die für ihre angstvollen Intrigen ihre Tochter gegen den Vater ausspielte, zerrissen zu werden.

Eversmann verbeugte sich – nicht tief genug, wie das Fräulein missbilligend feststellte. Vermutlich war er der Meinung, eine gefangene, nicht in der Gunst des Königs stehende Prinzessin habe nur eine halbe Verbeugung verdient.

»Guten Morgen, Königliche Hoheit, wünschen wohl geruht zu haben.«

»Danke, Eversmann. Was gibt es?«, fragte Wilhelmine kurz.

Ihre Haltung ist königlich, frohlockte die Hofmeisterin, schon hat sie ihn für die mangelhafte Verbeugung abgestraft, indem sie ihm keinen guten Morgen wünscht. Wenn sie nur korrekt gekleidet wäre!

»Der König wünscht, dass Sie Ihr Frühstück heute in den königlichen Gemächern an der Vorderseite einnehmen. In Begleitung von Fräulein von Sonsfeld selbstverständlich.«

Die Prinzessin und ihre langjährige Hofmeisterin tauschten einen langen Blick. Was hatte das zu bedeuten? War das Ende der Gefangenschaft zu erhoffen?

»Der König hat Brioches und Schokolade befohlen. Sie möchten die vordere Aussicht zur Allee unter den Linden genießen. Ich bitte untertänigst, mir bitte folgen zu wollen ...«

Nein, wollte das Fräulein rufen, die Prinzessin muss für einen solchen Anlass erst angekleidet werden!

Aber Wilhelmine dachte nur: Schokolade! Brioches! Dass es das noch gibt! Der König hat mir verziehen. Mein Vater liebt mich wieder!

In ihrer freudigen Überraschung schenkte sie sogar dem verhassten Eversmann ein Lächeln. Dieser öffnete weit die Tür und prallte auf die Mermann, Wilhelmines Amme, die ihren Säugling nie verlassen hatte und inzwischen an die sechzig Jahre zählte. Anna Mermann, Nachfahrin einer im Dreißigjährigen Krieg von marodierenden Soldaten vergewaltigten Mecklenburger Bauerntochter, die bei ausgeplünderten Brandenburger Bauern eine neue Heimat gefunden und dort nach den ausgestandenen Schrecken ihre Kinder zu Stärke und Selbstbewusstsein großgezogen hatte, stemmte ihre Hände in die füllige Leibesmitte und fragte in unverkennbarem Berlinerisch: »Und wie isse, die Schokolade für meen Prinzesschen?«

Ratlos starrte der Kammerdiener die Amme an, die heimlich gelauscht hatte und daraus keinen Hehl machte. Wilhelmine konnte ein Kichern nicht unterdrücken. Die Hofmeisterin übersetzte süffisant: »Sie müssen die Frage einer besorgten Amme verstehen, Herr Eversmann. Sie möchte wissen, wie die Schokolade zubereitet ist.«

Der Kammerdiener wandte sich an die Amme. »Mit Milch, Frau Mermann, selbstverständlich mit Kuhmilch! Und die Brioches mit guter Butter, alles ganz frisch, wie immer.«

Mit einem letzten unwilligen Blick auf Eversmanns schlechte Haut gab die füllige Amme den Weg frei, ging zu

Wilhelmine und tätschelte ihr die Wange. »Siehste, Kleene, nu wird et wieder, der Herr Papa zeigt Güte, wa?«

Die Hofmeisterin blieb skeptisch, aber Wilhelmine, die ihre Amme zärtlich liebte, nickte eifrig. Endlich durfte sie diese Gemächer verlassen, die seit fast einem Jahr ihr Gefängnis waren. Und gleich zum Dejeuner in die königlichen Gemächer, welche Auszeichnung! Ihre Wangen röteten sich, ihre Bewegungen wurden lebhaft, ja, sie verspürte sogar Appetit.

Mit schnellen Schritten ging Eversmann voran. Wilhelmine bemühte sich, ihm zu folgen, und erkundigte sich nach dem Befinden ihres Vaters. Damit brachte sie den Kammerdiener in eine schwierige Situation. Die Etikette erforderte, dass er die Hoheiten ansah, wenn er mit ihnen sprach. Wilhelmine hatte aber in seinen Rücken hinein gesprochen, und so musste er sich umdrehen und antwortete, krampfhaft bemüht, im Rückwärtsgehen seine steife Würde zu bewahren: »Nicht sehr gut, Euer Hoheit. Die Gicht plagte seine Majestät heute Nacht.«

Wilhelmine bat, dem König ihre Genesungswünsche zu bestellen: »Verbinden Sie dies mit der Bitte einer liebenden Tochter, mit meinem geliebten Papa am Samstag wieder gemeinsam das Abendmahl einnehmen zu dürfen, denn ich habe seit Monaten nicht kommuniziert.«

Eversmann, noch immer rückwärts den Weg suchend, versprach, sich für die Bitte zu verwenden, und drehte sich erleichtert wieder um. Wilhelmine grinste ihrer Hofmeisterin zu, ein kurzes schurkisches Lächeln. Für einen Augenblick sah sie ihrem Vater verblüffend ähnlich. Genau dieses Grinsen hatte der knapp vierzehnjährige Friedrich Wilhelm aufgesetzt, nachdem er seinen Pagen die Kellertreppe hinuntergestoßen hatte.

Wilhelmine tänzelte den Gang entlang wie ein Pferd, das nach einem langen Winter hinaus auf die Koppel darf. Gebe

Gott, dass ihre Hoffnungen berechtigt sind und der König endlich ein Einsehen hat, dachte die Hofmeisterin, dass er seine Tochter wieder hinaus unter die Menschen lässt, wo sie hingehört.

Missbilligend bemerkte sie, dass Wilhelmine ihr Morgengewand nur mit einer Hand gerafft hatte und die Schleppe hinter ihr Wolken von Staub und Unrat aufwirbelte. Die empfindliche helle Seide war mit Sicherheit ruiniert. Das Fräulein hasste die endlosen Gänge dieses düsteren Stadtschlosses, das sich die Spreepiraten von Brandenburg erbaut hatten, nachdem sie die freie Hansestadt Berlin erobert hatten. »Klotzen, nicht kleckern« war seit Jahrhunderten die Devise, und so hatten die prunkliebenden Kurfürsten an ihren mittelalterlichen Turm, den »grünen Hut«, immer wieder etwas anbauen lassen, einen Damentrakt hier, einen Festsaal dort, einen Lustgartenflügel daneben.

Mit der Erlangung der Königswürde hatte Wilhelmines Großvater, Friedrich I., Prunkportale von gigantischen Ausmaßen vor die Einfahrten setzen lassen; sogar ein Münzturm war begonnen, aber vor seiner Vollendung im märkischen Treibsand umgestürzt. Dann wurde Friedrich Wilhelm König. In seiner soldatischen Sparsamkeit stellte er alle Arbeiten von einem Tag auf den anderen ein. Übrig geblieben war ein riesiges unvollendetes Schloss, außen voll kaltem Prunk, innen verwahrlost noch vor seiner Vollendung, zugig, feucht und nicht zu beheizen. Außen hui, innen pfui, pflegte die Mermann zu sagen, die nicht mit ihrer Ansicht hinterm Berg hielt, dass die beiden Prinzen, Wilhelmines Brüder, ihre ersten Tage nach der Geburt nicht überlebt hatten, weil es zwischen diesen Mauern zu kalt und zu feucht war.

Die verehrungswürdige Königin Charlotte, erste Herrin des Fräuleins von Sonsfeld und Mutter von König Friedrich Wilhelm, hatte den Bau, den ihr Gatte nach der neu erworbenen Königswürde von einer kurfürstlichen Burg in ein pompöses königliches Schloss umwandeln wollte, ebenfalls gehasst. Nach ihren eigenen Entwürfen baute man die heitere, lichtdurchflutete »Lietzenburg«, die später nach ihr »Charlottenburg« genannt wurde. Ach, war das ein Leben dort gewesen, sinnierte das Fräulein wehmütig, und dieser Blick in den prachtvollen Park! Aber hier? Seit der geizige König das Personal um die Hälfte reduziert und Teile des Schlosses geschlossen oder verpachtet hatte, konnte man die heruntergekommenen Flure und die mittlerweile 800 Räume nicht einmal sauber halten. Häuser sind wie ihre Herren, dachte sie.

»Bitte sehr, Hoheit. – Meine Damen.« Eversmann wies auf die hohe Tür.

Sie waren endlich in den Gemächern des Königs angekommen, die sich im dritten Stock an der Nordseite befanden. Hier wiesen die türhohen Fenster nicht in den steinernen sonnenlosen Innenhof, sondern auf die Straße. Hier gibt es keinen Sprung im Glas, dachte die Hofmeisterin.

Ein Tisch war in den Alkoven gestellt und mit weißem Damast gedeckt worden. Silbernes Frühstücksgeschirr spiegelte sich in der Maisonne. Stumm standen zwei Diener neben der Tür. Wilhelmine flog förmlich ans Fenster.

»Wie die Sonne scheint! Sieh mal, Sonsine, die Linden sind schon fast grün!«

Die so zärtlich Benannte betrachtete misstrauisch das fürstliche Arrangement. Sie sollten also hinausschauen dürfen. Was für ein Schauspiel wollte der König ihnen bieten?

»Und es gibt noch Menschen in Berlin!«, rief Wilhelmine begeistert aus. »Wie frühlingshaft sie angezogen sind! Es scheint warm zu sein!«

Sonsine hatte sie bereits gesehen, Frauen in Leinenkleidern, mit gestärkten Hauben, Kinder in Holzschuhen, einige vornehme Damen und Herren, die sich in Portchaisen zu ihren Geschäften tragen ließen. Die Mermann, die ihnen schnaufend gefolgt war, sah auf die breite, von Linden gesäumte Prachtstraße, eine Idee des großen Kurfürsten, damit niemand sich verirren konnte. Alle Ausfallstraßen von Berlin waren in Alleen verwandelt worden. Die Mermann sah die Hofmeisterin an und zog eine Augenbraue hoch. Da ist was im Busche, signalisierte ihr Blick.

Für einen gewöhnlichen Werktag war tatsächlich viel Volk unterwegs. Das öffentliche Leben der rasch angewachsenen Stadt bestand oft nur aus Militärparaden und Wachablösungen. Es gab Tage, an denen Berlin nur von Soldaten bevölkert war. Der König höchstselbst beförderte diesen Zustand, indem er mit seinem berühmten Stock, den er stets bei sich trug, die Frauen auf der Straße schlug und sie anherrschte, sie sollten sich von den Gassen scheren und ihrer häuslichen Arbeit nachkommen.

Eversmann klatschte in die Hände. Zwei Diener erschienen mit einem Teewagen. Alles stand darauf, was die Hofmeisterin und Wilhelmine seit Monaten entbehrt hatten. Nicht die übliche Morgensuppe erwartete sie, sondern ein Petitdejeuner nach der neuesten Mode: Knusprige Schrippen und Brioches, Butter, frisches Gebäck nach holländischer Art, duftende Orangenkonfitüre, eine Kanne mit dunkelbrauner Schokolade. Auf einer silbernen Schale lag auf Eis neben hauchdünnen Zitronenscheibchen ein halbes Dutzend geöffnete Austern, Wilhelmines Lieblingsspeise.

Die Mermann sah von dem voll beladenen Wagen auf die korrekt livrierten Diener und knurrte: »Kiek dir det an, und de janze Zeit hamse det Prinzesschen jefüttert wie im Dreißigjährigen Kriege, wa?«

Wilhelmine hob den zierlichen hohen Schokoladenbecher

hoch und flüsterte: »Das Lieblingsporzellan der Königin! Wie lange habe ich es nicht gesehen.«

Dann griff sie nach dem Löffel und kleckste sich genüsslich eine große Portion Sahne in ihre Schokolade. Dem Fräulein entging nicht, dass dem Diener, der ihr die Schale reichte, Tränen in die Augen traten. Scharf blickte sie ihn an, aber er wich ihrem Blick aus. Er hatte Angst! Hier stimmte etwas nicht, aber was?

Endlich flohen die Diener. Nur Eversmann machte keine Anstalten, das Zimmer zu verlassen. Schade, dachte Wilhelmine, ohne seine Argusaugen könnte es jetzt richtig komfortabel werden. Sie griff nach einem Brioche und biss mit Genuss in das zarte, duftende Gebäck. Dann langte sie mit dem Silberlöffel in die Orangenkonfitüre und bestrich damit die angebissene Seite des Brioches.

»Greif zu, Sonsine!«, ermunterte sie das Fräulein, das zögernd nach der Schokolade griff.

»Komm, Anna! Du bist doch sonst nicht so schüchtern!« Sie hielt der Amme ein Brioche unter die Nase und murmelte mit vollem Mund: »Du musst endlich mal essen wie in der französischen Kolonie! Das ist savoir – vivre!«

»Ick bedien mir lieba mit 'ner Schrippe«, murmelte die Amme und tauschte einen kurzen Blick mit der Hofmeisterin.

In diesem Moment war von der Straße Trommelwirbel zu hören. Eversmann schlenderte ans Fenster und sagte wie beiläufig: »Euer Hoheit, ich versprach Ihnen ein Schauspiel. Hier ist es.«

Eine Auster schlürfend, sah Wilhelmine zum Fenster hinaus.

Zwei Trommler bogen um die Ecke des Schlosses. Ein Trupp Soldaten in preußischblauen Uniformen mit hohen Blechkappen folgte ihnen. In ihrer Mitte führten sie ein Mädchen von höchstens sechzehn Jahren, das sich kaum auf den

Beinen halten konnte. Sie lief barfuß und war an den Händen gefesselt. Ihre offenen braunen Haare hingen wirr um ihr Gesicht, das sicher einmal hübsch gewesen war, nun aber vor Angst und Schmerz dunkel und verzerrt aussah. Ihr einfaches hellblaues Leinenkleid war verschmutzt und zerrissen.

Die Soldaten zerrten das Mädchen zu dem Schandpfahl an der Ecke, zu der die Gaffer schon geströmt waren und nun vor den Soldaten respektvoll eine Gasse bildeten. Diese marschierten hindurch, das Mädchen zwischen sich, und banden sie mit ihren gefesselten Händen an den Eisenring im Pfahl, der hoch über ihrem Kopf angebracht war. Der Offizier entrollte ein Papier und las mit lauter Stimme, er tue allen kund und zu wissen, dass diese schandbare Metze mit dem Namen Dorothea Ritter sich mit dem Kronprinzen eingelassen, ihn verführt und zur Flucht verleitet habe. Wegen Unzucht mit einem Mitglied des Königshauses und gemeingefährlicher Verschwörung werde sie an allen Straßenecken Berlins ausgepeitscht und danach ins Spinnhaus der Festung Spandau verbracht, um zu lernen, womit sich eine achtbare preußische Jungfer zu beschäftigen habe. Damit wolle Seine Majestät der allergnädigste König Friedrich Wilhelm I. ein Zeichen setzen für alle verwerflichen Subjekte, jene Verschwörer, die Sympathie für den Kronprinzen und seine schändliche Fahnenflucht zeigten.

Die Austernschale entfiel Wilhelmines Hand und zersplitterte auf dem Parkett.

»Um des Himmels willen, Prinzessin, kommen Sie weg vom Fenster«, murmelte die Hofmeisterin schaudernd.

Die Soldaten ließen den Henker durch, einen kurzen, aber kräftigen Mann, der eine neunschwänzige Katze hervorzog. Mit kräftigen Schlägen schlug er auf den Rücken des Mädchens ein, während die Soldaten laut die Schläge zählten. Noch bevor der Henker die Zahl zwanzig erreicht hatte, brach die Unglückliche lautlos zusammen. Sie wurde losgebunden, die Soldaten nahmen sie wieder in ihre Mitte und schleiften die Bewusstlose hinter sich her. Der Henker folgte.

Wilhelmine war kreidebleich geworden. »Sonsine! Bring mich weg von hier!«

Voller Verachtung blickte das Fräulein den Kammerdiener an und trug die halb Ohnmächtige mit Hilfe der Mermann zu ihrem Stuhl zurück. Wilhelmine erbrach sich über den Tisch, über das kostbare Frühstück, das sie hatte genießen wollen. Die Amme hielt der Prinzessin den Kopf und strich ihr sanft über die Haare.

»So lauten also die Befehle des Königs?«, fragte die Hofmeisterin, außer sich vor Zorn. »Ein Frühstück mit Henker?«

»Genau so«, erwiderte Eversmann ungerührt, »der König zwang den Kronprinzen, der gerechten Strafe eines Verschwörers zuzusehen …«

»Verschwörer? Der Enthauptung seines besten Freundes Leutnant Katte musste der arme Prinz zusehen!«

»… analog dazu wünscht der König, dass die Prinzessin der Auspeitschung der Mätresse ihres Bruders, einer Mitverschwörerin, zusehe, damit sie begreift, welche Strafe weibliche Verräter und Verschwörerinnen erwartet«, beendete Eversmann seinen Auftrag kalt.

Wilhelmine griff nach der Serviette, wischte sich den Mund ab und fragte ungläubig: »Die Mätresse meines Bruders?«

»Diese Dorothea Ritter, mit der er fliehen wollte.«

Wilhelmine sah ihn sprachlos an, dann geschah etwas Merkwürdiges. Blass, beschmutzt, mit wirren Haaren begann sie zu lachen. Sie lachte ein so schreckliches Lachen, dass alle verstummten, dann hielt sie plötzlich inne und sagte sehr ruhig: »Das arme Mädchen. Arme Doris, sie ist niemals die Mätresse meines Bruders gewesen, und sie wollte auch nie mit ihm fliehen. Das weiß ich am allerbesten, aber der König weiß es auch. Was will er in Wahrheit?«

»Der König befahl mir, im Verlauf des Tages alle Vorbereitungen für Ihre Hochzeit zu treffen, Euer Hoheit. Er schwur bei Tod und Hölle, dass er auch Sie, seine eigene Tochter, in die Festung Spandau sperren wolle, wenn Sie sich seinem Willen nicht unterwerfen.«

Dann wandte er sich an die Hofmeisterin und sagte: »Auch Sie sollten sich auf Befehl des Königs die Auspeitschung genau ansehen, weil Sie die Ursache für den Ungehorsam der Prinzessin seien. Er will Sie davonjagen, aber vorher wird er Sie an allen Straßenecken Berlins auspeitschen lassen, genau wie Demoiselle Ritter.«

Wilhelmine erhob sich von ihrem Stuhl. Sie war leichenblass, verschmutzt und schwankte, als sie die Lehne losließ, aber sie hatte genug Würde, nicht mit Domestiken zu streiten. Sehr bestimmt erklärte sie, in ihre Gemächer zurückkehren zu wollen.

»Aber selbstverständlich, Euer Hoheit.«

Eversmann öffnete die Tür, aber er hatte offenbar genaue Order. Mit raschem Blick überzeugte er sich, ob Wilhelmine ihm zuhörte. Dann sagte er laut und überdeutlich zu dem Fräulein: »Sie tun mir herzlich leid, eine so schimpfliche Verurteilung zu erfahren, und das in Ihrer Position. Aber es ist an der Prinzessin, sie Ihnen zu ersparen.«

Leise zischte er ihr zu: »Wenn das Blut Ihren Rücken hinunterläuft, werden Sie einen schöneren Anblick abgeben als diese gemeine Bürgerdirne! Sicher ist Ihr Rücken schön und weiß, das Blut wird ihn noch blendender hervorheben. Wie verlockend ...«

Stumm half das zu Tode erschrockene Fräulein der Amme, die Prinzessin aus dem königlichen Gemach zu tragen. Wie eine Puppe nahmen sie Wilhelmine in ihre Mitte und traten schweigend den Rückweg an. Die Gänge und Treppen des Stadtschlosses erschienen ihnen dabei noch schmutziger, kälter und unendlich lang.

❧ 2 ❧

»Ne, ne, ne, so kann man doch seine Kinners nich behandeln«, stöhnte die Mermann und wischte sich die Tränen ab. Sie war auf das Höckerchen im Vorzimmer gesunken, das Wilhelmine benutzte, wenn sie sich die Stiefel zuknöpfen ließ.

»Ne, ne, ne, an diese meine Brüste hab ick se jenährt, die Kleene! Mit meine Milch hab ick se kräftig und groß jemacht, und wofür? Damit se der Vata irre macht? Ne, ne, ne, det stimmt nich mit dem König …« Sie sah das Fräulein an und senkte die Stimme: »Seit der Fritze versucht hat zu fliehen, is der König nich janz bei sich, wa?«

Das Fräulein nickte. War der König irre geworden? Aber seine Drohung war völlig klar: Sie, die Hofmeisterin, sollte ausgepeitscht und davongejagt werden, wenn sie Wilhelmine nicht zu dem Ehemann überreden konnte, der dem König passte.

Die Mermann fuhr in ihrem Lamento fort: »Und dabei sone liebe Mama, die Königin, nich wie sonst die Majestäten, ab nach de Jeburt zu de Gouvernanten, ne, jeden Morjen musste ick ihr det Minneken ins Bette bringen, wie se gerade jeboren war, und denn hattse mit ihr jeschmust und jelacht, und hattse jedrückt, und wenn ick ihr wieder jeholt habe, hat die Königin jesagt: So ein kräftiges Kind, was, Mermann? Wie schade, dass sie kein Junge geworden ist. – Thronfolger kommt noch, sage ick, nu bleibense janz ruhig, Majestät, sage ick, det Mächen is 'ne Schönheit, det sieht man ja jetzt schon! Aber die Königin, die hatte 'ne Heidenangst vor dem König, da hattse ihm immer ins Felde geschrieben, der war doch mit Eugen dem edlen Ritter im Felde, die traute sich nicht zu schreiben, det et nur 'n Mädgen is, die schrieb immer: Dem Kinde jeht et jut. Det schrieb die. Dem Kinde jeht et jut. Aba nu hat er ein Thronfolger, und wat macht er damit? Er sperrt den Fritze inne Festung! Herrje, wat soll denn aus dem Jungen werden, glauben Se, Duchlaucht, det kann doch kein juter König mal nich werden, sone Prügel, die hat ja mein Oller unsere Kinners nich jejeben, und det is 'n oller Kommiskopp, und ick sage Ihnen, Durchlaucht, ick wäre sonst mit meine Kinners durchjebrannt, wenn er die anjerührt hätte, ja, det wäre ick! Zurück zu Muttern! Aba die Königin, det arme Mädchen, wohin solle denn durchbrennen mit ihre janzen Prinzen un Prinzessinnen? Und denn wollte der König sich immer scheiden lassen, hatter jedroht, und hattse der Untreue verdächtigt, die Königin!«

Die Mermann tippte sich an die Stirn und sah die Sonsfeld bedeutungsvoll an. »Die Königin der Untreue! Herrjott noch mal, wer hätte die Traute jehabt, mit Olympia wat anzufangen!«

Die Hofmeisterin hatte sich über dem Gebrabbel der Alten langsam von ihrem Schrecken erholt und kicherte. Der Spitzname der in die Breite gegangenen Königin war zu treffend.

»Sehnse, nu lachense wieder, Durchlaucht!«

Aus den tiefen Falten ihres Gewandes zog die Mermann eine Flasche heraus und nahm einen kräftigen Schluck.

Sie bemerkte das Erstaunen des Fräuleins und murmelte: »'tschulligung, Frollein, aba det musste auf den Schrecken mal sein. Wenn Se ooch een wollen …«

Sie hielt der Hofmeisterin die Flasche hin. Die griff zu und nahm einen tiefen Schluck. Hustend reichte sie der Amme die Flasche: »Schmeckt ja grauenhaft!«

»Soll et ja ooch«, meinte die Amme, »is ja zum Abjewöhnen, nich zum Anjewöhnen, wa.«

Sie verkorkte die Flasche sorgfältig und verstaute sie wieder irgendwo an ihrem umfangreichen Körper. Das Fräulein fragte sich, welche Geheimnisse unter diesen Röcken seit langen Jahren lagern mochten. Ächzend erhob sich die Amme.

»Ick muss mir beeilen, Durchlaucht, meine Jüngste kommt heute in die Wehen. Aba vorher wollte ick noch in die Küche, vastehnse?«

»Was wollen Sie in der Küche, Mermann?«

»Na, det Essen jestern, und nu det Deschönee, erst meinem Prinzesschen den Mund wässerig machen, und denn zu schalem Biere hungern lassen, ne, ne, nich mit der Mermann, da kriegense Ärger.«

»Lohnt sich das noch?«, meinte das Fräulein.

Die Mermann beugte sich vor: »Wie meinense denn ditte?«

»Nun, ich werde ausgepeitscht und die Prinzessin wird in die Festung gebracht werden. Da brauchen wir uns doch nicht mehr über das Essen zu beschweren, oder?«

»Jotte doch und bei alle Heiligen!«, rief die Mermann aus. »Frolleinchen, nu sehnse doch nich allet so schwarz! Et wird doch nich allet so heiß jejessen wie et jekocht wird! Kommt doch immer allet lauwarm hier oben an, ooch de Jerüchteküche!«

Fräulein von Sonsfeld lachte. Gegen die Schlagfertigkeit der Amme war kein Kraut gewachsen. In ihrer Gegenwart konnte keiner pessimistisch sein, und genau das hatte sie der kleinen Wilhelmine in den ersten Lebensjahren auf den Weg gegeben. Dann allerdings war die kleine Prinzessin in die Hände der Leti, einer italienischen Erzieherin, geraten. Bei dem geringsten Anlass war sie geschlagen worden, sogar mit Gegenständen hatte diese Furie sie traktiert. Ernsthafte Verletzungen am Kopf waren die Folge. Mit einem scharfen Gesichtswasser hatte sie der Kleinen das Gesicht abgerieben, bis ihre Augen gerötet waren und die Haut entsetzliche Pusteln gezeigt hatte. Hätte die Mermann nicht die Flasche zum Fenster hinausgeworfen, der Teint der kleinen Prinzessin wäre für immer verdorben gewesen, und genau das hatte offenbar in der Absicht dieser Furie gelegen.

Die Prinzessin hatte immer alles klaglos hingenommen. Sonsine hatte nie verstanden, warum sie sich nicht beschwert hatte. Als sie die Bildung der bereits Elfjährigen übernahm, war diese völlig eingeschüchtert. Den Mut, die brutale Erzieherin auszuhalten, hatte sie im wahrsten Sinne des Wortes mit der Muttermilch eingesogen, mit der Milch und dem Mutterwitz dieser aufrechten Anna Mermann.

»Sie kümmern sich ums Essen, ich kümmere mich um den König«, sagte das Fräulein entschlossen. »Ich werde zum König nach Potsdam fahren, so geht das hier nicht weiter.«

Die Mermann war schon der Tür. »Tapfere Durchlaucht! Ick wünsche Ihnen Glück!«

Damit ging sie.

Im August, nachdem der Kronprinz geflohen war, hatte das Fräulein die rasende Wut des Königs erlebt. Der Prinz hatte die harte Behandlung und die ständigen Demütigungen durch seinen Vater satt, die er seit seinem dreizehnten Lebensjahr erdulden musste. Mit seinem Pagen Keith und seinem Freund Katte hatte er fliehen wollen, war aber verraten und eingefangen worden.

Ohnmächtig war Wilhelmine in ihre Arme gesunken, als der König in die Gemächer der Königin gestürmt war und gebrüllt hatte, ihr Sohn, der Schurke von einem Fritz, sei tot. Sie hatte Wilhelmine wieder zu Bewusstsein gebracht, voller Angst, der König hätte seinen eigenen Sohn umgebracht. Aber Wilhelmine war kaum wieder bei Besinnung, wollte den König begrüßen und demütig seine Hand küssen, da lief er vor Wut schwarz an, seine Augen funkelten und Schaum trat ihm aus dem Munde hervor.

»Infame Canaille!«, rief er. »Sie wagt es, vor mir zu erscheinen? Fort mit Ihr. Sie mag Ihrem Schurken von Bruder Gesellschaft leisten.«

Mit diesen Worten packte er sie bei der Hand und versetzte ihr, bevor ihn jemand hindern konnte, einige Faustschläge ins Gesicht, von denen sie einer so heftig an der Schläfe traf, dass sie gegen den Kamin stürzte. Bewusstlos blieb Wilhelmine liegen, aber der Zorn des Königs war nicht besänftigt. Er wollte sie weiterhin schlagen und sogar treten, wenn nicht die Königin und ihre Hofdamen ihn daran gehindert hätten. Schnell hoben die Hofdamen von Sonsfeld und Frau von Kamecke Wilhelmine auf und trugen sie zu einem Stuhl in der Fensternische.

Die Gemächer der Königin lagen im Erdgeschoss, es war warm und die Fenster waren geöffnet. Vor den Fenstern drängte sich das Volk. Einige, die das Geschehen gesehen oder gehört hatten, schrien auf in dem Glauben, der König habe in seiner hitzigen Wut die eigene Tochter erschlagen.

Die Königin dachte, ihr Sohn sei tot. Sie schrie und lief wie eine Wahnsinnige im Zimmer herum. Die Szene hätte einen Stein erweicht, nicht aber den König. Der Zorn hatte seine Züge entsetzlich entstellt. Der jüngste Prinz, August Wilhelm, der erst vier Jahre alt war, umklammerte seine Knie und weinte. Das Fräulein hielt den Kopf Wilhelmines, der von den Schlägen wund und verschwollen war, und versuchte, sie mit Hilfe ihres Riechfläschchens wieder zu beleben.

Inzwischen hatte der König einen anderen Ton angeschlagen, vielleicht hatten ihn die Tränen seines Jüngsten, den er zärtlich »Hulla« nannte, gerührt. Der Kronprinz sei am Leben, erklärte er etwas ruhiger, aber er werde diesen Schurken von einem Fritz hinrichten lassen wegen Majestätsverbrechen, und die infame Wilhelmine werde er als Mitwisserin zeit ihres Lebens zwischen vier Mauern einsperren. Er beschuldigte sie, an der Verschwörung beteiligt zu sein, sie habe ebenfalls fliehen wollen, weil sie eine Affaire mit dem Leutnant Katte habe. Dabei redete der König sich erneut in einen unsinnigen Zorn hinein, der in der Beschimpfung gipfelte, Wilhelmine habe heimlich ein uneheliches Kind von Katte. Hier konnte die Hofmeisterin nicht länger an sich halten, hier ging es auch um *ihre* Ehre. Sie trat vor, räusperte sich, bemühte sich, trotz ihrer Furcht laut und ruhig zu sprechen, und erklärte: »Majestät, das ist eine Lüge, und wer Eurer Majestät solche Dinge hinterbrachte, hat gelogen.«

Der König hatte ihr keine Antwort gegeben. Er hielt im Schimpfen und Fluchen nicht inne, war aber inzwischen kurz vor einem Herzanfall. Mittlerweile war Wilhelmine wieder zu sich gekommen und schrie laut, sie wolle den Herzog von Weißenfels heiraten oder wen auch immer der König befehle, wenn er ihr bitte nur das Leben ihres Bruders schenke. Die Prinzessin hatte viele französische Tragödien und Romane gelesen, in der solch edle Regungen vorkamen. Sie hatte vergessen, dass Tragödien tödlich endeten. In seinem lärmenden Zorn hatte sie der König glücklicherweise nicht gehört, und bevor Wilhelmine ihre Stimme ein zweites Mal erheben konnte, hatte das Fräulein ihr ein Taschentuch fest vor den Mund gedrückt. Der König hätte Wilhelmines edles Angebot nur als Schuldgeständnis angesehen und sie sofort arretiert. Außerdem hätte Wilhelmine sich den Zorn der Königin zugezogen, die trotz aller königlichen Drohungen an *ihrer* Heiratspolitik festhielt, und die sah eine Verbindung vor mit ihrem Neffen, dem künftigen König von England. Der Herzog von Weißenfels! Mit diesem Hungerleider aus dem Anhaltinischen wäre nicht einmal das Fräulein, immerhin eine Freiin von Wittenhorst-Sonsfeld, eine standesgemäße Verbindung eingegangen.

In jenem Moment wurde Leutnant Katte, bleich und gebrochen, über den Schlosshof zum Verhör geführt. Der König brüllte, er werde den Schurken von Fritz und die infame Wilhelmine köpfen lassen, das peinliche Verhör von Katte werde ihm ausreichend Beweise bringen. Damit stürzte er zur Tür. In diesem Augenblick richtete sich Frau von Kamecke auf und stellte sich dem König in den Weg.

Da stand sie, klein, weißhaarig, zart, aber voller Energie. Die alte Hofdame der Königinmutter sprach zum König, als wäre er noch immer der Kronprinz, der seine Lektion nicht gelernt hatte: »Majestät! Sie haben sich bisher für einen gerechten und gottesfürchtigen König gehalten und Gott hat Sie dafür mit Segnungen überhäuft.«

Der König blieb überrascht stehen und sah sie an.

»Wehe Ihnen, wenn Sie seine Gebote übertreten«, fuhr sie fort, »fürchten Sie die göttliche Vergeltung. Sie hat zwei Herrscher heimgesucht, die das Blut des eigenen Sohnes vergossen: Philipp II. von Spanien und Zar Peter sind ohne männliche Erben dahingegangen. Ihre Staaten fielen Kriegen zum Opfer, und beide Monarchen wurden zu Schreckgestalten der Menschheit. Gehen Sie in sich, Majestät! Ihre ersten Zornesregungen sind noch entschuldbar, aber sie werden verbrecherisch, wenn Sie nicht versuchen, sie zu überwinden.«

Der König hatte sie nicht unterbrochen. Eine Weile blickte er sie an, dann brach er sein Schweigen.

»Sie sind sehr kühn, mir gegenüber solche Worte zu wagen«, sagte er, »doch verarge ich es Ihnen nicht. Ihre Absichten sind gut, und Sie reden offen zu mir. Gehen Sie, die Königin zu beruhigen.«

Das Fräulein hatte Frau von Kamecke zutiefst bewundert und die erstaunliche Veränderung wahrgenommen, die der Mut der zarten alten Hofdame auf den König ausübte.

Vielleicht musste man auf diese Art mit dem König reden? Nach Potsdam, dachte sie, was habe ich schon zu verlieren.

 3

IM POTSDAMER SCHLOSS ließ sich das Fräulein beim König melden. Nach den vielen besorgniserregenden Krankheiten der Prinzessin bestand die Absprache, dass Wilhelmines Hofmeisterin jederzeit vorgelassen wurde. Das arme Kind hatte bereits mit zwölf Jahren alle Krankheiten gehabt, die ein Kind nur bekommen konnte, die Ruhr, gefolgt von Gelbsucht, ein Geschwür im Kopf, das ihr entsetzliche Schmerzen bereitet hatte, schließlich hatte sie die Blattern überstanden, aber ein empfindlicher Magen, Fieberanfälle und eine übergroße Nervosität waren geblieben.

»Was ist geschehen«, fragte Friedrich Wilhelm sie ohne große Vorreden, »ist das Mädgen krank?«

Da fragte ein besorgter Vater, kein zorniger König. Hatte er vergessen, was er heute Morgen befohlen hatte? Er trug seine abgewetzte blaue Uniform, die über dem umfangreichen Bauch spannte, rauchte seine lange holländische Pfeife aus weißem Ton, war offenbar schmerzfrei und daher entspannt. Er saß nicht in seinem Rollstuhl, sondern hinter seinem großen Schreibtisch auf einem gewöhnlichen Kontorstuhl. Regierungsgeschäfte erledigte der König schlicht.

Wie sollte sie nur beginnen? Sie konnte ihn doch nicht wegen des grässlichen Ereignisses von heute Morgen beschimpfen. Sie begann, von Wilhelmines Fortschritten zu berichten, von ihrer raschen Auffassungsgabe, ihrer Intelligenz.

Der König ließ seine Pfeife sinken und unterbrach sie mit umwölkter Stirn. »Minneken ist kein Schulkind mehr. Sie ist längst im heiratsfähigen Alter, aber sie weigert sich, zu heiraten. Ich werde sie in die Festung schicken müssen.«

»Ich glaube nicht, dass das der richtige Ort für Wilhelmine wäre«, sagte das Fräulein, ohne die Ironie ihrer Antwort zu spüren. »Außerdem will die Prinzessin ja heiraten, Majestät.«

»Sehe schon«, knurrte er, zog die Schreibtischschublade auf und wühlte in einigen Papieren. Er reichte ihr einen Zettel mit dem Befehl: »Lese Sie!« An den steilen Schriftzügen erkannte sie Wilhelmines Schrift.

»Zu meiner Verzweiflung erfahre ich also, dass mein lieber Papa mich verheiraten will, denn ich habe stets aus mancherlei Gründen eine furchtbare Abneigung gegen alles gehegt, was Ehe heißt, und hege sie noch … Majestät«, unterbrach die Hofmeisterin ihre Lesung, »dieser Brief ist vom 30. Januar des vergangenen Jahres!«

»Wankelmütig, ihr Weiber«, knurrte er.

»Damals ging es um die Verheiratung Wilhelmines mit dem Markgrafen von Schwedt oder dem Herzog von Weißenfels«, fuhr sie tapfer fort.

»Mutige, hochdekorierte Leute wie ihr Vater, Sonsfeld!«, fuhr er auf.

»Ja, Majestät. Für eine verarmte Freifrau wie mich wären beide Herren eine gute Partie gewesen. Zumal sie in meinem Alter sind. Aber für Ihre Tochter?«

»Zu alt, meint Sie?«, knurrte er, seine Pfeife frisch ansteckend. »Hätte die Tochter sagen können, statt sich hinter Ausreden zu verschanzen.«

»Majestät«, sagte das Fräulein entschlossen, »Sie machten mich im vergangenen Jahr zur Botin dieses Befehls, aber ich konnte der Prinzessin zu keinem der Bewerber raten. Dieser Brief ist eine weibliche Ausflucht, zu der ich, ich gestehe es, Ihrer Tochter geraten habe …«

»Sie, Sonsfeld?«, fragte er überrascht. »Warum?«

»Weil es nicht angeht, dass eine Königstochter an einen Duodezfürsten verschwendet wird. Vor einem Jahr war die englische Sache noch nicht entschieden, und ich …«

Sein Brüllen ließ das Fräulein zusammenfahren. Er schlug mit der Faust auf den Tisch. »Die englische Sache!«, brüllte er. »Dieser hannöversche Dünkel, dieses Getue, dieses Waschweibergetratsch! Ich kann meine Tochter verheiraten, wie es mir passt!«

Das konnte er natürlich nicht, entschied das Fräulein. Der König selbst hatte ein Gesetz erlassen, dass Mädchen nicht gegen ihren Willen verheiratet werden durften. Ihn in diesem Moment daran zu erinnern, schien ihr aber wenig diplomatisch.

»Ja, Majestät, das können Sie«, sagte sie ruhig, »Sie sind der königliche Vater, und als solcher sind Sie gehalten, weise und umsichtig zum Besten Ihrer erlauchten Kinder zu handeln.«

Noch gerötet vor verrauchtem Zorn, sah er dem Fräulein in die Augen. Das Direkte lag ihm, höfische Schmeicheleien konnte er nicht ausstehen – kein Wunder, dass er mit seiner Gattin nicht zurechtkam. Deren ständiges Schwanken zwischen Unterwürfigkeit und Arroganz produzierte ein Missverständnis nach dem anderen und brachte ihn zur Weißglut.

»Die Ausbildung der königlichen Kinder zeugt von Weisheit und Umsicht«, fuhr die Hofmeisterin in lautem, direktem Ton fort, »Wilhelmine ist dank ihres Lehrers La Croze zur Regentin ausgebildet, sie spricht drei Sprachen, hat profunde Kenntnisse in Geschichte, Geografie, Philosophie …«

»Nicht einmal das Vaterunser konnte sie hersagen«, grollte er, »und da zählte sie schon neun Lenze.«

»Majestät, Ihre Tochter ist gottesfürchtig und sehr religiös«, log das Fräulein, »wahrscheinlich hat sie der gestrenge Vater beim Abfragen durcheinandergebracht. Sie war sehr eingeschüchtert, als ich sie kennenlernte.«

Das stimmte. Die Schläge der Leti hatten Wilhelmine so verängstigt, dass sie nicht einmal laut zu sprechen wagte. Zum Leidwesen des Vaters waren aber weder Fritz noch Wilhelmine religiös – im Gegenteil. Wie oft hatte sie scharf eingreifen müssen, wenn die beiden sich über den Pietismus des Vaters und seines Hofpredigers Francke lustig machten. Sie waren Freidenker, statt der Bibel lasen sie Racine, und Religion wollten sie durch das ersetzen, was sie unter Vernunft verstanden.

Prüfend betrachtete der König das Fräulein. »Was will Sie eigentlich von mir?«

»Majestät, Sie zwangen uns heute, einem Geschehen beizuwohnen, das der Prinzessin unzuträglich war. Sie ist ernsthaft erkrankt, ich fürchte um ihr Gemüt. Und was meine bescheidene Person angeht, kann ich mir nicht denken, was

Majestät damit bezwecken will, mich öffentlich auspeitschen zu lassen.«

»Meine Tochter kann ich nicht auspeitschen lassen. Also muss dieses Schauspiel sie zur Vernunft bringen. Heulen und Zähneklappern!«

»Was verlangen Sie von Ihrer Tochter?«

»Dass sie endlich heiratet!«, schrie er und warf seine Pfeife gegen die Wand. »Sie soll sich den Prinzen von Wales aus dem Kopf schlagen! Sie wird so lange gefangen bleiben, bis sie den Erbprinzen von Baireuth geehelicht hat, oder sie landet in der Spandauer Festung.«

»Spandau? Die Prinzessin?«, fragte das Fräulein erschrocken. Er nickte, mit einer kleinen bösen Falte zwischen den Augen, und pochte mit seiner Feder auf den Tisch.

»Spandau, jawohl. Ihr glaubt alle, ich mache nicht Ernst, nur weil ich bei meinem Sohn Gnade vor Recht ergehen ließ. Ich ließ ihn am Leben. Aber noch sitzt er in der Festung Küstrin, warum soll seine Schwester nicht in Spandau residieren?«

Er lehnte sich vor, fixierte sie scharf und sagte übergangslos: »Sie hat Angst, nicht wahr, Sonsfeld? Nach Ihrer Auspeitschung kann Sie betteln gehen. Als Hofmeisterin ist Sie überflüssig, meine Tochter braucht in Spandau keine mehr, und als Hofdame ist Sie kompromittiert. Ich hätte noch einen Platz im Spinnhaus für Sie.«

Nun war es genug. Als Hofdame hatte das Fräulein Diplomatie, Beherrschung und formvollendete Manieren von früher Jugend an gelernt, aber mit dieser Drohung setzte er sie den Huren gleich, die er in seinen neu gegründeten Spinnhäusern bis zum Umfallen schuften ließ, um billigen Uniformstoff für seine stetig anwachsende Armee zu produzieren. Sie spürte, wie ihr schweres westfälisches Blut in Wallung geriet, und sprang auf.

»Ins Spinnhaus!«, schrie sie fassungslos. »Das wagen Sie

einer Sonsfeld zu sagen! Mein Vater diente schon Ihrem Großvater treu. Als die Franzosen einfielen und sein Schloss in Brand steckten, konnte er es nicht verteidigen, und warum? Weil er an der Seite seines Königs in Schlesien kämpfte! Ja, Majestät, stecken Sie die Tochter eines Erbdrosten ins Spinnhaus, Sie werden sehen, wie sie dort das Leinen für ihr Leichentuch spinnt.«

Voller Scham wollte die Hofmeisterin hinausstürzen. Bei der Erwähnung des Vaters waren ihr die Tränen gekommen, er war der Mutter zu schnell gefolgt und hatte sie mit neun Geschwistern als Waisen zurückgelassen.

»Halt!«, brüllte der König. Das Fräulein blieb stehen, wischte schnell die Tränen fort, drehte sich herum und sah ihn an. Er sollte nicht denken, dass sie Angst vor ihm hatte.

»Sie ist die Tochter eines tapferen Generals, doch schlägt Sie mich mit den Waffen der Weiber«, sagte der König grimmig, aber er schien bewegt. »Sie soll sie einsetzen, um meine Tochter zur Vernunft zu bringen. Gegen den Erbprinzen von Baireuth kann meine Willminne nichts einwenden, er ist so jung wie sie, gebildet und ein galanter Mensch. Er parliert sogar französisch.«

Sie wollte etwas sagen, aber eine Handbewegung von ihm ließ sie verstummen.

»Sie weiß, Sonsfeld, dass die englische Heirat nicht mehr möglich ist. Lasse Sie sich von der Königin nichts einreden, Sie ist doch eine vernünftige Person und kennt die politische Entwicklung. Wenn Sie dem Minneken gut zuredet, soll es Ihr Schaden nicht sein. Ich weiß, dass Sie nicht auf Rosen gebettet ist, eine unversorgte Hofdame mit einer verwachsenen Schwester. Ich ernenne Sie zur Äbtissin vom Stift Wolmirstedt, das ist nicht weit von hier, bei Magdeburg, da wird Sie ein ruhiges Leben führen und versorgt sein, wenn meine Tochter Ihre Dienste nicht mehr benötigt.«

Fräulein von Sonsfeld war wie vor den Kopf geschlagen. Jetzt musste sie sich auch noch bedanken? Sie hatte bewirken wollen, dass er die Gefangenschaft seiner Tochter aufhob und sie wieder freundlich ansah. Nun war sie Äbtissin und hatte für die Prinzessin nichts erreicht.

Der König wühlte in seinen Papieren und machte eine ungeduldige Handbewegung, die sie entließ. Sie dachte an Frau von Kamecke und nahm ihren ganzen Mut zusammen.

»Majestät, ich danke für Ihre Gnade«, sagte sie, »bitte schenken Sie mir noch zwei Minuten Gehör. Ich bin nicht um meiner selbst willen gekommen, sondern wegen Ihrer Tochter, für die ich mich mit Freuden öffentlich auspeitschen ließe, wenn es ihr hülfe.«

Er sah von seinen Papieren auf.

»So ergeben ist sie dem Minneken? Diesem kleinen blatternarbigen Luder?«

Dem Fräulein verschlug es die Sprache. Vor zwei Jahren wäre die Prinzessin fast an den Pocken gestorben. Wochenlang hatte sie mit der Mermann und ihr in Quarantäne gelebt. Aus Angst vor Ansteckung hatte sich wochenlang keiner blicken lassen, außer dem Kronprinzen, der die Pocken bereits durchlitten hatte. Wie durch ein Wunder genas sie. Ihre Haut trocknete, heilte, und als ob eine gütige, mitleidsvolle Fee sie gestreichelt hätte, war sie zarter als zuvor und weiß wie Porzellan. Gut, Wilhelmine war keine Schönheit, dazu fehlte ihr eine gehörige Portion Sanftmut, aber blatternarbig war sie wirklich nicht, und wenn, war es die Schuld des Königs von Preußen, der zu geizig gewesen war, seine Kinder impfen zu lassen. Und jetzt machte er seiner Tochter aus ihrer Krankheit auch noch einen Vorwurf! Er war wirklich herzlos.

»Sie hat keine Narben, Majestät. Sie ist die Tochter eines großen Königs, und daher prädestiniert, einen König zu heiraten. Wenn ich als mein bescheidenes Verdienst hinzufügen darf: Sie ist auch gebildet und bewandert in allen Fragen der Etikette.«

»Etikette! Dieses französische Getue!«, rief er ungeduldig aus.

»Ich meine die europäische Diplomatie, ohne die wir nicht auskommen, wenn wir die Länder befrieden und nicht ständig Kriege austragen wollen.«

Das wollte er nicht, das wusste sie. Man verspottete ihn wegen seiner Vorliebe zu seinen »langen Kerls« zwar als »Soldatenkönig«, am wirtschaftlichen Aufschwung seiner »Streusandbüchse« aber lag ihm mehr als an kostspieligen Eroberungsfeldzügen. Krieg hatte er bisher vermieden.

»Treiben die Weiber jetzt Politik?«, herrschte er sie an.

»Nein, Majestät, Politik ist Männersache«, sagte das Fräulein gehorsam, »aber Sie wissen, wie viel eine Nation mit einer klugen Königin gewinnt. Denken Sie an Ihre Frau Mutter.«

Er furchte die Stirn. »Meine Mutter war eine große Königin, aber eine schlechte Christin.«

Jeden Einwand mit einer Geste seiner dicken Hand abwehrend, fuhr er fort: »Sonsfeld, meine Tochter wird ihre Fähigkeiten nicht am Prinzen von Wales erproben, dies ist endgültig vorbei. Ich hätte diese Verbindung nicht ungern gesehen, wenn ich auch nicht so versessen darauf war wie die Königin, deren Heiratspolitik ständig meine Bündnispolitik durchkreuzt. Der König von England hätte mein Minneken haben können, er hat nicht gewollt.«

Nach dem königlichen Fußtritt in den englischen Diplomatenhintern vor einem Jahr sah die in der Etikette Bewanderte dies anders, aber sie schwieg.

»Meine Tochter wird ihre Fähigkeiten als Regentin der Markgrafschaft Baireuth erproben können, die wir als Bollwerk gegen die Habsburger dringend brauchen.«

Er sah das Fräulein Luft holen, hob wieder die Hand und fuhr fort: »Die Sache ist beschlossen. Die Kommission hat Befehl, heute Abend nach Berlin zu fahren und der Kronprinzessin die Kabinettsorder vorzulegen. Meine Tochter kann mir ihre Unterwürfigkeit beweisen, indem sie unterschreibt. Dann werde ich sie in Gnaden wieder in die Familie aufnehmen …« Er lehnte sich über den Schreibtisch und fixierte das Fräulein mit stechendem Blick: »… und ihren Bruder auch.«

Die letzten Worte hatte er sehr bedeutsam angefügt. Das Fräulein verneigte sich.

»Willminne hat das Schicksal ihres Bruders in der Hand, lasse Sie, Sonsfeld, daran keinen Zweifel. Sie weiß, was sie zu tun hat, Äbtissin.«

Er lachte auf und fügte hinzu: »Schade, dass Sie als Reformierte für Ihre Verdienste an meiner Tochter nicht heiliggesprochen werden kann!«

4

WIE ICH DIESEN Eversmann hasse, dachte Wilhelmine. Sie hatte die Augen aufgeschlagen und empfand die Ruhe als wohltuend nach dem morgendlichen Schock. Nun kann ich wenigstens erahnen, wie Fritz sich gefühlt hat, als sein Freund Katte vor seinen Augen enthauptet wurde. Enthaupten, dachte sie, was für ein edles Wort für diese schimpfliche Ermordung.

Sie legte sich eine Wolldecke um die Schultern und ging ins Ankleidezimmer. Die Amme hatte das Kleid für sie zurecht gelegt. Mühsam schlüpfte sie hinein. Sie war es nicht gewohnt, sich allein anzukleiden, aber die einzige Dienerin, die der König ihr zugestanden hatte, war im Entresol mit der Wäsche beschäftigt.

Doris Ritter eine Mätresse von Fedéric, dachte sie bitter, während sie ihre Laute aus dem Schrank nahm. Wer das denkt, weiß nichts über meinen Bruder. Armer Fritz, sensibel, naturwissenschaftlich begabt und liebte die Musik. Der König ließ nur das Soldatische gelten, alles andere verachtete er als weibisch, es war wie ein Naturgesetz, dass der Vater seinen Sohn haßte. Sonsine hatte ihr erzählt, wie der Vater bereits als Kronprinz mit vierzehn Jahren exerziert hatte. Nicht einmal der eigenen Mutter, der klugen Charlotte Sophie, war es gelungen, ihren Sohn für die Seele des Lebens zu erwärmen. Sie war zu früh gestorben, ihre Großmutter hätte Wilhelmine gern kennen gelernt.

Je härter der Drill wurde, desto sehnlicher suchte Fritz ein warmes Zuhause: bei der Familie des Kantors Ritter hatte er es gefunden. Er hatte ihr erzählt, wie formlos und gemütlich es in dem kleinen Haus zuging, wie die fünfköpfige Familie jeden Abend gemeinsam musizierte, obwohl sie so arm waren, dass Doris nicht einmal ein Seidenkleid besaß. Heimlich hatte er sich zur Familie Ritter geschlichen und war mit seiner neuen Traversflöte freundlich aufgenommen worden.

Zart schlug Wilhelmine die Saiten, horchte, stimmte und begann eine Sonate von Corelli zu spielen, möglichst leise, damit die Wachsoldaten sie nicht hörten. Oh, sie hätten nicht gewagt, in die Gemächer der ältesten Prinzessin zu kommen und ihr das Instrument zu nehmen, aber Meldung bei ihrem Vorgesetzten würden sie machen, und der würde wieder Meldung bei seinem Vorgesetzten machen, und der ... das preussische Militär funktionierte tadellos. Wilhelmine seufzte. Es war ja auch das einzige, was funktionieren musste. Alles andere, das ihrer Mutter, den Hofdamen und ihr Freude machte, hatte der König abgeschafft. Der Hofprediger Francke, diese Laus im Pelz des religiösen Königs, hatte durchgesetzt, dass die Redouten und der Karneval eingeschränkt wurden, und der Vater, bemüht, die Schulden zu tilgen, die der Großvater in seiner verschwenderischen Lust am königlichen Prunk gemacht hatte, hatte alles entlassen,geschlossen oder verboten, was interessant war: Architekten, das Orchester, die Oper, französische Komödien. Die Akademie der Wissenschaften, von Großmutter Charlotte ins Leben gerufen, ließ er schließen und ihren Präsidenten, Professor Jakob von Gundling, degradierte er zum Hofnarren an seiner Trink- und Tabakrunde. Gundling, vom König verspottet und immer wieder üblen Peinigungen ausgesetzt, war inzwischen nach einigen Fluchtversuchen der Trunksucht verfallen. Dumm geblieben wäre ich ohne meinen Lehrer La Croze, dachte sie. Wenn er seinen Benediktinern nicht entflohen wäre und bei Hofe freundliche Aufnahme gefunden hätte, wäre schwerlich ein angemessener Lehrer für mich verfügbar gewesen.

Erstaunt merkte sie, dass sie sich beim Räsonieren von den Noten gelöst hatte. Sie hat mich entführt, die Musik, wie schön die Welt sein kann! Sie freute sich und verband ihr kleines Motiv mit dem von Corelli zu einem Capriccio. Wie fröhlich und kräftig die Tonfolge in Dur klang. Dabei war sie so niedergeschlagen gewesen. Aus der Einsamkeit kommt die Kraft, dachte sie, aus der Trauer entsteht die Hoffnung, aus der Sehnsucht die Musik.

Sie wühlte in ihrem Sekretär nach Notenpapier. Nichts. Die Wut des Königs hatte wirklich vor nichts haltgemacht, nicht einmal Notenpapier durfte gekauft werden.

Stirnrunzelnd malte sie sich ein Notensystem, besorgt, über diesem stupiden Tun ihren kleinen Einfall zu vergessen. Dann notierte sie, wiederholte das Stück und war recht zufrieden. Die unfreiwillige Zurückgezogenheit hatte ihre Vorzüge.

Sie wurde eifrig, ihre Wangen röteten sich, während sie spielte und einem Einfall den nächsten hinzufügte. Es ist wie eine Mathematikaufgabe von La Croze, dachte sie. Zur Lösung fehlt ein kleiner Kniff, die winzige logische Ermittlung – und die Aufgabe ist gelöst. Wenn doch der Bruder da wäre! Fedéric hätte jetzt das Motiv mit seiner Flöte aufgenommen, und sie hätten zusammen musiziert. Tränen liefen ihr die Wangen hinunter, während sie das Motiv verwandelte und als Flötenstimme hinzufügte. Ein Flötenkonzert würde sie schreiben, für den Bruder!

Keinen Menschen vermisste sie so wie ihn, der so herrlich spotten konnte, mit dem man so wundervoll über die ahnungslosen Hofschranzen lästern konnte. Sie hatten Scarrons Roman »Komödianten« gelesen und sich an Stellen vor Lachen gekugelt, die sich anhörten, als wäre Scarron Hofnarr am preußischen Hof und würde beschreiben, was er dort sah.

Den kaiserlichen Gesandten Seckendorff, der ihnen von allen am widerwärtigsten erschien, hatten sie nach Scarron »den Plünderer« genannt, der allgegenwärtige Minister Grumbkow, dieser Intrigant, der, wie sie vermutete, ein kaiserlicher Spion war, war Rancune. Ständig hatten sie gekichert über diese Geheimnamen, sogar die Königin hatte davon erfahren und mit ihren Kindern gelacht. Sie hatten ihr allerdings verschwiegen, dass sie nicht einmal den König verschont hatten und ihn als »dicken Brummer« titulierten.

Meine Mutter hat Geist und Humor, dachte Wilhelmine, und dennoch lebt sie in ständiger Angst vor ihrem Gatten, der Wissenschaftler und Künstler beschimpft und Musik bestenfalls als Truppenermunterung duldet.

Wenn ihr zukünftiger Mann auch so wäre? Wenn er ihr die Freude am Musizieren verderben, die Wissenschaften verbieten würde? Keinerlei Zerstreuungen, keine Redouten, nicht mal Maskenbälle an Karneval? Sie hatte von Höfen gehört, an denen calvinistische Prediger die Fürsten beherrschten und ihnen das ewige Fegefeuer androhten, wenn sie nicht gottesfürchtig lebten. Und sie allein bestimmten, was gottesfürchtig war und was nicht.

Mit der Laute im Arm trat Wilhelmine ans Fenster. Der Innenhof des Schlosses sah schmutzig und vernachlässigt aus, wie immer, wenn der König in Potsdam war. Er wollte sie also zwingen, zu heiraten. Hatte er einen neuen Kandidaten gefunden? Sie wusste, dass der König der Mutter befohlen hatte, eine Liste mit geeigneten Bewerbern zu erstellen. Die Königin zögerte das aber ständig hinaus und wartete verzweifelt auf Antwort aus England.

England, dachte Wilhelmine, ausgeträumt der Traum. Nicht wegen des Fußtritts, den der König dem englischen Gesandten Chevalier Hotham verpasst hatte, auch nicht wegen der Mutter, deren Starrsinn die Politik des Vaters und damit Preußens ignorierte. Nein. Die Wahrheit war einfach und schmeckte bitter: Die hatten sie nie gewollt. Keiner will mich, dachte Wilhelmine bitter, wer will schon eine hässliche Prinzessin? Schon bei meiner Geburt bin ich äußerst ungnädig empfangen worden, alle wünschten leidenschaftlich einen Prinzen.

Gerade elf Jahre alt war sie gewesen, als die widerwärtigen Hofdamen aus Hannover angerückt waren, um sie in Augenschein zu nehmen. Eine nach der anderen kam, eine hochnäsiger als die nächste, die Heiratsware für ihren König zu prüfen. Sie schlug einen schrillen Ton auf der Laute an, schrill, wie die erste der Hofdamen gesagt hatte: »Mein Gott, wie sieht die Prinzessin aus! Welche Figur! Wie ungraziös!«

Und ihre Mutter, die geistvolle, energische Königin mit dem hoheitsvollen Auftreten der Welfin, sie wurde regelrecht verlegen! Entschuldigend entgegnete sie: »Indeed, she could look much better. Aber an ihrer Taille ist nichts auszusetzen, sie ist nur noch nicht entwickelt. Wenn Sie aber mit ihr Konversation machen, werden Sie sehen, was in ihr steckt.«

»Tatsächlich?«, hatte die erste Hofdame gezweifelt. »Sagen Sie mir, Prinzessin, was ergibt zwei und zwei?«

Die behandelte sie wie ein Kleinkind! Wilhelmine sagte sehr höflich, denn von frühester Kindheit an hatte sie gelernt, die Etikette zu wahren: »Das ist sehr unterschiedlich, Madame. So wie wir hier stehen, sind wir vier. Sehen Sie her!«

Mit diesen Worten hatte sie der Dame einen kräftigen Schubs versetzt, so dass diese das Gleichgewicht verlor. Sie fuhr fort: »Wenn auf einen Körper die Kraft eines anderen Körpers wirkt, dann ist die actio gegengleich reactio. Sie potenziert sich; wenn auf zwei Körper die Kraft zweier anderer Körper wirkt, so etwa …«

Nach diesen Worten gab sie der nächsten aufgetakelten Dame einen kräftigen Schubs, so dass sie genau auf jene fiel, die sich eben mühsam erhob.

»Sehen Sie! So entspricht unserer Kraft bereits sechs oder acht … Ich müsste es noch genauer ausrechnen. Vor allem müssen wir die Gravitation berücksichtigen, die Sie am Boden hält.«

Die Empörung war groß. Die Kenntnis von Newtons neuesten physikalischen Gesetzen hatte Wilhelmine kein Lob, sondern nichts als bittere Verweise eingebracht. Außerdem galt sie nun als hochnäsig und bösartig. Und die Konversation! Eine dieser Bestien ließ sie fünfzig albern verschnörkelte Namen auswendig lernen, nur weil die Königin gewettet hatte, ihre älteste Tochter könne hundertfünfzig Verse in einer Stunde lernen und hersagen. Sie bestand auch diese Prüfung, aber es half nichts. Die dritte Hofdame nahm die Königin beiseite und flüsterte: »Dorothea, unter Schwestern sollte man offener sprechen.«

»Unbedingt, meine Liebe«, erwiderte die Königin verunsichert.

»Alle Welt weiß, dass Ihre Tochter verwachsen und zum Erschrecken hässlich ist.«

Bevor die Königin Luft holen konnte, fiel die umgestoßene Hofdame beleidigt ein: »Ihr Charakter steht im besten Einklang mit ihrem Äußeren. Diese Kronprinzessin ist hochmütig, boshaft und so jähzornig, dass sie aus reiner Wut offenbar mehrmals täglich von der fallenden Sucht ergriffen wird. Mit einem Wort: ein kleines Monstrum, das besser nie das Licht der Welt erblickt hätte.«

Bevor die Königin ihrer Empörung Ausdruck verleihen konnte, sagte Hofdame Nummer drei scheinbar versöhnlich zu Wilhelmine: »Die neue Mode steht Ihnen, mein Kind. Mit dieser neuen Contouche hat man eine große Stofffülle im Rücken, die Verwachsungen gut überspielt.«

Die Königin bekam einen roten Kopf vor unterdrückter Wut. Leise befahl sie der Tochter, sich entkleiden zu lassen.

Allein stand Wilhelmine einer Reihe von Feindinnen gegenüber, blickte in grinsende, geschminkte Fratzen unter lächerlich aufgetakelten, weiß gepuderten Coiffuren.

»Nein! Vor diesen Harpyien – niemals!«

Sie hatte geweint und sich gewehrt. Aber eine Hofdame hielt sie fest, während die beiden anderen sie auf einen Wink der Königin hin auszogen. Da stand sie, klein, blass, abgemagert durch lange schwere Krankheiten, auf dünnen Kinderbeinen und schrie: »Da! Seht her! Glotzt mich alle an! Ich bin von allen Krankheiten geschwächt, die man bekommen kann. Ich bin schwarz im Gesicht, weil meine Mutter mich so entsetzlich schnüren lässt, dass ich keine Luft mehr holen kann. Zierlicher soll ich aussehen. Ich bin ein wandelndes Skelett, aber essen? Soll ich mir noch einmal die Ruhr holen? Ihr behandelt mich wie ein Kind, aber ihr schnürt mich wie eine Frau. Ich habe keinen Atem mehr, aber ich habe keinen Buckel! Verwachsen, hässlich und hochmütig, Minneken das Monstrum. So eine soll den Prinzen von Wales heiraten, vielleicht mal Königin von England werden? Ich habe gerade noch Luft genug, euch zu verspotten, seht in den Spiegel, ihr Vogelscheuchen, ihr Jammergestalten, was seht ihr? Aufgetakelte Trugbilder, Perücken, Kopfputz, wie würdet ihr wohl entblößt aussehen? Ich bin eine Königstochter, aber vom Morgen bis zum Abend werde ich malträtiert. Zu allem, was ich tue, bemerkt die Königin: Das sind Manieren, welche meinem Neffen nicht gefallen werden. Sie müssen sich von nun an nach seinem Geschmack richten. Wohl zwanzigmal am Tag werden mir diese Verweise erteilt. Bin ich nicht so viel wert wie ein Prinz? Ich bin eine Prinzessin. Es ist keine sonderliche Ehre für mich, den englischen Prinzen zu heiraten. Wer weiß, ob er mir gefallen wird und ob ich glücklich mit ihm werde. Ich kenne ihn nicht, doch wenn ich schon vor der Hochzeit so unter seiner Fuchtel stehe, will ich ihn gar nicht heiraten! Als seine Frau hält er mich wahrscheinlich wie eine Sklavin. Keiner denkt an meine Gefühle, aber ich soll mich nach den seinen richten, die ich nicht einmal kenne.«

Hatte sie das alles geschrien? War danach tödliche Stille gewesen? Oder war sie stumm geblieben? Hatte sie geweint? Getobt? Hatte die Leti sie danach im Auftrag der Königin durchgeprügelt? Sie wusste es nicht mehr. Sie wollte sich nicht erinnern. Es war eine furchtbare Demütigung gewesen. Die aufgetakelten englischen Fregatten hatten an ihr keinen Gefallen gefunden. Das war der wahre Grund, weshalb die englische Heirat nicht zustande kam. Sie allein war daran schuld, denn sie war hässlich, hässlich, hässlich ...

Es nutzte nichts, intelligent zu sein, hübsch das Cembalo zu spielen und die Laute zu schlagen, so hübsch, dass selbst die Musiker gern mit ihr Konzerte in Monbijou gaben, es nutzte auch nichts, sich mit den neuesten epochemachenden Theorien des großen Isaac Newton zu beschäftigen oder mit den genialen Tragödien des Jean Racine. Niemand mochte hässliche Prinzessinnen. Aus all diesen Intrigen und Erniedrigungen schloss sie: Der Prinz von Wales, ihr Cousin, musste ihr von Angesicht zu Angesicht gegenübertreten. Wenn er sie erst kennengelernt hatte, würde er ihren Geist schätzen, ihren Charme lieben lernen, und er würde sehen, dass sie keinen Buckel hatte. Diese widerwärtige Heiratspolitik, die nur aus Vermittlern bestand, die den bösartigen Unsinn erlogen, musste ein für allemal aufhören. Aber es gab keine Möglichkeit, den Prinzen einzuladen oder sich einladen zu lassen. Also hatte sie mit Fedéric, der in die geplante und immer wieder verschobene Doppelhochzeit einwilligte, einen tollkühnen Plan entwickelt: Sie wollten ihre eigenen Brautwerber sein und zur Tante nach England fahren.

Wie erschrocken war sie, als Fritz ohne jede weitere Ankündigung die Idee gemeinsam mit seinen Freunden Katte und Keith in die Tat umgesetzt hatte, spontan, Wilhelmines Planung missachtend! Bei Ansbach hatte er fliehen wollen, großer Gott, Ansbach! Was war in seinem Kopf vorgegangen, ausgerechnet dort zu fliehen? Wie hatte er von Ansbach nach England gelangen wollen?

Ihr sorgfältig gehüteter geheimer Plan war dahin, alle Hoffnungen mit einem Schlag vernichtet wie frisch aufgeblühte

Lilien nach einem Hagelschauer. Die Brautwerbungsfahrt in eigener Sache hatte Fedéric unbedacht in eine Flucht verwandelt, schlimmer: in Fahnenflucht, ein Majestätsverbrechen!

Alles war verloren. So getobt hatte der König noch nie. Zwar hatte Fritz sie nicht verraten, dennoch verdächtigte sie der König. Und niemand außer ihr wusste, wie berechtigt sein Verdacht war.

An alles hatte sie gedacht, alles hatte sie peinlich genau vorbereitet, und dann hatten diese drei dummen Jungen alles verdorben. Nicht einmal schnelle Pferde hatten sie unauffällig auftreiben können, dachte Wilhelmine mit neu erwachtem Zorn, nahm die Notenblätter und packte sie in eine Schublade des Sekretärs, die sie sorgfältig verschloss.

Zu Tode erschrocken war sie nach Kattes grausamer Hinrichtung. Ihr blieb nur, die verräterischen Briefe zu verbrennen und sich glücklich zu schätzen, dass sie mit dem Leben davonkam.

Heute hatte der König ein weiteres Mal bewiesen, wie wild und wütig er war, ein Kronos, der seine Kinder fressen wollte. Nein, eher wie Attalia. Sie griff in eine Vase, die auf dem Sekretär stand, entnahm ihr einen Schlüssel und öffnete damit ihr Geheimfach, dem sie ein zerlesenes, sorgfältig geklebtes Exemplar von Racines Tragödie »Attalia« entnahm. Zärtlich strich sie über den vergilbten Einband. Dieses Drama hatte sie in den vergangenen Monaten begleitet: die Königin Athalie, die ihre eigenen Kinder ermordet und, von Reue über ihre Untat gepackt, im Wahnsinn stirbt. Wilhelmine stellte sich vor, wie ihr Vater von seiner Schuld, den eigenen Sohn getötet zu haben, überwältigt wurde und im Wahnsinn starb.

Seit heute morgen wusste sie es besser. Nein, der Willkür folgte keine Reue, sondern nur noch schrankenlose Willkür.

Sie zog ihr Manuskript heraus. Sollte sie ihre Opernidee ändern und Athalie so lange wüten lassen, bis sie sich den

Tod gab, bühnenwirksam mit einem Messer? Oder mit Gift, dachte Wilhelmine und gab sich genussvoll einem Libretto hin, von dessen Musik sie bereits eine sichere Vorstellung hatte.

Eine Weile schrieb sie, ihre Wangen röteten sich, die Flucht in eine andere Welt war gelungen. Die Welt der Musik war keine bessere oder schönere, aber wenigstens eine gerechtere. Genussvoll malte sie in großen Gesten und Worten aus, wie die falsche Königin an ihrer Schuld zugrunde ging, verwarf alles wieder, entwarf neu, ging zum Fenster, um frische Kraft zu schöpfen, setzte sich eilig wieder, als könne sie etwas versäumen, und schrieb weiter.

Allmählich wurde sie unruhig. So lange war sie noch nie allein geblieben. Wo Sonsine nur blieb? Sie schob die Manuskriptseiten zusammen, schloss sie sorgfältig weg und versenkte den Schlüssel wieder in der Vase. Keine Menschenseele durfte ihr geheimes Werk finden. Unruhig trat sie ans Fenster und sah durch die schmutzigen Scheiben auf den menschenleeren Schlosshof. Wo blieb Sonsine?

Es klopfte. Wilhelmine reagierte nicht. Es klopfte noch einmal. Ihr fiel ein, dass sie allein war. Sie musste wohl oder übel selbst öffnen. Es war ein Bote der Königin. Mit tiefer Verneigung reichte er ihr einen Brief. Sie erbrach das Siegel und las: »Liebe Tochter, alles ist verloren! Der König will Sie um jeden Preis verheiraten. Ich habe einige heftige Auftritte deshalb mit ihm gehabt, doch weder meine Bitten noch meine Tränen haben etwas vermocht. Sie müssen sich darauf vorbereiten, die Sonsfeld zu verlieren; er will sie schmachvoll degradieren lassen, falls Sie nicht gehorchen. Man wird jemanden zu Ihnen senden, um Sie zu überreden. Willigen Sie um Gottes willen in nichts ein. Ich werde Sie schon zu halten wissen; ein Gefängnis ist besser wie eine schlechte Versorgung. Adieu, meine liebe Tochter, ich rechne bestimmt auf Ihre Standfestigkeit.«

Voller Angst lief sie zu Sonsines Nähtischchen. Hatte das Fräulein ihr eine Nachricht hinterlassen? Aber da lag nichts, auch auf der Konsole konnte sie nichts entdecken, nicht das kleinste Billet. Hatte Sonsine sie im Stich gelassen? War sie aus Angst geflüchtet? Der Anblick der armen Doris Ritter war allerdings furchtbar gewesen. Wilhelmine traten die Tränen in die Augen, ihre Hände wurden kalt und feucht.

Was hatte sie sich nur gedacht! Erst verschlief sie den halben Tag, dann las sie Racine und komponierte! Sonsine, arme Sonsine, dachte sie, panisch hin und her laufend, ich hätte dich beruhigen und beschützen müssen.

Erregt warf sie den Brief der Mutter auf den Sekretär und trat ans Fenster. Zum Nachdenken brauchte sie eine Aussicht, eine beruhigende Szenerie, einen geordneten, blühenden Garten. Aber hier starrten leere Fenster aus grauen, steinernen Mauern. Traurig wollte sie sich abwenden, da schoss es ihr durch den Kopf: Das kannst du anders haben. Das musst du nicht länger ertragen. Jedes Zuhause ist besser als das hier. Und den Bruder rettest du auch. Sie starrte auf die schwarzen Fensterhöhlen gegenüber. Dahinter war der Spiegelsaal, nicht so prunkvoll, wie man den des Königs von Frankreich rühmte, aber doch ein schöner langer Saal mit goldgefassten, bis zum Boden reichenden Spiegeln. Jetzt hätte sie Lust, durch den Spiegelsaal zu laufen, barfuß, wie sie es einmal mit dem Großvater getan hatte, der gelacht und zu den Dienern gesagt hatte: »Habe ich nicht eine närrische Enkelin? Sie läuft wie ein Bauernmädchen!«

Der Großvater, das war ein großzügiger König gewesen, ein kleiner Mann mit einem großen Herzen, der hätte ihr geholfen. Aber er war lange tot. Nur sie konnte diesen

Familienstreit, der sich zu einer Staatstragödie entwickelt hatte, beenden. Sie konnte den Bruder retten, den König versöhnen, ihre Hofmeisterin vor Schande bewahren und sich selbst retten aus diesem Tollhaus, in dem sie es keinem recht machen konnte. Folgte sie der Königin, misstraute ihr der König, stand sie bei ihm in Gunst, ließ die Königin sie fallen. Es geht ihnen nicht um mich, dachte sie, es geht ihnen nur um ihre Macht.

War ein Gefängnis wirklich besser als eine schlechte Versorgung? Wie konnte die Königin solche Zeilen schreiben? Sie hatte keine Ahnung, was es hieß, fast ein Jahr in Gefangenschaft zu leben. Die Mutter sah immer nur ihren Bruder, der Vater aber sah den König von England, der nicht mehr sein Verbündeter war. Er würde seine Tochter ganz sicher heute noch weniger nach England verheiraten als vor dem Herrenhauser Bündnis. Warum war die Mutter politisch nur so blind? Drei Eigenschaften sind es, die den Menschen blind machen, dachte Wilhelmine, die Eitelkeit, das Geltungsbedürfnis und die Gier nach Macht.

Sie setzte sich an den Schreibtisch und zog Papier und Feder hervor. Sie würde dem Vater schreiben, sofort, sie würde sich unterwerfen, dieses eine letzte Mal, um sich danach nie wieder jemandem zu unterwerfen. Diese Unterwerfung würde sie frei machen.

Spiegelscherbe zwei

KOMM, DU ALTER ROLLENESEL, reiten wir durch den prächtigen Spiegelsaal. Sie wendet den ungelenken schweren Rollstuhl. Die Tür zum chinesischen Spiegelkabinett steht offen, der Mondschein fällt hinein und bricht sich in den Spiegeln. Wände und Decke sind mit Chinoiserien und Spiegeln in eigenartigen Formen bedeckt, von ihr eigenhändig zerschlagen, in einem anderen Leben.

Meine Scherben, denkt sie, Spiegelscherben meiner untergehenden Dynastie, zerborstene Überbleibsel einer aussterbenden Welt.

Der Schein des Mondes verwandelt die Spiegelscherben in bewohnte Inseln. Das ist mein Fürstenspiegel, der Rollstuhl ist mein Schimmel und die Laute mein Kürass. Komm, mein Rollesel, durchschreiten wir den langen Prachtsaal. Von Spiegel zu Spiegel verwandeln wir uns. Sieh mal da, Rollesel! Da hüpft etwas, um Würde bemüht, es ist die Zwergin in der Courschleppe. Und da! Der Kokon! Die hässliche Zwergin mit dem Buckel hat sich verpuppt in ein braves Ding, hässlich und blatternarbig, da! Aber es dauert nicht lange, nach einem eisigen Winter in ungeheizten Räumen schlüpft aus dem Kokon ... was? Seht her, Bewohner der Inselscherben, seht die wundersame Metamorphose der zwergenhaften mageren Prinzessin Wilhelmine, bucklig und blatternarbig, in die Königin von England!

Breit bauscht sich der Vorhang vor der Chaiselongue. Oh! Kaiserin Maria Theresia hat uns beehrt, Inselbewohner!

Majestät sehen mager aus, meint die kleine, nach mehreren Geburten dick gewordene Kaiserin, und in ihrer Stimme liegt eine Mischung aus Besorgnis und Zufriedenheit. Sie ist immer hin- und hergerissen, ob sie die Schwester des preußischen Königs beleidigen oder die Königin von England hofieren soll.

Oh I beg your pardon, Majestät, ich sterbe, deshalb sehe ich so aus.

Majestät haben eine gertenschlanke Figur, Sie müssen eine exzellente Reiterin sein, vermutet die Kaiserin.

Pas du tout, Sie schmeicheln, Majestät, Sie sehen nur die Folge von Geiz und Tyrannei, im Schloss des Königs von Preußen legt man Wert darauf, nie zu heizen.

Husch, husch, schreit der Mandarin in der obersten Spiegelscherbe, legt Holz nach, eilt euch, dies ist eine richtige Prinzessin, sie friert auch unter ihrem Pelz, oh Lord, was für eine edle Abkunft.

Danke, meine chinesische Majestät, geben Sie sich keine Mühe, ich friere ständig, das liegt an der Unterernährung, ich kann in meinem Reifrock kaum stehen … Maria Theresia! Je vous enprie, take a seat, please! Bringt der Kaiserin ein gepolstertes Taburet … Ein Praliné? Bitte, nehmen Sie, Euer Liebden, wir lassen sie jede Woche frisch von Wien kommen, in Wien gibt es die beste Confiserie, aber das wissen Sie ja …

Danke, Euer Liebden, für mich nicht, mein Magen ist immer noch aufgetrieben vom Wusterhausener Menu, Kohl und Runkelrüben, versetzt mit Tierhaaren und Knochen, halali! Der König ist von der Jagd zurück, fresst! Fresst seine Beute, haarige magere Hasen und zähe Wildschweine, fresst! Es tut höllisch weh, wenn ich mich aufrichten will. Siehst du, Rollesel, wie Wilhelmine, die Königin von England, ein Praliné nimmt, an ihrer zarten Hand funkelt ein Brillant, sie lächelt, ein wenig wehmütig, sie kann Schokolade nicht vertragen, hebt das Praliné und schwupp! hat sie es dem süßen kleinen Mohren ins Mäulchen gestopft, der eben das Taburet gebracht hat. Der Kleine ist so niedlich anzusehen in seiner Verwirrung, alle Hofdamen lachen über den Scherz und jeder weiß: Die Königin von England kann es sich leisten, vom Kontinent importierte Confiserien an ihre Dienstboten zu verteilen.

Ist das die Stimme der Tochter? Friederike? Wie siehst du aus! Zieh doch bitte das Blauseidene an, wenn die Kaiserin uns beehrt! Schlafen? In dieser Nacht?

Ich habe keine Zeit zum Schlafen, das kannst du nicht verstehen, Kind, du bist leider unmusikalisch! Schicke nach dem Konzertmeister, es gibt noch viel zu tun, ich komme ja zu nichts durch diese Staatsbesuche.

Ich schicke nach Pfeiffer, wenn du mir versprichst, Mutter, erst eine Stunde zu ruhen.

Wilhelmine lächelt ihre Tochter schalkhaft an, ihre Zahnlücke mit der Hand bedeckend: Eine halbe Stunde muss reichen, ma fille, ich sterbe, da bleibt zum Ausruhen keine Zeit.

Sie trinkt die braune Flüssigkeit. Ihr wollt mich mit diesem Zeug betäuben, es ist nichts anderes als Opium.

Ich habe mich zu wenig um dich gekümmert, mein Herz. Verzeihst du mir, dass ich dich in diese unglückliche Ehe getrieben habe?

Friederike will der Mutter ihre Hand entziehen, aber diese hält mit harten, dünnen Fingern eisern fest. Die arrangierte Ehe mit dem Herzog konnte sie ihr verzeihen, der anfängliche Charme dieses Fürsten, der Prunk und Reichtum seines Hofes hatten sie mit fünfzehn Jahren sehr beeindruckt. Was sie nicht verzieh, war Wilhelmines Unnachgiebigkeit, als sie vor ihrem Mann geflohen war, voller Angst, er könne sie in den Kerker sperren, wie er es mit der eigenen Mutter getan. Wäre es nach dieser harten Mutter mit dem eisernen preußischen Willen gegangen, wäre sie zurückgeschickt worden in diese Ehehölle, zurück zu diesem kalten Seelenquäler, für den die Ehefrau nur ein Stück Vieh war …

Sie blickt auf die Mutter nieder, deren große blaue Augen unnatürlich glänzend aus dem blassen Gesicht zu ihr hinaufschauen, küsst sie auf die Stirn und murmelt: Ma chere maman, ich liebe Sie. Was soll eine Tochter ihrer Mutter verzeihen?

5

Es dämmerte bereits, als das Fräulein aus Potsdam zurückkehrte. Wilhelmine fiel ihr um den Hals, als sie den Türknauf noch in der Hand hielt, und weinte. »Ich hatte solche Angst, du hättest mich verlassen.«

»Prinzessin, warum sollte ich, und ausgerechnet jetzt, da Sie mich dringend brauchen?« Das Fräulein legte das Umschlagtuch ab und faltete es sorgfältig zusammen.

»Ich dachte, der widerliche Eversmann hätte dir so viel Angst eingejagt, dass du geflüchtet bist.«

»Flucht beseitigt keine Unannehmlichkeiten, Prinzessin«, tadelte die Hofmeisterin. Unter Tränen huschte Wilhelmine ihr kleines, schurkisches Lächeln übers Gesicht: »Nur, wenn sie misslingt.«

»Ich flüchtete nicht«, sagte die Hofmeisterin, »sondern begab mich direkt in die Höhle des Löwen.« Ein wenig stolz war sie doch auf ihre Tat.

»Du warst beim König? Hast du ihn um Gnade für dich angefleht?«

Das Fräulein nickte. »Auch für Sie, Prinzessin, aber da war er leider vollkommen unzugänglich. Ich kann Sie nur beschwören, auf den Rat der Königin zu hören.«

Wilhelmine lachte verächtlich auf und fischte nach einem zerknüllten Brief: »Lies das und sag, ob ich einem solchen Rat folgen soll.«

»Gefängnis ist besser wie eine schlechte Versorgung ...«, las das Fräulein und verwünschte innerlich die Königin. Hätte sie ihrer Tochter keinen liebevolleren Brief senden können? Die vom König avisierte Kommission konnte jeden Moment eintreffen. Wilhelmine durfte sich dem Befehl des Königs auf keinen Fall beugen. Sonsine griff nach Wilhelmines Händen und sagte beschwörend: »Folgen Sie dem Rat Ihrer Mutter. Sie werden Königin von England, wenn Sie sich von Ihrem Vater nicht einschüchtern lassen.«

»Es geht nicht mehr um mich, Sonsine. Es geht um meinen Bruder, das Liebste, was ich auf der Welt habe. Der Einzige, der immer zu mir gehalten hat. Es liegt nur an mir, ihn aus der Festung Küstrin zu befreien.«

»Prinzessin, Sie wählen für den Rest Ihrer Tage ein kummervolles Dasein. Erinnern Sie sich nicht an den letzten Brief Ihres Bruders?«

Wilhelmine lächelte wehmütig, ging zu ihrem Sekretär und zog den Brief aus einer Ledermappe heraus.

»Carissima sorella!«, las sie. »Die widerwärtigen Heiratsgerüchte schwirren wieder. Bei der Revue wird man dir mit einem jungen Prinzen kommen …«

»Die Truppenrevue wird in zwei Wochen stattfinden«, unterbrach das Fräulein eilig, »der Kronprinz ist in Küstrin nicht auf dem Laufenden, was noch heute hier geschehen wird.«

»… lasse Dich durch keine Rücksicht auf mich einschüchtern und folge immer nur dem Gebot deines Herzens«, las Wilhelmine weiter und seufzte: »Sonsine, ich kann den Brief auswendig. Es ist sehr edel von meinem Bruder, mir so zu raten. Ich könnte den Verkehr mit ihm auch einstellen, nachdem er unsere Flucht vermasselt hat …«

Erschrocken hielt Wilhelmine inne. Sie hatte sich verplappert. Das Fräulein starrte sie an. *Unsere* Flucht? Das Fräulein bekam den bösen Verdacht, dass der König mit seinen Verdächtigungen nicht so falschlag. Aber jetzt war nicht der geeignete Zeitpunkt, dem nachzuforschen.

»… aber ich habe Fedéric viel zu lieb«, fuhr Wilhelmine mit geröteten Wangen hastig fort, »ich muss ihn retten. Keine

Heirat kann so schlimm sein wie dieses Gefängnis. Kein Ehemann kann despotischer sein als mein Vater, was habe ich zu befürchten?«

Fräulein von Sonsfeld dachte an das arme, kalte Wasserschloss ihrer Familie im Niederrheinischen, an die immer feuchten Wände und jene eigentümliche freiherrliche Mischung aus Elend und Standesdünkel; sie sah die ausgemergelten, zerlumpten Leibeigenen vor sich, die ihr Leben als Torfstecher fristeten, und sagte: »Es gibt Dinge zwischen Heirat und Gefängnis, die Sie sich nicht vorstellen können, Prinzessin. Ein kummervolles Leben in Armut gehört dazu.«

❧ 6 ❧

DIE HERREN DER KOMMISSION traten ein. Es waren der verhasste Oberhofmarschall Grumbkow, der junge Podewils, sein Schwiegersohn, der seit neuestem auch Minister war, General von Borck und der geheime Rat von Thulemeier. Gegen die mächtigsten Staatsdiener Preußens, Mitglieder des Ministerrates, konnte Wilhelmine nichts einwenden. Diese offiziellen Gesandten des Königs waren gefährlich, vor allem der intrigante Grumbkow, sie konnte sie nicht fortschicken.

Wilhelmines Hals war trocken, ihre Hände schweißnass. Es lag etwas Endgültiges in der Geste, wie der letzte der Eintretenden die Tür schloss, als befände sie sich vor einem geheimen Femegericht. So muss die Inquisition funktioniert haben, dachte sie, während sie versuchte, sich die Hände an ihrem Kleid zu trocknen. In der Aufregung hatte sie kein Tuch finden können. Als die Herren höflich, aber bestimmt, Sonsine hinausschickten, packte sie die nackte Angst. Das konnte nur ihr Todesurteil bedeuten. Panisch rannte sie in ihr Schlafzimmer. Die vier Herren folgten ihr ohne Skrupel, der letzte schloss die Schlafzimmertür. In grenzenlosem Entsetzen hörte Wilhelmine den Schlüssel im Schloss knirschen.

Meine Henker, schoss es ihr durch den Kopf, wo haben sie ihre Kapuzen versteckt? Sie flüchtete ans Fenster, und als die Herren ihr beharrlich folgten, packte sie den Griff und schrie: »Keinen Schritt weiter!«

War das ihre Stimme gewesen, dieser dünne, brüchige Schrei, heiser wie ein Habicht? Die Herren sahen sich an. Endlich blieben sie stehen und bedrängten sie nicht länger. Nun zog einer der Herren eine Ledermappe hervor. Riesig erschien sie ihr, schwarz, schmucklos, kein Siegel, sie konnte nur ihr Todesurteil enthalten. Plötzlich straffte sich etwas in ihr, ihr Herz wurde kalt, ihr Verstand stellte sich vor sie wie ein Spiegel. Sie würde diesen Lakaien des Vaters zeigen, wie eine Königstochter zu sterben verstand. Wild blickte sie um sich. Kein Dolch, den sie sich hätte in die Brust stoßen können, nicht einmal das Obstmesser lag im Schlafzimmer. Ein Degen, ja, der hing vorschriftsgemäß an der Schärpe des Generals von Borck, vorschriftsgemäß wie die Posamenten, die die Schärpe zusammenhielten, vorschriftsgemäß wie der geschlossene Uniformkragen, die angeklebten Stuckpapilotten an den Schläfen, die kleine weiß gepuderte Perücke und darunter der schwarz eingebundene Zopf. Wie konnte sie nur an diesen Degen herankommen?

Grumbkow hüstelte, sein Schwiegersohn tat es ihm gleich. Dabei fiel diesem Scheusal ein Pflaster vom Kinn und entblößte einen scheußlichen eitrigen Furunkel. Erstarrt vor Ekel, betrachtete sie Podewils' Kinn.

Noch einmal hüstelte Grumbkow, aber sie konnte die Augen nicht von Podewils' Furunkel abwenden. Eiter floss ihm gelb übers Kinn, spürte er das nicht? Was spürte dieses Ungeheuer mit der Haut eines Drachen?

»Wir sind auf Befehl Seiner Majestät des Königs gekommen«, begann Grumbkow.

Halt! Da war ja das Fenster, ersehnte Möglichkeit, sie war ja in der ersten Etage, und unten war das Pflaster, nackt, kalt und hart genug, um sicher zu sein, nicht zu überleben. Nein, sie brauchte keinen Degen, um diesen Männern zu zeigen, wie eine Königstochter starb. Sie reckte das Kinn, umschloss den vergoldeten Fenstergriff fest mit ihrer kleinen Hand und wollte das doppelflügelige Fenster eben mit einem festen, schnellen Ruck öffnen, als sie aus der eintönigen Stimme Grumbkows einen Namen heraushörte. Der Markgraf von Baireuth? Was hatte der mit der Sache zu tun? Sollte er ihr Henker sein?

Sie räusperte sich und unterbrach Grumbkow, der aus der schwarzen Mappe, die ihm Thulemeier devot vorhielt, mit lauter Stimme vorgelesen hatte.

Ohne den Fenstergriff loszulassen, sagte sie: »Ich fürchte, ich war unaufmerksam. Würden Sie die Güte haben, das Letzte noch einmal zu wiederholen, Herr Generalleutnant?«

Grumbkow sah ärgerlich auf. Das war die Höhe, diese arrogante Prinzessin hörte der Kabinettsorder des Königs nicht einmal zu.

»Sehr wohl, Euer Hoheit«, murmelte er. Vorlesen war seine Sache nicht, er war es gewohnt, mit lauter Stimme Befehle zu erteilen.

Diensteifrig schlug Thulemeier die Seite zurück, aber Grumbkow nahm ihm ärgerlich die Mappe aus der Hand und begann von neuem: »Seine Königliche Majestät in Preußen, unser allergnädigster Herr, befehlen Dero Generalleutnants von Grumbkow und von Borck, dem Etatsminister von Podewils und dem geheimen Rat von Thulemeier in Gnaden, heute am Abend, als dem 11. Mai 1731, sich en corps auf das Schloss zu begeben, und der Prinzessin in Ihro Königlichen Majestät Namen vorstellen: Dass sie wissen würde, dass derselbe ihr Vater wäre und sie Dero Tochter, und dass eine Tochter keinen Willen haben müsse, sondern dem väterlichen Willen folgen solle, denjenigen zu heiraten ohne Räsonieren, welchen der Vater wolle ...«

Heiraten! Der Vater befahl eine Heirat! Kein Todesurteil, keine Verbannung in die Festung Spandau. Wilhelmine ließ den Fenstergriff los, um ihn in der nächsten Sekunde wieder jäh zu packen: War das einer jener väterlichen Tricks, die sie zur Genüge kannte?

»Seine Königliche Majestät hätten gut gefunden und resolvieret, ihr den jungen Markgrafen von Brandenburg – Baireuth zum Gemahl zu geben, und zweifle Derselbe nicht, sie würde freiwillig als eine gehorsame Tochter das Jawort von sich geben«, las Grumbkow mit schnarrender Stimme. Dann hielt er inne und betrachtete die Prinzessin, ob sie dieses Mal zuhörte. Es schien, dass sie das tat, auch wenn ihre Haltung dort am Fenster ihm seltsam verkrampft erschien.

Er las weiter: »Wenn sie ihr Fiat nicht gleich geben wollte, so solle und müsse diese Mariage doch durch Dero väterliche und königliche Autorität vor sich gehen. Deswegen hielten sich Seine Majestät versichert, dass die Prinzessin, da sie doch sonst Verstand haben wollte, diese de bonne grace tun werde, wodurch sie Seine Königliche Majestät und Dero ganze Königliche Familie wieder in Frieden und Ruhe setzen würde, Indem auch sogar durch diese Mariage …«

Hier machte Grumbkow eine bedeutsame Pause und sah der Prinzessin in die Augen. Ohne den Blick von ihr abzuwenden, sagte er, jedes Wort betonend: »… durch diese Mariage die Ungnade, so ihr allerliebster Bruder empfunden hätte, leichtlich wieder in völlige Gnade verwandelt werden könnte.«

Wilhelmine ließ den Griff los. »In völlige Gnade«, murmelte sie. Sie konnte die Worte kaum glauben, wollte wieder ans Fenster, um sich bei der nächsten Drohung hinauszustürzen. Aber ihre Knie gehorchten ihr nicht, sie schienen mit einer weichen, widerwärtigen Masse angefüllt. Wilhelmine sackte auf den Stuhl.

Grumbkow warf der Prinzessin einen scharfen Blick zu und las weiter: »Seine Königliche Majestät befehlen demnach den Vorgedachten, ihr Äußerstes anzuwenden, Dero Tochter zu dieser Heirat zu persuadieren, wobei sie mit ihrem bloßen Jawort nicht zufrieden sein, sondern so lange in ihrem Zimmer verbleiben müssen, bis sie einen kurzen Brief an Seine Königliche Hoheit, worin ihr Jawort enthalten, aufgesetzet und übergeben haben wird. Sie können ihr auch die Versicherung geben, dass alle vorige Ungnade hierdurch von Seiner Königlichen Majestät auf ewig vergessen und erloschen sein solle, wie denn auch Dieselben der Prinzessin alle väterliche Liebe und Gnade erweisen und für ihr Wohlsein und glückliches Etablissement sorgen wollen.

Widrigenfalls könne kein Friede noch Ruhe in Dero Königlichem Hause sein, und die Prinzessin sich durch Ungehorsam höchst unglückselig machen und Seine Majestät zwingen, sie nach Spandau bringen zu lassen, weil sie absolute parieret sein wollten.«

Spandau! Da war es ja! Sie hatte es gewusst. Den letzten

Satz hörte sie kaum noch: »Woferne aber die Prinzessin für den Prinzen von Baireuth eine gänzliche Abneigung hätte, so solle sie sich von Dero Vetter Prinz Friedrich oder dem Prinzen Adolf von Weißenfels einen choisieren und sogleich ihre Resolution von sich geben, welche Seine Königliche Majestät morgen frühe mit einer Stafette erwarte.«

»Morgen früh«, murmelte sie, »bis morgen früh muss ich mich entscheiden.«

»Ich bedauere, Hoheit, Sie müssen sich sofort entscheiden. Der König erwartet die Stafette mit Ihrer schriftlichen Resolution morgen früh«, erklärte Grumbkow. Er sprach ein schnarrendes Militärdeutsch und gab sich keine Mühe, den einschmeichelnden Höfling zu geben. Jedes seiner Worte traf Wilhelmine wie ein Schlag mit einer Gerte.

Durch ihre Heirat sollte der Bruder freikommen! Ausgerechnet an ihren Verstand – eine Eigenart, die er an Frauen nicht ausstehen konnte! – appellierte der König! Um seine Forderung zu erfüllen, war nur Gehorsam gefragt, und der schloss bekanntlich den Verstand aus. Wenn sie aber an die Mutter dachte, musste Wilhelmine ihren Verstand wieder einsetzen. Wie konnte sie dem König gehorchen, ohne sich mit der Königin zu entzweien?

Mühsam erhob sie sich, erstaunt, dass es ihr gelang. »Ich muss meine Hofmeisterin sprechen.«

Grumbkow lächelte. Ein Wolfsgrinsen, dachte Wilhelmine.

»Wir bedauern unendlich, Königliche Hoheit, aber unsere Ordre verlangt, Sie zu dieser Heirat zu persuadieren, ohne dass Sie weiteren Rat einholen.«

Sie konnte diesen bösartigen Gespenstern mit Degen und Furunkeln und Wolfgrinsen zeigen, dass eine preußische Königstochter sich lieber in den Tod stürzte, als sich einer gemeinen Erpressung zu beugen. Sie konnte das Fenster öffnen, ihre Hand an die Stirn heben und mit den Worten: »Für den Kronprinzen! Für meinen über alles geliebten Bruder!« wie eine Glocke aus Seide aus dem Fenster schweben. Dumpf würde ihr Körper auf dem Schlosshof aufschlagen. Ach, welche Tragik! Wie würden sie um ihren Sarg herumstehen und ihr gemeines Verhalten angesichts dieser großen königlichen Tragödie bereuen.

Ich bin erst zweiundzwanzig, schoss es ihr durch den Kopf, und diese Situation ist nicht tragisch, sie ist grotesk. Dies ist nur Berlin, nicht Athen oder Rom. Dieses ungeheizte Gemach bietet keinen Raum für eine Tragödie, keinen Dolch für einen edlen Tod, es ist kleinlich und bösartig. Eine kalte Kammer voller garstiger Gespenster, in der eine klägliche Prinzessin wie ein trotziges Kind zwischen Fenster und Stuhl hin und her lief.

Sie sah in die Gesichter, sah Grumbkows falsches Lächeln, Borcks mitleidige Entschlossenheit, sah die vor Ehrgeiz glimmenden Augen Podewils' und seinen eitrigen Furunkel, sie sah den blässlichen Thulemeier, der Angst um seinen Posten hatte.

Keiner ließ den geringsten Zweifel daran, dass sie die königliche Order, die Prinzessin im Falle ihrer Weigerung in die Festung Spandau zu fahren, unverzüglich ausführen würden. Kein Prinz würde sie erretten, kein Weltgericht sie freisprechen, so wenig wie den spanischen Prinzen Carlos, dessen Schreie die Welt nicht hören wollte, bis er, eingemauert vom eigenen Vater, jämmerlich verhungerte. Nicht anders der König von Preußen. Vergessen die mutigen Worte einer zierlichen Hofdame, vergessen das göttliche Wort der Barmherzigkeit, auf das sich der König in seinen frommen Wusterhausener Tischgesprächen so gern bezog. Hier galten kein Recht und kein Gesetz, nur sein Diktat.

Wie eine Marionette tat sie, was von ihr verlangt wurde. Alle Kraft hatte sie verlassen. Da sie nicht in der Lage war, dem König zu schreiben, diktierte Grumbkow ihr in die

Feder: »Schreiben Sie: Liebster Papa! Eben erfuhr ich durch die Herren Grumbkow, Borck, Podewils und Thulemeier, welche Heiratsvorschläge Er mir machen lässt. Bei meiner zärtlichen Liebe und Unterwürfigkeit muss ich mich Seinen Befehlen fügen, so schwer es mir wird. Trotzdem unterwerfe ich mich Seinem Willen, um Seine Gnade wiederzuerlangen, und bitte Ihn, sie mir wieder zu schenken.«

Grumbkow überlegte einen Moment und ergänzte: »Unterschreiben Sie mit: Ihre gehorsame Tochter.«

»Lassen Sie mich wenigstens an die Königin schreiben«, sagte Wilhelmine matt, »es wird sonst zu entsetzlichen Auftritten kommen. Sie wird mir nie verzeihen.«

Borck meinte rasch: »Warum nicht? Wir sollten den Brief der Stafette an den König beilegen, damit er nicht misstrauisch wird.«

»Gut«, sagte Grumbkow, »was wollen Sie der Königin schreiben?«

»Irgend etwas, womit ich sie gnädiger stimmen kann«, sagte Wilhelmine flehend, »dass ich unter Zwang handelte.«

»Um Himmels willen, Prinzessin«, rief Borck, »das wird der König übel aufnehmen!«

»Aber es ist die Wahrheit«, murmelte Wilhelmine.

»Insbesondere die Wahrheit nimmt der König übel auf.« Thulemeier sprach zum ersten Mal. Sie sah ihn an, konnte aber in seinen blassen Gesichtszügen keine Ironie erkennen.

Grumbkow hatte überlegt und begann: »Liebste Mama! Die Herren Grumbkow, Borck, Podewils und Thulemeier haben mir soeben im Auftrage meines lieben Papas die Heirat mit dem Erbprinzen von Baireuth vorgeschlagen und mir versprochen, dass er wieder gnädig sein wird. Wie ich gestehe, war für mich nichts grausamer. Um jedoch meinen lieben Papa zufriedenzustellen und dadurch den Frieden in der Familie wiederherzustellen, musste ich darein willigen.«

Wilhelmine, die aufmerksam mitgeschrieben hatte, meinte sachlich: »Es muss eine Entschuldigung hinein, damit gibt sie sich nicht zufrieden.«

Grumbkow nickte.

»… musste ich darein willigen, obgleich es mir über alle Maßen schwerfiel, es ohne die Einwilligung meiner lieben Mama zu tun. Ich hoffe, Sie wird mir verzeihen, wenn ich etwas Missfälliges tue, und Sie wird meinen grausamen Kummer nicht durch Ihre Ungnade vermehren, die mir härter wäre als der Tod.«

Er hatte die richtigen Worte gefunden, Wilhelmine schrieb sie ohne Wimpernzucken hin und erhob sich.

Thulemeier bestreute das Dokument mit Löschsand und meinte: »Die Königin kann Ihre Fügsamkeit nur gutheißen, und wenn sie es nicht tut, wird jeder sie deshalb tadeln.«

Er kennt die Königin nicht, dachte Wilhelmine, er kennt nicht ihren maßlosen Ehrgeiz und ihre Rachsucht, wenn ihre Hoffnungen sich als Fehlschläge erweisen.

Grumbkow packte die Blätter sorgfältig in seine Mappe und verneigte sich. Sie benimmt sich comme il faut, dachte er, exzellente hoheitsvolle Haltung, ein wenig mager vielleicht, aber hübsch ist sie mit ihrem schmalen Gesichtchen und den leuchtend blauen Augen, eine wahrhaftige Prinzessin. Eigentlich ein Jammer, sie nach Baireuth wegzuwerfen.

Aber von dieser wahrhaftigen Prinzessin bekam er kein Geld, das bekam er vom König. Außerdem bekam er Apanagen für seine Kooperation mit Österreich, und die wollte die englische Verbindung auf jeden Fall hintertrieben wissen. Auch er hatte Töchter zu verheiraten, und die Erwartungen der Schwiegersöhne … Stirnrunzelnd sah er auf Podewils, der um die Mitgift lange gefeilscht hatte, obwohl er ihm den guten Ministerposten zugeschanzt hatte. Ja, die Zeiten waren schwierig, die preußischen Gehälter niedrig, da brauchte selbst ein ranghoher Minister wie er zusätzliche Dukaten. Den König hatte er gut im Griff. Wenn nur diese verteufelten täglichen Trink- und Tabakorgien nicht wären, die seiner Galle zu schaffen machten.

»Dürfen wir uns zurückziehen, Königliche Hoheit?«, fragte er, während er unwillig sah, dass sein teurer Schwiegersohn noch etwas mit der Prinzessin zu tuscheln hatte. Wollte der sein eigenes Süppchen kochen?

»Podewils, kommen Sie«, sagte Grumbkow, eine Spur zu scharf.

Auf dem Gang nahm er seinen Schwiegersohn beiseite. »Was hatten Sie mit der Prinzessin zu tuscheln?«

Podewils sah ihn verächtlich an. »Wenn ich nicht mit ihr gesprochen hätte, hätte sie nicht unterschrieben. Sie glauben immer, verehrter Schwiegervater, alles mit Angst erreichen zu können. Aber diese Prinzessin hat nichts zu verlieren, sie trotzt dem König seit Monaten und gibt nicht nach – warum sollte sie es gerade jetzt tun? Da musste ich ein wenig nachhelfen.«

Grumbkow musterte ihn erstaunt. »Und wie?«

Podewils grinste ihn frech an: »Mit einem kleinen Versprechen! Zuckerbrot und Peitsche, das brauchen die Weiber, Prinzessin oder nicht. Ich habe ihr versprochen, dass diese Heirat nicht zustande kommen wird. Schließlich ist der Kulmbacher Prinz auf Kavalierstour in Paris. Wer weiß, wann er zurückkehrt und ob er diese Heirat überhaupt will!«

Grumbkow musterte seinen Schwiegersohn misstrauisch.

»Aber Sie wissen, dass das nicht stimmt? Sie wissen, dass der König bereits seit August mit dem Baireuther Markgrafen im Wort steht?«

»Natürlich weiß ich das, verehrter Herr Schwiegervater. Aber die Prinzessin weiß es nicht.«

»Sie haben sie vorsätzlich angelogen?«, fragte Grumbkow schockiert.

»Darüber mokieren ausgerechnet Sie sich? Sie, der alle Welt …« Er sah die drohend hochgezogenen Augenbrauen seines Schwiegervaters, unterbrach sich und sagte schnell: »Die Weiber wollen belogen werden. Ist nicht die gesamte Galanterie eine einzige Lüge?«

7

FRÄULEIN VON SONSFELD konnte es kaum erwarten, die Herren Minister loszuwerden, aber die Etikette erforderte die üblichen langatmigen Artigkeiten. Dann stürzte sie ins Schlafzimmer. Wilhelmine saß an ihrem zierlichen Schreibsekretär, die Feder noch in der Hand, und weinte.

»Welch ein Jahrhundert, Sonsine«, murmelte sie vor sich hin, »wir sind doch weit gekommen in der Mathematik und in der Mechanik, wir haben physikalische Entdeckungen gemacht, die uns den Aberglauben nehmen. Wir verbrennen keine Hexen mehr, wir glauben nicht mehr an Geister und übernatürliche Erscheinungen, nicht wahr? Und doch hatte ich eben eine Geistererscheinung, vier Gespenster tanzten um mich herum und jagten mir eine unaussprechliche Angst ein …«

Das Fräulein suchte ängstlich Wilhelmines Blick. War die Prinzessin irre geworden? Die Entbehrungen der letzten Wochen waren für ihre schwache Konstitution zu viel gewesen. Dann aber griff Wilhelmine nach einem der zierlich umhäkelten Taschentücher, schnäuzte sich kräftig wie ihr Vater die Nase und erzählte mit blanken, traurigen Augen, was geschehen war.

»Haben Sie etwa unterschrieben, Prinzessin?«

»Hatte ich eine Wahl?«

»Um des Himmels willen! Sie bringen sich um die englische Krone, Prinzessin! Die Tochter schuldet der Mutter Gehorsam! Die Königin meint es gut mit Ihnen! Sie durchkreuzen die Pläne der Königin! Sie wird entsetzlich aufgebracht sein.«

»Ja, sie wird toben«, sagte Wilhelmine unglücklich, aber entschlossen, »das bin ich gewohnt. Die Königin liebt ihre Kinder nur, wenn sie ihr nützen.«

»Sie liebt Sie und sie will Ihr Bestes. Diese Unterwerfung ist ein Dolchstoß in den Rücken Ihrer Mutter. Sie hätten nicht unterzeichnen dürfen, niemals! Wo bleibt Ihr Stolz, Königstochter?«

Wilhelmine betrachtete ihre Hofmeisterin erstaunt.

»Warum echauffierst du dich so sehr, Sonsine? Sahst du dich bereits als Hofmeisterin der künftigen Königin von England? Solange diese glänzende Zukunft meiner wartete, hatte ich viele Freunde. Nun werden es alle mit der Königin halten und mir den Rücken zudrehen, während sie ihren Spott über mich ergießen, denn die Aussicht auf die Pracht des Baireuther Hofes ist mit einer Karriere am englischen Hof nicht zu vergleichen, nicht wahr?«

»Auf derart törichte Freunde können Sie gut verzichten,

Wilhelmine«, sagte das Fräulein energisch, »Sie wissen, dass ich nicht so denke.«

»Eine Königstochter muss heiraten, sie ist ein wichtiges Politikum für den König. Jede Tochter vergrößert seine Macht. Er braucht Land, hast du das noch nicht begriffen? England bekommt er nicht, aber in Baireuth, da kann er alle seine Truppen aufziehen, um Habsburg die Stirn zu bieten. Also verheiratet er erst meine Schwester nach Ansbach, nun mich in die Nachbarschaft.«

Die Hofmeisterin betrachtete das vom Weinen gerötete und verschwollene Gesicht ihres Schützlings.

»Komm mit mir nach Baireuth«, sagte Wilhelmine. Ihre Stimme wackelte ein wenig, denn sie war es nicht gewohnt, um etwas bitten zu müssen.

»Noch ist nichts entschieden«, wich das Fräulein aus. Aber Wilhelmine hatte es satt, der Spielball ihrer Eltern zu sein. »Ich werde diesen Prinzen heiraten, damit Friede in der Familie ist, mein Bruder freigelassen wird und damit ich diesen entsetzlichen Hof, an dem mich keiner liebt, verlassen kann. England kümmert mich nicht mehr. Ich will fort von hier, so schnell wie möglich. Ich wünschte, ich hätte Flügel.«

Sie ging ins Nebenzimmer zu ihrem Spinett und begann zu spielen, ein Zeichen, dass sie nichts mehr hören wollte außer Musik, ihre Flügel.

Fräulein von Sonsfeld lauschte den Klängen und kämpfte mit ihrem Gewissen. Schon mit neunzehn Jahren war sie Hofdame bei Königin Charlotte geworden. Sie kannte nichts anderes als den Trubel des Hofes und die Arbeit für seine Lustbarkeiten, die Vorbereitungen auf Feste, Bankette, Redouten, Gäste. Trotz der Sparsamkeit des Königs hatte Königin Dorothea es verstanden, die Hofhaltung in ihrem Schloss Monbijou prächtig und geistvoll zu halten. Ausländische Staatsgäste, tödlich gelangweilt von Tabakorgien, Trinksprüchen und Truppenparaden des Königs, empfing eine gut gelaunte Königin mit allen Annehmlichkeiten in Monbijou.

Für diese glanzvolle Welt und ihre Etikette hatte Sonsine die Prinzessin erzogen. Ob sie als Äbtissin nach Wolmirstedt oder als Hofmeisterin nach Baireuth ginge: Es bliebe öde Provinz ohne einen Funken von Ablenkung. Sie würde ihr Leben dort nach einer Reihe glanzloser Jahre beschließen.

Ich werde bald fünfzig Jahre alt, dachte das Fräulein wehmütig, ich entstamme einem jahrhundertealten Geschlecht, was keinen Kreuzer einbringt. Sie war arm wie die sprichwörtliche Kirchenmaus, aber sie hatte nie nach einer guten Partie gesucht. Stolz war sie auf ihre Unabhängigkeit gewesen, nie hatte sie sich vom Vermögen eines Ehemannes abhängig gemacht. Sie hatte die Elenden gesehen, deren Männer das Geld vertranken, verspielten oder bei ihren Mätressen ließen. Würdelos und arm war das Leben dieser Frauen, die ihre jährlich wachsende Kinderschar durchzufüttern hatten. Aber heute kam ihr zum ersten Mal der Gedanke, dass auch sie abhängig war, nicht von den Launen eines Gatten, sondern von der Gunst der Königin.

»Verlasse das sinkende Schiff, hier ist nichts mehr zu holen!«, flüsterte die intrigengewohnte Hofdame.

Ihre protestantische Erziehung sagte: »Die Prinzessin hat deine Auspeitschung verhindert, und du zögerst, ihr die Treue zu halten? Schäm dich!«

»Geh nur, beschließe dein Leben in der Provinz am Kamin!«, spottete die Hofdame.

Ihr Pflichtbewusstsein als Hofmeisterin entgegnete grollend: »Auspeitschen, lächerlich! Treue bis in den Tod zu deinem König und seiner Tochter, der Prinzessin.«

Aber der Mensch handelt nicht aus Dankbarkeit, dachte Sonsine.

Am nächsten Morgen lag neben Wilhelmines Schokoladenbecher ein kleines Billett. Es war von einem schüchternen Diener überbracht worden. Die grimmige Wache war im Morgen abgezogen. Das Billett bestand nur aus wenigen Zeilen: »Ich freue mich, liebe Wilhelmine, dass Sie sich dem Willen Ihres Vaters unterwerfen. Gott wird Sie dafür belohnen, und ich werde Sie nicht im Stiche lassen, sondern zeitlebens für Sie Sorge tragen und Ihnen jederzeit beweisen, dass ich Ihr treuer Vater bin.«

Sie hielt Sonsine das Billett unter die Nase: »Sieh nur! Von Seiner Hand geschrieben!«

Einige Minuten standen sie sich stumm gegenüber. Dann fielen sie sich in die Arme.

»Das Ende der Gefangenschaft meines Bruders«, flüsterte Wilhelmine.

»Und der unsrigen«, flüsterte die Hofmeisterin bewegt.

»Den Lustgarten in Monbijou genießen«, flüsterte Wilhelmine.

»Wieder hinausfahren, unter Menschen«, raunte das Fräulein.

»Meinen Bruder wiedersehen, wieder mit ihm scherzen und lachen«, seufzte Wilhelmine.

»Wieder einmal richtig soupieren«, stöhnte das Fräulein.

Beide mussten lachen, ohne einander loszulassen.

Es klopfte. Der Diener meldete Frau von Borck, eine Hofdame der Königin.

»Die Gattin des Generals, der Ihre Unterschrift erpresste!«, meinte das Fräulein ängstlich.

Die Hofdame kam herein, in einen Umhang gehüllt, machte einen tiefen Hofknicks vor Wilhelmine und griff nach ihrer Hand, um sie zu küssen. Wilhelmine gab dem Diener einen Wink, der der Dame den Umhang abnahm. Durch diese Geste signalisierte sie Zeit und Gewogenheit. Nichts wäre schlimmer, als dass diese Dame ihrem Gatten Negatives berichten würde, das beim König landen würde.

»Königliche Hoheit!«, begann Frau von Borck, »ich bin enchantée, dass Sie sich mit dem König versöhnt haben!«

»Was blieb mir übrig? Vor vier Generälen *musste* ich mich ergeben«, sagte Wilhelmine trocken.

Frau von Borck lächelte etwas geniert. Die zwanglose Art des Spottens, die sich die jungen Prinzen und Prinzessinnen als neue Mode der Konversation angewöhnt hatten, fand nicht ihren Beifall. Sie war nicht ihres Humors oder ihres Geistes wegen zur Hofdame ernannt worden, sondern weil ihr Gatte Kabinettsminister war. Aber sie hatte eine schlechte Botschaft und war entschlossen, sie verbindlich zu überbringen. Also lächelte sie und sagte freundlich: »Nun werden Sie heiraten, Hoheit, es wird ein wundervolles Fest werden. Sie haben Ihren Vater sehr glücklich gemacht.«

Wilhelmine betrachtete die Hofdame nachdenklich.

»En premier lieu möchte ich meine gesamte Familie glücklich machen«, sagte sie, »ich hoffe sehr, dass die Königin mir ihre Gunst nicht versagt. Wie ist ihr Befinden?«

»Ihre Majestät litt unter entsetzlicher Migräne. Entre nous, der Aufenthalt in Potsdam ist für Damen wenig abwechslungsreich. Die Königin sehnt sich nach der Heiterkeit von Monbijou.«

Sie sah Wilhelmine an und fügte hinzu: »Monbijou ist der Königin wundervoll gelungen, nicht wahr?«

»Alle Welt spricht von nichts anderem«, sagte Wilhelmine gnädig, »und die Wasserspiele sind bezaubernd.« Unvermittelt fügte sie hinzu: »Gestern las ich in der römischen Geschichte, dass im antiken Rom die Überbringer schlechter Nachrichten geköpft wurden. Wussten Sie das?«

Frau von Borck erbleichte. Wilhelmine weidete sich an ihrem Anblick und meinte großzügig: »Wie gut, dass wir nicht mehr im antiken Rom leben, n'est-ce pas?«

Und als der armen Hofdame partout keine passende Replik einfallen wollte, streckte sie einfach die Hand aus. Die erschrockene Hofdame nestelte aus ihrem Ärmel einen Brief heraus und reichte ihn wortlos der Prinzessin.

»Sie entschuldigen mich«, sagte Wilhelmine, ging mit dem Brief in ihr Schlafzimmer und schloss die Tür hinter sich.

Frau von Borck sank auf einen Stuhl und hob hilflos die Schultern. »Die Königin rast vor Zorn«, flüsterte sie dem Fräulein zu, »sie fühlt sich von ihrer Tochter verraten.«

Das Fräulein seufzte. »Das stand zu befürchten. Aber was hätte die Prinzessin tun sollen?«

»Dieser Kabinettsorder hätte sich nicht einmal sein tapferster Offizier zu widersetzen gewagt, sagte mein Mann. Nichts als gemeine Erpressung ...«

Die Tür sprang auf, Wilhelmine stand im Raum. Es roch, als ob Feuer ausgebrochen sei, und genau so sah sie aus: kreidebleich, mit rußigen Händen und wirren Haaren. Das Fräulein sprang auf, griff die Wasserkaraffe und stürzte ins Schlafzimmer. Sie erwartete helle Flammen, aber nur einige Papiere kokelten im Kamin.

Frau von Borck fasste Wilhelmine um die Schultern und geleitete sie zu dem kleinen Sessel, auf den Wilhelmine kraftlos niedersank. Das Fräulein stürzte aus dem Schlafzimmer und flößte ihr Wasser aus der Karaffe ein. Wilhelmine zitterte.

»Ich habe zu wenig Fantasie«, stammelte sie mit bebenden Lippen, »ich konnte mir nicht ausmalen, wie sich der Zorn der Königin ausmachen würde.«

Das Fräulein blickte zur Hofdame. »Himmel, was haben Sie der Prinzessin überbracht?«, sagte sie zornig. »Es hätte ihr Tod sein können!«

Die Hofdame von Borck war aufgesprungen und zerrte erschrocken einen Flakon Riechsalz aus ihrem Rock.

»Hoheit, verehrte Prinzessin! Es war der Befehl der Königin ... ich musste doch ...«

»Natürlich mussten Sie. Wie perfide von der Königin, ausgerechnet Sie zu schicken, nachdem der König Ihren Gatten mit der Kabinettsorder betraute. Ein Machtspiel, das auf meinem Rücken ausgetragen wird.«

Sie blickte ihre Hofmeisterin an. »Verstehst du mich nun, Sonsine?«

Sonsine verstand, sie hatte immer verstanden, aber nicht gebilligt. Sie sah zu dem Sprung im Fenster. Kaum war der böse alte Mann halbwegs versöhnt, zeigte eine harte, ehrgeizige Mutter ihre Krallen. Arme Wilhelmine. Begriffen diese Eltern nicht, was sie an ihrer Tochter hatten? Waren sie unfähig, Güte zu zeigen?

Wilhelmine lächelte mühevoll und strich nervös über ihr Kleid. Schwarze Rußstreifen zeichneten sich auf der zarten Seide ab. Sie sei nicht imstande, der Königin zu antworten, sie fühle sich zu schwach. Frau von Borck möge übermitteln, was sie für richtig halte.

Die Hofdame küsste Wilhelmine die Hand und entfernte sich demütig. Das Fräulein brachte sie zur Tür und kehrte zu Wilhelmine zurück, die vor sich hin starrte.

»Um Himmels willen, Sie sind ja völlig außer sich! Was schrieb Ihnen die Königin?«, fragte sie besorgt, während sie Wilhelmine nötigte, einen Schluck Wasser zu trinken.

»Ich habe den Brief verbrannt. Ihre Worte sind schrecklich, Sonsine, so schrecklich! Kein Kind sollte je einen solchen Brief seiner Mutter aufheben, wenn es nicht lebenslanges Unglück erwarten will.«

Aber die Sätze hatten sich in ihr Herz gebrannt und ließen sich nie wieder auslöschen: »Sie durchbohren mir das Herz, indem Sie mir den größten Kummer zufügen, den ich jemals erfahren habe. Ich habe all meine Hoffnung auf Sie gesetzt, aber ich kannte Sie schlecht. Sie haben mir auf geschickte Weise die Bosheit Ihres Herzens und Ihre niedrige Gesinnung verheimlicht. Ich bereue all meine Güte für Sie und meine Sorge um Ihre Erziehung und alle Mühen, die ich Ihretwegen auf mich nahm. Ich erkenne Sie nicht länger als meine Tochter an und sehe in Ihnen von nun an eine ärgste Feindin, denn Sie haben mich meinen Gegnern, die jetzt triumphieren, geopfert. Ich schwöre Ihnen ewigen Hass und werde Ihnen niemals verzeihen«, schrieb die Königin ihrer Tochter.

8

»WER FÄHRT DA VOR, Hermine?«, fragte Amalie. Die siebenjährige Prinzessin, Wilhelmines jüngste Schwester, stand am Fenster des kleinen Saales, in dem die Königin am Abend soupieren wollte.

»Das muss *er* sein!«, flüsterte Wilhelmine aufgeregt. Sie beobachtete einen schlanken Mann, der etwas ungelenk einer sechsspännigen Kutsche entstieg, die vor der großen Außentreppe gehalten hatte. Der Mann sah sich im Schlosshof um, der inzwischen gefegt und von Unrat befreit worden war, weil die Truppenrevue des Königs am nächsten Tag bevorstand. Er klopfte noch seinen Reisemantel ab, als ein junger Mann aus der Kutsche sprang. Er reckte sich ausgiebig, drehte den Kopf hin und her, streckte die Arme aus und betrachtete neugierig den Schlosshof.

»Ich dachte, nur Prinzen haben das Vorrecht, an der großen Treppe vorzufahren«, fragte Amalie. Ihre Hofmeisterin Hermine von Jocour, die nun ebenfalls neugierig hinunterspähte, bestätigte dies.

»Es ist ein Prinz … und es ist mein Bräutigam«, sagte Wilhelmine mit Grabesstimme.

»Was hat der an, dein Bräutigam?«, fragte Amalie interessiert.

Der Erbprinz von Baireuth, nur er konnte der Jüngere sein, war tatsächlich ungewöhnlich modern gekleidet. Sein Anblick hatte nichts von der soldatischen Kargheit des blauen Tuches, in die preußische Männer gewöhnlich gekleidet waren. Stattdessen schauten Spitzen aus den Ärmeln seines reich verzierten weinroten Justaucorps, ein weiteres Spitzenjabot zierte seinen Ausschnitt statt des schlichten Krawattenbandes. Die eigentliche Sensation aber waren seine Strümpfe.

»Himmelblau«, flüsterte Amalie beeindruckt, »und Strumpfbänder trägt er auch!«

»Die neueste französische Mode!«, rief Hermine aufgeregt. Wilhelmine fuhr blitzschnell zurück, als der Prinz nach oben zu den erleuchteten Fenstern schaute. Sie kicherte nervös und versuchte erfolglos, ihre kleine Schwester vom Fenster wegzuzerren.

»Wenn er uns sieht«, flüsterte sie aufgeregt. Amalie sah sie mit kindlichem Ernst an und meinte: »Es ist dein Bräutigam, willst du ihn nicht kennenlernen?«

»Aber doch nicht so!«, rief Wilhelmine. »Soll ich ihm etwa winken?«

Amalie fand den Gedanken völlig normal und tat es. Zu ihrem Entzücken lachte der junge Mann und warf dem ernsthaften Kindergesichtchen eine Kusshand hinauf.

»Er ist comme il faut«, urteilte die Kleine und wandte sich um. »Sein Lachen ist echt, nicht so gekünstelt wie das von Grumbkow. Warum winkt ihr nicht?«

»Sonsine, er sieht nicht aus wie ein bayerischer Lodenbauer, sondern wie ein gentilhomme! Und so jung! Wie findest du ihn?«, fragte Wilhelmine, während sie ihre kleine, sich sträubende Schwester vom Fenster wegzog.

Die Hofmeisterin war angenehm überrascht vom eleganten Äußeren des Prinzen und seines Begleiters. Aber sie hatte der Königin nach Wilhelmines unseliger Unterschrift unter die Kabinettsorder ihre Unterstützung versprochen, um Wilhelmines standesgemäße englische Heirat doch noch zustande zu bringen.

»Warum ist der Prinz mit der Postchaise gekommen, hat er keine eigene Kutsche?«, fragte Amalie.

»Immerhin hat er sich sechs Pferde geleistet, unvermögend scheint er nicht zu sein«, sagte Hermine mit Kennermiene.

Der Prinz komme direkt aus Paris, er habe seine Kavalierstour abgebrochen, erklärte Sonsine.

»Wegen mir!«, sagte Wilhelmine. »Dabei hätte ich ihn lieber in Paris aufgesucht! Warum dürfen wir Frauen keine Grand Tour machen? Ich würde nach Italien reisen! Florenz, Venedig, La Croze hat mir davon erzählt, es müssen wunderschöne Städte sein. Und immer sonnig und warm!«

»Vielleicht zur Hochzeitsreise«, sagte das Fräulein giftig. Die Idee dieser Hochzeit war ihr nach wie vor zuwider.

In diesem Moment trat die Königin mit ihren Damen ein. Sie gab Amalie einen liebevollen Nasenstüber, klatschte in die Hände und rief: »Allez au lit, princesse!«

Als das ernsthafte Mädchen gegangen war, fragte sie nervös: »Hörte ich eben eine Kalesche? Wer ist jetzt noch vorgefahren? Unsere Gäste sind doch vollzählig?«

Da Wilhelmine nicht wagte, den Zorn ihrer Mutter herauszufordern, übernahm es die Hofmeisterin, der Königin zu sagen, dass der Erbprinz von Baireuth soeben angekommen sei. Die Königin wechselte die Farbe. Dann fing sie sich wieder und bat zum Souper.

»Das Medusenhaupt hätte keinen schrecklicheren Eindruck erwecken können als diese Nachricht«, flüsterte Wilhelmine ihrer Hofmeisterin später bei Tisch zu. Tatsächlich war die Königin weiß wie eine Wand geworden. So schnell hatte sie nicht mit dem Erbprinzen gerechnet.

Wilhelmine durchlitt eine Nacht mit Panikattacken und nervösen Schlafstörungen. Das Fräulein bemühte sich, ihr die Ängste auszureden. Der Erbprinz von Baireuth würde ihr bei der Revue vorgestellt werden, na und? Sie würde ein paar Worte mit ihm wechseln, freundlich, aber herablassend, um der Etikette Genüge zu tun. Dennoch stand Wilhelmine um vier Uhr in der Frühe auf, um die grausigsten Kopfbedeckungen vor dem Spiegel aufzusetzen, die Modisten je erfunden hatten.

Sie müsse ihr Gesicht verbergen, meinte sie, aber es ging eher darum, ihre Verlegenheit zu verbergen.

»Ich habe noch nie mit einem Mann gesprochen, der mein Bräutigam werden soll«, sagte sie verzweifelt, »Sonsine, was soll ich sagen?«

Sonsine erinnerte sie daran, dass sie oft mit Herren gesprochen hatte, die für sie als Bräutigam vorgesehen waren, dem Herzog von Schwedt, dem Herzog von Weißenfels, sogar mit dem König von Sachsen …

»Sonsine! Das waren Männer, die ich mir vom Hals halten musste! Wie *das* geht, weiß ich!«, sagte sie.

»Was wollen Sie heute?«, fragte das Fräulein erstaunt.

Wilhelmine lächelte verträumt unter drei entsetzlichen, mit Rüschen und Seidenblumen verzierten Kappen, die sie sich übereinander aufgestülpt hatte.

»Ich will ihm gefallen«, sagte sie.

❧ 9 ❧

DER 28. MAI 1731, der Tag der großen Truppenrevue, versprach ein wunderschöner Maitag zu werden. Mit der Kraft einer leuchtenden Orange bestrahlte die aufgehende Sonne Berlin.

»Kommen Sie, Tochter, oder wollen Sie durch Ihre Säumigkeit den König verärgern?«, sagte die Königin gereizt. Sie hatte keinen Blick für die neue Kutsche, den weißen Phaeton, einen hochmodernen, eleganten Wagen mit besonders weicher Federung, der mit sechs prächtigen Schimmeln bespannt war.

Oberst Wachholtz, der die Majestäten zu Pferd begleitete, grüßte zackig. Wilhelmine stieg in den offenen Wagen neben ihre Schwester Charlotte. Die freche Fünfzehnjährige sah sie seit Monaten zum ersten Mal wieder. Umständlich nestelte sie an Handschuhen und Hutbändern und ordnete die Falten ihres roten Kleides, das mit goldenen Brandenburger Tressen uniformähnlich geschmückt war, dem Anlass entsprechend prächtig, aber nicht französisch, denn diese Mode bezeichnete der König als »Zieraffengetue« und hatte sie untersagt.

Auf dem Tempelhofer Feld standen 20.000 Soldaten in geordneten Reihen. Helme und Litzen blitzten in der Morgensonne, Federbuschen und Fahnen wehten im Wind, Pferde wieherten und scharrten ungeduldig mit den Hufen. Der Phaeton fuhr die langen Reihen ab.

»Diese Truppen sind ebenso tapfer wie prächtig anzusehen«, sagte Wilhelmine beeindruckt, und die Königin, würdevoll nach allen Seiten nickend, murmelte ein desinteressiertes »In der Tat«.

Leider hörte Oberst Wachholtz sie nicht, so dass er dem König nicht berichten konnte, wie seine älteste Tochter begeistert hinzufügte: »Erwirbt sich nicht der König unsterblichen Ruhm durch diese wundervolle Disziplin seiner Heere? Ist diese Disziplin nicht der Grundstein zur Macht und zum Ruhm unseres Hauses?«

Der Oberst beugte sich in diesem Moment vom Sattel zum Phaeton hinüber und flüsterte der Königin zu, er habe Befehl, ihr den Prinzen von Baireuth vorzustellen. Die Königin teilte dies ihrer Tochter, sei es aus Bösartigkeit oder aus Hochmut, nicht mit. Während Wilhelmine noch mit Blicken, die eines Feldmarschalls würdig gewesen wären, die Truppen musterte, näherte sich Oberst Wachholtz wieder, von einem jungen Mann zu Pferd begleitet. Der Erbprinz war nicht mehr in den prächtigen französischen Gehrock und seidene Strümpfe gekleidet, sondern trug die blaue Uniform der Brandenburger Kürassiere mit blankem Brustharnisch, der in der Sonne leuchtete. Wilhelmine erkannte den Prinzen dennoch sofort und verstummte. Steif saß sie der Mutter gegenüber und wagte nicht, ihn anzusehen. Die Königin empfing ihn sehr von oben herab und richtete einige gleichgültige Fragen an ihn.

Es war heiß geworden, und Wilhelmine schwitzte, aber nicht allein wegen der Hitze. Eine entsetzliche Angst überfiel sie während der hochmütigen Konversation der Königin. Was waren schon die rauen Bemerkungen des Königs und seiner Generale gegen den Hochmut der Königin? Die gröbste Zote konnte ihn nicht so verletzen wie ihre Überheblichkeit. Sie schielte zu ihm hinüber. Er sah so jung aus, so verletzlich.

Aber der Prinz machte sich gut zu Pferd. Höflich, keineswegs schüchtern, beantwortete er die gleichgültigen Fragen der Königin. Ihrem Hochmut begegnete er durchaus gelassen, ja, humorvoll, wie Wilhelmine fand, und sein Französisch war ausgezeichnet. Kunststück, er kam ja geradewegs aus Paris. Wie jung er ist, und schon so welterfahren, dachte sie, während sie ihn verstohlen betrachtete. In diesem Augenblick blickte er sie an.

Eine heiße Welle überflutete sie, als er ihr in die Augen schaute, und sie ärgerte sich, weil sie spürte, dass ihr Gesicht rot anlief. Blitzartig drehte sie den Kopf zu ihrer Schwester und wollte sie etwas fragen, aber diese sah sie nicht an, sondern drehte kokett ihr Sonnenschirmchen in den kindlichen Händen und lächelte den Prinzen an. Sie lächelte ihn einfach an! Wilhelmine schaute zur Mutter, aber diese hatte den Dunst der Hochnäsigkeit so weit um sich ausgebreitet, dass sie nichts wahrnahm, nicht einmal die Schamlosigkeit ihrer Tochter Charlotte.

Bis zum Empfang, der in den Gemächern der Königin stattfinden sollte, war Wilhelmine gegen ihren Willen entsetzlich aufgeregt. Wir werden geboren, um gut verheiratet zu werden, dachte sie. Mit Neigung hat das nichts zu tun, was also soll dieses Herzklopfen. Bei einer unüberwindlichen Abneigung darf die Hochzeit nicht stattfinden, das war, nachdem der König die »Gottesgelehrten« befragt hatte, noch einmal geklärt worden. Die Königstochter musste einverstanden sein, aber er? Wer hatte den Erbprinzen gefragt? Womöglich hatte er Charlotte für seine Braut gehalten, weil sie ihn angelächelt hatte. Hatte er das schwitzende hochrote Wesen gegenüber der Königin in der Kutsche überhaupt wahrgenommen? Wie ein Frosch hatte sie dagesessen und einen Haufen Unsinn gequakt, bevor sie ihn bemerkte. Jetzt bereute sie, dass sie diese unmöglichen Kappen mit den entsetzlichen Rüschen und Spitzen übergestülpt hatte, was hatte sie sich nur gedacht?

Pah, als ob es darum ginge, dachte sie verächtlich. Für einen kleinen Markgrafen durfte die Braut auch blatternarbig und verwachsen sein, er musste es als eine Ehre betrachten, die Tochter des Königs von Preußen zu ehelichen. Was war er schon, was hatte er ihr zu bieten? Aber diese Offenheit im Blick, die hatte nicht einmal Fedéric. Ein offener Blick und ein direktes Wort waren an diesem Hof so fehl am Platze wie an dem des Kaisers von China, wenngleich hier nicht sofort geköpft wurde …

Katte fiel ihr ein, und die Kehle wurde ihr eng. Doch, es wurde geköpft, auch in Preußen. Höchste Zeit, von hier zu verschwinden, und dies konnte sie nur mit diesem kleinen Habenichts. Wenigstens war er jung und gutaussehend, und falls er dumm war, damit konnte sie umgehen.

Endlich war diese Truppenrevue zu Ende. Sie eilte in ihre Kleiderkammer … Es gab nichts darin, was ihr gefiel. Ärgerlich wühlte sie zwischen den Kleidern. Das weiße? Das würde den Eindruck vermitteln, sie wolle schnell ein Hochzeitskleid tragen. Grün? Unmöglich. Das Samtene? Sah nach Winter aus, und die Schleppe war von vorvorgestern. Aber da war das Grauseidene, das ihre blauen Augen leuchten ließ. Es war für Empfänge ausländischer Gäste angefertigt worden, wie passend. Sie befahl der Dienerin, nach der Schneiderin zu schicken. Ruhig erläuterte sie der Herbeigeeilten die Änderungen. Hier ein kleines Jabot, ein moderneres Halsband dazu, und wie sahen die neuen kleinen Aigretten aus, die so hübsch im Haar steckten? Spitze oder Blumen? Und der Ausschnitt, war der nicht längst unmodern? Ein wenig mehr Busen könne sie doch wohl zeigen, ohne dass es unangenehm auffiele?

Bloß nicht Sonsine fragen, die würde wieder etwas zur Etikette sagen, und warum sich dies nicht schicke und jenes nicht, dieses französisch war und jenes nicht. Alles, was ihr gefiel, war französisch, kein Wunder, die Mode wurde nicht in Preußen erfunden. Sonsine würde so lange argumentieren, bis sie in die alte Robe schlüpfen und neben dem modisch gekleideten Prinzen wie seine Gouvernante aussehen würde.

Die graue Seide raschelte, als sie in das Kleid schlüpfte. Die Schneiderin schloss sorgfältig Haken um Haken, während Wilhelmine sich im Spiegel betrachtete. In kürzester Zeit hatte die junge Frau Wunder vollbracht. Das Dekolleté war geschickt ein wenig größer ausgeschnitten und nach der neuesten Mode mit zarter weißer Spitze umrandet, die ihre weiße Haut betonte. Eine zierliche Halskrause aus dieser Spitze komplettierte das Dekolleté, und auf die gepuderten Löckchen setzte ihr die Schneiderin eine Straußenfeder.

»Das ist zu gewagt«, wehrte Wilhelmine ab, »die Königin wird eine ihrer medisanten Bemerkungen machen.«

Die Schneiderin wollte die Feder nicht weglassen: »Sind Königliche Hoheit nicht lange genug nach der Mode der verstorbenen Königin gekleidet worden?«

Wie wahr! Sie sah in den Spiegel, und sie sah sich, die kleine Minna.

»Willst du das Märchen von der Prinzessin hören, die unbedingt erwachsen werden wollte, kleine, geschickte Schneiderin?«

Sie wartete die Antwort nicht ab und fuhr fort: »Einmal wurde die kleine Prinzessin krank. Erst Dysentrie, die Ruhr, sie wütete in ganz Berlin. Ihr kleiner Bruder starb, und sie musste in ihr Zimmer und durfte niemanden sehen. Sie hatte so viel Ärger und Verdruss, dass ihr die Galle ins Blut trat und sie acht Tage nach ihrem ersten Ausgang von der Gelbsucht befallen wurde.

Prinzessinnen sind empfindsam. Sie litt zwei Monate an der Gelbsucht. Kaum genesen, verfiel sie in die nächsten, viel gefährlicheren Krankheiten: Scharlach. Dann Pocken. Dann Fleckfieber. Gegen alle diese Krankheiten gab es kein Mittel, nicht einmal am Hof des Königs, denn die naturwissenschaftliche Forschung war nach Jahrhunderten kirchlicher Verfolgung sehr im Rückstand. Die Pockenimpfung hielt man für gefährlichen Aberglauben. Inzwischen war die Königstochter in einen lethargischen Zustand verfallen, und der König und die Königin machten sich große Sorgen.«

Wilhelmine verstummte, hielt sich die Feder prüfend vor die Coiffure und murmelte traurig: »Hätte man mich doch in Frieden von dieser Erde scheiden lassen. Es wäre zu meinem Glück geschehen. Allein, ich war auserwählt, tausendfaches Missgeschick zu erdulden. Hatte nicht dieser gefangene schwedische Hauptmann meine Hand betrachtet und gesagt: Solch Unglück bringende Linien sah ich nie zuvor.«

Die Feder fiel zu Boden.

»Aber es geschah ein Wunder, die Prinzessin genas«, fuhr Wilhelmine fort. »Keine Narbe blieb auf ihrer weißen Haut zurück, sie war sogar reiner und zarter als zuvor. Den König beglückte es so sehr, seine Tochter gerettet zu sehen, dass er ihr befahl, eine Gunst von ihm zu erbitten. – Mein liebster Papa, ach, bitte, ich beschwöre Sie, ich bitte Sie: lassen Sie mich die Kinderkleider ablegen. Ich brauche schon lange kein Gängelband mehr. Man soll mich als Erwachsene behandeln.

Der König lachte sehr über ihren Einfall.

– Es sei Ihnen gewährt, sagte er, ich verspreche Ihnen, dass Sie nicht mehr im kurzen Kleide erscheinen sollen.

Die kleine Prinzessin war außer sich vor Freude.«

Die Schneiderin lächelte sanft und legte Wilhelmine die cremefarbene Spitzenstola um die Schultern.

Wilhelmine betrachtete nachdenklich ihr Spiegelbild und murmelte: »Wie glücklich ist man in Kinderjahren! Die geringste Kleinigkeit erfreut und erheitert uns.«

Laut fuhr sie fort: »Der König hielt Wort und befahl der Königin, mir die Courschleppe anzulegen. Sechs Monate war ich krank gewesen. Wie selig war ich, mein Zimmer nicht in Kinderkleidern zu verlassen. Ich stellte mich vor den Spiegel, um mich zu betrachten, und kam mir nicht uninteressant vor in meinem neuen Staat. Genau wie heute. Ich studierte alle meine Bewegungen und meine Schritte, um wie eine Erwachsene auszusehen, kurz, ich war mit meiner kleinen Person sehr zufrieden. Triumphierend ging ich zur Königin hinab und war auf einen großartigen Empfang gefasst. Wie ein Cäsar zog ich aus, und wie ein Pompejus kehrte ich zurück. Schon als sie mich von weitem erblickte, rief die Königin: Mon Dieu, wie sehen Sie aus! Das ist ja eine stattliche Figur! Sie sehen auf ein Haar einer Zwergin gleich!«

Wilhelmine drehte sich vor dem Spiegel im Kreise und lachte. Tränen liefen ihr die Wangen hinunter, aber sie lachte, immer wieder, ein schreckliches Lachen.

»Königliche Hoheit sehen wundervoll aus«, stammelte die Schneiderin, die nichts von Cäsar, noch weniger von Pom-

pejus wusste. Sie suchte nach einem Taschentuch und trocknete der Prinzessin sanft die Tränen: »Jeder wird Sie bewundern, keiner wird Sie auslachen.«

Und als Wilhelmine noch immer in den Spiegel starrte, als
lauere in ihm die Zwergin, sagte sie schnell: »Mit der Feder
ist Ihnen der Sieg gewiss.«

Schon war die Feder um die Hälfte gekürzt und saß wie
ein verwegenes Hütchen auf der Coiffure. Wilhelmine lachte
begeistert: »Wenn ich jetzt die Laute mitnehme, sehe ich aus
wie eine fahrende Sängerin«, und die Schneiderin lachte mit
und bat sie ernsthaft, nicht mit der Laute zum Empfang zu
erscheinen, dafür aber mit der Stola.

10

Wilhelmines Auftritt beim Empfang wurde ein Erfolg,
sehr zum Missfallen der Königin. Sie richtete kein einziges
Mal das Wort an den Erbprinzen Friedrich von Brandenburg-
Kulmbach und behandelte ihn sehr von oben herab. Aber der
Prinz ließ sich die gute Laune nicht nehmen und bat schlau
den Oberst Wachholtz, ihn bei Wilhelmine vorzustellen.

Es war Gala befohlen, und er trug einen schlichten Anzug aus grauer Seide. Auf die hellblauen Strümpfe und die Strumpfbänder hatte er zugunsten einfacher weißer Strümpfe verzichtet und sich den preußischen Zopf binden lassen. Vermutlich hatte man ihn gewarnt, dass der König »Laffen«, also gut gekleidete Männer, noch weniger ausstehen konnte als französisch herausgeputzte Damen. Da stand er, als einzigen Schmuck seine blaugrauen Augen unter schön geformten Augenbrauen, und seine offene, sympathische Physiognomie.

Wilhelmine war froh, dass er groß und gut gewachsen war, nicht wie dieser Mops von Schwedt, der sich auf seinen Bauch auch noch etwas zugute hielt. Als der Oberst ihr Friedrich vorstellte, stand leider die Königin hinter ihm, so dass Wilhelmine ihm nicht in die Augen schauen konnte, ohne die hochgezogenen Augenbrauen der Mutter zu sehen. Sie hörte nicht, was er sagte, sie hörte nur, dass der Klang seiner Stimme angenehm und seine Ansprache keineswegs schüchtern war. Er lächelte sie an. Vor Verlegenheit brachte sie kein Wort heraus.

Die Königin hatte nicht bedacht, dass sie sich den Zorn ihres Gatten zuziehen würde, der die Szene beobachtet hatte. Wütend stapfte er in sein Kabinett und befahl Grumbkow, die Königin und Wilhelmine auf der Stelle zu ihm zu schicken. Ohne sich anzusehen, eilten die Damen mit fliegenden Roben aus dem Saal. Der König stand mit umwölkter Stirn an seinen Schreibtisch gelehnt.

»Sie wissen, dass ich meine Tochter dem Prinzen von Baireuth versprochen habe. Am kommenden Sonntag wird das Verlöbnis sein. Ich versichere Ihnen meine Gunst und Liebe, wenn …« Er hielt inne, nahm Wilhelmines Hand und legte sie in die Hand der Königin, »… wenn Sie sich ihm freundlich erweisen.«

Die Königin war zusammengezuckt, als hätte er ihr eine Feuerqualle in die Hand gelegt.

»Am kommenden Sonntag! Aber wie soll ich bis dahin alles für die Feier …« Er fuhr ihr über den Mund: »Seien Sie hingegen meiner vollsten Entrüstung gewärtig, falls Sie sich nicht entgegenkommend erweisen.«

»Aber ich war doch nicht …«, begann die Königin, da schrie er sie in einem seiner unvermittelten Wutausbrüche an: »Zum Teufel auch! Ich werde Ihren Umtrieben ein Ende zu machen wissen und mich auf blutige Weise rächen!«

Die Königin entfärbte sich. Schnell ging sie auf ihn zu und küsste seine Hand. »Mein Gemahl, selbstverständlich werde ich meinen künftigen Schwiegersohn würdig empfangen. Ich könnte ein Fest in Monbijou …«

»Arrangieren Sie, was Sie wollen, Eversmann und Grumbkow werden Sie in jeder Weise unterstützen.«

Das glaube ich, dachte Wilhelmine, die nicht gewagt hatte, ein Wort zu sagen. Diese Erniedrigung in ihrer Gegenwart würde die Königin an ihr rächen.

Der König musterte seine Tochter zufrieden.

»Die Brautleute müssen sich ein wenig kennenlernen, in geziemender Weise, versteht sich. Eine Schönheit, unsere Tochter, nicht wahr?«

Er kniff Wilhelmine in die Wange. »Nur ein wenig schlicht … für ihr Verlöbnis werden Sie ihr einige schöne Stücke von Ihrem Geschmeide leihen.«

Die Königin versprach es ihm. Wilhelmine spürte, wie sie ihre Wut unterdrückte, und vermied es, ihre Mutter anzuschauen.

»Aufs Beste geschmückt will ich mein Minneken sehen!«, sagte der Vater und gab der Königin einen derben Klaps auf den umfangreichen Faltenwurf ihres Gewandes an die Stelle, wo er jenen Körperteil vermutete, der ihn immer wieder aufs Neue mit seiner Gattin versöhnte.

Sie kehrten in den großen Saal zurück und schritten direkt

auf den Erbprinzen zu, der sich charmant über die Hand der Königin beugte.

»Hier, meine Königin, ist Ihr zukünftiger Schwiegersohn, der Erbprinz von Brandenburg-Kulmbach«, sagte der König und fügte lachend hinzu: »Der Sohn des schlauen Markgrafen Friedrich Karl, der mir mein Franken wieder abgeluchst hat.«

Friedrich blickte auf und in lächelnde Gesichter. Die Königin sagte liebenswürdig: »Wenn Er die Ausdauer und die Klugheit Seines Vaters geerbt hat, wird Er unserer Tochter ein würdiger Gatte sein.«

Auf diese Weise wechselten sie noch einige Höflichkeiten. Nach dem eisigen Empfang dachte Friedrich, er träume. Nur Wilhelmine wusste nichts zu sagen und sah hochnäsig drein, wie er es schon kannte. Der Zeremonienmeister meldete, dass die Tafel bereit sei. Die großen Flügeltüren öffneten sich. Zufrieden blickte der König in den Weißen Saal, dessen Ausschmückung seine Erfindung war. Weißer Stuck statt in Gold gefasste Deckengemälde, das war preisgünstiger, schlichter und dennoch edel und eines Königs würdig. Unanständig, wer während des Essens an die Decke zu nackten Weibern schielt, pflegte er zu sagen. Festlich schimmerten die Kerzen in schweren silbernen Leuchtern, die die Tafel schmückten.

»Führen Sie statt meiner die Königin zur Tafel«, befahl der König dem überraschten Erbprinzen und fügte hinzu: »Sie müssen mich entschuldigen, meine Liebe. Diese Revue, Sie wissen. Ich bin schon vor den Hühnern aufgestanden.«

Die Königin äußerte mit gewinnendem Lächeln Verständnis. Kaum hatte der König den Saal verlassen, sagte sie zu einer der neben ihr stehenden Hofdamen laut und vernehmlich: »Es ist etonnement, wer sich so alles um meine Tochter bewirbt ... da könnte ja jeder Duodezfürst kommen.«

Wilhelmine glaubte in den Boden versinken zu müssen. Nun trieb sie wieder dasselbe Spiel mit ihm! Hilflos nahm sie auf dem ihr zugewiesenen Stuhl Platz. Nicht einmal sprechen konnte sie von dort aus mit dem Prinzen. Die Kehle war ihr wie zugeschnürt, obwohl der König ein prächtiges Essen befohlen hatte. Über sechzig Schüsseln mit Rehbraten, gefüllten Kapaunen und knusprig gebratenen Wachteln wurden gereicht, und es schien, dass der Prinz kräftig zulangte und sich glänzend amüsierte – kein Wunder, zu seiner Rechten saß die kleine kokette Charlotte.

11

»WAS HÄLTST DU DAVON, Voit?«, fragte Markgraf Friedrich seinen Begleiter mit einer steilen Zornfalte zwischen den Augen. Sie hatten sich, nachdem die Königin die Tafel aufgehoben und zum Spiel geladen hatte, in ein Separee geflüchtet, ein bezauberndes Zimmerchen, das mit großen chinesischen Vasen aus weißem Porzellan mit kobaltblauem Dekor bestückt war.

Voit schaute sich um und sagte: »Ich persönlich kann diesen Chinoiserien nicht so viel abgewinnen ...«

»Unsinn, Voit«, unterbrach ihn Friedrich ärgerlich, »ich meine diese seltsame Heirat. Mein Vater befiehlt mir, um diese

Prinzessin anzuhalten, auf ausdrücklichen Befehl des Königs von Preußen. Die ganze Sache scheint furchtbar eilig, ich reite wie ein Wilder von Utrecht nach Baireuth, drei Tage später nach Berlin, übermorgen soll die Verlobung sein, aber keiner an diesem Hofe scheint diese Heirat zu wollen.«

»Machen Sie sich darüber keine Gedanken«, sagte Voit schnell, »vermutlich ist dies nur eine Auseinandersetzung zwischen König und Königin.«

»Ein Ehekrach, meinst du? Aber warum hat mich die Prinzessin seit meiner Ankunft noch keines Blickes gewürdigt?«

»Nehmen Sie das nicht so ernst, mein Prinz. Junge Mädchen sind sehr schüchtern.«

»Ach so? Sie ist fast zwei Jahre älter als ich und wirkt äußerst selbstbewusst. Sie trägt ihr spitzes Näschen so hoch, dass sie mich nicht einmal bemerkt! Und ihre kleine Schwester ist kein bisschen schüchtern, sie lächelt mir bei jeder Gelegenheit zu und kokettiert hinter ihrem Fächer.«

Ein Diener kam mit einer Karaffe und wollte ihre Gläser nachfüllen.

»Dieser ungarische Wein ist mir zu schwer und zu süß«, wehrte Friedrich ab. »Ein Champagner wäre mir lieber.«

Der Diener bedauerte. Von Champagner hatte er offensichtlich noch nie etwas gehört. Sie entschieden sich für Bier. Der Diener eilte fort.

»Diese Uniformen! Warum stecken sie mich in dieses entsetzlich kratzige blaue Zeug! Ich mache mich zum Gespött bei den Damen!« Die Laune des Prinzen wurde zunehmend schlechter.

»Tragen Sie's lieber, französische Mode ist dem König zuwider. Haben Sie auf den Straßen Berlins schon einen modisch gekleideten Menschen gesehen?«

»Nein«, gab der Prinz zu, »es gibt nicht mal aufgeputzte Huren.«

»Es gibt überhaupt keine Huren, die sitzen im Spinnhaus. Dafür sorgt der König eigenhändig. Er spaziert mit seinem Stock durch die Stadt und treibt die Weiber, denen er begegnet, höchstpersönlich mit Schlägen an Heim und Herd.«

»Ein Ondit, wie ich vermute!«

»Ich befürchte, es stimmt.«

Der Diener servierte einen Krug Bier.

»Voit, ich hätte gute Lust, diese seltsame Mariage abzusagen, meinen Kotau vor dem König zu machen und abzureisen.«

»Um Gottes willen, mein Prinz!«, beschwor Voit den Erbprinzen. »Das würde dem Markgrafen, Ihrem Herrn Vater, nicht gefallen. Es ist noch keine zehn Jahre her, da hat er sich bei eben diesem Geizhals die Nachfolge gesichert. 550.000 Gulden hat er für seine Regentschaft zahlen müssen. Endlich ist Baireuth-Brandenburg frei von preußischem Einfluss.«

»Richtig! Und deshalb soll jetzt seine Tochter hineinregieren!«

»Nein, mein Prinz, die Frauen regieren nicht. Ihre Gattin soll Ihnen die Herrschaft sichern. Denken Sie an die Bischöfe und an die freien Reichsstädte! Sie haben uns das Leben verdammt schwer gemacht! Die Freundschaft des mächtigen Preußen ist für uns überlebenswichtig!«

»Für mich auch, Voit, aber *ich* muss mit ihr leben! Was soll ich mit einer hochmütigen Frau, die mir das Leben zur Hölle macht.«

Voit dachte nach und leerte dabei mit Genuss seinen Krug. Er sah seinem Herrn ins offene, im Moment leicht verdüsterte Antlitz und hatte plötzlich eine Idee.

»Durchlaucht, lassen Sie Ihren Charme spielen und machen Sie Ihr Komplimente«, sagte er, »und zwar da, wo man es üblicherweise tut: bei der Schwiegermutter. Gehen Sie zur

Königin und erklären Sie ihr, dass Sie ihre Tochter verehren, aber nur mit ihrer gnädigen Einwilligung zur Frau nehmen möchten.«

Er trat hinaus in den Saal und sah, dass die Königin huldvoll ihre Damen verabschiedete. »Jetzt, mein Prinz, gehen Sie! Und noch eines …«

Er sah ihn eindringlich an. »Sprechen Sie nicht von Verlöbnis! Nennen Sie es das Versprechen, das Sie dem König gegeben haben.«

Friedrich sah ihn verständnislos an.

»Das Versprechen, das ich dem König gegeben habe«, wiederholte er wie ein gehorsamer Schüler, der nichts begriffen hat.

»Gehen Sie! Jetzt!«, raunte Voit.

Friedrich würde es schon richtig machen, da war Voit von Salzburg sicher. Er war seit vielen Jahren Hofmeister des Prinzen und hatte alles getan, den zukünftigen Landesfürsten zu unterweisen. Er mochte ihn nicht allzu streng eduzieren, die finanzielle Knappheit hatte große Amusements ohnehin nicht zugelassen. Friedrich war nicht dumm, aber er war, abgesehen von einer gewissen Reizbarkeit, die in Jähzorn umschlagen konnte, phlegmatisch, was ihn daran hinderte, schnell die richtige Entscheidung zu treffen. Sein Charme hatte ihn beim schönen Geschlecht beliebt gemacht. Voit lag viel daran, dass die Mariage zwischen seinem Schützling und der preußischen Prinzessin zustande kam. Je enger die Bindung an Preußen, desto besser für Franken. Er traute den Österreichern nicht, den Bayern noch weniger, und Franken lag zwischen diesen beiden starken Mächten, die es jederzeit annektieren und unter sich aufteilen konnten. Er war in Franken groß geworden, er liebte sein raues Land, die großzügige Glaubensfreiheit, die Bodenständigkeit und ein gewisses Maß an Wohlstand und Unabhängigkeit. Wenn die Preußen diese Unabhängigkeit von fern garantierten, umso besser. In diesem neuen Königreich wurde Sinnvolles geschaffen, in der Verwaltung, beim Militär, und die öffentliche Ordnung wurde hochgehalten. Keine Schlamperei, keine Verschwendung. Wenn Friedrich sich Preußen zum Vorbild nahm, konnte Baireuth aufblühen. Vor allem würde der König mit dieser Heirat endlich die Schulden erlassen, die Baireuth drückten, seit Markgraf Georg Karl sich von Preußen losgekauft hatte.

Friedrich hatte inzwischen die Königin erreicht, die sich zum Gehen wandte. Kurz vor der Tür holte er sie ein.

»Hören Sie mich bitte an, Majestät, nur en passant, s'il vous plait!«

Die Königin wandte sich um.

»Majestät, ich bin der Glücklichste unter den Sterblichen, um Ihre Tochter anhalten zu dürfen. Ich hege für sie die größte Ehrerbietung und alle Gefühle, die sie verdient.«

Er sah Wilhelmine erröten, sie hatte die Lider gesenkt. In diesem Moment sah sie bezaubernd aus. Vielleicht hat Voit recht und sie ist wirklich nur schüchtern, dachte er, wer soll sich da auskennen. Er richtete den Blick wieder fest auf die Königin und fuhr fort: »Eben diese Gefühle sind es, die mich hindern, sie durch eine Ehe, die sie vielleicht ablehnt, ins Unglück zu stürzen.«

Ein Chevalier in schimmernder Rüstung auf einem weißen Pferd, dachte Wilhelmine und sehnte sich danach, ihm mit irgendeiner Geste ihre Gewogenheit zu zeigen, aber die Angst vor der Mutter war zu groß. Stumm sah sie auf ihre Schuhspitzen.

»Ich flehe Sie an, Majestät, nur ein offenes Wort! Ihre Antwort entscheidet über alles Glück oder Unglück meines Lebens, und falls sie ungünstig für mich ausfällt ...«

Er suchte den Blick der Prinzessin, aber nun versteckte sie ihr Gesichtchen hinter einem Spitzentaschentuch.

»Falls sie ungünstig ausfällt, werde ich mein Versprechen dem König gegenüber lösen, so schwer es mir fallen mag.«

Der Wandel in der Mimik der Königin war verblüffend. Dank Voit hatte er offenbar eine Drohung ausgesprochen. Fast erschrocken sah sie ihn an, fing sich schnell und erklärte huldvoll: »Verehrter Prinz, ich habe gegen die Wahl meines Gatten, des Königs, selbstverständlich nichts einzuwenden. Ich gehorche seinem Befehl ebenso wie meine Tochter.«

Damit rauschte sie zur Tür hinaus, ganz in ihrem voluminösen hoheitsvollen Stil, der ihr den Spitznamen »Olympia« eingetragen hatte, gefolgt von Töchtern und Hofdamen. Schon waren sie fort, Wolken von Puder und Parfum, Blitze raschelnder Seide, Fächerhagel, Donner von vielen zierlichen Absätzen.

❧ 12 ❧

AM 3. JUNI 1731 stand das Fräulein früher auf als gewöhnlich. Es war Sonntag, noch vor dem Gottesdienst, der um acht Uhr beginnen sollte, und es war für Wilhelmines Verlobung einiges zu arrangieren. Wilhelmine wurde am frühen Morgen in den Gemächern der Königin erwartet. Das Fräulein hatte sie frisiert, das Gesicht gepudert und ihr in das Morgenhabillée geholfen, ein bezauberndes Gewand aus himmelblauer Seide mit gleichfarbiger Stickerei an den Ärmeln. Nun sah sie der Prinzessin nach, wie sie den Gang entlangeilte. Zart, zerbrechlich, schien sie zu schweben in ihren samtenen Morgenpantöffelchen mit den Schleifen, dabei war ihr das Herz nach den unentwegten Attacken der Königin schwer. Armes Engelchen, dachte das Fräulein, eine solche Mutter macht das bravste Mädchen mager und nervös.

Seufzend machte sie sich auf den Weg in die Wirtschaftsgebäude, um Wilhelmines Verlobungskleid abzuholen und einen kontrollierenden Blick in den Saal zu werfen, in dem das feierliche Verlöbnis stattfinden sollte. Jeder Fehler im Ablauf der Zeremonie würde ihr angelastet werden. Aber zu ihrer Erleichterung war alles in Ordnung, die hufeisenförmige Tafel war mit feinstem Damast gedeckt und bereits mit geputztem Silber versehen.

Mit Wilhelmines Kleid über dem Arm trat Sonsine den Rückweg an, als sie plötzlich Grumbkow den Gang entlangeilen sah. Sein Gesicht war vor Aufregung so entstellt, dass sie besorgt fragte, ob der König gesund sei. Er rang sich ein Lächeln ab und beruhigte sie: »Der König befindet sich gottlob bei ausgezeichneter Gesundheit. Ich habe nur unangenehme Kanzleiangelegenheiten!«

Nichts für Damenohren, hieß das, und schon war er an ihr vorbeigeeilt. Welcher Art diese Kanzleiangelegenheiten waren, bekam sie mit, als von Seckendorff erschien. Offenbar hatten sich die beiden in der Fensternische verabredet. Schnell verschwand das Fräulein hinter der geöffneten Saaltür.

»Die verwünschten Beziehungen der Königin haben nun doch eine Reaktion hervorgerufen«, hörte sie Grumbkow tuscheln.

»Welche?« Das war Seckendorffs näselnde Stimme. Grumbkow erläuterte: »Heute Morgen ist ein Kurier von Lord Chesterfield angekommen.«

»Parbleu! Aus England! Das hieße ...«

»Silence!«, flüsterte Grumbkow. »Er hat seine Botschaft Dickens übergeben.«

»Dickens?«, fragte Seckendorff ratlos. Ungeduldig sagte Grumbkow: »Der neue englische Gesandte! Der Nachfolger Sir Hothams, den Seine Majestät mit einem königlichen Fußtritt verabschiedet hat.«

Seckendorff gestattete sich ein kurzes, gackerndes Lachen und fragte knapp: »Welchen Inhalts?«

»Die vollständige Deklaration der Heirat der Kronprinzessin mit dem Prinzen von Wales«, raunte Grumbkow.

»Was kümmert's uns? Er darf sie nicht dem König persönlich übergeben!«

Grumbkow wischte den Einwand ärgerlich weg: »Facheuse affaire! Er hat sie natürlich sofort dem Kabinett übersandt.«

Aber Seckendorff schien nicht beunruhigt. »Gut, dass das Kabinett am Sonntagmorgen nur aus Ihnen besteht«, meinte er ironisch, aber Grumbkow konterte: »Und aus Ihnen! Merken Sie auf, mein Bester: Der König ist eben mit seiner Tochter beschäftigt. Um ihn kümmere ich mich bis zum Ringwechsel. Er wird von seinem Wort nicht zurücktreten, dafür werde ich sorgen. Und Sie ...«

»Ich kümmere mich charmant um die Königin«, schlug Seckendorff vor. »Parbleu, die Welfenweiber haben es in sich! Was hat Olympia ihrem Rotschopf von Bruder erzählt, dass diese Deklaration ausgerechnet heute eintrifft?«

Das Fräulein hörte Grumbkows leises, hässliches Lachen, dann sagte er: »Vermutlich hat sie in Aussicht gestellt, dass der Dicke nicht bei guter Gesundheit ist und der Kronprinz zu seinem Heiratsversprechen stehen wird, sobald er König ist. – Gehen Sie jetzt! Die Zeit drängt!«

»Ich eile! Immer im Dienste des Kaisers, mein Bester!«, näselte Seckendorff.

Die beiden entfernten sich. Aber das Fräulein hatte genug gehört. Der Teufel mochte wissen, was Seckendorff im Schilde führte. Sie musste die Königin informieren. Aber dort war Wilhelmine, desgleichen der König, eine vertrauliche Audienz, sie konnte jetzt nicht stören. Seckendorff aber auch nicht, dachte sie beruhigt, während sie die Tür zu Wilhelmines Gemächern öffnete und das Kleid sorgfältig auf ihr Bett legte. Sie hörte, wie eine Tür geöffnet wurde. Schnell ging sie in den Empfangsraum.

Auf der Anrichte stand ein goldenes Service. Etwa sechzig Teile funkelten auf goldenen Tabletts und brachten fürstlichen Glanz ins Grau des Empfangszimmers.

»Vom König! Er war so zärtlich zu mir!«

Wilhelmine hatte gerötete Wangen, lachte und streckte Sonsine ihre schmale Hand entgegen. Den Ringfinger schmückte ein goldener Ring mit einem funkelnden Diamanten.

»Mein Verlobungsring!«

Das Fräulein besah den Ring, den die Prinzessin heute Abend ihrem Verlobten anstecken würde. Der König hat seinen Geiz völlig vergessen, dachte sie, schätzte er seinen künftigen Schwiegersohn so sehr? Oder hatte er ein schlechtes Gewissen?

»Sonsine, heute ist ein wundervoller Tag! Der König ist mir gnädig, und die Königin kann es nicht verhindern! In seiner Gegenwart muss sie freundlich zu mir sein, welche Wohltat! Er wolle sein ganzes Leben lang Sorge für mich tragen, hat er gesagt. Und als ich mich mit einem Handkuss für dieses merveilleuse Service bedanken wollte, wehrte er ab, nahm mich in die Arme und sagte, das sei doch nur eine Bagatelle.«

Ich kann ihr nicht sagen, was ich belauscht habe, dachte das Fräulein, es würde ihr das Herz zerreißen. Ich muss zur Königin, sofort.

Sonsine war gerade auf dem Weg zu den Gemächern der Königin, als ihr Eversmann entgegenkam, wie immer mit einem verschlagenen Grinsen im Gesicht. »Keine Besuche bei der Königin, Befehl des Königs, tut mir leid, Hochwohlgeboren.«

Sonsine wurde den ganzen Tag über nicht vorgelassen, die Königin regelrecht bewacht. Wilhelmine merkte nichts davon, sie war erleichtert, ihrer Mutter erst am Abend zu begegnen. Das Fräulein aber wurde von Stunde zu Stunde nervöser. Was hatten Grumbkow und Seckendorff angezettelt? Warum wurde die Verlobung mit dem Baireuther Prinzen nicht abgesagt? Warum erreichte sie kein neuer Befehl des Königs?

Ihr blieb nichts anderes übrig, als sich am Abend mit der festlich geschmückten Wilhelmine auf den Weg zu den großen Gemächern zu machen, ohne ihr ein Wörtchen zu sagen.

Die aufgeregte Verliebtheit, die Wilhelmine plötzlich an den Tag legte, fand das Fräulein völlig unter ihrer Würde als Königstochter. Zugegeben, der Erbprinz war charmant, aber allzu dürftig apanagiert. Nun, diese Verliebtheit wird sich in Luft auflösen bei der Granate, die jetzt unweigerlich einschlagen wird, dachte die Hofmeisterin, als sie mit ihrem Schützling den Saal betrat.

Die Königin erschien mit der üblichen blasierten Miene, gefolgt von ihren Damen und den auswärtigen Gästen. Kühl begrüßte sie ihre aufgeregte Tochter; das Fräulein, auf das sie nicht gut zu sprechen war, übersah sie gänzlich. Die Königin weiß nicht, wer Freund und wer Feind ist, dachte die Hofmeisterin.

Endlich betrat der König den Saal. Er trug Galauniform, schien aber nicht zufrieden, sondern innerlich erregt, sein

Gesicht war gerötet, wie immer, wenn er aufgeregt war. Jetzt musste er dem englischen König sein Wort geben! Die Hofmeisterin suchte den Blick der Königin und meinte, auf ihrem Antlitz so etwas wie Triumph zu entdecken. Der König trat in die Saalmitte, wandte sich zurück, streckte die Hand aus nach … dem Prinzen! Das Fräulein glaubte ihren Augen nicht zu trauen. Der Erbprinz von Baireuth- Brandenburg trat in französischer Mode – zur Feier des Tages hatte er sich dies nicht nehmen lassen – zum König. Er trug einen grünseidenen Justaucorps mit reich bestickten Ärmelaufschlägen und weiße Seidenstümpfe. Der König nahm ihn lächelnd bei der Hand. Der Baireuther macht eine gute Figur, dachte das Fräulein unwillig, als hätte er sich passend zu diesem Saal gekleidet, grün, gold und weiß. Unter der kleinen weiß gepuderten Perücke mit einem völlig unpreußischen lockigen Zopf erwiderte er das Lächeln und verbeugte sich vor dem König.

Warum hielt der König keine Ansprache? War er irritiert? Aufgeregt? Gerührt? Oder verstimmt? Mit dem Erbprinzen an der Hand schritt der König feierlich auf Wilhelmine zu, die trotz hoheitsvoller Haltung ihr Zittern nicht verbergen konnte. In dem neuen golddurchwirkten Kleid sah sie aus wie eine kostbare, zerbrechliche Porzellanfigur.

»Nun wechselt eure Ringe, Brautleute«, sagte der König und ärgerte sich, weil er vergessen hatte, die Verlobung zu verkünden. Er betrachtete sie. Da standen sie, seine vor Aufregung bebende älteste Tochter und der Stutzer von Schwiegersohn, aus dem nie ein richtiger Mann werden würde. Die Tochter zittert und wagt mal wieder nicht, mich anzusehen, dachte er mit aufkommendem Zorn, sie soll mich lieben und nicht fürchten, was ist an mir so schrecklich, dass alle vor Angst heucheln.

Wilhelmine zögerte. Jetzt soll ich seine Hand berühren, dachte sie, die Hand eines Mannes, eines völlig unbekannten Mannes. Dummes Zittern, hör auf. Sie ist kräftig, seine Hand, dabei schmal, ob er Cembalo spielt? Jedenfalls ist es nicht die Hand eines Soldaten! Erleichtert sah sie auf und blickte ihm direkt in die Augen. Sie hatte das Gefühl, mit heißem Brei übergossen zu werden.

Der Ring wollte sich einfach nicht vom Finger lösen. Friedrich griff nach ihrer herumhaspelnden kleinen Hand und dachte: wie ein Kind. Was lehren sie eigentlich ihre Prinzessinnen in Preußen? In der Kutsche war sie geputzt wie ihre eigene Großmutter, dabei hochnäsig bis zur Unausstehlichkeit, jetzt hingegen sieht sie aus wie eine Königin, benimmt sich aber wie ein verschreckter Hase. Wovor hat sie Angst? Oder kann sie mich einfach nicht leiden?

Er löste behutsam den Ring von ihrem Finger. Mon Dieu, welch ein wertvolles Stück, dachte er, gut, dass sein Vater sich ebenfalls nicht hatte lumpen lassen. Er zog seinen Ring vom kleinen Finger und steckte ihn an Wilhelmines Mittelfinger, damit er passte. Von diesem Ring hätten wir Baireuths Hofhaltung ein Jahr lang finanzieren können, dachte er, und von dem, den sie ihm gerade ungeschickt auf den Ringfinger schob, vermutlich zwei Jahre. Wenn die preußische Mitgift ebenso großzügig ausfiel …

Der König räusperte sich. Zwei gesenkte Köpfe fuhren hoch wie aufgeschreckte Hasen. Wilhelmine wollte dem Vater die Hand küssen, das rührte ihn so sehr, dass er sie umarmte.

Ich sentimentaler Esel, dachte er, während seine Tränen flossen. Er sah, dass sie ebenfalls weinte, seine Älteste, das erste Kind, das überlebt hatte, nachdem zwei Söhne gestorben waren. Ein Mädgen nur, aber kräftig und gesund, wie stolz er auf sie gewesen war. Nun warf er sie weg an diese kläg-

liche Seitenlinie von Brandenburg, an einen Laffen oben-
drein, er musste verrückt sein. Aber so war es nun mal, auch
Grumbkow hatte gesagt: Prinzessinnen werden dem Primat
der Politik geopfert.

Der König sah durch die tränenverschleierten Augen seine
Frau, die die Szene mit kühlem Blick verfolgte. Was er heute
entschieden hatte, würde sie ihm nie verzeihen, das war ihm
bewusst. Lebhaft konnte er sich ihren Auftritt ausmalen,
wenn sie von der englischen Deklaration erführe. Er hatte
sie ihr verschwiegen, denn ein Versprechen war ein Versprechen. Er würde sich blutig rächen, jawohl, blutig, auch wenn
er nicht so recht wusste, was er damit genau meinte. Gestern
Abend hatte die Drohung eine derart extraordinair Wirkung
gezeigt, dass er selbst überrascht war. Diesmal hatte er ihren
Kabalen den Riegel vorgeschoben. Eine Verlobung ist ein
Eheversprechen, das konnte selbst die hochmütige Welfin
nicht leugnen. Wenn sie nur nicht so einen verdammt schönen Hintern hätte …

Feierlich führte er Wilhelmine zur Königin. In seiner Rührung
bemerkte er nicht, wie kalt sie ihre Tochter empfing. Aber
das Fräulein bemerkte es. Ihr kam der verwegene Gedanke,
dass die Briten die Heirat gar nicht wollten und die Deklaration erst jetzt schickten, um sicherzugehen, dass sie nicht
mehr angenommen werden konnte. Damit wären sie fein raus.

Die Hofmeisterin betrachtete die Gäste, die nun vor Wilhelmine und ihrem Anverlobten defilierten und ihre Glückwünsche darbrachten. Sie sah die Tränen, die sich der König
von den Wangen wischte, und sie sah die zufriedene Miene
Grumbkows. Er hatte mal wieder gesiegt, der Ränkeschmied.

Diese Verräterin, dachte die Königin bitter, das will meine
Tochter sein? Was habe ich da großgezogen? Bei der gerings-

ten Schwierigkeit zieht sie den Kopf ein, diese preußische Duckmäuserin, wo ist ihr Welfenblut? Wo blieb der Brief aus England, wo nur? Alles hatte sie versucht, um diese alberne Feier zu verschieben. Wo war Dickens? Sie suchte ihn mit Blicken, während sie lächelte, den Kopf hoheitsvoll neigte und die Defilee sich weiter an ihr vorbeischob.

»Eine trübselige Verlobungsfeier, isn't it«, bemerkte der britische Gesandte Dickens zur Herzogin von Bevern, die neben ihm in der Reihe stand, »die arme Prinzessin ist das Opfer des väterlichen Furors.«

»Die jungen Leute werden sich schon arrangieren«, meinte die Herzogin. Dickens lachte trocken. »In der Tat wird der Prinzessin nichts anderes übrig bleiben. Dabei war sie für einen der Throne Europas gedacht.«

Nun stand er vor der Königin, formulierte artig seinen Glückwunsch. Das war eine verteufelte Diplomatie in diesem Preußen, der schwierigste Posten seines Lebens. Er war gewarnt worden, dass die hohen Herrschaften wie Hund und Katz lebten, aber dass die Königin offenbar völlig ahnungslos war ... so what?

»Nun?«, drängte die Königin. Dickens hielt die Defilée auf, schon sah er Grumbkows wachsame Augen.

»Es ist die vollständige Deklaration in die Heirat der Prinzessin, aber der König hat ...«, flüsterte er eilig. Grumbkow kam mit liebenswürdigem Lächeln auf ihn zu.

Hätte der Blick der Königin töten können, Grumbkow wäre wie von einem Pfeil getroffen zusammengesunken. Eisig lächelte sie ihren größten Feind bei Hofe an. Diese Partie hatte er gewonnen. Schnell beschloss sie, in Ohnmacht zu fallen. Sie vergewisserte sich, dass die Herzogin von Bevern in Reichweite stand. Mit einem leisen Seufzer fiel die Königin der Herzogin in die Arme, die unter dem imposanten Gewicht in die Knie ging. Jetzt kommt Bewegung in die Sache, dachte Fräulein von Sonsfeld und eilte herbei. Die Königin hat mit Dickens parliert, der Spuk wird gleich ein Ende haben. Seckendorff tauschte einen Blick mit Grumbkow und eilte ebenfalls zur Königin, um sie mit seinem »Wundermittel« in einem kleinen Parfumflakon zu beleben. Nun näherte sich der König mit einem Glas Wasser in der Hand und beugte sich über seine Frau.

»Fieke«, sagte er. So nannte er seine Gattin nur in besonders zärtlichen Momenten. Sie hielt die Augen geschlossen und rührte sich nicht.

»Fieke, ich habe Ihnen bei meiner blutigen Rache befohlen, Ihre Umtriebe zu beenden.«

Damit schüttete er der Königin das Wasser ins Gesicht. Sie schrie auf, ihre Hofdamen desgleichen. Der König sah die Frauen verächtlich an, ging zu den frisch Verlobten, die seine Tat wegen der zahlreichen Umstehenden nicht gesehen hatten. Scheinbar ruhig und fröhlich sagte er: »Nun reichen Sie Ihrer Verlobten die Hand, verehrter Schwiegersohn, und eröffnen Sie den Ball!«

Spiegelscherbe drei

Dies ist ihre Todesnacht, da muss sie auf einiges gefasst sein. Aber auch sie hat eine Schlacht zu schlagen. Alle denken, dieses Mitbrid habe eine einschläfernde Wirkung, auf sie jedenfalls nicht, es nimmt die Schmerzen und gibt viel Energie. Unruhig greifen ihre Finger in die Luft und rühren die Saiten der Laute, ihres Prinzen le luthe. Krächzend dringen unverständliche Laute aus ihrer Kehle:

> Love winged my Hopes and taught me how to fly
> Far from base earth, but not to mount too high:
> For true pleasure
> Lives in measure,
> Which if men forsake,
> Blinded they into folly run and grief for pleasure take.

Spar das Kaminholz für schlechtere Zeiten, und folge mir, kleiner Bruder. Wir sind jung, achtzehn grausame Lenze liegen hinter uns, vor uns liegt die Zukunft wie ein aufgeschlagenes Buch. Ich will keine königliche Ehefrau werden wie meine Mutter. Kein Leben aus Tränen, Schmollen, falschen Ohnmachten, Krankheiten zwischen Kinder gebären und Heiratspolitik, beherrscht von Intrigen der Hofdamen und Dienstboten, nein.

Komm, Fedéric, wir werden leben wie Artemis und Apollo, ich bin die Göttin des Mondes und du der Gott der Musen, wir sind Kinder des Lichtes und der Weisheit, unzertrennlich für ewig.

Fühlst du den Mai im Herzen, kleiner Bruder? Der sanfte Wind der grünen Inseln ruft. Die Idylle der Geschwisterliebe lockt, sie ist eine sanfte, vernünftige Liebe. Lass uns Schäfer unserer Begierden sein, wir zähmen und hüten unsere Leidenschaften auf zärtlichen Hügeln in der milden Sonne des Seeklimas.

Hörst du, principessa la flute, deinen principe le luth? Er wälzt sich im Kot, aber er hat seine Töne nicht verloren. Une rêve se va realiser.

Komm! Diese lächerliche märkische Heide wird uns nie wiedersehen.

✻ 13 ✻

»Nein! Ich habe es satt!« Der braune Keramiktopf krachte gegen die Wand, sein Inhalt, eine klebrige Gersten-Zitronen-Limonade, lief zäh die Wand herab und ergoss sich über das Parkett.

»Ich habe es satt!«, brüllte Friedrich noch einmal. »Im Juni sollte die Hochzeit stattfinden, inzwischen ist der August fast vorüber! Erst verschiebt der König sie auf den Sankt-Nimmerleins-Tag, dann verschwindet er monatelang, und ich kann sehen, wie ich diese Gänse unterhalte, die sich über mich lustig machen. Erst examiniert mich die Königin, dann mustert mich ihr Hof mit hochnäsigen Blicken von früh bis spät, dann kehrt der König zurück und ein Saufgelage jagt das nächste … Du kannst nichts dafür, Schorsch«, sagte er unwirsch zu dem Diener, der eingeschüchtert die Scherben aufsammelte, »wenn du mir diese Rettungslimonade nicht gebraut hättest, wäre ich vermutlich schon gestorben! Und jetzt noch ein Regiment! Nein! Ich reise ab!«

Voit von Salzburg war ruhig auf der Chaiselongue sitzen geblieben während des Wutanfalls seines jungen Herrn.

»Die Idee, um ein Regiment zu bitten, stammt von Minister Grumbkow«, sagte er. »Es ist nichts weiter als eine Formalität, um den König gewogen zu stimmen.«

»Was stimmt ihn daran gewogen? Bin ich in Uniform ein anderer Mensch?«, rief Friedrich aufgebracht.

Voit wiegte den Kopf. »Für den König von Preußen schon.«

»Das ist es wohl, was er unter deutschem Wesen versteht!«, schrie Friedrich. »Strammstehen den ganzen Tag, und ab

Nachmittag Wein und Tabakspfeifen bei geschlossenen Fenstern bis zum Umfallen!«

»Jedenfalls ordnet der König die Musik, die französische Mode, das Tanzen und das intelligente Parlieren nicht dem deutschen Wesen zu …«

»Alles Dinge, die ich liebe, Dinge, für die sogar seine hochnäsige Tochter ein Faible hat! Aber er wollte ja sogar seinen Sohn ermorden, weil der ihm zu geistreich ist!«

Voit schloss rasch das Fenster, das an dem heißen Augusttag weit geöffnet war, und hielt den Finger vor den Mund. Friedrich schäumte: »Ein Kronprinz, über den man nicht sprechen darf! Dessen Namen man nicht erwähnen darf!«

»Um auf das Regiment zurückzukommen …«, fing Voit an.

»Zum Teufel mit dem Regiment! Was in aller Welt hat das mit meiner Heirat zu tun?«

Voit blieb ganz ruhig. »Grumbkow meint, es sei das beste Mittel, sich beim König beliebt zu machen. Wie Sie selbst merken, Durchlaucht, hält der König Sie für einen Stutzer und versucht, einen Mann aus Ihnen zu machen …«

»Parbleu, das merke ich!«, rief Friedrich zornig. »Jeden Abend will er mich betrunken sehen, aber dank dieser Limonade gelingt es ihm nicht! Ich saufe wie ein Ochs, aber ich verliere nie die Contenance.«

»Das ist vermutlich das Problem …«

»In dieser Tabagie benehmen sich alle wie eine Rotte Wildschweine, ist das männlich? Soll ich mich auch mal so aufführen wie dieser Gundling?«

»Lieber nicht! Auch Grumbkow hasst die Tabagie, aber er sagt, es ist der einzige Ort, an dem man den König beeinflussen kann. Hier kann man sein Freund werden, aber das ist Ihnen nicht gelungen. Gerade wegen Ihrer Contenance traut der König Ihnen nicht. Beweisen Sie ihm Ihre Anhänglichkeit durch die Bitte, ein Regiment zu führen.«

Friedrich ging zum Fenster und sah auf die von Buchs eingefassten Beete von Monbijou. Feurig strahlten Mädchenauge und Kokardenblumen inmitten von lila Astern.

Sein Vater werde nicht billigen, dass er eine Soldatenlaufbahn einschlage.

»Aber mein Prinz! Sie sind der künftige Regent Ihres Landes, selbstverständlich werden Sie keine Militärlaufbahn einschlagen. Das Regiment wird lediglich Ihren Namen tragen. Ab und zu werden Sie es inspizieren und zur Parade führen. Glauben Sie mir, es ist eine reine Formalität, um den König gewogen zu stimmen.«

Langsam drehte Friedrich sich um. Eine Falte hatte sich über seiner Nase gebildet, ein Zeichen, dass seine Wut keineswegs verraucht war.

»Dann habe ich die Gunst des Königs, meinst du?«

»Ja, und Ihre Heirat …«

»Und die Gunst der Königstochter? Bekomme ich die frei mitgeliefert? Bonté divine! Merkst du nicht, Voit, was hier seit meiner Verlobung geschieht? Diese Prinzessin sieht aus wie eine Schlampe! Läuft herum in den unaussprechlich scheußlichsten Habilées, offensichtlich, um mir zu missfallen, und redet kein Wort mit mir. Gestern war Konzert im Musiksaal, schön, denke ich, endlich mal nicht dieses teuflische Spiel, dieses Toccategli, mit dem die Königin jeden schamlos ausnimmt. Bei dem Geiz des Königs ist sie auf diese kleine Nebeneinnahme wohl angewiesen! Endlich mal Musik, denke ich, und es beginnt auch nett, die Prinzessin spielt mit den Musikern recht charmant das Cembalo. Ich lasse meine Flöte bringen, will sie accommandieren, setze richtig ein, und, was soll ich dir sagen, was geschieht?«

Voit und der Diener sahen verlegen zu Boden.

»Kaum hab ich die ersten Töne geblasen – Voit, mein Ansatz ist nicht so schlecht, oder? Dis-moi la verité!«

»Mein Prinz, Sie spielen die Traversflöte sehr gut«, sagte Voit mit jenem Ton in der Stimme, den er benutzte, wenn die Pferde vor der Kutsche durchzugehen drohten.

»Nach wenigen Tönen starrt mich die Prinzessin an, als sähe sie einen Geist, fängt an zu heulen, lässt das Cembalo stehen und rennt hysterisch kreischend hinaus. Kannst du dir einen Reim darauf machen? Ist es hier nicht üblich, dass Männer Musikinstrumente spielen? Sind die preußischen Damen so sehr an Querelleurs, Tabakraucher und Säufer gewöhnt, dass ein musizierender Chevalier eine Peinlichkeit darstellt?«

Friedrich riss das Fenster wieder auf, zu stickig war es ihm geworden, und fuhr fort: »Aber selbst wenn ich einen Fauxpas begangen haben sollte, ich könnte mich nicht einmal bei ihr entschuldigen, obwohl ich sie täglich sehe. Jeden Tag sehe ich sie zweimal, wir soupieren und dinieren im Vorzimmer der Königin, aber weißt du, was sie tut?«

Voit zuckte hilflos die Achseln.

»Sie dreht mir den Rücken zu«, brüllte Friedrich, »den Rücken! Chaque jour! Jeden Tag darf ich mir zweimal den Rücken meiner Zukünftigen anschauen! Und jetzt soll ich bei ihrem Vater Säbel rasseln, damit sie mir einmal ihre spitznasige Visage zuwendet!«

Er raste hinaus und knallte die Tür hinter sich zu. Ein dicker Puttenkopf löste sich aus dem Deckenstuck und fiel, in Hunderte von Scherben zerspringend, auf den Boden des Gästezimmers in Monbijou.

✺ 14 ✺

An jenem heissen Augusttag war eine ältere Großtante Wilhelmines angereist. Der König hatte befohlen, dass die Königin ihr den Begrüßungsbesuch abstatten sollte. Sie rief Wilhelmine zu sich und sagte: »Heute Abend ist Cercle, daher will ich den Besuch bei dieser komischen Alten nicht allzu lange ausdehnen. Wenn ich sie verlassen habe, machen Sie Ihrer Tante Ihre Aufwartung, d'accord?«

Wilhelmine nickte stumm. Die Launen der Königin verliehen ihrer Stimme schon bei den einfachsten Dingen jenen Unterton, den sie am besten schweigend ertrug, um nicht ihren Zornesausbruch oder eine ihrer bösartigen Bemerkungen herauszufordern. Eigentlich war sie neugierig auf diese Tante, denn sie war die Witwe des Großvaters ihres Verlobten und lebte in Baireuth. Die Herzogin jedoch, die inzwischen den dritten Gatten überlebt hatte, stellte sich zwar als unterhaltsam heraus, aber eher in dem Sinne einer Bühnenkomödie. An Baireuth konnte oder wollte sie sich nicht erinnern. Wilhelmine verabschiedete sich enttäuscht.

»Denk dir, sie trägt zwei dicke, schlappe und runzelige Brüste zur Schau, die sie die ganze Zeit mit den Händen bearbeitet, um die Aufmerksamkeit darauf zu lenken!«, erzählte sie kichernd der Hofmeisterin, die sie auf dem Gang erwartete, um sie zum Cercle zu begleiten. »Sieh mal!«

Wilhelmine stolzierte über den Gang, knetete ihre kleinen Brüste, schob sie mal nach vorn, mal nach links und nach rechts, wobei sie den Ahnenbildern in den schweren Goldrahmen herausfordernde Blicke zuwarf. Dabei leckte sie sich die Lippen und schwang geziert die kindlich schmalen Hüften hin und her.

»Du kannst es dir nicht ausmalen, Sonsine, sie wäre eine hervorragende Komödiantin! Diese affektierten Manieren! Diese ungeheure Eitelkeit! Obwohl sie über sechzig Jahre alt sein muss, hat sie sich dicke Jungmädchenlocken ins Haar gebunden, und rosa Bänder und bunte Steine dazwischen.«

»Was hat sie vom Baireuther Hof berichtet?«, fragte das Fräulein neugierig.

»Nichts! Es war rein gar nichts aus ihr herauszubekommen!«, rief Wilhelmine. »Vielleicht ist ihr das Thema peinlich, weil sie mit ihrer Putzsucht die Länder jedes Gatten vollständig ruiniert hat!«

»Das wären immerhin drei«, sagte die Hofmeisterin trocken. Gut gelaunt betraten sie den Saal, in dem der Cercle bereits begonnen hatte.

»Warum kommen Sie zu spät?«, fragte die Königin mit vor Zorn bebender Stimme über die Umstehenden hinweg. Wilhelmines Lachen erstarb.

»Sie befahlen, meine königliche Mutter, also habe ich der Herzogin meine Aufwartung gemacht«, sagte sie mit trockenem Hals.

»Wie, ich hätte das befohlen?«, fragte die Königin laut und böse. Im Saal war es so still geworden, dass man hörte, wie sich aus der Coiffure der Herzogin von Bevern eine Haarnadel löste und mit leisem Klirren zu Boden fiel.

»Ich befahl Ihnen nie, sich zu erniedrigen, noch zu vergessen, was Sie Ihrem Rang und Ihrer Würde schuldig sind.«

Wilhelmine wollte etwas einwenden, aber die Königin fuhr in beißendem Ton fort: »Aber seit einiger Zeit sind Sie so gewöhnt, sich etwas zu vergeben, dass mich dieser neue Beweis nicht wundert.«

Einige Sekunden stand Wilhelmine wie erstarrt, dann war ihr die Etikette gleichgültig. Ungeschickt raffte sie ihre Röcke mit beiden Händen zusammen und rannte hinaus, geradewegs in die Arme von Grumbkow, der seine sanfte, rundliche Gattin zum Cercle gebracht hatte und sich eben auf dem Gang von ihr verabschieden wollte. Grumbkow kam Wilhelmine gerade recht.

»*Sie* wollten meine Heirat mit diesem Baireuther Prinzen«, schrie sie ihn an, während sich hektische rote Flecken auf ihrem Dekolleté und ihren Wangen bildeten, »nun sehen Sie den Erfolg! Mein Vater gibt Befehle und verschwindet, ahnungslos, was hier mit mir geschieht, mir, seiner Tochter, die nichts weniger getan hat, als sich ihm zu unterwerfen! Mein Bruder war am Tag meiner Verlobung in Küstriner Gefangenschaft und ist es bis heute, und jeden Tag hat die Königin eine neue Idee, wie sie mich schikanieren kann! Bin ich traurig, wirft sie mir Launenhaftigkeit vor, bin ich ausnahmsweise fröhlich, ist es meine bevorstehende Heirat, auf die ich mich nicht freuen darf! Ich habe Angst, meinen Verlobten auch nur anzusehen, weil dies ihren Zorn erregt und sie mich vor aller Welt demütigt und beschimpft! Dreiundzwanzig Jahre alt bin ich über diesen Verdruss geworden, nicht einmal an meinem Geburtstag hat der König über meine Hochzeit gesprochen, und der war vor acht Wochen! Ich kann nicht mehr! Morgen werde ich mich meinem Vater zu Füßen werfen und ihn anflehen, diese unselige Verlobung zu lösen und mich nie, nie, nie zu verheiraten, sondern mich in ein Kloster zu schicken, wo ich meine Mutter bis ans Ende meiner Tage nicht wiedersehen muss!«

Damit stürzte sie an den Grumbkows vorbei. Die besorgte Hofmeisterin war ihr gefolgt, sah aber nur noch Wilhelmines Röcke um die Ecke wehen.

»Um Himmels willen, was ist nur geschehen?«, fragte Frau von Grumbkow erschrocken. Das Fräulein schloss schnell die Tür und berichtete.

»Die Prinzessin hat die Härte, die die Königin ihr gegenüber an den Tag legt, nicht verdient. Der Königin ist es gelungen, den König zu überreden, die Hochzeit unter dem Vorwand zu verschieben, es sei in sechs Wochen nicht möglich, die Aussteuer zu besorgen«, bemerkte Frau Grumbkow.

Grumbkow meinte etwas ratlos: »Aber dies sind doch wichtige Gründe, diese Dinge brauchen doch Zeit …«

Die Frauen sahen sich an. Würden die Männer auch den nächsten Krieg verschieben, weil die Uniformen nicht rechtzeitig genäht werden konnten?

Das Fräulein musste lachen. Grumbkow war von Wilhelmine immer als Feind angesehen worden, weil er die englische Heirat hintertrieben hatte. Um die Baireuther Hochzeit zu betreiben, musste er zum Verbündeten werden. Nach den neuesten Attacken der Königin war Sonsine klar geworden, dass es für sie am Berliner Hof keine Zukunft mehr gab. Sie würde Wilhelmine nach Baireuth begleiten müssen, wenn diese die Erlaubnis dazu vom König erwirken konnte. Wie sich die Dinge in ihr Gegenteil verkehrten!

»Mir fiel eine Geschichte ein, die ich von meinem Großonkel hörte. Er hörte sie bei der Vertreibung der Türken vor Wien, wo er wegen seiner Tapferkeit ausgezeichnet wurde. – Einst lebte im großen osmanischen Reich ein Dieb, der so geschickt war, dass er ›der König der Diebe‹ genannt wurde. Aber ein dummer Zufall wollte, dass er gefasst und zum Tode verurteilt wurde. Neugierig auf die gerühmte Geschicklichkeit des Diebes, ließ ihn der Sultan zu sich kommen und gewährte ihm einen letzten Wunsch. Der Dieb dankte für die Gnade und bot an, dem Lieblingspferd des Sultans das Singen beizubringen, wenn man ihm ein Jahr Zeit gäbe. – Ein merkwürdiger Einfall, meinte der Sultan, gewährte dem Dieb aber den letzten Wunsch.

Von diesem Tage an sah man den König der Diebe jeden Tag im Marstall des Palastes vor dem Schimmel des Sultans sitzen, dem er wieder und wieder geduldig die Tonleiter vorsang. Dies kam dem Großwesir zu Ohren. Der Großwesir beobachtete kopfschüttelnd die Bemühungen des Diebes und fragte: Warum tust du das? Diese dumme Kreatur wird niemals singen, du quälst dich nur und verlängerst die Qual deines Lebens, denn deiner Hinrichtung wirst du nicht entgehen.

Der Dieb aber lächelte, tätschelte dem Pferd den Hals und sprach: Großwesir, ich habe ein Jahr. Ein ganzes langes Jahr. Weißt du, was alles in einem Jahr geschehen kann? Niemand weiß es außer Allah dem Allmächtigen. Vielleicht sterbe ich! Vielleicht stirbt der Sultan. Vielleicht stirbt das Pferd. Und wer weiß – vielleicht lernt das Pferd singen?«

Der General und erste Minister Friedrich Wilhelm von Grumbkow blickte von seiner Frau zur Hofmeisterin. Ein Lächeln verschönte für einige Sekunden sein zerfurchtes Intrigantengesicht.

»So wie der Dieb um sein Leben, so wird die Königin um ihre Ehre kämpfen«, sagte seine Frau hellsichtig, »sie wird immer um Zeit spielen.«

Wenn er die Heirat mit dem Prinzen von Baireuth zustande bringen wolle, meinte das Fräulein zu Grumbkow, dann habe er in der Königin eine starke Gegnerin: »Mit der Verlobung allein ist es nicht getan.«

Und so verbreitete sich während des Cercle noch an demselben Abend ein merkwürdiges Gerücht, das die Königin furchtbar erschreckte. Der König, so hieß es, bereue es, seine Tochter mit dem Erbprinzen von Baireuth verlobt zu haben. Er könne ihn nicht leiden, er sei wieder sehr für den Herzog von Weißenfels eingenommen. Er wolle daher die Verlobung lösen und Wilhelmine mit diesem Herzog vermählen ...

ERBOST LIEF FRIEDRICH mit langen Schritten den Garten-
weg entlang. Die regelmäßig angelegten Rabatten entsprachen nicht seinem Geschmack, jeder konnte ihn dort beobachten, seinen Zorn sehen, das wollte er vermeiden. Ihm lag
viel daran, als besonnener und charmanter Mann zu gelten,
den Ruf eines jugendlichen Hitzkopfs und Krawallmachers
wollte er sich nicht einhandeln.

Schnell lenkte er seine Schritte auf den von hohen Bäumen
beschatteten Weg. Zorn umgab ihn wie Nebel. Das erste weit
entfernte Donnergrollen hörte er nicht. Nein, für eine hochnäsige Prinzessin würde er sich nicht in einen Kommiskopp
in kratzigem blauem Tuch verwandeln. Diese ihm Anverlobte
konnte ihn ohnehin nicht ausstehen, pas du tout. Er würde
gegen die Etikette verstoßen und abreisen, er würde diesem
arroganten Preußenhof zeigen, wozu der zukünftige Markgraf von Baireuth fähig war. Ich bin doch keine Marionette,
dachte er wütend.

Wilhelmine war aus dem Schloss herausgerannt, blind vor
Tränen und wütend, dass sie sie nicht hatte unterdrücken
können – und das ausgerechnet vor Grumbkow!

Ich Rindvieh, wütete es in ihr, während sie in den Garten rannte. Nicht über die geharkten Kieswege der gepflegten Rabatten, sie hätte vor Zorn die Blumen geköpft, außerdem konnte sie dort jeder sehen und boshaft feststellen, wie
die Prinzessin von Preußen die Contenance verloren hatte.
Nein, sie schlug den Weg, der unter hohen Bäumen zum See
führte, ein.

Ich Rindvieh! Ausgerechnet meinem ärgsten Feind gegenüber habe ich mir diese Blöße gegeben, das kann ich nie wiedergutmachen. Meine Mutter hasst mich, mein Vater verachtet mich, und schuld daran ist nur dieser Idiot von Baireuth, dieser ... sie spürte einen dumpfen Schlag. Sie musste gegen den Baum gelaufen sein, seit wann standen die mitten auf dem Weg?

Wilhelmine blickte auf. Durch den Tränenschleier sah sie in ein gerötetes Gesicht, das ihr bekannt vorkam.

Friedrich schaute sich an, was gerade in ihn hineingelaufen war. Ein weinendes Mädchen, dachte er mitfühlend, und noch bevor er Wilhelmine erkannte, fing er sie ritterlich auf.

Wilhelmine fühlte sich von zwei starken Armen umfangen, auf eine Weise, die ihr gänzlich unbekannt war. Nie hatte sie jemand so in die Arme genommen. Ohne zu überlegen, kuschelte sich Wilhelmine in diese Arme und schluchzte laut auf.

In diesem Moment donnerte es zum zweiten Mal. Die Hitze des Tages entlud sich in einem orkanartigen Gewitter. Wilhelmine erbebte. Niemals in ihrem Leben war sie bei einem solchen Wetter draußen gewesen. Der Himmel verdunkelte sich bedrohlich und die Baumkronen begannen zu schwanken, als wollten sie nach ihr greifen.

Friedrichs Zorn war verraucht. Hier war ein weibliches Wesen, das Angst hatte, das Schutz und Trost in seinen Armen suchte. Er beugte sich zu ihr und küsste sie zart auf die Wangen, küsste jede salzige Träne ab, bis er ihren Mund fand, der ihm entgegenleuchtete wie eine Kirsche. Eine kleine, schmale, sehr entschiedene Kirsche, dachte er, keine schmollende Schönheit, aber gerade das reizte ihn in diesem Moment. Zart berührten seine Lippen die ihren, da befreite sie sich aus seinen Armen, holte aus und gab ihm eine heftige Ohrfeige.

»Was fällt Ihnen ein, Sie ... Sie ... Sie Wüstling!«, schrie Wilhelmine mit tränenerstickter Stimme.

In diesem Augenblick öffneten sich alle Schleusen des Himmels. Ein schwallartiger Regenfall, durchsetzt mit schweren Graupelkörnern, ergoss sich und begrub Wilhelmines jungfräuliche Entrüstung ebenso wie Friedrichs wieder aufflammenden Zorn angesichts der unerwarteten weiblichen Attacke unter seinen Fluten. Innerhalb von Sekunden war es so finster geworden, dass man kaum die Hand vor Augen sehen konnte. Triefend nass standen sie sich gegenüber, betreten musterten sie einander. Keiner konnte zurück, nicht in diesem Zustand. Ich bin kompromittiert, dachte sie. Wohin flüchten, dachte er.

Wilhelmine raffte die schweren durchnässten Röcke und rannte, so schnell sie konnte, Richtung See. Dort stand eine der Schäferhütten, die oft den Mittelpunkt von Festlichkeiten bildeten.

Wie ein Wiesel, dachte er amüsiert, ihre Füße sind so flink wie ihre Hand. Natürlich meine Zukünftige, die mich ohrfeigt – jede andere hätte es als galantes Abenteuer betrachtet. Er rieb sich die Wange und lächelte, während er etwas schwerfällig hinter ihr hertrabte. Der Weg hatte sich in einen schlammigen reißenden Bachlauf verwandelt. Wilhelmine riss die mit Borke verkleidete Hüttentür auf und stürzte ins dämmrige Innere. Er folgte ihr.

Triefendnass und schwer atmend standen sie sich gegenüber. Ihre sorgfältig hochgesteckte Coiffure hatte sich gelöst, in dünnen Strähnen hingen die wirren Haare ums Gesicht. Ihre Röcke klebten wie nasse Lappen über dem Reifrock. Aus seinem Haar tropfte das Wasser, in der Hand hielt er einen triefenden Schwamm, seine Perücke, die er sich im Lauf vom Kopf gerissen hatte.

»Warum folgen Sie mir?«, rief sie aufgebracht. »Wollen Sie sich an meiner Hilflosigkeit weiden, Monsieur? Bitte sehr!

Sie sehen hier ein Wesen, das einem Fisch ähnlicher sieht als einer Prinzessin!«

Er zog seinen Justaucorps aus und wollte ihn ihr umhängen, doch dieser war ebenfalls völlig durchnässt. Seine Blicke schweiften durch den dunklen Raum, der nur durch zwei Fensterchen ein wenig erhellt wurde. Mit ohrenbetäubendem Lärm trommelten die harten Hagelkörner aufs Holz. Er entdeckte einen weiten Schäfermantel, legte ihn um Wilhelmines Schultern und führte die vor Schreck und Nässe Zitternde zu einem grob gezimmerten Stuhl. Ein Blitz zuckte und erleuchtete für einen Augenblick das dämmerige Innere der Hütte. Er spürte, wie sie zusammenzuckte, und erhöhte den Druck seiner Hände um ihre Schultern. Mit raschem Blick entdeckte er, dass die Hütte einen Kamin hatte und dass Kienspäne, Holz und eine Zunderbüchse bereitlagen. Er knöpfte seine Weste auf, krempelte die spitzenbesetzten Ärmel seines Hemdes hoch und begann, das Holz aufzuschichten. Wilhelmine betrachtete ihn neugierig. Unter ihren Blicken kam er sich entsetzlich unbeholfen vor. Wie hilflos wir sind ohne Dienstboten, dachte er. Aber der Zunder war trocken, und nach einer Weile sprang der erste Funken. Wilhelmine rückte an den Kamin und beobachtete Friedrich mit einer Mischung aus Bewunderung und Abscheu. Er sah, wie sie seine entblößten Arme musterte und den Blick schnell abwandte, als habe sie etwas Anstößiges gesehen.

»Sie können Feuer machen«, sagte sie, als habe sie eben entdeckt, dass ihm Flügel aus dem Rücken wuchsen.

»Ja, ich musste oft allein zurecht kommen«, sagte er, »Geld für jemanden zum Aufwarten war nicht immer da. Hätte ich meine alte Großmutter frieren lassen sollen, bis die Magd kommt?«

Er erwartete keine Antwort und fuhr fort: »Oder eine Prinzessin? Für Sie verrichte ich auch niedere Dienste.

Dafür können Sie mich dann verachten.« Seine Stimme klang bitter.

»Aber ich verachte Sie nicht!« Ihre Stimme klang ein wenig zu schrill.

»Ich weiß, dass Sie mich nicht ausstehen können, Prinzessin. Jeden Tag demonstrieren Sie mir Ihre Abneigung aufs Neue«, sagte er und nahm auf einem Hocker ihr gegenüber Platz. »Aber vielleicht gestatten Sie einem unbeholfenen Bauernlümmel dennoch, Ihnen aus den Schuhen zu helfen, dann wird Ihnen wärmer werden.«

Er griff nach den durchnässten und verschmutzten weißen Atlasschühchen und zog sie ihr von den Füßen. Wie klein sie sind, dachte er, sie ist so zart. Plötzlich lachte er. Ihre Füße in den schmutzigen, feuchten Seidenstrümpfen zuckten zurück. Er hielt sie fest und rieb sie in seinen Händen.

»Kennen Sie das Märchen von der Prinzessin sur la feuille de myrthe?«, fragte er.

»Auf dem Myrtenblatt?«, fragte sie neugierig.

»Man erzählte es mir in Frankreich. Eine Prinzessin geriet wie Sie eines Tages in ein entsetzliches Unwetter. In ihrer Not klopfte sie völlig durchnässt an das Tor eines Schlosses. Man nahm sie freundlich auf, badete sie, gab ihr trockene, frische Kleider. Am Abend soupierte sie mit dem Prinzen. Dieser Prinz war seit einiger Zeit auf der Suche nach einer Frau, aber er hatte nie die Richtige gefunden, denn er war sehr wählerisch und hatte immer etwas auszusetzen. Mal waren ihm die Füße einer Kandidatin zu groß, mal die Nase zu lang, dann wieder erschienen ihm ihre Manieren zu gewöhnlich.«

Wilhelmine fror und zog sich den Umhang fester um die Schultern. Friedrich erhob sich, legte ein Holzscheit nach und fuhr fort: »Aber dieses Mädchen, das ihm nun gegenübersaß, war hübsch anzusehen, ihre Konversation war geistreich, und sie behauptete, dass sie eine Prinzessin sei. Der launische

Prinz glaubte ihr nicht, obwohl er sich bereits in sie verliebt hatte. – Eine wahre Prinzessin kommt nicht zu Fuß, ohne Begleitung, ohne Kutsche, sagte er zu seiner Mutter, ich heirate keine Betrügerin.

Die Königin war eine kluge Frau und schlug eine Probe vor. Sie werde einen Myrtenzweig unter der Matratze der vermeintlichen Prinzessin verstecken. – Und was dann, fragte der Prinz. On va voir, antwortete die Königin, legte einen Myrtenzweig in das Bett der Prinzessin, packte zwei Matratzen darüber und viel weiches Daunenzeug, und so wünschten sich alle bonne nuit.

Am nächsten Morgen fragte der Prinz die Prinzessin, wie sie geschlafen habe.

Entsetzlich, klagte die Prinzessin, sie habe die ganze Nacht kein Auge zugetan, ihr Körper sei wie zerschlagen. In meinem Bett muss ein Stein gelegen haben, ich habe blaue Flecken am ganzen Körper. Da küsste sie der Prinz und führte sie zu seiner Mutter und sagte: Diese heirate ich, so empfindlich kann nur eine echte Prinzessin sein. Und so lebten beide glücklich bis an ihr Ende.«

Beinahe hätte Wilhelmine gelächelt. Dann aber kniff sie die Lippen zusammen und fragte: »So etwas erzählt sich das Volk in Frankreich?«

»Ja, es ist ein altes Feenmärchen«, sagte Friedrich.

»So scheint das französische Volk von seinem König nicht viel zu halten.«

»Warum?«, fragte Friedrich erstaunt.

»Eine Prinzessin, deren einzige Qualität in ihrer Empfindsamkeit besteht, kann nicht viel taugen. Zu Recht erzählt man sich solche Spottgeschichten.«

So hatte Friedrich das noch nie betrachtet.

»Nun, es braucht wohl den Scharfsinn einer echten Prinzessin dazu, die Ironie jenes féeriques zu begreifen. Wie leicht hätte jedes schlaue Bauernmädchen diesen albernen Prinzen übertölpeln können, wenn sie nur die Königin belauscht hätte. Wo werden wir enden, wenn die Welt von Betrügerinnen, Tölpeln und Wehleidigen regiert wird?«

Mit dieser Frau werde ich mich nie langweilen, schoss es Friedrich durch den Kopf, es dürfte eher schwierig werden. Woher hat sie dieses eigenständige Denken wie ein Mann?

Nach kurzem Schweigen erkundigte sich Wilhelmine vorsichtig: »Warum denken Sie, dass ich Sie verachte?«

»Ist es ein Zeichen besonderer Hochachtung, wenn Sie in fleckigen, uralten Kleidern herumlaufen? Wenn Sie mir den Rücken zudrehen beim Souper und beim Diner?«

Er stocherte im Kamin, die Flammen schlugen nun hell aus dem Holz, es wurde warm.

»Das haben Sie bemerkt?«, fragte sie leise.

»Wie soll ich nicht bemerken, dass Sie mir zweimal am Tag den Rücken zuwenden?«

»Nein, ich meine die schmierigen Kleider.«

»Ich würde mir nicht einmal schmeicheln, dass Sie sich für mich hübsch machen, aber im Allgemeinen schmücken sich Damen zu bestimmten Anlässen.«

Beschämt senkte Wilhelmine den Kopf. »Es geschieht nicht aus Verachtung Ihnen gegenüber. Es ist wegen meiner Mutter, der Königin.«

»Ah, die Königin liebt unsaubere Kleidung«, sagte er ironisch, »und wenn Sie bei meinem Anblick entsetzt aufspringen und davonlaufen, dann geschieht das sicherlich auch wegen der Königin.«

»Sie sprechen vom Konzert«, sagte sie leise, »aber es war doch nur ... ich hatte doch keine Ahnung, dass Sie auch die Traversflöte spielen wie mein Bruder ... und auf einmal standen Sie da, mit Ihrer Flöte, genau wie er, und um meine Contenance war es geschehen. Sie erinnerten mich zu sehr an meinen Bruder, den ich über alles liebe, und der …« Sie brach ab.

»Der in Haft sitzt, weil er die Behandlung seines Vaters nicht länger ertrug«, ergänzte Friedrich, »da kann ich ihn gut verstehen. Nie weiß man, woran man ist bei diesem König.«

»Nie«, bestätigte Wilhelmine eifrig, »und wenn man es ihm einmal recht macht, dann gerät er in Zwist mit der Königin, und in der nächsten Sekunde steht man nicht mehr in seiner Gunst.«

Er sah sie nachdenklich an. »Sie sind seine Tochter!«

»Und wenn schon! Er hat mich nicht besser behandelt als meinen Bruder. Ich musste ihn doch retten! Der Kronprinz wäre des Todes gewesen, wenn ich nicht …«

Die Stimme versagte ihr.

»Wenn Sie nicht das Versprechen gegeben hätten, den armen, hässlichen Erbprinzen von Baireuth zu heiraten«, vollendete Friedrich den Satz, »das ist naturellement eine entsetzliche Blamage, die Sie jeden Tag reut.«

Wilhelmine lief blutrot an. »Ach, denken Sie doch, was Sie wollen!«, rief sie verärgert. »Und glauben Sie nur nicht, dass ich Ihnen hinterherlaufe!«

»Nein, wirklich nicht, Sie liefen direkt in mich hinein«, scherzte er.

»Das ist keine Komödie!«, schrie sie. »Sie wissen nicht, wie die Königin mich Tag für Tag malträtiert wegen dieses Versprechens, das ich dem König gab! Sie verbietet mir, mit Ihnen zu sprechen, ja, Sie nur anzusehen! Heute rannte ich hinaus, weil sie mich völlig aus der Contenance bringt, es ist unerträglich! Die Königin will unsere Hochzeit auf den Sankt-Nimmerleins-Tag hinausschieben, nur um Zeit zu gewinnen …«

Friedrich hockte sich vor Wilhelmine und schaute ihr in die Augen. »Und das wollen Sie nicht?«

»Nein«, flüsterte sie, aber er hatte es doch gehört.

»Wollen Sie mich heiraten, Prinzessin? Nicht, weil Ihr Vater es Ihnen befohlen hat, sondern weil Sie vielleicht glücklich mit mir werden könnten?«, fragte er rau. Vorsichtig legte sie eine Hand auf die seine.

»Wie sanft Ihre Hände sind«, sagte sie, ohne sich umzuwenden. Er schob den rauen Mantel ein wenig zur Seite und küsste sie auf den Hals. Eine kleine heiße Flamme züngelte durch ihren Körper. Verlegen sprang sie auf, wieder glitt der Mantel zu Boden. Er zog sie sanft, aber entschieden an sich und küsste sie. Diesmal schlug sie nicht nach ihm. Sie wurde weich in seinen Armen, schmiegte sich an ihn, und plötzlich fühlte sie, was sie in unzähligen Tragödien und Komödien gelesen und belächelt hatte: Dies also war ein Kuss, und dies war die Liebe.

⚜ 16 ⚜

Bis zur Hochzeit sollte Wilhelmine noch einiges erdulden müssen. Vor allem der verhasste Herbst in Wusterhausen blieb ihr nicht erspart. Mit dem kleinen Jagdschloss, das der König liebte, verband sie unangenehme Erinnerungen. Jedes Jahr hatte es brutale Auftritte mit dem Bruder gegeben.

Auch in diesem Jahr musste sie, mit ihrer Schwester und den beiden Hofmeisterinnen in zwei winzige Kämmerchen eingepfercht, die Herbstwochen dort verbringen, ohne dass ihr Hochzeitstermin bestimmt worden wäre.

Eines der Wusterhausener Rituale sah vor, dass der König in einem Lehnstuhl auf der Terrasse seinen Mittagsschlaf hielt, während die Familie artig zu seinen Füßen am Boden lagerte. In der stärksten Mittagshitze, die Wilhelmine hasste, weil sie den Teint verdarb und Kopfschmerzen verursachte.

Während der König laut schnarchte, die Königin ebenfalls mit offenem Mund laut atmend schlief und die Schwester über einer Näharbeit eingeschlummert war, dachte Wilhelmine darüber nach, was sie tun konnte. Ließe sich der König, von der Königin und den verlockenden Angeboten dieses unerwartet angereisten englischen Gesandten Donep gedrängt, dazu hinreißen, sie doch noch nach England zu verheiraten?

Längst könnte ich verheiratet und in Baireuth sein, dachte sie zornig, von den Fesseln des Hofes befreit, weit fort von diesen Intrigen. Stattdessen sitze ich in den widerwärtigen feuchten Mauern dieser Ritterburg ... Nein, schoss es ihr beim Anblick von Mutter und Schwester durch den Kopf: dieses Geisterschlosses. Beide schnarchten inzwischen mit offenen Mündern, Schweißtropfen liefen ihnen ins Dekolleté.

Ein spöttisches Motiv tanzte singend durch ihren Kopf. Spott auf die Koketterie, den Hochmut und die Eitelkeit in König Ragotins Schloss. Ihre Trauer über die unentschlossene Haltung des Königs formulierte sie in einem schleppenden Andante. Der dritte Satz war ein furioses Allegro, ihr Zorn darüber, keine einzige Regel in diesem dummen Spiel selbst bestimmen zu können. Sie hörte die Abfolge deutlich in ihrem geistigen Ohr, für den Zorn würde ein kleines Orchester ausreichen. Den Spott auf Ragotins Geisterschloss trillerte die Flöte, für ihre Trauer eignete sich das Cello. Nein, das Fagott, das konnte so schön klagen. Sie versuchte, sich die Stimmen zu merken, sie hatte weder Stift noch Papier dabei. Kein Diener ließ sich blicken. Auf Unterbrechungen seines Mittagsschlafs reagierte der König mit drakonischen Strafen.

Wilhelmine summte leise vor sich hin und speicherte die Motive, so gut sie konnte. Da sie oft in die Situation gekommen war, nichts notieren zu können, stellte sie sich vor, dass in ihrem Kopf ein perlenbesetztes Täschchen die Noten fest verschlossen bewahrte und keine einzige hinausschlüpfen ließ. Eine kindische Vorstellung, dachte sie, aber sie funktionierte vortrefflich. Wenn ich im Komponieren Fortschritte mache und falls ich als Ehegattin dazu noch in der Lage sein werde, kann aus dieser Idee eine kleine, komische Oper werden, sinnierte sie, ein Singspiel, in dem sich die Allegorien Madame Langeweile, Monsieur Zorn und Prinzessin Trauer begegnen. Wilhelmine lächelte. Und alle werden am Schluss von der Göttin Fantasie vertrieben!

Der König öffnete die Augen. Es war noch nicht halb drei, er konnte noch ein wenig verschnaufen. Das waren die seltenen, kostbaren Minuten, in denen ihn niemand störte und er sich über nichts ärgern musste. Zufrieden sah er auf seine Familie hinab. So hatte er es gern, im Kreise einer liebevollen Familie konnte das Familienoberhaupt gut schlafen. Die kleine Lotte sah aus wie ein Engel. Aber seine Älteste? Die schlief nicht, er sah deutlich, wie sie mit dem Kopf wackelte, mit dem Knie wippte, die Hände zuckten, was hatte sie nun schon wieder? Ich darf diese Heirat nicht länger hinausschieben, dachte er, sonst wird sie eine nervöse alte Jungfer. Ihr Bräutigam schien sich mit seinem Pasewalker Regiment vertraut gemacht zu haben, jedenfalls schwärmten alle in den höchsten Tönen von ihm. Nun gut, sollte er bei seinen Dragonern bleiben und das Minneken konnte bei Hofe leben. Zum Ficken mochte sie ihn besuchen, da würde sie nicht mehr wippen und zucken, sondern Kinder gebären.

Es ist ohnehin nicht gut, wenn sich Ehegatten täglich sehen, dachte der König mit Blick auf den geöffneten Mund seiner schlafenden Fieke. Außerdem konnte man durch diese Maßnahme das lächerliche Hofhaltungs- und Regierungsgetue in Baireuth mit der viel zu teuren markgräflichen Hofhaltung einschränken. Er nickte zufrieden. Ja, so könnte es gehen. Aber erst muss er noch einmal mit Grumbkow über diese englischen Fisimatenten sprechen. Was wollte Cousin Rotschopf ihm durch diesen Donep sagen? Hatte er ihm nicht unmissverständlich geschrieben, man könne auch Freundschaft halten, ohne die Kinder miteinander zu verheiraten? Andererseits … er blickte auf seine schnarchende Fieke hinunter. Bevor nicht eines der Kinder mit ihrem verdammten Welfenhaus verbunden ist, wird sie niemals Ruhe geben. Er konnte sich nicht entschließen und hasste sich dafür.

Grumbkow sollte das regeln. Es gab wahrlich Wichtigeres als diese verflixten Hochzeiten. In Ostpreußen hatte die Pest gewütet und ihm die Hälfte der Bauern dahingerafft. Aber der Salzburger Bischof hatte seine Protestanten vertrieben, vielleicht könnte er sie dort ansiedeln? Es gab viel zu tun. Und Russland …! Ob das alte Bündnis mit diesem neuen wankelmütigen Zaren hielt? Er seufzte.

Wilhelmine sah auf, ihrem Vater direkt in die Augen.

»Haben Sie wohl geruht, liebster Papa?«, fragte sie.

»Ja«, antwortete er kurz. Warum hatte er bei dem Mädgen immer das Gefühl von Heuchelei? Es war doch eine einfache, normale Frage gewesen, zudem in aller Untertänigkeit gestellt. Aus ihrem Mund schien kein ehrliches Wort zu kommen, wie bei Fritz. Die beiden Ältesten hintergingen ihn ständig. Nein, er wollte Willminne doch nicht an seinem Hofe behalten, zu viele Weiber bedeuteten nichts als Scherereien und Intrigen. Mochte sie mit ihrem Duodezfürsten in Baireuth Kohl anbauen. Er gähnte, da schlug die Königin die Augen auf, auch Charlotte reckte sich wie ein Kätzchen und lächelte den Vater schmeichelnd an.

Wilhelmine erhob sich. Die wenigen Sekunden hatten nicht ausgereicht, den Vater auf die Hochzeit anzusprechen. Ich stehe einfach nicht in seiner Gunst, dachte sie traurig, ich kann nicht mit ihm reden, ohne zu befürchten, dass er das Gegenteil von dem tut, was ich mir erhoffe. Besser, ich halte den Mund.

❧ 17 ❧

DER KÖNIG RICHTETE SEINEN DICKEN, von der Gicht verunstalteten Zeigefinger auf Wilhelmine und sagte zu Friederike: »Da, Ihre Schwester mag Ihnen als Kammerjungfer dienen, zu Besserem taugt sie nicht.«

Wilhelmine glaubte ihren Ohren nicht zu trauen. Wie versteinert stand sie der Schwester und deren Ansbacher Gatten gegenüber. Es war der 19. November, der Vortag ihrer

Hochzeit. Welches Verbrechen hatte sie begangen, dass sie in Gegenwart ihres Verlobten und eines fremden Hofes derartig abgekanzelt wurde?

Schnell nahm Friederike ihre große Schwester bei der Hand und sagte: »So werden wir uns gegenseitig als schwesterliche Kammerjungfern dienen, wie Sie mir an meinem Hochzeitsabend, n'est ce pas?«

Tatsächlich waren ihre Diener noch nicht angekommen, so dass sie in Berlin weder jemanden zum Aufwarten noch frische Kleider hatte.

Wilhelmine spürte, dass die Schwester sie trösten wollte, indem sie an das offizielle Auskleiden am Hochzeitsabend erinnerte, aber das Blut sauste in ihrem Kopf und beraubte sie ihres Verstandes und ihrer Würde.

»Ich weiß nicht, womit ich diese Behandlung verdient habe«, sagte sie, nachdem der König sich mit den Herren entfernt hatte. Auf die Schwester hatte sie sich eigentlich gefreut. Wenn sie auch nie die liebevolle Vertrautheit wie zum Bruder verbunden hatte, so mochte sie die vier Jahre Jüngere gern. Seit Friederikes Heirat mit dem Markgrafen von Ansbach vor zwei Jahren hatten sie sich nicht mehr gesehen.

»Warum konntest du ihm immer alles sagen? Über deine Freimütigkeit hat der König immer nur gelacht.«

Friederike hob die dünnen Arme und zuckte maniriert mit den Fingern. Sie hatte viel von ihrer jugendlichen Schönheit eingebüßt. Nach der Schwangerschaft war ihr Teint verdorben, teigig sah ihre Haut aus, und ihr Auftreten fand Wilhelmine affektiert.

»Du warst nicht aufrichtig zu ihm, und Fritz auch nicht«, sagte sie, »das hat der König gespürt. Er ist derb und oft unfreundlich, aber im Grunde seines Herzens ehrlich.«

Wilhelmine seufzte. »Wenn ich ehrlich war, zog ich mir die Ungnade der Königin zu, ein entsetzlicher Zwiespalt.«

»In dieser Familie muss man sich entscheiden«, meinte die Schwester, »die Liebe der Königin war mir nicht wichtig.«

»Nicht wichtig?« Wilhelmine starrte die Schwester an wie ein seltenes Reptil. »Es war die Königin, die meinen Lautenunterricht und die Ausbildung am Cembalo befahl. Es war die Königin, die Konzerte gab, die berühmte Solisten einlud! Die Königin erlaubte mir, sie zu begleiten, und das jede Woche! Wo hätte ich meinen Geist schulen, mein Können erproben und entfalten können, wenn nicht in Monbijou?«

Die Schwester spielte nervös an ihrer Coiffure herum. »Ich vergaß, dass diese Accessoires für dich so wichtig sind ...«

»Musik ist doch kein Accessoire!«, rief Wilhelmine aus. »Sie ist die Luft, die ich täglich atme! Ich bin hypochondrisch geworden in diesem Wusterhausen, wo sich alles nur um Sottisen wie das Jagen, Saufen, Tabakorgien und Obszönitäten dreht! Während meiner Gefangenschaft wäre ich vor Gram gestorben, hätte ich die Musik nicht gehabt.«

Die Schwester schwieg. Warum ereiferte sich Wilhelmine so? Seit Friederike residierende Markgräfin war, konnte sie sich Konzerte, Theater, Soireen und Cercles leisten, bei denen der Ansbacher Hof ihre wechselnden Roben und ihren Schmuck bewunderte. Dafür waren diese Feste doch da, oder etwa nicht?

Wilhelmine räsonierte weiter: »Wir lieben doch von Natur aus Mutter und Vater, und wenn man bei einem in Gunst steht ...«

»... fällt man beim anderen in Ungnade, ja. Das war bei unseren Eltern schon immer so. Man darf sich nichts daraus machen.«

»Das hat meine Schwester Charlotte auch gesagt«, meinte Wilhelmine nachdenklich. »Sie fand mein Herzeleid dumm.«

»Nein, du bist nicht dumm, liebe Schwester«, sagte Friederike, »du bist nur zu sensibel, du fühlst dich immer für alles verantwortlich und nimmst dir alles zu Herzen, obwohl du keine Schuld an den Ehestreitigkeiten des Königs und der Königin trägst.«

»Ich hielt mich immer für schuldig«, entgegnete Wilhelmine leise. »Schon als Kind dachte ich, wenn ich nur braver wäre, wenn ich meiner Erzieherin folgte, mit Hingabe lernte und niemandem einen Grund gäbe, sich über mich zu beklagen, dann wäre Friede in der Familie. Dann wurde ich älter und merkte, dass Unfrieden war, egal was ich tat. Da wollte ich fliehen …«

Sie brach ab. Das ging keinen etwas an. Schnell wechselte sie das Thema: »Du fehlst mir sehr mit deinen freimütigen Reden. Charlotte ist ein verlogenes kleines Biest, mein Bruder ist fort, und die anderen sind zu klein. Mit keinem kann ich sprechen, und ich will doch so vieles wissen.«

»Was willst du wissen?«

»Morgen werde ich heiraten. Wie ist das? Du bist die erste von uns, die verheiratet wurde. Wie lebst du? Bist du mit deinem Mann glücklich?«

»Als ob es darum ginge!« Die Schwester sagte mit einer jener Gebärden, die Wilhelmine affektiert fand: »Es geht darum, die Regentschaft würdig und … ich meine, nun, eben die Untertanen mit Gottes Gnade zu beglücken.«

Wilhelmine verstand nicht. War die Schwester fromm geworden?

»Gottes Gnade?«, fragte sie verwirrt.

»Warum nennen die Untertanen uns Durchlaucht? Weil wir von Gott durchleuchtet sind, wir Durchleuchtigsten stehen unter seiner Gnade.«

»Steht nicht jedes Geschöpf unter dem Himmel unter Gottes Gnade? Wir sind doch alle Gottes Schöpfung«, sagte Wilhelmine vorsichtig, sich an La Crozes Unterricht erinnernd, der sogar Respekt vor Pflanzen und Tieren verlangt hatte.

»Du verstehst nicht. Wir müssen die Leute glauben machen, dass wir Gott zum Schutzpatron haben. Du wirst es in Baireuth schon merken, wenn du diesen Bauerntölpeln begegnest.«

Das war nicht das, was Wilhelmine bewegte.

»Der Markgraf, mein Gatte, ist ein Mann, der diese Eigenschaften vorbildlich darzustellen weiß. Er hat Würde, ist freigiebig und sehr …« Friederike schien keine passende Eigenschaft einzufallen, die ihren Ehemann charakterisierte.

»Ist er ein guter Liebhaber?«, flüsterte Wilhelmine.

Die Affektiertheit fiel von Friederike ab wie eine Maske, ihre Züge wurden hart und böse.

»Ein Ehemann ist ein Ehemann«, sagte sie schrill, fast hysterisch, »wie kann er ein guter Liebhaber sein? Unsere Ehe kam aus politischem Kalkül zustande. Wie die deinige, wie die aller Fürsten.«

»Kann die Neigung nicht in der Ehe entstehen?«, fragte Wilhelmine schüchtern. »Man sagt doch, die Liebe kommt mit der Ehe …«

»Der Appetit kommt beim Essen! Ja, diese Sottisen kenne ich.«

Die Schwester lachte kreischend. »Soll ich dir ein Geheimnis verraten, liebe Schwester?«

Wilhelmine nickte begierig.

»Viele Männer von Stand wirken geistvoll und freundlich, sie plaudern gescheit, geben sich als galante Liebhaber. Aber in der Dunkelheit verwandeln sich sogar Prinzen in haarige Ungeheuer. In jedem Mann, auch dem sanftesten, steckt ein wildes Tier. Und wenn das Tier über dich herfällt …«

Friederike brach ab und begann zu weinen. Wilde, heiße Schluchzer entrangen sich ihrer Brust, unschöne rote Flecken zeigten sich auf ihrer Haut. Erschrocken nahm Wilhelmine sie in den Arm und wiegte sie sanft hin und her. Dann nahm sie all ihren Mut zusammen und flüsterte: »Alle sprechen immer von der Hochzeitsnacht und machen ein Riesengeheimnis daraus. Was geschieht denn wirklich ...«

Sonsine steckte den Kopf zur Tür herein. »Verzeihen Sie, Hoheit, die Königin wünscht Sie zu sehen.«

Nun würde sie wieder nichts über die Hochzeitsnacht erfahren. Ein haariges wildes Tier, dachte Wilhelmine, die in dem Ansbacher Markgrafen bisher nur einen flegelhaften Jungen mit schlechten Manieren gesehen hatte. Er war erst siebzehn Jahre alt gewesen, als ihm die fünfzehnjährige Friederike angetraut wurde. Aber dass er sich in der Nacht einem Werwolf gleich verwandelte? Deshalb ist sie so affektiert, dachte Wilhelmine mitleidig, sie muss unter diesen Manieren ihre Hysterie verbergen.

Sie küsste Friederike tröstend auf die Wangen und eilte in die Gemächer der Königin. Sie erwartete eine Beschimpfung, zumindest aber eine moralische Ansprache. Wie erstaunt war sie, als die Königin sie in die Arme schloss.

»Meine liebe Tochter«, sagte sie, küsste sie auf beide Wangen und führte sie zu einem Tischchen, auf dem einiges Naschwerk stand. »Sie sehen bezaubernd aus! Wie werden Sie erst in Ihrem Hochzeitsgewand aussehen! Haben Sie es schon anprobiert?«

»Ich hatte gestern die letzte Anprobe«, murmelte Wilhelmine verwirrt. Wieso war die Mutter so enthusiastisch?

»Der König hat befohlen, Sie auf das Prächtigste zu schmücken. Sehen Sie nur!«

Sie wies auf das Porträt von Königin Charlotte an der Wand.

»Diese Krone und dieses Halsgeschmeide sollen Sie tragen!«

Wilhelmine hatte das Gemälde von Pesne schon in der Kindheit immer wieder fasziniert betrachtet. Großmutter Charlotte blickte mit pompöser Würde auf den Betrachter. Aber in ihren braunen Augen lag ein feines, intelligentes Lächeln. Kurz vor ihrem unerwartet frühen Tod hatte sie mit Professor Leibniz die Akademie der Wissenschaften begründet, die unter ihrem Sohn zu einem Zirkus mit Affen wie Gundling verkam.

Wilhelmine war entzückt. »Die Halskette meiner Großmutter darf ich tragen? Danke für diese Gnade!« Sie küsste der Mutter die Hand.

»Wilhelmine, Sie sind mein Liebling unter allen Kindern, sehen Sie nur, wie entsetzlich Ihre Schwester sich entwickelt hat!«

Worauf wollte sie hinaus? Wilhelmine war weit davon entfernt, Friederike mit Schadenfreude zu überziehen.

»Wissen Sie, warum Ihre Schwester sich um ihre Schönheit gebracht hat?«

»Nein«, sagte Wilhelmine.

»Weil sie diesen Prinzen geheiratet hat!«

Wie infam, dachte Wilhelmine, erst verheiratet sie ihre Tochter, dann macht sie ihr einen Vorwurf daraus.

»Deshalb, liebe Tochter, hören Sie meinen Plan. Setzen Sie sich.« Gehorsam setzte sich Wilhelmine auf den Sessel, der neben dem Tischchen stand. Die Mutter blieb vor ihr stehen. Ihr Basedowblick hatte etwas Eiferndes, Blindwütiges, das Wilhelmine erschreckte. »Morgen sollen Sie geopfert werden. Es ist mir nicht gelungen, Ihre Hochzeit aufzuschieben.«

Die Königin stöhnte dramatisch auf. »Ich erwarte einen Kurier aus England …«

Wilhelmines Magen krampfte sich zusammen. Würde die Königin noch am Vorabend wagen, ihre Hochzeit zu durchkreuzen? Ein Seufzer entfuhr ihr. Die Königin unterbrach ihre Rede mit einem scharfen Blick auf die Tochter. Schnell griff Wilhelmine nach einem Petitfour: »Diese mit den Kirschen, liebste Mama, für die könnte ich sterben.«

»Naschkatze!«, tadelte die Königin nachsichtig. Leider sei der Kurier noch nicht eingetroffen. »Versprechen Sie mir, sich bis dahin in keinerlei Vertraulichkeiten mit dem Erbprinzen einzulassen!«

Wilhelmine lutschte die kandierte Kirsche von dem Petitfour ab und fragte unschuldig: »Was für eine Art von Vertraulichkeiten meinen Sie, liebste Mama?«

Die Königin schüttelte ungeduldig den Kopf über so viel Begriffsstutzigkeit. »Vertraulichkeiten ... nun eben solche, wie sie zwischen Ehegatten geschehen. Zum Exempel in der Hochzeitsnacht ... Wilhelmine, seien Sie vernünftig und versprechen Sie mir, dass Sie die Ehe nicht vollziehen werden! Dies wäre das einzige Mittel, Ihre Ehe für nichtig zu erklären.«

»Nichtig?« Wilhelmine war alarmiert. Konnte man ihr tatsächlich auch als Gattin noch in die Parade fahren? Reichte der Arm der Mutter bis in ihre Ehe hinein?

»Man kann eine Ehe für ungültig erklären, die nicht vollzogen wurde«, erklärte die Mutter.

»Vollzogen?« Wilhelmine mimte die Unschuldige, die keine Idee hatte, wovon die Mutter sprach. Diese nahm all ihre Geduld zusammen: »Versprechen Sie mir, dass Sie mit dem Prinzen wie Bruder und Schwester leben werden!«

Gottlob sah Wilhelmine den König kommen. Sie freute sich selten, ihren unberechenbaren Vater zu sehen, aber in diesem Moment erschien er ihr wie ein Rettungsengel.

»Wie Bruder und Schwester«, wiederholte sie und erhob sich, um dem Vater die Hand zu küssen. Das Misstrauen in seinem Blick entging ihr nicht. Sie ärgerte sich, dass der Vater ständig den Eindruck bekommen musste, sie und die

Königin führten vertrauliche Unterredungen, obwohl sie diese nicht herbeigeführt hatte. Schnell wies sie auf das Bild und sagte: »Ich danke Ihnen, liebster Papa, dass ich morgen das Geschmeide meiner verehrten Großmutter tragen darf.«

Das Gesicht des Königs hellte sich auf. Er lobte seine Frau für diese Entscheidung: »Prächtiger kann man sie nicht schmücken, nicht wahr?«

Wilhelmine knickste vor der Mutter und wurde mit einem gnädigen Handkuss entlassen. Den Rest des Abends richtete sie so ein, dass sie mit der Königin kein einziges Mal allein im Gespräch gesehen wurde.

18

»Lasst mich ein einziges Mal allein heute!«, schrie Wilhelmine. Ihre Nerven lagen blank. »Ich soll heute heiraten, nicht ihr! Hinaus, alle! Ich kann keinen Menschen mehr ertragen! Ich will nur die Hände von Sophie spüren!«

Sophie war der Name der kleinen Schneiderin, an die Wilhelmine sich gewöhnt hatte. Sonsine hob die Brauen. Sie war es nicht gewohnt, auf diese Weise angeraunzt zu werden. Andererseits verstand sie ihren Schützling. Wilhelmine hatte seit Tagesbeginn nur Unangenehmes erlebt, und bis zur Hochzeit waren es noch zwei Stunden. Das anstrengende Zeremoniell mit Gratulationscour, Festessen, Ball und Fackeltanz musste sie in würdevoller Haltung durchstehen. Für die Hofmeisterin war der Tag erfreulicher verlaufen. Sie griff an das Kreuz, das ihre Brust zierte. Der König hatte Wort gehalten und sie zur Äbtissin des Stiftes Wolmirstaedt ernannt. Ihre Schwester Flora und sie waren versorgt, mochte da kommen, was wollte. Sie klatschte in die Hände und rief: »Allez, allez, mesdames!«

»Sonsine!« Es war eher ein Flüstern. Das Fräulein drehte sich um.

»Wenn Sophie da ist, halt uns alle vom Leib, ja? Je t'en prie! Alle!« Wilhelmines Stimme war auf einmal flehend.

»Ich werde vor der Tür sein«, versprach das Fräulein gerührt und schloss sanft die Tür hinter sich. Auf dem Gang entrüsteten sich die Hofdamen.

»Wie undankbar doch die Herrschaften sind«, hörte sie.

»Dabei würde sie ohne unsere Bemühungen nach nichts aussehen!« Das war die näselnde Stimme des Fräuleins von Grumbkow. Die Hofmeisterin runzelte die Stirn. Mit dieser Gans würde sie noch viel Freude haben, wenn sie sie nicht rechtzeitig in Zucht nahm.

»Mein Fräulein«, sagte sie, »Ihr Onkel hat beim König die Gnade erwirkt, dass Sie der Prinzessin dienen dürfen. Sie haben noch nicht viel Erfahrung. Und sollten Sie sich einmal verheiraten, dann werden Sie nicht die Ehre haben, von Hofdamen zerzaust zu werden, sondern …«, die Hofmeisterin machte eine bedeutungsvolle Pause. »Sie werden eine Friseuse für ihre Dienste bezahlen.«

Das Grüppchen entfernte sich schmollend. Dies würde natürlich als Hoftratsch bei der Königin landen, aber das war der Hofmeisterin in diesem Moment gleich. Zufrieden betrachtete sie den Flur des Schlosses. Sie hatte durchgesetzt, dass alles geputzt wurde, jeder Flur, jedes Fenster, nicht nur das Silber, von dem gespeist werden sollte. Warum hatte sie in allen anderen Dingen so wenig Einfluss? Mit dieser Heirat würde Wilhelmine ihr vollends entzogen. Von der Gefangenschaft des Vaters in die Vormundschaft des Ehemannes, dachte sie, das ist das traurige Los der Prinzessinnen. Sie sind Heiratsware für die hohe Politik, einen Thronfolger gebären, der Rest ist Fassade.

Sie trat vor den blank geputzten Spiegel über der Konsole, sah sich in die ruhigen braunen Augen und steckte die ergrauende Strähne fest, die sich aus ihrer schlichten Coiffure gelöst hatte. Gar nicht so schlecht, dachte sie, Jugend durch Würde ersetzt, Hoffnungen durch Sicherheiten, galante Abenteuer durch beständige Liebe zur Herrschaft. Steht mir gar nicht schlecht.

Sophie, die Schneiderin, eilte den Gang entlang, gefolgt von zwei Lehrmädchen, die das Hochzeitskleid trugen.

»Sei sie behutsam, die Prinzessin ist sehr nervös«, befahl das Fräulein. Sophie hatte eben die Tür geschlossen, da erschien Anna Mermann auf dem Gang.

»Wat denn, wat denn«, rief sie schon von weitem, »da stehnse uffm Flur, Durchlaucht, Sie sind doch nich mehr im Arreste?«

Schnaufend kam sie näher. »Wie isset Prinzesschen zurecht?«

Das Fräulein machte eine eindeutige Handbewegung.

»Wer hat se nu heute noch jeärgert?«, fragte die Amme angriffslustig. »Det is doch der wichtigste Tag im Leben fürn Mädgen, hamse ihr nich in Ruhe jelassen?«

»Ich stehe hier, damit sie endlich mal in Ruhe gelassen wird. Sie hat das gesamte Hofdamengeschwader rausgeworfen!«

»Aba se braucht doch Hilfe! Wer zieht ihr denn an?« Die Amme machte Anstalten, die Festung zu stürmen. Das Fräulein hielt sie zurück.

»Sie will nur mit der Schneiderin sein! Lassen Sie man, Anna!«

»Mit der Sophie, ja, det isn vernünftiges Mädgen. Und so beruhigend!« Sie tätschelte den Arm des Fräuleins. »Die hat meinen Enkel nur anjekiekt, und schon hat der die Augen jeschlossen und is umjehend einjeschlafen! Davor nur zinnobern Gebrüll, stundenlang!«

»Bewachen wir als vornehmste Aufgabe lieber die Tür«, meinte das Fräulein, und so gingen die beiden Frauen plaudernd den Gang auf und ab.

»Sophie! Dem Himmel sei Dank! Endlich ein vernünftiger Mensch!«, rief Wilhelmine, als die Schneiderin eingetreten war. »Du kannst dir nicht vorstellen, von welchen Gespenstern ich den ganzen Tag umgeben war! Sieh dir an, wie sie mich zugerichtet haben!«

»Aber Hoheit, Sie sehen sehr gut aus!«, sagte die Schneiderin und schickte die Mädchen nach nebenan. Die wiederholten Anproben für das Hochzeitskleid hatten sie selbstsicher gemacht. Sie wusste, wann sie Wilhelmine widersprechen durfte und wann sie besser den Mund hielt.

»Was ist an dieser Coiffure gut?« Wilhelmine lachte wild und trat vor den Spiegel. »Die Königin und ihre Hofdamen haben so lange meine Haare zerzaust, dass sie völlig plattgedrückt sind; ich sehe aus wie ein Knabe zu seiner Konfirmation!«

»Oh nein, Hoheit, Sie sehen sehr weiblich aus«, sagte die Schneiderin, »gar nicht wie ein Knabe. Die Damen haben Sie nur etwas ungeschickt frisiert ...«

»Die Haare hängen mir ins Gesicht hinein, entsetzlich! Darüber hat man mir diese faustdicken Locken gesetzt, vierundzwanzig! Und darauf soll noch die Königskrone! So befiehlt die Königin.«

Unglücklich raufte Wilhelmine sich in den Haaren. Die Schneiderin zückte einen Kamm. »Wenn Sie gestatten, Hoheit …«

»Nur zu, petite Sophie! Sie können nichts mehr falsch machen. Wie soll ich meinen Kopf gerade halten mit diesem Gewicht?«

Sophie frisierte geschickt die Locken aus der Stirn und sagte tröstend: »Hoheit wissen doch, wie man würdevoll einherschreitet und den Kopf gerade hält. Es ist ja nur für wenige Stunden! Bedenken Sie, wie viele diese Krone gern tragen würden! Wie sie Sie beneiden werden!«

»Sie werden eine Marionette beneiden«, sagte Wilhelmine düster, »welch ein Jahrhundert! Wir erfinden mechanische Puppen in Reifröcken, die tanzen, singen, Schach spielen und musizieren können. Warum erfinden wir nicht eine Puppe, die keine Gefühle hat? Eine mechanische Prinzessin für Heiratsprojekte? Eine Prinzessinnenmaschine zum Kleiner-Bruder-Retten. Eine Puppe, die ohne Unterlass »Ja, liebster Papa« und »Ja, liebste Mama« plappert, denn es tut ihr nicht weh, es beiden recht zu machen. Wäre das nicht eine wundervolle Erfindung?«

Die Schneiderin hielt erschrocken inne.

»Man wird keine Prinzessinnen mehr brauchen, keine Bräute mehr, nur noch Aufziehpuppen, die plappern: Ich, Wilhelmine, Prinzessin von Preußen, entsage, solange meine Brüder und deren männliche Nachkommenschaft leben, allen Erbansprüchen! Mit diesem Eid begann mein Puppentag.«

Sie zerrte an ihren Locken herum.

»Aber plötzlich wurde mir ein zweiter abverlangt. Ich sollte meinem Erbteil von Seiten der Königin entsagen. Ich saß auf meinem Stuhl wie versteinert. Nur eine Formalität, sagte der König, mein Vater, nur eine Formalität, es steht Ihrer Mutter ja frei, ein Testament zu machen.«

Sophie dachte: Die Herrschaften haben seltsame Gesetze. Als mein Vater starb, gab es nichts. Wo nichts zu vererben ist, braucht es auch keinen Verzicht.

»Ich küsste ihm die Hand«, sagte Wilhelmine, traumverloren in den großen Spiegel starrend, »und dann nahm ich all meinen Mut zusammen, um ihn daran zu erinnern, dass er mir feierlich versprochen hatte, für mich zu sorgen. Ich kann nicht glauben, liebster Vater, sagte ich unterwürfig, dass Sie so hart mit mir verfahren, aber da kam ich schlecht an!«

Sophie hatte den Kamm wieder eingesteckt und betrachtete ihr Werk kritisch im Spiegel.

»Es ist nicht die Zeit, Schwierigkeiten zu machen, unterschreiben Sie gutwillig, Tochter, sagte er zornig, er wird so schnell zornig! Oder ich werde Sie zu zwingen wissen. Das Letzte zischte er mir zu, ganz leise: Oder ich werde Sie zu zwingen wissen. Darauf versteht er sich, er hat mich monatelang eingesperrt, bis ich so krank wurde, dass ich nachgab. Ich musste gehorchen. Und kaum war diese verwünschte Zeremonie beendet, spielte er wieder den liebevollen Vater, lobte meine Unterwürfigkeit und versprach mir viele Dinge.«

Sophie trat neben Wilhelmine und band den Reifrock erst über der linken, dann über der rechten Hüfte fest.

»Viele Dinge, die er alle nicht halten wird«, sagte Wilhelmine bitter, »und das wichtigste Versprechen hat er bereits gebrochen: Wo ist mein Bruder?«

»Grämen Sie sich nicht«, sagte Sophie aufmunternd, »es soll doch der schönste Tag in Ihrem Leben werden. Darf ich Sie nun ankleiden?«

»Tu, was du musst«, sagte Wilhelmine resignierend und streckte beide Arme von sich, »hier hast du eine Schneiderpuppe.«

Sophie lachte, entschlossen, den unheimlichen Ausdruck in Wilhelmines Augen zu ignorieren und ihre Geste als Scherz zu nehmen. Sie half ihr in das Mieder und schnürte es im Rücken mit kräftigen, geübten Handgriffen zu. Dann rief sie nach den Gehilfinnen, die das Brautkleid herantrugen. Sie zogen Wilhelmine den langen Rock über das Panier und schlossen ihn unter den kritischen Blicken der Schneiderin.

»Jetzt die Robe«, befahl Sophie, und die beiden halfen Wilhelmine in die Robe, die weit über den Rock fiel und sich vorn öffnete. Erleichtert sah Sophie, dass der dreieckige Einsatz vorn genau passte. Aber er saß in der Taille nicht genau. Wie konnte das geschehen? Kritisch strich Sophie über eine Falte, die sich an einer Stelle bildete, an der sie nichts zu suchen hatte.

»Hoheit, Sie haben an Gewicht verloren«, sagte sie erstaunt, »ich muss diese Naht ändern!«

»Ja, die Marionette zerbricht an den Forderungen der Politik«, ätzte Wilhelmine, »sieh nur, eine zerbrochene Puppe im Hochzeitskleid starrt dich an. Arm wie eine Kirchenmaus und angezogen wie eine Närrin.«

»Aber nein! Wie eine Königin!«, widersprach Sophie, während sie schnell und geschickt die Taille absteckte. Sie kann nicht wissen, wie arm Kirchenmäuse sind, dachte sie.

Sophie betrachtete die Prinzessin in dem kostbaren, golddurchwirkten Silberstoff, der bei jeder Bewegung ins Silberne oder ins Goldene changierte, und sagte begeistert: »Wie wunderschön Sie aussehen, Hoheit! Wir werden die Schleppe jetzt einmal anstecken, um zu sehen, wie es geht, Hoheit, aber wir können sie nicht ausbreiten, sie ist zwölf Ellen lang.«

Geschickt steckten sie die schwere Schleppe an Wilhelmines Schultern fest. Sie war mit einem kleinen Stehkragen gearbeitet und fiel faltenreich über Wilhelmines Rücken. Die Mädchen hielten vor Entzücken den Atem an.

»Wie majestätisch! Wenn wir sie erst in voller Länge sehen können! Wie viele Trägerinnen werden Sie haben, Hoheit?«

»Vier«, entgegnete Wilhelmine. Sie vollführte einen alt-modischen Kratzfuß, machte mit dem linken Arm eine ein-ladende Geste und sagte mit gekünstelter Stimme: »Verfügen wir uns in die Staatsgemächer, Schleppenträgerinnen! Da ist der Staatssaal, sehen Sie? Der silberne Kronleuchter hat einen Wert von 50.000 Talern; seine Kugel ist so groß, dass ...«

Sie sah über die Schulter und deutete auf eines der Mäd-chen: »Dass du bequem darin Platz fändest.«

Das Mädchen wollte vor Angst weglaufen, aber Sophie warf ihr einen scharfen Blick zu. Eingeschüchtert blieb sie stehen, die Schleppe in den Händen.

»Die Wandleuchter sind sechs Fuß hoch, die Leuchterge-stelle zwölf, der Balkon für die Musikanten ist ebenfalls aus Silber, Silbergerät für zwei Millionen Gulden«, fuhr Wilhel-mine fort, als zeige sie dem Zaren die Staatsgemächer.

Vertraulich beugte sie sich zu den Mädchen und sagte leise: »Aber im Grunde ist dieser ganze Prunk für das Auge nicht erfreulich, denn statt Kerzen werden Fackeln angezün-det. Sie kennen Fackeln? Dann wissen Sie, Demoiselles, dass Fackeln einen erstickenden Rauch erzeugen, der Gesichter und Kleider schwärzt. Ha! So geht es nämlich hier zu, im königlichen Schlosse zu Berlin! Silberzeug für Millionen hängt der König von Preußen an die Decke, aber an den Kerzen spart er, Fackeln sind billiger. Dabei stört es ihn nicht, wenn dein wundervolles Kleid, kleine Sophie, in das du wochenlange Arbeit gesteckt hast, nach zwei Stunden vollständig ruiniert sein wird! Denn in der Fackelbeleuch-tung findet dann der traditionelle Fackeltanz mit großem Zeremoniell statt. Stellt euch vor, wie immer rußiger wer-dende Gestalten mit brennenden Fackeln in den Händen sich zum ohrenbetäubenden Lärm von Pauken und Trom-peten bewegen.«

Wilhelmine lachte, sie konnte sich nicht beruhigen.

»Wer hat Angst vorm schwarzen Mann?«, flüsterte sie. »Angst darf bei einer preußischen Königshochzeit keiner haben!«

Zart stand sie vor dem Spiegel, der schwere Rock umstand sie steif und faltenreich unter der zerbrechlich schmalen Taille wie eine goldene Glocke. Die halblangen, eng anliegenden Ärmel öffneten sich unterhalb des Ellbogens in duftigen Spitzen, die wie eine Kaskade auf den Unterarm fielen. Die dicken Locken hatte Sophie durch geschicktes Frisieren aus dem Gesicht gekämmt, so dass sie Wilhelmines schmales Antlitz wie ein Glorienschein umstanden.

Wie auf alten Gemälden, dachte das Fräulein gerührt, als sie hereintrat, und die Amme brach in Tränen aus vor Rührung: »Nu isse ne richtige Braut, unser Prinzesschen!«

Sie stürzte zu ihrem Schützling, verhielt aber kurz zuvor den Schritt und fiel in einen ungeschickten Hofknicks.

»Mermann, um Himmels willen, steh auf!«, sagte Wilhelmine erschrocken und reichte der Amme die Hand. »Du wirst dir noch was tun, und wir müssen nach Professor Stahl schicken!«

»Uff keenen Fall!«, rief die Mermann in gespieltem Schrecken vor dem Leibarzt des Königs, »denn lieba zum Doktor Eisenbart!«

Die unheimliche Stimmung war gebrochen. Sophie und die Mädchen gingen lächelnd und knicksend.

»Ich fühle mich eher wie La grande Macabre und frage mich, was nach dem Zeremoniell weiterhin vorgesehen ist!«

»Wann?«, fragte Sonsine alarmiert. Protokollarisch genau hatte sie das Zeremoniell für die nächsten Tage ausgearbeitet und mit Wilhelmine jedes Detail einstudiert. Das sollte ihr nun bitte niemand durcheinanderbringen, auch die Prinzessin nicht.

»Nach dem Fackeltanz!«

»Nach beendetem Tanz wird die Braut in das erste Gemach geführt. Das Bett ist unter einem rotsamtenen, mit Perlen besetzten Baldachin aufgeschlagen«, erläuterte die Hofmeisterin, während sie Wilhelmine in die Handschuhe half.

»Gemäß Etikette kleidet die Königin ihre Tochter aus, die Schwestern leisten dabei Hilfe. Der Prinz wird, inzwischen auch im Nachtkleid, neben Ihnen im Bett Platz nehmen. Dann werden alle Abschied von Ihnen nehmen.«

»Das weiß ich«, rief Wilhelmine ungeduldig, »das war bei meiner Schwester nicht anders! Ich habe ihr ja selbst das Hemd gereicht! Was danach geschieht, will ich wissen!«

»Sie dürfen dann in Ihre eigenen Schlafgemächer zurückkehren«, sagte die Hofmeisterin, als verrate sie ein großes Geheimnis, »denn es besteht keine Pflicht, mit Ihrem Gatten die Nacht im offiziellen Brautbett zu verbringen.«

Anna Mermann sah das Fräulein mit unergründlicher Miene an. Sie ahnte, was Wilhelmine wissen wollte. Det Fräulein versteht nischt davon, dachte sie, während sie sich mit einer langen Umarmung von Wilhelmine verabschiedete. Von den Freuden der Liebe kann sie dem Prinzesschen nischt erzählen. Und icke? Ick werde den Teufel tun, ick habe keene Ahnung von, wie es bei den Herrschaftens zujeht. Vielleicht werden die durch die besondere göttliche Gnade vom Wind befruchtet.

❧ 19 ❧

DER TAG WAR GRAUENHAFT VERLAUFEN, anstrengend und makaber. Der offizielle Teil war vorüber, die Entkleidungszeremonie überstanden. Kein persönliches Wort hatte die Königin an sie gerichtet, das Auskleiden hatte sie den Schwestern überlassen und ihr nur stumm das Hemd gereicht. Danach hatte Wilhelmine, vor dem König kniend, das Vaterunser und das Glaubensbekenntnis deklamieren müssen, eine Zeremonie, die ihr große Angst eingejagt hatte. Offenbar konnte vor dem Unaussprechlichen nur der Allmächtige schützen.

Nun würde unweigerlich das geschehen, weswegen die Schwester so bitterlich geweint hatte, und da war es sicher besser, das Korsett anzubehalten, um nicht zerfleischt zu werden. Sie saß in dem riesigen Bett unter dem schweren hölzernen Baldachin, zupfte an den Schleifchen des Negligés und wartete, was geschehen würde. Schließlich schlich sie barfuß in den Ankleideraum, um sich in dem großen Spiegel zu betrachten.

Welch grauenhaftes Wesen sie anstarrte! Das reichlich aufgetragene Rouge und der kostbare weiße Seidenpuder konnten die blauen Höhlen unter den Augen nicht verdecken. Die Coiffure war rußgeschwärzt. Sie zupfte an dem weißen Negligé herum, das ihren Busen züchtiger bedeckte als jedes ihrer Kleider, drehte sich vor dem Spiegel und fand sich unförmig und langweilig.

Sie griff nach dem Schwamm und reinigte sich vorsichtig Arme und Hände, betupfte auch das Gesicht. Der Schwamm war schwarz von Ruß, als sie ihn wieder in die Waschschüssel tauchte. Das Zeremoniell sieht an keiner Stelle das Waschen vor, dachte sie, wie merkwürdig. Es ist offenbar nicht von

Bedeutung, sich mit Wasser zu säubern, als Reinigung muss das Vaterunser genügen.

Sie fühlte sich ein wenig erfrischt, aber sie fürchtete sich. Wenn Friedrich über sie herfallen sollte, wie es die Schwester beschrieben hatte? Was sollte sie tun? Sonsine war ihr keine Hilfe gewesen. Sie hatte ihr ein goldenes Kettchen mit einem Kreuz umgehängt und geflüstert: »Es ist die Pflicht der Gattin. Sie wollen doch viele kräftige Kinder, Hoheit. Seien Sie wie immer. Er liebt Sie und wird Sie nicht fressen.« Dann hatte sie geweint, als müsste sie ihre Prinzessin vor einer Drachenhöhle abliefern.

Hier konnte sie nicht stehen bleiben. Es gehörte dazu, im Bett zu liegen, sonst würde ja nicht so viel Aufhebens darum gemacht.

Wo blieb Friedrich eigentlich? Vielleicht kam er gar nicht? Hatte die Königin ihn abgefangen?

»Wie Bruder und Schwester!«, schnaubte sie den Spiegel an, aber der zeigte ihr nur ein weißes, verängstigtes Gesichtchen. Wie eine alte Frau, dachte sie verzweifelt, nicht einmal ein Stallknecht würde über mich herfallen.

Es soll ja auch niemand über mich herfallen, antworteten die verängstigten Augen im Spiegel, nein, das dulde ich nicht.

Aber seine Küsse hast du geduldet?, fragten die spöttischen Augen.

Was haben die Küsse damit zu tun, rief sie zornig aus.

Damit? Womit? Du kennst dich ja gut aus, sagten die Augen und schlugen mokant die Wimpern nieder.

Würde ich mich auskennen, ich würde ganz andere Dinge tun. Ich würde ein Mieder tragen, in dem die Brüste weit nach oben geschnürt sind, fast völlig zu sehen, so wie in Frankreich, und unter dem Mieder nur ein hauchdünnes Seidenhemd, bis auf die Füße, sonst nichts.

Sonst nichts? Die Augen starrten sie schockiert an.

Nein, sonst nichts, sagte sie trotzig, oder doch! Ein Paar Seidenstrümpfe, die nach der neuen Mode über das Knie gehen, und zierliche Schühchen mit Absätzchen.

Schamlose Dirne.

Ich bin eine verheiratete Königstochter.

Man kann auch eine schamlose, unersättliche Ehefrau sein.

Aber das sieht niemand, flüsterte sie, es ist nur so, dass ich niemals wagen werde, so zu sein.

Sie warf den Schwamm gegen den Spiegel. In den Strömen des Wassers, die den Spiegel hinunterrannen, verschwamm ihr Antlitz zu einer unförmigen Masse. Sie holte tief Luft, ging hinüber und erschrak entsetzlich.

Im Bett saß ein Mann und strahlte sie an.

»Nehmen Sie die Arme wieder herunter, Prinzessin«, sagte Friedrich, da sie unwillkürlich die Arme vor die Brust gehoben hatte, »und kommen Sie, leisten Sie mir Gesellschaft.«

Verspottete er sie? Sie nickte gehorsam und schlug die Decke zurück, da klatschte er dreimal in die Hände.

»Pardon, ich wollte Sie nicht erschrecken, nur eine kleine Surprise«, sagte Friedrich sanft. Er griff nach ihrer Hand, küsste sie und deutete zur kaum kenntlichen Tür in der Tapete, die sich auf sein Klatschen lautlos geöffnet hatte. Ein Holztischchen auf Rollen wurde hineingeschoben. Ebenso lautlos schloss sich die Tür wieder. Niemand hatte hineingesehen.

Friedrich sprang aus dem Bett. Auch er trug noch das offizielle spitzenbesetzte Nachthemd. Er rollte das Tischchen ans Bett. Auf halbem Weg sah er ihren Blick.

»Dies ist nicht eben die Kleidung eines galanten Liebhabers«, bemerkte er verlegen, »die Tradition ist nicht galant.«

»Ich glaube nicht, dass ich besser aussehe.«

Er rollte den Wagen ans Bett und sagte: »Prinzessin, Sie sind immer wunderschön, egal was Sie tragen.«

Sie errötete. Er fügte hinzu: »Ich weiß nur nicht, wie Sie mit dieser seltsamen Coiffure schlafen können.«

Unter anderen Umständen hätte sie gelacht. Aber jetzt fand sie seine Bemerkung abgeschmackt und taktlos. Den ganzen Tag hatte sie unter dieser Coiffure gelitten und sie nur ertragen, weil sie als unwiderstehlich schön galt. Sie schwieg und sah ihn nicht an.

»Wollen Sie nicht einen Blick auf dieses Tischchen werfen?«, fragte er schmeichelnd.

Nein, das wollte sie nicht. Sie sortierte die Falten auf dem Negligé, dann glättete sie die Falten auf der Bettdecke, dann ordnete sie sorgfältig die Kissen. Schließlich fiel ihr auf, dass nichts geschah. Sie blickte auf. Er hockte auf der Bettkante und sah ihr geduldig zu.

»So, nun ist wohl alles zu Ihrer Zufriedenheit gerichtet«, sagte er und zeigte auf eine große Flasche, deren Hals aus einem ihr fremden Behälter heraussah.

»Dies ist zwar eine königliche Hochzeit, aber das königliche Getränk der Franzosen wurde während des gesamten Festes nicht ausgeschenkt. Eine Hochzeit ohne Champagner! Das machte mich ausgesprochen missvergnügt, und daher hat mein Diener keine Kosten und Mühe gescheut, diese Bouteille in der französischen Kolonie aufzutreiben. Gestatten Sie?«

Er griff nach der Flasche. Ein lauter Knall ließ sie zusammenfahren. Man schoss auf sie! Attentäter! Mörder! Sie schrie auf und flüchtete unter das Bett.

Ein ausgelassenes Gelächter zeigte ihr an, dass sie sich anscheinend geirrt hatte. Vorsichtig öffnete sie die Augen. Vom Bettrand schlenkerten vergnügt zwei behaarte Beine, die plötzlich verschwanden. Stattdessen erschien ein Gesicht, das sie angrinste wie ein Kobold.

Friedrich kroch unter das Bett und robbte auf sie zu, zwei

Gläser in der Hand balancierend, in dem ein rosafarbenes Getränk perlte.

»Trinken Sie auf den Schreck!«, forderte er. Prickelnd rann die perlende Flüssigkeit Wilhelmines Kehle herunter. Sie nahm noch einen Schluck. So etwas Erfrischendes hatte sie noch nie getrunken. Sie nahm noch einen Schluck und fühlte sich berauscht und erheitert zugleich. Das also war Champagner? Und wie kalt er war! Friedrich lächelte sie vergnügt an. »Schmeckt Ihnen der Pinot? Lassen Sie uns auf Ihre Gesundheit trinken!«

Er hob sein Glas und rief: »A votre santé, ma princesse!«

Jetzt erst wurde ihr die Komik der Situation bewusst, aber sie wagte nicht, zu lachen. Verlegen tauchte sie den Mund ins Glas, verschluckte sich und hustete. Er kroch neben sie, klopfte ihr auf den Rücken wie seinem Lieblingspferd. Wilhlemine schrie, er solle aufhören. Er nahm ihr das leere Glas ab und stellte es behutsam zur Seite. Dann rollte er sie auf den Rücken, und bevor sie auch nur einen Laut von sich geben konnte, war er über ihr und küsste sie. Das war kein Kuss wie in der Schäferhütte. E saugte an ihren Lippen und ließ nicht los. Sie wollte den Kopf abwenden, aber er ließ es nicht zu. Sie wollte sich befreien, er griff nach ihren Armen und hielt sie fest, ohne den Kuss zu beenden.

Oh, Schwester, schoss es ihr durch den Kopf, du hattest recht, jetzt geschieht es. Jetzt verwandelt er sich in das wilde Tier, jetzt muss ich … Panik erfasste sie. Genau in dem Moment ließ er sie los. Sie sieht ja aus wie ein gehetztes Wild, dachte er erschrocken, es erregt sie nicht, Himmel, ich habe mich hinreißen lassen, jetzt hat sie Angst.

Verlegen wollte er sich zurückziehen, da hob sie den Kopf und küsste ihn. Wahrscheinlich habe ich keine Angst vor wilden Tieren, schoss es ihr durch den Kopf. Sie küsste ihn, wie sie ihren kleinen Hund küsste, neckisch, sehr viele kleine

Küsse, auf den Mund, auf die Nase, sie traf auch sein sanft geschwungenes Kinn und die Wangen. Er stöhnte, weniger vor Lust als vor Begeisterung, dass er sie nicht verloren hatte. Sein Mund suchte ihren langen schmalen Hals, die Stelle, deren sanfter Übergang zu ihren zierlichen, leicht abfallenden Schultern ihn so entzückte. Seine Lippen wollten sie erforschen, aber sie wurden gehindert von einem reichlich hochgeschlossenen Hemd. Er tastete, fand eine Schleife und zog sie auf, aber es mussten tausend Schleifen sein. Eine Festung, die erstürmt werden will, dachte er, öffnete die Augen und suchte nach Möglichkeiten, die Geliebte aus ihrem Gewand zu befreien.

»Komm, lass es uns bequemer machen«, murmelte er. Sie krochen unter dem Bett hervor und kicherten dabei wie die Kinder. Sie zog und zupfte an seinem Hemd, noch nie hatte sie einen Mann ausgezogen, sie kannte diese Kleidung nicht. Er zog es sich über den Kopf. Sie strich mit beiden Händen über seine Brust, staunend, dass dort kleine, sich kräuselnde Haare wuchsen, befühlte sie, zupfte. Das Tier, dachte sie, es gefällt mir, ich muss es nicht mal zähmen. Was hat die Schwester bloß? Ist es nicht schön, das Männertier?

»Du hattest noch keinen Champagner«, sagte sie.

Er lachte, langte nach ihrem Glas am Boden, holte die Flasche aus dem Eiskühler und goss zwei Gläser ein.

»A votre santé«, sagte er in seinem weichen Französisch.

Wilhelmine hob das Glas, nun fühlte sie sich berauscht: »Auf eine lebenslange Freundschaft.«

Sie tranken. Sie sah, wie der Champagner seine Kehle hinunterrann, sah auf seine Brust, die sich hob und senkte, auf seine breiten Schultern. Er ist ein Jäger und Reiter, dachte sie, er hat Muskeln da, wo sie die griechischen Statuen auch haben. Sie streckte die Hand aus und streichelte seine Oberarme. Er zupfte an diesen vermaledeiten Schleifen, bis er endlich das Gewand geöffnet hatte. Er griff in ihr Mieder und hob ihre kleinen Brüste heraus, sie standen über das Korsett hinaus. Sein Mund suchte und fand diese kleinen rosa Knospen, die so aussahen, wie er es sich erhofft hatte. Vorsichtig saugte er daran, er stöhnte vor Lust, sie wurden klein und hart unter seinem Mund, und sie schien seine Zärtlichkeit zu mögen. Sanft legte er sie hin und suchte unter diesen Röcken, es schienen ihm unendlich viele zu sein. Da hielt auf einmal eine kleine Hand die seine fest. Er sah auf und in ein erschrecktes Gesicht. Er lächelte sie an, aber er war erregt und für sie musste es wie ein Wolfsgrinsen sein. Er erhob sich und goss Champagner ein.

»Trink«, sagte er, »trink, denn du willst es auch, und wenn nicht … gut, wir werden noch viele gemeinsame Nächte haben.«

Sie setzte sich auf und wollte ihre Brüste bedecken, aber er hielt ihre Hand fest.

»Sie sind so schön, lass sie mich ansehen«, murmelte er, und sie wusste nicht, ob sie sich schämen oder sich vor ihm spreizen sollte wie in ihrer Vision vor dem Spiegel. Der Champagner war ihr auf wundersame Weise in den Kopf gestiegen. Wie auf dem Karussell, dachte sie und spürte, wie seine Hand unter ihre Röcke griff und ihre Beine liebkoste. Er streichelte ihre Oberschenkel, die sie eng zusammengepresst hatte, behutsam schob er seine Hand zwischen ihre Beine und streichelte sie. Er nestelte an etwas, sie begriff nicht, was er tat, bis er sich aufrichtete und die Gläser zurückstellte. Sie schrie auf. Er war völlig nackt. Was stand da für eine Lanze zwischen seinen Beinen? Schlagartig wurde ihr bewusst, dass sie den Bruder nur als Kind nackt gesehen hatte, danach nie mehr. Er deutete ihren entsetzten Blick falsch. Seine stolze Erregung schmolz in sich zusammen.

»Habe ich dich erschreckt?« fragte er. Und als sie nickte,

sagte er: »Schau her, du mich auch. Da ...«, er deutete auf seine erschlaffte Pracht, »... da ist nichts Bedrohliches mehr.«

Sie wagte kaum hinzusehen.

»Ich will dir keine Angst machen«, sagte er sanft, »Angst und Liebe sind kein harmonisches Paar.«

Sie zog ihn aufs Bett und umarmte ihn zärtlich.

»Meine kleine Jungfer Prinzessin«, murmelte er, »komm, werde meine Frau, es tut nicht weh ...«

Irgendwann, viel später, schlief er ein, weniger berauscht von den letzten Schlucken des Champagners als von ihr, die sich ihm so neugierig und schüchtern zugleich hingab. Irgendwann schnürte er sie aus dem verrutschten Mieder und schlief ein, zwischen Wellen von Röcken und Spitzen auf weißer Haut, bezaubert von der zierlichen Prinzessin, die seinem erträumten Schönheitsideal so entsprach, wie er es nie zu hoffen gewagt hatte.

Sie sah sein zerzaustes blondes Haar auf dem Kissen, streckte die Hand aus und zog sanft die Linien seines noch kindlich wirkenden Profils nach. Bruder und Schwester, murmelte sie sarkastisch, und ein kleines schurkisches Grinsen huschte über ihr entspanntes Gesicht wie ein vorwitziger Sonnenstrahl über einen grauen Märzhimmel. Meine Heirat ist wirklich die sonderbarste Sache der Welt, dachte sie. Die Königin war dagegen. Der König gab sie wider Willen zu, nur um seiner Frau zu zeigen, wer der Herr im Haus ist. Der Markgraf, ihr Schwiegervater, hatte sich große Vorteile erhofft, derer er sich durch den Geiz des Königs beraubt sieht. So wurde ich gegen den Willen der drei bestimmenden Personen verheiratet und dennoch mit ihrem Einverständnis, dachte sie amüsiert.

Er lächelte im Schlaf, legte einen Arm auf ihren Leib und kuschelte sich an ihre Schulter.

Ich habe den Tag überstanden wie eine Puppe, die ihrer Enteignung bereitwillig zustimmt. Und doch habe ich heute mehr gewonnen als alle reichen Erbinnen der Welt. Ist das Schicksal?

Eine Melodie sang ihr Herz, während sie den Schlafenden betrachtete.

Perlen schimmern auf rotem Samt
Mein Herz ist rot und eifrig im Herbst
Beflissen meine kleinen Brüste
Heb mich auf mein Prinz
Trag mich aus diesem Königreich der Roheit
Der Kälte und des Drecks hinter dem silbernen Prunk
Fort in dein kleines Land.
Führ mich über die Berge, Geliebter,
Wie den Falken, dem du die Kappe aufsetzt
Und ihn erst freilässt dort
Wo der Himmel blau und die Luft sanft …

Und dann schlief sie ein. Im Parterre schlüpften die Mägde in die Holzpantinen und begannen, das Feuer in den Kaminen zu entfachen. Es war der Morgen des 21. November 1731.

Teil II

Die Reise
1732

1

DER WINTERMORGEN DES 11. Januar 1732 zeigte sich in eisiger Schönheit. Die Luft war von jener schneidend kalten Bläue, die den Umriss jedes Hauses, jedes Baumes auch auf große Entfernung mikroskopisch klar erscheinen lässt. Potsdam, umgeben von Raureif ummantelten Kiefernwäldern, Eisstachel bewehrten Heidekrautebenen und zugefrorenen Seen, wachte unter einer Eisschicht auf, die im fahlen winterlichen Morgenlicht glitzerte wie verschütteter Zucker.

Schwerfällig schaukelnd setzte sich ein Tross von zehn Kutschen vom Potsdamer Schloss aus in Bewegung. Ihr Ziel: das oberfränkische Baireuth, das die Reisegesellschaft in sieben Tagen zu erreichen hoffte.

An der Spitze fuhr die mit sechs Schimmeln bespannte prunkvolle königliche Berline, aus der die in Pelze gehüllte Wilhelmine und ihr Gatte, der Erbprinz von Brandenburg-Baireuth, den Menschen zuwinkten, die sich trotz der Kälte an der Chaussee versammelt hatten.

Auf Befehl des Königs wurde die Kutsche zur Linken von dessen schweigsamem, grimmig blickendem Generaladjutanten Albrecht von Derschau mit seinen Leuten eskortiert. Die aufwändige Barttracht des Obristen war ebenso von Eiskristallen bedeckt wie die Schnurrbärte der Herren Leutnants und deren schwere wollene Reitermäntel.

Zur Rechten ritt der königliche Hofjägermeister Capitain von Haack, klein, wendig und stets freundlich nach allen Seiten lächelnd. Seine ausgezeichnete Ortskenntnis und seine Zielsicherheit mit Flinte und Pistolen hatten ihm zu dem ehrenvollen Auftrag verholfen, die Prinzessin bis Kloster Zinna zu eskortieren, das am Abend erreicht sein sollte.

Wilhelmine, das schmale Gesicht mit einer weich fallenden Zobelkapuze, einem Geschenk des russischen Zaren, umhüllt, die Füße auf heißen Ziegeln, winkte den Menschen mit der lederbehandschuhten Hand zu, bewegt von deren Neugier, die sie für Anteilnahme hielt.

»Sie lieben mich«, sagte sie zu Friedrich, der zu ihrer Linken saß. Eine Träne rollte ihre blasse Wange hinab und gefror auf der Puderschicht, bevor sie den Mundwinkel erreichte. Das hatte sie nicht erwartet.

Friedrich hatte den Menschen freundlich zugelächelt, wie es seine Art war. Nun wandte er sich ihr zu, sah die Träne glitzern und küsste sie gerührt von der Wange. Wilhelmine errötete. An seine offenherzige Art hatte sie sich noch nicht gewöhnt. In ihrer Familie war es recht unterkühlt zugegangen, von gelegentlichen unbeholfenen Zärtlichkeitsanfällen des Vaters abgesehen, die sie fürchtete, weil ihnen oft unberechenbare Wutanfälle folgten. In Preußen wurde nicht öffentlich geküsst, es galt als französische Unsitte.

Die Kaleschen hatten die kleine Garnison auf der gut gepflegten langen Chaussee im munteren Trab verlassen. Schon jetzt, nach wenigen Meilen, begann der beschwerlichere Teil der Reise auf unbefestigten märkischen Sandwegen zum Fläming hinauf. Gefrorene Pfützen und dicke Steine mitten auf den Wegen machten die Route gefährlich. Stumm säumten krumme, kahle Eichen den Weg. Von den vereisten Seen winkten einige Bauern vor hoch beladenen Schlitten, die von unwilligen Ziegen gezogen wurden. Andere zogen selbst stumpf mit gesenkten, tief in Wollkappen gehüllten Köpfen und sahen nicht einmal auf, als die rote Sonne den goldenen Zierrat der Kutschen aufblitzen ließ. Dick vermummte Frauen, die kaum vor dem beißenden Frost geschützten Füße mit

Wolllappen in den Holzschuhen umwickelt, trugen vollbepackte Kiepen mit Wäsche. Marktfrauen zogen kleine Holzschlitten mit sorgfältig verschnürter Ware. Schlittschuhlaufende Kinder ließen ihre Schlitten mit Brennholz stehen und johlten und kreischten, während andere sich in waghalsigen Kunststücken zu Ehren der Herrschaften überboten.

Friedrich warf eine Handvoll Münzen auf das Eis. »Ob unser Kind sich auch einmal auf diese Weise amüsieren wird?«

»Ich hoffe, es muss nicht betteln gehen, weil sein leichtfertiger Vater mit Geld nur so um sich wirft!«, sagte Wilhelmine trocken. Er lachte und fragte, ob sie als Kind so gern Schlittschuh gelaufen sei wie er. Wilhelmine sah hinaus und schauderte.

»Bei der Kälte hinaus? Im Schloss bin ich ja schon beinahe erfroren, weil immer am Brennholz gespart wurde!«

»Du wirst es lernen«, meinte Friedrich gut gelaunt, »in den Niederlanden amüsiert sich jeder auf dem Eis, vom Bauern bis zum König, die Musik spielt auf, und alle tanzen!«

»Wenn ich den Bauern auf dem Eise nicht begegnen und mich von ihnen anstarren lassen muss«, meinte Wilhelmine pikiert. Sie sah hinaus auf die weite Eisfläche und dachte, welch eine Zumutung. Was fällt ihm ein, er ist doch sonst comme il faut. Sie verzog das Gesicht.

»Ist alles in Ordnung?«, fragte Friedrich besorgt.

»Jedenfalls ist mir nicht übel«, antwortete sie betont munter, »das ist doch schon ein Grund, den Tag schön zu finden, nicht wahr?«

»Wir werden langsam und behutsam reisen«, sagte Friedrich, »Voits Planung sieht höchstens sechs Meilen pro Tag vor, da können wir einige schöne Pausen zur deiner Erholung machen.«

Sofort bekam Wilhelmine glänzende Augen und erklärte, sie müsse unbedingt Wittenberg sehen und das berühmte Leipzig.

Friedrich wurde bewusst, dass diese Reise Wilhelmines erste war. Von Berlin ins verhasste Wusterhausen zur Jagd, darüber hinaus war sie nie gekommen.

Eines der Kinder tauchte plötzlich neben der Chaise auf. Schmutzig, mit wirren verlausten Haaren, die unter einer von Motten zerfressenen Pelzkappe heraushingen, rannte der Junge neben der Kutsche her, breit grinsend aus zahnlosem Mund. Er hielt ein entsetzlich fettes, katzengroßes Tier hoch. Angeekelt schrak sie zurück. »Igitt, eine Ratte! Er hat eine riesige Ratte!«

Der Junge schüttelte heftig den Kopf und schrie etwas Unverständliches, statt Worte kamen nur Laute mit viel Gezischel und Speichel aus seiner riesigen Zahnlücke heraus. Aber Friedrich schien zu verstehen.

»Une marmotte!«, rief er, und das Kind grinste, schrie und hielt das zappelnde Tier hoch. Wilhelmine hielt sich vor Grausen die Hände vor die Augen. Friedrich lachte, deutete auf das fette Tier und sagte: »Es ist keine Ratte, es ist ein marmotte, ein … ich weiß nicht, wie sie auf Deutsch heißen. Sieh nur, es ist nicht grau, es hat ein hübsches braunes Fell, nicht hässlicher als deine Pelze!«

»Une marmotte?« Wilhelmine nahm die Hände herunter und beschaute das plumpe Tier mit dem stumpfen Nagergesicht genauer.

Der Junge schrie eifrig: »Marmotte! Voyez la marmotte!«

Friedrich forderte das Kind auf, sein Tier vorzuführen, und der Junge zwickte das Tier, das er im Laufen immer hoch hielt, damit die Herrschaften es genau betrachten konnten. Das Murmeltier gab ein helles Pfeifen von sich.

Der Junge stopfte das zappelnde Tier wieder in den hölzernen Kasten, den er an einem langen Lederriemen umgehängt trug. Ein schmutziges Kinderhändchen reckte sich nach oben.

Wilhelmine wendete sich angeekelt ab, aber Friedrich beugte sich hinaus und legte eine Münze hinein, worauf der Junge im Laufen die schmutzstarrende Kappe zog, »a la bonheur« brüllte und sich trollte.

»In Paris sind die Savoyardenkinder die Ärmsten der Armen«, sagte Friedrich mitleidig, »jedes von ihnen schuftet für drei. Dein Vater wusste schon, warum er die Savoyarden nach Brandenburg holte.«

Wilhelmine schwieg. Friedrichs Mitgefühl konnte sie nicht nachempfinden. Noch immer grauste ihr vor dem Gestank der Armut, der ihr entgegengeschlagen war. Auch Friedrichs Freigiebigkeit befremdete sie. Wie nah er dieses verdreckte kleine Scheusal an sich herangelassen hatte, ohne Rücksicht auf sie!

Schnell lenkte sie ab und bat ihn, von Baireuth zu erzählen. Ob es dort auch schöne Seen gab? Sie blickte auf die vereisten Flächen und die bereiften Mühlen dahinter, die stumm auf ihrem Bock ihr Flügelkreuz in die windstille Kälte reckten.

Friedrich erzählte vom »Brandenburger«, einem See, den Markgraf Georg Wilhelm geschaffen hatte, eine extraordinaire Lustanlage mit einer Roseninsel und großen Schiffen. »Auf der Seebühne finden im Sommer Lustbarkeiten statt … fanden statt«, verbesserte er sich, »mein Vater ist so pietistisch wie der deinige. Er hat den halben Hofstaat entlassen und eisern gespart, um seine Schulden zu bezahlen.«

»Wir werden das Schiff wieder vom Stapel lassen, n'est-ce pas?«, meinte Wilhelmine unternehmungslustig. Lustbarkeiten auf einem veritablen Schiff! Aber dann verdüsterte sich ihre Miene, und sie stellte säuerlich fest: »Aber nicht in diesem Sommer, bis August werde ich krank sein.«

Sie war schwanger. Den König versetzte die Aussicht, Großvater zu werden, in namenlosen Jubel und ungeheuren Stolz.

Er überhäufte seine Älteste mit Liebkosungen und Aufmerksamkeiten und wollte sie auf keinen Fall reisen lassen. Sie solle ihr Kind in Berlin zur Welt bringen, hatte der Vater gesagt, hier könne im Schloss alles gerichtet werden. Aber die Wochen nach der Hochzeit und den Bällen waren wieder von den unerträglichen Launen der Königin geprägt gewesen, so dass Wilhelmine den Hof so schnell wie möglich verlassen wollte. Sie hatte den Vater um eine Audienz gebeten und ihn angefleht, ihr seinen Schutz und seine Liebe auch in diesem neuen Lebensabschnitt zu gewähren, in den sie nicht eintreten wolle, ohne sich in zärtlicher Liebe von ihm zu verabschieden. Sie hatten beide geschluchzt und sich ihrer gegenseitigen Liebe versichert. Finanzielle Zusagen hatte er nicht gemacht, aber er ließ sie endlich gehen.

Der Abschied von der Amme war ebenfalls tränenreich gewesen, danach war es seltsam kühl und einsam um Wilhelmine geworden. Der Abschied von der Mutter und ihren Damen war formell und kalt, ohne jede Rührung.

Wilhelmine betrachtete Friedrich zärtlich von der Seite. Ein Gentleman, dachte sie, dieses englische Männerideal schien Friedrich am treffendsten zu charakterisieren. Ein Gentleman mit vollendeten Manieren, aber dem Temperament eines spanischen Granden.

Sie lachte auf. Zu komisch war es gewesen, als der Prinz sich mit dem Ansbacher Schwager hatte duellieren wollen.

Friedrich küsste sie zart auf die Wange. »Das Reisen bekommt dir«, stellte er fest, »lass mich an deiner Freude teilhaben!«

»Ich dachte gerade daran, wie du dich duellieren wolltest.«

Sein Lachen klang gezwungen.

»Wie du den Ansbacher in den Kamin werfen wolltest!«

Wilhelmine forderte mit verstellter Stimme: »Hier müssen Taten statt Worte entscheiden! Kommen Sie, schlagen

Sie sich mit mir oder ich werfe Sie in den Kamin, wo Sie rösten können!«

Es entging ihr, dass Friedrich sehr still geworden war.

»Wie er zur Königin hinter den Vorhang geflüchtet ist! Welche Angst er vor dir hatte! Und das alles nur wegen …«

»… wegen einer Hure, die meine Mutter war!«, sagte Friedrich hart, öffnete die Tür des fahrenden Wagens und sprang hinaus.

Wilhelmine schrie auf. Entsetzt sah sie den Gatten am Weg stehen, während die Kutsche langsam weiterrollte. Was hatte sie getan? Was hatte ihr Spott angerichtet? Sie biss sich auf die Unterlippe. Hätte sie doch ihre Lästerzunge im Zaum gehalten!

Wie hatte Friedrich seine Mutter genannt? Sie errötete, selbst in Gedanken machte sie das obszöne Wort verlegen. Warum war er so empfindlich?

Ein sehr schlecht erzogener Markgraf von Ansbach hatte Friedrich auf einem der Hochzeitsbälle ständig provoziert, bis dieser ihn zum Duell gefordert hatte. Da hatte der Ansbacher sich angstvoll verkrochen, ja, schlimmer, er war in Tränen ausgebrochen und zum Gespött aller geworden. Der wilde Markgraf zählte nicht einmal achtzehn Lenze, er war feige und großmäulig, ihre Schwester Friederike hatte sich bei Wilhelmine für ihren Gatten entschuldigt. Vermutlich lässt er seinen Mut nachts an seiner wehrlosen Frau aus, dachte Wilhelmine verächtlich. Aber was sollte sie über diesen albernen Menschen spekulieren. Warum war Friedrich beleidigt? Sie erkannte keinen Grund, schließlich hatten sein Mut und seine Vernunft den Ansbacher besiegt!

Dann aber siegte ihr Stolz. Wie konnte der Prinz einfach aus der Chaise springen und sie damit vor allen Leuten desavouieren! So konnte er mit einer Königstochter nicht umspringen. Zornig starrte sie in die winterliche Landschaft, während die Berline unaufhaltsam weiterrollte.

2

ZUFRIEDEN BETRACHTETE DIE HOFMEISTERIN ihre Reisege-
nossinnen. Neben ihr saß ihre jüngste Schwester Florentine,
Flora genannt, die schon mit vier Jahren die Mutter verloren hatte und deren Ersatz seitdem Sonsine gewesen war.
Mittlerweile Mitte dreißig, hatte Flora nie eine gute Partie
machen können, denn sie hatte einen Buckel und ein Hüft-
leiden, das sie zu einem Watschelgang zwang. Als hätte der
Schöpfer aber zeigen wollen, was wahre Schönheit ist, hatte
sie ein wunderschönes Gesicht mit warmen großen braunen
Augen. »Rehauge« nannte Wilhelmine sie manchmal. Sie hatte
Flora ins Herz geschlossen und freute sich, mit ihr den Baireuther Hofstaat zu bereichern.

Den Damen gegenüber saßen ihre Nichten, die dreizehnjährige Albertine von der Marwitz und ihre Schwester Dorothea Wilhelmine, Minni genannt. Von Sonsines Idee, sie mit
nach Baireuth zu nehmen, war die Prinzessin begeistert.
Außer dem zickigen Fräulein von Grumbkow war im Bud-
get nämlich keine Hofdame vorgesehen. Aber die Nichten
wurden von ihrem wohlhabenden Vater unterhalten, und sie
in Baireuth zu Wilhelmines Gesellschafterinnen heranzubil-
den, hatte der König unter der Bedingung genehmigt, dass
die beiden sich nicht in Baireuth verheiraten durften. Vor
einigen Jahren hatte er ein Gesetz erlassen, nach dem preußische Erbinnen sich innerhalb Preußens zu verheiraten hätten. Schlauer alter Geizkragen, dachte das Fräulein, so parti-
zipiert er am Reichtum seiner Untertanen.

Albertine hatte trotz ihrer Jugend einen fraulichen, weichen Gesichtsausdruck, ihre hellbraunen Augen hatten den

Schimmer eines treuen Hundes. Das Mädchen war nicht dumm und lernte leicht, ohne besonders wissbegierig zu sein. Sie hatte ein sanftes Temperament und war sehr fügsam, gute Voraussetzungen für eine standesgemäße Ehe.

Die vierzehnjährige Minni war dagegen wie ein Fohlen. Sie hatte aufregend schillernde mal braune, mal grüne Augen. Das Mädchen war noch wie ein Kind, ständig schoss sie aus ihren Kleidern heraus, mal waren die Ärmel zu kurz, mal die Röcke. Minni wuchs in die Höhe, blieb aber dünn wie ein Knabe. Sie hatte noch nichts Damenhaftes an sich. Das Fräulein musste sie noch bilden und lehren, bevor der Vater ihr unter den preußischen Generalleutnants einen passenden Ehemann aussuchen würde. Das Fräulein hielt nichts von frühen Heiraten völlig ungebildeter Mädchen. Der verwitwete General von der Marwitz hatte kein Verständnis für die Ausbildung seiner Töchter, er war mit ihrer Erziehung überfordert. Söhne hätte er einfach mit in sein Regiment genommen, die Töchter aber sah er lieber heute als morgen verheiratet.

Ein wehmütiges Lächeln zog über Sonsines Gesicht. Marwitz war der hartnäckigste ihrer Verehrer gewesen. 1716 hatte er ihre Schwester Albertine geheiratet. Es war eine glanzvolle Offiziersheirat in Charlottenburg gewesen, im Mai, die Gärten waren noch so erhalten, wie die verstorbene Königin Charlotte sie hatte anlegen lassen. Schon fünf Jahre später raffte die Ruhr, die in Berlin wütete, Albertine dahin, und Marwitz hatte jahrelang immer wieder um ihre Hand angehalten. Bis zur letzten Minute hatte er versucht, sie von der Idee abzubringen, mit seinen Töchtern nach Baireuth zu fahren, sondern ihr vorgeschlagen, sie als seine Gattin in sein neu erworbenes Schloss nach Ostpreußen zu holen.

Aber Sonsine kannte die alleinstehenden Schlösser dort auf dem Lande, der nächste Provinzort war eine Tagesreise entfernt, und dann noch Ostpreußen, wo erst der Krieg, dann die Pest gewütet hatten! Dieses Land war verwüstet und menschenleer, marodierende Banden trieben ihr Unwesen. Was sollte sie dort mit den heiratsfähigen Mädchen und einem Mann, der zweimal im Jahr vom Regiment zu Besuch kam? Nichts verstehen die Männer von der Einsamkeit der Frauen, während sie irgendwo ihre Regimenter drillen, dachte das Fräulein.

Ein Schwarm Krähen erhob sich mit wildem Krächzen in die winterstille Luft. Das Fräulein bekreuzigte sich vorsichtshalber. Sie hielt zwar nichts von der Mär, dass Raben die Pest und allerlei Unheil brachten, an Gott glaubte sie aber auch nicht so recht. So glich sich beides wieder aus.

Plötzlich sah sie den Prinzen in den Sattel seines Rappen steigen.

❧ 3 ☙

Zwei einfache Kutschen waren für die Dienerinnen vorgesehen, die Diener mussten mit den Lakaienbrettern im Freien hinter der Herrschaft vorliebnehmen. Die Holzbänke waren hart, und als die Pferde mit einem heftigen Ruck anzogen, schluchzte Sophie unwillkürlich auf.

»Ja, weich isset nich«, meinte eine der Dienerinnen. Aber nicht die Härte der Sitzbank drückte Sophie, die Schneiderin, sondern die Härte ihres Schicksals. Worauf hatte sie sich eingelassen? Die letzten Anproben hatten den Roben der vielen Bälle gegolten, die der Hochzeit gefolgt waren. Bei einer dieser Anproben hatte die Prinzessin plötzlich in einer ihrer seltsamen Tiraden innegehalten, Sophie betrachtet, als sähe sie sie zum ersten Mal, und gefragt, ob sie als ihre Kammerzofe mit nach Baireuth gehen wolle. Sophie hatte keine Sekunde gezögert. Genau im richtigen Moment hatte die Prinzessin gefragt, genau in dem Moment, als Sophie keine Zukunft mehr in Berlin sah.

Sie beobachtete die Kinder beim Eislaufen, und Träne um Träne fiel auf ihr Manteau, den sie sich für die Reise aus dickem Wollstoff geschneidert hatte.

»Wat haste denn?«, fragte eines der Mädchen neugierig.

»Die weint um ihren Liebsten!«, rief eine andere, und langanhaltendes Gekicher folgte. Sophie seufzte. Wenn die albernen Gänse wüssten, wie recht sie hatten.

Mein Liebster, ich werde dich nie wiedersehen, dich nie wieder spielen hören, dachte sie, nie wieder werde ich ins Marionettentheater in Berlin gehen.

Sie hatte ihn gesehen und sich sofort in ihn verliebt. Wie ein Blitzschlag hatte es sie getroffen, tief verloren hatte sie sich an diesen großen, schüchternen Menschen.

Ein Jahr lang hatte Sophie Kostüme für die Marionetten der freundlichen, aber ständig armen Puppenspieler genäht. Sie konnten nicht mit Geld zahlen, aber mit etwas viel Wertvollerem: Sophie konnte die Vorstellungen ansehen, wann immer sie wollte, ohne Eintritt zu zahlen. An einem Tag hatte sie vor der Bühne gesessen und der hässlichen Holzkopfprinzessin aus Seidenresten ein prunkvolles Gewand an den

Holzkörper genäht. Da betrat er mit seinem Geigenkasten den Zuschauerraum. Sie hatte ihn nicht kommen hören, und als er sie ansprach, stach sie sich vor Schreck in den Finger.

»Bittescheen um Verzeihung, wollt ich Sie nicht erschittern«, sagte er in einem merkwürdigen weichen Akzent, den sie noch nie gehört hatte. Erschrocken sah er auf das Blut, das der hässlichen Prinzessin auf den Kopf tropfte. Schnell öffnete er seinen Geigenkasten, zog ein sauberes Tuch heraus und betupfte zart ihren Finger. Aber sie steckte ihn schnell in den Mund und murmelte undeutlich: »Nicht den Finger, die Prinzessin! Schnell, bevor es ihr auf die Robe tropft!«

»Verzeihung, Majestät«, sagte er, und aus sanften braunen Augen sah er sie lächelnd an, während er sorgfältig die Prinzessin abtupfte. Da sie die Puppe festhielt, betupfte er auch ihre Hand, und er war ihr ganz nah, und er roch nach Kolophonium und einem billigen Eau de Cologne. Dann war der Direktor gekommen und hatte ihn begrüßt. Wie bei einer großen Dame hatte er sich bei ihr mit einer Verbeugung entschuldigt. Sorgfältig öffnete er den Holzkasten und entnahm ihr eine Violine, stimmte sie und spielte. Sophie saß da, den Finger im Mund, und hörte wie verzaubert zu. Da stand er, schlank, mit langen, schmalen Händen, die Geige unter dem Kinn und entlockte ihr Töne, die ihr wie Sphärenklänge erschienen.

Von diesem Tag an begleitete er das Bühnengeschehen. Er säuselte zarte Töne, wenn die hässliche Prinzessin mit ihrem Prinzen schöntat. Er ließ die Geige knurren und wüten, wenn der böse Räuber den Harlekin bedrohte. Am besten hatte ihr der Doktor Faustus gefallen. Seit er die Geschichte mit Musik untermalte, hatte sie das teuflische Ansinnen des Mephistopheles erst richtig verstanden. Als seine Violine das Gretchen schluchzen ließ, entdeckte Sophie, dass die Kindsmörderin keine Schuld hatte. Was konnte ein armes Mädchen schon gegen den Teufel ausrichten?

Sie sah, wie ein riesiger Krähenschwarm von einem Feld aufflog. Für einen Augenblick war der Himmel schwarz gesprenkelt. Wie blassblauer Taft, auf den eine unwillige Feder Tintenflecken versprüht, dachte sie, nur dass sie aus dem Himmel wieder rausgehen. Der Taft wäre für immer ruiniert.

Am Abend würde er wieder im Marionettentheater spielen. Er wird nicht mal bemerken, dass ich fort bin, dachte Sophie traurig. Jeden Abend nach der Vorstellung nahm er bescheiden dankend seine Kreuzer entgegen, packte seine Geige in den grauen Holzkasten, schlüpfte in seinen schäbigen alten Justaucorps, nickte freundlich in die Runde und ging seiner Wege, nicht einmal auf ein Bier in die Wirtschaft kam er nach der Vorstellung mit. Nichts wusste sie von ihm, nur dass er Frantisek hieß, dass sein weicher Akzent das Böhmische war.

Sophie seufzte wieder.

Die Mädchen stießen sich an und kicherten. Ob sie einen Liebsten habe, wollte die etwas keckere wissen.

Sophie schüttelte den Kopf. Das fehlte noch, sich jetzt zehn Tage lang auf dieser Reise aufziehen zu lassen. Er war auch nicht ihr Liebster. Sie hatte sich in einen melancholischen Musiker mit schönen Augen verguckt. Und fuhr nun fort, um ihn zu vergessen.

Sophie vertiefte sich in ein altes Augsburger Modeheft, das ihr eine Hofdame geschenkt hatte.

❧ 4 ❧

IM HEFTIGEN SCHNEETREIBEN näherten sich die Kutschen Kloster Zinna. Der König hatte seinen Küchenwagen vorausgeschickt, so dass bereits Rauch aus den Schornsteinen des gotischen Backsteingebäudes drang, als die Reisegesellschaft ankam.

Neugierig besah Wilhelmine das verlassene Kloster. Sie war noch nie bis an die Grenzen Brandenburgs gekommen. Die prächtigen roten Staffelgiebel ragten wie nach oben gestreckte Hände ins Schneetreiben, als ob ihnen nichts etwas anhaben konnte. Kloster Zinna war sechshundert Jahre alt, wirkte aber kein bisschen vernachlässigt, obwohl es nach der Säkularisation nur zeitweilig genutzt wurde.

Die Kutschen rollten vor die Tür der alten Abtei. Der Schlag wurde geöffnet, Wilhelmine hüllte sich bis zur Nase in ihre Pelze und tastete nach der Hand des Dieners, der ihr helfen sollte. Stattdessen sah sie in das lächelnde Gesicht Friedrichs. Bevor sie den Mund aufmachen konnte, sagte Friedrich: »Verehrte Gattin, ich hoffe sehr, Sie reichen nicht die Scheidung ein wegen böswilligen Verlassens.«

Das Fräulein kicherte. Dieser Prinz hatte etwas, was Etikette, gute Erziehung, nicht einmal die beste Ausbildung vermitteln konnte: Charme.

Auch Wilhelmine konnte ein Lächeln nicht unterdrücken, achtete aber darauf, dass es gnädig wirkte. Sie nahm seine Hand und wollte aus der Kutsche hüpfen, als sie ein stechender Schmerz von oben bis unten durchfuhr. Blass lehnte sie sich gegen ihn. Er sah sie erschrocken an. Sonsine, die mit reisesteifen, durchgeschüttelten Gliedern nur mühsam folgte, rief warnend: »Langsam, Prinzessin, langsam! In Ihrem Zustand dürfen Sie alles nur halb so schnell tun wie gewöhnlich.«

Wilhelmine nickte schwach und ärgerte sich über ihren Zustand. Nun war sie zum ersten Mal auf Reisen, diese Schwangerschaft war lästig, und die Vorstellung, ein Kind zu gebären, war ihr fremd. Sie wollte nicht plump und unbeholfen sein. Sie wollte grazil und schmal die Freuden dieser Ehe genießen, wollte die neu gewonnene Freiheit jenseits rivalisierender Eltern und höfischer Intrigen auskosten.

Das ausgeglichene Temperament des Prinzen ist nach den familiären Tragödien ein Glück für Wilhelmine, dachte das Fräulein, aber Fortuna ist launisch. Wenn eine Frau auf sie vertraut, steht ihr Leben wie ein Segel im Wind. Eine Frau muss unabhängig von den Launen ihres Ehemannes leben können.

Das imponierende sechsjochige Gewölbe des Gästehauses erstrahlte im Lichte vieler Kerzen. Auf Wilhelmines Teller lag ein Schächtelchen, darauf ein kleines Billett. Neugierig entfaltete sie das Papier. Bon soir, ma princesse, las sie, ich bereue unsere Heirat keine Sekunde.

Gerührt öffnete sie die Schachtel und erblickte eine silberne Gedenkmünze mit ihrem und des Prinzen Konterfei. Das blanke Silber funkelte im Licht der Kerzen.

»Sie wird einmal hoch gehandelt werden. Was denkst du, Sonsine?«

»Jeder wird sie haben wollen. Zurzeit ist ein heftiger Streit an der Frankfurter Münze wegen der Schönheit der Abgebildeten entbrannt«, ertönte eine Stimme von der Tür. Wilhelmine fuhr herum. In der Spitzbogentür stand ein mittelgroßer schlanker Mann in der blauroten Uniform der preußischen Obristen, am Arm eine schwere Ledertasche. Unter dem

Dreispitz lugten zwischen den vorgeschriebenen opulenten Papilotten und dem streng gewickelten Zopf hellblonde zerzauste Haare hervor.

»Fedéric!« Sie lief zur Tür, fiel dem Bruder um den Hals und lachte und weinte in einem Atemzug. »Du hier! Wie ist das möglich?«

»Ich bin mal wieder desertiert«, sagte der Bruder lächelnd. Sie betrachtete interessiert die Uniform seines neuen Regiments.

»Ein Deserteur in einer Uniform a la mode!«

»Mein General weiß, dass die Liebe zu meiner Schwester über der Pflicht des Soldaten steht«, scherzte Fritz und nahm den Dreispitz ab. Der Diener nahm ihm diesen ab und eilte davon, während der nächste ihm eine Schale und einen Krug mit Wasser reichte. Fritz wusch sich die Hände mit der ihm eigenen Sorgfalt. Die Damen betraten den Saal und knicksten. Das Fräulein hatte die Sitzordnung festgelegt, die sie nun durch das unerwartete Eintreffen des Kronprinzen mit energischen Blicken umdirigierte.

»Chère Sonsine!« Der Kronprinz ließ es sich nicht nehmen, die Vertraute aus einstigen Leidenszeiten herzlich und ohne Umstände der Etikette zu begrüßen.

Wilhelmine blickte in die schmalen blauen Augen des Bruders, und es war, als blicke sie in ihre eigenen: ein wenig spöttisch, das Leid, das sie gesehen, wegwischend. Um die Mundwinkel sah sie zwei feine Falten. Dabei wird er in diesem Jahre erst zwanzig Jahre, dachte sie bestürzt, an diesen Falten trägt der König die Schuld.

»Ich habe mich zu diesem Souper eingeladen, weil ich glaubte, dich nicht liebevoll genug verabschiedet zu haben, chére Guillemette«, sagte Fritz. Der leichte Ton ging ihm charmant von den Lippen, aber zum ersten Mal merkte Wilhelmine, wie wenig elegant sein Französisch klang, wie umständlich er sich ausdrückte. Friedrichs Französisch hatte die weltgewandte Geläufigkeit des jungen Mannes nach der Grand Tour. Sprach sie wie ihr Bruder? Sie hatten sich immer für geistreich gehalten, wenn sie über Eitelkeiten und Schwächen der Höflinge spotteten, dabei hatten sie sich vermutlich sehr plump ausgedrückt.

»Aber was sollte ich tun? Meine Bewacher schwirrten ständig um mich herum und passten auf jedes Wort auf, um es dem König zu hinterbringen. Als ich zu deiner Hochzeit kommen durfte, hat Grumbkow mich vorher genau instruiert, wie ich mich zu verhalten hatte. Ich musste mir Zurückhaltung dir gegenüber auferlegen, geliebte Schwester, um den König nicht zu desavouieren.«

»Das verstehe ich, Fédéric. Aber der Erbprinz hat deine Kälte nicht verdient!«

»D'accord, ich bin nicht erfroren«, hörte sie seine Stimme von der Tür. Friedrich hatte seinen Reiseanzug gegen einen eleganten grauseidenen Abendanzug mit anthrazitfarbener Weste getauscht. Lächelnd trat er zu ihnen, verbeugte sich vor dem Kronprinzen und ergriff dann galant die Hand seiner Frau, um einen Kuss darüberzuhauchen.

»Verzeihen Sie mir, bester Schwager. Nicht Ihre Unempfindlichkeit soll schuld daran sein, wenn Sie in meiner Gegenwart zum Eiszapfen wurden. Inzwischen besitzen Sie mein Herz und sind mir so lieb wie mein Augapfel. Bitte nehmen Sie meine Entschuldigung an.«

»Nimm sie schnell an, mein Gemahl«, sagte Wilhelmine lächelnd, »bevor mein kleiner Bruder es sich in der nächsten Minute anders überlegt. Unlängst gönnte er mir nur einen Bräutigam, der mir eine Krone zu Füßen legen kann.«

Sanft lehnte sie sich an Friedrich, schob ihre Hand in die seine und lächelte ihn an: »Da wusste er noch nicht, dass Liebe mehr wert ist als jede Krone.«

Ein Stich fuhr Fritz durchs Herz. So schnell konnte dieser charmante Bursche seine spröde Schwester erobern.

Friedrich deutete auf den Platz neben Wilhelmine und sagte: »Me fais l'honneur. Der Kopf der Tafel ist für das Geschwisterpaar reserviert. – Würden Sie meine Tischdame sein?«, wandte er sich an Fräulein von Sonsfeld, die, streng die Etikette wahrend, in gebührendem Abstand hinter Wilhelmine stand. Nun folgte sie ihm lächelnd.

Wilhelmine sah ihrem Gatten liebevoll nach. Wie wunderbar er, ohne gegen die Etikette zu verstoßen, dem Bruder seinen Platz überlassen hatte.

»Willst du uns ein Stück begleiten?«, fragte sie.

Fritz schüttelte bedauernd den Kopf. »Ich muss morgen in der Frühe zurück nach Küstrin. Wenn der König von diesem Ausflug erführe …«

»Zurück in dein Gefängnis? Ich denke, der König hat Wort gehalten und dich entlassen?«, fragte sie empört.

»Das hat er, und das verdanke ich nur dir, meine Befreierin. Aber meinen Dienst in Ruppin trete ich erst Ende Februar an.« Er seufzte. »Dort wird es auch nicht aufregender zugehen.«

Er griff in die Ledertasche und entnahm ihr eine Mappe.

»In den letzten Monaten bin ich äußerst selten zu dem gekommen, weshalb ich denke, eigentlich auf der Welt zu sein. Diese hier wollte ich erst meinem Nebenbuhler, dem principe lute, widmen, aber …«

»… aber die alte Liebe zur principessa flute hat gesiegt?«, lachte Wilhelmine.

»Um diesen Unannehmlichkeiten zu entgehen, habe ich diese kleinen Werke keinem von beiden, sondern allein meiner geliebten Schwester gewidmet.«

Wilhelmine öffnete die Mappe. Es waren Kompositionen für Laute, Cembalo und Flöte. Sie überflog die Noten und umarmte ihn innig.

Über ihre Schulter blickend, sah Fritz die Tür aufgehen. Obrist von Derschau betrat den Konversensaal. Wilhelmine spürte, wie sich der Körper des Bruders versteifte. Erstaunt ließ sie ihn los. Er starrte zur Tür, als habe er einen Geist gesehen. Derschau schien ebenfalls erstarrt zu sein, fasste sich aber schnell und entbot zackig den militärischen Gruß des Untergebenen an den Kronprinzen.

»Wie kommt dieser Mann hierher?«, fragte Fritz gequält.

»Obrist Derschau? Er eskortiert uns bis zur Landesgrenze.« Sie sah den Bruder fragend an. »Du siehst aus, als hättest du deinen Henker gesehen!«

»Du ahnst nicht, wie recht du hast!«, sagte er schwer atmend, »niemals werde ich mich mit dem Mörder meines Freundes an eine Tafel setzen.«

Wilhelmines diplomatisches Geschick drohte zu versagen. Bevor der Kronprinz nicht Platz nahm, würde sich niemand setzen. Was tun? Schnell erhob sie ein Glas: »Freuen Sie sich mit mir, meine Damen und Herren! Der Kronprinz ist als spezielle surprise für mich gekommen! Er liebt seine ältere Schwester so sehr, dass er den weiten Weg nicht gescheut hat, um sich von ihr zu verabschieden!«

Und als alle ihre Gläser hoben, fügte sie schlau hinzu: »Trinken wir auf das Wohl des Königs, meines Vaters, und seine Gnade, dem Kronprinzen diese Reise gnädig zu gestatten!«

Sie blinzelte dem Bruder zu, der verblüfft sein Glas hob. Wilhelmines Kalkül war aufgegangen. Derschau wandte sich an den Erbprinzen und sagte leise: »Verzeihen Sie, Hoheit, ich komme, um mich zu verabschieden, mein Auftrag ist beendet. Ich wünsche Ihnen untertänigst eine glückliche Reise und eine ebenso glückliche Ankunft in Ihrem Lande.«

»Wollen Sie denn nichts essen, verehrter Herr?«, fragte Friedrich erstaunt.

»Verzeihen Sie, Prinz, aber mein Platz ist bei meinen Soldaten. Wir speisen im Konversenhaus.«

Derschau verbeugte sich und verschwand, so schnell er konnte, aus dem Blickfeld des Kronprinzen.

Wilhelmine und Fritz hatte mittlerweile Platz genommen. Eine der Vorspeisen servierte der Küchenchef, der es sich nicht hatte nehmen lassen, die Prinzessin zu begleiten, nachdem er ihr jenes schändliche Frühstück hatte servieren müssen. Mit einer tiefen Verbeugung hielt er ihr eine silberne Terrine vor und bat um Erlaubnis, den Deckel heben zu dürfen.

»Du darfst, mein Bester«, sagte Wilhelmine gut gelaunt. »Austern! Fédéric, sieh nur, meine Leibspeise!«

Sie wandte sich an den Küchenchef: »Um diese Jahreszeit! Wie hast du es nur angestellt, mir diese Freude zu bereiten!«

»Der Winter ist die beste Zeit für den Austerntransport«, erklärte der Küchenmeister eifrig, »wir stellen die Körbe auf Eis, probieren Sie nur, Hoheit, sie sind ganz frisch! Und die Limonen kommen aus der königlichen Orangerie!«

Wilhelmine presste die Zitronenviertel über den Austern aus und schlürfte sie mit Genuss. Dann fragte sie nach einem forschenden Blick auf den blassen Bruder: »Was hat es mit diesem Derschau auf sich?«

»Er ist Hermann Kattes Henker«, sagte Fédéric düster.

»Ich habe ihn auch gern gehabt«, sagte sie leise. Sie sah seine mühsam zurückgehaltenen Tränen und dachte: Er trauert um ihn wie um eine Geliebte.

»Derschau war in der Kommission, die mein Todesurteil beschlossen hat. Er war einer von den zwölfen, die kalt lächelnd zugesehen hätten, wie der Vater den eigenen Sohn hinmeuchelt.« Mit gesenkter Stimme raunte er ihr zu: »Gnade ihnen Gott, wenn ich einmal König bin!«

»Probiere die köstlichen Austern!«, forderte sie ihn auf, als sie merkte, dass er zu erregt war, um zu essen. Sie schnitt eine Auster los und hielt sie ihm hin. Er verzog das Gesicht.

»Guillemette, ich liebe dich mehr als alles auf der Welt, aber deine Leidenschaft für diesen glibberigen Auswurf mit Fischgeschmack kann ich nicht teilen.«

»Du musst von dem langen Ritt doch hungrig sein!«

Fritz ließ sich ein Stück Fasan vorlegen und lachte: »Ich zu Pferd von Küstrin nach Zinna? Das fehlte noch! Hast du vergessen, was für ein schlechter Reiter ich bin?«

Richtig, seine Flucht war nicht zuletzt aus diesem Grund gescheitert. Zwar war er verraten worden, aber wäre er geritten wie der Teufel, er hätte es schaffen können.

»Es sind wieder einmal die Engländer, die mir zu Hilfe kommen«, erklärte Fritz,

»sie haben einen Wagen erfunden, den sie Sulkey nennen. Zwei Räder, federleicht, ich bin mein eigener Kutscher!«

»Und du wirst nicht entsetzlich durchgeschüttelt?«

Sie dachte mit Grauen an ihre Reise, die erst einen Tag währte, und an das, was ihr noch bevorstand. Sie spürte jeden Knochen einzeln.

»Der Pferderücken scheint mir nicht weicher zu sein.« Er pfefferte den knusprig gebratenen Fasan ausgiebig von allen Seiten, noch bevor er ihn gekostet hatte. Leise sagte er: »Du musst mir einen guten Rat geben, geliebte Schwester.«

»Du musst ausdauernder lernen«, sagte sie lächelnd. Das hatte sie früher immer zu ihm gesagt, wenn er beim Unterricht zappelte und die römischen Kaiser nicht hersagen konnte.

»Ja, und mehr lesen! Ich weiß! Ich bin auch fleißiger geworden. Grumbkow hat mir die Geschichte Karls des Zwölften geschickt, von einem gewissen Voltaire, nie gehört!«

»Der Verfasser der Henriade!«, rief sie begeistert. »Er muss dieses neue Werk im Gefängnis geschrieben haben! Ich hörte, er habe sich duelliert, aber da er nicht von Stand ist, verfolgt ihn die Familie eines rachsüchtigen Marquis!«

Fédéric betrachtete seine Schwester erstaunt. »Woher weißt du das alles?«

»Aber jeder weiß es! Voltaire ist der aufgehende Stern am Philosophenhimmel!«

»Ich lasse dir ein Exemplar schicken.«

»Merci beaucoup! Ich hoffe, ich werde zum Lesen kommen in meinem Zustand!«

»En passant, wie ist dein Zustand?«

Sie sah ihn verächtlich an. »Jetzt fängst du auch noch an! Ich bin wie immer, siehst du das nicht? Aber man redet mir ständig in alles hinein, dies soll ich nicht tun und jenes lassen, hier soll ich mich niederlegen, dort nicht bücken, ich werde noch verrückt! Es sollte mich nicht wundern, wenn mir auch noch das Lesen und das Musizieren verboten werden, weil es meinem ›Zustand‹ schaden könnte!«

Er lachte, amüsiert über ihre Widerborstigkeit.

»Ich habe dich unglücklich gemacht, weil ich dich in diesen Fluchtplan hineinzog …«

»Sottisen, Fédéric. Du hast mich in nichts hineingezogen, wir hatten einen gemeinsamen Plan. Unglücklicherweise hast du ihn statt mit mir mit zwei unbedachten Freunden ausgeführt. Katte musste dafür mit seinem Leben bezahlen, Keith konnte fliehen. Es war *unser* Plan, dazu stehe ich.«

»Den ich durchkreuzt habe! Du müsstest mich verabscheuen als Urheber deines Leides, stattdessen hast du dich hochherzig geopfert, um mir aus diesem Labyrinth zu helfen.«

»Durch dieses Opfer erschien der Prinz, den ich liebe. Sag, was dich bedrückt, ich bitte dich!«

»Du hast mich aus Küstrin befreit, du bist meine Lieblingsschwester und meine beste Freundin auf Erden. Auch meine Mutter verehre ich nicht nur, weil sie meine Mutter ist, sondern auch um der königlichen Eigenschaften willen, die sie besitzt.«

Wilhelmine verstand nicht, worauf der Bruder hinauswollte.

»Mehr brauche ich nicht. Mehr Frauen, verstehst du?«

Sie sah ihn überrascht an.

»Aber der König besteht auf der Heirat mit einer der folgenden Prinzessinnen. Rate mir, welche soll ich heiraten? Die Prinzessin von Sachsen-Eisenach, die wenigstens deinen Vornamen trägt? Oder die Mecklenburgerin? Oder die Bevernsche?«

»Die Herzogin von Braunschweig-Bevern ist eine feinsinnige Dame mit guter Bildung, die dürfte auch ihre Tochter genossen haben.«

»Die Mecklenburgerin soll wenigstens schön sein.«

Wilhelmine lachte. »Dann entscheide dich für Katharina von Mecklenburg, wenn die Schönheit dir ausreicht!«

»Sie ist machtbesessen, eine Brünhilde. Diese Art von Weibern will immer herrschen.«

Wilhelmine spielte nachdenklich mit dem kleinen Löffel, der eben für das Dessert gebracht worden war.

»Du *willst* überhaupt nicht heiraten! Du willst keinen Rat von mir, welche du heiraten sollst, sondern wie du der Heirat entgehen kannst.«

Fritz blickte nachdenklich vor sich hin.

»Der König hat uns bestraft. Dich zwang er, gegen deinen Willen Soldat zu werden, mich zur Ehe«, sagte Wilhelmine.

»Ich denke, du liebst ihn?«

Über die beinahe heruntergebrannten Kerzen des Leuchters sah sie zu Friedrich, der charmant mit den Damen plauderte. Gelächter umschwirrte ihn. Zärtlich meinte sie: »Das war Fortunas Werk. Man wollte meinen Willen brechen und öffnete stattdessen mein Herz für die Liebe.«

»Mein Vergehen war größer als deines, als zweite Strafe soll ich auch noch heiraten«, antwortete Fritz.

»Glaube mir, Vertrauen zu einem geliebten Menschen ist etwas Wunderbares, ja, so etwas wie ein göttliches Wunder ...«

Fritz unterdrückte einen Aufschrei. »Ich *hatte* diesen Menschen gefunden!«

Sie sah ihn fragend an, aber er matschte unglücklich in seinem Parfait herum und schwieg. Wen hatte der Bruder gefunden? Sie erinnerte sich dunkel an eine Affaire mit der Gräfin Orselska, als er mit dem Vater in Dresden war. Fedéric hatte nie darüber gesprochen, aber die promiskuitiven Sitten am Hof August des Starken, der über hundert Mätressen hatte, waren bekannt. Fritz war krank aus Dresden zurückgekehrt, nicht einmal ihr hatte er sich offenbaren wollen.

»Folge der Stimme deines Herzens!«

Der Bruder stöhnte schmerzlich auf und warf seinen Dessertlöffel auf den Teller. Die Gesellschaft nahm dies als Zeichen und erhob sich unter Verbeugungen. Die Tafel war aufgehoben.

Das brachte Fritz wieder zu sich. Abwehrend hob er die Hände. Wilhelmine sagte rasch: »Der Kronprinz gibt sich die Ehre, Sie alle mit seinen neuesten Kompositionen zu unterhalten ...«

Leise fragte sie ihn: »Du hast doch hoffentlich princesse flute nicht vergessen? – Sonsine, lasse bitte meine Laute holen.«

Er neigte lächelnd den Kopf, dankbar für ihr Taktgefühl, das die Situation gerettet hatte.

Die Marwitzschwestern klatschten begeistert in die Hände, unterstützt von Oberst Borstell und von Haack, die als wahre Kavaliere nicht von ihrer Seite wichen. Man wollte sich unterhalten, da kam die neueste Musik gerade recht.

Fritz entnahm dem Futteral seine Flöte aus dunklem Ebenholz und setzte sie sorgfältig zusammen. Sie sah, wie sich sein verschlossenes Gesicht vor Freude belebte. Wie damals …

War sie acht Jahre alt gewesen? Oder bereits zehn? Der Musikunterricht war beendet, die Instrumente lagen noch auf den Tischen. Die Königin hatte das Lernpensum ihrer ältesten Kinder abgefragt. Sie standen nebeneinander und leierten den auf Englisch gelernten Katechismus herunter, als völlig unerwartet der König eintrat.

»Was ist das für ein Kauderwelsch?«, brüllte er.

Mit vor Empörung zitternder Stimmung sagte die Königin: »Das ist kein Kauderwelsch. Die Kinder lernen englisch.«

»Englisch!«, brüllte er. »Fängt sie schon wieder mit diesen Flausen an! Wozu werden die Kinder jemals Englisch brauchen? Schlimm genug, dass sie diese welschen Sprachen lernen. Sie sollen Katechismus von Luther und anständig teutsch lernen, sie sprechen es ja kaum.«

Das Unglück nahm seinen Lauf, als die Königin beschwörend sagte: »Aber die Nachrichten aus England sind gut. Und mein Vater der König …«

Weiter kam sie nicht, da äffte der König sie nach: »Mein Vater der König! Mein Vater der König!«

Wie ein Gewitter brach es aus dem König heraus: »Ich will keine dünkelhafte Schwiegertochter! Nicht noch so ein Frauenzimmer wie Sie, das mir nichts als Intrigen an meinen Hof bringt! Reicht das französische Getue nicht? Fritz wird Offizier, kein englischer Pastor. Er wird der erste Diener seines Staates sein.«

Die Königin stand wie erstarrt. Der König tobte weiter: »Ihrem Flegel von Sohn werde ich eher die Peitsche geben als eine Frau. Ein Gräuel ist er mir mit seinem effeminierten Getue, diesem Flötengeblase … Willminne!«

»Ja, mein liebster Papa«, wisperte sie.

»Bring mir die Flöte deines Bruders, Willminne.«

Langsam ging sie zum Pult, auf dem die Flöte lag, während der König schimpfte: »Bücher! Philosophie! Der Zieraff.«

Scheu ging sie an Fedéric vorbei und reichte dem Vater die Flöte.

»Brav, mein Minchen«, meinte der König, augenblicklich versöhnt, wie oft durch ihren Anblick. »Und nun zerbrich sie.«

Die Flöte des Bruders zerbrechen? Das wäre, als würde sie ihn selbst zerbrechen!

»Zerbrechen, hab ich gesagt. Schau nicht so blöd, Mädgen, ihr Weiber seid nicht so schwach und dumm, wie ihr tut, sieh dir deine Mutter an! Vier Kinder haben sie nicht sanfter gemacht, nur widerborstig und herrschsüchtig.«

Er griff nach der Flöte und wollte sie zerbrechen. Wilhelmine schrie. Der Vater übertönte sie: »Hör auf zu weinen!«

Da nahm sie ihren ganzen Mut zusammen und sagte schnell: »Ich spiel doch die Laute, liebster Papa.«

»Das ist für ein Mädgen auch das Richtige«, befand der König wohlwollend, aber verständnislos. Wie sollte sie ihm klarmachen, was sie meinte?

»Die Laute, liebster Papa, das ist doch mein Prinz, le Lute. Und die ...«

Ihr versagte die Stimme. Ungeduldig forderte der König: »Was? Sprich ganze Sätze, Tochter.«

Wilhelmine holte tief Luft und sagte schnell: »Der Prinz Lute braucht eine Prinzessin, und das ist die Flöte, Prinzessin Flute. Sie harmonieren so gut.«

Der König stand eine Weile sprachlos vor ihr, die Flöte in den Händen.

Dann sagte er mit ungewöhnlich sanfter, fast belegter Stimme, während er ihr die Flöte reichte: »Mädgen, Willminne. Hier, nimm den Prinzen für deine Prinzessin. In Maßen ist die

Musik zu gebrauchen. Trommeln, Pfeifen, Pauken. Stärken den Mut der Soldaten. Auch Hörner für die Jagd, sehr erhebend. Aber diesen Fritz, den werde ich mir schon zurechtrichten.«

Vor ihr stand plötzlich jemand. Wilhelmine zuckte zusammen und hob unwillkürlich die Hände vor den Kopf, um sich vor dem nächsten unerwarteten Wutanfall zu schützen. Sophie knickste schüchtern und reichte ihr die Laute.

Wilhelmine strich sanft über die Saiten, stimmte ihr Instrument. Schließlich war sie fertig, nickte Fedéric zu, sie begannen ihr Spiel.

Der Bruder hatte sein Konzert für zwei Instrumente ein wenig holprig komponiert, sie merkte es, während sie spielte. Die Melodie war hübsch, aber die Variationen nicht sehr einfallsreich. Von den Möglichkeiten der Laute verstand er nicht viel, er hatte sie als Generalbass eingesetzt, um die Flöte kraftvoll im Vordergrund spielen zu können. So gestattete sie sich einige kleine Arabesken, als sie nach dem ersten Satz das Prinzip verstanden hatte. Er reagierte irritiert, aber er verspielte sich nicht. Im Adagio angekommen, hatte er verstanden, was sie wollte, und konterte geschickt, ließ ihr gewissermaßen den Vortritt. Als sie geendet hatten, gab es heftigen Applaus.

Fritz verbeugte sich lachend und deutete auf die Schwester: »Danken Sie nicht mir, danken Sie der Prinzessin, meiner Schwester, sie ist ein Genie.«

Zu Wilhelmine meinte er: »Ich habe schon verstanden, ma belle soeur, ich werde die Noten umschreiben!«

»Ach, das waren doch nur kleine Spielereien!«

»Spielereien! Sie improvisiert während des Vortrags in einem völlig unbekannten Stück, krönt mein armseliges kleines Werk mit mehreren Musenblitzen und nennt das Ganze Spielereien! Verehrter Schwager, ich befehle Ihnen, meiner Schwester diese Spielereien auch weiterhin zu gestatten!«

Auch Friedrich spielte das Modeinstrument Traversflöte recht gut. Er bat um ein weiteres Stück, und diesen Gefallen taten sie ihm und dem kleinen Auditorium gern.

Sophie war bescheiden auf ihrem Stuhl neben der Tür sitzen geblieben. Die Herrin, die offenbar während des Spiels die Noten verließ und improvisierte, flößte ihr Respekt ein. Auch Frantisek hatte nie nach Noten gespielt, aber von den durchlauchtigsten Herrschaften konnte man dergleichen nicht erwarten. Der Herr mit der seltsam kurzen Figur gefiel ihr weniger. Wie konnte ein so hoher Herr, der Kronprinz von Preußen, eine so schlecht geschneiderte Uniform tragen! Konnte er sich keinen besseren Schneider leisten? Der schief eingesetzte Kragen verlieh ihm einen Höcker, als ob er an einem Buckel leide, und der zu kurze Rock mit der ungeraden Rückennaht tat ein Übriges, seiner Gestalt etwas Verwachsenes zu geben. Er fühlte sich auch nicht wohl darin, das sah sie deutlich. Ständig reckte er den Hals oder fuhr sich mit den Händen an den Kragen, der ins Fleisch schnitt, zupfte am Rock oder zog den Ärmel zurecht, als ob er zu kurz sei, dabei war er nur zu knapp in den Armausschnitt eingenäht.

Es war nach Mitternacht. Die Gesellschaft hatte sich zurückgezogen, der Kronprinz hatte alle Diener weggeschickt. Das Licht der Kerzenstummel zuckte und tauchte das Gewölbe in ein gespenstisches Licht. Fritz nahm einen großen Schluck Wein und sagte: »Verehrungswürdige Schwester, nur du verstehst mich. Du hast den Finger in die Wunde gelegt. Ich will überhaupt nicht heiraten.«

»Hat es etwas mit einer gewissen Dame am sächsischen Hof zu tun?«

»In gewisser Weise«, antwortete er, »es sind eher die Auswirkungen …« Er stöhnte gequält auf und verbarg das Gesicht in den Händen. »Wie kann in einem solchen Engel eine so satanische Krankheit stecken, wie kann man in den höchsten Wonnen sich das furchtbarste Leiden holen! Und es gibt keine Genesung.«

Wilhelmine sah ihn erschrocken an.

»Verstehst du«, fuhr er fort, »jede Ehe muss unglücklich werden, weil ich meine Gattin nie berühren kann, wenn ich auch nur einen Funken Achtung vor ihr habe! Ich werde nie einen Thronfolger zeugen können, gut, das ist zu verschmerzen, ich habe zwei Brüder, die mit Freuden die Krone tragen werden, aber ...«

Wilhelmine schlug die Laute an und sang mit leiser, ungeübter Stimme:

»O klag mich nicht ob eines Unglücks an / Ein Unrecht wär's, ich litt ja auch für dich!

Mich aufzuopfern schreckt' ich nicht zurück / In dein Vertrauen zogst du mich allein/

Und alles bot ich auf, dich zu befrein / Du weißt es selbst, doch mich verließ das Glück!«

Sie sah seinen unwilligen Blick und sagte: »Es ist deine Ode! Ich habe sie nur in eine Arie verwandelt.«

Er schüttelte den Kopf. »Wie kannst du in diesem Moment an Musik denken! Kannst du mir nicht zuhören?«

»Dies ist meine Art zuzuhören«, sagte Wilhelmine, »es ist meine Sprache, sie mir zu verbieten, hieße, mich stumm und taub zu machen.«

Der fast heilige Ernst, mit dem sie dies sagte, weckte seinen Widerspruch.

»Dann hast du sicher Kattes Tragödie bereits in eine opera seria verwandelt?«, fragte er höhnisch.

»Ich denke darüber nach«, sagte sie ruhig, den Hohn in seiner Stimme ignorierend. »Dann vergiss nicht, einem verzweifelten Prinzen eine Arie zu komponieren, in der er beklagt, die einzige Liebe seines Lebens in den Tod gestoßen zu haben!«

»Liebe?«, fragte Wilhelmine.

»Ja, Liebe! Reine, tiefe Liebe zwischen Männern. Verbergen muss ich sie! Warum? Diese Liebe ist nicht schlechter als die unsrige. Kein Gatte hat dich so lieb wie ich ... Ich wollte Katte nie verlassen, und ich werde dich nie verlassen. Mon Dieu, der König dachte, er nähme mir den Freund, aber er nahm mir den Geliebten!«

Er sprang auf, ging mit langen Schritten durch den Saal und weinte hemmungslos.

Katte, dachte sie, geistreich, weltgewandt, Lichtblick langweiliger Spieleabende bei der Königin. Nie war er, wie der böse Hofklatsch behauptet hatte, ihr Liebhaber gewesen. Aber erst jetzt wurde ihr klar, warum er ihr nie den Hof gemacht hatte. Wilhelmine war zutiefst erschrocken über das Geständnis des Bruders. Aber seine Verzweiflung ging ihr nahe.

»Von mir erfährt es kein Sterblicher«, flüsterte sie, »und Katte wird ewig unvergessen bleiben. Aber eben wegen dieser Ausschweifung ...«

Sie wollte ihn nicht verletzen und verbesserte sich schnell: »Eben dieser Neigung wegen musst du heiraten!«

Er hielt inne und starrte sie an.

»Du brauchst eine Regentin«, sagte sie leise, aber eindringlich, »und um den König gewogen zu stimmen, nimm die, die ihm am sympathischsten ist. Lasse ihr alle Freiheiten, die du mir, deiner Schwester, zugestehen würdest, und errichte deinen eigenen Parnass, wo du leben kannst, wie es dir gefällt.«

❧ 5 ❧

Es war fünf Uhr morgens und noch finstere Nacht, als die Vorbereitungen für die Abreise begannen. Als Wilhelmine zur abfahrbereiten Berline trat, stellte sie befremdet fest, dass nicht die sechs schönen Schimmel vorgespannt waren, sondern gewöhnliche Postpferde.

»Pardon, Hoheit, habe königliche Order, sie zurückzubringen«, sagte Capitain von Haack etwas verlegen, »der König braucht jeden Mann und jedes Pferd für die Salzburger.«

»Welche Salzburger?«, fragte Wilhelmine und setzte damit den Capitain in Erstaunen. Die Tochter wusste nicht, was der Vater tat? Nun ja, Frauen waren fast immer mit anderen Dingen beschäftigt, von Politik wussten sie nichts.

»Bitte um Vergebung, Hoheit«, sagte er, »der Fürstbischof von Salzburg hat seine Protestanten vertrieben, und unser König in seiner huldvollen Gnade nimmt sie auf. Die Vorbereitungen für diesen Coup sind in vollem Gange, um sie im März nach Ostpreußen zu bringen und dort dauerhaft anzusiedeln.«

Er liebt sein Volk mehr als seine eigene Tochter, dachte Wilhelmine bitter. Er weint beim Abschied, gönnt mir aber nicht einmal ein Schimmelgespann. Aber die eigentliche Gemeinheit ist, dass er seine Untertanen in dem Glauben lässt, seine Tochter in Glanz und Gloria abreisen zu lassen. Hätte er bereits in Potsdam die Postpferde vor die Berline gespannt, das wäre ehrlich gewesen.

Nach Fedérics Geständnis hatte sie sich verwirrt in die zärtlichen Arme ihres Mannes geflüchtet und noch lange wach gelegen. Sie missbilligte die seltsame Neigung des Bruders und verwünschte den Vater. Er hatte mit seiner Härte zu dieser Laune beigetragen, führte sie doch zur Glorifizierung von Katte. Eine momentane Verirrung, die mit seiner Heirat vorbei sein würde, beruhigte sie sich. Auch wenn er die französische Krankheit in sich trug, konnte er seine Gattin zärtlich lieben, und eine Heilung war vielleicht noch möglich.

Aber als sie den blassen, unausgeschlafenen Bruder im Kerzenlicht des Morgens sah, war sie nicht mehr so sicher. Unrasiert und ungewaschen, mit flackerndem Blick trank er schon am Morgen diesen schrecklichen bitteren Kaffee. Als wäre das nicht genug, würzte er ihn mit Mostrich. Nun würde er diese schrecklichen Gewohnheiten in Ruppin pflegen, weit fort von ihr, seiner Schwester. Wer weiß, was ihm an Ausschweifungen noch alles einfällt, inmitten von Soldaten, weit und breit keine geistvolle Frau, die Einfluss auf ihn hat, dachte sie.

Fritz schüttete den heißen Kaffee hinunter, verzog das Gesicht, als er sich den Schlund verbrannte, und wandte sich der Schwester zu. Schnell senkte Wilhelmine den Blick und stippte ihr Brioche in die heiße Schokolade.

Sie weicht mir aus, dachte er. Der liebste Mensch auf Erden, meine Schwester, verachtet mich. Hätte ich ihr die Wahrheit über meine Liebe nicht gestehen sollen? Sie ist zu Ende, durch meine Schuld ist Katte tot, niemand wird ihn je ersetzen können. Die Schwester denkt an wilde Exzesse, dabei werde ich leben wie ein Mönch; Musik und Philosophie werden meine Exerzitien sein. Gott gibt es nicht, sonst hätte er die Ermordung Kattes nicht zugelassen.

Aber ihr Rat war wie immer klug gewesen, die Staatsraison erforderte seine Heirat, und die Favoritin des Vaters zu wählen, war ein politisch nützlicher Hinweis. Sie war eben die geborene Diplomatin! Und nun fuhr sie strahlend verliebt in dieses lächerliche Baireuth, dieses Duodezfürstentum, in dem ihre Fähigkeiten verkümmern würden.

»Leb wohl.« Er verbeugte sich formell, vermutlich würde sie ihn vor Ekel nicht mehr in den Arm nehmen wollen. Da kam auch schon ihr durchschnittlicher Gemahl, charmant lächelnd wie immer. Der kannte diese Probleme nicht, er würde seine Frau mit hübschen Stallmägden oder Schauspielerinnen hintergehen, wenn ihm danach war. Von den Qualen der Männerliebe hatte dieser Bonvivant keinen Schimmer.

»Wir erwarten Sie in Baireuth, lieber Schwager, spätestens zur Taufe unseres Prinzen!«

Das war leicht und lächelnd dahingesagt, aber Wilhelmine erbebte. Wenn es kein Prinz war, den sie unter dem Herzen trug, sondern eine Prinzessin? Eine Sekunde lang beneidete sie den Bruder. Männerliebe, dachte sie, solche Demütigung wird er nie erleben.

Sie gingen hinaus, vor dem Sulkey tänzelte ein ungeduldiges Pferd.

»Fahr vorsichtig, bat Wilhelmine, »ist es nicht zu gefährlich, ganz allein in der Dunkelheit?«

Er dachte, vielleicht stürze ich und breche mir den Hals, dann wäre alles vorbei. Aber er rang sich ein Lächeln ab und deutete auf die Laternen, die am Sulkey angebracht waren: »Der Lakai steht hinter mir. Liebe Schwester, schreibe mir bitte alles über deinen …«

»Zustand!«, schrie Wilhelmine und schlug nach ihm. »Einen Dukaten für jeden Tag, an dem dieses Wort nicht gesagt wird!«

Die Männer sahen sich an.

»Was hat sie?«, erkundigte sich der Bruder, Wilhelmines Hände festhaltend.

»Sie ist ein wenig embarassiert, Sie kennen doch ihr Temperament, es gleicht dem einer italienischen Primadonna«, grinste Friedrich, »wenn wir erst fünf Kinder haben, wird sie ruhiger sein.«

Wilhelmine fand das nicht komisch. Ohne dem Bruder die Hände zu entziehen, sagte sie ruhig: »Ja, weil ich unter der Erde im kühlen Grab liegen werde.«

Fritz küsste ihr beide Hände. Sie ist so zart, so zerbrechlich, dachte er, ihr Gemahl soll nicht solche Witze machen. Er kann froh sein, wenn sie ihm ein einziges Kind schenkt. Hoffentlich übersteht sie es.

Als die Berline anfuhr, waren ihre Wangen nass von Tränen.

»Nicht weinen«, sagte er tröstend und hielt ihr den Schlag zur Berline auf, »heute wirst du doch Wittenberg sehen.«

Friedrich stieg zu Voit in die Kutsche, um mit ihm ihren Wunsch, Wittenberg zu sehen, zu besprechen. Voit verneinte entschieden. »Darf ich untertänigst daran erinnern, dass Ihr Herr Vater mich zum Reisemarschall bestellt hat? Der Markgraf würde solche Extratouren übel aufnehmen. Dies ist keine Kavalierstour, sondern die Heimführung einer Prinzessin in der Hoffnung, Prinz.«

Sie bekamen Streit. Ärgerlich strich Friedrich sich die Haare aus der Stirn. Ja, wenn er ein solch leichtes englisches Cabriolet wie der Schwager besäße, damit wäre ein Abstecher von nur fünf Meilen kein Problem! Glühend beneidete er Fritz um den schnellen, wendigen Wagen.

Ein vielstimmiger Schrei ließ ihn hochfahren. Friedrich sprang aus der Kutsche, warf sich auf seinen Rappen und ritt in gestrecktem Galopp nach vorn.

»Oh Jesus, erbarme dich unser! Herr Jesus, Erbarmen!«, hörte er ein lautes Jammern. War das nicht Sonsines Stimme?

In der Biegung lag die königliche Berline. Sie war zur linken Seite umgekippt – der Seite, auf der Wilhelmine saß, wie er zu Tode erschrocken feststellte.

Der Kutscher war vom Bock gesprungen und versuchte, der sechs scheuenden Pferde Herr zu werden. Ein Bauer rannte vom Feld herbei und hielt zwei der Tiere fest. Das Fräulein schaute aus dem Fenster heraus, rang die Hände und betete ohne Unterlass.

Friedrich sprang vom Pferd, öffnete die Kutschentür und konnte das völlig verstörte, zeternde Fräulein unversehrt hinaushieven. Doch wo war Wilhelmine? Ängstlich rief er ihren Namen.

Unter zwei riesigen Koffern hörte er eine leise Antwort. Gott sei Dank, sie lebt, dachte er. Mit Hilfe eines herbeigeeilten Dieners konnte er einen der Koffer hinausschaffen. Endlich sah er Wilhelmine. Sie war in die Ecke gerutscht, die Koffer hatten sie unter sich begraben und zwei der langläufigen schweren Reisepistolen waren ihr in den Schoß gefallen. Sie hielt sie ihm entgegen wie eine Räuberbraut.

»Welcher Idiot hat die Koffer verstaut?«, fragte sie. Erleichtert sah er ihre blitzenden Augen. Jedenfalls war ihr Humor unverletzt, während das Fräulein draußen weiterhin lamentierte wie eine Sirene: »Oh Herr Jesus, hilf, erbarme dich!«

»Ist Sonsine etwas geschehen?«, fragte Wilhelmine besorgt. Friedrich wusste nicht, ob er lachen oder weinen sollte. Da lag sie nach einem Accident, womöglich würde ihr Kind nie diese Erde sehen – und sie fragte, ob ihrer Hofmeisterin etwas geschehen sei!

»Bleibe ganz ruhig, mein Herz, wir werden dich gleich befreien!«, sagte er und nahm ihr die Pistolen ab.

»Vorsicht, sie sind geladen!«, sagte sie mit Kennermiene und versuchte, ihren Pelz unter dem Koffer hervorzuziehen.

Inzwischen war Voit mit seinem Kutscher herbeigeeilt und half, den zweiten Koffer herauszuziehen. Endlich konnte Friedrich in die auf der Seite liegende Kutsche steigen und Wilhelmine auf die Arme nehmen. Wie eine Puppe reichte er sie nach oben zu Voit.

»Vorsichtig!«, schrie er überflüssigerweise. Voit stand da, die Prinzessin auf den Armen, inzwischen waren auch die Marwitz-Schwestern und Flora aus ihren Kutschen herbeigeeilt, zupften an Wilhelmine herum, schrien, weinten und lamentierten. Weiber! Nur weg von diesem Geschrei, hätte sie keine Fehlgeburt durch den Sturz, die würden sie noch herbeireden.

Er kletterte aus dem Wagen, nahm Voit seine Frau ab und trug sie eilig fort. Nur weg von diesem greinenden Weiberhaufen, weg von dieser umgestürzten Kutsche, weg von diesem unglückseligen Weg. Nun kreischte und lamentierte auch noch der Bauer, dem ein Pferd bei seinen ungeschickten Bändigungsversuchen einen Tritt versetzt hatte.

Die Wut fiel Friedrich an wie eine Wildkatze, der man auf den Schwanz getreten hatte.

Er stand auf dem Feld, zärtlich die zierliche, in Pelz gehüllte Frau auf seinen Armen, und schrie auf einmal: »Ja, wenn wir gescheite Straßen hätten! Die Schatzkammern der Könige sind voller Gold, aber für anständige Chausseen in Packlagenbauweise ist kein Geld da! Und für die Entwicklung der Mechanik auch nicht! Ständig stürzen diese verfluchten Kutschen um, und warum? Weil es allesamt Fehlkonstruktionen sind, in denen man nicht vorankommt, auf diesen Wegen zumal nicht, die nur befahrbar sind, wenn man dabei erfriert, und dann hat man noch Glück gehabt! Wenn wir gescheite Straßen hätten, dann …«

Dann wäre all dies nicht geschehen, wollte er weiterschimpfen, als ihm die plötzliche Erkenntnis durch den Kopf schoss, dass ihn nicht der schlechte Zustand der Straßen und der Chaisen in Rage brachte, sondern die panische Angst um seine empfindliche Prinzessin und den Prinzen, den sie in ihrem Leib trug. Er verstummte wie ein schreiendes Kind, dem man einen Löffel Brei in den Mund geschoben hat.

Es war ganz still geworden. Die Damen starrten ihn an. Der Bauer weinte leise vor sich hin. Voit stand auf dem Weg und betrachtete unentschieden die beiden geladenen Pistolen in seinen Händen. Oberst von Borstell stand, sein Gewehr noch in der Hand, weil er einen Überfall befürchtet hatte, neben den Damen und sah, an königliche Wutanfälle gewöhnt, gleichmütig vor sich hin. In diese erstarrte Stille hinein hörte man den Kutscher der Berline ausspucken. Laut und deutlich sagte er: »Der Herr hat vollkommen recht!«

Die Kutscher schirrten die vorderen vier Pferde des Sechserzuges aus und führten sie an die Seite.

Wilhelmine fühlte sich auf Friedrichs Armen wie ein Kind, das die Mutter zärtlich wiegt, während sie die Marktfrau wüst beschimpft. Schüchtern fragte sie: »Was ist eine Packlagenbauweise?«

»Was?«

»Die Packlagenbauweise, was ist das?«

Friedrich lachte. Sein Zorn schmolz wie Pfingstschnee. »Willst du das wirklich wissen? Es eignet sich kaum als Konversationsthema beim Cercle.«

»Nein, aber vielleicht als Information für eine zukünftige regierende Markgräfin«, sagte Wilhelmine zögernd.

Er ließ sie vorsichtig auf den eisigen Boden sinken und sah suchend auf dem Acker umher. Dann löste er einen Stein aus einer hart gefrorenen Erdscholle und hielt ihn ihr hin: »Was siehst du?«

»Einen Stein.«

»In der Geometrie reden wir von einer Pyramide. Wenn wir solche Steine mit der Spitze nach oben in die Erde stecken, haben wir die Grundlage für eine Chaussee. Diese Spitzen lassen das Wasser ablaufen und verhindern die Schlammbildung. Darüber kommt eine Schicht grober Schotter, dann eine Schicht Kies oder Sand. Beides wird festgewalzt.«

Obwohl ihr fast die Zehen in den dünnen Schuhen am Feld festfroren, fragte sie staunend: »Ist das deine Erfindung?«

»Nein, es ist die Erfindung des Königs von Frankreich oder besser, seiner findigen Baumeister. Sie bauten bereits im vergangenen Jahrhundert ihre Handelsrouten als Chausseen aus, weil sie ihren Warentransport verbessern wollten. Wir können auf unseren Wegen etwa ein bis zwei Meilen pro Stunde zurücklegen, die preußische Meile zugrunde gelegt. Auf den französischen Chausseen ist mehr als die doppelte Geschwindigkeit möglich.«

Wilhelmine war beeindruckt. Sie sah zu, wie die Pferde, von den Kutschern angefeuert, die schwere Berline aus dem Graben zogen, während die Männer jene lauten, umständlichen und völlig überflüssigen, aber männlich vorgetragenen Überlegungen anstellten, wie es zu dem Unglück hatte kommen können.

Mittlerweile strömte aus Mügeln, dem Dorf, vor dessen Wegbiegung das Unglück geschehen war, alles, was laufen konnte, herbei und begaffte den ungewöhnlichen Zug.

»Mein Urgroßvater, der Kurfürst, hat auch begonnen, Chausseen anzulegen«, bemerkte Wilhelmine, »die Spanndienste müssten verhindern, dass uns solche Unfälle zustoßen ...«

Friedrich deutete auf die Ansammlung zerlumpter Bauern, die sich um die umgestürzte Chaise drängten. »Sieh dir diese Leute an! Ihr Frondienst soll diesen elenden Weg in Ordnung halten? Die meisten haben nicht einmal Schuhe!«

»Wenn sie ihren Spanndienst ordentlich verrichtet hätten, hätte ich keinen Accident gehabt.«

Wilhelmine verspürte keine Lust, sich die verwahrlosten Menschen genauer anzusehen. Ihr graute noch vor dem Jungen mit dem Murmeltier. Wenn sie länger hier herumstanden, kamen immer mehr, und dann würden sie um Almosen betteln, und sie würde sie ihnen geben müssen, anstatt sie wegen nicht geleisteter Spanndienste zu bestrafen.

»Das Chausseenbauen und Instandhalten erfordert gewisse Fertigkeiten, die man dummen Bauern nicht überlassen sollte. Wenn wir diese territoriale Zersplitterung überwinden würden, könnten wir die großen Handelsrouten gemeinsam ausbauen. Stattdessen streitet jeder Kleinstaat mit seinem Nachbarn, jeder Krieg frisst das Geld auf ... verzeih, ich schwadroniere, und du erfrierst.«

Wilhelmine betrachtete ihren Mann nachdenklich. Die Kleinstaaterei interessierte sie wenig, aber die Wege ... Wie schön wäre es, sorglos und schnell reisen zu können, wohin man wollte.

»Italien ...«, murmelte sie träumerisch.

Voit hatte sich mit dem Fräulein besprochen und verkündete ernst, dass man an der Elbe die Reise unterbrechen werde: »Wir möchten kein Risiko eingehen, Hoheit. Alles Weitere wird der Arzt in Torgau entscheiden.«

Wilhelmine war verstimmt, ihre Hofmeisterin sah es deutlich.

Wittenberg war nun perdu, aber Leipzig, die glänzende Metropole, die man Klein-Paris nannte, das Mekka der Gelehrten mit seiner renommierten Universität, der Marktplatz Europas – das wollte sie sich nicht entgehen lassen. Es war die Zeit der berühmten Neujahrsmesse in Leipzig, von der sämtliche Hofdamen der Königin geschwärmt hatten. Aus Frankreich, Italien, Österreich, ja sogar aus Russland kamen die Händler und verkauften kostbare Tuche, Posamenten, Seide und Pelze. Kaufleute aus Persien boten exotische Kostbarkeiten, Gewürze, Schmuck, Teppiche und Hölzer an. Wilhelmine hatte nichts gegen einige Tage Aufenthalt, aber nicht in diesem langweiligen Torgau! Sie wollte sich in Leipzig amüsieren.

Ausgerechnet Floras Aberglaube kam ihr zu Hilfe. Am Abend hörte sie, wie Flora geheimnisvolle Andeutungen über den Tod der Lutherin machte und dass es nicht gut sei, in Torgau zu bleiben.

Hellhörig geworden, reichte Wilhelmine Flora gönnerhaft ein Stück Kandis und fragte interessiert: »Warum?«

Flora richtete ihre großen braunen Augen auf ihre Herrin, nahm geziert den Kandis, steckte ihn in den kleinen Mund und erzählte mit düsterer, durch den Kandis etwas undeutlicher Stimme: »Es ist fast auf den Tag genau hundertundachtzig Jahre her. Da machte sich die Witwe Martin Luthers auf, nach Torgau zu reisen. In Wittenberg war die Pest ausgebrochen, und in den Stadtmauern von Torgau suchte sie Zuflucht vor der Seuche. Aber auf dem schrecklichen Weg stürzte die Kutsche um, und die Lutherin brach sich das Becken.«

Flora machte eine bedeutende Pause, wendete die süße Masse im Mund und beendete mit dumpfer Stimme ihre Rede: »Sie litt unsagbare Qualen und starb drei Wochen später. In der Kirche St. Marien begrub man sie, und dort ist ihr Grabmal bis heute.«

Wilhelmine hätte beinahe laut gelacht. Floras Geistergeschichten waren großartig.

Nichts konnte ihr gelegener kommen.

»Ein böses Omen«, stimmte sie ernsthaft zu. Das Fräulein bemerkte missbilligend, wie der braune Kandissaft auf das wertvolle neue Reisekleid tropfte.

»Ein böses Omen«, bestätigte Flora mit düsterer Miene.

»Und ein Beweis, dass den Torgauer Ärzten nicht zu trauen ist«, sagte Wilhelmine vergnügt. »Die Lutherin haben sie nicht retten können. Wir sollten morgen nach Leipzig reisen. Dort werde ich einen guten Arzt konsultieren, immerhin ist die Leipziger Universität berühmt.«

Sonsine dachte: Nachtigall, ick hör dir trapsen.

Der Plan gelang am nächsten Morgen ohne große Überredungskünste, allerdings nicht wegen Katharina von Boras unglücklichem Tod, sondern weil die Herren zu der Überzeugung gekommen waren, dass die Berline für eine schwangere Reisende besser ausgerüstet werden musste. In Leipzig waren die besten Stellmacher und Aufpolsterer zu finden. So begab sich die Reisegesellschaft am Morgen des 13. Januar über die mächtige Torgauer Steinbrücke durch die zugefrorenen Erlenbrüche der Dübener Heide nach Leipzig, die einen in der sicheren Gewissheit, notwendige Reparaturen vornehmen zu lassen, die anderen in der Hoffnung, sich auf der Messe prächtig zu amüsieren.

6

»Mon Dieu, dies ist keine Stadt, sondern eine Baustelle! Wie soll ich hier schlafen? Ich werde kein Auge zutun!«

Wilhelmine sah entsetzt auf den lärmenden Betrieb. Leipzigs Stadtmauern wurden geschliffen. Über dreißigtausend Bewohner zwangen die wachsende Stadt zu Ausweitungsmaßnahmen. Hohe Steinhaufen lagen rund um die Stadt zur Wiederverwendung bereit, wurden gesäubert und behauen,

Ochsenwagen schafften die riesigen Lasten schwerfällig fort und blockierten die Zufahrten.

Menschen, dachte das Fräulein, die Stadt wird hell und modern, weg mit alten Mauern. Ihr grauste noch von der Fahrt durch düstere Wälder und zerstörte Orte, die menschenleer und trostlos dalagen. Verbrannte Mühlenreste und schwarz verkohlte Mauern verlassener Dörfer ragten trostlos in die Winterluft. Die Verheerungen des Dreißigjährigen Krieges waren auch nach siebzig Jahren nicht beseitigt, bittere Armut und Seuchen hatten ein Übriges getan. Hier in Leipzig vibrierte das Leben, befand das Fräulein erleichtert, auch wenn es die empfindlichen Ohren der Prinzessin störte.

Sophie, die mit den Dienern die Koffer in die Zimmer hievte, konnte kaum glauben, dass der prächtige Joachimsthaler kein herrschaftliches Schloss, sondern eine bürgerliche Herberge war. Die Kutschen konnten an der einen Seite hinein und an der anderen wieder hinausfahren. Man konnte ab – und aufladen, ohne auszuspannen. Reich waren diese Leipziger! Von der Kutsche aus hatte sie Frauen gesehen, die sie schockiert für Huren gehalten hatte, aber es waren elegante Damen, nach der neuesten französischen Mode gekleidet, viel eleganter, als die Augsburger Modehefte es zeigten. Unter den Pelzen und Manteaus blitzten Klöppelspitzen und Posamenten, Federn und Seidenblumen zierten Kappen und Hüte. Die Leipzigerinnen bewegten sich so frei, sie lachten und promenierten ohne männlichen Schutz oder die unvermeidlichen Anstandsdamen. Schwatzende Dienstmädchen mit Einkaufskörben folgten ihnen, und auch diese sahen im Vergleich zu den ärmlichen Gestalten, die Sophie in Berlin in den abgelegten, notdürftig geflickten Kleidungsstücken ihrer Herrschaft, durch weiße Schürzen kaschiert, gesehen hatte, frech und a la mode aus. Von dem Geschwätz allerdings verstand sie kein Wort. Ja, war Sachsen nicht mehr in Teutschland?

Mit der ihr eigenen Sorgfalt nahm Sophie flink Kleid um Kleid aus Wilhelmines Koffer, bürstete jedes sorgfältig aus und hängte alle in den großen Schrank. Die passenden Schuhe stellte sie darunter. Die Oberhofmeisterin kam ins Ankleidezimmer: »Genug, Sophie! Ihre Hoheit wird hier nicht auf Bälle gehen. Sie muss ruhen und für morgen ist der Arzt bestellt.«

»Sehr wohl, Durchlaucht«, knickste Sophie und wagte dennoch zu fragen: »Wird denn Ihre Hoheit nicht die Messe besuchen?«

»Die Messe ist zu Ende!«, seufzte Wilhelmine. »Ich wollte mich amüsieren, nun werde ich mich zu Tode langweilen!«

»Wenn dir keine tödlichen Unfälle mit der Chaise glücken, willst du es mit der Langeweile versuchen«, scherzte der Prinz, der unbemerkt eingetreten war.

»Der sächsische Hof ist abgereist«, maulte Wilhelmine.

»Es gibt ein Leben außerhalb des sächsischen Hofes«, sagte Friedrich vergnügt, »das geht par example in die Komödie.«

Er deutete vage in die Luft. »Die Komödie ist direkt gegenüber von uns, wir könnten über die Dächer dorthin marschieren.«

Wilhelmine kicherte, ihre gute Laune war wiederhergestellt: »Oder fliegen, nicht? Breiteten wir unsere Flügel aus wie die Musik und flögen wir den Klängen nach ...«

7

SIE FLOGEN NICHT über die Dächer, sondern nahmen einige der zahllosen Sänften, die in Leipzig an jeder Straßenecke bereitstanden.

Wilhelmine rümpfte die Nase. Durch den väterlichen Purismus war sie nicht gerade prunkvolle Theatersäle gewohnt, aber dieser große Raum über den Fleischbänken war mehr als einfach. Die Bühne war nichts weiter als ein aus rohen Holzbrettern gezimmertes, mit einem lapperigen dunkelroten Vorhang verhängtes und durch viele stinkende Unschlittkerzen erhelltes Podest in der Raummitte.

Ein blasser blonder Mann von großer und hagerer Gestalt verbeugte sich tief vor ihnen. Leutselig begrüßte Voit den Prinzipal Neuber. Der antwortete demütig, für einen Komödianten viel zu hölzern und unbeholfen, und geleitete sie zu ihren Plätzen. Er hatte es dem hohen Besuch bequem gemacht. Zierliche, mit Samt bezogene Sessel aus dem Theaterfundus bildeten an diesem Abend die besten Plätze in der Mitte. Man wusste, dass die hohen Herrschaften es liebten, auf die Bühne zu schlendern, sich in den neuesten Moden zu präsentieren und, ohne Rücksicht auf die laufende Handlung, Konversation zu betreiben. Wenn sie es den Herrschaften bequem machten, würden sie sich nicht erheben, so das Kalkül.

Mit den Räumen über den Fleischbänken hatte sich Karoline Neuberin ihr erstes festes Privileg für Leipzig erkämpft. Mit dreißig Jahren eine schöne, temperamentvolle Frau, war sie das Umherziehen leid. Sie hasste das Spiel in klapprigen Bretterbuden auf knarzenden Böden, hastige Umzüge in eiskalten improvisierten Garderoben, zerknitterte Kostüme und vor allem mangelnden Respekt vor dem fahrenden Volk. Die Vertreibung des Harlekins und seiner Zoten hatte ihr ein besseres Publikum gebracht. Reiche Kaufleute kamen, Edelleute, verständige Bürger, und nun sogar die preußische Prinzessin auf ihrer Heimführung. Die französisch sprechenden Herrschaften besuchten ihr Theater, es war der Neuberin ein Triumph. Sie sollten hören, wie schön und würdevoll diese teutsche Bühnensprache daherkam, wahrhaftig, klar, gar nicht auf dem Kothurn, obwohl die Neuberin den Kothurn nicht verachtete.

An diesem Abend gab sie »Rodogune« von Racine. Sie spürte, dass die hohen Herrschaften sich nicht langweilten. Alles, was sie ausmachte, legte sie hinein: Sie hob die Hände in unendlichem Schmerz, sie sank langsam in die Knie, sie erhob sich voll Edelmut, immer wieder riskierte sie einen Blick auf die Prinzessin und ihre Damen. Nein, selbst die Dämchen unter ihren weißgepuderten Perücken, die ihre Spitzentüchlein vor die gerümpften Näschen hielten, als sie an den Fleischbänken vorbei zum Theater mussten, schwatzten nicht.

Wilhelmine freute sich auf Racines Tragödie. Aber wie enttäuscht war sie, als die französische Tragödie in deutscher Übersetzung vor sich hin holperte! Jammervoll, dachte Wilhelmine, das Deutsche ist keine Sprache zum Dichten und Denken, der philosophische Esprit Racines war umständlichen, langatmigen Alexandrinern gewichen. Man hätte besser daran getan, das Original zu spielen, aber diese Komödianten waren des Französischen natürlich nicht mächtig.

Jedoch die Darstellerin der Rodogune spielte ihre Rolle mit ungewöhnlicher Wahrhaftigkeit. Gegen ihren Willen war Wilhelmine gefesselt.

Kraftvoll und leidenschaftlich spielte sie, die Neuberin, sie liebte die Rolle der Rodogune, die sie bereits seit zwei

Jahren gab, sie wollte rühren und gefallen, und es gelang ihr. Stille herrschte, nachdem der Vorhang nach dem letzten Akt gezogen wurde. Sie zählte. Sieben Sekunden, bevor der erste Applaus kam. Nicht schlecht, dachte sie, trat lächelnd vor den Vorhang und verneigte sich, vor den hohen Herrschaften keinen Zentimeter weniger als vor den Bürgern. Neuber registrierte es missbilligend. Nach dem fünften Vorhang hob sie die Hände und lud das geschätzte Publikum in selbst verfassten Versen untertänigst ein, am folgenden Tag ein völlig neues Drama eines gewissen Herrn Gottsched zu sehen, das tragische Schicksal des römischen Herrschers Cato.

Friedrich und Wilhelmine tauschten Blicke. Die nicht ungeschickt in Verse gefasste Anrede hatte ihnen gefallen, und die kraftvolle blonde Aktrice ebenfalls. Friedrich hatte außerdem eine kleine Schwarzhaarige gefallen, die in einer Nebenrolle aufgetreten war. Voit unterhielt sich mit diesem langen dünnen Prinzipal, das kam ihm gerade recht. Irgendwann würden die Komödianten herauskommen, und dann konnte er die Kleine zu sich bestellen.

Unterdessen drängte die Oberhofmeisterin. Sie hatte den Theaterbesuch toleriert, aber darauf bestanden, dass Wilhelmine danach ruhen müsse.

»Nun geh schon, ich folge sogleich«, sagte Wilhelmine ungeduldig, und so kam es, dass die Hofmeisterin mit den Damen bereits zur Treppe ging, während Wilhelmine in die mit Stoff bespannten und bemalten Kulissen spazierte und Friedrich in der Annahme, seine Frau habe mit ihren Damen das Theater verlassen, auf die Schöne wartete.

Mit vielen Bücklingen hatte Neuber Voit von Salzburg verabschiedet und eilte in die Garderobe. Caroline Neuber saß vor dem Spiegel, das Gesicht dick mit Talg eingecremt.

»Ich habe eine Audienz für dich erwirkt!«, sagte er aufgeregt.

Die Neuberin tauchte ein sauberes Leintuch in eine Schüssel mit heißem Wasser und blickte ihren Gatten fragend an.

»Bei der preußischen Prinzessin! Sie war begeistert von der Vorstellung und will dich kennenlernen!«

»So?« Die Neuberin wrang das Tuch aus und rieb damit kräftig über ihr Gesicht. Die weiße Schminke löste sich. Kritisch betrachtete sie ihr gerötetes Gesicht im Spiegel.

Neuber forderte etwas mehr Begeisterung: »Sie ist immerhin Prinzessin von Preußen! Sie liebt die schönen Künste, man sagt, sie dichtet und musiziert.«

»Das tun diese hohen Herrschaften alle«, sagte die Neuberin ungerührt, »sie haben genügend Dukaten, sich die teuersten Lehrer zu kaufen und riesige Hofgesellschaften, die ihren falschen Tönen applaudieren.«

»Caroline, unser Privileg währt nicht ewig!« Neuber ruderte verzweifelt mit den Händen. »Könige sind launisch. Was, wenn wir einmal wieder wandern müssen?«

»Dann jedenfalls nicht nach Preußen zu diesem Geizhals!«, erklärte die Neuberin.

Die Prinzessin sei nicht wie ihr Vater, sie gelte als freigiebig, und außerdem sei sie auf dem Weg nach Baireuth in ihre neue Residenz: »Wir könnten dort …«

»In Baireuth spielen? Bei den Pietisten?«, höhnte sie, »wo es keinen verbotsfreien Tag gibt, wo ein Fastentag den anderen jagt, kein Fasching, keine Ballsaison, monatelange Staatstrauer? Hast du überlegt, wovon wir dort die Schauspieler füttern sollen?«

Es war hoffnungslos. Wenn seine Gattin den Dickkopf hatte, war nicht mit ihr zu reden. Neuber erhob sich und sagte: »Gut, dann eben nicht. Aber Gottsched wird dein Verhalten tadeln.« Er wollte zur Tür.

»Warte!«, rief sie. »Wie meinst du das?«

Sie hatte sich umgedreht. Ihr makelloser Teint schimmerte im sanften Kerzenlicht. Beinahe verbarg es die Narbe an der Wange, die sie sonst mit weißer Bleischminke überdeckte.

»Gottsched sucht ständig Mäzene für seine ›Teutsche Gesellschaft‹«, sagte Neuber. »Eine gebildete Dame von Stand einfach ziehen lassen, das wird er nicht billigen.«

Die Neuberin nagte an der Unterlippe. Wie viele Schauspielerinnen, war sie ohne Text nicht sehr beredt, sie lebte recht zurückgezogen und hasste gebildetes Geschwätz, das ihr die Zeit zum Proben und Extemporieren nahm. Aber seit einigen Jahren einte sie mit dem Professor das Ziel, das Chaos auf der deutschen Schaubühne nach den klassischen Regeln der Einheit von Ort, Zeit und Handlung zu verbessern. Wenn sie etwas für Johann Christoph Gottsched tun konnte, war das nur recht und billig.

»Gut«, willigte sie ein. Sie tauchte ein Stück Fell in den einfachen Holztopf und bestäubte sich das Gesicht mit Mehl, das teuren Puder ersetzte, fuhr sich mit dem grobzinkigen Holzkamm flüchtig durch die kurzen Locken und erhob sich.

Voit, der sich von Neuber verabschiedet hatte, kam zu Friedrich und fragte: »Neuber bat um eine Audienz für seine Frau bei der Prinzessin.«

Friedrich, der eben die dunkelhaarige Aktrice aus der Garderobe kommen sah, stimmte gleichgültig zu.

»Morgen zum Lever … und jetzt schick mir die Kleine her!«, befahl er. Voit runzelte die Stirn, ging aber zu dem Mädchen, das nach seinen Worten rot anlief und sich dann schüchtern dem Prinzen näherte.

»Euer Hoheit«, sagte sie, in einen graziösen Hofknicks sinkend. Friedrich fing sie galant auf und lächelte sie an. Er wusste, dass sein Lächeln den Frauen gefiel.

Er griff in die Tasche und drückte ihr einen blanken Dukaten in den Ausschnitt. Seine Hand ließ er auf ihrem Busen liegen, die andere legte er um ihre Taille.

»Sie hat eine extraordinäre Begabung«, schmeichelte er »aber heute Abend hat Sie doch noch nichts vor? Vielleicht trinkt Sie einen Pokal Champagner mit mir?«

Das Mädchen wand sich ein wenig. In diesem Moment trat die Neuberin aus der Garderobe.

»Katharina, komm sofort hierher!«, rief sie scharf. Wilhelmine, die eben noch darüber nachgedacht hatte, wie ärmlich die Kulisse im matten Schein der wenigen Kerzen wirkte, schrak auf und lugte vorsichtig in die Richtung, aus der sie die strenge Stimme vernommen hatte. Mit einem Blick erfasste sie die Situation und fuhr erschrocken zurück.

Wo war sie hingeraten? War das ihre Reise ins Glück? Was wusste sie von ihrem Erbprinzen, der so zärtlich zu ihr war? War er zu allen Frauen zärtlich? War sie auf einen Bonvivant hereingefallen? Tränen traten ihr in die Augen, ärgerlich wischte sie sie fort. Eine Hure, sie hat sich ihm an den Hals geworfen, im niedersten Stand sind die Grenzen fließend.

Vielleicht braucht er mal ein hübsches, unkompliziertes Mädchen, flüsterte eine böse, unnachgiebige Stimme in ihr, immerhin muss er sich mit einer hässlichen Prinzessin abgeben, die unter ihrer Schwangerschaft leidet.

Wilhelmine sah, wie sich das Mädchen von Friedrich löste. Caroline Neuber schob sie mit einem Arm hinter sich, vollführte einen flüchtigen Hofknicks in Friedrichs Richtung und sagte sehr entschieden: »Gestatten Sie gnädigst, Hoheit. Der gute Ruf unseres Standes ist stets gefährdet, daher habe ich mir zur festen Gewohnheit gemacht, die jungen Komödiantinnen wie meine Töchter zu behandeln. Und eine gute Mutter kann nicht streng genug sein.«

Sie präsentierte ein kaltes Bühnenlächeln. Friedrich fühlte sich, als sei er in ein Kloster geraten. Statt in die samtigen Augen einer Novizin blickte er in das kantige Gesicht einer unnachgiebigen Äbtissin.

»Und nun verlassen Sie bitte mein Theater, wir wollen schließen.«

Wilhelmine stand mit klopfendem Herzen in der Kulisse. Eine Komödiantin warf den Erbprinzen von Baireuth aus dem Theater! Welche Anmaßung, welch extraordinaire Unverschämtheit! Warum reizte es sie, dennoch zu kichern? Die Antwort war einfach: Sie gönnte es Friedrich. Ach, wie beneidete sie diese Prinzipalin um ihre Energie und Willenskraft! Wenn ich gewusst hätte, dass es so demütigend ist, Prinzessin zu sein, dann wäre ich Komödiantin geworden, dachte sie.

Neuber eilte zu Voit, der bei den scharfen Worten der Neuberin verstummt war. Er hätte keinen ungünstigeren Moment erwischen können. Mit eisiger Miene sagte Voit: »Aus der morgigen Audienz bei der Prinzessin wird nun nichts. Rien!«

In diesem Moment kam Sonsine mit besorgter Miene auf der Suche nach Wilhelmine zurück.

Der Prinz kam ihr mit verlegener Miene entgegen, neben ihm Voit von Salzburg mit zornrotem Gesicht. Der Mann, den Sonsine für den Prinzipal hielt, krümmte sich und hob flehentlich die Arme mit nach außen gedrehten Handflächen.

In diesem Augenblick trat Wilhelmine aus der Kulisse. Sie ging auf Sonsine zu und sah im Vorbeigehen der Neuberin in die Augen: »Ich erwarte Sie dann morgen zum Lever, Madame Aktrice.«

Die Schauspielerin blickte erstaunt auf. Friedrich fuhr herum. Ihn traf ein Blick, den das Fräulein an ihrer Prinzessin noch nie gesehen hatte und den sie nicht zu deuten vermochte. Was war hier in den wenigen Minuten ihrer Abwesenheit geschehen?

Die Neuberin machte eine tiefe Verbeugung und murmelte: »Es ist mir eine Ehre, Königliche Hoheit.«

Wilhelmine winkte ungeduldig mit der behandschuhten Hand, raffte ihre Röcke, lächelte Sonsine zuckersüß an und sagte: »Gehen wir. Ein reizender Abend, nicht wahr?«

❧ 8 ☙

WILHELMINE LEGTE VIEL WEISS und Rouge auf, überdeckte eine gereizte Stelle mit einem schwarzen Pflästerchen und drehte sich unzufrieden vor dem Spiegel hin und her.

»Ich bin schon wieder dicker geworden, Sophie«, klagte sie, »bald kann ich mich nicht mehr im Morgenkleide zeigen, du musst mich schon morgens schnüren.«

»Ich könnte hier nach einem Korsett für die Hoffnung suchen«, sagte Sophie eifrig, »es soll eines geben, das die gesamten Monate über eine gute Figur macht. Die Königin von Frankreich soll ein solches getragen haben. Bis zur Entbindung hat man ihr nicht das Geringste angemerkt!«

Wilhelmine wandte ein, dass keine Messe sei. Sophie lächelte geheimnisvoll: »Schneiderinnen haben ihre Quellen.« »Gut. Du sollst heute Vormittag frei haben.«

Friederike Caroline Neuber war gereizt. Nur wegen Gottsched hatte sie sich auf diese Audienz eingelassen, aber der Professor hatte sich wieder von seiner umständlichsten Seite gezeigt. Er war immer umständlich. Seit Wochen wartete sie händeringend auf die neue Komödie, die er ihr versprochen hatte. Und in der Frühe hatte er Umstände gemacht, er könne seine Vorlesung über die deutsche Dichtkunst nicht ausfallen lassen. Billette wurden hin- und hergetragen, die Neuberin warf sie wütend zu Boden und ließ ihm schließlich unmissverständlich ausrichten, dass sie mit oder ohne ihn zum Lever der Prinzessin gehen werde.

Nun stand sie im mollig warmen Empfangsraum der Joachimsthal, einer Herberge, in der sie noch nie gewesen war. Die Wand war mit einer Tapisserie bedeckt, die sie an ihre Dekoration eines türkischen Modestückes erinnerte, das sie vor zwei Jahren aufgeführt hatten. Ärgerlich betrachtete sie die knallbunt gemalten Papageien vor einem blauen, wolkenlosen Himmel, unter ihnen ein Garten mit heiter in Gruppen spazierenden Menschen vor Wasserspielen. Ein Arrangement wie auf dem Theater. Die Noblesse umgibt sich mit Theaterszenerien und verachtet uns Komödianten, dachte sie, und die Bürger? Sie beneiden uns heimlich um unser Leben, aber sie beerdigen uns nicht auf ihren Friedhöfen, als seien wir Heiden.

Im Kamin, der mit nackten Putten bekrönt war, loderte ein prächtiges Feuer. So warm hatte sie es zu Hause nicht. Was hier täglich an Holz verfeuert wurde, musste bei Neubers eine Woche reichen. Sie nahm ihr wollenes Schultertuch ab und fragte sich, was die Prinzessin wohl von ihr wolle. Plötzlich wurde die Tür geöffnet und Gottsched stürzte atemlos herein.

»Frau Neuberin! Gott sei Dank! Ich befürchtete schon, man ließe mich nicht mehr ein.«

Die riesige Gestalt des Professors für Poesie und Beredsamkeit verdunkelte förmlich den Raum. Seine langhaarige altmodische Allongeperücke, die er hartnäckig zu Vorlesungen und offiziellen Anlässen trug, hatte er für die Audienz gegen eine schlichte kurze Bürgerperücke a la mode eingetauscht. Gottsched war erst zweiunddreißig Jahre alt, aber bereits ein bekannter Mann. Seine moralische Wochenschrift »Die vernünftigen Tadlerinnen« wurde in jedem gebildeten Leipziger Haushalt gelesen. Vor allem war er der Vorsitzende der »teutschübenden poetischen Gesellschaft«, deren Mitglieder die Bildung einer allgemeinen hochdeutschen Sprache zum Ziel hatten, und dieses Ziel verfolgte er leidenschaftlich, temperamentvoll und so hartnäckig dozierend, dass es Menschen gab, die fluchtartig den Raum verließen, wenn der Herr Magister auftauchte.

Ein altes Fräulein, auf den streng gescheitelten Haaren eine altmodische Haube, wie sie in Leipzig seit zehn Jahren keine Dame von Stand mehr trug, betrat das Empfangszimmer und instruierte die Audienzsuchenden in knappen Worten über die Etikette. Sie hatten erst zu sprechen, wenn die Prinzessin das Wort an sie richtete. Sie hatten nur auf Fragen zu antworten, sie hatten die Prinzessin selbstverständlich nicht zu unterbrechen, und das Handzeichen der Prinzessin oder ihr Aufstehen beende die Audienz. Das Sujet der Konversation bestimme die Prinzessin.

Sie hält uns für Wilde, dachte Caroline Neuber amüsiert, wir sollten den »Menschenfeind« von Moliére spielen.

Wilhelmine saß, umgeben von ihren Damen, auf einem Sessel im zweiten Empfangszimmer. Sie hatte die Arme bequem auf die Lehnen gelegt, die Füße in den zierlichen Pantöffel-

chen des Morgenhabillées auf einer brokatbezogenen Fuß-
bank. Sie sah die Neuberin hereinkommen, sah ihre einfache
Kleidung, die zerschlissenen Schuhe, das graue Schultertuch
aus grober Wolle. Sie sah aber auch die Würde der sich aufrecht haltenden und anmutigen Frau.

Die Neuberin und Gottsched verbeugten sich schweigend
und nahmen auf den unbequemen Hockern Platz, die man
ihnen anbot. Beide wussten diese Gnade zu schätzen, sie hatten durchaus schon Audienzen stehend verbringen müssen,
während sich die Herren auf einer Chaiselongue räkelten.

Wilhelmine war ebenso gereizt wie die Neuberin. Von
Kindheit an hatte sie jede Floskel gelernt, mit der man
zudringliche Menschen abwehrte, sie kannte jede Höflich-
keitsformel, mit der man aufgeregte Gemüter beruhigte, und
jede Menge nichtssagende Komplimente, mit denen man sich
Freunde oder Feinde schuf, je nachdem, was erwünscht war.
Aber diese Audienz war anders, hatte sie diese Komödiantin doch in einer plötzlichen Trotzreaktion eingeladen. Es
schien, als wolle sie etwas von ihr, und nicht umgekehrt. Sie
konnte nicht nach ihrem Begehr fragen.

Unruhig und in ihrem geschliffensten Französisch begrüßte
sie die Aktrice und machte ihr ein Kompliment zum gestrigen Abend. Dabei fiel ihr ein, wie er geendet hatte. Kei-
nesfalls wollte sie die Rede auf den Fauxpas irgendwelcher
Komödiantinnen oder den des Prinzen bringen. Die kunstvoll gedrechselte Anrede drohte sich zu verhaspeln, und so
platzte sie am Schluss heraus: »Woher hat Sie die Narbe?«

Die Neuberin hatte kein Wort verstanden. In dem Maße,
in dem der Wortschwall der Prinzessin zunahm, nahm auch
ihre Gereiztheit zu. Wollte die Prinzessin sie ihren gepuderten Dämchen vorführen, die wie Schoßhündchen auf dem
Sofa saßen? Wollte sie die Angehörige eines der nieders-

ten Stände demütigen, in der Annahme, sie verstünde kein Französisch? Bei ihrer Mutter hatte die Neuberin Französisch gelernt, ein vernünftiges, klar verständliches Französisch, nicht diese Geschraubtheiten. Wie leicht wir Macht über Menschen bekommen, wenn wir wie die Pfaffen mit ihren lateinischen Litaneien ein unverständliches Kauderwelsch und teure Kleidung benutzen, dachte sie.

Cicatrice, Narbe. Die letzte Frage der Prinzessin hatte sie verstanden. Sie war an Deutlichkeit nicht zu überbieten. Alle im Raum waren erstarrt. Die Dämchen versteckten ihre verlegenen Mienen hinter hastig aufgeklappten Fächern. Das strenge Fräulein hatte die Augen aufgerissen und starrte die Neuberin an. In ihrem Blick lag etwas Flehentliches.

Ihre Königliche Hoheit hat einen Fauxpas begangen, dachte die Neuberin mit einer Mischung aus Ärger und Amüsement. Nur reden, wenn man gefragt wird, fiel ihr ein. Oh ja, sie wollte die Frage der Prinzessin beantworten! Den Gefallen, Französisch zu sprechen, würde sie ihr nicht tun, sie sah die hohe Dame schon hochnäsig lächeln und die Dämchen kichern. Ihr schönstes Bühnenhochdeutsch würde sie auch nicht an sie verschwenden. Und so antwortete sie höflich, aber in ihrem schönsten Zwickauer Sächsisch: »Die Narbe, Euer Hoheit, ist mir geblieben als Erinnerung an meinen lieben Vater. Er pflegte nach meiner Mutter – Gott hab sie selig! – mit Gegenständen zu werfen. Ein vierpfündiger Hammer sollte sie treffen, als sie einmal die falsche Haube aufgesetzt hatte. Sie konnte ihm gottlob ausweichen. Ich hatte weniger Glück: Sein schwerer Schlüsselbund traf mich mitten ins Gesicht. Er konnte leider sehr gut zielen, auch wenn die Gicht ihn quälte.«

Wilhelmine starrte sie an. Das Sächsische hat sie offenbar nicht verstanden, dachte die Neuberin zufrieden. Das Fräulein legte eine Hand auf die Schulter der Prinzessin zum Zeichen, dass sie die Audienz abbrechen solle. Der Neuberin warf sie einen zornigen Blick zu.

Wilhelmine schob die Hand zart, aber bestimmt weg. Gebannt sah sie auf die schöne, selbstbewusste Frau. Werfen mit Gegenständen, die Gicht. Das Sächsische hatte sie recht gut verstanden. Da erzählte eine Frau aus dem niedersten Stand eine Geschichte, die die ihre hätte sein können.

Wie schmerzlich sie sich erinnerte! Die königlichen Wurfgeschosse in Wusterhausen hatten aus Tellern und Schüsseln bestanden. Eine Narbe trug sie nur deshalb nicht, weil sie immer rechtzeitig ausgewichen war. Und der Stock, mit dem er aus dem Rollstuhl nach ihr geschlagen hatte ...

Eine Weile war es still geblieben. Professor Gottsched wagte, sich zu räuspern. Musste die Neuberin diese dumme, peinliche Familiengeschichte erzählen? Womöglich würde sie nun von ihrer Flucht und Gefängnisstrafe plaudern wie von Stickmustern und Modetorheiten! Was war nur in sie gefahren, sie verstand sich doch auf charmante Konversation! Diese Audienz würde nicht ewig dauern, und er musste unbedingt noch für seine Idee des deutschen Wörterbuchs und des erneuerten deutschen Theaters werben.

Wilhelmine tauchte aus ihren Erinnerungen wieder auf. Sie schluckte und fragte leise: »Hat Ihr Herr Vater immer einen Stock bei sich getragen?«

Woher um des Himmels willen konnte die Prinzessin das wissen? Die Neuberin erwiderte erstaunt, aber wahrheitsgemäß, diesmal in ihrem besten, ein wenig sächsisch eingefärbten Französisch: »Einen großen Stecken von einem Haselstrauch, Königliche Hoheit.«

Um Worte ringend, sah Wilhelmine die Schauspielerin an.

»Wie hat sie ...«, begann sie und sprang auf. Die Erinnerung an den brutalen König wurde übermächtig, sie musste sie abstreifen. Sie ging zum Fenster und starrte in den trüben Wintermorgen hinaus. Caroline Neuber vergaß die Etikette und fragte leise: »Wie ich mich gewehrt habe ... ist es das, was Sie erfahren wollen, Königliche Hoheit?«

Wilhelmine nickte stumm.

»Ein kleines Mädchen kann sich gegen eine solche Tyrannei nicht wehren, Hoheit«, sagte die Neuberin leise. Die Prinzessin fuhr herum. Sie öffnete den Mund, schloss ihn dann aber wieder und nickte. Sie streckte den Arm aus, und ihre Hofmeisterin geleitete sie zu ihrem Sessel zurück.

»Unter einem solchen Regiment wird ein Mädchen entweder zur Heuchlerin oder zur Rebellin«, sagte die Prinzessin.

Unter den schockierten Blicken der Hofdamen warf Caroline Neuber den Kopf zurück und lachte laut. »Ein wenig von beidem, Euer Hoheit«, sagte sie, nun wieder vergnügt, »ich wurde Komödiantin! – Nach meiner Flucht.«

Flucht, dachte Wilhelmine bewegt, sie konnte fliehen, sie hat es geschafft. Nachdenklich betrachtete sie die Komödiantin. Diese Frau war zehn Jahre älter als sie und niederen Standes, aber sie war für die Kunst geflohen und ging ihren Weg. Wie leicht habe ich es, dachte sie, und wie wenig mache ich daraus. Und wie leicht hat sie es, sie muss nicht regieren und keine Thronerben in die Welt setzen, nicht jahrzehntelang gebären. Sie kann allein ihrer Kunst leben. Ich habe noch zehn Jahre Zeit, dachte Wilhelmine, vielleicht kann ich dann mit dieser Contenance sagen: Ich wurde Musikerin. Ich bin Komponistin.

Sie nickte der Neuberin zu mit jener Geste, die eine Audienz für beendet erklärt, und wandte sich an Gottsched. Der spreizte sich und begann, vom großen Traum einer deutschen Comédie francaise zu erzählen, von der Schaubühne, die er mit seiner geschätzten Kollega, der Tragödin Caroline Neuber, vom Unrat der englischen Schauermärchen, der Hanswurstiaden mit Musik und Flugmaschinen befreien werde.

Wilhelmine betrachtete den eifernden Gottsched und dachte: Was hat dieser riesige Mann gegen Musik und Bühnenmaschinen? Sie liebte beides, das Theater konnte nicht prachtvoll genug, die Musik nicht schön genug, die Effekte nicht schockierend genug sein, um sie zu Tränen zu rühren.

Wie gelehrt er schwatzen kann! Was für ein Glück er hat, dass er als Sachse geboren wurde. In Preußen hätte er es nur zu einem der langen Kerls gebracht, niemals zum Professor. Sie wusste nicht, dass dieser Mann vor acht Jahren aus Preußen vor den gefürchteten Werbern des Königs geflüchtet war. Er dagegen sah die schmalen Lippen und die blauen Augen mit dem wachen Blick, die Ähnlichkeit mit ihrem Vater dem König, den er fürchtete wie der Teufel das Weihwasser, und er traute ihr keine Sekunde. Unter August dem Starken war er sicher, aber der war alt. Wenn sein Nachfolger lange Kerls ausheben ließ, um dem Preußenkönig zu schmeicheln?

Er musste sich ihrer Gnade versichern. In wohlgesetzten Worten bat Gottsched die Prinzessin, die neue Ausgabe seiner Zeitschrift »Die vernünftigen Tadlerinnen«, die sich dem aufklärerischen Ziel der weiblichen Bildung verschrieben habe, ihr widmen zu dürfen. Sie lächelte schmal. Was interessierte sie diese scheußliche deutsche Sprache, niemals würde es Dramen aus deutscher Feder geben. Aber sie gab ihr gnädigstes Einverständnis. Das kostete sie ein Neigen des Kopfes und ihm würde es die Auflage steigern. Bitte sehr.

Wilhelmine hörte ihm nicht mehr zu. Sie fragte sich, wie diese Komödiantin ihre Flucht bewerkstelligt hatte, ob man sie eingefangen hatte, ob sie der Tyrannei des Vaters mit Hilfe einer Heirat entkommen war, und langsam, unter der wie ein Wasserfall dahinfließenden Rede des Herrn Gottsched, reifte in ihr die Idee zu einer Oper über eine unglückliche Prinzessin, die der Tyrannei ihres königlichen Vaters entflieht.

Sie beendete die Audienz.

Nachdenklich betrachtete sie die kurzen Locken des gebeugten Kopfes der Neuberin und bedauerte, dass sie mit dieser Frau kein Tête-à-Tête haben konnte. Viele Fragen, dachte sie, aber sie werden niemals gestellt werden.

»Wir möchten Ihr Theater noch einmal visitieren, um das neue Drama des Herrn Professors zu sehen.«

Die Neuberin errötete vor Freude. Sie warf einen Blick in die Runde und fragte: »Darf ich mit der gesamten Cour rechnen?«

»Mit der gesamten Cour«, sagte Wilhelmine bestimmt. »Wir sind enchantée, Ihre Bekanntschaft gemacht zu haben.«

 9

»HIER HINEIN, JOSSI«, sagte Sophie. Zwei Träger luden Holzkisten im Gesellschaftszimmer ab. Hinter ihnen drängte sich eine stämmige Frau mittleren Alters mit einer Kiepe auf dem Rücken und einem Korb an jedem Arm durch die Tür.

»Ich sage meiner Herrin Bescheid«, sagte Sophie eifrig und verschwand, während die stämmige Schneiderin die Truhen öffnete und viele Stoffballen dekorativ auf den Tischen ausbreitete. Sophie hatte ihrer neuen Herrin eine

Freude machen wollen. Da schon die Messe zu Ende war, hatte sie sich auf der Suche nach einem Mieder mit einer Kollegin angefreundet und sie mit der neuesten Mode ins Hotel gebeten.

Neugierig betrat Wilhelmine das Gesellschaftszimmer und bestaunte die reiche Auswahl der Leipziger Schneiderin. Plauener Baumwollspitzen und hauchfein geklöppelte Seidenspitzen aus Belgien, Federn und federleichte Schleifen lagen neben Samtbändern und schweren Brokatstoffen. Über eine riesige Pfauenfeder schüttelte Wilhelmine nur den Kopf und legte sie beiseite. Zierlich gearbeitete Seidenblumen für Hüte und Kleider lagen neben fein gewebtem Musselin für Häubchen und Unterwäsche, schwere Wolltuche und schimmernder Samt für den Winter ergänzten die zarten Spitzen. Nur weil mein Vater die französische Mode verboten hat, bin ich schlechter ausgestattet als jede Leipziger Bürgersfrau, dachte Wilhelmine ärgerlich.

»Fühlen Sie einmal, Hoheit, leicht wie eine Feder und doch wärmend, etwas völlig Neues, selbst unser allergnädigster Hof hat davon gekauft!«, sagte Jossi und legte Wilhelmine einen Wollstoff um die Schultern. »Es ist Ziegenhaar aus Kaschmir, nur der persische Händler bringt mir diesen fein gewebten Stoff mit.«

Sie nannte eine ungeheuer hohe Summe für die Elle und fügte schmeichelnd hinzu: »Hoheit können sich das ja leisten. Und da Sie in der Hoffnung sind, darf Ihnen nichts zu teuer sein, da sind wir Frauen doch viel kälteempfindlicher als sonst, ist es nicht so, Hoheit?«

Wilhelmine fror immer. Sie hasste das Wolltuch, das der Vater in den Spinnstuben herstellen ließ. Es fühlte sich an wie die Rache der bestraften Huren, die gezwungen waren, es herzustellen: kratzig und ordinär. Sie bedauerte die Soldaten, die es tragen mussten, und hüllte sich lieber in Pelze.

Diese Wolle aus Kaschmir aber war ein samtweicher, schmeichelnder Traum, aber sie kostete ein Vermögen!

Sophie erahnte die Bedenken ihrer Herrin und sagte schnell: »Die Mieder zu unterfüttern ist eine wunderbare Idee.« Sie hielt einen geblümten Jacquard neben den Wollstoff: »Wir könnten die Coutouche und den Rock aus diesem Stoff nähen, und die Robe darüber aus der Kaschmirwolle.«

Wilhelmine nickte dankbar. Diesen Stoff durfte sie sich nicht entgehen lassen, aber ein komplettes Kleid aus dem teuren Material bei der neuen Mode der üppigen Contouche im Rücken würde ihre Reisekasse sprengen. Sie ließ Sophie die Stoffmenge berechnen, schaute neugierig in die Körbe und zupfte einige Bänder und Spitzen heraus, als die Damen hereintraten. Schnell ließ die Schneiderin den Kaschmirstoff in einer Kiste verschwinden. Es ging nicht an, dass die Damen Kleider aus dem Stoff der Herrschaft trugen.

Sonsine hatte den Mädchen strenge Auflagen gemacht. Schließlich gestattete sie ihnen aber doch eine preisgünstige geblümte Seide und Samtstreifen für zwei neue Kleider, die sie sofort bezahlten.

»Wie Zwillinge!«, riefen die Schwestern begeistert.

Wilhelmine lächelte amüsiert. Die Schwestern waren wie Kinder. Ein wenig ungeschliffen, aber Diamanten zum Glänzen zu bringen war eine schöne Aufgabe. Sie würde sich selbst um die Education der Mädchen kümmern. Deren Frohsinn würde ihr die Fremde erträglich machen. Plötzlich wurde ihr der Hals eng. Wie würde der fremde Hof sein? Ihre lächerlich geringe Mitgift ließ keine prachtvolle Hofhaltung zu. Es würde karg zugehen, womöglich kälter und karger als im Schloss des geizigen Vaters …

Ein plötzlicher Schwindelanfall trieb ihr den kalten Schweiß auf die Stirn. Haltsuchend sank sie auf einen Stuhl, besorgt umringten sie die Damen.

»Lassen Sie mich mal durch!« Das war Jossis energisches Sächsisch. Sie fühlte die Stirn der Prinzessin und zog ein Fläschchen aus ihrem Rock. Wie die Mermann, dachte Wilhelmine, und plötzlich schlug das Heimweh erbarmungslos zu. Laut schluchzte sie auf.

»Trinken Sie einen kräftigen Schluck, Hoheit.«

Während Wilhelmine gehorsam die Flasche an den Mund setzte, schob Jossi die Damen mit weit ausgebreiteten Armen zur Seite: »Eine schwangere Frau braucht Platz und Luft zum Atmen. – Öffne das Fenster!«, befahl sie Sophie.

Wilhelmine hatte von dem scharfen Schnaps entsetzlich husten müssen. Nun aber nahmen ihre Wangen wieder Farbe an

»Es hatte nichts mit meinem Zustand zu tun. Es war nur ...« Sie verstummte.

Sie, die künftige Regentin, konnte doch nicht zugeben, dass sie plötzlich panische Angst vor dem Unbekannten und bereits nach drei Reisetagen Heimweh nach Berlin hatte. Ridicule, dachte sie, wonach sollte ich Heimweh haben? Nach den Grausamkeiten des Vaters, den Intrigen der Mutter, dem Geschwätz der Höflinge und ihren Kabalen? Tief sog sie die Luft ein, die zum Fenster hereinströmte.

Dann befahl sie, das Fenster zu schließen, suchte noch einige hübsche Seidenblumen für Flora aus und sagte mit wiedergewonnener Contenance zur Schneiderin: »Schreib Sie es auf!«

Die Schneiderin schüttelte den Kopf und sah hilfesuchend zu Sophie hinüber.

Sophie verstand. Sie drängte die Herrin leise zur Zahlung. Wilhelmine fand das Ansinnen beleidigend und fühlte sich vor den Marwitz-Schwestern gedemütigt.

Schlagartig wurde ihr bewusst, dass sie keinen Kreuzer in der Tasche hatte und in Leipzig nicht einmal als Königstochter Kredit bekommen würde.

»Krämergeist!«, zischte sie verächtlich und sagte lässig zu Sonsine: »Dann bezahle eben toute suite!«

Das Fräulein zuckte zusammen. Die Reisekasse verwaltete Voit von Salzburg. Er hatte dem Markgrafen Rechnung zu tragen, denn er und nicht der König von Preußen bezahlte die Heimführung der Braut aus seiner schmalen Kasse. Wilhelmines Mitgift war nach Baireuth geschickt worden. Während Wilhelmine, mit den Marwitz-Schwestern scherzend, den Saal verließ, griff Sonsine nach ihrem Beutel und bezahlte wortlos die Schneiderin. Danach war ihr Reisebeutel leer.

Verlegen half Sophie der Schneiderin, Stoffe und Putz zusammenzupacken. Aber die stämmige Sächsin war nicht beleidigt.

»Je höher die Herrschaften, desto schlechter die Zahlungsmoral«, lachte sie und steckte das Geld in einen Beutel, den sie in ihrem Rock verschwinden ließ. »Die Herrschaften begreifen nicht, dass wir sofort am Hungertuch nagen, wenn wir stunden.«

Sie griff nach einem dicken grauen Stoffballen und legte ihn Sophie in die Arme. »Das ist für dich, Kind, für deine freundliche Vermittlung.«

Sophie wehrte ab, sie habe doch nichts getan.

»Sag das nicht, es war kein schlechtes Geschäft«, sagte die Schneiderin. Schüchtern streichelte Sophie über den Stoff.

»Lyoner Wolltuch, eine feine Qualität! In Baireuth soll der Schnee fünf Fuß hoch liegen den ganzen Winter über! Du kannst es walken, dann ist es wasserdicht, so wie es die Leute dort im Böhmischen tun.«

»In Böhmen?«, fragte Sophie mühsam, sie war weiß geworden wie eine gekalkte Wand.

»Nun ja, Baireuth liegt doch nur wenige Meilen entfernt von der böhmischen Grenze. »Die Schneiderin musterte die junge Frau erstaunt. Berlin schien nicht das gesündeste Pflaster zu sein, offenbar kippten dort nicht nur Prinzessinnen schnell um. Seufzend nestelte sie in ihrem Rock nach der unentbehrlichen Flasche und hielt sie Sophie hin, aber die wehrte ab.

»Das böhmische Land ist Nachbar des Baireuther Landes?«, vergewisserte sie sich, und als Jossi nickte, überzog ein nahezu überirdisches Lächeln ihre hübschen, mädchenhaften Züge. Verständnislos schüttelte die Schneiderin den Kopf, packte mit kräftigen Armen die restlichen Ballen und verstaute sie in der Holzkiste.

Sophie hielt den Ballen Wollstoff im Arm wie einen Säugling und träumte. Franticek lebte in Berlin, aber er kam aus Böhmen. Wenn er einmal seine Familie besuchen wollte, ach! Dann müsste er durch Baireuth, und dann würde er ihr begegnen, und dann …

Nein. Sophie strich sich eine Strähne aus dem geröteten Gesicht. Sie wollte nicht mehr an ihn denken.

»Komm heute Abend ins Zimmermannsche Caffeehaus«, sagte die Schneiderin, »wir sind eine lustige Runde dort, die Herren Studiosi spielen heute Abend auf!«

»Dann bis heute Abend, Jossi«, sagte Sophie entschlossen.

Wilhelmine hatte lässig Sonsine zur Zahlung verpflichtet, aber sie war zutiefst verunsichert in ihr Apartment geflüchtet.

Wie hat die Neuberin ihre Flucht bewerkstelligt, fragte sie sich. Wie können Frauen ihr eigenes Leben führen, wenn sie keinen Kreuzer in der Tasche haben? Diese Komödiantin war ja unabhängiger als eine Prinzessin; ihre Kunst wurde jeden Abend mit einer gefüllten Theaterkasse belohnt.

Wilhelmine wusste noch nicht, wie viel Geld ein Theater verschlang. Sie wusste auch nicht, dass Caroline Neuber, damals noch Friederike Weißenborn, auf ihrer Flucht in bitterer Not ihr herrliches blondes Haar abgeschnitten und für einen blanken Dukaten verkauft hatte.

Wenn ich gewusst hätte, dass ich als Prinzessin bettelarm sein würde, hätte ich mich lieber als Komödiantin durchgehungert.

10

DIE SCHWEREN HOLZTÜREN des Zimmermannschen Caffeehauses hatten große geschwungene Griffe aus poliertem Messing. Ein schwerer Filzvorhang schützte vor der eindringenden Kälte. Staunend blieb Sophie im Eingang stehen. Vier prachtvolle runde Marmorsäulen standen in der Mitte des hohen Raumes, der reichlich Platz für kleine Tische mit zierlichen Stühlen bot und in der Mitte über ein Podest für die Musiker verfügte.

Der türkische Stil war auch hier der letzte Schrei. An die Wände waren verschleierte Frauen in Hosen gemalt, die schnauzbärtigen Männern mit riesigen Turbanen kleine Schalen reichten. Aber nicht nur an den Wänden, auch an den Tischen des Kaffeehauses saßen Männer. Es ging nicht lärmend zu wie im Wirtshaus, trotzdem ließen das Gelächter und die Blicke Sophie erstarren. Wo war sie hingeraten? Wo war Jossi? Nein, ein anständiges Mädchen gehörte hier nicht hin. Hastig wandte sie sich zurück zur Tür, schob mit aller Kraft den schweren Filzvorhang zur Seite und prallte gegen einen würdig aussehenden Herrn mit einer kleinen, modischen Perücke. Durch den Zusammenstoß verlor er einen Stapel Papiere, die er unter dem Arm getragen hatte. Die einzelnen Bögen flatterten zu Boden und verteilten sich großzügig.

»Hoppla!«, sagte er ärgerlich. Sophie stammelte eine Entschuldigung und bückte sich schnell. Sie hatte bereits einige Papiere eingesammelt, da fiel ihr Blick darauf. Es waren Notenblätter.

»Nun haben Sie alles durcheinandergebracht«, sagte der Herr erzürnt und begann, die Blätter zu sortieren. Das war nicht so einfach, er sah auf die Seiten, pfiff leise vor sich hin und suchte offenbar die Anschlüsse.

»Nummerieren Sie denn Ihre Blätter nicht?«, fragte Sophie ärgerlich. Der Herr starrte sie an, als hätte sie etwas Unziemliches gesagt. Dann geschah etwas Merkwürdiges: Er lachte schallend. Noch immer laut lachend, packte er Sophie am Handgelenk und zog sie zu den Musikern.

»Denken Sie nur, meine Herren«, prustete der Mann, »diese Demoiselle hat gesagt, ich solle meine Kompositionen nummerieren!«

Auch die Musiker schüttelten sich vor Lachen. Was war daran so komisch?

»Das hat bisher nicht einmal Anna Magdalena gewagt«, lachte der Herr, sich die Tränen von den Wangen wischend, »und dabei hat sie im Hause doch die Hosen an!«

Allmählich kamen auch Sophie die Tränen, aber nicht vor Lachen. Offenbar hatte sie sich zum Gespött des gesamten Orchesters gemacht. In diesem Augenblick hörte sie endlich eine vertraute, resolute Stimme.

»Nu, was is denn hier los, wollen Sie die Kleine nicht mal loslassen, sie weint ja gleich!« Das war Jossi, dem Himmel sei Dank! Sophie wollte sich in ihre Arme werfen, da sah sie, wie sich deren Blick veränderte. Ehrerbietig knickste die Schneiderin vor dem kleinen Herrn, der endlich Sophies Handgelenk losgelassen hatte, und sagte: »Guten Abend auch, Herr Kantor!«

Der Herr erwiderte Jossis Gruß freundlich und wandte sich wieder an Sophie:

»Ich fürchte, mein unangemessener Heiterkeitsausbruch hat Sie erschreckt, Demoiselle. Mein Name ist Bach, Johann Sebastian Bach, und dies ist mein Collegium Musicum.«

»Mein Gott, mit wem bin ich da zusammengestoßen?«, flüsterte Sophie. »Ich dachte schon, ich müsste vor Scham im Erdboden versinken.«

Jossi stieß sie in die Seite. »Dies ist unser Thomaskantor, ein berühmter Mann! Komm!«

Sie zog Sophie zu einem langen Tisch, wo sie von jungen Leuten, Handwerker aus verschiedenen Zünften, begrüßt wurde. Man orderte Kaffee, der in Schalen auf kleinen Holztabletts mit allerlei Leckereien gebracht wurde. Vor allem Jossi schien auf Kaffee erpicht zu sein, in den sie andächtig größere Mengen Zucker rührte. Schnell war Sophie in interessante Gespräche verwickelt, aber dann wurde es schlagartig still. Das Collegium musicum begann zu spielen. Sophie sah den Violinisten, und wieder fiel ihr Franticek ein, wie er die Geige ans Kinn gehoben, wie seine Hände … Sie schloss die Augen. Die Musik war sehr regelmäßig, fast ein wenig streng und nicht so sinnlich wie Franticeks schluchzende Weisen. In der Pause fragte sie Jossi leise: »Ist es für Frauen nicht unschicklich, ins Kaffeehaus zu gehen?«

»Meine Mutter durfte noch nicht ins Kaffeehaus, das war damals nicht gern gesehen. Aber seit eine Dame der Leipziger Gesellschaft, Madame Lecouranden, eine Streitschrift veröffentlichte, in der sie die Damen aufforderte, die Kaffeehäuser zu besuchen, lassen wir es uns nicht mehr verbieten.«

Johann Sebastian Bach klopfte aufs Pult. Er habe die Bekanntschaft einer jungen Dame gemacht, die sehr resolut darauf bestanden habe, dass Notenblätter zu nummerieren seien, begann er, und Jossi stieß Sophie lachend in die Seite.

»Ebenso habe ich mir mein Liesgen gedacht«, erläuterte Bach, »ein selbstbewusstes Leipziger Bürgermädchen, das nicht auf den geliebten Kaffee verzichten will. Hören Sie nun zum Abschluss des heutigen Concerto unsere Demoiselle Schröder mit einem Lied über ihren höchsten Genuss, und ihren Vater, den Herrn Schlendrian, der ihr denselben verbieten will.«

Beifall kam auf, dann begann ein bezauberndes Duett, in dem das Liesgen in herzhaftem Sächsisch sang: »Ei wie schmeckt der Coffee süsse, lieblicher als tausend Küsse, milder als Muskatenwein …« Der Vater versuchte, sie davon abzubringen, indem er ihr die Heirat verbot. Da wurde die Liese hellhörig und versprach, den Kaffee zu lassen, denn der Mann war ihr doch wichtiger.

Der Thomaskantor Bach ließ es sich nicht nehmen, zum Abschied beim fidelen Handwerkertisch vorbeizuschauen.

»Hat Ihnen meine Kaffee-Kantate gefallen, Demoiselle Sophie?«, fragte er.

Sophie zögerte. »Der Gesang ist sehr schön«, sagte sie.

»Aber?«, hakte Bach nach.

»Es ist doch zu garstig, wenn ein Mädchen zwischen Kaffee und Ehemann wählen muss«, platzte Sophie heraus. »So wie das Liesgen dem Vater widerspricht, ist es wohl schlau genug, einen Mann zu finden, der ihr den Kaffee nicht verbietet.«

Bach schlug er mit der flachen Hand auf den Tisch.

»Das hätte meine Tochter sagen können!«, rief er begeistert. »Demoiselle Sophie, Sie haben völlig recht. Jetzt weiß ich, wie der Schluss der Kaffee-Kantate sein muss!«

11

»Wɪᴇ sᴛᴇʟʟsᴛ ᴅu ᴅᴀs nur immer an?«, lachte Wilhelmine.

»Dass du Champagner bekommst! Woher nur?«

Ein Korken knallte, Wilhelmine kreischte.

»In Leipzig ist es leicht, Champagner zu kaufen. In Berlin war es eine Expedition!«

Wilhelmine saß auf dem Bett, bequem an die dicken Kissen der Stirnseite gelehnt. Ihre Röcke bauschten sich um sie herum, ein zierliches Pantöffelchen lugte kokett unter einem Spitzenunterrock hervor. Sie hob ihr Glas: »Santé! Worauf trinken wir?«

Friedrich zog mit der Hand den Verlauf des Pantöffelchens über ihre zierliche Fessel nach. »Auf die Liebe natürlich«, murmelte er, »weißt du eigentlich, wie schön du bist, so wie du auf dem Bett sitzt?«

Wieder ließ er seine Hand ihre Wade bis zum Strumpfband hinaufgleiten.

Viel später, als sie entspannt und nach Liebesschweiß duftend nebeneinanderlagen, sagte Wilhelmine leise: »Wir wollen uns immer alles sagen, nicht wahr?«

»Alles«, flüsterte er schläfrig.

»Auch wenn einer dem anderen einmal untreu wird, müssen wir immer Vertrauen zueinander haben. Ist dies nicht das Wichtigste einer guten Ehe?«

»Nein«, sagte er, schon halb schlafend, und als er ihre erstaunte Bewegung wahrnahm, murmelte er: »Das Wichtigste ist, dass Untreue gar nicht vorkommt.«

War ein Flirt mit dieser Komödiantin keine Untreue? Sie wollte keine nörgelnde Ehefrau sein. Sie liebte seine Großzügigkeit. Manchmal erstreckte sie sich eben auch auf andere Menschen, na und? Alle Männer haben Mätressen, dachte sie, nur mein Vater nicht. Ich bin es nicht gewohnt.

Dann schlief sie ein.

❧ **12** ❧

MIT FRISCH AUFGEPOLSTERTEM SITZKASTEN wurde die Reise am nächsten Morgen in der Frühe fortgesetzt.

»Nun, Prinzessin, Leipzig war doch auch ohne Messe sehr amüsant, nicht wahr?«, meinte das Fräulein zufrieden, eine Handarbeit hervorholend.

Wilhelmine gähnte herzhaft. »Amüsant? Diese ennuyierenden Ansprachen und Zeremonien? Ich bin völlig erschöpft. Niemals zuvor habe ich mich so grausam gelangweilt.«

Friedrich warf den Kopf in den Nacken und lachte schallend: »Oh, ma princesse sur la feuille de myrthe! Wie leid es mir tut, dass Sie sich so schrecklich langweilen mussten.«

Das Fräulein verstand und lächelte in sich hinein. Eine fürchterliche Bodenwelle warf sie beinahe von ihren Sitzen. Friedrich öffnete wütend das Fenster und holte Luft, um den Kutscher zu beschimpfen. Aber Wilhelmine hielt seine Hand fest. »Lass gut sein, er kann nichts dafür. Die neuen Polster sind wirklich gut, mir ist nichts geschehen.«

Da sitzt sie auf dem hohen Ross und mäkelt an allem herum, dachte er. Aber auf diesen entsetzlichen Wegen hält sie sich in der Kutsche wie ein Dragoner im Sattel, obwohl sie in der Hoffnung ist. Jede andere hätte sich geweigert, nach dem Unfall die Reise fortzusetzen. Eine echte Prinzessin ist sie, dachte er, die Konstitution hat sie von der Mutter, die schrillen Launen von ihrem unberechenbaren Vater geerbt.

Im Rathaus von Pegau waren lange Tische mit Holzbrettern, Messern und Krügen zum Frühstück gedeckt. Hier ging es deftig zu. Auf den Tischen lagen riesige Würste, aufgeschnittener Kalbsbraten und eingelegte Gemüse.

Die Gäste hatten kaum Platz genommen, als der Bürgermeister, mit seiner riesigen goldenen Amtskette seinem Leipziger Kollegen an Würde nicht nachstehend, sie mit einer langen Rede begrüßte. Wilhelmines Magen knurrte vernehmlich. Aus der Küche drangen Schwaden appetitlichen Duftes zu ihnen. Mit einigen gewichtigen Floskeln beendete der Bürgermeister seine Rede. Erleichtert griff Wilhelmine nach einem Stück duftenden frischen Brotes, aber nun folgte Voits Dankesrede.

Wenn jetzt noch einer spricht, sterbe ich, dachte Wilhelmine und biss verstohlen, die hochgezogene Augenbraue des Fräuleins ignorierend, in ihr Brot. Aber der Bürgermeister wünschte gesegneten Appetit, klatschte in die Hände, und zwei kräftige Köche erschienen mit riesigen schwarz verkohlten Pfannen, in denen Eierkuchen in reichlich Schmalz vor sich hin schmurgelten.

»Wunderbar«, sagte Wilhelmine mit vollem Mund zu dem schwitzenden dicken Mann, »nun muss Er aber auch den Wachsoldaten eine Pfanne bringen!«

Der Koch versprach es und erzählte den Soldaten in der Wachstube gleich darauf begeistert von der Huld der preußischen Prinzessin, die mitnichten hochnäsig sei, wie die dummen Leute behaupteten, sondern ein mageres kleines Ding, das sich bei ihm offenbar zum ersten Mal richtig satt gegessen habe.

Lebhaftes Schmatzen und Schwatzen erfüllte das große Gewölbe. Friedrich parlierte formvollendet mit dem Bürgermeister, Voit mit dem Fräulein, und Herr von Borstell spreizte sich wie immer zwischen den jungen Damen. In eine plötzlich entstandene Stille hinein hörte man vernehmlich Minnis hohe Stimme: »Ach nein, ich möchte nicht nach Frankreich fahren, dort holt man sich die französische Krankheit.«

Peinliche Stille entstand. Alle starrten das dünne Mädchen an, das lebhaft gestikuliert hatte und nun, die Arme halb erhoben, erstarrte und erschrocken in die vielen Gesichter blickte. Anscheinend hatte sie einen Fauxpas begangen, welchen, wusste sie nicht. Um die Sache zu einem guten Ende zu bringen, fügte sie nach einem unsicheren Lächeln in die erstarrte Runde an: »Aber ich bin ja sehr widerstandskräftig … fähig … vielleicht kann ich doch nach Frankreich … wie auch immer, es soll ein außergewöhnlich schönes Land sein …« Ihre Stimme erstarb, kraftlos sanken die Arme herab.

Es wurde so still, dass man eine Laus von einem Kopf zum anderen hätte hüpfen hören können. Wilhelmine rettete die Situation.

»Reisen bildet, nicht wahr?«, konstatierte sie laut, »es ist an der Zeit, für Ihre formidable Gastfreundschaft zu danken, Herr Bürgermeister. Wir freuen uns darauf, die berühmte Laurentiuskirche zu visitieren. Andere, die sich die Grillen aus dem Kopf treiben müssen, wird die Belle Vue vom hohen Turm Ihres prächtigen Rathauses sicher helfen, sich einmal den Wind um die Nase wehen zu lassen.«

Sie befahl Sonsine, sie zu begleiten. Tief unglücklich, entschuldigte sich das Fräulein für Minni. Wilhelmine empfahl, die Affaire nicht tragisch zu nehmen. Es sei ja kein König bei der Tafel gewesen.

»Junge Damen sprechen nicht über solche Dinge, nicht einmal in Gegenwart des Kutschers«, widersprach Sonsine, »das hätte Minni bei aller Jugend wissen müssen.«

»Vielleicht wusste sie überhaupt nicht, wovon sie sprach«, gab Wilhelmine zu bedenken. »Wenn wir die jungen Mädchen nicht aufklären, dürfen wir uns nicht wundern, wenn solche Fauxpas geschehen.«

✾ 13 ✾

EIN UNSCHEINBARER GRENZSTEIN war der einzige Hinweis auf Baireuther Gebiet. Der markgräfliche Mundkoch war ihnen bis in das Dörfchen Auma entgegengereist, hatte mit seiner Küchenmannschaft eine Scheune ausgeräumt und Suppe aufgesetzt. Die Reisenden versammelten sich um das Feuer, über das am Dreibein ein gewaltiger Kessel hing, und wärmten sich die Hände an schnell verteilten Schalen mit kräftiger Bouillon, in denen Grießklößchen schwammen.

Die Hofdamen waren recht still geworden. Wo waren sie hingeraten? Sollte sich hinter diesen nie enden wollenden Schneebergen tatsächlich der prachtvolle Hof der Kulmbacher Markgrafen verbergen, mit nicht enden wollenden Redouten, Bällen und Theater? Die Kälte war mörderisch, ausgeschnittene Ballroben schienen undenkbar. Flora erinnerte düster an Königin Charlotte, die Großmutter der erlauchten Wilhelmine, die schon im sechsunddreißigsten Jahr auf einer winterlichen Reise nach Hannover an Lungenentzündung dahingeschieden war. Das muntere Gekicher wich bangem Schweigen. Wilhelmine merkte es, aber sie konnte niemanden trösten. Sie musste allen Charme zusammennehmen, um die bevorstehende offizielle Begegnung mit dem Vogtländischen Adel zu meistern. Sophie bürstete ihr sorgfältig das Kleid aus, puderte der Prinzessin das Gesicht weiß, legte ein wenig Rouge auf die Wangen. »Wofür die Mühe?«, fragte Wilhelmine mutlos. »Die Bauern hier werden diese galante Sprache nicht verstehen.«

»Es sind keine Bauern, sondern ein wohlhabendes, altehrwürdiges Geschlecht«, mischte sich das Fräulein ein, »Ihre Manieren werden so ehrwürdig sein wie Ihre Herkunft. Der erste Eindruck, den die Prinzessin in ihrem künftigen Lande macht, ist von entscheidender Importanz!«

Wilhelmine schwieg. Wie es auch werden mochte, alles war besser als am väterlichen Hofe, die mörderische Kälte des Fichtelgebirges ein warmer Regen gegenüber der Kälte der Mutter.

Sie betrachtete die verschwommenen Konturen ihres Gesichtes im Reisespiegel aus poliertem Zinn. Irgendwann einmal werden die Erinnerungen so konturlos wie in diesem Spiegel, dachte sie, schmerzen sie dann nicht mehr?

Sie holte tief Luft und sah voller Vertrauen zu Friedrich. Er war nun in die Uniform des brandenburgischen Obristen gekleidet. Sein Kammerdiener reichte ihm den Degen, richtete den dekorativen Umhang und setzte ihm die Perücke auf. Sein jugendliches Gesicht strahlte neugierige Zuversicht aus. Mit ihm an ihrer Seite würde sie alles ertragen.

Es dämmerte, als die Kutschen die Stadtmauern von Hof erreichten. An der Schlosstreppe empfing sie Hofmarschall von Reitzenstein mit etwa dreißig Vogtländischen Rittern.

Aber wie sahen sie aus!

»Lauter Knecht Ruprechts!«, zischte Wilhelmine. Die Schwestern Marwitz verkniffen sich mühsam ein Kichern.

»Königliche Hoheit …«, begann der Hofmarschall.

Was trägt er da für ein Galakleid, dachte Wilhelmine, während sie mit leicht geneigter Kopfhaltung würdevoll zu lauschen schien, es muss ein Erbstück sein. Hatte der Urahn dem preußischen Gardemaß aber offenbar noch entsprochen, so maß der Enkel höchstens vier Fuß. Die Ansprache des Hofmarschalls endete mit den Worten: »Erlauben Sie mir, Hoheit, Ihnen die Herren des Vogtländischen Adels vorzustellen.«

Sie lächelte hoheitsvoll und streckte ihre Hand ein wenig aus.

»Herr Ritter Adalbert von Reitzenstein!«

Der führte Wilhelmines Hand nicht zum Mund, sondern griff beherzt zu und drückte sie mit der Kraft eines Ochsenknechts. Schnell griff Wilhelmine nach ihrem Fächer und einem Taschentuch, um weiteren Attacken zu entgehen.

»Freiherr Johann von Reitzenstein.«

Sie lächelte geziert. Als der fünfte Herr namens Reitzenstein vorgestellt wurde, hörte sie neben sich Minnis unterdrücktes Kichern. Dann kündigte der Hofmarschall »Herr Friedrich Wilhelm Ritter von Kratzenstein« an. Schnell täuschte sie einen Niesanfall vor und wandte sich ab. Sie sah in das puterrote Gesicht von Minni, die zischelte: »Die Läuse in den Haaren dürften von ebenso alter Herkunft sein wie das Geschlecht derer von Reitzenstein!«

Mühsam unterdrückte sie den Lachanfall und schaffte es, den Nächsten freundlich anzulächeln. Ermutigt griff dieser nach ihrer Hand und drückte einen kräftigen Schmatzer darauf. Ihr Fächer fiel zu Boden.

»Bauernlümmel!«, zischte sie, als er sich nicht danach bückte, sondern diese Aufgabe der Hofdame überließ. Albertine reichte der Prinzessin den Fächer und flüsterte: »In ihren antiken Lumpen dünken sie sich offenbar so imposant wie …«

»… wie der Kaiser in der Tracht Karls des Großen!«, kicherte Minni, nur durch die eisigen Blicke ihrer Tante im Zaum gehalten.

»Eine Arche Noah«, raunte Wilhelmine, während sie freundlich lächelnd mit fast erfrorenen Füßen durch die Vorhalle zu Tisch schritt.

»Altes Geschlecht und entsprechende Manieren, was?«, flüsterte sie dem Fräulein sarkastisch zu, während sie den seltsamen Gestalten zusahen, die mit langen Messern große Teile aus den aufgetischten Kapaunen und Rindsbraten herausschnitten, sie mit den Händen packten und in sich hineinschlangen. Die Hofmeisterin blickte verlegen nach unten und riet, ein unverfängliches Thema zu wählen.

»Thema? Hast du das Gefühl, dass hier auch nur einer an geistvoller Konversation interessiert ist?« Dennoch legte Wilhelmine ihre Gabel beiseite und erklärte würdevoll: »Wir sind sehr erfreut, die Reise von Leipzig in die hochfürstliche brandenburgische Hauptstadt ohne größere Probleme bewältigt zu haben.«

Vom geräuschvollen Schmatzen und Kiefermahlen abgesehen, blieb es still. Ein zustimmendes Grunzen war die einzige Antwort, die sie bekam.

Wilhelmine bemerkte die uralten hölzernen Wappen an den gekalkten Wänden und nahm einen neuen Anlauf: »Ihre Wappen, sehr geehrte Herren, sind recht schön. Sie zeugen von jahrhundertelanger Tradition.«

Keine Reaktion.

Hoffnungsvoll wandte sie sich an einen der Geistlichen: »Sie haben zwei sehr schöne Kirchen in dieser Hauptstadt.«

Der Pfarrer, damit beschäftigt, ein Stück Fleisch unbeschadet über seine riesige Halskrause in den Mund zu manövrieren, ließ dasselbe vor Schreck über die unerwartete Ehre fallen. »Verzeihen, Euer Hoheit«, stotterte er und bückte sich ächzend, um das wertvolle Stück zu ergattern, bevor sich einer der Hunde darauf stürzen konnte.

Die Hunde brachten Wilhelmine auf eine Idee.

»Die Bewirtschaftung dieses Landes ist sicher recht mühsam, nicht wahr?«, fragte sie versuchsweise. Schlagartig wandten sich alle Gesichter ihr zu. Fetttriefend meinte einer der Herren: »Königliche Hoheit, es verlangt uns alles ab. Den ganzen schneereichen Winter das Vieh einstallen, was hohe Kosten verursacht …«

»Dafür habt ihr die genügsamen Gebirgsrinder.«

Ein Rülpsen folgte.

»Genügsam schon«, fiel ein dritter ein, der sich mit dem Handrücken über den Mund wischte, »aber wenig einträglich. Unsere Braunbunten geben doch viel mehr Milch, nicht wahr, Hoheit?«

Treuherzig sah er die Prinzessin an. Wilhelmine neigte verbindlich den Kopf. Plötzlich hieb einer auf den Tisch, dass sie zusammenzuckte. »Scheißdreck! Unsere Alpenkühe geben die bessere Milch, da könnt ihr die von euerm hässlichen Fleckvieh wegschütten! Mein Weib hat damit alle unsere fünfzehn Kinder durchgebracht, kein einziges ist uns eingegangen!«

Oh mein Gott, jetzt habe ich ihren Geist entwölkt, dachte Wilhelmine. Wie wird dieser geistreiche Disput weitergehen?

Während der Streit um das bessere Rindvieh hin und her wogte, näherte sich ein Diener. »Herr Voit von Salzburg bittet Sie, die Gesundheit des Markgrafen auszubringen. Es gibt dafür ein traditionelles Trinkgeschirr.«

Er reichte ihr einen riesigen Glaskrug, den sie beherzt ergriff. Ich könnte meinen ganzen Kopf hineinstecken, dachte sie.

»Wir trinken auf die Gesundheit Seiner Hoheit, meines geliebten verehrten Schwiegervaters, des Markgrafen von Brandenburg-Baireuth«, sagte sie mit fester Stimme und hob das schwere Gefäß an. Hochrufe antworteten ihr, alle tranken. Dann reichte sie das Gefäß an den Hofmarschall weiter, der ihre Gesundheit ausbrachte. Nun ist es überstanden, nun kann ich mich endlich zurückziehen, dachte sie, als Hofmarschall von Reitzenstein den Krug auf die Gesundheit des Königs hob. Wieder tranken alle. Wilhelmine lächelte erfreut, nippte an ihrem Pokal und wollte sich erheben.

»Und dann trinken wir auf die Gesundheit von Ihro Hoheit Mutter, der königlichen Majestät Königin Sophie Dorothea, Königin von Preußen, Prinzessin von …«

Sie sank zurück auf ihren Stuhl.

»… und auf den Kronprinzen, dero Königlichen Hoheit Bruder …«

Ergeben hob sie immer wieder den Pokal, bis der Hofmarschall ihre sämtlichen zehn Geschwister hatte hochleben lassen. Diener flitzten, um die Humpen nachzufüllen. »Prinz Ferdinand« kam dem Hofmarschall schon reichlich lallend über die Lippen. Die Männer konnten sich kaum noch erheben, um auf den jüngsten Prinzen anzustoßen. Einer verfehlte seinen Stuhl beim Niedersetzen und fiel krachend zu Boden. Wohlwollendes Gegröle begleitete seinen Fall, unsichere Hände leisteten Bärendienste beim Versuch, ihn wieder an die Tafel zu befördern. Angewidert erhob sich Wilhelmine. Ihren Gruß zur Nacht nahm niemand wahr.

In ihrem Gemach fiel sie auf die Chaiselongue, die Schwestern kugelten sich auf die Felle vor dem Kamin und lachten unbändig.

Das Fräulein öffnete den Mund, aber Wilhelmine sagte: »Lass sie, Sonsine! Selbst wenn sie sich auf dem Boden wälzen, sind ihre Manieren noch besser als die dieser Arche Noah!«

»Diese Frisuren! Wie sie die Haare in die Stirn gekämmt tragen!«

»Frisuren? Die Läusesträhnen, meinst du wohl!«

Sie erstickten schier an nicht enden wollendem Gelächter. Wilhelmine schüttelte sich angewidert. »Vierunddreißig Betrunkene, die sich nicht aufrecht halten können!«

»Das Gebirgsrind ist übrigens einträglicher als das Flachlandrind.« Die Stimme von der Tür klang gelassen. Wilhelmine fuhr herum und sah in die amüsierten Augen Friedrichs.

Die Mädchen knicksten und zogen sich eilig zurück. Der Prinz trat zu Wilhelmine, küsste ihr die Hand und wandte sich an Voit: »Hat sie sich nicht wacker geschlagen?«

Voit hob begeistert die Arme. »Hoheit, Sie wissen ja nicht, was Sie erreicht haben! Üblicherweise bleibt es bei den Zusammenkünften des Adels nicht so friedlich. Erst besaufen se sich, dann folgt eine Prügelei. Oder umgekehrt! Dann ziehen sie schon einmal die riesigen alten Schwerter, die sie mit sich herumschleppen!«

Wilhelmine sah die Männer verwirrt an. Was war ihr Verdienst, außer dass sie sich erst entsetzlich gelangweilt und dann mit den Damen ein wenig gespottet hatte?

»Dass du als Konversation die Viehhaltung gewählt hast, war eine diplomatische Leistung, die dich für den Zarenhof empfehlen würde«, meinte Friedrich.

Der Zar! Die Erinnerung an das bärtige Antlitz, seine vor Dreck starrenden Konkubinen und das nach seinem Staatsbesuch völlig ruinierte Monbijou ließ sie vor Ekel schaudern. Am Zarenhof dürfte es wohl ähnlich zugehen. Herablassend sagte sie zu Voit: »Da meine Ausbildung für die ersten Fürstenhäuser Europas ausreicht, dürfte sie wohl auch einem Haufen betrunkener Bauernlümmel genügen.«

Verblüfft sah Friedrich ihre Veränderung. In Sekunden wird sie zur Königin, dachte er, und sie hat ja recht. Für dies hier ist sie nicht geschaffen. Wie soll das in Zukunft gehen, wenn ihr das bisschen Spott einmal nicht mehr reicht? Er sank auf das Fell und starrte traurig ins Feuer. Er hatte viel von Europa gesehen, nur sein eigenes Land noch nicht. Jedem Einzelnen, den Voit ihm vorstellte, hatte er die Hand geschüttelt, für jeden hatte er ein freundliches Wort gehabt. Er hatte gesehen, wie verlaust, verkrätzt und schlecht angezogen sie waren. Eigentlich hatten sie ihm leidgetan, sie hatten sich große Mühe gegeben. Wahrscheinlich wusste Wilhelmine nicht einmal, dass diese Leute, die sie als Arche Noah bezeichnete, das Bankett aus eigener Tasche bezahlt hatten. Und welche politische Tat es für den Hofmarschall war, auf den preußischen König zu trinken, dem er nicht untertan war, und sich die Namen aller ihrer Geschwister zu merken.

Wilhelmine hatte Friedrichs Stimmungswandel nicht bemerkt, Voit indes schon. Schnell sagte er: »Hoheit werden Ihre Contenance morgen noch benötigen. Die Damen der Hofgesellschaft werden Ihnen zu Ehren ein Bankett geben.«

»Was? Die auch noch? Ach, Voit, ich bin so erschöpft, jeden Knochen spüre ich im Leib. Ich möchte morgen endlich nach Hause.«

Da war es. Friedrich sprang auf. Hatte sie Baireuth als Zuhause bezeichnet? Unsicher sah sie ihn an. Er umarmte sie. Sie begann zu weinen und wusste nicht, warum.

STRAHLEND HIELT SOPHIE ihrer Herrin eine Corsage hin.

»Ich habe sie fertig genäht, Hoheit!«

Wilhelmine nahm das Mieder und strich über die Kaschmirwolle. »Es fühlt sich wunderbar an!« Sie ließ sich das gefütterte Mieder anziehen und stöhnte, als Sophie die Schnürung anzog. »Nicht so eng, Sophie!«

Sophie lockerte die Schnürung. »Sehen Sie nur, die Corsage passt wunderbar zu dem Rock, den ich Ihnen aus dem Leipziger Brokat genäht habe.«

Sie sehe nichts, konstatierte Wilhelmine ärgerlich vor dem stumpfen Spiegel: »Es ist auch gleichgültig. Wenn diese Gattinnen ihren Männern ähneln, sollte ich besser die Kleider der Köchin anziehen!«

»Da hätte ich viel zu ändern, Hoheit. Das Kleid der Köchin kann Ihnen eher als Jagdzelt dienen!«

Wilhelmine lachte. »Sophie, du schaffst es immer wieder, meine Laune zu heben. Was auch geschieht in diesem albernen Cercle, ich werde amüsiert dort erscheinen!«

Die weibliche Hofgesellschaft, die sich bereits aufgeregt schnatternd vor den Türen versammelt hatte, wurde in den Bankettsaal gelassen. Sie glichen ihren Gatten derart verblüffend, dass Wilhelmine hörbar den Atem einzog. Im unbeholfenen Bemühen, die Prinzessin standesgemäß zu begrüßen, fiel ihr eine voluminöse Dame beinahe vor die Füße.

»Ungeheuer mit Schwalbennestern auf dem Kopf«, konstatierte Wilhelmine trocken und lächelte gewinnend. Sie tat sich keinen Zwang mehr an, seitdem sie festgestellt hatte, dass niemand in Hof Französisch verstand. Sollten die Mädchen sehen, wie sie sich hielten, da konnten sie was lernen.

»Ist das Schwalbennest echt? Ich glaube, es ist Pferdehaar!«

Das war Minni, sie passte sich dem Ton sehr keck an.

Nun kam die nächste. Sie näherte sich mit Trippelschrittchen, die sie offenbar für graziös hielt, und versank in eine außergewöhnliche Verneigung, die die anderen Damen mit angehaltenem Atem betrachteten.

»Die war wohl mal bei Hofe«, ließ sich Albertine vernehmen.

»Ja, beim König von Frankreich!«, kicherte Minni.

Durch Wilhelmines scharfen Blick fiel Minni ihr Fauxpas beim Pegauer Frühstück ein. Sie wurde puterrot und verstummte.

In einer Ecke des Saales versammelten sich die bereits Vorgestellten. Wie eine Ansammlung von Waldkäuzen auf einem Ast starrten sie unverwandt zu Wilhelmine hinüber.

Nie in meinem Leben habe ich solche grotesken Vogelscheuchen gesehen, dachte Wilhelmine. Der Punsch wurde ausgeschenkt, jede Dame wartete schweigend, bis ihr Glas gefüllt wurde. Sie sind genau solche Stockfische wie ihre Männer, dachte Wilhelmine, aber sie irrte sich.

»Haben Sie es?«, flüsterte die Dünne der molligen Jüngeren zu.

»Ja, gleich.«

»Sie haben das beste Gedächtnis, Molli, merken Sie sich den Schnitt genau!«

»Sie ist ungewöhnlich, aber ich glaube, ich kriege sie hin!«

»Was ist ungewöhnlich?«, mischte sich eine der jüngeren Damen von Reitzenstein ein.

»Die Corsage der Prinzessin, meine Liebe!«

Wieder starrten alle auf Wilhelmine.

»Sie ist gar nicht hübsch, die Prinzessin.«

»Oh doch, sie ist sehr hübsch!«, widersprach eine der fülligen Damen, die sich eine riesige Feder ins Haar gesteckt hatte. »Wie schlank sie ist!«

»Schlank? Eher dünn. Nein, sie ist hässlich.«

»Wie schnell die Jugend ihr Urteil fällt! Nun gut, sie ist keine Schönheit, aber sie ist charmant.«

»Und liebenswürdig!«, fiel eine weitere ein.

»Jetzt hab ich es genau«, sagte die Mollige nach einem weiteren Blick auf die Prinzessin.

»Was?«

»Sie hat den Schnitt der Corsage herausbekommen! Ist es euch nicht aufgefallen? Wir sind hoffnungslos veraltet, aber Molli hat den Schneiderinnenblick. Morgen werde ich mir ein Kleid mit dieser neumodischen Corsage machen lassen.«

Die Dame, von deren aufgetürmter Haarmenge die Pfauenfeder abstand wie ein Indianerschmuck, spreizte geziert einen Finger vom Punschglas ab. Sofort folgten alle ihrem Beispiel. Als Wilhelmine die Rede auf die Oper brachte, sagte sie in unheilvollem Ton: »Hoheit! Mein Urahn, Erasmus Wolf Heinrich von Reitzenstein auf Schwertzebach und zu Schwartzenstein, stand, wie Sie sicher wissen, in preußischen Diensten. Er war Markgräflicher Baireuthischer Kriegsrath, Obrist und Landmarschall in Preußen, und in der großen Schlacht von Treuenbrietzen, das ist nun schon dreihundert Jahre her, da wurde ihm ein Pfeil ins Hirnkastl geschossen. Eine Elle lang war der Pfeil, der ihm ins Hirnkastl, also den Hirnschädel, geschossen wurde. Aber er war nicht tot, der Unglückliche!«

Wilhelmine sandte hilfesuchende Blicke zu ihrer Hofmeisterin.

»Nein, er war nicht tot. Der vier Finger lange Pfeil blieb ihm im Hirnkastl stecken, und er lebte vierzehn Jahre damit, und dann erst …«

Mir wird schlecht, dachte Wilhelmine, ich bin dem nicht gewachsen. Hier haben alle einen Pfeil im Hirn stecken.

»… dann wurde er vom Feldscher herausoperiert!«

Wilhelmine krallte sich am Kamin fest und lachte hysterisch. Alarmiert stellte sich das Fräulein an ihre Seite.

»Herausoperiert«, wiederholte die Frau genussvoll, »und daran starb er. Und der Bader, der ihn operierte, behielt den Pfeil als Amulett, denn die Operation war ja gelungen, auch wenn der Obrist gestorben war. Aber der Pfeil brachte ihm kein Glück: Drei Tage später starb er unerklärlicherweise am Wundbrand. Darüber sollte man mal eine Oper schreiben, nicht wahr, Euer Majestät?«

Zufrieden knickste die Frau von Reitzenstein, triumphierend ging sie zu den Ihren zurück, die sie bewundernd musterten.

»Das, meine Lieben, ist Konversation«, sagte Molli halblaut und trank einen großen Schluck Punsch.

❧ 15 ❧

BLASS UND UNPÄSSLICH, von Reisestrapazen, endlosen Ansprachen und Zeremonien völlig erschöpft, traf Wilhelmine am Abend des 22. Januar 1732 in Baireuth ein. Für die

festliche Schmückung der gesamten Stadt, den standesgemäßen Empfang durch das eigens für sie von der Plassenburg
und aus Erlangen zusammengezogene Militär, das vor ihr
paradierte, rang sie sich ein mühsames Lächeln ab. Der drei-
fache Kanonendonner ließ das Kind in ihrem Leib hüpfen
und verursachte ihr heftige Schmerzen. Sehnlich wünschte
sie sich einen gut angeheizten Kamin und ein weiches Bett.
Als das Schloss in Sicht kam, atmete sie erleichtert auf. Der
vierflügelige Bau aus hellem Sandstein war schnörkellos einfach, aber solide und sehr groß. Alle Fenster der zwei Etagen
waren illuminiert. Die Berline fuhr durch ein zweigeschossi-
ges Prunkportal in den Schlossinnenhof. Dessen Prunkstück,
ein imposanter Turm mit einzigartiger doppelter Wendel-
treppe, war ebenfalls festlich illuminiert.

Der Etikette gemäß empfing sie der Markgraf mit seinem
jüngeren Sohn, seinen beiden Töchtern und dem gesamten Hofstaat an der Treppe. Friedrichs Ähnlichkeit mit den
Schwestern war auffallend. Die ältere war eine ausgemachte
Schönheit von jener sanften, blonden Art, mit einem Engels-
gesicht. Die jüngere, schmallippig, aber von schöner Gestalt,
bückte sich und setzte lächelnd ein schwarzweißes Fellbüschel
zu Boden, das hechelnd und bellend auf Friedrich losstürzte.

»Bufferle!« Der Erbprinz nahm den kleinen Hund auf den
Arm, der sich vor Wiedersehensfreude nicht zu lassen wusste.
Wilhelmine streichelte dem Hund über den Kopf. Ihre Augen
wurden feucht, als sie murmelte: »Ich hatte auch so einen
Hund. Er hieß Folichon.«

Friedrich gab einem der Herren einen Wink. Wilhelmine
war noch nicht auf der Treppe, da raste ein schwarzer Zwerg-
spaniel mit wehenden Ohren quer über den Schlosshof auf
sie zu.

»Folichon!« Das Wiedersehen fiel ebenso temperamentvoll aus wie das zwischen Friedrich und dem Bufferle. Da

standen die beiden, jeder einen jappenden, vor Freude sich windenden Hund auf dem Arm, noch bevor sie den Hofstaat begrüßt hatten.

Wilhelmine war sprachlos angesichts dieser Überraschung. Bei der Abreise war sie untröstlich gewesen, ihren kleinen Hund nicht zu finden. Friedrich hatte ihn heimlich mit ihrer Aussteuer dem Kutscher anvertraut, um ihr eine Freude zu machen.

Wilhelmines Hoffnung, sich nach den Huldigungen wenigstens für eine Stunde in ihre neuen Gemächer zurückziehen zu können, wurde enttäuscht.

Ohne Ruhepause schritt man zur Tafel. Der Hofmarschall von Reitzenstein, wieder nüchtern, schritt mit seinem Marschallstab voraus. Die Tafel mit zwanzig Gedecken stand auf einer Estrade unter dem Thronhimmel des großen Saales. Umringt von der Wache und dem Hofstaat, der hinter der Tafel stehen blieb, begann das Mahl. Wilhelmine hasste diese steifen Schauessen, aber sie hoffte, man würde es mit Rücksicht auf die Konstitution einer Schwangeren abkürzen. Sie sollte sich täuschen.

Schon das Geleit zur Tafel folgte einem pompösen, in Berlin längst abgeschafften Zeremoniell. Endlich durfte sie zur Linken des Markgrafen Platz nehmen. Er hatte sein Lieblingsgericht auftischen lassen: ein Wildschweinragout, wie es Wilhelmine von Wusterhausen kannte und hasste. In der markgräflichen Küche war es zudem mit dicken Rosinen und grob geschnittenen Zwiebeln zubereitet. Dazu gab es Klöße von unappetitlicher hellgelber Farbe.

»Toffeln«, erklärte der Markgraf seiner Schwiegertochter, »unsere Spezialität!«

»Enchantée«, bemerkte Wilhelmine gedehnt. Sie hatte keine Ahnung, wovon er sprach. Um Trüffel konnte es sich bei diesen Kugeln kaum handeln.

»Wir nennen sie Tuffelen oder Toffeln, weil sie unterirdisch wachsen«, erläuterte der Markgraf, der sich gern in langatmigen Erklärungen erging, »ich habe schon bei Ihrer Hochzeit festgestellt, dass diese wertvolle Nahrung in Preußen noch völlig unbekannt ist. Köstlich, nicht wahr? Die einen sagen, die Toffeln kämen aus Brabant, die anderen behaupten, sie seien aus Amerika importiert. Aus Amerika! Denken Sie nur, Hoheit!«

Wilhelmine lächelte mit der Begeisterung, die von ihr erwartet wurde, und dachte: Hätten sie diese widerwärtige Frucht nur dort gelassen! Bin ich eine Wilde, dass ich indianisches Essen zu mir nehmen muss?

Der Markgraf spießte einen Kloß auf seine Gabel und sagte zufrieden: »Wir verdanken sie dem Roglerbauern. Er hat sie im vergangenen Jahrhundert während des schrecklichen Krieges angebaut, und er hatte als Einziger keinen Schaden! Warum?«

Nun wurde bei der Tafel über Bauern gesprochen!

Die marodierenden Horden hätten nur das oberirdisch wachsende Tuffelkraut zertrampelt, erläuterte der Markgraf, und das sei giftig. So habe der schlaue Roglerbauer nicht nur seine Ernte gerettet, sondern auch den ahnungslos plündernden Feind vernichtet.

Die Etikette verbot, ein anderes Essen zu verlangen oder nichts zu sich zu nehmen. Bei der Laune des Markgrafen für seine seltsamen Tuffelen verbot es sich allemal.

»Wie klug die fränkischen Bauern sind«, sagte Wilhelmine. Georg Karl entging die Ironie. »Ja, Überlebenswille macht gescheit«, und er wälzte genießerisch einen halben Kloß in der Soße, bevor er ihn in den Mund schob. »Diese köstlichen Toffeln werden bald überall angebaut werden, da bin ich sicher.«

Ich nicht, dachte Wilhelmine, außer diesem Sonderling wird dieses Zeug niemand mögen. Als Schweinefutter mag es sich eignen oder als Mittel, seine Feinde zu vergiften.

Endlich schaffte sie es, sich in ihre Gemächer zurückzuziehen.

»Ach, Sonsine, mir ist so schlecht! Was ist das für eine Küche, die mich mit verteufelten Ragouts traktiert, und jetzt noch diese Klöße!«

»Im Unterschied zur Berliner Tafel wird man satt«, meinte das Fräulein trocken.

Die Dienerin knickste und öffnete eine Tür. Wilhelmine und ihre Hofmeisterin traten ein und blieben sprachlos hinter der Schwelle stehen. Eine Minute lang herrschte tiefes Schweigen. Mein Gott, dachte das Fräulein, ist dies die gerühmte Pracht der Baireuther Residenz? Der Hof des Markgrafen Georg, von dessen Festen, Jagden, Singspielen geschwärmt wurde?

Wilhelmine hatte es ebenfalls die Sprache verschlagen. Vom Regen in die Traufe, dachte sie verzweifelt.

»Mon Dieu, wie bezaubernd!«, verkündete sie ironisch. »In Fetzen kommt der Damast doch viel prächtiger zur Geltung, nicht wahr?«

Ihre Ironie traf das Fräulein ins Herz. Wäre sie doch vorausgefahren, um für Behaglichkeit zu sorgen!

Schnell und noch immer in der Hoffnung auf eine Verbesserung, öffnete Sonsine die nächste Tür. Entsetzt fuhr sie zurück. Das Schlafzimmer war eiskalt. Durch mehrere zerbrochene Scheiben fegte der frostige Januarwind. Das Himmelbett war wie die Wände mit grünem Damast ausgeschlagen, aber wenn sie die Bettvorhänge zurückschlüge, hielte sie den zerschlissenen Stoff in den Händen, da war sie sicher. Wohin war das Geld des Königs geflossen, wohin die Aussteuer Wilhelmines? Warum hatte man nicht einige der vorab gesandten Dukaten benutzt, um die Gemächer der Prinzessin herzurichten?

»Welche Pracht!«, hörte sie Wilhelmine hinter sich. »Das bin ich arme Bettelprinzessin nicht gewöhnt.«

Vorbei war es mit ihrem Humor. Sie fiel auf das Bett und weinte hemmungslos. Sonsine wusste nicht, was sie als Nächstes befehlen sollte. Ihr Blick fiel auf die zerbrochene Scheibe. Es ist wie ein Fluch, dachte sie, vom harmlosen Sprung bis zu zerbrochenem Glas, zerschlagene Schlossfenster verfolgen mich.

Unter Tränen murmelte Wilhelmine: »Ich bin wie das Schaf unter die Wölfe, mitten unter böse und gefährliche Unmenschen an einen Hof geraten ... Hof? Dies ist wohl eher ein Bauernhof zu nennen, überall herrscht Armut. Aber ich bin auserwählt, tausendfaches Missgeschick zu erdulden. Wie sagte damals der schwedische Prophet, als er meine Kinderhände betrachtete?«

Sie spreizte die Finger und betrachtete mit weit aufgerissenen Augen die Innenflächen ihrer Hände: »Solch unglückbringende Linien sah ich nie zuvor.«

Spiegelscherbe vier

EINE KLEINE INSEL an der Wand gegenüber. Auf der Insel krümmt sich in seltsamen Windungen eine Kiefer. Ein Mandarin sitzt im Lotussitz davor. Er trägt einen bunten Kimono. Erwartet er den Nachen, der sich der Insel nähert? In der nächsten Spiegelscherbe erkennt Wilhelmine den Kahn. Sie selbst sitzt darin, kommt aber der Insel nicht näher.

Hilf mir, heiliger Konfuzius, schreit Wilhelmine, ohne einen Laut von sich zu geben, hilf mir! Mein Spiegelsaal zerbirst, meine Träume zerspringen! Sieh her, edler Mandarin, die Scherben zerschneiden meine Hände, mein Gesicht, ach, Hilfe! Siehst du das Bersten des Spiegelsaals, hörst du das schrille Singen der tausend Scherben? Keiner sieht mich, keiner hilft mir, ich liege begraben unter den Scherben meiner zerbrochenen Träume. Niemand hört mich, hörst du mich, edler Konfuzius?

Dem Wartenden fällt alles zu, sagt der Mandarin ruhig.

Ich kann nicht mehr warten, schreit Wilhelmine, ich bin schon so alt, ich arbeite mich unter den Trümmern der Spiegel hervor, ich gebe nicht auf, nein! Die Zeiten des braven Mädchens, das es allen recht machen will, sind vorbei, zerschnitten die Pockennarben. Ich muss fort von hier! Ich krieche den Gang entlang, den stinkenden Ekelgang dieses Berliner Stadtschlosses, in dem die Lakaien auf dem Weg in mein ungeheiztes Krankenzimmer ihre Notdurft verrichten, in dem Prinzen und Prinzessinnen gequält werden, aus dem Diplomaten mit Fußtritten vertrieben werden. Ich muss raus aus diesem Schlossgefängnis, raus aus dieser riesigen prachtvollen Folterkammer, hilf mir!

Hilf dir selbst, sagt der Mandarin, die Kraft sitzt im Zentrum deines Körpers.

Ich habe kein Zentrum, weint sie, man hat mir das Rückgrat gebrochen.

Die Musik ist dein Zentrum, sagt der Mandarin.

Im Brandenburger Haus gegenüber dem Schloss tauchte Voit von Salzburg zum letzten Mal die Feder ins Tintenfass. Sorgfältig zog er eine gerade Linie unter die lange Zahlenreihe und schrieb in seiner verschnörkelten, aber gut leserlichen Schrift darunter: summa summarum 25 838 fl. 34 ½ kr.

Dann rechnete er kurz und ergänzte, um Fragen und Zweifeln vorzubeugen: Oder 20 670 fl. 51 ½ kr fränkisch.

Teuer, diese Reisen, dachte er, aber das Teuerste daran sind die Damen und die Douceurs, die man ihnen zuliebe jedem, vom einfachen Wachsoldaten bis zum Stubenmädel, geben muss. Die Heimführung der preußischen Prinzessin von Berlin nach Baireuth war ungleich aufwändiger gewesen als die Kavalierstour des Prinzen in die Niederlande und nach Frankreich. Noch teurer, bedachte man, dass der Erbprinz jährlich nicht mehr als 3.300 Gulden zu seiner Verfügung haben würde. Sein Vater gab sich mit weit weniger zufrieden, um die Schulden an den preußischen König abzutragen. Außer erlassenen Zinsen hatte die Heirat mit dessen Tochter daran leider nichts geändert.

Voit griff nach einem Blatt und schrieb: »Vom 23. Mai 1731 bis den 22. Januar 1732 werden die allen und jeden fürstlichen Räthen, so in Herrschaftlichen Angelegenheiten außerhalb Landes verschicket werden, von Alters her geordnete Diätengelder á 4 Reichsthaler des Tages auch vor mich, den Geheimen Rath Friedrich Carl Voit von Salzburg, in Ansatz gebracht mit …« Er ließ einen Rand und schrieb in sorgfältigen Schnörkeln an die rechte Seite »1.470 fl.«

Einige Minuten suchte er nach einer Floskel, die seine Ergebenheit ausdrücken, aber keinen Zweifel an der Richtigkeit seiner Rechnung zulassen würde, um jenen Kreuzer-fuchsereien des Markgrafen zu entgehen, die er zu Genüge kannte.

Schließlich schrieb er: »Notiz. Es wird zwar nicht in Abrede gestellet, dass bey meiner Anwesenheit an dem königl. Preußischen Hof die Tafel mehrenteils bei Hof zu genießen gehabt. Nachdem aber die Diaeten-Gelder denen fürstlichen Räten und Dienern nicht sowohl vor Essen und Trinken, als vielmehr zum Douceur vor außerordentlich übertragene Geschäfte geordnet sind, über dieses zur Genüge bekannt, was vor considerable depensen ich bei dieser Verschickung an Kleidungen und andern zur honneur gereichenden Ausgaben, wovon in gegenwärtiger Rechnung nichts zu finden sein wird, zu machen keinen Umgang nehmen können. Als wird hierbey verhoffentlich kein Anstand genommen werden.«

Voit klappte die Rechnungsbücher zu.

Aber schön war es doch, das Reisen, dachte er, mein künftiges Leben in Baireuth wird eintöniger werden. Dann fiel ihm seine junge Ehefrau ein. Er lächelte. Nun, vielleicht auch nicht. Er legte seine Rechnung obenauf und band alles sorgfältig mit einer weichen Schnur zusammen.

Teil III

Baireuth
1734–1754

❦ 1 ❦

LAUT KRACHEND POLTERTEN grobe, ungehobelte Bretter auf die gediegenen Eichendielen des großen Saales im Baireuther Schloss. Es war ein trüber Märztag des Jahres 1734. Im Saal war es klamm und duster, Tische waren an die Seiten geräumt, Stühle gestapelt. Nichts deutete darauf hin, dass hier in zwei Wochen eine festliche Hochzeit gefeiert werden sollte.

Das letzte Brett der Verschalung polterte zu Boden. Vor Wilhelmine stand ein Cembalo neuester Bauart. Ein hübsches Rautenband aus Schildpatt und Perlmutt zog sich über das gesamte Instrument. Als wollte der Frühling zeigen, wie freundlich er den Musen gesonnen war, sandte er einen Sonnenstrahl durch die Fenster, der die wertvolle Intarsie funkeln ließ.

»Ein Cembalo wie ein Blitz!«, jubelte Wilhelmine. »Wenn seine Akkorde wie Donner klingen, dann werde ich beim Spielen das Gefühl haben, einen Teufel zu reiten!«

Die Männer lachten, bis auf einen zierlichen jungen Mann, der nicht wie ein Möbelpacker aussah. Sanft strich Georg Andreas Sorge, seit 1721 Gräflich Reuß-Plauenscher Hoforganist in Lobenstein, mit seiner schmalen Hand über das Instrument. Dann stellte er den Flügel auf, zog seine Stimmgabel heraus und begann, das neue Instrument zu stimmen. Bei den hohen Herrschaften läuft es stets auf dasselbe hinaus, dachte er. Sie haben viel Geld, sie leisten sich ein Instrument als meuble à la mode, das ihren kultivierten Geschmack zum Ausdruck bringen soll. Dann aber steht es unbenutzt herum oder wird gar von wüsten Händen zuschanden gespielt.

Wilhelmine ging zum Fenster, während sie den Tönen lauschte, die Sorge dem Cembalo entlockte.

Auf dem Schlossplatz war Markttag. Dick vermummte Marktfrauen standen an ihren Ständen, die rot gefrorenen rissigen Hände über Holzkohlefeuern wärmend. Es gab nicht viel, das sie im Vorfrühling anbieten konnten: Sauerkraut aus großen Fässern, Schnippelbohnen, Rüben, die sich die Wintermonate in Sandkisten gehalten hatten, und jene braunen erdigen Toffeln, die Wilhelmine verabscheute. Von Hunger, Armut und bitterer Not ahnte sie nichts. Nur trübselig fand sie das Bild, das sich ihr seit zwei Jahren jede Woche bot.

Sie wandte sich ab und betrachtete den hochgestellten Flügel, auf dessen Innenseite jene Idylle gemalt war, die sie gern vom Fenster aus gesehen hätte. Damen und Herren lustwandelten in Schäferkostümen mit breiten Strohhüten zwischen symmetrisch angelegten Rabatten, die mit Rosen und Lilien bepflanzt waren. Einige führten weiße Schafe an breiten Bändern, andere trugen Schoßhündchen auf den Armen.

Wilhelmine beobachtete den Pantaleonstimmer und malte sich aus, welche nie gehörten Klänge der neue Lautenzug hervorbringen würde, wie wundervoll die Musik zu dieser gemalten Idylle passen würde. Die Mechanik dieses Cembalos war die neueste Erfindung von Pantaleon Hebenstreit, und sie durfte es ihr Eigen nennen.

Es war absolut standesgemäß und würde eine Sensation bei der Hochzeit ihrer Schwägerin Charlotte werden. Zwei Hochzeiten hatte Wilhelmine eingefädelt, seit sie in Baireuth lebte. Als sie merkte, dass der Markgraf, ihr Schwiegervater, sich nicht um die Versorgung seiner Töchter kümmerte. Daher hatte sie sich dafür eingesetzt, dass die Ältere nach Ostfriesland reisen durfte, um dort ihren Vetter zu heiraten. Charlotte, die Jüngere, war wegen der Bevorzugung der Älteren schwermütig geworden und zunächst mit ihrer Tante zur Kur gereist. Aber die Tante und Wilhelmine waren sich einig: Die inzwischen Zwanzigjährige brauchte keine Kur, sondern einen Ehemann.

Die Wahl war auf den verwitweten Herzog Ernst August von Weimar gefallen. Er hatte die vierzig schon überschritten, aber noch keinen Erben, und suchte dringend eine junge Frau. Das ihm übersandte Bildnis hatte ihm gefallen, kein Wunder, dachte Wilhelmine, Charlotte ist schön wie ein Engel. Dass sie keinen Esprit hat, ist auf dem Gemälde nicht zu sehen, für den ersten Eindruck werde ich sie ein wenig dressieren, und bilden kann sie sich in Weimar.

Der Herzog hatte seinen Besuch für Anfang April angekündigt, wollte sich aber partout nicht auf einen Tag festlegen, so dass die Vorbereitungen immer wieder begannen und stagnierten. Er galt als närrisch, aber auch als Musikkenner. Am meisten freute Wilhelmine, dass Fedéric mit dem Cembalovirtuosen Christoph Schaffrath und dem Geiger Franz Benda anreisen wollte, um dem Fest Glanz zu verleihen. Sie würde den geliebten Bruder endlich wiedersehen.

Seit Charlotte erfahren hatte, dass der Kronprinz von Preußen ihre Hochzeit mit seiner Anwesenheit beehren wollte, war sie geradezu demütig darum bemüht, Wilhelmine zu gefallen. Der Markgraf, der weder die Welt noch fremde Gäste liebte, gab Wilhelmine Geld und Order, Charlottes Hochzeit auszurichten. So konnte sie auch Musiker einstellen und Instrumente kaufen. Oh ja! Sie hatte jetzt eine Schatulle, nie wieder würde sie wie in Leipzig bei Sonsine eine so beleidigende Anleihe nehmen müssen.

Seit Oper und Theater nicht mehr gegeben wurden, war das Redoutenhaus leider geschlossen und sehr heruntergekommen. Dessen Renovierung wird meine erste Tat sein, wenn das pietistische Regiment dieses Pfarrers Silchmüller in diesem Land zu Ende geht, dachte sie. Am schönsten wäre ein eigenes Opernhaus mit italienischen Sängern … Sie verlor sich in Träumen von den neuesten opera seria auf einer glanzvollen

Hofbühne. Ein Hof der Musen sollte Baireuth werden, wie einst die Lietzenburg. Sie sah sich mit Voltaire philosophierend einherschreiten wie früher Königin Sophie Charlotte mit Leibniz, die geistige und musikalische Elite ihres Zeitalters würde in ihrer Loge sitzen und den schönsten Stimmen Italiens lauschen …

Lautes, fröhliches Kinderkreischen riss sie unsanft aus ihrem Tagtraum. Flora von Sonsfeld öffnete die Tür zum Saal, Wilhelmines wild strampelnde Tochter auf dem Arm.

»Zeig der Mama, wie gut du schon laufen kannst«, sagte sie zärtlich und ließ das fein herausgeputzte kleine Mädchen auf den Boden. Über dem neuen Cembalo hatte Wilhelmine die morgendliche Audienz ihrer Tochter völlig vergessen.

Die Kleine wackelte drauflos, stolz auf die neue aufrechte Fortbewegung, eifrig und breitbeinig mit der Unsicherheit des achtzehn Monate alten Kindes. Vorsichtshalber hatte Flora ihr einen Fallhut umgebunden.

»Flora, dieses Ding sieht einfach furchtbar aus. Man kann ihre blonden Löckchen nicht sehen, und sie wirkt debil wie ein Bauernkind. Lasse es künftig weg«, forderte Wilhelmine ungehalten.

»Hoheit, wenn ich es weglasse, verletzt sie sich. Sie will doch zurzeit überall hinlaufen, sie lässt sich nicht halten!«

Friederike hob die Ärmchen in Erwartung, hochgenommen zu werden. Aber Wilhelmine verstand das kindliche Zeichen nicht.

Die Demütigungen ihrer eigenen Kindheit hatten tiefe Wunden in Wilhelmines Seele geschlagen. Die Liebe zu Friedrich half ihr, die schmerzlichen Erinnerungen an ihr eigenes kindliches Unglück in die hintersten Schubfächer ihres Gedächtnisses zu sperren wie in eine alte Kommode auf dem Speicher, gewillt, ihn nie mehr zu betreten. Das Kind zog mit jedem Lächeln eine Schublade der Kommode auf – das tat weh. Wilhelmine war freundlich zu ihrer kleinen Tochter, aber das Kind in die Arme nehmen und in der Luft herumwirbeln, wie es Friedrich tat, der sich über das Kreischen und Lachen seiner kleinen Tochter freute, sie kitzelte und neckte, dazu war sie nicht imstande.

Die kleine Friederike tat noch einen Schritt, schwankte, ruderte verzweifelt mit den Ärmchen und fiel hin. Nach einer Schrecksekunde holte sie tief Luft und begann laut zu schreien.

»Flora, bitte! Hier wird ein Instrument gestimmt, wir brauchen Ruhe!«, sagte Wilhelmine gereizt.

Aufheben? Trösten? Dafür gab es in Wilhelmines Familie seit Generationen Personal. Ihre Tochter konnte sich hoffentlich in einigen Jahren auf vernünftige Weise verständigen, dann wollte sie mit ihr musizieren, Konversation machen und sie bilden. Bis dahin konnten Ammen, Diener und Kinderfrauen die Kleine betreuen.

Flora hob Friederike auf. Unter ihrem tröstenden Gehätschel war das Kind sofort ruhig und sah neugierig in die Richtung, aus der es Töne gehört hatte. Sorge blickte auf und sah direkt in die blauen Kinderaugen.

»Na, kleine Neugierde«, sagte er freundlich und nahm das Kind auf den Schoß. Er schlug eine Taste an, ließ es zu, dass das Kind dasselbe tat und vor Vergnügen laut kreischte. Noch ehe Wilhelmine Flora mit Friederike hinausscheuchen konnte, meinte Sorge: »Ein musikalisches Kind, Hoheit!«

Das seien nur Kindereien, wehrte Wilhelmine ab. Aber der Organist erwiderte ernst: »Halten zu Gnaden, Musikalität kann man nie früh genug bilden. Hoheit haben gewiss von den begabten Söhnen Johann Sebastian Bachs gehört? Musik hat im Elternhaus schon ihre ersten Schritte begleitet.«

Bach, war das nicht dieser Kirchenkomponist, der einmal bei ihrem Onkel gewesen und über dessen kleines Orchester die Nase gerümpft hatte?

»Aber sie ist in einem Alter ohne jeden Verstand«, antwortete sie hochfahrend. Sorge vergaß, dass es sich nicht schickte, Herrschaften zu widersprechen, und verteidigte seine Theorie vehement: »Wir schulen unser Gehör von frühester Jugend an, und das tun wir mit dem Gefühl, nicht mit dem Verstand. Die italienischen Sängerinnen, die derzeit Furore machen, sind ja in Neapel mit Singen und Musizieren groß geworden.«

Wilhelmine betrachtete ihn mit jenem hochmütigen Blick aus halb geschlossenen Lidern, den sie für Leute niederen Standes reserviert hatte, die ihr widersprachen, und meinte: »Das sind interessante Gedanken für einen Klavierstimmer.«

Sorge korrigierte mit selbstbewusstem Lächeln, er sei Organist und komponiere für die neue Orgel von Herrn Silbermann.

Schlagartig änderte sich Wilhelmines Gesichtsausdruck. Gottfried Silbermann hatte vor kurzem nicht nur Orgeln, sondern auch Cembali in Klang und Handhabung geradezu sensationell verbessert. Interessiert erkundigte sie sich, wo Sorge engagiert sei, und ließ ihre Tochter gewähren

»Bei Seiner Hoheit Graf Heinrich in Lobenstein. Er hat auf Schloss Burgk eine Silbermannorgel in die Kapelle setzen lassen.«

Der reußische Adel, dachte sie, zersplittert und verarmt seit unzähligen Generationen, aber Geld für die modernste Orgel haben sie.

Friederike störte das Gespräch durch großes Getöse. Sie hatte herausgefunden, wie sie mit den Fäustchen auf die Tasten hauen und größeren Lärm hervorrufen konnte.

Sorge lachte, hob das kleine Mädchen hoch und sagte: »Das macht Freude, nicht wahr? Wenn du größer bist, wirst du bestimmt einen Lehrer bekommen.«

Die Kleine sah ihn erstaunt an und ließ sich ohne Murren wieder in Floras Arme legen, die eilig mit ihr den Saal verließ.

»Ein bezauberndes Mädchen«, lobte Sorge. Wie immer, wenn ihre Tochter Bewunderung hervorrief, versetzte es Wilhelmine einen Stich. Sie war jung und ehrgeizig, sie wollte selbst bewundert werden, als Königstochter, als Musikerin, als künftige Markgräfin. In ihrer Mutterschaft sah sie kein Verdienst. Gerade war sie den elterlichen Fängen entronnen, gerade zeigte sich der mürrische, frömmelnde Schwiegervater einmal erfreulich freigiebig, da wandte sich die Aufmerksamkeit ihrer Tochter zu, selbst die des geliebten Gatten. Ich bin nicht eifersüchtig, dachte sie, Eifersucht und Neid sind niedrige Charakterzüge. Ich muss frei davon sein, ich muss mein Kind lieben. So fordert es die Natur.

Sorge hatte seine Arbeit beendet und überließ Wilhelmine den Hocker. Sanft schlug sie die Töne an, dann zog sie entschlossen alle Register und spielte einen Tanz von Corelli. Wie wundervoll dieses neue Cembalo klang! Welche Vielfalt, welchen Reichtum die verschiedenen Register boten! Während Sorge mit steigendem Respekt ihrem Spiel lauschte, träumte sie sich in eine glanzvolle Hofwelt mit Hochzeiten, Festen, Maskenbällen und Redouten. Die neuesten Gavotten, die verwegensten Sarabanden konnte sie mit diesem herrlichen Instrument spielen! Alles, was auf dem Bild des hochgestellten Flügels zu sehen war, wollte sie tun, heiter, unbeschwert, warm und fröhlich sollte das ganze Leben sein …

Neben ihr hüstelte jemand. Verärgert tauchte sie aus ihrem Traum auf. Sonsine stand vor dem Instrument: »Der Kaiser will den Reichskrieg gegen Frankreich erklären. Ich habe es eben gehört!«

»Was?« Wilhelmine war schockiert. Andreas Sorge zog sich auf einen Wink des Fräuleins zurück.

»Die preußischen Truppen sollen an den Rhein ziehen! Wenn dieser Fall eintritt, muss der Prinz sein Pasewalker Regiment in die Schlacht führen!«

»Krieg? Um Himmels willen!« Wilhelmine nahm die Hände von den Tasten.

»Er darf auf keinen Fall gehen! Das lasse ich nicht zu. Was geht uns die Affaire des Reiches an!«

»Es ist ein wenig mehr als eine Affaire«, meinte Sonsine, »wählen die Franzosen Stanislaus Leszinski zum König von Polen, marschieren die Russen dort ein. Entscheidet der Adel sich für den Sohn August des Starken als dessen Nachfolger, werden die Franzosen das Rheinland besetzen.«

»Aber der Reichsadel hat doch gerade Leszinski zum König gekürt! Warum halten sich diese Ignoranten nicht an ihr eigenes Wahlergebnis?«

»Die Bajonette der Russen waren das bessere Argument«, sagte das Fräulein trocken.

»Besser als das französische Geld? Wegen dieser dummen Sache wird es doch nicht zum Krieg kommen!«, erregte sich Wilhelmine.

»Der Fortbestand dieses Hauses ruht allein auf Friedrichs Schultern«, erinnerte das Fräulein, »nicht zuletzt, weil er nur eine Tochter und keinen Erben hat.«

Wilhelmine wandte sich ab. Es war ein Thema, an das sie ungern rührte. Sie hätte gern ein zweites Kind bekommen, aber Friederikes Geburt war voller Pein gewesen. Nach schier unerträglichen, drei Tage andauernden Wehen und einer schweren Geburt, die sie körperlich und seelisch stark mitgenommen hatte, hatte sie panische Angst, wieder schwanger zu werden. Sie war überzeugt, dass sie eine weitere Geburt nicht lebend überstehen würde. Aber in der Markgrafenschaft vernahm sie die Forderung nach einem Erben immer lauter.

Sie betrachtete das neue Cembalo, legte die Decke auf die

Saiten und schloss sanft den Deckel. Ein wenig Glück im Exil, dachte sie und strich über das polierte Holz. Ein zärtlicher Gatte, eine Hochzeitsfeier, die sie ausrichten durfte, ihre kleine Meierei auf der Eremitage hoch über Baireuth. Sollte dieses kleine Glück schon wieder zerstört werden? Sollte ein sinnloser Feldzug ihr den einzigen Menschen nehmen, den sie nach dem Bruder über alles liebte? Plötzlich blieb sie mit einem Ruck stehen.

»Der Markgraf! Ich muss sofort zu ihm! Schick eine Stafette nach Himmelkron und kündige ihm meine Aufwartung an!«

Der Markgraf hatte sich mehr und mehr auf seinen Sommersitz, das ehemalige Kloster Himmelkron, zurückgezogen. Mit sechsundfünfzig Jahren fühlte er sich alt und vielen Vorgängen nicht mehr gewachsen. Die wöchentlichen Sitzungen des Landschaftsrates und der anderen Kolloquien hatte er Friedrich überlassen. Nur für Audienzen und den Gerichtstag kam er nach Baireuth. Zwiespältig waren die Gefühle des alternden Markgrafen, der die Regierungszügel ebenso ungern in den Händen gehabt hatte wie er sie jetzt abgab. Er war schwierig und zänkisch, aber sie musste ihn überzeugen, dass er seinen einzigen Sohn nicht in diesen gefährlichen Feldzug schickte.

Wilhelmine eilte in ihre Gemächer, um sich ihr Reitkleid anziehen zu lassen. Aber Sophie, ihre Zofe, war nicht da. Ärgerlich riss sie ihr Reitkleid aus dem Schrank und rief eine der Dienerinnen, die ihr beim Ankleiden half. Ein kurzer Blick in den Spiegel, der Dreispitz saß keck auf der Coiffure. Zufrieden mit sich, lief sie die Treppe hinunter. Auf halbem Weg kam ihr das Fräulein entgegen.

»Moment!«, rief das Fräulein mit jener Stimme, die auch eine Prinzessin zum sofortigen Arret brachte. Wilhelmine drehte sich um.

»Was ist denn noch, Sonsine? Ich muss mit dem Markgrafen sprechen!«

»Um zwölf wird zum Dejeuner geläutet, und in diesem Aufzug werden Sie das Schloss nicht verlassen!«, sagte das Fräulein streng.

»Sonsine, behandle mich nicht wie ein kleines Kind, das kannst du mit meiner Tochter tun. Ich bin erwachsen!«

Die Hofmeisterin versperrte ihr den Weg. »Sie haben recht, Prinzessin, Sie sind erwachsen, also conduiren Sie sich bitte entsprechend! Sie können hier nicht durch die Residenz reiten!«

»Warum nicht?«, fragte Wilhelmine trotzig.

»Weil Ihre Untertanen solche Manieren nicht schätzen! Sie sind ein Vorbild! Sind Sie in Berlin durch die Gegend geritten? Es ist für Damen nicht comme il faut!«

»Ach, Sonsine, du bist aus dem vorigen Jahrhundert! Und selbst damals … meine Urgroßmutter Henriette hat den Kurfürsten auf jedem Feldzug begleitet!«

»In einer Kutsche! Nicht zu Pferd!«

Wilhelmine zog den warmen Schal, den sie sich um den Hals geschlungen hatte, über den Mund. »Bon! So wird mich keiner erkennen! Ist jetzt Ende der Belehrung?«

Das Fräulein schüttelte den Kopf: »Prinzessin, es ist etwas anderes, wenn Sie auf die Reitbahn gehen. Aber nach Himmelkron …«

»Wo ist der Unterschied?« Wilhelmine wurde jetzt richtig bockig. »In meiner Jugend habe ich nie reiten lernen dürfen, und …«

»… und das war auch richtig so! Reiten gehört nicht zur weiblichen Education!«

»Weiblich!«, höhnte Wilhelmine, »du meinst wohl langweilig! Wochenlang musste ich in Wusterhausen in der Stube hocken statt mit auf die Jagd zu reiten!«

»Wenn der König sich seine älteste Tochter als Jagdgefährtin gewünscht hätte, hätte er einen Reitlehrer engagiert und nicht mich!« Das Fräulein betrachtete Wilhelmine grimmig. »Ihre Mutter die Königin wäre niemals auf solche kapriziösen Gedanken gekommen!«

»Leider! Meine Eltern hätten harmonischer gelebt, wenn meine Mutter für seine Leidenschaft ein wenig Interesse bezeugt hätte! Ich jedenfalls werde meinen Mann auf die Jagd begleiten!«

Das Fräulein verstummte. Wilhelmines Vorstellungen über die Ehe erschienen ihr frivol. Mussten Ehegatten gemeinsame Interessen haben? Mussten sie ständig ein Herz und eine Seele sein, alles miteinander besprechen? Neigung war Voraussetzung für eine fürstliche Ehe, aber ansonsten hatte das Paar seine von Gott auferlegten Pflichten gegenüber seinem Land zu erfüllen, und die waren für eine Markgräfin andere als für den Markgrafen. Ein wenig Wohltätigkeit, die Schule, das Waisenhaus, alles, was Wilhelmine als künftiger Landesmutter gut angestanden hätte, interessierte sie nicht im Geringsten.

»Reiten Sie wenigstens nicht alleine, Prinzessin, ich beschwöre Sie!«

Ich bin auf dem besten Wege, Witwe zu werden, und sie streitet mit mir über die Etikette, dachte Wilhelmine. Sie warf eine Kusshand über ihre Schulter und rief, ohne sich umzudrehen: »Natürlich nicht! Ohne den Stallmeister würde ich mich verirren!«

Das Fräulein atmete erleichtert auf. In Begleitung des Stallmeisters würde der Ritt vielleicht nicht zu einem Skandal werden. Auch wenn sie die Prinzessin aus Gründen der Etikette zur Ordnung rief, konnte sie nicht umhin, stolz auf sie zu sein. Sie war in Baireuth so fröhlich geworden, so selbstbewusst, ja sogar ein wenig kokett.

Wilhelmine bestieg den braven schwarzen Wallach, den Friedrich ihr geschenkt hatte, und folgte dem Stallmeister. Wild jagten ihre Gedanken durcheinander. Sollte dieser Krieg ihr Glück jäh zerstören? Es hatte doch gerade erst begonnen! Zwei turbulente Jahre mit dem eifersüchtigen Schwiegervater lagen hinter ihr. Die Einladung des Vaters nach Berlin im vergangenen Jahr war ihr wie ein Geschenk erschienen: »Sie müssen zu Ihrem Vater und Ihrer Mutter kommen, die Sie lieben«, hatte der König geschrieben.

Ach, wie geduldig war Papier, wie unverändert die Launen der Eltern! Monatelang hatte man sie drangsaliert, sie wegen ihrer Armut geschmäht und verspottet, und das vor dem ganzen Hof, es war unerträglich gewesen. Trotz Fedérics glanzvoller Hochzeit und rauschender Redoutennächte hatte sie sich nach dem Schwiegervater gesehnt, der sie ständig mit dem einzigen Buch, das er je gelesen hatte, Fenelons Telemach-Roman, traktierte. Er ist bigott, menschenscheu, fast ständig betrunken, dachte sie, aber Baireuth ist immerhin eine Heimat. In Baireuth lebte sie mit Friedrich, und sie liebte ihn, nichts war ihr teurer auf Erden, und jetzt sollte er ihr genommen werden?

Sie atmete tief ein. Die Luft auf der Bindlacher Höhe war frostig. Die Pferde fielen in einen ruhigen, schaukelnden Galopp. Ein Glücksgefühl durchströmte sie, als sie sich dem ruhigen Schwingen hingab. Zügig galoppierte sie die wenigen Meilen über die sanften, von einzelnen letzten Schneeflecken bedeckten Hügel nach Himmelkron.

Markgraf Friedrich Karl kam ihr durch die schmale, unebene Toreinfahrt entgegen. Wilhelmine ließ sich äußerst selten auf seinem Sommersitz sehen. Sie zog die Eremitage vor, und das war auch gut so, er wollte hier in diesen alten Gemäuern seine ungestörte Ruhe.

»Ist etwas geschehen?«, fragte er unruhig. In diesem Augenblick ließ Wilhelmine jede Etikette und jedes Standesbewusstsein fahren, das ihr sonst so wichtig war. Schluchzend warf sie sich dem schmächtigen Mann vor die Füße.

»Sie dürfen ihn nicht ziehen lassen, ich beschwöre Sie!«

»Stehen Sie auf«, sagte der Markgraf, dessen pietistischem Gemüt Gefühlsausbrüche peinlich waren, »fassen Sie sich, um Gottes willen! Ist meiner Enkelin etwas geschehen?«

Dachte denn jeder immer zuerst an diesen kleinen Schreihals? Sie versicherte, dass Friederike gesund sei, erhob sich und folgte dem Markgrafen in den schlichten Wohnraum, der mit weiß getünchten Wänden und fränkischen Bauernmöbeln seiner Sparsamkeit entsprach. Den sauren Saalewein, der wie immer in einer Karaffe auf dem Tisch stand, lehnte sie ab.

»Ich kann Ihnen aber keine Schokolade anbieten«, sagte der Markgraf und zwinkerte nervös mit den Augen. Sie schüttelte unter Tränen den Kopf. »Ich kann allen Genüssen entsagen, wenn mir nur mein Gatte erhalten bleibt.«

Sie ließ sich klares Wasser einschenken und berichtete vom bevorstehenden Reichskrieg. »Sie dürfen das auf keinen Fall zulassen! Ich beschwöre Sie! Bitte, lassen Sie den Erbprinzen nicht in den Krieg ziehen!«

Die sonst so kühle Schwiegertochter war völlig aufgelöst. Sie liebt ihn tatsächlich, dachte er gerührt. Wer hätte das von dieser hochnäsigen preußischen Prinzessin erwartet? Und nun setzte sie sich auch noch in Widerspruch zu ihrem mächtigen Vater. Plötzlich war sie ihm sympathisch.

»Verehrte Schwiegertochter, Sie müssen mich nicht anflehen. Sie haben mich völlig auf Ihrer Seite. Krieg ist ein großes Wort für diese Angelegenheit«, meinte der Markgraf bedächtig und trank einen großen Schluck Wein. »Worum geht es hier? Eine Frage der Erbfolge, eine Auseinandersetzung, die mit Vernunft und Gottes Hilfe gelöst werden kann. Sie bedarf keines Feldzuges.«

Er wischte sich mit dem Handrücken den Mund ab und dachte zufrieden, dass er das klug gesagt habe. Da fiel ihm ein, dass die wenigsten Erbfolgestreitigkeiten in der Vergangenheit friedlich verlaufen waren. Seine eigene hatte er mit Hilfe von Dukaten geregelt. Er trank noch einen kräftigen Schluck, teuer war die Sache gewesen, auf Jahrzehnte würde er verschuldet sein, die Heirat hatte auch nichts eingebracht.

»Aber ich hörte, dass die preußischen Truppen an den Rhein ziehen!«, rief Wilhelmine verzweifelt. »Wie soll Friedrich sich dem entziehen, er hat doch sein preußisches Dragonerregiment!«

Er wolle seinen Sohn nicht verlieren, noch sei kein Erbe in Sicht, lautete die Antwort.

Wilhelmine schlug die Augen nieder. Ja, sie war eine Versagerin! Sie musste ihre lächerliche Angst überwinden zum Wohl des Landes.

Auf die Scham folgte sofortiger Trotz. Der Markgraf hatte keine Ahnung von den Leiden der Frauen. Er war in Rom beim Papst gewesen und überall in Europa herumgereist, während seine Gattin sich in diesem Nest Weferlingen zu Tode gelangweilt hatte. Kein Wunder, dass sie schließlich … aber das war ein Tabuthema. Besser nicht daran rühren. Sie schluckte.

Der Markgraf dachte, sie sei den Tränen nahe, beugte sich über den Tisch und ergriff ihre Hände. »Der Kaiser wird nicht erwarten, dass ich meinen einzigen Sohn ins Gefecht schicke. Außerdem haben die Landstände dabei ein Wörtchen mitzureden.«

Daran hatte Wilhelmine noch gar nicht gedacht.

»Sie meinen, die Landstände werden nicht einwilligen?«, fragte sie hoffnungsvoll. Die Landstände mussten im Fall des

Reichskrieges den Erbprinzen auffordern, im Land zu bleiben. Das würde er arrangieren.

»Seien Sie unbesorgt, liebe Schwiegertochter, wir werden den Prinzen nicht von hier fortlassen. Lenken Sie ihn ein wenig ab, er liebt das Vergnügen.«

Erleichtert erhob sie sich.

»Darf ich dem Erbprinzen morgen ein Konzert geben und danach ein Fest veranstalten, mit allen Freuden des Frühlingsanfanges?«, fragte sie. Fast demütig klang ihre Stimme, schnell fügte sie hinzu: »Schlichte Freuden, in aller Bescheidenheit.«

Der Markgraf nickte. Die letzte Feier seiner Schwiegertochter hatte Ärger mit Pfarrer Silchmüller nach sich gezogen, der von der Kanzel eine Strafpredigt gegen die Vergnügungssucht und die Hoffärtigkeit gehalten hatte. Der Markgraf missbilligte diese Predigten ebenso wie die Ausgaben für diese Feste. Aber heute wollte er generös sein.

Unendlich erleichtert ritt Wilhelmine nach Bayreuth zurück. Etwas Entscheidendes aber hatte sie nicht bedacht. Friedrich begeisterte das Militär mindestens ebenso wie das Flötenspiel.

❧ 2 ❧

MIT SEINER KLEINEN Tochter auf dem Arm betrat Friedrich am Nachmittag leise den großen Saal. Wilhelmine hatte ihre Damen um sich herum versammelt. Sie probten eine Gesangsnummer.

»Ich werde es nie lernen, niemals«, hörte Friedrich seine Schwester lamentieren.

Wilhelmine lachte. »Wollen Sie Ihrem künftigen Gatten gefallen?«

»Aber ich kann kein Italienisch! Ich kann mir die fremden Worte einfach nicht merken! Und die Musik ... ich glaube, ich bin völlig unmusikalisch!«

Das stimmte, aber Wilhelmine dachte nicht daran aufzugeben.

»Gott hat Sie mit einer sehr schönen Stimme versehen, liebe Charlotte«, sagte sie, »veredeln Sie diese Gabe mit ein wenig Geduld.«

Albertine schlug vor, ein Duett zu singen, und Charlotte beteuerte, dass ihr das viel leichter fallen würde.

Andreas Sorge schlug ein Rezitativ von Händel vor. Wilhelmine sah ihn überrascht an. »Aber es ist ein Duett für Mann und Frau!«

Sorge nickte. »Ja, aber Durchlaucht von Marwitz singt Alt, Prinzessin Charlotte Sopran, und ein Liebesduett zu einer Hochzeit ist doch reizend, nicht?«

»Darf ich die Noten holen?«, bat Minni.

Wilhelmine betrachtete den jungen Organisten nachdenklich. Der am Morgen noch so maulfaule Mann zeigte sich plötzlich diensteifrig und gewandt. Ob er sich in Baireuth eine Tätigkeit versprach?

Sorges Grund war jedoch ein anderer. Mit steigendem Respekt hatte er ihrer virtuosen Spielweise zugehört, nachdem er ihr die einzelnen Register erläutert hatte. Wenn alle hohen Herrschaften solche Künstler wären wie die Prinzessin, dachte er, welcher Glanz würde von unseren Höfen ausgehen, wie viele törichte Moden würde das Musizieren beenden.

Minni lief zur Saaltür, um die Noten zu holen, sah den Prinzen mit dem Kind dort stehen und knickste errötend. Friedrich legte den Finger auf den Mund. Es machte ihm Spaß, die jungen Frauen zu beobachten, und die Kleine hatte sich an seine Schulter gekuschelt, lutschte am Schnuller und war ganz still.

Mit rotem Kopf eilte Minni an ihm vorbei und kam mit den Blättern, die sie aus dem Notenschrank geholt hatte, zurück. Der Notenschrank war Wilhelmines ganzer Stolz. Sie hatte eine beträchtliche Anzahl moderner italienischer Arien gesammelt, auch komplette Libretti mit Noten der berühmtesten Opern, die zurzeit en vogue waren, und die neuesten Konzerte von Hasse, Graun und Händel. Natürlich war auch Telemann vertreten, der früher in Baireuth gewirkt hatte.

Wilhelmine legte die Noten vor sich aufs Pult, spielte das Rezitativ gekonnt vor und sagte: »Alors! Encore une fois!«

Charlotte und Albertine begannen zu singen, da unterbrach sie ein lautes fröhliches Kinderkrähen. Ärgerlich drehte Wilhelmine sich herum. Was wollte Flora schon wieder?

Zu ihrer Überraschung kam Friedrich, das begeisterte Kind auf dem Arm, in den Saal. Die Mädchen umschwärmten ihn sofort.

Wilhelmine gelang nur ein etwas säuerliches Lächeln. Wie kann er mit einem kleinen Kind auf dem Arm herumlaufen? Er ist der Erbprinz und keine Amme, dachte sie, er macht sich ja lächerlich. Ihre Damen waren hingerissen von dem gut aussehenden jungen Vater, der offensichtlich vernarrt war in seine niedliche Tochter. Typisch, dachte Wilhelmine, wenn sie mir gebracht wird, setzt man ihr den Fallhut auf. Beim Vater bindet man ihr Schleifen in die Locken und putzt sie heraus wie eine Puppe.

»Wir wollten nur kurz stören für eine kleine Vorführung«, sagte der stolze Vater. Er winkte, woraufhin Flora ein kleines trapezförmiges Holzgestell hereinschob. An jeder der vier Streben hatte es ein Holzrädchen.

»Alors, ma petite, zeigen wir den Damen, wie eine Prinzessin das Laufen lernt!«

Friedrich stellte seine Tochter in die Mitte des Trapezes. Sie griff nach den Holzlehnen, hielt sich daran fest und stapfte, geschützt von dem Gestell, energisch zu ihrer Mutter. Diesmal war auch Wilhelmine entzückt.

»Eine formidable Idee!«, lobte sie, Friederike die geröteten Wangen streichelnd.

»Ist das deine Erfindung?« Sie sah fragend zu ihrem Mann auf.

»Nun, nicht ganz. Ich sah so etwas in den Niederlanden, sprach mit Spindler, unserem Schreiner, und er baute nach meiner schiefen Skizze etwas sehr Vernünftiges.«

»Ein Reifrock auf Rollen!«, platzte Minni heraus. »Wir müssen ihn nur noch mit Stoff umhüllen!«

»Eine echte Minni – Idee, nicht?«, lachte Friedrich und zwinkerte dem jungen Mädchen zu. »War es nicht auch ihre Idee, mich im Karneval als Bergmann auszustaffieren?«

Die Idee, den Festsaal in einen Wald mit Hütten aus Baumrinde zu verwandeln, hatte Wilhelmine mit den Mädchen ausgeheckt. Es war ein harmloses Fest, nachdem sie erkannten, dass der pietistische Markgraf nie und nimmer einen Maskenball zulassen würde. Selbst die unschuldigsten Vergnügungen wie das Krippenspiel und einen jährlichen Umzug der Schüler hatte er untersagt.

»Dein Bergmannskostüm war nicht erfolgreich, in den Stollen war kein Gold zu finden, mein armer Liebster!«, meinte Wilhelmine.

»Dafür besitze ich den schönsten Edelstein, um den mich alle beneiden«, schmeichelte er und umfasste ihre Taille.

»Komm in die Hütte«, flüsterte sie ihm zu, »ich muss dir etwas sagen!«

Eine der Hütten war am anderen Ende des großen Saales stehen geblieben. Sie zog ihn durch die niedrige Tür hinein und flüsterte: »Ist es nicht wie damals in Monbijou?«

Er küsste sie sanft: »So gefällst du mir! Sei mir wieder gut!«

»Aber ich bin dir gut«, sagte sie, löste sich aus seinen Armen und sah ihm erstaunt in die Augen. »Ich liebe dich leidenschaftlich!«

»Dann zeige es mir«, forderte er und strich ihr die Hüften entlang. Da war es wieder, dieses Zurückweichen. Früher hatte sie sich ihm entgegengeschmiegt, seit Friederikes Geburt entzog sie sich seinen Zärtlichkeiten. So intelligent und befehlsgewohnt die preußische Königstochter war, so zärtlich die Musikerin ihre Instrumente anschlug, so schüchtern und unbeholfen war sie in der Liebe. Wie sollte sie ihm erklären, dass sie schreckliche Angst vor einer weiteren Schwangerschaft hatte? Dass sie nicht im Kindbett sterben wollte?

Schnell sagte sie: »Ich habe gute Neuigkeiten! Dein Vater will die Landstände dazu bewegen, dass sie dich nicht an den Rhein ziehen lassen.«

Er verstand sofort. Am Vormittag war im Kolloquium bereits über den bevorstehenden Reichskrieg debattiert worden.

»Was ist an dieser Nachricht gut?«, fragte er verärgert.

Ihr Vater könne ihn dann nicht zwingen, ihn auf dem Feldzug zu begleiten, meinte sie.

»Der König braucht mich nicht zu zwingen. Ich will diesen Feldzug mitmachen, ich brenne förmlich darauf!«

»Du *willst* in diesen Krieg ziehen?«, fragte sie entsetzt.

»Unbedingt! Ich habe noch nie einen Feldzug mitgemacht!«

»Aber du könntest verletzt werden! Oder viel schlimmer! Stell dir vor, du kehrst nie zu mir zurück …«

Ihre Augen weiteten sich vor Schreck. So sind die Frauen, dachte er, immer in Angst. Er nahm sie in die Arme und flüsterte: »Ma chere, ich kehre bestimmt zurück, und falls nicht, hat Gott es nicht anders gewollt. Soll ich mich hier in Baireuth langweilen, während politische Dinge von großer Importanz geschehen?«

»Du langweilst dich hier mit mir?«, fragte sie empört.

»Meine Ehre gebietet, dass ich mich nicht vor diesem Feldzug drücke. Wie würde ich vor deinem Bruder dastehen? Soll er mich für einen Feigling halten?«

Männer, dachte sie, immer geht es um die Ehre, als lebten wir im Mittelalter.

»Du bist kein Feigling, und das weiß Fedéric!«

»Aber es gilt, dies zu beweisen! Ich verbitte mir, dass du hinter meinem Rücken mit meinem Vater eine Intrige gegen mich ausheckst!«

Er redete sich in Zorn. »Es reicht, dass der König mich ständig bevormundet, wie ich mein Regiment zu führen habe. Von meiner Gemahlin lasse ich mir schon gar nicht dreinreden!«

»Ja, sei wie alle anderen Männer, die ihre Frauen missachten, statt sie um ihres klugen Rates willen zu verehren!«, schrie sie böse. »Hätte mein Vater den Rat meiner Mutter angenommen, wäre er ein gemachter Mann mit …«

»… mit einer Tochter auf dem englischen Thron, ich weiß! Ich kann es nicht mehr hören! Ich bin schuld an deinem

Unglück! Geh doch nach Berlin und wärm dich am väterlichen Prunk!«

Wilhelmines Augen füllten sich mit Tränen.

»Das werde ich auch tun!«, schrie sie, und ihre Stimme klang schrill. »Und du kannst in deine alberne Garnison gehen, deine ungehobelten Soldaten drillen und mit ihnen saufen, huren und …«

»Und Krieg führen«, sagte er scharf, »dafür sind sie nämlich da! Aber du denkst wie dein Vater! Soldaten sind für euch eine Art Menagerie, gedrillt für glanzvolle Truppenrevuen, zu schade für den Krieg!«

Sie wischte sich die Tränen vom Gesicht und sagte kalt: »Das ist nicht so dumm, wie du denkst! Innerhalb kürzester Zeit ist die preußische Armee in ganz Europa gefürchtet, obwohl sie keinen einzigen Krieg geführt hat. Es reicht völlig, den Gegner einzuschüchtern und abzuschrecken, dabei sterben keine Menschen! Oder willst du, dass es wieder dreißig Jahre Krieg gibt wegen irgendwelcher Lappalien?«

»Wegen der Sucht deines Vaters nach langen Kerls hätte es hier im Land beinahe den schönsten Krieg gegeben«, entgegnete er böse, »auch nur wegen einer Lappalie!«

»Und wie ist er verhindert worden?« Sie war jetzt wirklich echauffiert. Vor wenigen Wochen hatten preußische Werbeoffiziere einen großen Menschen unsanft entführt. Auf dem Weg nach Berlin stellte sich heraus, dass der Mann ein katholischer Priester aus Bamberg war. In grenzenloser Wut hatte der Markgraf den verantwortlichen preußischen Obristen in Arrest gesetzt und drohte mit standrechtlicher Erschießung. Friedrich hatte sich ratlos gezeigt. Nur Wilhelmines diplomatischem Geschick war es zu verdanken, dass der Priester freigelassen, ins Bistum Bamberg zurückgeschickt und dem Obristen nicht der Prozess gemacht wurde. So lösen aufgeklärte Menschen Konflikte, dachte sie bitter, aber das Männerregiment weiß dies nicht zu schätzen. Keiner hat es mir gedankt.

Friedrich stieß die niedrige Tür auf und sagte kurz und scharf: »Vielen Dank, Euer Majestät, dass Sie Ihren Scharfsinn an Lappalien verschwendet haben! Künftig sind Sie von derlei befreit, denn ich werde tun, was ein Mann tun muss. Excusez-moi, votre altesse!«

Damit machte er eine knappe ironische Verbeugung und ging. Die dünne Holztür schlug klappernd zu.

Totenblass sank Wilhelmine auf eine Holzbank. Nun hatten sie zum ersten Mal Streit. Warum nur? Sie hatte ihm doch nur eine erfreuliche Nachricht mitteilen wollen. Sie drückte die kalten Hände an die Schläfen. Ich habe ihn falsch eingeschätzt, dachte sie, er ist schnell fertig mit dem Wort und feurig wie ein spanischer Grande. Seine Regimenter befeuern ihn zu militärischem Ehrgeiz. Eine Welle heißen Zorns stieg in ihr auf. Der König ist schuld, dachte sie, Friedrich und ich waren ein Herz und eine Seele. Nur um sich beim König beliebt zu machen, bat er um dieses Dragonerregiment, alle Welt hat ihn dazu beschwatzt, ich allein war dagegen. Ein Landesfürst sollte kein Kriegsheld sein, das passt nicht zusammen. Mühsam erhob sie sich und ging hinaus. »Um Gottes willen, Hoheit, Sie sind ja leichenblass!«, rief Albertine.

Wilhelmine meinte bitter: »Es herrscht Krieg, und der Prinz will an dem Feldzug gegen die Franzosen teilnehmen.«

Albertine und Minni wechselten Blicke. Ihr Vater war ein verdienter preußischer General. Der Krieg war sein Beruf, nie hatte er etwas anderes getan, irgendwo war immer Krieg. Sie verstanden nicht. Wilhelmine schaute in die arglosen glatten Gesichter der Schwestern, sah ihre verständnislose Miene. Sie fühlte sich alt und verbraucht.

Sie betrachtete das glitzernde Cembalo, hörte die melodische Klangfolge Händels, die Sorge dem Instrument entlockte, und dachte: Die Musik wird mich nie enttäuschen. Der Traum von Arkadien mit dem Bruder ist ausgeträumt. Als Ehegattin bin ich eine Versagerin, aber diesen Parnass werde ich mir erschaffen, daran wird mich keiner hindern. Die Musen werden mich nicht im Stich lassen.

Mit zitternden Knien schritt sie zu ihrem orage piéce. Ich werde eine Oper komponieren, in der Platz sein wird für Wut, Wunden schlagende Dialoge, tödlichen Streit und enttäuschte Hoffnungen. Liebe, Eifersucht, Tod.

»Lassen Sie doch hören«, sagte sie, »ich bin sehr neugierig.«

Spiegelscherbe fünf

INFERNALISCH DIESER GESANG. Aufhören, aufhören! Sie bleibt stumm, sie liegt in ihrem eigenen Sarg, starrt auf den blutroten Samt, mit dem er ausgeschlagen ist nach ihren eigenen Wünschen und kann sich nicht rühren.

So eng ist es im Tode, und ich werde es nicht spüren, aber meine Ohren, werden sie bis in die Unendlichkeit mit höllischen Gesängen gequält werden? Ist es die göttliche Strafe für Komponistinnen, die sich niemals für geistliche Musik interessiert haben? Dann gelobe ich feierlich, noch auf dem Sterbebett einen Choral oder ein Requiem zu komponieren.

Mühsam hebt sie den Kopf. In zerschlissenen Opernkostümen hockten ihre drei Großmütter auf dem Sargdeckel und kreischten Arien aus »Amalthea« und »L'huomo«. Ihre Arien!

Hört auf, um des Himmels willen, ihr singt falsch, und morgen kommt Fedéric! Er kommt zur Premiere von »L'huomo«, meiner neuesten Oper, und ihr singt nicht einen einzigen sauberen Ton.

Die Kluge Sophie kichert, stößt Henriette Orange an, die fällt vom Sargdeckel und reißt im Fallen die Blutige Venus mit. Ununterbrochen kreischen sie Wilhelmines geliebte Cavantinen, verspotten ihre schönen Verse über die Weisheit und die Sonne des Verstandes.

Singt richtig, meine Enkelin hält das nicht aus, befiehlt die Kluge Sophie und fährt sich durch die graue Mähne. Es sind keine Haare, es sind Spinnweben. Voller Ekel sicht Wilhelmine eine große schwarze Spinne aus ihren Haaren fallen. Sie läuft über Sophies Hals und verschwindet in ihrem Dekolleté.

Morgen kommt der König, sagt Wilhelmine wütend, Pfeiffer! Wie soll das gelingen bis morgen, ich werde mich unsterblich blamieren, Pfeiffer! Was sollen wir tun?

Die Blutige Venus erhebt sich, bemüht sich torkelnd um eine heroische Haltung und schreit hasserfüllt: Wie töricht und wie sittenlos! Ich muss mich opfern für den rechten Glauben!

Sie will sich das Kleid über der Brust zerreißen. Schon hat sie ein Messer in der Hand, da springt Henriette Orange blitzschnell auf und entwindet ihr das Messer.

Lass den Unsinn. Die Blutige Venus sinkt zusammen und röchelt: Wie töricht und wie sittenlos, wir werden alle sterben.

Wir *sind* tot, erwidert Henriette Orange fröhlich. Eine ihrer weißen Hände fällt neben Wilhelmine in den Sarg, sie schreit voller Entsetzen. Die Kluge Sophie nimmt die Hand heraus, wirft sie lässig zu Henriette Orange und raunt Wilhelmine zu: Fritz ist doch im Krieg.

Du kannst in aller Ruhe deine Oper probieren, mein Kind.

Im Krieg ...

Die Großmütter hinken im grotesken Soldatenmarsch um die Möbel des Audienzzimmers herum, schwenken Arme und Beine heftig in bizarren Verrenkungen.

In welchem Krieg ist Fedéric?

In dem, den er selbst angezettelt hat, jubelt die Kluge Sophie, mit der gedrillten Armee meines Sohnes, der hatte doch nichts im Hirn als Kriegspielen. Meine herrlichen Deckengemälde hat er mit Putz bewerfen lassen! Die Kluge Sophie klatscht in die Hände. Kreischend schaukeln sie nun am Kronleuchter und verschwinden in Wilhelmines Deckengemälde, das die Spartanerin Chilonis zeigte, wie sie ihrem Mann ins Exil folgt. Scheinheilig nehmen die Geister die Plätze der Frauen ein, die den Auszug beobachten. Die Blutige Venus schlüpft frech an die Stelle der verzweifelten

Amme und nimmt den Säugling an die Brust, den Torelli unter die Balustrade gemalt hatte.

Ihr veralbert mein Exil, schreit Wilhelmine, schert euch hinaus!

Gespenstisches Gelächter antwortet ihr.

Sollen sie in meinen Deckengemälden hausen, im Leben wie im Tode sind wir von Gespenstern umgeben.

Krieg, murmelt sie vor sich hin, es ist Krieg, mein Liebster, und wir sitzen mittendrin.

Ich muss mit meinem Bruder sprechen, dringend, ich habe Mirabeau nach Frankreich gesandt, aber wenn Fedéric sich so benimmt, scheitert die beste diplomatische Mission …

Die Kronen fehlen, ich habe Kronen als Verzierung befohlen. Sie stehen mir zu, denn ich bin eine Königstochter, und mein Sarg wird mit Kronen verziert werden.

Kronen! Der Irrsinn grinst in der Maske der Humanität. Wir haben uns überlebt, mein kleiner Markgraf, wir sind nur noch Sklaven der Etikette. Wir tanzen unter dem Fallbeil.

3

DIESE GASSE WAR Sophie noch nie gegangen. Musste sie unter dem düsteren, schmalen Tor durch? Hohl klapperten ihre Schritte auf dem Pflaster. Stinkender Unrat häufte sich vor den Türen, aber immerhin konnte sie wieder den Himmel sehen. Die Häuser waren klein, ärmlich, schief hingen Türen und Fenster in den Angeln, manche waren aus Fachwerk, manche nur aus Holzlatten erbaut.

Wo war die Schule? Die Gasse war menschenleer. Ein fauliger Geruch hing in der Luft. Doch jetzt vernahm sie, unüberhörbar lärmend, singende Kinderstimmen:

»Gleich wie die unreinen Schweine / Lieben Unflath und den Mist,

Also hasst ich auch das Reine / Liebte, was unflätig ist:

Lieber hatt ich meine Lust / An dem wüsten Lasterwust

Als dass ich hab mögen hören / Hier die süßen Himmelslehren …«

Du lieber Himmel, was singen die Kinder da für einen Unsinn, dachte Sophie. Sie wusste nicht, dass Pfarrer Silchmüller diese Art von Bekehrungstraktaten für die Jugend erdichtet hatte.

Kopfschüttelnd drückte Sophie die Klinke der verzogenen Holztür nieder, die Spuren vieler Kinderhände trug. Sie knirschte und quietschte in den Angeln, und dann stand sie zu ihrer Überraschung mitten im Schulzimmer. Das Lied, zu dem der Lehrer den Takt mit einer Rute auf sein erhöhtes Pult klopfte, brach ab. Gespannte Stille trat ein. Sophie errötete. Sie hatte mit einem Hausflur gerechnet.

»Verzeihen, Euer Gnaden«, sagte sie, und hielt verblüfft

inne, denn vierzig Schüler kicherten und hörten erst auf, als der Lehrer energisch Ruhe befahl.

»Ich bin nicht Euer Gnaden«, sagte der Mann streng, »bitte sagen Sie mir, mein Fräulein, wie ich Ihnen helfen kann, damit wir den Unterricht fortsetzen können.«

Der Lehrer war überraschend jung, hatte ein hageres Gesicht und große braune Augen wie ein trauriger Kettenhund.

»Verzeihung, Herr Lehrer, ich suche die Frau Lehrerin.«

Sophie sah in große entzündete Kinderaugen, auf Rotznasen, Hasenscharten, verfilzte Haare voller Läuse und dachte: Wie kommt er mit so vielen Kindern in diesem kleinen Raum zurecht?

»Hier durch diese Tür.« Der Lehrer wies hinter sich, ohne die Schüler aus den Augen zu lassen. Sophie dankte artig, der Lehrer klopfte aufs Pult, und die Kinder setzten leiernd ihre Lektion fort: »Gleich wie die unreinen Schweine …«

Sie hatte nicht geklopft und stand ebenso unvermutet, wie sie ins Schulzimmer geplatzt war, vor einem großen Ehebett. Schnell schloss sie die Tür hinter sich.

Zunächst sah sie die Frau nicht, die in den grauen Kissen lag. Die Kammer war dunkel, nur durch ein winziges Fensterchen drang schwaches Licht. Unsäglicher Gestank schlug ihr entgegen. Eine Mischung aus Krankheit, sauer Eingelegtem, Schimmel, Fäkalien und etwas, was sie nicht deuten konnte, aber eines wusste sie von Berlin: So roch die Armut.

»Fräulein? Was wünschen Sie?«, erklang eine zittrige Stimme vom Bett. Sophie rang nach Luft und trat näher. Die Frau war noch jung, bestimmt keine zwanzig Jahre, aber blass und ausgemergelt, wirkte sie uralt. Feuchte schmutzige Haarsträhnen hatte sie aus dem Gesicht gekämmt, unnatürlich groß wirkten ihre hellen Augen, wie die eines kranken Vogels. Ein winziger Säugling, der notdürftig in Weißzeug gewickelt war, lag mit geschlossenen Augen neben ihr. Offenbar lag ihre Niederkunft erst wenige Stunden zurück. Das war also die Frau des Lehrers, die ihr empfohlen worden war, weil sie geschickt und fein Spitzen herzustellen wusste? Sie räusperte sich und sagte: »Entschuldigen Sie, Madame, ich wusste nicht ...«

»Das weiß keiner«, sagte die junge Frau mit bitterer Stimme, »das wird geboren und krepiert hier in dieser Hölle, eines nach dem anderen. Keiner bemerkt es.«

Als wollten sie ihr widersprechen, brachen auf einmal mehrere Kinder, die Sophie noch nicht bemerkt hatte, in klägliches Schreien aus. Jetzt erst erblickte Sophie die drei Kleinen, die halbnackt um das Bett herum zwischen hohen grauen Steinguttöpfen mit Sauerkraut und Fässern mit sauer eingelegtem Gemüse lagen oder saßen. Das Älteste mochte fünf Jahre alt sein, alle waren hohläugig wie winzige Greise, trugen schmutzige Hemden und hatten aufgetriebene Bäuche.

»Seid ruhig«, befahl die Frau, »es gibt Essen, wenn die Schule zu Ende ist.«

Die Kinder verstummten bis auf das Kleinste, das noch nicht laufen konnte. Mit schmutzigen Händchen versuchte es, sich an Sophies Kleid hochzuziehen. Das Fünfjährige riss es weg und schrie: »Lass die vornehme Dame los, du Missgeburt!«

Die ausgemergelte Frau hatte noch so viel Würde, das Kind zu sich zu rufen. Sie sah es ernst an und sagte: »Dein kleiner Bruder ist keine Missgeburt, hörst du? Ich will solche Ausdrücke hier nicht hören.«

Das Kind, es war für Sophie nicht zu erkennen, ob es ein Knabe oder ein Mädchen war, nickte ernst und zog sich in den dunkelsten Winkel der Kammer zurück, wo es sich auf den Boden kauerte.

»Was wünschen Sie?«, wiederholte die Frau und musterte Sophie genauer.

»Ich hörte, dass Sie aus Plauen sind«, stammelte Sophie und dachte: Nie und nimmer kann die Frau mir in diesem Zustand Spitzen für die Hochzeit klöppeln.

»Nu?«, fragte die Frau aufmunternd in jenem Sächsisch, das Sophie an Jossi in Leipzig erinnerte.

»Ich bin Schneiderin, und ich brauchte einiges an Spitzen. Man sagte mir, dass Sie sich darauf verstünden, aber ...«

Sophie brach ab. Es hatte keinen Zweck.

»Wer sagt das?« Die großen blassgrauen Augen verloren das Stumpfe und bekamen einen fast lebhaften Ausdruck des Misstrauens. Sophie erinnerte sich, dass der Kurfürst von Sachsen die Auswanderung seiner Klöppelspezialisten verboten hatte. Schnell sagte sie: »Katharina, die Amme im Schloss, erzählte mir davon.«

Die Frau nickte beruhigt. Katharina war eine Vertrauensperson. Neugierig fragte sie: »Haben Sie Arbeit im Schloss, Fräulein?«

Sophie nickte. »Ich bin Schneiderin und die Kammerzofe der Markgräfin.«

Die Frau betrachtete Sophie ehrfürchtig. Mühsam versuchte sie sich aufzusetzen. Die mit Stroh gefüllten Säcke knisterten.

Sophie bat sie, liegen zu bleiben: »Sie müssen erst zu Kräften kommen. In Ihrem Zustand können Sie natürlich noch nicht arbeiten.«

Die Frau lachte lautlos, es sah aus wie das Grinsen des Todes.

»Natürlich kann ich in diesem Zustand arbeiten, ich muss es sogar. Wie soll ich sonst das da auch noch durchfüttern?« Sie deutete auf das unnatürlich ruhige Kind neben sich. »Ein Lehrer, was bekommt der schon!«

Sie rief das älteste Mädchen zu sich. »Käthe! Greif mal unter das Bett und gib mir mein Klöppelzeug.«

Käthe sah scheu auf den Besuch, krabbelte dann gehorsam unter das Bett und zog einen Korb hervor. Die Frau griff hinein und zog unter dem Klöppelkissen eine Spitze von etwa einer Elle Länge heraus, handbreit.

»Sehen Sie! So arbeitet man Spitzen in Plauen! Aber Häkelspitze kann ich natürlich auch.«

Sophie trat nahe heran, um in dem dunklen Raum besser sehen zu können. Die Spitze war von erlesener Qualität. Das Muster von ineinander verschlungenen Tulpenblüten war ungewöhnlich und würde Prinzessin Charlotte entzücken.

Sie blickte die ausgemergelte Frau an. »Sie ist wunderschön und sehr sorgfältig gearbeitet. Was verlangen Sie dafür?«

Die Augen der Frau flackerten. Unruhig strich sie mit den Händen über die grobe Bettdecke.

»Nun ja, was verlange ich?«, murmelte sie. »Es ist sehr fein gemacht und trägt leider in der Menge nicht viel aus. An diesem Stück habe ich drei Tage gearbeitet.«

Drei Tage! Sophie kannte Stickerinnen, die an weniger kompliziertem Weißzeug eine Woche gearbeitet hatten. Schnell sagte sie: »Ich kann Ihnen für zwei Ellen einen Gulden bezahlen.«

Die Frau riss die fiebrigen großen Augen auf.

»Einen Gulden?«, murmelte sie. »Mein Mann bekommt neunzig Gulden im Jahr.« Bitter fügte sie hinzu: »Und das auch immer verspätet, so dass wir auf Pump leben müssen.«

»Aber darin sind die Klafter Holz und die zwei Simra Getreide nicht eingerechnet, die Sie ja auch bekommen«, sagte Sophie schnell, die zwar über diesen Hungerlohn insgeheim erschrocken war, aber die Preise nicht verderben wollte.

»Naturalien kann ich Ihnen nicht bieten, Frau …«, wie hieß die Lehrersfrau eigentlich?

»Bruckner«, sagte die Frau. »Annelene Bruckner heiß ich. Käthchen, hol einmal das Musterbuch.«

Die Kleine schleppte ein großes schwarzes Buch herbei. Die Brucknerin schlug Seite um Seite um, und Sophie bestaunte die unterschiedlichsten Klöppelspitzen, Bänder, Borten. Alle waren wunderschön. Die Frau wurde jetzt eifrig.

»Ich habe auch schon mit Seidengarn geklöppelt«, sagte sie, »aber es ist so teuer. Wenn Sie mir welches bringen, werde ich es fein verarbeiten.«

Sie hustete trocken, es klang grauenhaft.

»Zunächst brauche ich zwei Ellen für die Hochzeit der Prinzessin Charlotte.«

Die Frau errötete tief. »Die Prinzessin in meinen Spitzen? Welche Ehre!«

»Ich nähe die Hochzeitsrobe und die Festtagsroben für die Damen«, sagte Sophie, »ich werde noch weitere Spitzen brauchen, und ich zahle gut.«

Hoffnung erleuchtete die dunkle Kammer plötzlich wie Kerzenlicht. Die schmutzigen Kinder versammelten sich um das Bett, starrten Sophie an wie die heilige Luzia und waren ganz still.

»Können wir jetzt Mehl kaufen?«, fragte die Älteste schüchtern. Die Mutter legte den murrenden Säugling an und strich ihr über das zerzauste Haar. »Bald, mein Käthchen, bald!«

»Oh nein, sofort«, versprach Sophie, der der Anblick der Kinder ins Herz schnitt. »Ich zahle sechs Kreuzer als Vorschuss, und wenn du mit mir kommen darfst zum Bäcker, dann kaufe ich dir drei Wecklein. Und für die Mutter kaufen wir Milch.«

Sie sah die Lehrersfrau fragend an. Der kamen die Tränen. Sie wollte Sophie die Hände küssen. Die zog sie verlegen weg.

»Sie sind so gut«, stammelte die Brucknerin, »wenn doch alle so wären.«

»Ich glaube, es sind alle so«, murmelte Sophie. »Ihre Königliche Hoheit hält viel auf Bildung. Wenn sie von diesem Elend wüsste …«

»Oh nein, sagen Sie ihr nichts, bitte!«, rief die Brucknerin angsterfüllt. »Mein Mann hat schon drei Eingaben an die
Kanzlei gemacht. Man hat ihm nur gedroht, wenn er nicht
zufrieden sei, könne er sich ja in Nürnberg verdingen.«

Wie gemein, dachte Sophie, und wie ungerecht.

Still ging sie mit der kleinen Käthe zum Bäcker, insgeheim
froh, nicht allein das düstere schmale Mühlentor passieren
zu müssen. Die Kleine hüpfte vertrauensvoll neben ihr her,
schwang das hölzerne Milchkrüglein und packte fünf Wecken
sorgfältig in ihre Schürze. Mit großen Augen schaute sie zu
Sophie auf, sagte: »Auf Wiedersehen, Majestät«, und ging davon,
sehr ruhig und vorsichtig, um keinen Tropfen zu verschütten.

❧ 4 ❧

MIT EINER ZORNESFALTE zwischen den Augen ging Friedrich
zu den Stallungen und ließ seinen Rappen satteln, um nach
Himmelkron zu reiten. Was für ein Komplott schmiedete
sein Vater mit Wilhelmine hinter seinem Rücken? War er ein
dummer Junge, den man ans Gängelband nehmen musste?

Was brauche ich Krieg gegen die Franzosen, ich bin umgeben von Feinden, dachte er, während er das Pferd in gestreck-

tem Galopp die Bindlacher Höhe hinauftrieb. Der König lässt mich seine Soldaten drillen, der Vater lässt mich nicht mit ihnen in den Krieg ziehen, die Frau macht mir Szenen. Wie gut hat es der Ansbacher Schwager! Dem ist seine Frau völlig egal. Wenn sie zetert, fährt er mit seiner Geliebten in sein Jagdschloss und führt dort ein galantes Privatleben. Aber ich, ich musste Prinzessin von Dünkel zu Dünkelstein heiraten, selbstbewusst, zwei Jahre älter, belesen bis zur Arroganz.

Keinen Blick gönnte er dem herrlichen Himmelkroner Tal, in dem er sonst so gern mit Falken auf die Reiherjagd ging. Er übergab das erhitzte Pferd einem Stallburschen und stürmte, bevor ihn jemand anmelden konnte, die Holzstiege hinauf in das väterliche Wohngemach, riss die Tür auf und blieb verblüfft stehen.

Auf der Chaiselongue lagen sein Vater und Flora von Sonsfeld in zärtlichem tete-a-tete. Bei seinem Erscheinen fuhren sie auseinander. Flora strich verlegen über ihre zerzauste Coiffure, zupfte sich hastig das Kleid zurecht und flüchtete nach einem scheuen Blick auf Friedrich eilig hinkend zur Tür.

»Warum kündigst du deinen Besuch nicht an?«, zeterte der Markgraf und setzte sich auf. Sein Hemd stand offen, sein Gesicht war gerötet, aber nicht nur wegen der Küsse auf Floras umfangreiches Dekolleté. Offensichtlich hatte er einige Karaffen Wein getrunken, zwei leere standen neben zwei Gläsern auf dem Tisch.

»Entschuldigung«, stammelte Friedrich und verwünschte sich für die Idee, nach Himmelkron zu reiten.

»Was gibt es, dass du hier hereinstürmst wie einer der apokalyptischen Reiter?«, forschte der Markgraf barsch. Noch immer verärgert, griff er nach der Karaffe und goss sich ein Glas Wein ein.

Friedrich räusperte sich. Er hatte seinen Vater anherrschen wollen, ihn nicht länger zu bevormunden. Nun war er in eine galante Szene hineingeplatzt und schwankte, ob er sie albern oder abscheulich finden sollte.

»Sie haben heute morgen mit meiner Gattin gesprochen, verehrter Vater«, begann er unsicher.

»Im Gegensatz zu dir hat sie ihren Besuch angekündigt«, murrte der Vater. Sein sorgfältig gehütetes galantes Geheimnis war aufgeflogen, was ihn ungemein ärgerte.

»Ich möchte nicht, dass ihr hinter meinem Rücken intrigiert«, sagte Friedrich, aber es klang lahm.

»Eine Intrige nennst du unser Einvernehmen? Ist dir nicht daran gelegen, dass deine Gattin und dein Vater gut miteinander auskommen?«, fragte er und trank sein Glas in einem Zug aus.

Friedrich fühlte sich wie ein umstellter Hirsch. Alles lief völlig anders, als er es sich gedacht hatte. Deshalb zog sich der Vater so gern nach Himmelkron zurück! Deshalb hatte er ihm so bereitwillig einige der künftigen Regierungsgeschäfte übertragen! Nur um ungestörte Schäferstündchen mit einer Frau zu genießen, die weder jung noch hübsch war.

»Bist du mit mir einig, mein Sohn«, erkundigte sich der Markgraf mit schwerer Zunge, »dass ein Mann erst dann in den Krieg ziehen soll, wenn er weiß, wer der Feind ist?«

Dummes Geschwätz, dachte Friedrich gereizt.

»Du siehst den Feind da, wo er nicht ist«, fuhr der Markgraf fort, »ich meine es gut mit dir, und deine Frau hat verständlicherweise Angst um dich. Außerdem weiß dein Schwiegervater wohl nicht, was er will. Du sollst mit ihm in den Krieg ziehen, aber das Kürassierregiment will er dir nicht lassen.«

»Was?«, fuhr Friedrich auf.

»Mein Sohn, ich habe ihm geschrieben und um dieses kaiserliche Regiment gebeten, das du unbedingt von deinem Bruder übernehmen willst. Die Antwort des Königs ist schärfer, als ich erwartet habe. Ich kam mir vor wie einer seiner

Untertanen, nicht wie ein Reichsfürst. Aber in einem Punkt hat der König recht: Man kann nicht zwei Herren dienen. Für wen willst du in den Krieg ziehen?«

»Für mein Land!«, fuhr Friedrich auf.

»Ja, aber mit wem? Mit den Preußen, unseren Verwandten? Oder mit den Kaiserlichen?«

»Ich verstehe das Problem nicht«, sagte Friedrich ungeduldig, »ich kämpfe natürlich an der Seite des Kaisers gegen die Franzosen und ihre unmäßigen Ansprüche.«

»Gut, dann wirst du deine Pasewalker Dragoner dem König zurückgeben müssen.«

»Aber warum nur?«, rief Friedrich verzweifelt aus. »Auch Preußen wird mit dem Kaiser kämpfen, was macht den Unterschied?«

Der Markgraf sagte ruhig: »Wenn du das mit den zwei Herren nicht verstehst, dann begreifst du vielleicht, dass der König erzürnt ist, weil ich kein Regiment in meinem Land für ihn ausheben will.«

»Warum nicht?«

»Weil das Land verarmen wird, wenn wir nur Soldaten unter Sold stehen haben und niemand mehr, der die Schulen besucht, die Äcker bestellt, ein Handwerk lernt und ausübt. Sollen wir unsere Häuser selbst bauen? Unsere Kleider selbst nähen ...«

»Ich will doch kein neues Regiment ausheben«, unterbrach Friedrich ihn ungeduldig,

»ich will nur die kaiserlichen Kürassiere erhalten! Zwei Herren dienen, soll der König von Preußen sich doch mal in seinem Hofstaat umschauen! Jeder zweite Minister bezieht dort Subsidien vom Kaiser, eine hübsche Nebeneinnahme, und niemand findet etwas dabei, am wenigsten der König, der glaubt, dass er damit ein hübsches Sümmchen an Lohn spart!«

»Du bist mein einziger Erbe. Der König von Preußen hat

sich meine Erbfolge vergolden lassen. Der unselige Schönberger Vertrag ist teuer erkauft. Auch du wirst noch an den Schulden zu tragen haben, aber du hast ein Land zu regieren. Da du keinen Sohn hast, würden die Preußen im Falle deines Todes im Felde sofort zugreifen. Oder der Ansbacher, der leckt sich ja schon seit der Geburt deiner Tochter die Finger. Soll ein dummer, eitler Krieg die Unabhängigkeit unseres Landes zunichtemachen? Was interessiert uns, wer Polen regiert? Mögen sich Frankreichs und Russlands Könige die Köpfe blutig hauen, wenn sie die Wahlmonarchie erst einführen und sie dann wieder bekämpfen. Hier in diesem Land mögen Gottesfurcht regieren und die Vernunft, aber nicht das Schwert.«

Der Markgraf hatte wie für sich selbst gesprochen, mit dem schweren Zungenschlag und der listigen Miene Betrunkener, die hellsichtig Zusammenhänge erkennen.

Nun wurde er sentimental. »Mein einziger Sohn! Wie selten habe ich dich gesehen, den Armen deiner Mutter habe ich dich entrissen ...«

Dieses Stichwort war noch nie gefallen. Friedrich schnappte nach ihm wie ein hungriger Wolf. »Meine Mutter! Wo ist sie?«

Die Augen des mittlerweile schwer betrunkenen Markgrafen trübten sich.

»Sie ist tot«, stammelte er, »tot, tot, tot!«

In einem plötzlichen Wutanfall schlug er mit der Faust auf den Tisch. Die Karaffe stürzte um, Wein ergoss sich auf den Tisch. Die vergeudete Kostbarkeit brachte den Mann wieder zu sich. »Verzeihung, mein Gott«, sagte er, die Hände faltend, »vergib einem betrogenen und entehrten Mann seinen Zorn.«

»Sie ist nicht tot«, sagte Friedrich, »nicht wahr? Meine Mutter lebt. Wo ist sie?«

Der Markgraf starrte unter sich. Schwankend wollte er sich erheben, sackte aber zurück auf das Sofa. »Die Prinzessin von Holstein-Beck ist tot. Sie wird dieses Land niemals mehr betreten, solange ich lebe. Auch nach meinem Tode nicht, das wirst du mir auf dem Totenbett versprechen.«

Eine Tote nicht ins Land zu lassen, ein eigentümliches Versprechen sollte er da abgeben.

»Wo ist sie?«, fragte Friedrich noch einmal.

»Im Land, wo kein Pfeffer wächst! Da hat ihr Liebhaber ihre Leiche hinschaffen lassen!« Das Lachen des Markgrafen klang böse. Friedrich schwieg. Zu verschwommen waren seine Erinnerungen an die Mutter. Hatte man ihm als unwissendem Kind nur vorgegaukelt, dass sie gestorben sei? Wie sah sie aus, wo lebte sie?

»Sehe ich ihr ähnlich?«, fragte er leise.

Sein Vater starrte ihn an. Nein, er würde seinem Sohn nicht sagen, dass er das Gesicht seiner Mutter hatte, ihre leuchtend blauen Augen, ihr Lachen, das er am Sohn liebte, weil es bei ihm voller Charme und Unschuld war. Wie er Dorotheas kokettes Lachen gehasst hatte! Wie er sich verachtete, in einem schwachen Moment vom Lachen dieser Circe bezaubert gewesen zu sein! Das Blut stieg ihm ins Gesicht.

»Du stellst Fragen wie ein kleiner Bub. Und Buben lasse ich nicht in den Krieg ziehen.«

Friedrich wollte aufbegehren, aber der Vater stand auf und strich ihm zu seiner Überraschung sanft über die Wange.

»Es ist dunkel geworden, ich lasse dir das Gastzimmer richten.« Unsicheren Schrittes ging er hinaus.

Friedrich setzte sich auf das Sofa und blickte in das langsam verglühende Kaminfeuer. Jeder, der über meine Herkunft spottet, weiß mehr als ich, dachte er. War er hinaufgeritten, um etwas über die Mutter zu erfahren? Um herauszufinden, dass der Vater eine Mätresse hatte? Nichts von alledem. Er wollte sich Lorbeeren im Krieg verdienen, aber damit war er keinen Schritt weitergekommen.

Wilhelmine kann verhandeln, die erreicht, was sie will, dachte er. Die nimmt sich etwas vor und bleibt zäh und beharrlich dabei, Unerwartetem weiß sie mit vollendeter Etikette zu begegnen. Sie hätte es verstanden, aus dieser Situation Vorteile zu ziehen.

Wütend stocherte er im Kamin herum. Das Feuer wollte nicht wieder aufflammen. Wie ich, dachte er bitter, zu schwach, von jedem Windzug bin ich abzulenken. Ich sollte das Regieren meiner Frau überlassen, mit ihrer Bildung und ihrem diplomatischen Geschick kann aus diesem Land etwas werden.

 5

FRANZ BENDA WAR DA. Noch mit Reisestaub bedeckt, war der schlanke, große Musiker direkt zur Probe gekommen. Unter Sonsines Leitung hatte die gesamte Dienerschaft schon in den frühen Morgenstunden den Saal für das Frühlingsfest geschmückt. Auf dem Holzpodest prangte eine frisch geschlagene Birke, die schon die ersten grünen Blättchen zeigte. Sie bildete den Mittelpunkt einer aus Moos kaschierten Insel für die Göttin Flora. In den Zweigen hockten bunt bemalte Holzvögel, und auf dem Boden lagen Seiden- und Federblumen, deren Befestigung zu Wilhelmines Ärger ein offenbar unlösbares Problem darstellte.

Benda hörte neugierig der Probe zu und näherte sich dann mit einer tiefen Verbeugung.

»Benda! Wie wunderbar!«

Sie wandte sich an die Damen und stellte ihn vor: »Hier kommt die große Hoffnung des Berliner Musiklebens. Franz Benda, der geniale Geiger und Komponist.«

Benda errötete und fuchtelte abwehrend mit seinen langen Armen.

»Ihre Hoheit übertreiben maßlos«, sagte er in weichem böhmischem Akzent zu den Damen, »bin ich nichts weiter als ein kleiner Geiger mit Fertigkeit, die im Böhmischen jeder Bauer bei der Hausmusik erwirbt.«

Gelächter antwortete ihm. Die Vorstellung musizierender Bauern erschien den Damen zu komisch. Der Geiger Hofmann begrüßte Benda mit der lächelnden Vorsicht, die man unbekannten neuen Kollegen entgegenbringt.

»Wo ist Schafftrath?«

»Ich bedaure unendlich, der Überbringer dieser schlechten Nachricht zu sein: Seine Hoheit der Kronprinz lässt sich zur Hochzeit entschuldigen«, sagte Benda bedauernd, »und mein Kollege Schaffrath ist unabkömmlich, hat mir aber Noten für Eure Hoheit mitgegeben.«

Benda reichte Wilhelmine einen Brief mit dem königlichen Siegel. Wilhelmine wich das Blut aus dem Gesicht. Sie eilte ans Fenster, brach das Siegel auf und las.

Der Bruder bedauerte, nicht zur Baireuther Hochzeit reisen zu können, der König habe es ihm ausdrücklich verboten. Die Lage sei unklar, man erwarte, dass der Kaiser den Reichskrieg gegen die Franzosen erkläre … Ihr Herz krampfte sich zusammen. Die beiden ihr liebsten Menschen sollten in einen dummen, sinnlosen Feldzug ziehen? Auf einmal erfüllte sie ein Hass gegen die Franzosen. Diese Friedensstörer, dachte sie wütend, warum haben sie die Kaiserwahl nicht akzeptiert. Die Gesichter könnte ich ihnen zerkratzen, ich wollte, sie wären im Fegefeuer oder noch besser auf dem Mond, der mit Geistern ihrer Art bevölkert sein muss ...

Tränen traten ihr in die Augen. Sie musste den Geliebten von seinem plötzlichen militärischen Ehrgeiz abbringen. Ihr erster Versuch war kläglich gescheitert, er hatte nur zu Streit geführt.

Wo er wohl die Nacht verbracht hatte? Sie hatte allen Stolz überwunden und ihn am frühen Morgen in seinem Schlafgemach besuchen wollen, heimlich, wie eine Geliebte. Sein Bett war unberührt. Ob er ... Sie schob ihre Fantasien von lüsternen Bauerndirnen energisch zur Seite. Es gab viel zu tun. Ohne den Kronprinzen würde die Hochzeit an Glanz verlieren, damit musste sie leben. Aber die Idee des Markgrafen, Friedrich zu zerstreuen, nahm sie ernst. Ein Frühlingsfest würde ihn auf andere Gedanken bringen.

Sie trat zu Sorge, der dem interessierten Benda das neue Cembalo vorführte. Sorge konnte Schaffrath ersetzen. Sie reichte ihm dessen Noten. Sorge überflog sie, blätterte. Seine Augen begannen zu glänzen.

»Benda, ich weiß nicht, was ich tun soll«, klagte Wilhelmine, »wir haben nur zwei Violinen, meine Hofdame spielt ein wenig Oboe. Ich kann auf der Laute oder am Cembalo dilettieren ...«

Bendas Gelächter unterbrach sie. »Dilettieren! Wir können uns glücklich schätzen, Ihro Hoheit begleiten zu dürfen!« Sorges bewundernder Blick auf die Markgräfin bestätigte ihn.

»Danke, Messieurs, aber ich habe Ihr Lob nicht verdient. Nichts passt zusammen. Ich habe keinen Konzertmeister, kein Cello, und zwei Gambenspieler brauchen wir auch, wenn wir uns vor dem Herzog von Weimar nicht bis auf die Knochen blamieren wollen.«

Die Damen schwiegen betreten. Charlotte brach auf einmal in Tränen aus: »Er wird wieder abreisen, ohne mich zu heiraten! Ach, ich Arme! Ich werde unversorgt sterben!«

»Contenance, verehrte Schwägerin! An der Musik ist bisher keine Hochzeit gescheitert. – Ich werde an den Fürsten Reuß schreiben und um Sie bitten, ist das recht?«, wandte sie sich an den Organisten.

»Wir haben in Lobenstein einen recht versierten Cellisten«, überlegte Sorge, »ich könnte fragen ...«

»Bringen Sie ihn mit!«, befahl Wilhelmine.

Benda verwies auf zwei Geiger im Böhmischen, mit denen er gearbeitet hatte. Wilhelmines Miene hellte sich auf. »Messieurs, nehmen wir unser kleines Frühlingsfest als Generalprobe für die Hochzeit. Können Ihre Herren morgen hier sein?«

»Wenn Sie schnelle Pferde im Stall haben, Hoheit ...«, grinste Benda. Er war der Lieblingsmusiker ihres Bruders, er konnte sich einige Freiheiten herausnehmen.

»Meine Pferde sind so schnell in Böhmen wie die von Max Emanuel in Paris«, versicherte Wilhelmine in Anspielung an den bayerischen Kurfürsten in der Reichsacht.

Von der Bühne hörte man einen unterdrückten Fluch, dem ein Stoßgebet folgte.

»Sie sind schon wieder umgefallen«, schimpfte Sonsine, »die Göttin Flora wird auf ihre Blumen verzichten müssen.«

Wilhelmine betrachtete sich die Kunstblumen genauer. Das Sinnbild des Frühlings ohne Blumen? Niemals. Was konnte sie nur tun?

Benda hatte inzwischen seine Geige gestimmt und hob sie an die Schulter. Sehnsüchtig jauchzte die Violine, schwang sich wie eine Lerche in die Frühlingsluft, jubilierte dort oben in den zartesten Tönen, um gleich darauf gelassen auf Molltönen zu segeln wie ein Kranich.

Genau in diesem Augenblick betrat Sophie mit einem Berg frisch gemangelter Tischdecken den Saal. Hinter dem hohen Stapel sah sie nichts, vorsichtig balancierte sie ihre Last. Da hörte sie die Violine.

Sophies Herz setzte aus. Ihre Beine versagten. *Er* war es. Sie drückte ihr Gesicht in die frische, duftende Wäsche. Er war es, sie hörte es. Er hatte eine neue Geige, offenbar eine bessere, er spielte noch schöner, noch ergreifender als im Marionettentheater. Einen Wimpernschlag träumte sie, wie er ihr zu Füßen stürzte und ausrief: Endlich habe ich dich gefunden, seit zwei Jahren suche ich dich überall auf der Welt, warum hast du mich verlassen, Geliebte, willst du mich heiraten? Und sie reichte ihm die Hand und sah ihm in die Augen, diese von schön geschwungenen Brauen bekrönten braunen Augen, und er erhob sich und küsste sie, und …

»Sophie! Geh weiter!« Die Wäschemagd, die ihr mit einem großen Tablett voller Geschirr gefolgt war, stupste sie an. Das Weißzeug entfiel Sophies zitternden Armen. Zwischen Ballen weißen Damastes stand sie da wie die schaumentstiegene Venus und starrte auf den Mann mit der Violine, der nichts bemerkt hatte. Wie sollte er, es machte keinen Lärm, wenn Tischdecken zu Boden fielen. Auch ein heftig pochendes Herz, zitternde Glieder und ein Gesicht, aus dem jedes Blut gewichen war, waren stumm, unhörbar für einen Musiker, der nur seine Geige liebte.

Die Magd schüttelte ärgerlich den Kopf und stellte das Tablett ab, um Sophie zu helfen. Die war auf die Knie gesunken und packte wie in Trance ihre Damasttücher zusammen, keinen Blick lassend von ihm, der in seinem zerschlissenen Justaucorps vor einer ergrünenden Birke stand und spielte, versunken in seine Musik, mit jenem konzentrierten Blick, der weit in die Ferne schweifte, nur nicht zu ihr.

Wilhelmine war der entscheidende Gedanke gekommen.

Ohne das Tischwäschechaos zu beachten, befahl sie Sophie: »Hol den Oberjägermeister!«

»Durchlaucht von Gleichen«, erwiderte Sophie, ohne den Blick von Benda zu lassen.

»Genau den. Hol ihn her, toute suite, und er soll seine Armbrust mitbringen.«

»Armbrust mitbringen«, wiederholte Sophie wie einer jener Automaten, die seit einiger Zeit auf Jahrmärkten gezeigt wurden.

Wilhelmine hob die Augenbrauen. »Was hast du, Sophie?«

»Nichts!«

Mit fliegenden Röcken rannte Sophie hinaus. Die schwere Tür fiel krachend ins Schloss. Wie kam Franticek an den markgräflichen Hof nach Baireuth? Sophie wusste nicht, dass Bendas virtuoses Spiel ihm eine Anstellung beim preußischen Kronprinzen in Ruppin eingebracht hatte. Nur eines wusste sie: Ihretwegen war er nicht gekommen. Nicht einmal erkennen würde er sie, da war sie sicher.

Sophie verknotete ihr Tuch so energisch über der Brust, als wollte sie das klopfende Herz darin am Zerspringen hindern. Er war da, das war alles, was zählte! Er war da, auch wenn er sich nicht an die kleine Kostümschneiderin des Marionettentheaters erinnern würde. Er war da, sie würde ihn sehen und sein Spiel hören, das sie so liebte. Ach, wie hatte sie es vermisst.

Oberjägermeister Ernst von Gleichen war erstaunt, dass er ins Schloss kommen sollte. Üblicherweise wurde er zu den Jagdhunden gerufen oder zu den Stallungen.

»Und die Pfeile nicht vergessen, hat die Prinzessin gesagt!«

Das Armbrustschießen war seine Liebhaberei. Er war langjähriges Mitglied der Hofer Schützengilde, für die Jagd wurde die altmodische Waffe längst nicht mehr verwendet. Gleichen wurde von Wilhelmine enthusiastisch empfangen.

»Verehrter Herr von Gleichen, steigen Sie bitte auf den Tisch und schießen Sie die Pfeile auf die Bühne.«

»Hoheit!«, erklärte von Gleichen, seine Verärgerung mühsam verbergend, »dies ist kein Spielzeug, sondern eine Armbrust. Sie schießt nicht mit Pfeilen, sondern mit Bolzen. Jahrhundertelang war sie eine gefürchtete Waffe, und in geschickten Händen ist sie es bis heute.«

»Umso besser!«, lachte Wilhelmine, »selbst Diana huldigt dem Apoll, stellen Sie Ihre Armbrust ein einziges Mal in den Dienst der Göttin Flora!«

Gleichen schüttelte den Kopf, stieg zur Belustigung aller aber auf den Tisch, legte an und schoss einen Bolzen in den Bühnenboden. Um dessen kurzen, festen Schaft wickelte Sonsine mit Draht eine Seidenblume. Das Ergebnis war bezaubernd, wie auch die Musiker anerkennend konstatierten. Mit Hilfe der Treffsicherheit des Jägers entstand nach und nach eine kleine Blumeninsel. Gleichen beendete sein Werk, den Kopf über die närrischen Ideen der Prinzessin schüttelnd, aber doch geschmeichelt, dass die Damen seine Dienste benötigten.

6

Amor spielte mit seinem kleinen goldenen Bogen und schaute verlegen zum Himmel. Die resolute Göttin Flora hatte ihn soeben in einem längeren Rezitativ beschimpft, gedankenlos Pfeile in die Herzen der Sterblichen zu schießen und gefährliche Neigungen auszulösen. Energisch schickte Flora Amor von der Bühne und lobte ihre Freundin Amitia, die mit Samenkörnern statt Waffen die Sterblichen bekehrte. Amitia erschien mit einem Korb voller Blumen und guter Gaben und sang mit Flora ein Duett über die wahre Freundschaft, die den Schmerzen von Amors Pfeilen vorzuziehen sei.

Friedrich sah seine Schwester Charlotte mit der Marwitz Arm in Arm auf der improvisierten Bühne und lachte belustigt auf. Das war ja eine deutliche Absage an die Liebe. Wollte Wilhelmine ihm sagen, dass sie sich für immer der Freundschaft zuwenden und der Liebe entsagen wollte? Er war zu heftig gewesen, es tat ihm leid. Das Frühlingsfest gab sie ihm zu Ehren. Er hätte sie gern geküsst und ihr gedankt, aber seine Gattin saß nicht neben ihm, sondern am Cembalo. Konzentriert und einfühlsam begleitete sie die Sängerinnen.

»Ich habe dich verstanden«, sagte Friedrich, als er nach frenetischem Applaus mit Wilhelmine den Tanz eröffnete. »Freundschaft und Liebe gehören zusammen.«

Zu seiner Überraschung bat sie: »Sei mir nicht böse. Ich habe mich in Dinge eingemischt, die mich nichts angehen.«

War sie nicht immer davon überzeugt, dass sie alle Dinge etwas angingen? Hatte sie nicht stets mit großem Selbstbewusstsein, das ihr von vielen als Überheblichkeit ausgelegt wurde, darauf bestanden?

»Ich habe mir nur Sorgen um dich gemacht. Ich will keinen dummen Krieg, ich will dich nicht verlieren. Wir haben gerade begonnen, ein glückliches Leben zu führen …«

Gern hätte er sie in die Arme genommen, aber die Bourreé schrieb vor, dass er eine zierliche Verbeugung vor ihr machte und die nächste Dame in einen zweiten Zirkel führte, während sie dies mit dem Kavalier tat, der ihr gegenüberstand.

Sie hüpfte und lächelte, war zierlich und kokett, aber das Herz war ihr schwer. Sie hatte die Witwen ihrer Familie kennengelernt, verschrobene, einsame Gestalten ohne jegliche Aufgaben, dem Wahnsinn nahe. Wenn er aus diesem Krieg nicht zurückkehrte, erwartete sie ein trostloses Leben, abgeschieden und mittellos. Wer unterhielt schon gern Witwen? Der grausamste Gedanke war, dass der König ihr befehlen würde, an den Berliner Hof zurückzukehren … Energisch verscheuchte sie das Bild einer Prinzessin in schwarzen Kleidern im ungeheizten Zimmer ihrer Kindheit, mit Stickrahmen vor der eintönigen Aussicht auf den steinernen grauen Schlosshof.

Mit einem charmanten Lächeln und einer graziösen Verbeugung stand Friedrich wieder vor ihr und verscheuchte heiter, wie es seine Art war, alles Trübe und Melancholische aus ihren Gedanken.

»Ich weiß jetzt, warum mein Vater so freundlich und großzügig ist.«

Sie sah ihn fragend an.

»Er hat ein galantes Verhältnis mit Flora von Sonsfeld!«

Sie war so verblüfft, dass sie aus dem Takt kam. Er schob sie weiter. Dann kicherte sie: »Lässt er sich von ihr Geistergeschichten erzählen?«

»Die beiden müssen sich nähergekommen sein, als wir in Berlin waren.«

Sie drehte sich zierlich wie eine Spieldosenfigur. »Siehst du, wir waren zu lange fort. Wir müssen uns um dieses Land kümmern, bleibe hier, ich bitte dich.«

Hinter der Bühne legte Sophie die Amorflügelchen ab und stand eine Weile mit hängenden Armen da. Sie musste sich umziehen und zur Hütte gehen, in der sie Gebäck, kandierte Früchte und Getränke anbieten sollte. Aber sie fühlte sich wie gelähmt. Wie sollte sie Frantisek begegnen? Sie konnte ihm doch nicht ausweichen. Wo ist dein Problem, dumme Gans, er wird dich ohnehin nicht erkennen, beschimpfte sie ihr Gesicht im Spiegel, eine Schneiderin in einem Marionettentheater, warum sollte sich ein aufstrebender junger Musiker für so eine interessieren. Sein Herr wurde bald König von Preußen, dann konnte er ein Mädchen von Stand heiraten, oder er avancierte durch sein einschmeichelndes Spiel zum besonderen Günstling der Königin, man wusste ja, was das bedeutete.

Ihr war zum Heulen. Aber dazu war keine Zeit. Sie schlüpfte in ihr Dirndl, kniff sich in die Wangen, damit sie sich röteten, und lief zur Hütte.

Der Tanz war beendet. Man flanierte wie in einem Frühlingsgarten, auch die Musiker hatten eine kurze Pause. Sophie füllte eilig das erste Glas mit Limonade und hielt es mit freundlichem Lächeln einem Herrn hin. Es war Benda. Das Glas in ihrer Hand zitterte.

Unter den schön gebogenen Brauen sahen seine dunklen Augen sie lächelnd an. »Wir kennen uns von Berlin, mein Fräulein«, sagte er. Es war keine Frage, sondern eine Feststellung. Außerstande, etwas zu sagen, nickte sie mit gesenktem Kopf, während sie verlegen das nächste Glas mit Limonade füllte. In ihrem Körper explodierte ein Feuerwerk.

»Sie sind jetzt Kammerzofe bei einer echten Prinzessin«,

stellte er fest. Und weil sich niemand näherte, beugte er sich über die Theke und raunte: »Vermissen Sie die kleine unglückliche Prinzessin auch so wie ich? Und den bösen Sultan?«

Das Feuerwerk versprühte Myriaden bunter Funken, die sich in Töne auflösten, alle mit seiner Stimme, aus seiner Geige. Nein, sie vermisste die hölzernen Figuren mit den starren Gesichtern nicht. Ihn hatte sie vermisst, ihn allein, und nun stand er vor ihr, so nah wie nie zuvor, und sie sehnte sich danach, dass er sie in die Arme nahm, sie festhielt ... Schnell, eine schlagfertige Bemerkung, sonst hielte er sie für ein Bauerntrampel, zumal in diesem albernen Dirndl.

»Nein, Sie vermissen sie nicht«, plauderte er weiter, »Sie nähen jetzt Kostüme für Menschen statt für Puppen, und das gelingt Ihnen zauberhaft.«

Sie sehen als Bauernmädchen hinreißend aus, hatte er sagen wollen. Doch Komplimente kamen ihm nicht so leicht von den Lippen wie seinen Freunden. Die machten jedem Mädchen den Hof mit jener herzhaften Leichtigkeit, die er nicht besaß.

Nun kam ein junger Kavalier in eleganter Kleidung an die Hütte, verlangte ein Glas Limonade, fragte nach Gebäck, machte gewandte Komplimente über den Amor, den die bezaubernde Mademoiselle gegeben hatte, und wollte wissen, ob die Liebe tatsächlich Flügel verleihe. Sophie lächelte und stellte Gebäck in kleinen Schälchen zurecht, goss Limonade in Henkelgläser, denn nun folgten mehrere Herrschaften. Ihre Augen leuchteten, wie Benda traurig feststellte. Was sollte sie mit ihm, einem Musiker! Er nahm sein Glas und ging zu seinen Freunden.

»Du bist dem Mädchen nachgereist!«, lachte der Violinist. Und der Gambenspieler frotzelte: »Wir könnten sie schon mal mitnehmen nach Böhmen und die Hochzeit vorbereiten!«

»Ja, nimm sie mit!«, fuhr Benda auf, »das wird ihr trefflich gefallen, wenn sie dann in der Hochzeitsnacht vom Grundherrn bestiegen wird!«

Die beiden sahen sich über ihre Bierkrüge hinweg verlegen an.

»Sie ist ein feines Mädchen aus Berlin, versteht ihr?«, sagte Benda wütend. »Die gehört nicht ihrer Herrin, sondern verdient als Zofe mehr, als ich ihr geben kann. Was soll sie mit einem Leibeigenen, der die Geige kratzt?«

Er ließ seine Freunde stehen und ging hinaus.

Sophie sah ihn gehen, und während sie den jungen Freiherrn von Gleichen und seinen Vater bediente und artig deren Komplimente belächelte, wünschte sie, sie wäre frei. Dann hätte sie Benda folgen, mit ihm Limonade trinken, ihn nach seiner neuen Geige fragen können, und ob er eine Verlobte habe – Dinge, die sie brennend interessierten. Aber sie war nur die Zofe Ihrer Hoheit der Prinzessin von Preußen, die heute Abend das Schankmädchen geben musste.

Sophie eilte ins Kabinett ihrer Herrin, um ihr in ein anderes Kleid zu helfen. Sie hatte es aus blassroter Seide gearbeitet, jenes helle Karmesin unreifer Erdbeeren, das die Blässe von Wilhelmines Haut hervorhob. Die Sensation dieses Kleides aber war, dass es trotz der Corsage genügend Arm- und Beinfreiheit ließ, um die Manuale des neuen Cembalos bedienen zu können. Sophie hatte sich die Pedale zeigen lassen und einfühlsam auf allen Zierrat wie Raffungen, Spitzengarnituren oder Posamenten verzichtet, die die Prinzessin an der leichten Bedienung hindern konnten.

Wilhelmine war im Moment zu aufgeregt, um die Finessen der »musikalischen Robe«, wie Sophie ihre Erfindung genannt hatte, zu würdigen. Ihr Herz raste und ihr Magen schien die Sarabande von vorhin wiederholen zu wollen.

»Wünsche mir Glück, Sophie«, sagte sie, eine Wolke Puder

ins Gesicht wedelnd, »hoffen wir, dass meine Unvollkommenheit nicht jedem auffällt. Immerhin spiele ich mit Benda, und er vollbringt Wunder.«

Ja, er ist ein Zauberer, dachte Sophie traurig.

Wilhelmine setzte sich vor ihr neues »orage piéce«, ihr Gewitterstück.Das Herz klopfte ihr bis zum Hals, die Arme drohten zu versagen, die Finger flatterten. Dann aber spielte sie, und ihr Abendfieber war in Sekunden verflogen.

»Keine Schönheit, unsere Erbprinzessin«, tuschelte die Freiin von Gleichen ihrem Gatten zu, »aber sehr elegant und absolument comme il faut, auch wenn sie musiziert.«

Friedrich war der Einzige, der wusste, dass Wilhelmine in diesem Moment zum ersten Mal eine eigene Komposition öffentlich vorstellte.

Sie begann mit einem schwungvollen Allegro. Ruhig gab Benda mit den Streichern das Motiv vor, schnell folgten ihre Ritornelle. Fast verträumt spielte sie ihr Solo. Auf Arabesken nach französischer Mode hatte sie verzichtet. Der englische Geschmack lag ihr mehr, von Händels Musik war sie ungemein beeindruckt.

Den zweiten Satz liebte sie am meisten. Es war die Melodie aus dem Täschchen in ihrem Kopf, die Trauer über monatelange Gefangenschaft, Unverstandensein und Einsamkeit. All das lag in dieser empfindsamen, seit Jahren festgehaltenen und notierten Melodie in Moll.

Sonsine hörte mit schräg geneigtem Kopf aufmerksam zu und konnte nicht verhindern, dass ihr die Tränen kamen. Wie zart die Prinzessin ihr tragisches Schicksal in nur sechs Takte gepackt hatte. Und wie wenig sie sich mit ihrem Cembalo in den Vordergrund spielte, das Cello war es, das die Stimmung mit dunklen Tönen unterstrich, ihm gab sie viel Raum.

Friedrich sah die Tränen des Fräuleins. Ihre Blicke kreuzten sich in stummer Bewunderung. Konzentriert beendete Wilhelmine mit dem dritten Satz, einer temperamentvollen Gavotte, ihr Spiel.

Es gab reichlich Beifall. Wilhelmines Wangen waren gerötet vor Glück und Stolz. Sie suchte Bendas Blick. Der hatte die Violine vom Kinn genommen und verkündete: »Das Concerto in –g-Moll für Cembalo, Streicher und Basso Continuo, das wir soeben zu Gehör brachten, komponierte Ihro Hoheit Prinzessin Wilhelmine von Preußen höchstselbst.«

Andreas Sorge war so begeistert, dass er bei sich beschloss, seine bereits begonnene Kompositionslehre, sollte sie je erscheinen, nicht seinem Herrn, Heinrich XV. von Reuß, sondern dieser außergewöhnlichen Prinzessin zu widmen. Solche Töne auf dem Cembalo hatte er bisher selten gehört. Wie bedauerlich, dass es am Baireuther Hof für ihn keine Zukunft geben würde.

❧ 7 ❧

Zwei Tage nach Charlottes Hochzeit, am 9. April 1734, erklärte der Kaiser den Reichskrieg. Hätte er ihn drei Tage vorher erklärt, wäre es Herzog Ernst August von Weimar unter diesem Vorwand gelungen, die Hochzeit zu verschieben. Er war unendlich launisch und schwierig gewesen, hatte jede Minute seine Meinung geändert und sich genauso närrisch aufgeführt, wie man es ihm nachsagte. Erleichtert seufzte Wilhelmine auf, als die Kutsche mit Charlotte und ihrem frisch angetrauten Gatten aus dem Schlosshof rollte.

»Dem Himmel sei Dank, dass er endlich abreist! Er hätte uns noch völlig wirr gemacht«, sagte das Fräulein von Grumbkow.

Sie waren schon an der Treppe, als Minni auf eine Stufe sank, nach Wilhelmines Rocksaum griff und mit der Stimme des Herzog von Weimar, die sie großartig zu parodieren verstand, pathetisch plärrte: »Ihr Vater der König trug Sie mir an, Prinzessin Wilhelmine. Da ich Sie nicht kannte, schlug ich den Antrag damals aus. Ach, ich bin untröstlich, denn ich liebe Sie, ja, zum Teufel auch, ich bin verliebt wie ein Hund!«

Wilhelmine spielte mit, rang die Hände und rief im Tonfall der Gekränkten: »Weh mir! Welch hohen Schimpf Sie mir angetan haben, Herzog, und ich wusste nichts davon! Ich muss mir Genugtuung verschaffen!«

»Ach, Prinzessin! Verzeihen Sie mir! Ich verehre Sie, ich werde Ihnen jede Genugtuung geben! Was verlangen Sie?«

»Nun denn! Ich verlange, dass Sie eine meiner Verwandten heiraten!«

»Mit Freuden! Wer sie auch sei, ich will sie. Gott strafe mich, wenn ich sie nicht auf der Stelle zur Frau nehme!«, rief Minni aus. Wilhelmine griff nach Albertines Hand und tremolierte, vor Pathos triefend: »Hier, mein Herzog, hier ist sie! Sie ist viel schöner und liebenswürdiger als ich, Sie werden bei dem Tausch nur gewinnen!«

Minni sprang auf, packte die Hand ihrer Schwester, quetschte sie unsanft an ihre Brust und schrie: »Mon Dieu, sie ist schön wie ein Engel! Ihr Wunsch, Hoheit, sei mir Befehl!«

Sie machte Anstalten, ihre Schwester zu umfassen und zu küssen. Albertine kicherte und stieß sie zurück.

»Potztausend! Wie stolz sie ist! Das gefällt mir, ich will sie zur Frau nehmen!«

Minni trat einen Schritt zurück, fiel fast rückwärts die Stufe hinunter, warf sich in die Brust und zog einen imaginären Degen.

Sie wollten sich noch immer ausschütten vor Lachen in der Erinnerung an den närrischen Herzog, als der Diener einen Brief brachte. Wilhelmine erkannte das königliche Siegel, öffnete ihn schnell und las: »Ich ziehe in sechs Wochen an den Rhein, liebe Tochter. Mein Sohn und meine Vettern begleiten mich, und mein Schwiegersohn muss auch mit mir ziehen. Soll er seinen Kohl in Baireuth bauen, während alle Fürsten des Reiches Krieg führen? Er wird in der Welt für einen Feigling gelten, der keine Ehre im Leibe hat …«

Sie erbleichte und ließ den Brief sinken. Nun wurde es ernst. Würde sie Friedrich zurückhalten können?

Am 7. August zog Friedrich ins Feld. Am Abend zuvor trat er in Wilhelmines Schlafzimmer im Baireuther Schloss. Mit Hilfe von fünfhundert Gulden, einem Geschenk des Königs, war es inzwischen sehr schön geworden. Die alten Möbel waren frisch aufbereitet, im Alkoven stand ihr zierlicher Schreibsekretär, der sie seit Jahren begleitete. Der zerschlissene grüne Damast war einem neuen, himmelblauen gewichen. Der Stoff bedeckte die Wände und hing wie ein Himmel als Baldachin über ihrem Bett.

Wilhelmine hatte sich in einem neuen Nachtgewand aus passender himmelblauer Seide ins Bett gelegt. Stumm breitete sie die Arme aus, als er die Vorhänge zurückschlug. Er zog sie an sich, spürte die Hitze ihres Körpers in der lauen Sommernacht, spürte, wie sie sich an ihn presste. Der Widerstand war verschwunden. Die Verzweiflung in ihrer Lust spürte er nicht. In dieser Nacht, das hatte sie sich vorgenommen, wollte sie sich ihm hingeben, gleich wie entsetzlich eine zweite Schwangerschaft und wie schmerzhaft eine weitere Geburt werden würde. In dieser Nacht wollte sie einen Prinzen empfangen, dieses Souvenir wollte sie von ihm, falls sie ihn niemals in ihrem Leben wiedersehen und fühlen würde. Sie liebte ihn in leidenschaftlicher stummer Hingabe. Friedrich glaubte, eine schöne Unbekannte zu lieben, so neu war ihm ihre ungezügelte Lust. Auf einer Woge des Rauschs trieben sie dahin, bis sie, nass von Schweiß, erschöpft einschliefen, um sich im Morgengrauen erneut aneinander zu entzünden. Ein letztes Mal gaben sie sich im kühlen Schutz der himmelblauen Vorhänge einander hin. Still, in liebevoller Zartheit, kosteten sie jede Sekunde aus, als sei es die letzte gemeinsame ihres Lebens.

Als es heller wurde, riss er sich mit zerkratztem Rücken von ihr los und ließ sie in tiefer Verzweiflung zurück.

»Nur wer so stark zu lieben weiß wie ich, wird mir nachfühlen können; ein tausendfacher Tod ist mit dem Schmerz nicht zu vergleichen, den ich erlitt«, schrieb sie an ihren Bruder, aber diesen Brief würde sie niemals abschicken.

Noch am Morgen nahm sie Folichon auf den Arm, fuhr auf die Eremitage hinauf und weigerte sich vier Tage lang, mit einem Menschen zu sprechen. Nicht einmal Sonsine ließ sie in diesen Tagen an sich heran. »Monplaisir« hatte sie die kleine Meierei auf der Eremitage getauft, ein hübsches Häuschen in der Nähe des Schlosses, das der Markgraf ihr geschenkt hatte.

Der unselige Feldzug brachte ihr tragischweise ein Geschenk, denn während der Bruder im Feld stand, konnte er seine Musiker entbehren. Außerdem hatte sie den von Sorge mitgebrachten Cellisten verpflichtet, und der Herzog von Weimar hatte ihr in einem Anfall von Großzügigkeit seinen Kapellmeister Johann Pfeiffer überlassen, der zutiefst dankbar war, mit Graun, Benda und Schaffrath zu arbeiten.

Während der täglichen musikalischen Zusammenkünfte an sommerlichen Tagen und Abenden auf der malerischen Eremitage reiften viele Ideen. Wilhelmine notierte musikalische Einfälle und erste Handlungsstränge zu mehreren Opern und zu weiteren Cembalokonzerten. Schweigend probierten sie die Noten, änderten, spielten erneut, variierten. Es brauchte keine Worte, die Musiker verstanden Wilhelmines Sprache.

Wie Orpheus, dachte Wilhelmine, was kann ich anderes tun, als immer wieder mit meiner Musik zu rühren? Die Kriege dieser Welt kann ich nicht aufhalten.

✲ 8 ✲

ANFANG AUGUST HATTEN auf der Eremitage auch die Vorbereitungen zum alljährlichen Kirchweihfest begonnen. An diesem Tag verwandelte sich die kostbare Einsamkeit in ein lärmendes Fest für die Landbevölkerung. Nicht einmal wegen des Krieges hatte der Markgraf das Fest abgesagt. So zog Wilhelmine an diesem 15. August, einem heißen Tag, hinunter nach Baireuth. Um nichts in der Welt wollte sie von den Bauern begafft werden wie ein Tier im Zoo, während sie in banger Sorge um Friedrich lebte. Sie gab Sophie frei, die fast demütig gefragt hatte, ob sie zur »Kerwa« gehen dürfe.

Wilhelmine verstand nicht. Sophie erläuterte geduldig, dass Kirchweih im Fränkischen »Kerwa« hieße, und erntete einen erstaunten Blick ihrer Herrin. Wie schnell sich ein einfaches Mädchen aus Berlin hier einlebte! Sie, Wilhelmine, würde hier immer im Exil leben, nie im Leben würde sie eine Mundart verstehen, die klang, als habe man einen heißen Kloß im Mund.

Froh lief Sophie zur großen Linde, um der Quelle des Hämmerns nachzugehen, das sie seit zwei Tagen hörte. Sie stieß auf vier Burschen, die einen hölzernen Dielenboden rund um die Linde errichteten. Beim Anblick der hübschen jungen Frau mit den Mandelaugen schlugen sie sich beinahe auf die Finger.

»Früher wurde unter der Dorflinde Gericht gehalten, Fräulein«, sagte einer der jungen Männer in der zutraulichen, etwas täppischen Art, in der sich mancher Mann einem hübschen Mädchen näherte, »in den entlegenen Dörfern ist das noch heute so. Und zur Kerwa wird um die Linde getanzt, das war schon immer so.«

»Unsere Linde in Hollenbach ist doppelt so dick!«, brüstete sich ein anderer. »Bei uns wird im zweiten Stock getanzt. Wir Burschen bauen den Tanzboden auf die Äste, so stark sind die, die strecken sich drei Meter weit nach allen Seiten!«

Der Ältere wischte sich den Schweiß von der Stirn, packte sein Werkzeug ein und dozierte feierlich: »Das erfuhr ich bei den Menschen / als das erstaunlichste Wissen: dass die Erde noch nicht war/ noch das Firmament / weder Baum noch Berg, kein Stern / und auch die Sonne nicht schien, noch der Mond leuchtete/ und auch das herrliche Meer nicht war. Als da nichts existierte / an Enden und Wenden, da war der eine /allmächtige Gott, das freigebigste aller Wesen/ und bei ihm waren viele herrliche Geister / Und Gott ist heilig.«

Die jungen Männer hatten ihre Kappen abgezogen und andächtig zugehört.

»Ehre sei Gott«, sagte Sophie schlicht.

»Das Sprüchlein steht auf einem Stein vor unserer Dorflinde, Fräulein. Keiner weiß, wer es eingemeißelt hat, so alt und verwittert ist die Schrift. Aber es müssen gottesfürchtige Menschen gewesen sein, denn eines ist sicher: Noch nie hat der Blitz bei uns im Dorf eingeschlagen!«

Ob das Fräulein zum Tanz käme, fragte der Jüngste schüchtern. Oh ja, Sophie wollte tanzen unter diesem prächtigen grünen Lindenblätterdach! Sie wollte tanzen, lachen, frisch gebrautes Kellerbier trinken, Karussell fahren. Die Markgräfin hatte auch den Musikern frei gegeben, er würde kommen, bestimmt, oh ja, er würde kommen, und dann ...

Sophie, lass das Träumen, befahl sie sich, außerdem können Musiker nicht tanzen.

Inzwischen füllte sich der Platz mit Menschen. Ochsenkarren bahnten sich schwerfällig den Weg zu ihren Plätzen, Stände wurden aufgeschlagen. Die Attraktion, von der man seit Tagen erzählte, war ein Karussell. Hölzerne, bunt bemalte Pferde wurden von zwei Leiterwagen heruntergeladen. Ein seltsames graues Tier mit wilden Augen sollte anscheinend einen Elefanten darstellen. Ein Schwan mit langem weißen Hals, der eine Art Wolke hinter sich herzog, folgte. Wie eine Wiege für Liebespaare, dachte Sophie.

Eine Bude zog Sophie magisch an. Bijouterie und Galanteriewaren versprach das Schild, und ein weiteres verkündete vielversprechend: »Moses Levi: Großer Rabatt aux brix fixes«. Das mangelhafte Französisch hätte Wilhelmines Spottlust geweckt. Bei Moses Levi gab es Rabatt, das konnte jeder verstehen. Neugierig betrachtete Sophie das überwältigende Angebot an Glitzerkram. Im Dirndl mit der glänzenden grünen Schürze, mit einer Spitzenborte gesäumt, mit dem aufgebundenen Zopf, in den sie ein Band hineingeflochten hatte, sah Sophie aus wie eine erfolgreiche Jungbäuerin, die sich zum Fest einmal etwas leisten wollte. Aber der ältere Jude im Kaftan kannte die Kundschaft, dies war kein Mädchen vom Lande.

»Suchen was Feines für die Herrin, Mademoiselle?«, flüsterte er verschwörerisch. Erschrocken sah Sophie ihn an, aber sie sah in gütige dunkle Augen, von Lachfältchen umgeben. Sie lächelte verlegen und eilte weiter. Was sollte sie mit diesen exotischen Putzwaren mit goldenen Litzen? Nichts davon konnte sie tragen, der Händler hatte recht.

Sie sah einem tanzenden Bären zu und gab eine Kupfermünze, obwohl ihr das Tier leidtat, es hatte ein struppiges Fell und gierige, traurige Augen. In einem Anfall von Übermut erstand sie am Stand eines Glasbläsers aus dem Fichtelgebirge nach längerem Feilschen ein bunt bemaltes Glas mit eigenartig geformtem Deckel und folgte dann den festlich gewandeten Burschen, die mit ernsthaften, vor Aufregung geröteten Gesichtern zur Linde zogen, um den Tanz zu eröffnen.

Die Mädchen, ebenso ernsthaft, mit gezopften Haaren, strengen Scheiteln und niedergeschlagenen Augen, kamen von der anderen Seite. Beim Tanzboden trafen sie aufeinander und bildeten Paare. Jetzt spielten die Musiker auf, eine eigenartige Mischung aus Pfeifern, Ziehharmonika, Zither und Gitarre, und der Tanz begann. Ein temperamentvolles Wirbeln und Stampfen erfüllte den Tanzboden, das Sophie den braven jungen Leuten nicht zugetraut hatte. Die Umstehenden riefen den Paaren Zoten zu, hieben sich krachend auf die Schultern und stemmten schwere braune Krüge mit Bier.

Unauffällig sah Sophie sich um. Aber der, den sie suchte, war nicht zu sehen. Vor ihr verbeugte sich einer der gut gelaunten Burschen, die den Tanzboden aufgebaut hatten. Während sie mit ihm um den glatten grauen Stamm der Linde herumwirbelte, sah sie plötzlich in ein Paar brauner Augen unter elegant geschwungenen Brauen. Ihr Herz machte einen Sprung, wieder wirbelte sie vorbei, die Augen waren verschwunden. Als der Tanz beendet war und der Bursche sie zu einem Krug Kellerbier einlud, sagte sie nicht Nein, sondern folgte ihm erhitzt zum Bierstand neben dem Tanzboden.

»Ich suche eine mutige Begleitung für das Affentheater«, sagte eine Stimme neben ihr, »ich fürchte mich alleine.«

Benda trug ländliche Kleidung, ein weißes Leinenhemd unter einem gefilzten Gilet, und seine Haare fielen ihm offen auf die Schultern. Offenbar war er froh, keine Perücke tragen zu müssen.

Sophie setzte den Krug ab, bedankte sich bei ihrem enttäuschten Verehrer und lachte Benda an: »Ich habe noch nie Affen Theater spielen sehen!«

Sie wollte sich bei ihm einhängen, mit glänzenden Augen, beschwingt von Tanz und Bier, aber er stand ein wenig linkisch da, bot ihr nicht den Arm. So ging sie neben ihm her über den Jahrmarkt, vorbei am Karussell, auf dem Kinder und Erwachsene auf Pferden und dem verunglückten Elefanten ihre Runden drehten.

Sie sahen den Äffchen zu, die in kurzen, bunt gestreiften Jäckchen und winzigen Hüten durch Reifen sprangen und auf den Händen liefen. Sie hatten ein schmutzig weißes Fell und runde Mäuler, die sie oft aufrissen und fauchten wie Katzen.

Sophie spürte Franticek neben sich. Ihn wollte sie, keinen anderen Mann, nie würde sie einen anderen Mann wollen als diesen schüchternen Geiger mit seinem sanften böhmischen Akzent. Das musste er doch spüren!

»Wie geschickt sie sind, diese Tiere, und wie närrisch gleichzeitig!«, sagte sie, als die Vorstellung beendet war und sie das Zelt verließen. »Warum tun sie das, diese Affen! Aus reiner Tollheit?«

»Aus Angst vor ihrem Besitzer«, sagte Benda. Er sah angestrengt in das Menschengetümmel und vermied ihren Blick. »Wenn sie die Tollheiten nicht treiben, gibt er ihnen die Peitsche oder er lässt sie hungern und dürsten. Sind wir Menschen nicht wie diese Affen? Tun wir nicht alle möglichen närrischen Dinge aus Angst vor unserem Besitzer …«

Er korrigierte sich schnell: »Ich meine, vor unseren Herren?«

Sophie bedachte dies.

»Wollen wir tanzen?«, fragte sie, denn er würde sie sicher niemals fragen, und sie wollte mit ihm über den Holzboden lärmen, dass ihre Röcke flogen, und er sollte sie anlachen, wenn sie bei der Polka die Richtung wechselten.

Er zögerte, aber nun war sie mutig geworden, hakte sich bei ihm unter und lachte ihn an: »Auf geht's zur Tanzlinde!«

An Moses Levi vorbei, der ihr lächelnd nachsah, schwebte sie neben Benda her, ein Band hatte sich in ihrem Haar gelöst und ließ eine Locke auf ihre Schulter herabrieseln. Ihr Gesicht war gerötet vor Verliebtsein und Sommersonne und Kellerbier. Benda spürte ihren schmalen Arm auf seinem und hielt einen Moment den Atem an vor Glück.

»Ich weiß nicht, ob ich …«, sagte er, aber sie deutete auf einen unbeholfenen Tänzer und meinte: »Besser als der werden Sie's schon können, Franticek!«

Sie verstummte mit hochrotem Kopf. Zum ersten Mal hatte sie seinen Namen ausgesprochen.

Sie mischten sich unter die Tänzer. Das war eine andere Art des Tanzes als die steifen Reihen, die er bei Hofe begleitete: ein Stampfen und Auftreten und Einhaken und Richtung wechseln. Und er, ja, er konnte schon mittun, es war nicht viel anders als in seinem böhmischen Heimatdorf.

Die Kapelle machte eine Pause, und er zog sie zum Bierstand. »Vertragen Sie noch eines, mein Fräulein?«, neckte er sie.

Warum nicht, einen kleinen Rausch wollte sie, das kühle frische Bier schmeckte an dem heißen Nachmittag zu gut. Er ging zum Bierstand, Sophie blieb im Schatten der Linde.

In diesem Moment machten die Umstehenden Platz. Eine Gasse bildete sich, durch die ein aufgeputztes Frauenzimmer schritt.

Es war eine Dame des Hofes, wie die Leute murmelnd und sich anstoßend feststellten. Sie trug einen weiten roten Rock, darüber ein knappes grünes Mieder mit goldenen Litzen, unter dem eine weiße Musselinbluse mit gerafften Ärmeln hervorschaute. Sie wollte eine Schäferin darstellen, Sophie erkannte es auf den ersten Blick, denn sie hatte das Kostüm entworfen und geschneidert. Durch die Gasse schritt, einen Strohhut mit einem Garten von Seidenblumen auf der breiten Krempe verwegen auf der Coiffure balancierend, das Fräulein von Grumbkow.

Mit siegesgewissem Lächeln auf den schmalen Lippen schritt sie direkt auf Benda zu, der sich gerade mit zwei frisch gefüllten Bierkrügen umwandte.

»Wie reizend von Ihnen, lieber Benda«, lispelte sie, nahm dem Verblüfften einen Krug aus der Hand und prostete ihm zu.

Vor Sophie schob sich in diesem Moment ein gewichtiger Bauersmann. Suchte Benda sie? Sah er sich nach ihr um? Sie reckte sich, konnte aber nichts sehen außer dem umfangreichen Leib direkt vor ihr. Sie hatte erst wieder freie Sicht, als die beiden in einiger Entfernung, jeder einen Krug Bier in der Hand, die Gasse zurückflanierten. Eingehängt hatte sich die Grumbkow bei ihm, das konnte Sophie deutlich sehen, Bendas Verlegenheit aber sah sie seinem Rücken nicht an. Zunächst musste sie sich des umfangreichen Mannsbildes erwehren.

»So ein adrettes Weibsbild, und so allein«, murmelte er und in der nächsten Sekunde hatte er sie an seinen dicken Leib gepresst. Sie roch eine säuerliche Bierfahne, eine Wolke von Schweiß, bevor sie sich angeekelt mit einem heftigen Ruck befreite.

Sophie flüchtete mehr taumelnd als laufend, rote Nebel tobten vor ihren Augen, Gesichter wandten sich ihr zu, Münder öffneten sich, sie stieß alles zur Seite und lief, nur fort, fort! Sie wollte ihn nicht sehen am Arm des Hoffräuleins, gegen ein solches Rendezvous hatte sie nicht die geringste Chance. Ein adeliges Fräulein, das war eine Partie. Nichts als Mitleid mit der kleinen Schneiderin des Marionettentheaters sprach aus seinen freundlichen Blicken. Warum musste sein Weg ihn ausgerechnet nach Baireuth führen? Warum war sie nicht weiter geflüchtet, bis ans Ende der Welt?

Benda war zu verblüfft und zu gefangen von der ihm eingeprügelten Ergebenheit der Herrschaft gegenüber, als dass er das Fräulein von Grumbkow hätte abweisen können. Erst als er bereits von ihr durch die Menge gezogen wurde, blickte er sich um. Sophie war nirgends zu sehen. Was wollte dieses Fräulein von ihm? Er musste sie irgendwie abhängen und zu Sophie zurückkehren. Aber wie, ohne das Hoffräulein zu beleidigen? Er seufzte und beantwortete ihre dümmlichen Fragen korrekt und höflich.

Fräulein von Grumbkow war äußerst zufrieden mit ihrem Coup. Seit Charlottes Hochzeitsfeier hatte sie unablässig darüber gegrübelt, warum dieses einfältige und hysterische

Fräulein nach der Hochzeit geradezu aufblühte. Sie war zu der Erkenntnis gekommen, dass der Grund nicht die Heirat, sondern der intime Verkehr mit einem Mann war, und hatte entschieden, dass Probieren über Studieren gehe. Unter den strengen Augen der Prinzessin wagte sie kein galantes Verhältnis mit einem Mann vom Hofe. Ihr Onkel hatte ihr eine passende Versorgung versprochen, ihre Gegenleistung bestand darin, ihm von Zeit zu Zeit vom Baireuther Hof zu berichten. Seit zwei Jahren versorgte sie ihn mit dem neuesten Hofklatsch. Es wurde Zeit, fand sie, dass er sich an sein Versprechen erinnerte, bevor sie hier in der Provinz versauerte. Immerhin, zur alten Jungfer würde sein Säumen sie nicht machen, dem war sie fest entschlossen abzuhelfen.

Sie hatte gründlich überlegt, welcher Mann sich zum Verführen eignete. Es musste einer sein, der nicht zum Hof gehörte, um seine galanten Abenteuer hinauszuposaunen, und vor allem einer, der nicht ständig hier war. Und er musste ein angenehmes Äußeres haben. Alles das traf auf Benda zu. Er würde den Baireuther Hof verlassen, sobald der Feldzug beendet war, und dann fand das galante Abenteuer sein natürliches Ende. Den geeigneten Anlass hatte sie mit diesem ländlichen Fest auch gewählt. Die Markgräfin und ihr grässlicher Moralapostel, die alte Sonsfeld, hatten sich entschlossen, dem Fest fernzubleiben. Endlich hatte sie einen Liebhaber gefunden!

Vergnügt schlenderte sie mal nach hier, mal nach da, zog ihn aufs Karussell, zum Tanzboden, und schließlich zu einer der kleinen hölzernen Eremitenhütten, in der sie sich ein galantes Erlebnis versprach.

Blind vor Tränen, lief Sophie weiter.

»Nunu, Fräulein«, hielt eine gütige Stimme sie auf. Es war Levi. Er hatte das Fräulein mit dem hoch gewachsenen Herrn vorbeigehen sehen. Jetzt war sie allein und weinte. Er war weit herum gekommen in der Welt, die Männer waren schlecht, das Mädchen tat ihm leid.

»Ich sehe wohl, dass Mademoiselle keinen Tand nicht gebrauchen kann, wohl aber ein wirkliches Heilmittel.«

Er zog eine kleine gläserne Phiole aus seiner Tasche hervor und legte sie der erstaunten Sophie in die Hand. »Nehmen Sie nur, Fräulein! Wer's trinkt, wird Sie für immer lieben, nur ein paar Tropfen in den Wein oder ins Festbier ... ich schenk's Ihnen.«

Schnell drückte er ihr das Fläschchen in die Hand und wandte sich mit tiefer Verbeugung einem wohlhabend gekleideten Bürger zu, der eine Halskette beäugte.

Sophie musterte das Fläschchen, Schmerz erfüllte ihr Herz. Warum hatte er ihr kein Mittel gegeben, sich zu vergiften? Warum nicht ein Kraut gegen die Liebe? Aber gegen die Liebe, das wusste sie inzwischen, war kein Kraut gewachsen.

Sie hastete weiter, das Fläschchen fest umklammert wie ein Amulett, das nur wirkte, wenn es fest und heiß gedrückt wurde. Und es wirkte. Auf halbem Weg nach Monplaisir hielt sie plötzlich inne. Warum rannte sie weg?

Sie hielt die Phiole gegen die Sonne. Violett schimmerte das geschliffene Glas, der runde Messingverschluss glänzte wie Gold. Liebestrank, dachte sie, wer weiß, wofür es gut ist, dieses Fläschchen zu besitzen. Sie steckte es ein, machte eine Kehrtwendung, dass der Staub vom Weg wirbelte, reckte die Nase trotzig in die heiße Sommerluft und ging mit energischen Schritten und schwingenden Röcken zurück zur Tanzlinde. Sie war trostlos entschlossen, sich auf diesem Fest zu amüsieren.

Friedrich öffnete die Augen. Er lebte, war unverletzt aus dem Feldzug zurückgekehrt. Schon im Dezember hatte er eine unendlich erleichterte Wilhelmine in seine Arme schließen können.

Er sah aus dem Fenster und seufzte erleichtert auf. Der Himmel war strahlend blau, das Wetter würde seine Pläne für den heutigen Tag nicht durchkreuzen. Es war der 3. Juli 1735, und er hatte einen Tag voller Überraschungen geplant, eine einzige große Inszenierung, um Wilhelmines 26. Geburtstag zu feiern.

Sein eigener Geburtstag war von der Sorge um den Vater belastet gewesen. Schwer krank, war der Markgraf im Mai gestorben. Friedrich war nun Markgraf von Brandenburg-Baireuth. Beinahe hätte der Vater sich noch auf dem Krankenlager mit Flora von Sonsfeld verheiratet, aber diese Mesalliance hatte Wilhelmine verhindern können.

Direkt nach dem langen Trauerzug nach Himmelkron, in dessen Gruft Markgraf Christian Karl beigesetzt wurde, waren alle über Friedrich hergefallen, um ihre Posten zu sichern. Er war froh, in Wilhelmine eine intelligente, diplomatische Frau zu haben, die alle freundlich, aber bestimmt abwehrte. Als Kanzler hatte er einen begabten jungen Mann namens Ellrod gefunden. Der machte den alten Hofschranzen Beine, während der junge Markgraf Friedrich sich um das Wesentliche kümmern konnte: höfische Prachtentfaltung, Jagden, Bälle und Theater.

Wilhelmines Geburtstagsfest wird ein Signal setzen für die Pracht, die künftig in diesem Land herrschen wird, dachte er. Sollten die Pietisten wettern, deren Einfluss würde er mit Ellrods Hilfe beschneiden. Pfarrer Silchmüller war weiterhin Gast an der Markgräflichen Tafel, aber die Politik wurde nicht mehr an der Tafel besprochen, sondern in Friedrichs Kabinett. Es wurde Zeit, dass Leben in diese Residenz kam. Schwungvoll sprang Friedrich aus dem Bett.

Am Morgen fuhr die junge Markgräfin mit ihrer Hofmeisterin erst zum Gottesdienst und nahm die Huldigung der Menschen entgegen, die die Straßen säumten. Die offizielle Mittagstafel folgte, bei der lange Elogen auf die neue Markgräfin gehalten wurden. Die Hoffnung auf einen Thronfolger fand gebührende Beachtung. Wilhelmine spürte die Blicke wie Peitschenhiebe. Sie war nicht schwanger, wieder einmal nicht. Nicht einmal in jener Abschiedsnacht, in der sie sich verzweifelt ein Kind ersehnt hatte, war sie schwanger geworden. Starr saß sie neben Friedrich, lächelte maskenhaft und fühlte sich zutiefst beschämt.

Das Fräulein bestand auf einem langen Mittagsschlaf. Traurig zog sich Wilhelmine zurück. Warum hatte Friedrich ihr nur offiziell gratuliert? Vielleicht ist er enttäuscht von einer Frau, die auch nach heißen, innigen Liebesnächten nicht schwanger wird. Ich bin jetzt keine Erbprinzessin mehr, sondern Markgräfin, er hat das Recht auf einen Erben. Sie weinte in ihr Taschentuch, war aber durch die Anstrengungen der Etikette so erschöpft, dass sie volle zwei Stunden schlief.

Unterdessen waren alle anderen fieberhaft mit den letzten Vorbereitungen beschäftigt, von denen die Markgräfin nichts merken sollte. Als Wilhelmine ausgeruht erwachte, war es spät am Nachmittag und die Sommersonne fiel durch die himmelblauen Vorhänge. Plötzlich ertönte Fanfarenmusik und zwei Musen näherten sich ihrem Bett, drückten ihr einen Lorbeerkranz aufs Haar und überbrachten ihr das Gewand der Minerva, Göttin der Künste und der Wissenschaften. Während sich Wilhelmine, geschmeichelt von der neuen Aufgabe, in ihrer neuen weißen Robe vor dem Spiegel drehte, erschien Apoll und überreichte ihr ein verknotetes Seidentuch. Es war Friedrich, in einem weißseidenen Justaucorps. Feierlich kündigte er die Göttinnen der Schönheit, der Jugend und die neun Musen an, die sich eingefunden hätten, um sie, ihre Herrin, an ihrem Ehrentage zu preisen. Im Tuch fand sie zu ihrem Entzücken ein Paar kostbare Ohrgehänge.

»Die Perlen symbolisieren das Wasser und die Diamanten die Erde«, erklärte er feierlich, »der Mensch gibt ihnen den Schliff, und die Sonne bringt sie zum Leuchten, so wie sie uns erleuchtet.«

Wie luftige Geister waren alle verschwunden. Sie stand allein. Aber bevor sie Atem holen konnte, erschien ein Diener, als Hermes verkleidet, und überbrachte ihr einen Brief. Der gesamte Olymp warte auf sie, las sie amüsiert, sie möge den Göttern entgegenreisen.

Der Phaeton fuhr im Lustgarten des Prinzessinnenhauses vor, als die Sonne sich langsam verfärbte und den Brandenburger Weiher in ein sanftes Abendrosa tauchte. Wilhelmine beobachtete voller Entzücken, wie sich dem Bootssteg eine riesige Kogge in voller Takelage näherte. Friedrich hatte eines der beiden Schiffe, die Markgraf Georg Wilhelm seinerzeit hatte bauen lassen, wieder seetüchtig machen lassen.

Erwartungsvoll bestieg Wilhelmine das Schiff und nahm auf dem zierlichen goldenen Fauteuil Platz. Die Abendsonne ließ das Wasser rot erglänzen. Das Schiff näherte sich der Roseninsel, einer künstlich angelegten, kreisrunden Insel. Violett schimmerten die Segel, Musik schwebte zart über das Wasser.

Überraschungen sind ein Zeichen der Liebe, dachte sie. Vergessen war, was sie quälte. Sie sah auf die kleinen Wellen, die das Schiff vor sich her trieb, und erinnerte sich an eine Geburtstagsfeier, bei der ihr Herz genauso erwartungsvoll gepocht hatte, fünf oder sechs Jahre alt war sie geworden.

Die Königin hatte einige Kinder aus vornehmen Familien der Stadt zu einem Kinderball eingeladen, Tanz und Pfänderspiele waren die kindlichen Vergnügungen. Die unerwartete Dekoration auf der Geburtstagstafel hatte den Bruder und sie am meisten begeistert: eine kleine Grotte mit Wasserspielen und echten Goldfischen bildete die Mitte der Tafel. Fedéric und sie wurden nicht müde, die glitzernden eleganten Fische zu beobachten und mit Brotstückchen zu füttern. Sie waren so zahm, dass sie sich berühren ließen, wenn man mit der Hand ins Wasser griff. Kühl und elastisch fühlte sich so ein Goldfisch an, mit enormer Sprungkraft in seinem kleinen Körper. An diesem Tag waren alle lieb zu ihr und ehrten sie, selbst die Leti war freundlich zu ihr. Fritz und sie hatten die Fische mit ins Bett nehmen wollen, aber ohne Wasser würden sie sterben, hatte man ihnen erklärt. Wilhelmine war erst zu Bett gegangen, nachdem die Leti ihr versprochen hatte, dass die Fische nach Monbijou gebracht und sie sie dort am Bassin besuchen könne.

Zu temperamentvoller Musik legte das Schiff an. Plötzlich war es mit Wilhelmines Einsamkeit vorbei. Was sie am Morgen gequält hatte, war vergessen. Als Gottheiten verkleidet, erwartete sie der gesamte Hofstaat. Sonsine, als Göttin des Sommers kostümiert, brachte ein Gebinde von Ähren, Sonnenblumen und Laub. Herr von Gleichen erschien hinter ihr als Herbst. Da im Juli nirgendwo Trauben wuchsen, hielt er eine große Schale mit kunstvoll aus Baireuther Fayence gefertigten Weintrauben in den Händen. Der Winter, von

Hofmarschall von Reitzenstein mit eisgrauem Bart würdig dargestellt, präsentierte sich mit einem Eisberg aus weißem Kandiszucker. Schließlich erschienen die Musiker und legten die Künste in Minervas Hände, Bücher, Noten und sogar eine Staffelei.

Zum Schluss wackelte wahrhaftig eine kleine Elfe über den Steg und führte ein Tänzchen auf: die kleine Friederike. Assistiert von Flora, sang sie mit ernstem Gesichtchen: »Alle Elemente stellen sich ein, um dir ihre Glückwünsche zu überbringen, liebste Mama.«

Gerührt streckte Wilhelmine die Arme aus, küsste ihre Tochter und zog sie auf ihren Schoß. Nach Fanfarenklängen erschien Friedrich und führte ihr die Marwitz-Schwestern zu, die nun Aphrodite und Athene vorstellten: Von Weisheit und Schönheit möge Minerva ihr Leben lang begleitet sein.

Im Theater des Prinzessinnenhauses, das Markgraf Georg Wilhelm einst für seine Tochter errichtet hatte, gab es ein Singspiel über das Liebesglück der Schäferin Palmira zu sehen. Auf einem großen Jagdwagen fuhr zum Schluss die maskierte Diana herein, an goldenen Leinen hielt sie tatsächlich zwei lebendige zahme Hirsche. Ein Chor pries die Weisheit weiblicher Herrscherinnen, die den Göttinnen wohlgefällig sei.

Unzählige Sterne funkelten wie ein riesiges Zelt über dem Tal von St. Georgen. Dunkelblau lag der See vor der Geburtstagsgesellschaft. Die Fackelbeleuchtung des großen Schiffes tauchte die Roseninsel in ein flackerndes Licht.

Mit musikalischer Begleitung zogen die Gäste zu dem sechseckigen Pavillon, der von weitem leuchtete wie eine Feuerkugel. Den Weg wiesen bunte chinesische Lampions, die der Markgraf in Hecken und Bäume hatte hängen lassen. Wie ein italienisches Boskett umgaben Orangen- und Zitronenbäumchen die hufeisenförmige Tafel. An deren offenem Ende stand ein großer goldener Rahmen, wofür, war nicht ersichtlich. Betörend dufteten ihre Blüten, in leuchtendem Orange und kräftigem Gelb strahlten die wertvollen exotischen Früchte. Auf der Mitte der Tafel sprudelte eine kleine Wasserfontäne. Wilhelmine hielt eine improvisierte Dankesrede: »Ihr ehrt mich als Minerva, doch ich bin nur eine arme Sterbliche, der eine so hohe Ehre noch nie zuteil wurde. Speist mit mir, ich bitte euch!«

Während des festlichen Diners belebte sich der goldene Rahmen. Zur Vorspeise erschien eine Französin in einem mit Lilien besetzten Kleid: »Frankreichs Sprache Zier und Witz hält an unserem Hofe Sitz.«

Alle Gäste applaudierten. Zu jedem weiteren Gang erschien nun eine weitere Dame, die Wilhelmines Weltgewandheit in einem Vers pries, auch Lady Britannia: »Ihrem englischen Verstand ist auch Englands Sprach bekannt.«

La Dama italiana erschien zum Dessert und sagte in bestem Italienisch: »Der Welschen Sprache Lieblichkeit zeigt in der Fürstin Mund die schönste Seltenheit.«

Wilhelmine schaute aus dem Pavillon zum illuminierten Hofgarten, sog den berauschenden Duft der Limonenblüten ein und sah in Friedrichs lächelndes Gesicht. Sie war glücklich. Dies ist meine Welt, dachte sie. Nie wieder frieren, nie wieder Angst haben, nie wieder krank sein, das wünsche ich mir zum Geburtstag. Frei und unbeschwert soll das Leben sein.

Es war Nacht geworden. Ein Feuerwerk in Regenbogenfarben bildete den Abschluss des Soupers. Gerade als die Gäste mit Champagnerkelchen aus dem Pavillon traten, um das Feuerwerk zu bewundern, geschah es plötzlich.

Eine ungemein große Bäuerin drängte sich zwischen den champagnerbeschwingten Gästen hindurch. In jene fränkische Sonntagstracht gekleidet, deren Fältelungen ihr das Aussehen einer Walküre verliehen, ging sie auf die Prinzessin zu und begann, sie in schönstem Fränkisch zu beschimpfen. Hatten die welschen Damen Wilhelmines Sprachkenntnisse gepriesen, so tadelte sie das Unvermögen der preußischen Prinzessin, die edle fränkische Mundart zu sprechen.

Die Gäste standen wie zu Salzsäulen erstarrt. Dies war keine lebende Allegorie in goldenem Rahmen, nein, dies schien nicht einstudiert. Der Brandenburger Weiher war öffentlich zugänglich, und in St. Georgen stand das Zuchthaus. War dieses Weib dort entsprungen? Wo blieben die Wachen?

»Wer richtig fränkisch schwätzen will«, beendete die riesige Frau vehement ihre Rede, »der muss hier wohnen und hier leben, und das soll die Prinzessin tun.«

Aus ihrem weiten Rock zog sie eine Papierrolle hervor, auf bäuerische Art mit einer riesigen bunten Schleife verziert, und reichte sie Wilhelmine. Die wich ängstlich zurück. Hatte man nicht schon von Attentaten gehört, die auf diese Weise verübt worden waren? Vielleicht war dies keine Frau, sondern ein riesiger Kerl, der Anführer eines Aufruhrs? Aber da hatte ihr dieser Mensch schon die Rolle in die Hand gedrückt und war schnell in der Dunkelheit des Gartens verschwunden.

Wilhelmine hielt die Rolle in der Hand, als könne sie jeden Augenblick explodieren, und starrte hilflos auf die opulente Schleife. Ich habe mehr als ein ein Vierteljahrhundert gelebt, dachte sie, und nach Jahren von Bevormundung und Bigotterie fühle ich mich jung wie nie, voller Leben. Soll dieser Geburtstag mein Todestag werden? Womöglich enthielt die Rolle eine Phiole mit Gift, an der sie sich stechen würde?

Ihre Hände zitterten, als sie nach der Schleife griff. Sie schaffte es nicht, sie aufzuziehen. Vielleicht ist es nur ein abgeschmackter Scherz, dachte sie, und wenn ich jetzt das Papier aufrolle, springt mir ein Frosch entgegen … Friedrich half ihr schließlich. Die Schleife fiel auf den Kiesweg und kringelte sich zu ihren Absätzen wie eine Schlange.

Ihre Hände zitterten immer noch, als sie das schwere Zeichenpapier entrollte. Kein Frosch. Kein Gift. Auf dem Blatt war eine Rötelzeichnung zu sehen, ein Schloss, von Bäumen, Felsengrotten und Weihern umgeben.

»Die Eremitage«, rief sie aus, »wie hübsch!«

Ihr Ausruf löste die angespannte Stimmung. Die Gäste begannen wieder zu plaudern, die Musik spielte auf, die Diener füllten die Gläser nach.

»Sie gehört dir«, sagte Friedrich mit einer kleinen Verbeugung.

»Hast du sie selbst gezeichnet?«, fragte sie und sah zärtlich von ihm auf die Zeichnung.

Er nickte. »Ja. Sie gehört dir.«

»Die hübsche Zeichnung? Ich danke dir von Herzen.«

»Nein«, verbesserte er, »die Eremitage.«

Sie konnte nicht fassen, was er gesagt hatte.

Er küsste sie. »Chérie, du hast doch gehört: Das Volk will, dass du seine Sprache lernst, wenn du im Fränkischen residierst. Als Regent muss ich dem Willen des Volkes folgen …«

Sie sah ihn an, ihr ging ein Licht auf. »Du hast diese Frau … sie trug eine Maske …«

Er lachte laut auf, nahm ihre Hände und führte sie an seinen Mund. Zärtlich küsste er ihre Fingerspitzen und sah sie darüber an.

»Ich schenke dir die Eremitage zum Geburtstag, weil ich weiß, wie sehr du sie liebst.«

Wilhelmine umfasste sein geliebtes Gesicht mit beiden Händen, sah ihm in die Augen, groß und dunkel vor Rührung, und murmelte: »Ich habe noch nie ein Schloss geschenkt bekommen …«

»Dann wird es hohe Zeit«, lachte er, »eine Prinzessin braucht ein Schloss, und sei es nur eine armselige fränkische Waldhütte!«

»Ich liebe Waldhütten«, sagte sie und schmiegte sich an ihn, »das ist das schönste Geschenk, das ich je in meinem Leben erhalten habe.«

Sie standen eng aneinandergeschmiegt, da fiel ihr die unheimliche Figur wieder ein. »Aber wer ...«, begann sie verwirrt. Friedrich lachte und sah suchend zu den Gästen.

»Frau von Gravenreuth, bitte, kommen Sie zu uns.«

Die ehemalige Erzieherin von Friedrichs Schwestern trat heran. »Ich hoffe, Hoheit haben sich nicht zu sehr erschrocken ...«

Wilhelmine betrachtete die Frau, die zwar füllig, aber kaum größer war als sie selbst.

»Sie wundern sich über meine Größe, Hoheit, aber ...«, sie reckte stolz den Kopf, »auch wir Franken können auf dem Kothurn gehen.«

Und ich habe sie als Landpomeranze verspottet, dachte Wilhelmine beschämt, es ist doch nichts leichter, als die lächerlichen Seiten des Nächsten herauszufinden. Jeder hat die seinen. Wie sind wir doch blind! Wir reiten auf den Fehlern der andern, während wir der eigenen nicht achten.

❧ 10 ❧

Sᴏᴘʜɪᴇ ᴅʀᴇʜᴛᴇ ᴅᴀꜱ Kᴜᴠᴇʀᴛ in ihren Händen, auf dem nur ›Demoiselle Sophie‹ geschrieben stand, und lief zur einsamen Linde. Weinend lehnte sie sich an den rauen Stamm. Natürlich war der Brief von Benda. Wochenlang bis zu seiner Abreise hatte sie ihn gemieden.

Aber nun hatte er geschrieben.

»Vielleicht sollte ich ihn nicht lesen?«, fragte sie die Linde, die ihre dicken Äste gleichmütig in den Sommerwind streckte.

»Es wird nur Schwierigkeiten geben«, fuhr Sophie fort, »ich werde an nichts anderes denken, womöglich werde ich ihn beantworten müssen …«

Sie pflückte ein Blatt und streichelte die samtige Oberfläche.

»Soll ich seine Erklärungen über die Liaison mit dieser Hofschranze lesen? Das interessiert mich überhaupt nicht«, erklärte Sophie entschieden. Die Linde glaubte ihr nicht.

»Also gut! Gott beschütze mich vor den Folgen!«

Sophie sank auf den Boden und las: ›Mein verehrtes, liebes Fräulein Sophie! Sie meiden mich, einen Unglücklichen, dessen höchstes Glück in seinem Leben war, mit Ihnen zu tanzen …‹

Sophie strich sanft über das Moos. Hier war der Tanzboden gewesen, unter Stampfen und Klatschen hatten sie sich gedreht, unter dem grünen Blätterdach, immer um den alten Stamm der Linde herum. Wenige Minuten können unser Leben so beherrschen, dachte Sophie, sie machen uns selig vor Glück und kurz darauf stürzen sie uns ins tiefste Unglück.

»Mein Herz gehört allein Ihnen, mein Fräulein, und es wird Ihnen für immer und ewig gehören. Allein, ich bin nicht frei. Ich werde nach Baireuth kommen, sobald mein Herr, der Kronprinz, dies gestattet, und ich bitte Sie inständig um die Gnade, mich anzuhören, auch wenn Sie mich inzwischen hassen. Ihr unsagbar trauriger Frantisek Benda.«

Sophie ließ den Brief sinken. Warum war er nicht frei, wenn sein Herz ihr gehörte? Das konnte nur eines bedeuten: Er war verheiratet. Ach, sie hatte es geahnt. Irgendwo im Böhmischen hatte er eine Frau und vermutlich eine riesige Kinderschar, und …

Wütend warf sie den Brief auf den moosigen Boden und zerknüllte den feinen Umschlag zu einem kleinen harten Ball. Umso schlimmer sein Gebaren, dann hatte er ja nicht sie, sondern seine Ehefrau betrogen! Seine Ehefrau sollte er um Verzeihung bitten, warum sie? Wollte er sich beide Lustbarkeiten neben der Ehe warmhalten, ein Zöfchen und ein Dämchen?

»Musiker!«, schrie sie in die Krone der Linde. »Wie lasterhaft und egoistisch sie sind, wie sie die Schwärmerei der Frauen für ihre Kunst ausnutzen! Gewissenlose Schurken mit Händen aus Samt, die himmlische Töne hervorbringen, aber mit Seelen so morsch, verfault und schwarz wie dieser Ast!«

Es tat gut, zornig zu sein.

Sie beschloss, ihm nicht zu antworten. Sollte er nach Baireuth kommen, würde sie ihm ruhig und gelassen entgegentreten, genau wie die Herrin. Natürlich konnte sie nicht deren herrschaftliche Attitüde annehmen, aber den Kopf ein wenig höher tragen, die Nase in die Luft strecken und nur ganz leicht nicken, mit sehr schmalem, sehr kühlem Lächeln der Prinzessin, wenn sie einen Menschen nicht ausstehen konnte, das konnte sie auch!

Vielleicht hatte die Grumbkow ihn verführt? Unsinn, ermahnte sich Sophie und erinnerte sich an das strenge Fräu-

lein von Sonsfeld, die ihren Nichten einmal erklärt hatte:
»Zum Verführen gehören immer zwei, merkt euch das!«

Nachdenklich strich Sophie das Papier wieder glatt, steckte den Brief sorgfältig in den zerknitterten Umschlag und ging in Wilhelmines Gemächer. Die Anprobe einer feinen Robe, die sie nach der neuesten Mode geschneidert hatte, stand an.

❧ 11 ❧

DER BAUMEISTER WAR überraschend jung, gut erzogen und ehrgeizig. Als Sohn des markgräflichen Hofgärtners von Schwedt geboren, war Johann Friedrich Grael aufgrund seiner früh erkennbaren Begabung nach Berlin geschickt und gefördert worden. Trotz seiner Jugend, er war erst neunzehn Jahre, wurde er der Nachfolger des verstorbenen Hofbaumeisters. Der König, nicht interessiert an berühmten und daher teuren Baumeistern, hatte ihn sich selbst herangezogen. Den schwarzen Punkt in seiner Vergangenheit verschwieg Grael sorgfältig.

Nach Baireuth berufen, weil es galt, einen Sommersitz zu erbauen, hatte er sich gut vorbereitet. In einer großen Ledermappe hatte er Pläne und Zeichnungen verstaut. Ein

Blatt nach dem anderen legte er vor der Markgräfin aus, die man ihm als intelligent und anspruchsvoll geschildert und vor deren Hochmut man ihn gewarnt hatte. In ihren Augen blitzte derselbe Ehrgeiz, der auch ihn beflügelte.

Es war eine ungewöhnliche Gnade, dass sie ihn hier auf ihrem Landsitz, der Eremitage, empfing. Seine Huldigungsbegrüßung hatte sie mit einer gnädigen Handbewegung abgekürzt und erklärt, hier oben gelte keine Etikette. Ungewöhnlich war auch, dass keine hochrangigen Persönlichkeiten des Hofes zugegen waren, nicht einmal der Chef des Bauamtes. Dennoch war er auf der Hut, denn trotz seiner kurzen Laufbahn hatte er bereits schmerzliche Erfahrungen mit launischen Bauherren gemacht.

Wilhelmine nahm eine Zeichnung nach der anderen zur Hand und betrachtete eingehend Vorderansichten von Schlössern, Kirchen und Bürgerhäusern, Portale und zierliche Türmchen. Er ist so jung, dachte sie, aber der Bruder hatte ihn empfohlen, und einen berühmten anerkannten Baumeister konnte sie sich nicht leisten. Friedrich hatte zwar ihre Einkünfte erhöht, aber sie plante Kostspieliges in den nächsten Jahren und musste haushalten.

Ein Blatt betrachtete sie länger. Grael schaute gequält. Diese Zeichnung hatte er entfernen wollen. Wie war sie zwischen seine sorgfältige Zusammenstellung geraten?

»Dies ist der Turm der Petrikirche, nicht wahr?«, fragte die Prinzessin, und ihre hellen Augen musterten ihn so intensiv wie die ihres Vaters. Grael nickte mit trockener Kehle.

»Wie ich hörte, ist er eingestürzt«, fuhr sie erbarmungslos fort.

»Ein schreckliches Unglück, Hoheit, entsetzlich …«, stotterte er. Sie sah wieder auf das Blatt und meinte: »Er ist zierlich gebaut, der Turm, vielleicht zu zierlich, wenn man die

Höhe bedenkt. Aber dem König können Kirchtürme ja nicht hoch genug sein.«

Hatte er so etwas wie Spott gehört? Galt er dem unfähigen Architekten oder etwa seinem unbescheidenen Bauherrn? Sie betrachtete mit unergründlicher Miene die Zeichnung, dann legte sie das Blatt wieder zu den übrigen. »Die Kirchtürme so hoch wie möglich, das Schloss so einfach wie möglich, die Mitgift so niedrig wie möglich, und die Kunst so billig wie möglich.«

Ihre Stimme klang bitter. Ihre Lippen waren noch schmaler geworden Sie blätterte in den Plänen und meinte leichthin: »Ich hörte, dass Sie am Zusammenbruch des Turms keine Schuld trugen.«

Eine Zentnerlast fiel ihm von den Schultern. Eine ungewöhnliche Fürstin, wie huldvoll sie war! Diensteifrig suchte er zwischen den Plänen eine weitere Zeichnung hervor. »Sehen Sie, Hoheit, der Turm der Sophienkirche war mein erstes Projekt in Berlin, er steht seit vier Jahren in …«

»Der König hat Sie ins Gefängnis geworfen«, schnitt sie Grael das Wort ab. War das der Hochmut, vor dem man ihn gewarnt hatte? Blass und angestrengt sah er auf seine Entwürfe.

»Das war sehr ungerecht«, stellte sie fest. Sein Aufatmen klang wie ein Stöhnen.

Sachlich fuhr Wilhelmine fort: »Ich brauche keine Türme. Meine bescheidenen Pläne werden einen tüchtigen Baumeister vermutlich langweilen. Aber wenn Sie Ihre Sache gut machen …«

Sie betrachtete ihn nachdenklich. Jetzt glich sie ihrem Bruder, dem preußischen Kronprinzen, den er schätzen gelernt hatte.

»Wenn Sie Ihre Sache gut machen, können Sie alle meine weiteren Pläne ausführen. Und ich habe viele Pläne.«

Grael liebte seinen Beruf. Die Haft zu Beginn seiner Laufbahn hatte ihn empfindlich getroffen. Der Makel des eingestürzten Kirchturms klebte an seinen Händen. Es umhüllte seine geschundene Seele wie kühlendes Eis, dass ihn ausgerechnet die Tochter des Königs, der ihn ins Gefängnis geworfen hatte, freundlich aufnahm.

Die Eremitage sei ihr erstes Projekt, erläuterte die Markgräfin. Sie wolle einen Parnass der Freundschaft und der Künste errichten, auf den sie sich zurückziehen könne.

Das hatte Grael in der letzten Zeit oft gehört. Auch der König von Preußen hasste das Zeremoniell, jeder schien es zu hassen. Warum schafften sie es nicht ab? *Sie* waren doch die Herrscher. Aber das ging ihn nichts an. Sie wies auf das Deckengemälde: »Wie Apoll möchte ich meine Musen um mich herum versammeln.«

Sie entrollte einen Plan der Eremitage, den sie ihm entgegenhielt. Schnell zückte er seinen kleinen Hammer und kurze Nägel und fixierte ihn auf dem Tisch. Interessiert beugte er sich darüber. Es war viel Platz auf dieser luftigen Höhe. Er deutete auf die Allee, die von der Stadt hinauf auf die Eremitage führte.

»Hier kann man ein prunkvolles neues Schloss errichten. Man wird einiges planieren müssen, es ist recht uneben hier oben …«

Wilhelmine war entsetzt. »Ich will kein neues Schloss«, sagte sie entschieden.

Eine Prinzessin, die kein neues Schloss wollte. Er sah sie ungläubig an. Alle Herrschaften, die er bisher kennengelernt hatte, wollten sich mit neuen, modernen Bauten unsterbliche Denkmäler setzen. Durfte die Sache nicht viel kosten? War die Tochter so geizig wie der Vater?

»Kein neues Schloss«, wiederholte er lahm.

»Das enttäuscht den Ehrgeiz des Baumeisters, nicht wahr?« Wilhelmine lachte laut auf. »Und ich füge Ihrer Enttäuschung eine weitere hinzu, mein lieber Grael: Ich will hier nichts plan haben. Ich liebe die Unebenheiten, den Wald mit seinen hohen Bäumen und Lichtungen.«

Natur sei eine wunderschöne Sache, meinte Grael vorsichtig, aber einen symmetrischen Garten müsse ihr Schloss doch haben, sonst habe sie bald Bären und Wölfe zu Gast. Beinahe hätte Wilhelmine gelacht. Den letzten Bären des Fichtelgebirges hatte ihr Schwiegervater vor mehr als zehn Jahren im Stadtgraben von Kulmbach erlegt, wo er zweiunddreißig Jahre vor sich hinvegetiert hatte. Seine Tat war kaum eine waidmännische Kunst gewesen, bestenfalls ein Gnadenschuss. Und Wölfe? Das schwere Zubehör für die Wolfsjagd hatte Friedrich im vergangenen Jahr verbrennen lassen, weil alles durchgefault und untauglich geworden war. Mit riesigem Aufwand hatte man zuletzt einem einzelnen verirrten Wolf nachgestellt. Ernsthaft sagte sie: »Diese Tiere würden sofort Reißaus nehmen, wenn sie meinem großen gefährlichen Hund begegneten, nicht wahr, Folichon?«

Der Spaniel auf ihrem Schoß stellte die schmetterlingsartigen Ohren auf und kläffte.

Wilhelmine ließ ihn auf den Boden. »Kommen Sie, Verehrtester, ich zeige Ihnen, was ich mir ausgedacht habe. Promenieren wir ein wenig.«

Der kleine Hund lief vergnügt bellend aus dem kühlen Marmorsaal in die Sonne. Wilhelmine spannte ihren spitzenbesetzten Parasol auf, eine Neuheit aus Leipzig, und folgte ihm. Grael betrachtete das aus hellen Sandsteinquadern erbaute Schloss. Der einzige Schmuck waren die Figuren und die Kartusche mit dem markgräflichen Wappen im Sprenggiebel über der Eingangstür. Zwei zierliche Säulen flankierten die Tür. Vier türhohe Kassettenfenster, von schlichten Wellengiebeln gekrönt, sorgten mit ihrer klaren Symmetrie für Harmonie.

»Ich dachte an einen zusätzlichen Pavillon an jeder Seite«, meinte die Markgräfin, fröhlich ihrem Hund zusehend, der die Beete durchpflügte.

»Um Himmels willen! Sie können doch die Symmetrie des Hauses nicht zerstören!«, sagte Grael entsetzt.

Er vergesse, dass es sich um den Hintereingang handele, erwiderte Wilhelmine kühl. »Der wahre Eingang ist nichts als eine von Felsen verschüttete Grotte, und diesen Eindruck möchte ich auch von dieser Seite gewinnen. Innen soll die Ruine allerdings luxuriöse Appartements bieten. Ich bin kein Mönch. Ich brauche ein Audienzzimmer, ein Schlafgemach, ein Arbeitszimmer für meine Studien und ein Musikzimmer, denn der Marmorsaal ist zu kalt und hat eine schlechte Akustik.«

Grael betrachtete eingehend die Front. Seltsame Einfälle hatte diese Fürstin. Sie wollte die Symmetrie der Anlage zerstören, wollte nichts planieren, sondern auf Bergen herumklettern, wünschte kein Schloss, sondern eine Felsenruine. Er vergewisserte sich, dass sie das Rechteck des Schlosses wirklich in eine T- Form umwandeln wollte.

»Aber in dieser Bauweise, aus hellem Sandstein?«

»Wie im Innenhof«, erklärte Wilhelmine, »dort wirkt der Stein, als sei er gar nicht behauen, auch Tuffstein ist teilweise davorgesetzt. Steine verwandeln sich in Fratzen. Es könnten noch mehr Gesichter aus Stein herausschauen. Vielleicht könnten wir den Eingang sogar mit zwei Hermen oder Satyrn flankieren.«

»Aber wie sollen die Gemächer angeordnet sein? Jeder Pavillon wird fast ein Quadrat sein, in dem die Gemächer nicht der Anordnung des Hofzeremoniells folgen ...«

Wilhelmine erklärte, dass sie auf der Eremitage alles andere als das Zeremoniell wolle.

Sie beobachtete Folichon, der sich auf dem Rasen wälzte, und lachte: »Durcheinanderpurzeln sollen die Räume!«

Steinerne Fratzen, unbehauene Steine, durcheinanderpurzelnde Räume, Hermen? Diese Prinzessin hatte die exzentrischsten Einfälle, die er je gehört hatte.

Wilhelmine pfiff nach dem Hund wie ein Berliner Gassenjunge und ging mit energischen Schritten durch den Garten. »Sehen Sie, das wollte ich Ihnen zeigen.«

Sie waren an einem Abhang angekommen, der einen wundervollen Blick auf die sanft gewellte Landschaft freigab. In einer schmalen Kaskade lief Wasser den Berg hinab, sammelte sich in kleinen Becken, um dann rauschend über weitere Stufen zu Tal zu schäumen, direkt in den Roten Main, der den Wasserlauf speiste.

Grael war angetan. Er habe solche Dinge in englischen Gärten gesehen.

»Nein, Hoheit, ich war nicht in England. Ich hörte aber, dass dort im Gegensatz zu unserer Mode alles nach der Natur geformt wird.«

»Nach der Natur«, wiederholte Wilhelmine nachdenklich, »ich möchte beides. Der Weg durch den Broderiegarten soll unvermittelt vor der Kaskade enden, Symbol der ungebändigten Natur. Wer den Waldpfaden folgt, findet verschwiegene Eremitagen, Hütten und Holzstöße. Verstehen Sie, Grael? Meine Gäste sollen wählen, ob sie unter in Form geschnittenen Bäumen und Hecken promenieren, im Labyrinth oder auf verschwiegenen Pfaden, von denen jeder zu etwas anderem, Unerwartetem führt.«

Sie ist so zart und energisch gleichzeitig, dachte er, keine Schönheit, aber von einer faszinierenden Energie. Mal ist sie die weltgewandte Fürstin, dann läuft sie wie ein Kobold herum und pfeift nach ihrem Hund.

Sie überlegte, ob er ausführen könne, was sie vorschlug. Ich kann mir nicht leisten, dass etwas einstürzt, das Volk würde mich fressen, sie warten nur auf eine solche Panne, um mich zu vernichten. Schöne Dinge kosten eben ein paar Dukaten, Vaters staubiger Exerzierplatz vor dem Stadtschloss ist natürlich billiger als Großmutters Gärten hinter der Lietzenburg.

Sie waren der Kaskade ein Stück gefolgt und gingen nun langsam durch den Wald wieder hinauf. Dieser bezaubernde Ort sei wie geschaffen für ein Theater, meinte Wilhelmine.

»Sie wollen hier ein Theater errichten, Hoheit? Mitten im Wald, an einem Abhang?« Nun war Grael wirklich schockiert.

»Ein steinernes Theater, auf der wir im Sommer Opern und Komödien aufführen werden wie in der Antike.«

Grael hatte sich vom letzten Schreck noch nicht erholt, da hörten sie Hufgetrappel. Ein Schimmel galoppierte schnaubend den Waldweg entlang, ein herrliches Tier, noch schwarz um die Nüstern. Eine lange graue Mähne wogte über den muskulösen Hals, der dunkelgraue Schweif folgte ihm wie der Seidenschal einer Dame im Wind. Sein Reiter zügelte das Pferd vor Wilhelmine und dem Architekten so energisch, dass es in einer Levade verharrte.

»Verzeih die Verspätung, meine Einzige!«, rief Markgraf Friedrich, erhitzt vom Ritt, »aber ich konnte einfach nicht widerstehen! Ich musste dem listigen alten Rosshändler diesen Hengst abkaufen. Ist er nicht herrlich?«

Er saß ab und reichte Grael die Hand, wehrte seine Gunstbezeugung ab. »Hier oben gilt keine Etikette, Monsieur Grael, das ist ja das Schöne.«

Der Reitknecht, der Friedrich gefolgt war, nahm das tänzelnde Tier beim Zügel und führte es zu den Stallungen.

»Haben Sie auch meine Einsiedelei berücksichtigt?«

Grael sah ihn fragend an.

»Kommen Sie!« Er führte ihn den Hang hinunter zu einem großen Bassin.

»Wir möchten es zu einer Grotte ausbauen«, meinte der Markgraf.

»Ein Nymphäum«, erläuterte Wilhelmine. Sie sahen auf die Windungen des Roten Mains, der sich im sommerlichen Dunst träge durch das weite Tal schlängelte wie ein silbriger Fischrücken.

Der Markgraf erzählte von seinen Eindrücken in Versailles. »In den einfachen Dingen liegt die raffinierteste Pracht. Von außen verfallen, mit künstlichen Rissen und Bruchstellen versehen, ist es im Inneren ein kostbares Kleinod.«

Der Markgraf hat noch ausgefallenere Launen als seine Gattin, dachte Grael, aber wenn sie in Versailles so bauen …

»Vielleicht sollten wir uns an der Antike orientieren«, schlug er vor. Offenbar hatte er ins Schwarze getroffen.

»Herculaneum«, sagte Wilhelmine begeistert, »und Pompeji! Ich habe von römischen Städten gelesen, die man derzeit in Italien ausgräbt, wir müssen sie sehen!«

»Sobald wir hier ein wenig Ordnung geschaffen haben, reisen wir nach Italien und holen uns extraordinaire Anregungen, n'est-ce pas?«, schlug der Markgraf vor.

Sie blickten sich verliebt an. Ein ungewöhnliches Paar, dachte Grael. Wie einig sie sich sind, im Gegensatz zum Schwedter Markgrafen, der die Ideen seiner Gattin ständig sabotierte. Einmal hatte sie alle Gartenmöbel in ihrem geliebten Rosengarten weiß streichen lassen, frisch und sommerlich wie auf einem französischen Landsitz. Aber in der Nacht hatte er mit einigen Jagdkumpanen alle Möbel schwarz gestrichen. Es hatte ein Witz sein sollen, aber seine Witze waren ständig von dieser Art, kränkten die Fürstin und trieben sie in die Schwermut. Hier in Baireuth würde der eine nicht die Einfälle des anderen zunichtemachen.

Vom oberen Weg hörte man Getrappel und Gelächter. Albertine und Minni liefen in hellen Sommerkleidern und breitkrempigen Strohhüten den gewundenen Pfad hinunter, an langen blauen Bändern zwei wollig weiße, aber widerspenstige Schafe führend. Eines stemmte die Vorderfüße in den Laubboden und blökte herzzerreißend.

»Hör auf! Du schneidest ihm ja die Luft ab!«, rief Albertine.

»Dann soll es doch kommen, das dumme Tier!« Heftig zog Minni an dem Band, das riss, und mit befreitem Blöken stob das Schaf davon, hangaufwärts. Das andere wollte durchaus nicht bei Albertine bleiben, sondern seinem Gefährten folgen. Heftig zerrte es an dem Band, und als Albertine sich ihm näherte, stieß es unwillig mit dem Kopf nach ihr. Sie verlor das Gleichgewicht und plumpste auf den weichen Waldboden. Albertine ließ vor Schreck das Band los, und auch das zweite Schaf rannte befreit den Hang hinauf nach Monplaisir.

Die unfreiwilligen Zuschauer brachen in Gelächter aus. Minni gab die Verfolgung des anderen Schafs auf und kam den Pfad hinuntergeschritten. Immer, wenn Minni um Würde bemüht war, geschah dem schlaksigen Mädchen ein Fauxpas. Dieses Mal stolperte sie, konnte sich nicht mehr halten und landete zu Füßen ihrer Schwester.

Der Markgraf, der aus dem Lachen nicht mehr herauskam, meinte ironisch: »Darf ich vorstellen: die Hofdamen der Markgräfin, Demoiselles von der Marwitz, und dies ist der neue Hofbaumeister, Monsieur Grael.«

»Enchantée«, murmelte Albertine, und nach einem bösen Seitenblick auf die Schwester sagte sie, ein Lächeln riskierend: »Das muss ja ein schöner Anblick gewesen sein.«

»Wie in der französischen Komödie«, bestätigte Wilhelmine, »und burlesker als manches Schäferspiel.«

»Auf diesen Bildern geht es doch auch«, maulte Minni, »ständig sieht man die Leute blumenbekränzte Schafe herumführen, und sie spielen dabei sogar Flöte.«

»Das ist nur in der Kunst so. Würden die Künstler das wahre Leben abbilden, wäre das doch sehr langweilig«, tröstete Grael.

»Nach dem, was wir eben gesehen haben, bin ich mir da nicht mehr so sicher«, sagte Friedrich trocken.

»Der Nachwelt sollten wir als würdige, heitere Menschen, in standesgemäßer Kleidung bei ehrenvollen Handlungen erhalten bleiben«, kicherte Wilhelmine mit Blick auf das Laub an Albertines Kleid. Minni, die nie lange schmollte, zupfte ihrer Schwester das Laub aus den Rüschen und ergänzte: »In christlicher Nächstenliebe.«

Nun lachte auch Albertine. »Wir sind gekommen, um die Hoheiten auf eine Erfrischung nach Monplaisir einzuladen. Wir haben Limonade bereitet, und die Tante hat einige Näschereien backen lassen.«

»Mädchen, ihr seid formidable«, lobte der Markgraf, und sie erröteten wie immer bei einem Lob aus seinem Mund.

»Ja, sie sind das Beste, das ich aus Berlin mitnehmen konnte«, meinte Wilhelmine zärtlich und küsste erst die eine, dann die andere auf die Wange. »Verstehen Sie jetzt, Grael«, rief sie enthusiastisch und hakte sich zwischen Minni und Albertine ein, »diese Eremitage soll mein Parnass sein, auf dem ich der Liebe, der Freundschaft und den Künsten huldigen werde. Alles soll heiter und unbeschwert sein. Hier oben wird Apoll regieren.«

Ihr Gesicht hatte sich vor Freude und Erregung gerötet. Plötzlich blieb sie stehen und rang nach Luft. Friedrich sah sie besorgt an, die Mädchen verstärkten ihren Griff.

»Es ist nichts«, versicherte sie blass, nachdem sie tief durchgeatmet hatte, »nur die Ergriffenheit über unsere wundervolle Freundschaft und unsere grandiosen Pläne hat mich des Atems beraubt. – Hier könnte auch ein Weiher entstehen«, lenkte sie ab.

»Mit einer Brücke, damit wir von Monplaisir aus hinüber können«, ergänzte Albertine schüchtern.

»Nicht zu schmal, damit auch die Schafe hinüberfinden«, meinte der Markgraf trocken.

Lachend und plaudernd näherten sie sich Monplaisir. Sonsine hatte den Tisch vor dem Haus gedeckt, und bei Gebäck und kühler Limonade jagte eine Idee die andere. Chinoiserien, römisches Theater, Menagerien und Labyrinthe, Grotten und Brücken planten sie und überboten sich gegenseitig mit den neuesten Einfällen.

Besorgt beobachtete Sonsine die Prinzessin. Die kleinen roten Flecken auf ihren Wangen wollten nicht weichen, die Belebung schien ihr eine Täuschung zu sein. Die Prinzessin muss sich schonen, um einen Sohn empfangen zu können, dachte sie. Anstatt zu bauen, sollte sie sich auf der Eremitage entspannen.

❧ 12 ❧

VOLLER UNGEDULD WARTETE FRIEDRICH in seinem Audienzzimmer.

»Herein mit ihm!«, befahl er dem Diener, dessen Empfangszeremonien ihn nur aufhielten.

Johann Gottfried Groß, Theologe, Historiker und Philologe, trat ein. Wortlos wies Friedrich auf einen Stuhl, auf dem Groß ebenso wortlos und etwas umständlich Platz nahm, wie ein Hund, der die bequemste Position im hohen Gras sucht. Er sei dem Auftrag des Markgrafen mit der größten Diskretion nachgegangen, versicherte er und öffnete eine Ledermappe.

Lebte seine Mutter? Und wenn ja, wo? Das war die Frage, die Friedrich quälte, und Groß, den er als verschwiegen und zuverlässig kennengelernt hatte, hatte für ihn recherchiert. In seinem Testament hatte der Vater mit ungewöhnlich harten Worten verboten, seine geschiedene Gemahlin wieder ins Land zu bringen. »Unsegen« hatte er jedem gewünscht, der gegen diesen Teil seines letzten Willens verstoßen würde.

»Die Ehe Ihrer verehrten Eltern wurde am 3. Dezember 1716 in Nürnberg geschieden«, begann Groß. »Ihr Herr Vater prozessierte auf Trennung und harte Bestrafung. Die Anklage lautete auf Verbrechen gegen die eheliche Treue. Ihro Gnaden Großmutter scheint die eheliche Untreue bezeugt zu haben. Sie informierte Ihren Vater über die Umtriebe seiner Gattin, als dieser von längeren Reisen zurückkehrte.«

Die verschwommene Erinnerung an eine Frau, die ihm abends ein Schlaflied sang, tauchte in Friedrich auf.

»Die Prinzessin von Holstein-Beck wurde zu Festungshaft verurteilt, und zwar in Altenburg ...«

Altenburg! Die Mutter war sozusagen an seiner Seite inhaftiert gewesen! Hatte sie ihn besucht, als er dort zur Schule geschickt wurde? War sie die Frau gewesen, die sich zu ihm niedergebeugt und ihm merkwürdig scheu über die Haare gestrichen hatte? Der Professor hatte sie eilig verabschiedet und ihm befohlen, diese Begegnung rasch zu vergessen, wenn er seinen Vater liebhabe. Hatte die Mutter einen Wärter bestochen, um ihren kleinen Sohn zu besuchen? War er wegen dieser verbotenen Visiten mitten im Semester von Altenburg zurück zur Großmutter nach Rothenburg gebracht worden?

Groß erläuterte, dass Friedrichs Mutter später von Altenburg in die ansbachische Festung Wülzburg verbracht worden sei, dann nach Wemding, zuletzt sei sie auf Lauenstein gewesen.

»Vier Festungen!«, sagte der Markgraf überrascht. »Das ist hart! Wurde sie nie begnadigt?«

Groß verneinte. »Ihre verehrte Frau Mutter ist in der zuletzt genannten Festung als Gefangene im Jahre 1734 verstorben«, sagte er. Friedrich spielte mit der Feder auf seinem Schreibtisch, dann trat er ans Fenster.

»Kein Irrtum möglich?«, fragte er mit belegter Stimme.

Groß räusperte sich. »Leider nein. Irrtum ausgeschlossen.« Er legte ein amtlich aussehendes Pergament auf den Tisch. »Hier ist der Sterbeschein, ausgestellt in Nürnberg, der Stadt untersteht die Festung.«

Tot war sie, gestorben, vor zwei Jahren erst, und er hatte sie nie wiedergesehen. Friedrich sah einen mit Holzstämmen beladenen Wagen langsam über die Straße fahren und an der Baustelle neben dem Spital halten.

Die hohen Herren leben in Saus und Braus, dachte Groß. Wenn eine Frau einmal einen Fehltritt tut, hilft ihr keiner.

Nicht einmal der Vater der Prinzessin hat sie befreit, und er hätte als preußischer Gouverneur von Königsberg sicher die Macht dazu gehabt. Nur der Sohn stört sich nicht am schlechten Ruf, er trauert um seine Mutter. Er hat einen guten Charakter, unser Markgraf. Groß war plötzlich gerührt.

»Wo ist sie begraben?«, fragte Friedrich, ohne sich umzuwenden. Groß war überrascht.

Er musste zugeben, dies nicht zu wissen. Wie dumm von ihm! Er hätte wissen müssen, dass der Markgraf das Grab seiner Mutter visitieren wollte!

»Verzeihen Sie meine Nachlässigkeit, Serenissimus«, sagte er unglücklich, »ich verspreche Ihnen, das so schnell wie möglich zu recherchieren!«

Friedrich atmete tief durch und ging zu seinem Schreibtisch zurück. »Er hat gute und diskrete Arbeit geleistet, lieber Groß. Ich werde an Ihn denken, wenn ich für meine Erlanger Ritterakademie einen Lehrer für Geschichte und Latein brauche.«

»Es wird mir eine Ehre sein«, versicherte Groß, »und ich habe eine ergebenste Bitte.«

Friedrich nickte leutselig.

»Ich bitte untertänigst um ein Druckprivileg, denn ich möchte eine Zeitschrift herausbringen. Ich möchte Sie und Ihre Untertanen periodisch über die neuesten Ereignisse aus der ganzen Welt unterrichten.«

»Aus der ganzen Welt!«, rief Friedrich aus. »Nimmt er den Mund nicht etwas zu voll?«

Groß schüttelte ernst und bedächtig den Kopf. »Ich habe in der freien Reichsstadt Nürnberg viele unabhängige Quellen. Auch verfüge ich über gute Kontakte zum österreichischen Gesandten, Serenissimus.«

»Sein Gesuch um das Privilegium wird bewilligt. Wir sind an Informationen aus der freien Reichsstadt ebenso interessiert wie der österreichische Gesandte. Allerdings möglichst, bevor sie gedruckt in Seiner Zeitung stehen, wenn Er versteht?«

Groß verstand.

»Und bringe Er mir alles, was Er über das Grab meiner Mutter herausfinden kann!«

13

AN EINEM LAUEN MAIMORGEN wachte Minni auf und entdeckte, dass sie schön war. Sie blinzelte, räkelte sich, sah spiegellos ihr Gesicht vor Augen und mochte sich.

Sie war mit Albertine und den Tanten Dorothea und Flora zur Hochzeit einer ihrer zahlreichen Cousinen gefahren. Neben Flora hatte Sonsine neun Geschwister mit zahlreichen heiratsfähigen Kindern, und sie fand es an der Zeit, sich unter den Cousins nach einer lohnenden Partie für ihre Nichten umzusehen. Nichts eignete sich für diesen Zweck besser als eine große Hochzeit.

Auch General von Marwitz war nach Schloss Aspel gekommen, im Gefolge einige vielversprechende Leutnants aus guten Familien, die Minni schmachtende Blicke zuwarfen. Minni wich den Blicken aus und sah in den einfältigen Basedowblick der jungen Braut. Sie sah die roten Pusteln auf dem fleischigen Dekolleté und den Bräutigam, einen kräftigen niederländischen Landjunker mit der rosa Haut eines gut gehaltenen westfälischen Schweins und borstigen Haaren in der Farbe frisch aufgeschütteten Strohs. Minni schüttelte sich vor Abscheu.

Sie beschaute die Barttrachten der dünkelhaften Militärs, die der Vater Albertine und ihr vorstellte, und zuckte beim Knall, mit denen sie ihre Stiefel bei der Begrüßung zusammenschlugen, zusammen.

»Stattlich« war die Bezeichnung für diese Art junger Männer, vor denen ihre Schwester Albertine errötend die Augen niederschlug.

Minni sah keinen Grund, sittsam die Augen niederzuschlagen. Neugierig forschte sie in den glatten Gesichtern nach etwas, was sie an diesen Männern interessieren könnte. Sie fand nichts darin außer Entzücken an ihrer Person. Die Stattlichen beugten sich über ihre Hand, betrachteten ihr Dekolleté, flüsterten Komplimente. Wegen seiner verrutschten Perücke und eines exorbitanten Pickels beobachtete sie einen Leutnant ausgiebiger als die anderen. Ermutigt vom scheinbar herausfordernden Blick, erkühnte der Pickelige sich, ihr heimlich ein Billett zuzustecken, auf dem er in fehlerhaftem Französisch um ein nächtliches Rendezvous im Schlosspark bat.

Minni gab das Billett ihrem Vater, neugierig, was geschehen würde. Wenig später bestieg der Pickelige mit hängendem Kopf sein Pferd und musste zu seinem Regiment zurückreiten. Er wagte nicht einmal, ihr einen bösen Blick zuzuwerfen, dabei hatte er seine Degradierung ihr zu verdanken! Hatte sie solche Macht? Es war erstaunlich, und es begann ihr zu gefallen.

Marwitz, der das Verhalten seiner Tochter ihrer jung-
fräulichen Tugendhaftigkeit zuschrieb, glaubte sie zu trösten, indem er ihr versprach, sich nach einem Mann umzusehen, um ihre Versorgung zu gewährleisten.

»Warum? Wir sind doch reich«, sagte Minni. Dem Vater
schien die Antwort naiv, er lachte herzlich, drückte seine
Tochter an sich und beließ es dabei.

Nachdenklich betrachtete Minni ihre Tante, Herrin von
Aspel, die, zwanzig Jahre jünger als ihr Gatte, ihre jährlich
anwachsende Kinderschar großzog, Garten und Hauswirt-
schaft betrieb, abends im Salon ein wenig Hausmusik pflegte.
Sie war eine sanfte Schönheit Ende zwanzig, die sich alle
Mühe gab, älter auszusehen, damit der zwanzigjährige Alters-
unterschied zu ihrem Gatten nicht auffiel. Die langweilige
Coiffure, ein biederes Häubchen und ein hochgeschlossenes
Kleid, wie es bei Hofe nur die alten Matronen trugen, hal-
fen ihr dabei.

Minni verstand nicht, warum ihre Tante sich so zurichtete.
Die Aussicht auf ein ödes Landleben deprimierte sie ebenso
wie seinerzeit Sonsine, die aus diesem Grund die Heirat mit
Minnis Vater ausgeschlagen und den Dienst als Hofmeisterin
am glanzvollen markgräflichen Hof in Baireuth vorgezogen
hatte. Glanzvoll! Minni schürzte verächtlich die Lippen. Die
Markgräfin gab sich ja alle Mühe, aber Baireuth war und blieb
ein armes Bauernnest mit einigen provinziellen Hofschranzen.
Die Trostlosigkeit und das schlechte Klima dieses Ortes hatten die Markgräfin ausgelaugt, ständig kränkelte sie, gebar seit
Jahren keinen Erben, und das Einzige, was sie aufrechterhielt,
war ihr Geist, den sie ununterbrochen an neuen Projekten
wie Physik, Architektur, Kunst und Musik schulte. Kuriere
brachten beinahe täglich Bücher, Zeitungen und Noten.

Mit Berlin war Baireuth jedenfalls nicht zu vergleichen,
aber die Hauptstadt unter dem Soldatenkönig hatte Minni

ebenfalls langweilig gefunden. Nach Berlin zog sie nichts zurück.

Offenbar merkte niemand, dass sich das Leben verändert hatte, dachte Minni. Die Damen ließen sich nicht mehr in Festroben oder Staatsgewändern porträtieren, auf denen sie aussahen wie ihre Tanten und Großmütter. Nein, sie ließen sich in Jagdkleidung mit keck aufgesetztem kleinem Dreispitz porträtieren, die Reitpeitsche kokett in den Händen, manche sogar zu Pferd oder im Redoutenkostüm mit Maske, das war a la mode. In Frankreich sahen alle Damen so aus und jede, die etwas auf sich hielt, hatte mindestens einen Liebhaber. Eine Frau, die in Paris etwas erreichen wollte, zeigte sich in der Oper mit ihrem Geliebten und nicht mit ihrem Ehemann. Es klang frivol und gerade darum gefiel es Minni. Jedenfalls hatte sie dies beim Markgrafen in Erfahrung gebracht, als er, vom Wein angeheitert, von seiner Kavalierstour erzählt hatte. Sonst sprach er über solche Dinge niemals in Gegenwart von jungen Mädchen, überhaupt war seine Ergebenheit der Gattin gegenüber langweilig. Nur sie wusste, dass er ein interessanter Mann in den besten Jahren war, galant, weltgewandt und mit Schliff, keiner dieser Landjunker mit gelben Borstenhaaren.

Als Minni an jenem Morgen nach der Hochzeitsfeier erwachte, räkelte sie sich ausgiebig im Bett. Sie strich über ihre straffen Oberschenkel unter dem zarten Seidennachthemd, streichelte den flachen Bauch, spürte den Rundungen ihrer kleinen Brüste nach und griff endlich nach dem Handspiegel, der neben ihr auf dem Nachtkasten lag. Nachdenklich betrachtete sie ihr Gesicht. Wie sollte sie die Farbe ihrer Augen beschreiben? Grün? Im morgendlichen Licht des Frühsommers waren sie eher hellbraun. Honigfarben, dachte sie, am Morgen honigfarben und am Abend grün wie die einer Katze.

Ihr Mund war rot und voll, die Oberlippe hatte einen sinnlichen Schwung. Sie schob die Unterlippe vor, öffnete den Mund leicht, nur eine Winzigkeit, und war zufrieden.

Albertine schlug die Augen auf und wünschte ihr gähnend einen guten Morgen. »War das nicht eine wunderbare Hochzeit?«

Minni schien nicht so begeistert.

»Ich möchte auch einmal so glanzvoll heiraten!«, schwärmte Albertine, reckte die Arme und verdrehte die Augen. »Der junge Herr von Podewils hat mir gefallen! Vater sagte, er sei sehr begabt fürs Politische und hätte eine große Karriere vor sich. Wie fandest du ihn?«

»Wen?«

Minni hatte nicht zugehört. Albertine richtete sich im Bett auf und betrachtete ihre ältere Schwester kopfschüttelnd. »Er hat fast den ganzen Abend mit mir getanzt, er tanzt himmlisch, und er hätte nur mit mir getanzt, aber das wäre unhöflich gegenüber den Cousinen und den anderen Damen gewesen.«

Minni schwieg. Albertine meinte vorsichtig: »Vielleicht warst du zu streng mit deinem Kavalier? Du hättest dich gut mit ihm amüsieren können, das Billettdoux hättest du leicht ignoriert.«

»Ich lasse mich doch nicht von jedem hergelaufenen Soldaten ankratzen«, sagte Minni giftig. Albertine verstand ihre Schwester nicht.

»Minni, nach dem Gesetz müssen wir uns in Preußen verheiraten. Vater hat wirklich zwei sehr passende Herren mitgebracht, gute Partien, nicht solche …« Sie suchte nach einem passenden Wort.

»Landeier?«, schlug Minni vor. Albertine kicherte.

»Genau! Herren Offiziere, die in Berlin eine gute Karriere erwartet. Baireuth ist ja ganz nett, aber ich will wieder nach Hause, wenn ich verheiratet bin, du nicht?«

»Ich weiß nicht«, sagte Minni, »ich weiß noch nicht, was ich will.«

Das stimmte. Aber Minni wusste nun genau, was sie nicht wollte. Eine reiche Erbin wie sie brauchte keine Versorgungsehe. Warum sollte sie ihr Erbe mit einem Soldaten teilen, der sie eine Menge Kinder großziehen ließ, während er ihre Mitgift in den Offizierskasinos durchbrachte?

Es musste noch etwas anderes geben, etwas Glanzvolles, Großartiges, und es musste mit dieser Macht zu tun haben, die sie auf einmal ausüben konnte. Ein Blick, ein Satz zur richtigen Zeit, und sie konnte einen Mann vernichten oder erhöhen. Daran musste sie arbeiten.

14

AN EINEM SCHEUSSLICHEN REGENTAG machte Sophie sich auf den Weg zur Brucknerin. Wilhelmine kränkelte wie immer bei diesem nasskalten Wetter und hatte sich hingelegt. Sophie hüllte sich in ihr gewalktes Dreieckstuch, das die Nässe am besten abhielt, und eilte aus dem Schloss, die großen Pfützen und die Bäche umgehend, die sich vor den Unrathaufen teilten und die Gassen hinunterflossen. Die Schule war vorbei, sie würde keinen Unterricht stören.

Sie drückte die schiefe Klinke nieder und ging durch den leeren, nach Kindermief riechenden Schulraum. Da trat die Brucknerin aus dem Wohnraum, blass, krank, ein Bündel auf dem Arm, das in schmutzige Tücher gewickelt war. Sie wollte es auf eine der Schulbänke legen, da sah sie Sophie. Ein müdes Lächeln umspielte ihre früh gealterten Züge.

»Ach, das Fräulein Sophie«, sagte die Brucknerin, »da haben Sie sich aber einen traurigen Tag für Ihren Besuch ausgewählt.«

»Ja, das Wetter ist scheußlich«, sagte Sophie, nahm ihr Tuch ab und schüttelte es vorsichtig aus.

»Ein rechtes Sterbewetter.« Die Brucknerin wies auf das Bündel. »Hab es nicht nähren können, die schlechte Luft, die feuchte Kammer, nun ist's mausetot.«

Sophie schaute in das winzige weiße Kindergesicht. Es war runzelig wie das eines Greises. Mit geschlossenen, bläulich schimmernden Lidern verlor es sich zwischen dem schmutzigen Laken. Sophie schossen die Tränen in die Augen.

»Es tut mir so leid … ich hätte früher kommen müssen«, stammelte sie beschämt. Die Brucknerin blickte sie aus trüben Augen an. »Sie hätten's auch nicht retten können, Fräulein, Sie waren gut zu uns, Sie haben mir Arbeit gegeben.«

Heiße Tränen liefen über Sophies Gesicht. Die beiden Kinder traten aus der Tür und musterten sie mit großen Augen. Die Kleine knickste. »Guten Tag, Majestät.«

»Bin keine Majestät!«, rief Sophie voller Seelenqual. »Bin nur eine dumme, kleine Zofe, ach, hätte ich mich doch gekümmert …«

»Der Herr gibt's, der Herr nimmt's«, sagte die Brucknerin. »Das kleine Wurm wird es im Himmel besser haben.«

Sie bedeckte das runzelige Gesichtchen mit dem Tuch und

sagte: »Wir legen's vor die Tür vom Waisenhaus, wir haben kein Geld für eine Beerdigung.«

Die Kinder durften das kleine Bündel noch einmal streicheln, dann befahl die Brucknerin ihnen, den Schulraum zu putzen und die Hirse für die Abendsuppe einzuweichen. Der Lehrer war nicht zu sehen.

Das Waisenhaus, ein imponierendes Gebäude aus hellem Sandstein auf der neuen, feinen Friedrichstraße, hatte nach hinten hinaus einen Gemüsegarten. Die Brucknerin näherte sich dem Gartentor und legte den Finger auf den Mund.

»Besser, Sie gehen jetzt, Fräulein. Was ich tue, ist verboten, sonst kommen Sie ins Gefängnis.«

Sophie schüttelte energisch den Kopf. Wenn das Kind schon nicht beerdigt werden sollte, wollte sie wenigstens an seinem letzten Gang teilhaben.

Die Brucknerin schlich sich durch die geraden Reihen mit großen Kohlköpfen und blühendem Kartoffelkraut, pflückte eine der weißen Kartoffelblüten, legte sie auf das schmutzige kleine Bündel und drückte es noch einmal zärtlich an sich. Dann legte sie es auf die steinerne Stufe vor der verschlossenen Tür.

Sie eilten in die nächste Gasse, die Brucknerin schwankte und hustete. Sophie stützte sie besorgt. Als die Brucknerin sich über den Mund fuhr, war eine Blutspur auf ihrem Handrücken zu sehen. Erschrocken starrte Sophie auf die knochige, abgearbeitete Hand.

»Mich wird's auch bald erwischen«, keuchte die junge Frau, »und dann müssen meine beiden ins Waisenhaus, der Vater kann sie doch nicht ernähren.«

Panisch griff sie nach Sophies Tuch, klammerte sich daran fest und starrte ihr beschwörend in die Augen. »Können Sie die Käthe in der Schlossküche unterbringen? Sie ist so fleißig, die Kleine, sie wird eine gute Hilfe sein, dann hat wenigstens sie ihr Auskommen.«

Sophie wehrte den Klammergriff ab, er war ihr unangenehm.

»Ich will sehen«, sagte sie und hörte selbst, wie lahm und ausweichend das klang. »Ich spreche mit der Köchin«, fügte sie fest hinzu, »aber Sie werden nicht sterben, Brucknerin, wir kriegen Sie schon wieder auf die Beine.«

Die Frau lächelte, als sei sie nicht mehr von dieser Welt.

»Alles«, murmelte sie, »nur nicht das Waisenhaus, die armen Hühnchen.«

Was war an dem Waisenhaus so schrecklich? Alle rühmten es als großartige Tat des verstorbenen Markgrafen. Auch in Berlin hatte der König ein Waisenhaus eingerichtet, um die Kinder von den Straßen zu holen und vor dem Hungertod zu bewahren …

»Verhungern lässt man sie im Waisenhaus auch, nur langsamer«, flüsterte die Brucknerin, »vorher müssen sie spinnen und stricken, den ganzen Tag! Sie bekommen gerade so viel zu essen, dass sie nicht umfallen. Nicht einmal draußen spielen dürfen sie, Arbeit den ganzen Tag! Sie spüren die Sonne nicht und sterben wie die Fliegen an der Auszehrung.«

Sie sah kurz zu Sophie und sagte: »Mein kleiner Engel ist jetzt im Himmel, er kannte nichts Böses, nur Armut. Die Waisenhauskinder, die überleben, die werden bald in St. Georgen im Zuchthaus landen. Sie sind böse geworden wie wilde Tiere von der Arbeit, den Schlägen, dem Hunger und der Bigotterie.«

Sophie war zutiefst erschrocken. Sie musste dringend mit der Markgräfin sprechen, wenn die Untertanen nicht einmal Geld für eine Beerdigung hatten, wenn das Waisenhaus eine Tortur statt ein Segen war.

Die Brucknerin lachte heiser. »Glauben Sie, Fräulein, dass die Herrschaften das Waisenhaus aus christlichem Mitleid eingerichtet haben? Oh nein, für sie ist es ein gutes Geschäft! So billig können sie die Stoffe nirgendwo fertigen, die Direktion hat Verträge mit den Kaufleuten, und wenn die Kleinen nicht nachkommen, setzt es Strafen! Dann weben und spinnen sie bis weit in die Nacht, und wenn sie ihr Soll nicht erfüllen, werden sie zur Strafe aufgehängt.«

»Aufgehängt?«

»Ja, mit dem Kopf nach unten! Ohne Frühstück müssen sie am nächsten Tag weiterarbeiten.«

Sophie konnte es nicht glauben. Das ließ Pfarrer Silchmüller zu, der so fromm war, dass er die unschuldigsten Vergnügen verbieten wollte?

»Passt doch«, murmelte die Brucknerin, »bei den Mönchen hieß es: ora et labora, der Pietist versteht es so, dass das Beten während der Arbeit stattfindet. So bleiben alle dumm, lernen nichts außer frommen Sprüchen, aber fügsam sind sie.«

Inzwischen war Wilhelmine aus einem bleiernen Mittagsschlaf erwacht, der ihr keine Erfrischung gebracht hatte. Als Sophie atemlos und durchnässt hereintrat, stand sie bereits im Ankleidezimmer und begutachtete ärgerlich die vollen Schränke.

»Ach, Sophie, ich finde nichts zum Anziehen!«

Andere haben nichts, sie findet nichts, dachte Sophie erbittert. Stumm knickste sie und zog ein Nachmittagskleid aus dunkelblauem Brokat heraus, dessen Ärmel sie vor einigen Tagen nach der neuesten Mode verändert und mit Spitzen verschönert hatte.

Wilhelmine hielt es an und betrachtete sich vor dem Spiegel. »Ist es neu?«, fragte sie erstaunt.

Sophie schüttelte den Kopf.

»Du hast wieder gezaubert!«, lachte Wilhelmine. Schlagartig besserte sich ihre Laune. Sie ließ sich in die Robe helfen, lobte Sophie für die geschickte Änderung und befahl ihr, die Coiffure zu richten.

Sophie bürstete die Haare der Markgräfin und begann, etwas unzusammenhängend von der schrecklichen Armut der Lehrersfamilie zu berichten. Im Spiegel sah sie große blaue, verständnislose Augen. Als sie von dem toten Säugling erzählen wollte, schritt das Fräulein von Sonsfeld heran, packte sie hart am Arm und zog sie ins Vorzimmer.

»Wie kannst du Ihrer Hoheit von diesen schrecklichen Dingen erzählen! Tote Kinder! Schämst du dich nicht gegenüber deiner Herrin, die todunglücklich und krank vor Scham ist, weil sie keinen Thronfolger gebären kann?«

Sophie traten die Tränen in die Augen. »Ich wollte doch nur …«, stotterte sie.

Das Fräulein sah sie erzürnt an. »Ich könnte dich hinauswerfen! Wie kannst du den Seelenfrieden Ihrer Hoheit dermaßen angreifen! Sie ist schwerkrank!«

»Ich werde gewiss nie wieder davon sprechen!«, versicherte sie, sich die Tränen an der Schürze trocknend. »Bitte! Ich verspreche es!«

Das Fräulein ließ ihren Arm los.

»Das will ich hoffen«, sagte sie und fragte unvermittelt: »Was kann man tun?«

Sophie rieb ihren Arm, der harte Griff hatte wehgetan.

»Die kleine Käthe, die Lehrerstochter«, stotterte sie, »wenn sie beitrüge, die Familie zu ernähren … kann sie in der Schlossküche arbeiten?«

»Damit sie dort alles stiehlt und nach Hause zu ihrer hungrigen Verwandtschaft trägt?«, fragte das Fräulein, aber ihre Stimme klang schon weniger streng.

»Das würde sie niemals tun!«, versicherte Sophie.

So wurde die kleine Käthe Küchenmädchen.

15

Im Juni 1738 befahl König Friedrich Wilhelm seinen Leibarzt zu sich.

Chevalier Daniel de Superville, Enkel eines in den mörderischen Grauen der Bartholomäusnacht nach Rotterdam geflüchteten protestantischen Theologen, studierte in Utrecht Medizin und ging 1722 als Professor der Anatomie und Chirurgie ans Carolinische Gymnasium nach Stettin, wo er auch eine Praxis für seine dort vom König angesiedelten hugenottischen Glaubensgenossen betrieb.

Im Frühjahr 1734 wäre König Friedrich Wilhelm beinahe gestorben. Tabak, Alkohol und die äußerst frugale Lebensweise, die er selbst für gesund hielt, hatten seinen Organen derart zugesetzt, dass er sein Testament machte. Nachdem die Ärzte sich nicht auf eine Behandlungsmethode einigen konnten, schickte Grumbkow nach Superville, dessen guter Ruf zu ihm gedrungen war. Superville kurierte den König, der sich bereits im Grab wähnte, und sicherte sich damit nicht nur die königliche Gnade, sondern begründete seinen Ruf als medizinische Koryphäe. Der König, der sonst keinem »Quacksalber« traute, ließ ihn nicht mehr fort.

Superville war daher sehr erstaunt, als der König ihm nach der Einreibung seiner gichtigen Hände befahl, nach Baireuth zu gehen.

Superville, inzwischen erfahren im Umgang mit dem König, verbeugte sich stumm. Der König hasste Menschen, die ihm mit Fragen oder Einwänden kamen, er würde ihm erklären, was er in Baireuth sollte. Der König hob einen Brief hoch. »Steht nicht zum Besten mit meiner Tochter«, knurrte er.

»Prinzessin Wilhelmine, Markgräfin von Baireuth?«, fragte Superville. Er hatte die schmerzenden Hämorrhoiden des Kronprinzen behandelt und viel von der intelligenten Schwester gehört, deren Geist und Witz ihr Bruder so sehr schätzte, dass er alle anderen Frauen verachtete.

»Geht ins dreißigste Jahr, mein Minneken, ist krank und hat noch keinen Thronfolger geboren. Hat eine dieser Bäderkuren gemacht, kennt Er das?«

»Heiße und kalte Bäder sind eine gute Unterstützung, um die Fruchtbarkeit anzuregen.« Superville formulierte seine Sätze genau so lang, wie der König willens war zu folgen.

»Halte nichts davon«, fuhr der König fort, »Superville, Er soll der Gesundheit meiner Tochter auf die Sprünge helfen. Mag der Teufel wissen, was mit diesem Markgrafen ist, wahrscheinlich fickt er sie nicht richtig.«

Weit davon entfernt, seine derbe Ausdrucksweise zu relativieren, fixierte der König seinen Arzt und fuhr ungeniert fort: »Die Königin, ihre Mutter, hat vierzehn Kinder geboren. Wenn Er meine Tochter in Baireuth behandelt, kann Er sich auch von der Fruchtbarkeit des Markgrafen ein Bild machen, unauffällig, versteht Er? Er wird in zwei Tagen reisen.«

Superville verbeugte sich.

»Und lasse Er sich nicht einfallen, dort zu bleiben! Sobald Er meine Tochter kuriert hat, kehrt Er zurück zu seinem kranken König, hört Er?«

Superville ging, seine Sachen zu packen. Nun sollte er also des Königs Töchterlein zu einem Prinzen verhelfen. Der König hatte in seiner derben Art nicht ganz unrecht. Frauen, die an Kinderlosigkeit litten, waren an ihrem Schicksal oft völlig unschuldig. Superville vermutete, dass das Sperma der Männer verdorben war. Die französische Krankheit grassierte, verbreitet durch galante Höfe wie Dresden, und es gab kein Mittel, die Seuche einzudämmen, die sich wie die Pest ihren

Weg durch ganz Europa bahnte. Der Reisebefehl kam Superville gerade recht. Er brauchte dringend frischen Wind um die Nase. Mit zweiundvierzig Jahren hatte er als Leibarzt des Königs die beste Reputation, die ein Mediziner bekommen konnte. Aber Superville war ehrgeizig. Er hatte über den »Wahren Nutzen des menschlichen Urinbesehens« promoviert, hatte sich mit der Syphilis beschäftigt, er wollte einen Lehrstuhl. Königsberg hätte ihm gefallen, aber der König ließ ihn nicht ziehen. Andererseits stand es nicht gut um ihn, niemand wusste das besser als Superville. Ein Jahrhundert alt könnte er werden mit seiner Rossnatur, würde er Supervilles ärztlichen Rat befolgen. Aber der König ließ nicht von seinen Tabakorgien, und so würden Wassersucht und Gicht ihn in spätestens zwei Jahren dahinraffen.

Der Kronprinz, stets begierig, von Superville genau zu erfahren, wie es um den Alten stand, brannte aufs Regieren und hatte große Pläne. Er würde die Universität wieder beleben, und ihn, Superville, als Dekan für die medizinische Fakultät berufen. Eines stand fest, wenn Superville sich bei der Lieblingsschwester des Kronprinzen beliebt machte, konnte das seiner künftigen Laufbahn nur nützen.

16

WILHELMINE HÖRTE DIE KUTSCHE auf den Schlosshof fahren und schleppte sich mühsam zum Fenster. Friedrich blieb so lange aus. Seit er einen Schlaganfall erlitten hatte, sorgte sie sich um ihn. Es war nur ein leichter Anfall gewesen, der glimpflich mit einer Erschlaffung der Gesichtsmuskulatur ausgegangen war. Sie wollte hören, wie weit die Bauarbeiten auf der Eremitage vorangekommen waren, sich mit Friedrich ausmalen, wie sie ihre Pavillons gestalten wollten. Sie liebte seine schnell hingeworfenen Skizzen.

Als regierende Markgräfin war sie nun auch Intendantin der Hofoper geworden. Natürlich entsprach diese Tätigkeit wieder einmal nicht dem Hofzeremoniell. Dies hatte sie vorausgesehen und den Kanzler Ellrod auf die Ersparnis hingewiesen, die es bedeutete, wenn sie selbst statt eines teuren Intendanten die Leitung übernahm. Beharrlich hatte sie auch einen kleinen Etat durchgesetzt und mit Fantasie, künstlerischer Umsicht und wenig Geld das vernachlässigte Redoutenhaus renoviert und zwei italienische Sänger zu ihrem kleinen Orchester engagiert.

Dann aber war ihr Arbeitseifer durch eine Krankheit nach der anderen zunichtegemacht worden. Am Anfang war es nur ein lästiger Husten gewesen, den sie ignoriert hatte, dann waren Fieberanfälle hinzugekommen, die sie ins Bett zwangen. Die häufigen Aderlässe, die die Ärzte als Allheilmittel anwendeten, schwächten sie zusätzlich.

Wie Achill, dachte sie, er scheiterte an seiner Ferse, und ich, nachdem ich alle Kämpfe siegreich bestanden und diese Oper durchgesetzt habe, scheitere an einem lächerlichen Husten!

Irritiert erkannte sie, dass nicht Friedrichs Equipage auf dem Schlosshof gehalten hatte. Wer war dieser Herr? Der altmodische Pelzkragen wies ihn als Gelehrten aus. Er war etwa zehn Jahre älter als Friedrich, vierzig Jahre, schätzte sie, und er sah sehr gut aus. Mit intelligentem, wachem Blick aus dunklen Augen musterte der Angekommene seine Umgebung. Ob dies der Arzt war? Fedéric hatte ihr den königlichen Leibarzt empfohlen, und sie hatte an den Vater geschrieben und um diesen Superville gebeten, ohne viel Hoffnung, in einer jener schwarzen Stimmungen, die sie jetzt häufig überfielen, und ihre Bitte sofort wieder vergessen.

Das Souper fand in kleinem Rahmen statt. Wilhelmine wollte ihren Gast unterhalten und erzählte von ihrer Kur. »Ems ist ein elendes Nest in den Bergen, nicht einmal zu Schiff können Sie es erreichen!«

Man müsse einen Fischkutter besteigen, um es auf der Lahn, einer Art erweiterten Dorfbach, zu erreichen. Eine armselige kleine Allee diene als Wandelgang für die Brunnentrinker. Bei Regen verwandele er sich tagelang in ein Schlammbad.

»Schweine, Gänse und Hühner leisten einem getreulich beim Kuren Gesellschaft.– Was halten Sie von Brunnenkuren?«, fragte sie ihn, nachdem das Gelächter verstummt war.

Superville wiegte den Kopf. In Berlin musste er sich so kurz wie möglich fassen, hier galt es, geistreich und witzig zu sein.

»Sie soll den Gänsen recht gut, den Schweinen dagegen weniger zuträglich sein«, sagte er trocken. Wilhelmine grinste wie eine Berliner Göre. Er hatte ihren Humor getroffen. Friedrich lächelte amüsiert. Anscheinend hatten sie einen interessanten Medikus gefunden, keinen jener gelehrten Pedanten, die an jedes Wort ihr Latein anhängten und mit ihrem langweiligen und verworrenen Gerede die Patienten vor der Zeit ins Grab brachten.

»Die Herren Ärzte sind Quälgeister«, sagte sie, ihn prüfend ansehend. »Sie sind lästig, wenn es einem gutgeht, und unerträglich, wenn man krank ist.«

Auf Supervilles markanten Gesichtszügen zeigte sich ein feines Lächeln.

»Es ist noch nicht lange her, dass wir Mediziner uns aus dem Dunstkreis der Bader auf den Jahrmärkten freigestrampelt haben. Wir müssen mehr Universitäten errichten, um der Medizin Raum zum Forschen und Experimentieren zu schaffen. Wir wissen ja noch nichts! Die Kirche hindert uns ständig daran, unsere Wissenschaft zu entwickeln.«

Wilhelmine sah rasch ans Ende der Tafel, ob Pfarrer Silchmüller diese freidenkerische Bemerkung gehört hatte. Sie würde ihn leider weiterhin dort dulden müssen, da er mit dem pietistischen dänischen Königshaus, der Großmutter und Tante des Markgrafen, in regem Austausch stand und weil von dort immer wieder dringend benötigte Dukaten kamen.

Leise sagte sie: »Sie werden zwar in Baireuth nicht enden wie Galilei, Monsieur le Professeur, aber vielleicht erläutern Sie uns Ihre Ideen in einem intimeren Kolloquium.«

Am nächsten Tag wollte Superville Wilhelmine untersuchen. Aber sie lachte nur und meinte: »Das hat keine Eile, mein Bester! Heute geht es mir ausgezeichnet, und Sie müssen doch nicht morgen schon wieder abreisen? Ich werde Ihnen mein ehrgeizigstes Projekt vorführen.«

Sie fuhren auf die Eremitage, Grael und Wilhelmine führten Superville herum. Grael ist viel kränker als sie, dachte er mit Blick auf den schmächtigen jungen Baumeister mit dem harten Kindergesicht. Der preußische König macht seine Umgebung krank. Die eigenen Kinder tyrannisiert er, und was ihm nicht passt, lässt er in den feuchten Spandauer Mauern schmachten. Superville sah die nicht ausgeheilte Lungenentzündung, die typische Krankheit der Festungsgefangenen. Aber er schwieg. Grael war fleißig, offensichtlich glücklich mit seiner Aufgabe. Warum sollte er ihn in Panik versetzen mit der Prophezeiung, dass er diese Aufgabe vielleicht nicht zu Ende würde führen können? Letztendlich lag alles in der Hand des Allmächtigen, nicht in der eines schwachen Arztes.

Am nächsten Tag war Musikprobe, und am Abend darauf gab der Markgraf eine französische Komödie.

Am vierten Tag wurde ein kleines Singspiel mit zwei italienischen Sängern aufgeführt, wobei die Markgräfin mit fieberglänzenden Augen am Cembalo saß. Aber sie lachte und erklärte, es ginge ihr blendend.

Am fünften Tag befahl der Markgraf ihn nach Himmelkron, um die neuen Falken zu begutachten, die zur Reiherbeiz eingesetzt werden sollten. Das Tal bot im frischen satten Junigrün einen herrlichen Anblick, und seine Falken schossen wie Pfeile durch die milchige Frühlingsluft und zeigten sich bereit für die Jagd.

»Sie wollen mit diesen kleinen Greifen Reiher erlegen?«, fragte Superville zweifelnd. Träge hockten die großen grauen Vögel mit eingezogenen Hälsen in großen Kolonien auf hohen Weiden. Friedrich lachte. »Warten Sie nur ab bis zum August, Sie werden es erleben.«

Im August werde er nicht mehr in Baireuth sein, gab Superville zu bedenken, der König werde ihn nicht so lange fort lassen.

»Wir werden uns etwas überlegen«, meinte Friedrich gleichmütig. Er schien keine Angst vor seinem Schwiegervater zu haben. Superville beneidete ihn um sein Selbstbewusstsein. Nur ein kleiner Duodezfürst, nicht einmal dreißig Jahre, und er reagierte völlig gelassen auf die Befehle des Königs von Preußen! Nun gut, er hatte die Tochter geheiratet, offenbar durfte er sich Dinge gestatten, die andere außer

Gunst brachten. Dumm war er nicht, von recht guter Bildung, man hatte sich über die Genfer und Utrechter Universitäten ausgetauscht. Superville beschloss, sich diese neue Verbindung zunutze zu machen.

Zwei Wochen verflogen. Wenn Daniel de Superville höflich an seinen Auftrag erinnerte und darum bat, Wilhelmine untersuchen zu können, lachte sie nur und meinte: »Was können wir Besseres tun, als das Leben zu nutzen, Monsieur le Professeur.« Ihre blauen Augen funkelten ihn vergnügt an. »Der Vormittag ist den ernsthaften Beschäftigungen geweiht, der Rest des Tages der Torheit. Sie sehen, es bleibt keine Zeit für derartige Umstände.«

Es sei doch zu ihrem Besten, murmelte er, vor ihrem intensiven Blick verlegen die Augen senkend. Er sah völlig anders aus als alle Männer, die Wilhelmine bisher kennengelernt hatte. Dem preußischen Modediktat entflohen, trug er sein schulterlanges braunes Haar offen, nur von einer Jagdkappe oder einem Dreispitz bedeckt. An der Tafel trug er eine modische französische Perücke. Wie jeder Hugenotte beherrschte er das französische Zeremoniell elegant und selbstbewussst, wenn er es brauchte. Aber er liebte es nicht und streifte es ab wie einen zu engen Justaucorps, wann immer es ihm möglich war. Das ungezwungene Leben in den Niederlanden hatte ihn geprägt, er besaß eine natürliche Höflichkeit.

Es gehe ihr blendend. Als Naturwissenschaftler solle er ihr lieber verraten, ob der leere Raum tatsächlich existiere und was sie sich darunter vorzustellen habe.

»Der leere Raum, horror vacui, ist nach Pascal undenkbar …«

Sie lachte ihn aus und widerlegte ihn mit Descartes.

Er sah, woran sie litt. Sie war hochintelligent, aber es fehlte ihr an geistiger Anregung. Sie war einsam, fühlte sich wie im

Exil. Zweifellos liebte sie ihren Gatten, aber für seine Regierungsgeschäfte interessierte sie sich nur, weil sie als Tochter des Soldatenkönigs gelernt hatte, diese lästige Pflicht zu erfüllen. Einen Erben? Die Prinzessin will kein weiteres Kind, dachte er, auch nicht aus dynastischer Verantwortung heraus.

Baireuth begann Superville zu gefallen. Es schien, als gesunde die Markgräfin durch seine pure Anwesenheit. Er bestand nicht mehr auf der Untersuchung, er bat nur um eine Urinprobe, die er analysieren wolle, und verordnete ihr eine sechswöchige Kur mit Essigwickeln, Schwitzkuren und Bitterkleepulver, um sie von den Fieberanfällen zu befreien.

»Sie können mir nicht helfen, Superville«, sagte Wilhelmine während eines Spaziergangs durch den Wald der Eremitage zur unteren Grotte, »auch wenn Sie ein tüchtiger Arzt sind. Keiner kann mir helfen. Meine Krankheiten rühren von meiner Kindheit her, von den Ungerechtigkeiten und Demütigungen, die ich erfahren musste. Sie kommen und gehen in heftigen Anfällen, so wie die Erinnerungen mich niederdrücken. Schon als Kind erkrankte mein Körper, wenn meine Seele gepeinigt wurde.«

Sie schwieg und strich über den hellen Sandstein der Grottenwände, die Grael wie zerfließende Eiszapfen gestaltet hatte.

»Blattern, Dysentrie, Gelbsucht und Ruhr, Magersucht und Halsgeschwüre waren meine Antworten auf Demütigungen und Grausamkeiten. Sie haben mich geschwächt, mich erwartet kein langes Leben … nein, lassen Sie mich ausreden«, wehrte sie seinen Protest ab. »Meine Untertanen sind grausam. Ich habe ihrem Verlangen nachgegeben und bin zur Kur gefahren, damit ich in der Lage sein würde, einen Erben zu gebären. Deswegen sind Sie doch auch hier, nicht wahr? Mein Vater schickt Sie doch nicht, meinen Schnupfen zu kurieren!« Ihre wasserhellen Augen blickten ihn scharf an. Er schwieg.

»Ich habe Sie mit amüsanten Details meiner Emser Kur unterhalten, aber die schlimmste Demütigung, die ich dort erlebte, gehörte nicht zur Konversation bei Tische.«

Sie setzte sich auf die Brüstung des steinernen Geländers, das das Bassin an der Westseite wie eine Terrasse einfasste, und sah auf das von den Bauarbeiten schmutzige Wasser. Die Skulptur war erst in der vergangenen Woche mit großem Aufwand auf den Sockel in der Mitte geschafft worden. Das bin ich, dachte sie, die nackte Göttin betrachtend, einsam auf einer Insel in der Mitte des endlosen Ozeans, sanft umspült vom Meer, beschützt von mächtigen Seeungeheuern, als Gespielen nur Seepferdchen und Delphine, die meine Sprache nicht sprechen.

Da sprang Folichon auf ihren Schoß und leckte ihr, als habe er ihre Gedanken genau verstanden, übers Gesicht.

»Puh, chien fou!«, rief sie. Superville lachte. Wilhelmine drückte den kleinen Hund an sich und sagte leise: »Der Emser Leibarzt, ein gewisser Zeitz, setzte sich in den Kopf, ich würde nie schwanger werden, falls ich nicht die Bäder nach Art des Darmstädter Hauses nehmen würde. Ich tat es, aber ich konnte sie nur eine Minute aushalten. Diese Bäder waren unerträglich heiß. Sie erfüllten das ganze Zimmer mit Dampf! Ich wollte sofort wieder heraus, aber dieser Zeitz bestand darauf. Und dann sagte er, die Hauptsache wäre doch, dass ich einen Prinzen gebäre. Wenn ich stürbe, gäbe es eben eine Frau weniger.«

Sie schwieg und streichelte den Hund. »Schon bei meiner Geburt wurde ich sehr ungnädig empfangen, da alles leidenschaftlich einen Prinzen wünschte. Einmal hatte mein kleiner Bruder Fedéric meinen Hund geärgert. Ich wollte ihn bestrafen, und dabei kratzte ich ihn an der Wange. Dafür bekam ich die Peitsche! Ich erfuhr schmerzlich, dass nicht ein kleiner Tierquäler bestraft wird, sondern ich, weil ich die Wange des Kronprinzen gekratzt hatte.«

Superville betrachtete die zierliche Frau, die auf der sanft geschwungenen Brüstung des Bassins saß, traurig auf das brackige Wasser schaute und ihren kleinen Hund fest an sich drückte. Der Reifrock stand wie eine Glocke um sie. Sie sah aus wie eine zerbrechliche Porzellanfigur, die jemand abgestellt und vergessen hatte.

Spontan wollte er nach ihrer Hand greifen und sie küssen. Der Hund knurrte und schnappte nach seiner Hand. Wilhelmine sah irritiert von Folichon auf Superville, der seine Hand schnell zurückgezogen hatte. Ihr Blick tauchte in den seinen, in schmale, von einigen Falten umgebene braune Augen. Ein Mann mit einem Blick wie ein Brunnen, dachte sie, dagegen sind Fedéric und Friedrich dumme Jungen. Ein Mann, der die Welt kennt und der ein Ziel hat, ehrgeizig ist er. Seine Projekte will er um jeden Preis realisieren. Wie ich. Ihre Blicke ließen einander nicht los, umtanzten sich, tauchten ineinander, verschlangen sich. Ihr Blick tauchte in die unergründliche Tiefe seiner braunen Augen, seiner in die Unberechenbarkeit ihrer hellblauen Himmelssterne. Längst waren die wenigen Sekunden verstrichen, die Blicke nicht anstößig sein ließen. Aber er wandte sich nicht ab.

»Ich fürchte, ich bin dabei, mich in Sie zu verlieben«, sagte er. Seine Stimme klang ruhig, fast gleichmütig, aber sein Herz klopfte heftig.

Wilhelmine presste den Hund so eng an sich, dass er strampelte und sich befreien wollte, aber sie ließ es nicht zu. Sie errötete nicht einmal, stellte er fest, nein, sie war eher noch blasser geworden, ein Gesicht vom zarten durchscheinenden Weiß einer chinesischen Teetasse. Wie würde sie seine Ungehörigkeit aufnehmen? Der Hund ließ jetzt ein beleidigtes langgezogenes Jaulen hören. Sie ließ ihn zu Boden.

Lange betrachtete sie Superville. Fast ausdruckslos erwiderte er ihren Blick. Er konnte seine Gefühle spontan äußern, aber auch sehr gut verbergen. Da streckte sie die Hand aus und berührte mit den Fingerkuppen seine Wange. Er stand regungslos. So muss es sein, wenn der Blitz einschlägt, dachte er und schloss die Augen. Ihre Hand blieb an seiner Wange, einfach, kühl, ohne Bewegung. Ein winziger Schubs von ihr, und ich falle in dieses grüne Wasser und springe für sie wie ein Delphin für Aphrodite, und ihr spöttisches Lachen wird meine Leidenschaft nicht abkühlen. Ich bin ihr für immer verfallen.

»Die Schwingungen des Äthers übertragen Wärme von Körper zu Körper«, sagte sie und ging.

❧ 17 ❧

MINNI HATTE JEDES DETAIL ihres Auftrittes kalkuliert. Sie trug ein neues Jagdkleid, das sie nach der letzten Mode hatte anfertigen lassen, einen Rock mit einem knappen Jäckchen in hellem Grün und schwarzen Samtaufschlägen an Revers und Ärmeln. Mit den blonden Locken und dem geheimnisvollen Glitzern, das sie neuerdings in ihre Augen legte, war sie eine Erscheinung wie ein Gebirgsbach im Frühjahr.

Langsam, eine zierlich geflochtene kurze Reitpeitsche in der Hand, schritt sie auf den Innenhof von Burg Zwernitz.

Nun würde sie sehen, ob die Galanterie, mit der sie den Leutnant fortgejagt hatte, auch hier wirkte. Eine Jagd mit vielen Männern aller Stände war eine vorzügliche Probe.

Wilhelmine kam im Jagdwagen vorgefahren und sah Minni in der Sonne stehen. Wie schön sie geworden ist, dachte Wilhelmine, aus dem ungelenken Fohlen ist eine rassige junge Stute geworden. Wie bezaubernd sie ist! Sollte ihr jetzt einer ihrer Fauxpas passieren, wird er sicher kein peinliches Schweigen mehr hervorrufen, sondern als Einladung zu galanter Konversation aufgenommen werden. Minni schritt und nahm mit einem gewinnenden Lächeln neben Wilhelmine Platz. Sie küsste Minni, die mit wiegenden Hüften auf den Jagdwagen zugekommen und ihn elegant bestiegen hatte, auf die Wangen und roch hingerissen ihren Duft nach Bergamotte und wildem Flieder. Sie hatte das Mädchen verfeinert und gebildet, Minni war ihr mehr als eine Hofdame, sie war ihr Geschöpf. Wir werden leben wie Artemis und Kallisto, dachte Wilhelmine, und sie ahnte nicht, wie sehr sie mit ihrem klassischen Vergleich bereits die Zukunft beschrieb.

Albertine kam in einem roten Jagdkleid, das ihr nicht besonders gut stand, darauf hatte Minni geachtet.

»Dianas Jüngerinnen auf dem Weg ins Holz!«, lachte Wilhelmine und gab dem Kutscher das Zeichen zur Abfahrt.

Die Jagd auf einen weißen Hirsch war bereits in vollem Gange. Vor der Burg wehten die Brandenburger und Schwedter Fahnen, auf dem Jagdzelt errichtet. Friedrich hatte seinem durch waghalsige Abenteuer bekannten Schwedter Schwager etwas Besonderes bieten wollen und hielt die Jagd nicht in den sternförmigen Schneisen des Jagdgartens ab, sondern im freien Gelände. Voller Stolz führte er seine Meute englischer Jagdhunde vor, für die er im vergangenen Jahr viel Geld ausgegeben hatte. Aufgeregt berichtete der Kutscher, der Markgraf von Schwedt habe sein Pferd in den Sumpf getrieben und sei gestürzt.

»Es ist hoffentlich nichts geschehen?«, fragte Wilhelmine besorgt, aber der Kutscher versicherte, der Markgraf sei nicht zu halten und hetze den Hirsch bereits mit frischem Pferd und den trockenen Kleidern seines Piqueurs.

»Der Markgraf von Schwedt trägt Bauernkleider?«, fragte Minni amüsiert. Die Damen lachten lauthals, da drang die verärgerte laute Stimme des Schwedters zu ihnen herüber: »Kein mutiger Jäger, der es mir bei der nächsten Jagd nicht gleichtut!«

Dies galt offenbar Friedrich. Wie alle schadenfrohen Menschen hatte es der Schwedter nicht gern, ausgelacht zu werden.

»Ich kenne meinen Schwager! Der wilde Markgraf könnte übler gelaunt sein, als es den Anschein hat. Bringt ein standesgemäßes Jagdgewand von der Burg!«, befahl Wilhelmine der Eskorte.

Es wurde bereits Currée gemacht, als die Damen unbemerkt vorfuhren. Knurrend stritten die Hunde um das Gekröse, und der wilde Markgraf war mit dem Bruch gekrönt worden. Nun wollte er das Land sehen und überredete Friedrich zu einem abendlichen Ritt auf die Höhe.

Am Waldrand standen die beiden Reiter, betrachteten das Felsenmeer des fränkischen Landes, seine sanften, von Feldern unterbrochenen Waldungen, und der Schwedter rief: »Hol mich der Teufel, Schwager, wenn du mich nicht auf die schönste Zinne deines Landes geführt hast!«

Als die Herren die Pferde umwandten, fand Minni, dass ihr Auftritt endlich gekommen war. Langsam erhob sie sich im Jagdwagen, alle Glieder streckend, das Schleierchen kokett aus dem Gesicht streichend.

Friedrich starrte auf die meergrüne Schönheit, die ihm erschien wie Diana persönlich. Um chevaleske Lässigkeit bemüht, stieß er den Schwedter in die Seite: »Kommt darauf an, welche Aussicht du meinst, verehrter Schwager!«

Der Markgraf von Schwedt beobachtete hingerissen, wie sich diese Grazie aus der Kutsche schlängelte, und erwiderte lachend: »Mon cher, du lässt dich ja verwöhnen! Erst schnappst du mir die ursprünglich für mich vorgesehene Gattin weg – und Wilhelmine ist nicht die schlechteste! Aber scheinbar reicht dir das nicht!« Vielsagend sah er ihn von der Seite an.

Ich bin kein bisschen verwöhnt, meine Gattin schenkt mir keinen Sohn, und dieses Traumwesen war bis gestern noch ein schlaksiges Gör, dachte Friedrich, während er auf die grüne Schönheit zuschwamm und sie auf ihn, wie zwei Seegräser, die sich gleich ineinander verschlingen würden, vielleicht hat der Schwager recht und ich sollte mich ein wenig verwöhnen lassen.

Ca va, dachte Minni zufrieden. Sie atmete tief durch und bewegte sich in jenem neuen Gang, den sie sich angewöhnt hatte, genau drei Schritte von der Kutsche weg, scheinbar nur, um zur Seite zu treten und der Prinzessin den Vortritt zu lassen, in Wirklichkeit aber, um die Wirkung jener hingeschlängelten Schritte zu prüfen. Mit gesenkten Lidern blieb sie stehen. Wilhelmine ging an ihr vorbei auf den Mann ihrer Schwester Sophie zu und sagte lächelnd: »Da dich, mein lieber Jean, deine Hausfrau im Stich lassen muss, habe ich für dich gesorgt.«

Sie griff nach dem Kleiderpacken und überreichte ihn dem Überraschten, der mühsam seine Augen von der Jagdgöttin losriss.

»Das ist zu viel schwägerliche Liebe, Wilhelmine! Du gleichst deinem Bruder nach einer gewonnenen Schlacht, der unwiderstehlich die Herzen aller zu gewinnen weiß.«

Die letzten Worte richtete der Schwedter an die gesenkten Lider der grünen Schönheit, die sich jetzt hoben. Honigfarben sahen ihre Augen zu ihm auf, ohne dass ein Lächeln die leicht geöffneten feuchten Lippen verzog. Der Anblick nahm ihm fast den Atem. Wilhelmine entging dies in ihrer Freude, mit ihrem geliebten Bruder verglichen zu werden. Kokett meinte sie: »Du willst mich mit Elogen abspeisen! Davon will ich nichts hören, ehe du mir nicht erzählt hast, wie es zuging, dass ich dich in einen unserer lieben Untertanen verwandelt finde!«

Schlagartig wurde dem Schwedter sein bäuerisches Aussehen bewusst. Verdammt! In diesen dicken ledernen Pluderhosen, mit der scharlachenen Weste und dem abgeschabten blauen Tuchrock sah er aus wie ein Narr, und das vor dieser grünen Göttin! Und jetzt sollte er auch noch von seinem Sturz in den Schlamm erzählen. Wilhelmine war wirklich wie ihr Bruder, in einem Moment von gewinnendem Charme, im nächsten von jener Taktlosigkeit, die den anderen schamlos zum Objekt des Spotts degradiert. Er dachte nicht daran, seinen Jagdunfall vor den Augen dieser meergrünen Jungfrau zum Besten zu geben.

Kurze Zeit später erschien er im eleganten Jagdanzug im Zelt. Die Blicke genießend, die er nun einheimste, schwang er den mit dem Eichenbruch verzierten Dreispitz über dem Kopf und brachte temperamentvoll aus dem Stegreif einen Toast aus: »Der weiße Hirsch mit seiner Pracht / hat mich tief in den Schlamm gebracht.

Doch mit dem Humpen voll Burgunder/ Blick ich lustig nach Baireuth hinunter,

wo unser Schwager Friedrich thront /und die liebe Wilhelmine wohnt.

Für beide sei dieser Trunk gebracht / so freudig, wie die Sonne lacht!«

Hochrufe und Gelächter antworteten ihm von allen Seiten, in lebhaftem Gespräch saß die Jagdrunde beisammen, trank und speiste.

Wilhelmine war neugierig auf die wilde Schönheit der Landschaft geworden. So lud sie nach beendigtem Diner die Gesellschaft zu einer Promenade ein, zur Aussicht, die der Schwager so bewundert hatte. Dieser ließ sich auch nicht lange bitten, als er sah, dass seine von fern Angebetete Anstalten machte, dem Vorschlag der Herrin zu folgen.

»Muss es sein, meine Liebste?«, maulte Friedrich. »Heute habe ich genug getan, und nicht einmal einen Bruch dabei verdient!«

Wilhelmine appellierte an seine Pflichten als Gastgeber und strich ihm sanft über die Wange: »Jean macht sich bereits auf den Weg!«

»So viel Schönheit kann er nicht widerstehen«, gähnte Friedrich.

»Ja, aus Minni ist eine Schönheit geworden, nicht wahr?«, sagte Wilhelmine begeistert. Er betrachtete seine Frau misstrauisch. Seit wann waren Frauen von der Schönheit anderer Frauen begeistert? Aber sie sah ihn mit ehrlichem Entzücken an und fügte hinzu: »Ich bin richtig ein bisschen in sie verliebt! Pesne muss ihr Bildnis malen für meine Galerie von Schönheiten!«

»Ich dachte, du sammelst nur heroische Frauen, Roms opferbereite Matronen par exemple!«

»So wie du himmelblaue Szenen aus dem Leben Alexanders des Großen!«

Sie lachten über ihre Einfälle, mit denen sie begonnen hatten, die Eremitage auszugestalten, blickten sich an und genossen ihre Vertrautheit. Er nahm sie bei der Hand, und sie folgten dem bergbachgrünen hüftschwingenden Wesen, das neben dem Schwedter schwebte. Ein Wink Friedrichs ließ auch den Schenk mit Wein und einem Korb voller Gläser folgen. Weiße Kalkfelsen ragten zwischen den Bäumen hervor, plötzlich öffnete sich vor den Spaziergängern ein riesiger Monolith zu einer Steinhöhle, zu einer bizarr geformten Felsenhöhle. Die menschenhohe Öffnung war unter Moos und Efeu kaum zu erkennen.

»Wie wundervoll«, rief Wilhelmine, »wenn die Götter singen und musizieren, dann tun sie es hier!«

Minni stieß Albertine an, sie tuschelten ein wenig, schließlich stellten sie sich in die steinerne Wölbung und sangen ihr Duett, das sie seit vier Jahren auswendig konnten. Da standen sie, im roten Gewand die eine, im lindgrünen die andere, sanft und rundlich die eine, schlank und biegsam die andere.

Die kleine Gesellschaft lagerte vor dem riesigen, bizarr geformten Felsen und applaudierte den beiden jungen Frauen reichlich.

Ein Naturtheater in einem Felsengarten, überlegte Wilhelmine, eine einsame Frau, die eine Arie singt, und aus der Höhle antwortet der unglückliche Orpheus …

Von Gesang und Wein angespornt, gab nun der Schwedter sein Jagderlebnis zum Besten. »Hilflos steckte ich bis zu den Schultern im Schlamm! Zu allem Überfluss hat mich dein Gatte auch noch ausgelacht!«, rief er, an Wilhelmine gewandt, anklagend aus.

»Mit Stangen haben wir ihn aus dieser Charybdis gezogen!«, lachte Friedrich.

Charybdis, das ist es, dachte Wilhelmine. Der riesige Felsen links ist Skylla, der rechte Charybdis. Dieses Felsenmeer mitten im alten Gebirge bildet die erstarrte Ägäis, aus der Ithaka und die anderen Inseln herausragen. Hier ist auch die Grotte der Calypso und der Sitz des Pan, Herrscher über Arkadien. Wilde Natur, die Kunst muss nur wenig nachhelfen, hier auf den Belvederefelsen ein kleiner Pavillon, dort eine steinerne Treppe zu einer chinesischen Pagode, hinter den Felsen ein steinernes Theater aus uralten Zeiten, zu dem ein verschlungener Pfad führt.

Plötzlich begriff sie die langatmigen Ausführungen des verstorbenen Markgrafen zu Fenelons Telemachroman. Hier, in diesem erstarrten Meer, ersteht die Reise des Telemach neu, dachte sie, der moralische Fürstenspiegel verwandelt sich in eine abenteuerliche Reise, wie eine langweilige Jungfrau zur aufregenden Kurtisane …

Minni war zwischen die Felsen geschritten, die sie einrahmten wie ein wuchtiger Steinrahmen eine zarte Federzeichnung. Die Blicke aller Augenpaare wohlig im Rücken spürend wie eine Katze die erste warme Frühlingssonne, hob Minni ihren Pokal und rief aus: »Welch eine Schönheit! C'est sans pareil!«

Einige Augenblicke herrschte Stille. Dann schwang der Schwedter seinen Dreispitz und rief: »Sanspareil! So wollen wir dieses herrliche Fleckchen Erde nennen, nicht wahr, Schwager! Sanspareil! Nicht wahr, meine liebe Wilhelmine!«

Mit steifen Gliedern fiel der Markgraf von Schwedt am Abend auf die weichen Polster von Friedrichs Equipage. »In der Tat, ein herrliches Stück Land, dieses Sanspareil. Man könnte ein ideales Liebesnest daraus machen, was?«

Er brauche kein Liebesnest, erklärte Friedrich geduldig, dem das Lauernde der Frage nicht entgangen war. Der Schwedter lachte schallend. »Noch nicht! Du hast die Blicke der Schönen nicht gesehen!«

»Welche Blicke?«, fragte Friedrich irritiert. Der Schwager kam ob dieser für ihn nur gespielten Naivität aus dem Lachen nicht mehr heraus.

»Deine Schöne hat mir auch nicht einmal ein Lächeln geschenkt. Ihre zärtlichen Blicke galten nur dir! Angehimmelt hat sie dich! Hör auf, den Unschuldigen zu spielen!«

Friedrich gab es auf, dem Schwager zu widersprechen. Der wollte unbedingt eine Oase in der Wüste sehen, und, so seufzte Friedrich innerlich, wie sollte er einem Verdurstenden die Fata Morgana ausreden. Außerdem war Friedrich durchaus empfänglich für die Schönheit des weiblichen Geschlechts. Nach der schlechten Erfahrung bei der Neuberin hatte er allerdings nicht an Bayreuther Süßigkeiten genascht. Mal in Pasewalk, mal in Berlin fanden sich stets freundliche, verschwiegene Mädchen, die mit dem gut aussehenden jungen Prinzen gern ein Schäferstündchen verbrachten. Aber seit seinem Schlaganfall war seine Eitelkeit angeknackst. Wirkte er tatsächlich auf Minni anziehend? Hatte sie ihn wirklich angehimmelt?

Der Schwedter neigte sich nach vorn und sah Friedrich in die Augen: »Wenn du allerdings eine Ehe zur linken Hand eingehen willst wie unser Ansbacher Schwager ...«

»Eine morganatische Ehe? Hör auf! Wir sind doch keine Türken!« Friedrich war jetzt ernsthaft verärgert.

Der Schwedter nahm es ihm nicht übel. Er wolle keine Vielweiberei einführen, aber man müsse an die Erben denken. Die werten Gattinnen seien zwar Königstöchter, aber anspruchsvoll und nicht besonders gebärfreudig.

Friedrich fuhr auf, dies ging ihm zu weit.

Aber Jean ließ sich nicht beirren. »Deine Nachkommen wollen dieses herrliche Land einmal erben und bestellen. Ein verschwiegenes Jagdschlösschen reicht dann für eine anspruchsvolle Mätresse und eure gemeinsamen Kinder nicht mehr.«

Er klopfte Friedrich wohlwollend aufs Knie. »Warum lässt du dir deine Ansprüche nehmen, lieber Schwager? Du kommst mit unserem königlichen Schwiegervater doch recht gut aus!«

Friedrich hatte keine Ahnung, worauf Jean hinaus wollte.

»Jülich und Berg!«, meinte dieser triumphierend. »Mit einem solch einträglichen Herzogtum kann man einer Schönheit von Stand doch etwas bieten! Und es steht dir zu, mein Bester, das ist völlig klar. Hole es dir! Die Brandenburger Kurlinie hat einen Hang zur Piraterie, Fritz wird sich alles unter den Nagel reißen, wenn entschlossene Reichsfürsten ihn nicht daran hindern!«

Jülich und Berg. Nachdenklich betrachtete Friedrich den Schwager. Für eine Mätresse, das war natürlich Unsinn. Aber mit dem Anspruch hatte der Schwedter recht. Vor zehn Jahren hatte Kaiser Karl VI. dem König die Erbansprüche auf das einträgliche Herzogtum für die Anerkennung der pragmatischen Sanktion versprochen. Friedrich Wilhelm hatte seine Unterschrift unter den Vertrag gesetzt, der Maria Theresia, der einzigen Tochter Karls VI., die Thronfolge ermöglichte. Aber dann hatte der Kaiser die Erbansprüche den Pfalzgrafen geschenkt, ein unerhörter Vorgang. Der König von Preußen konnte das nicht einfach so hinnehmen, und eigentlich war er, Friedrich, der rechtmäßige Erbe.

Der Schwedter sah aus dem Fenster hinaus. Ein guter Tag lag hinter ihm. Eine erfolgreiche Jagd, auf der er einen Zwölfender erlegt hatte, und er hatte Friedrich angestachelt, sich beim König unbeliebt zu machen. Seit dem kaiserlichen Vertragsbruch reagierte der König schon auf die Erwähnung des einträglichen Herzogtums allergisch. Er hätte die Erbfolge mit Waffengewalt gegen den Widerstand sämtlicher europäischer Großmächte durchsetzen müssen. Wenn ihn sein naseweiser Schwiegersohn daran erinnerte, würde er einen seiner berühmten Wutanfälle bekommen.

Das setzte ihn selbst in Gunst, und die Gunst des Königs brauchte der Schwedter, der ständig in Geldnöten war. Diesem Kulmbacher Friedrich ging es einfach zu gut. Er hatte die Kronprinzessin geheiratet, hielt sich eine schöne Geliebte, englische Jagdhunde und prächtige Pferde, das konnte doch diese felsige Markgrafschaft nicht alles hergeben! Er hätte

nicht gedacht, dass die Baireuther in solchem Wohlstand lebten. Allein der Burgunderwein musste ein Vermögen gekostet
haben, und die Roben der Damen! Mit der Forderung nach
Jülich und Berg hatte er seinem Schwager einen hübschen
Floh ins Ohr gesetzt. Der Schwedter Markgraf betrachtete
seine Hände und lächelte zufrieden.

❧ 18 ❧

»Ich ersticke! Hilfe, ich ersticke! Helft mir doch!«

Ein weiterer Anfall warf Wilhelmine nieder. Ohnmächtig sank sie auf die Kissen. Sie hatte Magenkrämpfe, nichts
behielt sie bei sich, nicht einmal die kräftigende Rindsbrühe,
die das Fräulein ihr löffelweise einflößte.

Das Fräulein tupfte die Schweißtropfen von Wilhelmines
Stirn und beruhigte den Markgrafen, der voller Verzweiflung
seine Frau an sich reißen wollte in der schrecklichen Gewissheit, dies seien ihre letzten Worte gewesen.

»Die Ohnmacht ist eine Gnade Gottes, sie erspart uns weitere Schmerzen«, beruhigte das Fräulein, und empfahl, nach
Superville zu schicken, der sei der einzige Medicus, dem Wilhelmine vertraue. »In ihrer Kindheit kamen Ärzte nur als

väterliche Bestrafung und verschlimmerten ihre Krankheiten. Wenn sie nichts finden konnten, behaupteten sie, die Prinzessin simuliere, und wenn sich herausstellte, dass sie an einer lebensgefährlichen Seuche litt, war ihr Zustand bereits so schlimm, dass die Ärzte sie aufgaben … Ach, es ist ein Wunder Gottes, dass ihr zarter Körper all das überlebt hat!« Das Fräulein wischte sich die Tränen aus den Augen, um die sich in der sorgenvollen Zeit feine Falten wie Risse gebildet hatten.

»Ich bin schuld!« Friedrich warf sich auf den zierlichen Sessel neben dem Bett, ohne Wilhelmines Hand loszulassen. »Ich hätte sie nicht mit meinen Staatsproblemen belasten dürfen!«

Das Fräulein schüttelte den Kopf. »Nein, Hoheit, es ist nicht Ihre Schuld. Sie hat sich die Informationen über den Kanzler Ellrod selbst beschafft, sie wollte wissen, was geschehen ist.«

Zärtlich strich sie ihrem Liebling über das blasse Gesicht, strich die nassen verwirrten Haare aus der Stirn.

»Die Wahrheit wird sie niemals töten, nur Heimlichkeiten und Verschwiegenheiten.«

So kam Superville im Frühjahr 1739 wieder nach Baireuth. Er kam eilig, mit verwundeter Seele und geknicktem Ehrgeiz. Er hatte sich in einer Diagnose geirrt, der Kronprinz hatte ein Spottgedicht auf ihn verfasst, und ganz Rheinsberg mit seinen geistreichen Spöttern hatte über ihn gelacht. Er schwor sich, den preußischen Dienst zu quittieren, bevor der Kronprinz König wurde. Seine Zukunft lag in den Niederlanden, vielleicht auch in Baireuth, man würde sehen.

Flüchtig klopfte er den Reisestaub aus den Kleidern, ließ er sich ein Becken mit heißem Wasser bringen, wusch sich zum Vergnügen der Dienerschaft sorgfältig die Hände mit jener Seife, die der Markgraf für seine Bedürfnisse eigens aus Genf kommen ließ. Dann befahl er nicht nur, das Wasser wegzuschütten, sondern überwachte den Vorgang zum Entsetzen aller, die die kostbare Lauge gern für ihre Säuglinge daheim benutzt hätten. Dann befahl er, Wasser abzukochen, und betrat das Krankenzimmer.

Wilhelmine lag halb aufgerichtet, den Rücken mit vielen dicken Kissen abgestützt, in ihrem Himmelbett. In Vorfreude auf seine Ankunft hatte sie sich von Sophie das Gesicht weiß pudern und Rouge auftragen lassen. So blickte ihm aus hellblauer Seide ihr Gesicht wie das einer marmornen Nike mit fieberglänzenden Augen aus einem wolkenlosen Himmel entgegen. Aber Superville blickte hinter die Schminke und sah sofort, wie es um sie stand. Erschrocken stellte er fest, dass ihr Zustand schlechter war als im Sommer vor der Kur, die er ihr verordnet hatte. Was war im Winter geschehen?

Wilhelmine sah die Besorgnis in seinen Augen. Schweigend reichte sie ihm eine kraftlose Hand, die er küsste und sein artiges Kompliment machte. Dann schickte er alle hinaus, nicht einmal das Fräulein wollte er dulden.

»Lassen Sie einen Zwiebelbrei kochen und in einem sauberen Leintuch herbringen«, beschied er das Fräulein, das ob des Befehlstones ihre Augenbrauen fast bis zum Haaransatz hochzog. Sonsine hatte sich noch von keinem Quacksalber vertreiben lassen, es entsprach ganz und gar nicht der Etikette, eine Dame von Stand bei der ärztlichen Untersuchung allein zu lassen.

Aber Superville fügte sanft hinzu, dass nur sie in der Lage sei, persönlich zu überwachen, dass das Gewünschte in sauberem und heißem Zustand hier ankäme. Ein Blick aus seinen braunen Augen und ein weiches »S íl vous plait« ließ jeden Einwand des Fräuleins wie Schnee in der Sonne schmelzen.

Er schloss die Tür hinter ihr und fragte ohne Umschweife: »Was ist geschehen?«

»Krank bin ich, ich habe Krämpfe im Magen, behalte die mildeste Nahrung nicht bei mir, und ich kann kaum atmen, ohne zu ersticken …«

»Das sehe ich«, sagte Superville ruhig. Wilhelmine schwieg überrascht. Dann kamen ihr die Tränen. Er eilte ans Bett, murmelte Beruhigendes, nahm sie in den Arm, so gut es ging in diesem mit Kissen vollgestopften Bett. Halb lag sie zwischen den Decken, halb lag sie in seinen Armen und weinte, als könne sie nie wieder aufhören. Ihr Körper wurde von heftigen Stößen durchgeschüttelt, ihr Atem ging rasselnd. Stumm hielt er sie, spürte ihre Zartheit und den ausgezehrten Körper, dessen Leichtigkeit ihn erschreckte. So heilen können, dachte er, die Hand auflegen, im Arm halten, und danach ist der geliebte Mensch gesund, das wünsche ich mir. Was sind wir Menschen bei aller Aufklärung und Vernunft, bei allem Fortschritt der Wissenschaften für schwache Wesen. Wie hilflos sind wir dieser Welt ausgesetzt, die ein grausamer Gott regiert. Immer wieder streichelte er ihren Rücken, und er hatte das Gefühl, sie schon ewig zu kennen und zu lieben, obwohl er sie zum ersten Mal berührte. Endlich ließen die heftigen Schluchzer nach. Wilhelmine wurde ruhig, ließ sich halten, machte keine Anstalten, sich aus seinen Armen zu befreien.

Er schob sie sanft von sich und reichte ihr ein sauberes Tuch. Beschämt schniefte sie, murmelte, dass sie wohl furchtbar aussehe, was er bestritt, und dann brach es aus ihr heraus: »Er weiß sich nicht zu raten! Nichts weiß er, und er ist doch der regierende Markgraf! Ich dachte, er habe alles studiert und im Ausland gelernt, was man zum Regieren wissen muss, aber er weiß nicht das Geringste! Wir sind ruiniert! Wenn das mein Vater erfährt!«

Sie erzählte ihm von Friedrichs Bemühungen, mit neuen Besen zu kehren. Er hatte den alten Finanzminister seines

Vaters durch Andreas Ellrod, einen zweifellos klugen und geschäftstüchtigen jungen Menschen ersetzt. Sie waren sehr glücklich gewesen, dass Ellrod im Handumdrehen Außenstände eingetrieben hatte, mit denen ein großer Teil der überall in der Markgrafschaft begonnenen Bauarbeiten finanziert werden konnte.

Vier Jahre war alles gut gegangen, aber dann folgten die Anfeindungen.

»Das scheint normal, nicht? Ein junger ehrgeiziger, begabter Mann in dieser Position muss notwendig Neider haben, zumal seine talentierten Brüder ebenfalls am Hofe sind, alle haben in Jena studiert«, erklärte Wilhelmine, Superville aus geröteten, leergeweinten Augen anblickend. Das Finanzministerium fühlte sich durch den Einfluss der Familie Ellrod in seiner Autorität beschädigt und behauptete, dass die Leute ihre Besoldung nicht erhielten.

Nach einem weiteren Hustenanfall erklärte Wilhelmine leise: »Der Markgraf war darüber sehr aufgebracht und gab ihnen eine ziemlich derbe Antwort. Aber ich zog heimlich Erkundigungen ein und erfuhr, dass es stimmte!«

Sie holte tief Luft. »Ellrod hat seit einem halben Jahr die Hofangestellten nicht mehr bezahlt, und, viel schlimmer noch: Er verschacherte Ämter an die Meistbietenden!«

Stumm und aufmerksam hörte Superville zu. Also sie hatte den Stein ins Rollen gebracht und die Affaire aufgedeckt. Kein Wunder, dass sie bei ihrer schwachen Konstitution krank geworden war. Er ärgerte sich über die Unfähigkeit des Markgrafen.

»Man muss Ellrod Gerechtigkeit widerfahren lassen«, fuhr Wilhelmine erregt fort, »er hat uns große Dienste geleistet, sowohl in inneren wie in äußeren staatlichen Angelegenheiten. Darum genoss er das Vertrauen des Markgrafen in so hohem Maße. Denken Sie nur, Superville, wir sind zwei, teilweise drei Quartale mit der Besoldung im Rückstand! Wovon sollen wir die Leute bezahlen? Von weiterer Verschuldung? Wenn ich das nicht gemerkt hätte! Und der Markgraf weiß sich nicht zu helfen!«

Er blickte auf ihr blasses Gesicht und die verwirrten Haare. Es ist weniger die Finanzpolitik, es ist das schwarze Loch, in das sie gefallen ist, dachte er. Zum ersten Mal hat sie die Schwäche ihres Gatten bemerkt, sein hilfloses Bemühen, es jedermann recht zu machen, seine zögerliche Art, Entscheidungen zu treffen. Der Markgraf ist ein charmanter Bursche, nicht dumm, aber seiner Aufgabe nicht gewachsen. Jetzt ist sie völlig allein, da helfen ein paar oberflächliche Hofdamen nicht weiter, auch ein ergebenes altes Fräulein nicht.

Wilhelmine genoss die beruhigend sachkundige Umsicht von Supervilles Händen. Klaglos ertrug sie den heißen, stinkenden Zwiebelumschlag auf ihrer Brust und wartete angstvoll auf seine Diagnose.

»Hoheit, Sie haben sich im Winter eine Lungenentzündung zugezogen, die Sie wohl nur für eine Erkältung hielten. Alle anderen Beschwerden rühren daher. Sie brauchen ein mildes, trockenes Klima, um Ihre Lungen auszuheilen.«

Italien, murmelte Wilhelmine hoffnungsvoll. Ein Winter in Italien! Einmal nicht frieren, einmal nicht dieser scheußlichen feuchten Zugluft ausgesetzt sein, einmal fort von allen unangenehmen Problemen! Rom sehen, die antiken Städte, die Via Appia …

»Das Land, in dem goldene Äpfel wachsen, deren Genuss ewige Jugend und Schönheit bewirkt … das Land der Hesperithusa …« Ein Hustenanfall setzte ihrer Schwärmerei ein Ende.

Superville schüttelte den Kopf. »Die strapaziöse Reise über die Alpen wäre Ihr Tod. Frankreichs Süden wäre ideal, Montpellier oder Toulon, aber …« Er verstummte. Diese Kur war teuer, sie käme zur Unzeit. Sie verstand.

»Wenn wir behaupten, diese Kur ermögliche die Geburt eines Prinzen?«, schlug sie listig vor.

Superville trat an ihr Bett. »Darf ich offen sprechen, Hoheit?«

Sie nickte, legte aber den Finger auf den Mund. Kein Diener sollte sie belauschen und am nächsten Tag in der ganzen Residenz ausstreuen, was der neue Medicus über die Infertilität der regierenden Markgräfin gesagt hatte.

Eine Schwangerschaft sei bei ihrer jetzigen Konstitution ihr sicherer Tod, erklärte Superville, erst müsse sie vollkommen gesund sein. Kalter Schweiß sammelte sich auf Wilhelmines Stirn. Sie zwang sich, nicht an Michelangelo und italienische Opern, an das antike Rom und schöne Landschaften zu denken, sondern an feuchte Wickel, Inhalationen, Brunnen und Promenaden. Sie wandte den Kopf zur Seite und blickte direkt auf das Bild ihrer Mutter. Verächtlich sah der Basedowblick auf sie herunter. Vierzehn Kinder, schien sie zu sagen, lächerlich! Und meine Tochter kann nicht einmal einen Prinzen gebären.

Sie musste alles tun, um einen Sohn zu bekommen, niemand würde sie sonst respektieren. Sie würde so verächtlich behandelt werden wie ihre Ansbacher Schwester, die jeden Hofschranzen wegen jedem Kreuzer um Erlaubnis fragen musste, nachdem ihr einziges Kind gestorben und die Liebe ihres Gatten erkaltet war.

Superville war ihrem Blick gefolgt. Er betrachtete das Porträt der imposanten Königin und ahnte, was in Wilhelmine vorging. Sachlich erläuterte er: »Infertilität der Frau ist nur eine der möglichen medizinischen Ursachen für das Ausbleiben der Schwangerschaft. Der Unfruchtbarkeit des Mannes wird viel zu wenig Beachtung geschenkt. Es ist aber auch möglich, dass Männer, beispielsweise durch Krankheit …«

Weiter kam er nicht. Wilhelmine war herumgefahren.

»Schweigen Sie!«, zischte sie ihn an. »Sie vergessen sich! Sie sind eifersüchtig! Wir halten Jalousie nicht für eine verdienstvolle Eigenschaft! Wir versichern Ihnen, dass der Markgraf vollkommen gesund ist, und …«, schamrot rang sie um die richtigen Worte, »… der Markgraf ist ein wundervoller Liebhaber.«

Superville errötete ebenfalls. Statt Trost zu spenden hatte er ihren Stolz verletzt. Wenn sie ihm im Pluralis Majestatis antwortete, hatte er in ein Hornissennest gegriffen. Das Thema war heikel, und am schlimmsten war es, wenn sich Empörung mit Unkenntnis mischten. Die markgräfliche Potenz hatte mit Unfruchtbarkeit nicht unmittelbar zu tun, das war schwer zu vermitteln. Schnell erhob er sich, machte eine tiefe Verbeugung und entschuldigte sich untertänigst. Sie schwiegen.

Warum werde ich nicht schwanger, grübelte sie, seit Friedrich aus diesem Krieg zurück kam, ist meine Liebe zu ihm zärtlicher denn je. Aber … Wenn sie ehrlich in sich hineinhorchte, wollte sie kein weiteres Kind. Was, wenn es wieder ein Mädchen würde? Was hatte Superville ihr mitteilen wollen? Sie trüge keine Schuld daran? Gnädig hob sie die Hand. Er solle fortfahren.

Er verordne ihr eine Kur in Frankreich, und, damit sie finanziert werden könne, verordne er dem Markgrafen Monsieur Hartmann, erklärte Superville. Fragend sah sie ihn an. Wer war Monsieur Hartmann?

Hartmann stand als Finanzexperte im Dienst des Königs in Berlin. Der Vater würde also aus erster Hand von der Baireuther Misswirtschaft erfahren. Dann würde er natürlich auch ihre Reise ablehnen. Müde sagte sie, die Augen schließend: »Verordnen Sie, mon cher professeur, der Markgraf wird Ihnen dankbar sein, der König weniger. Sie sind viel mehr als ein Arzt, Sie sollten als Kammerherr bei uns bleiben.«

Er lächelte: »Bis dahin werden Sie jeden Nachmittag mit einem heißen Zwiebelumschlag auf der Brust ruhen, und wegen Ihres empfindlichen Magens werde ich mich mit der Hofküche absprechen. Es wird Ihnen nicht schmecken, aber es muss sein. Keine Schokolade, keinen Kaffee, keinen Wein.« Wilhelmine verzog das Gesicht.

Noch immer in Reisekleidung, stürmte Superville in die Hofküche und fragte laut, ob die Untertanen eine gesunde einer sterbenskranken Landesfürstin vorzögen. Den Schreck benutzte er zu einem Vortrag über Händewaschen vor der Zubereitung von Speisen. Er befahl, Speisereste und Unrat zu entfernen, das Geschirr mit frischem heißem Wasser auszuspülen, Tücher, die für Ihre kranke Hoheit benutzt würden, auszukochen und die Krankenkost, die er verordnen würde, ohne Verunreinigungen zuzubereiten und sich diese wertvolle Gewohnheit auch für Gesunde zu eigen zu machen, damit diese erst gar nicht erkrankten. Vom erschrockenen Oberhofküchenmeister ließ er sich die Einhaltung seiner Regeln bestätigen und schloss mit einem scharfen Blick in die Runde: »Jede Verletzung dieser Regeln wird strengste Bestrafung nach sich ziehen!«

Dann eilte er ins Audienzzimmer des Markgrafen.

»Die Markgräfin braucht Abstand von diesen politischen Aufregungen«, erklärte Superville ernst, »und sie wird hier in diesem Klima nicht gesund. Wenn Sie einen Erben wünschen, muss sie erst zu Kräften kommen. Zum jetzigen Zeitpunkt wäre eine Schwangerschaft ihr sicherer Tod.«

Friedrich erklärte, dass er nicht auf einem Erben bestehe. Es seien die Untertanen und das Landschaftskollegium, das die Erbfolge gesichert sehen wolle. »Die Gesundheit meiner Gattin geht mir vor, auch bin ich bin sehr glücklich über meine Tochter, ich liebe sie sehr.«

Superville hatte im vergangenen Jahr erlebt, wie liebevoll Friedrich die sechsjährige Friederike das Reiten gelehrt hatte, wie sorgfältig er ihre Lehrer auswählte. Es war ein Jammer, dass die Erbfolgen auf die männliche Linie beschränkt waren. Aus dieser Prinzessin könnte eine vorzüglich gebildete, umsichtige Landesfürstin werden, besser als mancher Fürst, der sein Erbe im Spiel, auf der Jagd und mit Mätressen verschleuderte. Aber eine »pragmatische Sanktion«, die seine einzige Tochter auf den Thron hob, brachte nur der Kaiser mit vielen Bestechungsgeldern und politischen Versprechungen zustande. Den kleinen Reichsfürsten sahen die Regenten mit Genuss beim Aussterben zu, um deren Länder zu annektieren.

Superville wiederholte, wozu er Wilhelmine geraten hatte.

Friedrichs Augen leuchteten auf. »Ich würde ihr so gern Flandern und Frankreich zeigen, aber ...«

Seine Stirn bekam die bekannte Falte über der Nase. Der König werde seine Einwilligung nicht geben, und die Landstände würden die Mittel nicht bewilligen. Aus seiner Privatschatulle könne er keine Reise finanzieren.

Damit war auch das peinliche Thema Geld angeschnitten, und Superville nutzte die Gunst des Augenblicks, um Hartmann zu empfehlen. Dieser sei ein wahres Finanzgenie, versicherte er dem Markgrafen, und er sei sicher, dass der König ihn beurlaube, um Ellrods Umtriebe unparteiisch zu untersuchen. Dies werde jedermann zeigen, dass der Markgraf keine Günstlingswirtschaft betreibe.

Friedrich stimmte zu. Er empfand Supervilles Rat nicht als Einmischung, im Gegenteil, er wirkte erleichtert. Superville fuhr fort: »Als Leibarzt des Königs von Preußen werde ich Ihnen gern bestätigen, dass Ihre Gattin nur einen Erben gebären kann, wenn sie sich umgehend dieser Kur unterzieht. Dafür muss die Staatskasse aufkommen.«

Friedrich verstand.

»Wollen Sie uns nicht weiterhin zur Seite stehen, Superville? Ich habe den Kaiser um ein Universitätsprivileg ersucht. Wir brauchen noch einen Kanzler ...«

Supervilles Augen leuchteten auf. Kanzler der Universität! Damit könnte er über die Kränkung des Kronprinzen von Preußen souverän hinwegsehen.

»Nichts könnte mir erwünschter sein, als Ihnen und Ihrer Königlichen Hoheit mein Leben zu widmen«, erklärte Superville erfreut. Friedrich entließ ihn mit einem zerstreuten Lächeln.

Im Treppenhaus des Schlosses kam Superville ein kräftiger, mittelgroßer Mann in einfacher Kleidung entgegen, der ihn neugierig musterte. Sie wechselten einen flüchtigen Gruß.

»Ich habe Sie erwartet, Groß. Wo ist das Grab meiner Mutter?«

Groß wirkte verlegen und erklärte, es sei zwar sehr merkwürdig, aber er käme nicht weiter.

»Es kann doch nicht so schwer sein, ein Grab zu finden!«, meinte Friedrich verwundert.

»Das dachte ich auch. Aber ich schwöre Ihnen bei allem, was mir heilig ist, dass ich jeden Friedhof, jede Kirchenbucheintragung überprüft habe. Selbst mit dem dümmsten Grabschaufler habe ich gesprochen, aber bei meiner Ehre, ich konnte nichts finden, rein gar nichts! Ich kann daraus nur schließen, dass Ihre Mutter nicht begraben wurde!«

Friedrich brauste auf: »Bei allem, worin sie gefehlt haben mag, meine Mutter war eine Dame von Stand, keine Komödiantin, die auf den Schindanger geworfen wurde!«

»Verzeihen untertänigst, Serenissimus, so habe ich das nicht gemeint. Der Vorsteher der Festung Lauenstein sah sich die Urkunde genauer an. Er meinte, es handele sich um

Formulierungen, die verwendet werden, wenn eine Person lediglich für tot erklärt wird.«

»Dann lebt sie noch?«, fragte Friedrich in plötzlicher Erregung. Groß konnte das nicht ausschließen.

»Ich habe eine weitere Information«, sagte Groß. Er zögerte, denn er wollte den Markgrafen nicht verärgern. Friedrich sah ihn auffordernd an.

»In Ihrem Weferlinger Haushalt lebte ein gewisser Brehmer als Kammerdiener, ein Schwede. Erinnern Sie sich an ihn?«

Friedrich schüttelte den Kopf. »Wie sollte ich? Mit sechs Jahren hat man mich ins Pensionat geschickt, und als ich zurückkehrte, war der Haushalt aufgelöst und mein Vater regierender Markgraf von Baireuth.«

»Es geht das Gerücht, dass dieser Brehmer ... wie gesagt, es ist nur ein Gerücht.«

»Sie meinen, dass er in einem intimen Verhältnis zu meiner Mutter stand?«

Groß nickte erleichtert.

»Ein Mann dieses Namens ist Kammerherr in Ansbach«, sagte Friedrich. Er betrachtete nachdenklich das Bildnis seines Vaters, dann wandte er sich mit einem Ruck Groß zu.

»Attention, dass kein Gerede entsteht, Monsieur«, warnte er, »ich habe mich mit meinem Ansbacher Schwager beinahe einmal duelliert, weil ich die Ehre meiner Mutter retten wollte. Er weiß von dieser Sache mehr, als er zugibt, und ich will nicht, dass er von meinen Nachforschungen Wind bekommt.«

Groß nickte. »Ich werde verschwiegen sein wie ein ...« Er brach ab. Unter diesen Umständen schien ihm der Vergleich völlig unzutreffend. Aus diesem Grab heraus flüsterte es, und nichts schien so zu sein, wie es sich darstellte.

19

»Mach es wie Heinrich der Vierte!«, schlug Wilhelmine vor. Sie hatte sich im Bett aufgesetzt und nippte an einer Tasse Bitterkleeaufguss, den Superville ihr verordnet hatte. Mit trostloser Miene starrte Friedrich auf sein reichhaltiges Frühstück. »Wie meinst du das?«

»Heinrich ging 1077 nach Canossa und unterwarf sich dem Papst, nachdem der ihn mit dem Kirchenbann belegt hatte.«

Mit ihrem historischen Wissen konnte sie einen Mann aus dem Konzept bringen. Was hatte er mit Heinrich und diesem Canossa zu tun? Bisher war in diesem Jahr alles schiefgegangen, was nur schiefgehen konnte. Es war zum Verzweifeln. Er hatte dem König geschrieben, um seine Erbfolge auf Jülich und Berg anzumelden, und sich eine solche Abfuhr eingefangen, dass er ernsthaft befürchtete, beim König in Ungnade gefallen zu sein. Die anschließende Ellrod-Affaire hatte ihm beißenden Spott und mitleidige Blicke eingetragen. Was sollte er nun in Canossa?

»Heinrich der Vierte lag drei Tage auf Knien vor der Burg, bis der Papst ihn vom Bann lossprach. Aber letztlich bekam er durch diese Buße die politische Handlungsfreiheit, die er anstrebte«, informierte sie ihn und verzog das Gesicht über dem bitteren Tee.

Friedrich verstand partout nicht, worauf sie hinauswollte. Wilhelmine stellte das zierliche Tässchen ab und sagte: »Mit Büßen allein ist es nicht getan, das wird meinen Vater wenig beeindrucken, ich kenne ihn. Aber ein üppiges Geschenk nach seinem Geschmack, damit kann man bei ihm alles erreichen.«

»Was kann ich dem König von Preußen schon bieten!«, rief Friedrich aus, der die Idee für absurd hielt.

»Lange Soldaten«, sagte Wilhelmine.

Friedrich schürzte die Lippen und sah seine Frau anerkennend an. »Du willst, dass ich mit ein paar riesigen fränkischen Bauernburschen im Gepäck nach Berlin fahre und um das Herzogtum Jülich und Berg bitte?«, fragte er.

»Um des Himmels willen, nein! Willst du für den größten diplomatischen Fauxpas des Jahrhunderts verlacht werden?«

»Aber der Kaiser hat dem König Jülich und Berg versprochen ...«

Ungeduldig unterbrach sie ihn: »Vor über einer Dekade, und dann hat der Kaiser den Vertrag vergessen oder gebrochen, wie auch immer, aber er brach einen Vertrag mit dem König von Preußen, nicht mit dir! Vergiss diese Sottisen! Wer hat dir nur diesen Floh ins Ohr gesetzt? – Weißt du, was mein Bruder zu deinem Ansinnen schrieb?«

Friedrich schwieg. Er hasste die Briefe des Kronprinzen, die regelmäßig in Baireuth eintrafen und in denen immer so schlaue Dinge standen, dass alle Welt sich danach richtete.

»Um den Anspruch auf Jülich und Berg zu verfechten, müsstest du entweder Verbündete wie Frankreich oder Geld und Truppen wie Preußen haben. Ist das nicht der Fall, wirst du nur Schimpf und Schande ernten, dir den König zum Feind machen und dein Ziel in keiner Weise erreichen.«

Friedrich ließ den Kopf hängen. Leider hatte der neunmalkluge Fritz recht.

»Gut. Ich reite also nach Berlin, um Abbitte zu leisten für Jülich und Berg«, sagte er zerknirscht.

»Nein!«, rief Wilhelmine. Er hatte nichts begriffen! Vor Aufregung bekam sie einen Hustenanfall. Mühsam brachte sie hervor: »Du erwähnst diesen unseligen Vorgang mit keinem Wort, dann wird ihn auch mein Vater nicht erwähnen!«

Leise fügte sie hinzu: »Entre nous, ich glaube, dass mein Bruder dir davon nur abrät, weil er diese Ansprüche nach dem Tode des Königs selbst verfolgen will.«

Friedrich sah sie überrascht an. Sie flüsterte: »Glaubst du, er lässt sich so ein fettes Erbe abluchsen? Bis dahin ist Maria Theresia vielleicht schon Königin, und das verdankt sie auch Preußen, daran wird sie sich erinnern …«

Er lachte. Jetzt fand er sie naiv.

»Glaubst du, dass die europäische Politik von Dankbarkeit bestimmt wird?«, fragte er. Sie reagierte gereizt.

»Wir leben nicht, um zu glauben, sondern um zu lernen«, sagte sie scharf. »Du wirst den König um zwei Dinge bitten: um unsere Reise, ca veut dire meine Kur – ein paar Dukaten dürfte er für seine schwerkranke Tochter auch übrig haben – und um Superville.«

Er überlegte, was daran ein Bußgang sein sollte.

Sie lachte. »Es ist eher ein Geschäft! Aber einen zerknirschten Eindruck solltest du schon machen, so wie Heinrich beim Papst!«

20

ACHT JUNGE MÄNNER standen mit kleinen Bündeln auf dem Schlosshof und sahen trotz strahlenden Juniwetters unglücklich aus. Einer führte einen großen zotteligen Hund am Strick. Die Schlosswache stand in der Zufahrt und ließ keinen herein oder hinaus. Vor dem Tor drängte sich Volk, einige Frauen weinten. Der Hund heulte lang und durchdringend in d-Moll.

Wilhelmine und Sonsine begutachteten die Bauernburschen aus dem Fenster und sinnierten laut, ob es einen Zusammenhang zwischen Intelligenz und Körpergröße gab. Vielleicht brauchten in einem langen Körper die Säfte mehr Zeit, zum Gehirn aufzusteigen? Sie musste Superville danach fragen.

»Luther maß sechs Fuß, und nur der Papst würde bestreiten, dass sein Gehirn hervorragend gearbeitet hat«, sagte Sonsine. »Diese Burschen da sehen weniger dumm aus als unglücklich, Prinzessin, mich wundert's nicht, sie werden aus ihrer Heimat gerissen.«

»Diese Riesen dürfen von ihren Misthaufen nach Berlin!«, empörte sich Wilhelmine. »Sie haben die außerordentliche Ehre, die Gesundheit ihrer Landesfürstin zu erhalten!«

Sophie sah auf den Schlosshof und erkannte bestürzt ihren Tanzpartner von der Kerwa. Nun stand er da und sollte fort.

»Ach, was soll's, sie werden ohnehin bald wieder zurück sein«, meinte Wilhelmine und wandte sich vom Fenster ab. »Sophie, mach mir die neueste Sommercoiffure, wir fahren morgen auf die Eremitage.«

Damit nahm sie an ihrem Toilettentisch Platz. Sophie beeilte sich, ihre Herrin für das Landleben zu frisieren.

»Warum glauben Sie, dass die Männer bald zurück sind, Hoheit?«, fragte sie, geschickt einen großen Hornkamm durch Wilhelmines Haar ziehend.

»Der König von Preußen ist krank, Sophie«, sagte Wilhelmine, »sein Sohn, der Kronprinz, teilt seine Affenliebe zu seinen langen Kerls nicht. Er wird diese seltsame Leibgarde nach dem Tod seines Vaters sofort auflösen.«

»Aber er wird bestimmt eine andere Verwendung für diese großen Burschen haben«, forschte Sophie. Wilhelmine blickte ihre Zofe im Spiegel an und meinte mit einem überlegenen Lächeln: »Sicher nicht. Der Kronprinz schätzt es nicht, wenn man auf ihn herabschaut.«

Den Doppelsinn verstand Sophie nicht. Aber sie verstand, dass sie ihrem Freund noch eine gute Nachricht mit auf den Weg geben konnte. Dass er nach Preußen musste, war nicht zu ändern, die Herrschaft befahl es. Aber er würde bald zurück sein, das sollte er mitnehmen als Trost, hatte er sie nicht auch in ihrem Unglück um Benda getröstet? Sie beeilte sich, die Coiffure fertigzustellen, und eilte auf den Schlosshof. Die Burschen seien schon in der Remise, teilte ihr die Schlosswache mit, der Markgraf in seiner Gnade wolle ihnen Pferde zur Verfügung stellen.

In der Remise traf sie zu ihrem Erstaunen nicht nur die Burschen, sondern auch das Fräulein von Marwitz. Was tat das hohe Fräulein bei den Ställen? Schnell ging sie zu dem großen Burschen und flüsterte ihm zu, was sie von ihrer Herrin gehört hatte. Aber der junge Mann war nicht zu trösten.

»Wann wird das sein! Bis dahin ist das Korn verdorrt! Mein Alter schafft den Hof nicht mehr allein. – Aber es war nett von Ihnen, zu kommen, Fräulein«, fügte er respektvoll hinzu, »dass eine feine Dame vom Schloss sich hierherbemüht, nur um einem dummen Bauernburschen wie mir diese

Botschaft zu bringen, das werde ich mit auf die Reise nehmen, und die Erinnerung an Ihr hübsches Gesicht dazu.«

»Berlin ist schön«, versicherte ihm Sophie, »dein Vater wird schon durchhalten. Geh nur einmal ins Marionettentheater, wenn du einen freien Tag hast, versprich mir das!«

Der Lange bückte sich, griff um den Bauch des Pferdes nach dem Sattelgurt und schnallte ihn fest. »Versprochen, Fräulein Sophie, das Marionettentheater. Haben Sie Ihren Liebsten dort zurücklassen müssen?«

Sophie scheuchte eine Mücke vom Hals des Braunen. »Nein, ich bin vor ihm davongelaufen.«

Über den Widerrist des Braunen sah sie, wie das Fräulein von Marwitz beim Markgrafen stand, der in der prächtigen Uniform der Baireuther Kürassiere bereits aufgesessen war. Das Fräulein legte ihre eine spitzenbehandschuhte Hand graziös auf die Mähne des Schimmels und blickte bewundernd zu ihm auf. Er sah auf sie herab, in der Linken die Zügel, die Rechte lässig am Schaft seines Gewehrs, das aus der Satteltasche herausragte, und sagte etwas, was ihr offensichtlich gefiel. Ihr Lachen sirrte so glockenhell über den Hof, wie Sophie es von ihr in Gegenwart der Herrin nie gehört hatte. Dabei waren sie doch Freundinnen, und sie spöttelten und lachten oft miteinander. Nun lachte auch der Markgraf. Dann wurden beide ernst und sahen sich in die Augen.

Wie eine Geliebte, die ihren Soldaten ins Feld verabschiedet, dachte Sophie unwillkürlich. Ein böser Verdacht legte sich wie ein schwarzes Tuch um ihre Seele. Waren alle Männer wie Benda, alle Hofdamen wie das Fräulein von Grumbkow?

21

LAUWARME ESELSMILCH HATTE Superville verordnet. Er trat in Wilhelmines Gemach und fand sie im Bett zwischen Landkarten und Büchern. Zwei Büsten von Sokrates und Vergil schmückten ihren Alkoven.

Er sah Horaz, Sallust, Tacitus, eine Biographie über Gaius Mucius Scaevola, Karten mit Reiserouten von Frankreich nach Italien. In Montpellier werde Französisch gesprochen, erinnerte er sie. Sie trank einen Schluck Milch, verzog das Gesicht, kicherte: »Aber nicht in Italien.« Sie deutete auf die Küste: Von Antibes könne man sich einschiffen und in nur wenigen Tagen zur Perle des Meeres gelangen.

»Venedig«, schwärmte sie, »Florenz, der Palacio Pitti! Dantes Grab! Rom …«

Sie bekam einen Hustenanfall. Er nahm ihr das Glas aus der Hand. Diese Pläne seien mit ihm nicht abgesprochen, und ihre Kur …

Ihre kleine Hand verschloss ihm den Mund. Er schloss die Augen und atmete den Duft ihrer Haut, weich, warm, sanfter Schweiß von Schlaf, Milch und Maiglöckchen.

»Vergils Grab!«, raunte sie lockend an seinem Ohr. »Und ich hörte, man habe eine antike Stadt ausgegraben.«

Ihre forschende Intelligenz, ihre intellektuelle Neugier würde diese Frau heilen. Wozu sollte sie sich wochenlang in Montpellier langweilen, wenn sie Freude daran hatte, Italien zu bereisen? Aber ihre Hand war zu warm. Er besann sich auf seine Pflicht als Arzt und maß ihren Puls.

»Herculaneum«, sagte sie. Er verordnete Zwiebelumschläge, Ruhe, weniger Lektüre und ging.

Die Damen erschienen, griffen voller Vorfreude nach der Lektüre. Sonsine blickte streng auf eine Zeichnung des Petersdoms und fragte, ob sie statt einer Kur eine Pilgerreise machen wolle.

»Ach, Sonsine, wenn es nach meinem Vater gegangen wäre, hätte ich nichts gelernt. Heidnisch, unnütz und staatsverderblich hat er das Studium der klassischen Antike genannt. Nun kann ich mit eigenen Augen bewundern, was La Croze mich gegen seinen Willen an Geschichte gelehrt hat.«

»In Rom?«, fragte das Fräulein streng.

»Nun ja ... ich wollte nur vergleichen. Rund um Montpellier wimmelt es ja nur so von römischer Geschichte, Nimes par example.«

Sie wollte ihren Italienplan noch geheim halten. Außerdem hatten die Landstände nur 40. ooo fl. für die Reise bewilligt. Es würde wohl eine bescheidene Kur werden, inkognito, ohne Gefolge.

Minni, die interessiert in einem Buch geblättert hatte, legte es entschlossen zur Seite. Tränen schimmerten in ihren schönen Augen. Die Prinzessin werde sie ohnehin entbehren müssen, sagte sie leise, sie müsse sich um ihren kranken Vater kümmern, die alte Kriegsverletzung mache ihm doch schwer zu schaffen.

Das Fräulein hob die Augenbrauen. Die plötzliche Anhänglichkeit erschien ihr seltsam, und von einer Kriegsverletzung Marwitz' hatte sie bisher nicht gehört.

Minni sah ihre Herrin mit tränenverschleierten Augen an: »Eine gute Tochter muss ihrem Vater beistehen.« Reisedukaten könne sie schon aufbringen, aber sie könne den Gedanken nicht ertragen, dass sie in Frankreich weile, während der Vater womöglich ...

»Um des Himmels willen, steht es so schlecht?«, fragte das Fräulein besorgt. Ein trauriger Blick war die Antwort.

Albertine legte die Hand auf die der Schwester und sagte: »Wenn Ihre Hoheit es gestatten, reise ich nach Berlin.« Sie sei die bessere Krankenpflegerin, Minni sei viel zu unruhig, und außerdem sei sie, Albertine, nicht so reiselustig wie ihre Schwester.

Wilhelmine war tief gerührt über den schwesterlichen Altruismus. Ob ihr Bruder auch so gehandelt hätte? Ob sie ihm dieses Opfer gebracht hätte?

»Albertine, dein hochherziger Verzicht ist ein Beweis für die Kraft der Freundschaft. Fahre zu deinem Vater, ich werde dir einen Stein auf meinem Parnass widmen, obwohl ich weiß: In keinen Stein kann unsere Freundschaft so tief eingegraben sein wie in mein Herz.«

Ein kleines triumphierendes Lächeln umspielte Minnis schönen Mund, aber in der allgemeinen Rührung, die nun auch das Fräulein erfasste, sah dies niemand.

Die letzte Woche vor Friedrichs Rückkehr verbrachte Wilhelmine allein in Himmelkron, streng Supervilles Kur befolgend. Tatsächlich wurden die Hustenanfälle weniger quälend, sei es durch seine Medizin oder durch die täglichen Wandelgänge im Schatten der wundervollen Baille-Maille-Allee.

Oder durch die Vorfreude, dachte sie, und ließ sich auf die Eremitage fahren, um ein großes Bukett der frisch erblühten Königslilien zu schneiden. Sie wollte Friedrichs Zimmer damit schmücken. Wenn er am nächsten Tag aus Berlin zurückkäme, sollte sein Zimmer von diesem herrlichen Duft erfüllt sein.

Sie ließ Folichon aus der Kutsche, der sofort über den Schlosshof davonseppelte und mit aufgeregt wedelndem Schwanz das Bufferle beschnüffelte.

War Friedrich schon da? Er hatte doch seine Ankunft erst für morgen angekündigt. Wilhelmine nahm den Lilienstrauß und stieg die Treppen hinauf zu seinem Apartment. Schon im Korridor hörte sie Gemurmel und Gekicher.

Der Markgraf lag lässig, ein Buch in den Händen, auf seiner Chaiselongue. Minni kauerte auf einem Schemel zu seinen Füßen. Als Wilhelmine das Gemach betrat, lachten beide lauthals.

Die Lilien entfielen ihren Händen und verstreuten sich auf dem Parkett wie auf einem Grab.

Das Gelächter verstummte schlagartig. Minni sprang auf, sammelte verlegen die Blumen auf und verschwand, etwas von einer Vase murmelnd.

»Du bist schon zurück«, sagte Wilhelmine, bemüht, einen Hustenanfall zu unterdrücken, der sie bei diesem unerwarteten Anblick befallen hatte.

»Ja.« Das war alles, was er sagte. Er gab sich nicht einmal Mühe, sie charmant zu begrüßen.

Sie bückte sich nach dem Buch, das zu Boden gefallen war. Ihr Herz klopfte rasend. Tief atmete sie durch, um den Schwindel abzuwehren, der sie befiel. Sie blickte auf das Buch, es waren Pöllnitz' galante Reiseerlebnisse aus Italien. Er muss doch etwas sagen, etwas Zärtliches, dachte sie. Wenn er mich beim Namen nennen würde, so wie ich es liebe, in dieser schelmischen Art, in der er manchmal »Guillemette« sagte, mit dem Auge zwinkerte und lächelte ...

Er nahm das Buch, bedankte sich kalt. Sie ging zur Tür. Er sagte nichts, sondern läutete. Noch einen Schritt zur Tür. Der Diener stürzte herein. Sie stand im Türrahmen und hörte, wie Friedrich befahl: »Hole er Mademoiselle Marwitz her!«

Noch einen Schritt, dann war sie hinaus.

Krampfhaft unterdrückte sie den aufsteigenden Husten, der ihr den Atem abzuschnüren drohte, rannte durch den Gang in ihr Schlafzimmer, wo ein heftiger Erstickungsanfall sie niederwarf. Keiner war da. Mit letzter Kraft läutete sie nach Sophie, stumm, Sophie holte angstvoll Superville.

Es war zu erniedrigend. Nicht einmal Sonsine konnte sie diese Blamage gestehen. Außerdem, wen wollte sie beschuldigen? Ihn? Minni? Sie bildeten doch ihre Freundschaftsinsel, ihren Parnass, der geliebte Mann, Minni, Albertine, Superville …

Sie hatte sie ermuntert, ihr mehr zu sein als nur Hofdamen und Bedienstete, sie hatte um die Freundschaft dieser Menschen förmlich gebettelt. Und nun erfüllte diese kleinliche dumme Eifersucht ihr Herz?

Das Fräulein sah, was Wilhelmine ihr aus Scham verschwiegen hatte. Sonsine beschloss, den Markgrafen in aller Höflichkeit darauf hinzuweisen, dass sein Verhalten ihre Nichte kompromittiere.

Am Anfang kam sie schlecht an. Was sie sich erlaube, ob Wilhelmine sie vorgeschickt hätte, fuhr er das alte Mädchen an. Das Fräulein reckte das Kinn nach vorn, verneinte hoheitsvoll und sagte, er sei gegenüber seiner Gattin von einer Kälte, die auffalle.

Friedrich schwieg betroffen und versprach, sein Verhalten zu ändern.

Als er am nächsten Tag Wilhelmine zärtlich begrüßte und ihr Geschenke aus Berlin überreichte, dachte das Fräulein, ihr energisches Zureden zeige den gewünschten Effekt.

In Wahrheit war es Minni, die Friedrichs Verhalten rügte. Wenn er sie weiterhin derart deutlich bevorzuge, werde es ihr auffallen, warnte sie ihn, sie sei Hofdame und Vertraute der Markgräfin, und sie wolle es bleiben.

»Aber ich bin verrückt nach dir. Sie ist ständig krank.«

Minni lächelte zufrieden. Sie hatte bisher keinerlei Vertraulichkeiten des Markgrafen zugelassen. Sie hielt ihn an der langen Leine. Für eine kleine Liebschaft war sie sich zu schade.

Die Gunst Wilhelmines wollte sie sich nicht verscherzen, eine eifersüchtige Markgräfin würde ihren sorgsam geschmiedeten Zukunftsplan durchkreuzen. Wilhelmine war die Tochter des sittenstrengen preußischen Königs, sie hatte die Macht, Minni zurück nach Berlin zu schicken. Nicht auszudenken, wenn der König den Grund erführe! Friedrich Wilhelm hatte schon einige Hofdamen wegen galanter Verhältnisse in Festungen geworfen, und nicht einmal deren reiche Väter, einflussreich wie der ihrige, hatten ihre Töchter befreien können. Das durfte sie auf keinen Fall riskieren. Je länger der große dumme Junge sich um die letzte Gunst, ihr Bett, bemühen musste, desto mehr würde er ihr versprechen.

Sie strich ihm sacht über die blonden Wellen und sagte lächelnd: »Überlassen wir die weitere Entwicklung der Reise, mon cher. Wir werden keine schönere Stimmung als die Heiterkeit Frankreichs und die Intimität einer privaten Reise erleben.«

Man ist gern beschwichtigt, wenn man beschwichtigt sein will, dachte Wilhelmine, aber sie war gerührt und erleichtert. Sie betrachtete Minni, die mit einem Stickrahmen im Alkoven saß, sah ihr Profil mit dem niedlichen, kindlichen Näschen und legte ihr gerührt eine Hand auf die Schulter.

»Ich wollte den Markgrafen nur aufheitern«, flüsterte Minni, »wenn ich Sie kompromittiert haben sollte, Hoheit, verlasse ich Ihren Hof sofort und kehre zu meinem Vater zurück.«

»Niemals, wo denkst du hin, Minni. Cela n'est pas une affaire.«

Wilhelmine küsste Minnis Stirn. Sie war kühl und glatt und roch nach französischem Puder. Minni erhob sich und wollte in einen tiefen Knicks versinken, aber Wilhelmine reichte ihr die Hände und umarmte sie. Friedrich betrachtete die beiden

Frauen mit wachsender Erregung. Sie waren schön, die eine in ihrer sanften Unschuld, die andere in ihrer intelligenten Zerbrechlichkeit. Wie dumm er gewesen war! Es gab doch keine Not, sich zu entscheiden. Er konnte beide lieben, sie liebten ohnehin einander, und beide liebten ihn.

Wilhelmines Herz klopfte heftig. Dies ist mehr als Freundschaft, dachte sie, vielleicht bin ich wie Sappho. Diese Liebe zu einer Frau ist so sanft, so frei von Begierden. Ich will nicht an einer weiteren Schwangerschaft sterben. Aber ich will lieben. Über die Schultern Minnis sah sie auf Friedrich. Sie sah, dass ihm gefiel, was er sah. Wir sind Freunde, dachte sie, wahre Freunde. Ich muss diese niedrigen Gefühle in mir, den Neid und die Eifersucht, aber auch die Voluptia, auslöschen. Frei von Begierde muss die Liebe sein.

Sonsine, die Versöhnung harmloser interpretierend, meinte zufrieden: »Nehmen Sie nicht jede kleine Laune des Markgrafen so ernst. Freuen Sie sich auf Ihre Reise.«

Herrje, die Reise! Frankreich, Italien, Wochen in einer Kutsche, keinerlei Verpflichtungen, jeden Tag würden sie völlig zwanglos zusammen sein. Jeden Tag konnte er abweisend zu ihr und freundlich zu Minni sein, er konnte sie gegeneinander ausspielen, keine Etikette würde ihn daran hindern. Plötzlich wusste sie, warum Minni sich für Flora als Reisemarschallin eingesetzt hatte. Sonsine sagte stets deutliche Worte, wenn es nötig war, aber Flora vergötterte ihre Nichte, und dem Markgrafen würde sie niemals den Spiegel vorhalten. Und wie Minni Albertine ausgespielt hatte!

Schlagartig verging Wilhelmine jede Lust an der Reise. Wie dumm war sie gewesen, wie einfältig! Nein, kein Italien, keine Freundschaftsreise nach Arkadien.

Sowie sie wieder Luft holen konnte, befahl sie Sonsine, Bücher, Karten und Büsten fortzuschaffen.

»Ich bin zu krank zum Reisen, mein Liebster«, sagte sie, Friedrich zärtlich die Wange streichelnd. Er öffnete den Mund, sie legte einen Finger darauf. »Und du auch, mein armer Geliebter, du hast das Fieber. Das Fieber der Leidenschaft hat dich gepackt, wir können erst reisen, wenn du völlig genesen bist.« Sanft fügte sie hinzu: »Wir wollen doch keinen Eklat, mon cher?«

Er klappte den Mund wieder zu. Sie nahm ihren Finger von seinem Mund. Tief in ihr war ein Aufruhr, der ihr den Atem nahm. Sie wünschte, er würde widersprechen, beschwichtigen, leugnen.

Spiegelscherbe sechs

DER SCHMERZ PACKT SIE, als würde sie auf Schwerter geworfen. Ihre Hände krallen sich an der Decke fest, lassen los, packen wieder zu. Scharfe Spuren von Fingernägeln auf dem Stoff.

Ich bin betrogen und beraubt. Alle meine Antiken sind gestohlen!

Jemand beugt sich zu ihr, spricht beruhigend, alle Antiken seien unten im Schloss.

Unten? Wo bin ich? Auch die Niobe? Meine geliebte Niobe?

Nein, cherie, sagt die Stimme, die Niobe ist im Tempel des Apoll, hier oben auf der Eremitage, wo du sie haben wolltest, zwischen dem Merkur, der Aphrodite und dem Hermes. Alle sind versammelt, nur für dich.

Sie lächelt zufrieden: Unter dem Schutz Apolls kann ihnen nichts geschehen.

Ach, diese Schmerzen, es soll schnell zu Ende gehen. Mein Testament? Gleichen sandte eine Skizze aus Rom, ein kleiner Junge aus Marmor, von einem römischen Grabmal, einem Kindergrabmal. Diese kleinen Pflänzchen sterben, kaum dass sie sprechen können…

Aus schneeweißem Marmor ist er gehauen, er steht da, in seine kleine Toga gehüllt, mit kurzen Haaren und einem ernsten Kindergesichtchen, unendlich traurig, aber würdevoll, schon die Kinder in der Antike hatten diese Würde, wo ist er?

Deine Antiken sind per Schiff von Italien unterwegs, bald werden sie ankommen.

Ich werde es nicht erleben, nie werde ich den Knaben in seiner Toga betrachten. Ist es nicht kurios? Wir horten Schätze, die uns überleben. Dieser Kleine hat zweitausend Jahre überlebt und war auch nur bestimmt, ein Grabmal zu zieren. Dieser kleine Junge ... ich hätte so gern einen kleinen Jungen gehabt, ich konnte keinen Sohn gebären. Das hast du mir verübelt, du wolltest einen Erben, ich weiß es.

Unruhig flackern ihre Augen, ihre kleinen Hände zucken wie gefangene Vögel. Sie sind nicht sicher! Meine armen Antiken, dieser schreckliche Krieg ... Entweder werden die Franzosen meine Statuen zerstören oder die Preußen. Ich kenne den rohen Soldatengeist, umstürzen werden sie sie, zerhauen, zerschlagen, alles wird unwiederbringlich verloren sein ... Dieser verfluchte Krieg zerstört das wenige an Kultur, das wir mühevoll über die Alpen in diese Baireuther Barbarei geschafft haben.

Sie trinkt die bittere dunkle Flüssigkeit in kleinen Schlucken. Mit diesem Mitbrid reitet sie auf dem Regenbogen. Sieh nur, mein Bruder, wie prächtig seine Farben sind, wie er leuchtet in Grün, Gelb, Violett, und dieses durchscheinende sanfte Karmesinrot! Am Ende des Regenbogens müssen wir die Antiken aufstellen, da kann ihnen nichts geschehen, sieh nur, Fedéric! Je dunkler der Gewitterhimmel, desto leuchtender der Regenbogen, sieh nur, von fern jagt der blaue Himmel heran und vertreibt die schwarzen Regenwolken, ach, er vertreibt auch den Regenbogen. Nie können wir beides haben, und ich will doch immer alles.

Alles ist geraubt, zerstört, und was übrig ist, alles falsch. Fälschungen bin ich aufgesessen, ich bin ja selbst eine Fälschung. Wir sind doch alle nicht mehr echt. Wir leben in einer Spiegelwelt, blind wie die antiken Torsi, deren abgeschlagene Arme in hilfloser Bewegung erstarrt sind. Aus leeren Augenhöhlen starren wir in die Zukunft. Es ist nicht unsere Zukunft, denn gegen den Sturm, der uns hinwegfegen wird, können wir uns nicht wehren. Wir sind ja längst tot ...

22

DER STREIT BRACH völlig überraschend aus. Wilhelmine hatte die Probe fast beendet. Nachdem die Reise abgesagt war, hatte sie im Winter jeden Tag mit großer Disziplin an ihrer ersten Oper »Argenore« gearbeitet und gleichzeitig den Umbau des alten Redoutenhauses in ein Operntheater mit Bühnenmaschinerie betrieben. Die Sänger, die sie sehnlichst seit Wochen aus Italien erwartete, hatten herrliche Stimmen. Sie hatten neue Arien vorgesungen, die Wilhelmines Beifall fanden. Sie war nicht eitel, ihre erste eigene Oper durfte ruhig um die sogenannten »Kofferarien« der Sänger bereichert werden. Mit ihrem Kompositionslehrer und Kapellmeister Johann Pfeiffer und dem Librettisten Andrea Galletti hatte sie diese Arien in ihre Oper »Argenore« eingefügt.

Es war bereits Ende April 1740. Die Zeit bis zum Geburtstag Friedrichs am 10.Mai, den sie mit ihrer ersten selbst komponierten Oper im neuen Haus überraschen wollte, war knapp.

Und nun fingen diese Italiener in ihrer erstaunlich schnellen Sprache, wild gestikulierend, einen lauten Streit an, in einem Dialekt, den sie nicht verstand. Aber Giacomo Zaghini würde diesen albernen Streit schon schlichten. Der junge Sänger aus Fano mit der grandiosen Sopranstimme, dem ganz Venedig zu Füßen lag, war ihre Entdeckung. Er schätzte sie, weil sie ihn bewunderte. Ein Meister seines Faches sei er, hatte sie ihm immer wieder versichert, und er hatte zufrieden gesehen, dass ihr bei seinen geläufigen Koloraturen und langanhaltenden Trillern die Tränen kamen. Seine wundervolle Kastratenstimme zog sie allen anderen vor. Zaghini war eine kostspielige, aber unerhörte Bereicherung ihrer Pläne.

Vertrauensvoll blickte sie zu ihm hinüber. Zu ihrem Entsetzen aber sah sie, dass auch er gestenreich in den Streit verwickelt war. Zornig schrie er seinen Kollegen Carestini in schrillem Venezianisch an. Ausgerechnet Giovanni Carestini, der den tyrannischen König Argenore singen sollte und den man mit Samthandschuhen anfassen musste, weil er sich die Ehre gegeben hatte, in Baireuth zu singen. Er war eine international gefragte Célébrité, mit vierzig Jahren bereits auf dem Höhepunkt seiner Laufbahn, und er war schwierig.

Carestini gestikulierte mit den Händen in der Luft herum und schrie immer wieder: »Quatro! Quatro!«

Sie klopfte auf ihren Tisch, aber es half nichts. Schließlich ging sie zu ihrem Cembalo hinüber und schlug mehrere so schrille Akkorde an, dass die Sänger verstummten. »Bitte, Signori, en francais!«, bat sie. »Wenn es ein Problem gibt, wüsste ich gern davon.«

Giovanni Carestini blickte sie an wie ein Edelmann, der sich zu Unrecht zu lebenslanger Galeerenstrafe verurteilt sah. Zaghini holte tief Luft und blickte dann betreten zu Boden. Es war die kleine, schüchterne Sängerin Giustina, die schließlich in ihrem schlechten Französisch erklärte, Signor Carestini fühle sich benachteiligt, weil er nur vier Arien singe und Signor Zaghini sechs.

Wilhelmine starrte die Kleine mit dem hässlichen Gesicht an, das sich auf der Bühne so wunderbar verwandeln konnte.

»Sind Sie auch beleidigt, weil Sie zwei Arien weniger singen als Signor Zaghini?«, fragte Wilhelmine. Signorina Giustina errötete und kicherte: »Aber Altezza, ich bin doch eine Frau.«

»Ja, und Sie singen die Martesia, eine der wichtigsten Partien in meiner Oper«, sagte Wilhelmine und sah Carestini herausfordernd an. »Und Sie, Signor Carestini, habe ich für das Allerwichtigste verpflichtet, für die Titelpartie.«

Carestini warf sich in die Brust. »Ja, Altezza, aber die Rolle hat keine Würde. Dieser König Argenore ist kein edler Herrscher, er ist ein Mörder! Es ist mit meiner Würde unvereinbar, einen solchen Schurken zu spielen.«

»Eben noch beklagten Sie sich, Signor, dass Sie nur vier Arien haben. Warum wollen Sie noch mehr Arien als Schurke singen?«, fragte Wilhelmine. Zaghini konnte ein Grinsen nicht unterdrücken.

Logik war nicht Carestinis Stärke. Aus seinem hilfesuchenden Blick zum Librettisten schloss Wilhelmine, dass da ein Komplott der besonderen Art kochte.

»Altezza reale, wir schätzen Ihre Arbeit«, ergriff Galletti das Wort, »ja, wir schätzen sie über alle Massen, wirklich, aber sehen Sie, diese Oper ist Ihre erste Arbeit, und sie ist, wie soll ich sagen, nun, sie ist …«

»Sie hat kein Lieto fine!«, rief Carestini. Seine sanfte hohe Kastratenstimme schlug in ein unangenehmes Kreischen um. »Es widerspricht den Regeln der Opera, dass am Schluss keine Wendung zum Guten eintritt! Ich habe in Rom gesungen, in Prag, Altezza, ich debütierte in Milano, ich bin Mitglied der berühmten Accademia Filarmonica von Bologna! Mein Renommée werde ich nicht Ihren seltsamen Ideen opfern!«

Wilhelmine war nicht imstande, etwas zu sagen. Die Probe mit dem kleinen Orchester war gut gelaufen, sie hatte selbst den Generalbass gespielt, alles war so perfekt gewesen, wie es zehn Tage vor der Premiere sein konnte. Sie spürte, dass es zu einer Palastrevolte kommen würde. Auf einmal fühlte sie sich schwach und hilflos. Wo war Pfeiffer? Er konnte doch so gut vermitteln! Pfeiffer hatte stumm die Musiker hinausgewiesen, das war weise von ihm. Details ihrer Proben mussten wahrlich nicht in Baireuth die Runde machen.

»Ich singe Titelpartien in Händels Opern in London«, kreischte Carestini weiter, »für mich hat er ›Alcina‹ komponiert, auch in ›Ataxerxes‹ habe ich gesungen, das Publikum in London liegt mir zu Füßen! Ich singe opera seria, Musik mit Würde, ich spiele Herrscher von Gottes Gnade, nicht so ein Zeug wie diese Karnevalsclowns in Venedig!«

Zaghini wurde blass. Er war ein gefeierter, beliebter Sänger des venezianischen Teatro di San Angelo. Auf seine komischen Qualitäten war er stolz.

»Ja, Würde!«, schrie er Carestini an. »Würde, Signor! Was für Sie Georg Federico Händel, ist für mich Antonio Vivaldi, falls Sie von diesem schon gehört haben sollten. Ich sage Ihnen ins Gesicht: Würde, die man privat nicht besitzt, kann man auch nicht auf der Bühne darstellen! Sie wollen Dacapi einheimsen, es passt Ihnen nicht, zu sterben, weil Sie ein schlechter Tragöde sind! Sie können sich nicht den Tod auf der Bühne geben, dass das Publikum in Tränen schwimmt. Nein, Sie müssen wieder aufstehen und den Helden geben! Sie können nur noch steif über die Bühne stolzieren, eitel wie ein Pfau, und das nennen Sie Würde!«

»Ha! Wie anders als steif sollte man diese Musik singen«, schrie Carestini, »das ist alles viel zu langsam, viel zu traurig! Madonna mia, im letzten Akt sind alle tot! Was für ein Gemetzel!«

Diese Kritik hatte nichts mehr mit kleinlichen Bühneneitelkeiten zu tun, sie galt der Komponistin und ihrem ersten Werk, ihrer Oper über den tyrannischen König Argenore, der, wie ihr Vater damals, seine Tochter seinem Favoriten verheiraten wollte. Alle in ihrer Oper, Töchter, Söhne, Vertraute, auch der höfische Intrigant, kamen durch Argenores Despotismus tragisch um, nur die kleine Martesia überlebte alle. Das schien Carestini zu verärgern. Aber genau das hatte sie zeigen wollen: Die wahre Heldin war eine Frau.

»Sie missbilligen mein Werk?«, fragte Wilhelmine mit der hochmütigsten Miene, die sie zur Verfügung hatte. Zaghini, der eben Luft geholt hatte, um dem Konkurrenten weitere Beleidigungen entgegenzuschleudern, schluckte alles hinunter und stand mit hochrotem Gesicht da. Carestini sagte unumwunden: »Scusi, Altezza reale, verzeihen Sie mir, falls dieser Eindruck entstanden sein sollte! Nein, ich missbillige Ihr Werk nicht. Aber Sie sind nicht Händel, Altezza, Sie …«

»Das habe ich nie behauptet«, entgegnete Wilhelmine ruhig, »ich hege eine große Verehrung für Maestro Händel.«

»Ich werde es ihm ausrichten, Altezza. Ihre Opera, Principessa Wiglielmina, ist ein Erstlingswerk, ein wundervoll gelungenes, es berechtigt zu den schönsten Hoffnungen, aber Sie …«

»Sie verletzen das Operngesetz des Lieto fine«, sagte Andrea Galletti. Offenbar hatte er beschlossen, sich einzumischen. Anfangs war der alternde Sänger erfreut gewesen über seinen ersten Auftrag für ein Libretto. Wilhelmine hatte »Argenore« als Tragödie in Französisch geschrieben, so dass sich seine Arbeit auf die Übertragung ins Italienische und das Einrichten der Arien beschränkt hatte. Aber vor Carestinis Vorwürfen kapitulierte er. Wenn Carestini sich in London bei Händel für ihn, den noch unbekannten Galletti, verwenden würde, wäre dies seiner Karriere förderlicher als eine Empfehlung der Markgräfin von Baireuth.

»Inwiefern verletze ich dieses Gesetz?« Wilhelmines Stimme klang metallisch.

»Signor Carestini hat recht, Fürst Argenore ist eine unglaubwürdige Figur, die von Grund auf und von Anfang an schlecht ist. Wie er seine Tochter Palmida zur Heirat zwingen will, ja, er droht ja sogar in seiner Wut, sie zu töten, wenn sie Leonida nicht heiratet! Das ist ganz und gar unwahrscheinlich, einen solchen Vater gibt es nicht!«

Er kennt meinen Vater nicht, dachte Wilhelmine.

»Metastasio schreibt vor, dass auf eine solche besinnungslose Raserei die Bekehrung des Tyrannen folgen muss! Sie kennen sicherlich seine Oper ›La clemenza di Tito‹?«

»Tito ist das Idealbild des guten Herrschers«, sagte Wilhelmine ruhig, »er versteht seine Affekte zu zügeln, bevor er in Raserei gerät. Mein Argenore ist ein Tyrann, der nicht zur Vernunft gebracht werden kann. Durch seine Affekte löscht er seine gesamte Dynastie aus.«

»Aber am Ende muss er einsehen, dass er Fehler gemacht hat! Wenn er stirbt, dann …« Galletti wusste nicht weiter.

»Wenn er stirbt, regiert nach ihm nur Trauer, Tod, Ungerechtigkeit und Chaos«, sagte Wilhelmine ruhig.

Galletti sah sie überrascht an. »Genau, Hoheit, und das darf nicht sein. Das müssen wir ändern.«

»Das darf nicht sein? In der opera seria?«, fragte Wilhelmine.

»Hoheit, auch in einer opera seria muss eine Wendung zum Guten, ein lieto fine, am Schluss stehen! Sie können Ihr Publikum nicht mit Herzen voll Verzweiflung nach Hause schicken, der Schluss muss getragen sein von Würde und …« Er wusste nicht, wie er sich ausdrücken sollte.

»Anmut?«, fragte Wilhelmine spöttisch. »Anmut und Würde?«

Galletti und Carestini nickten. Endlich hatte die Markgräfin verstanden. Carestini glaubte, nun das Entscheidende sagen zu können.

»Altezza, meine Verehrung für die Anmut des schönen Geschlechtes ist grenzenlos« rief er, pathetisch eine Hand auf die Brust pressend und mit dem anderen Arm in einer weit ausholenden Bühnengeste auf sie zeigend, »Ihre Schönheit und Ihr Geist, verehrte Fürstin, übertreffen alles, was ich je erlebt habe. Und ich habe vielen Fürstinnen meine Aufwartung machen dürfen, glauben Sie mir. Viele hohe Damen sind äußerst bewandert in den schönen Künsten, sie dilettieren reizend. Sie spielen anmutig die Kniegeige, sie üben sich in der Kunst der Konversation, ja, mit Hilfe spezieller Bücher für das schöne Geschlecht verstehen einige sogar die Physik Isaac Newtons und disputieren allerliebst darüber in den Zirkeln. Niemand übertrifft Sie, Altezza Wiglielmina, in der Kunst des Lautespieles und des Cembalos, ist es nicht wahr? Habe ich nicht recht?«

Zustimmung heischend blickte er sich nach allen Seiten um. Wilhelmine unterbrach ihn nicht, auch wenn die »speziellen Bücher« sie innerlich in Rage gebracht hatten. La Croze hatte sie bereits als Kind mit den Grundlagen der Physik vertraut gemacht. Vor allem hatten es ihr Newtons neueste Erkenntnisse über die Gravitation angetan. Sie wusste aber auch, dass in Frankreich eine Art Bilderbuch erschienen war, in dem Newtons physikalische Erkenntnisse, angeblich für die Damen, in dümmlicher Weise, zum Teil sogar falsch dargestellt wurden. Worauf wollte Carestini hinaus?

»Alle diese Beschäftigungen gereichen Ihnen zur Zierde, Altezza. Aber das Komponieren …« Carestini machte eine bedeutungsvolle Pause, dann fuhr er mit erhobener Stimme fort: »Kennen Sie eine Dame, die eine Opera komponiert und auch noch selbst aufführt?«

Seine Frage wirkte wie ein Stein, der ins Wasser geworfen wird. Langsam zogen seine Worte immer größere Kreise. Wilhelmine spürte, wie alle schwankten, sogar die beiden Frauen, die sich in den Streit bisher nicht eingemischt hatten. Es gab keine Komponistinnen, nicht einmal Damen an renommierten Höfen komponierten, jedenfalls keine kompletten Bühnenwerke.

Wilhelmine war aufgewühlt. Jenes Buch fiel ihr ein, in dem ein Autor unter dem Deckmantel der Aufklärung ernsthaft beweisen wollte, dass Frauen nicht dem menschlichen Geschlecht zuzurechnen seien. Nicht einmal ihr Bruder hatte Verständnis für ihre Empörung gezeigt, sondern nur das alberne Kompliment gemacht, dass sie als seine Schwester eine Ausnahme bilde.

»Nein, ich kenne keine Komponistin. Mit derlei Dingen haben die Frauen sich bisher nicht befasst«, sagte Wilhelmine ruhig. Sie ließ Carestini und dem Librettisten drei Sekunden Zeit, an einen Sieg zu glauben, bevor sie hinzufügte: »Es scheint, dass ich die erste bin.«

Bevor jemand etwas sagen konnte, wandte sie sich an den Kapelldiener: »Steininger, bringen Sie mir bitte einen Spiegel.«

»Einen Spiegel«, stotterte der verblüffte Kapelldiener, »aber wir haben keinen Spiegel hier …«

»Selbstverständlich haben wir keinen Spiegel auf der Bühne, obwohl der uns vermutlich weniger ins Unglück stürzen würde als eine komponierende Frau«, sagte Wilhelmine sarkastisch. Hatte da eine der Sängerinnen gekichert?

»Holen Sie einen aus der Garderobe.«

Steininger eilte davon und kehrte mit einem großen gerahmten Spiegel zurück.

»Halten Sie ihn vor mich!«, befahl Wilhelmine. An Carestini und Galletti gewandt, fragte sie: »Was sehen Sie?«

Die beiden sahen sich unsicher an. Carestini flüchtete sich in Elogen: »Eine wunderschöne, herrliche Dame …«

»Sie sehen einen Fürstenspiegel«, sagte Wilhelmine. Zaghini lächelte sanft, er liebte Allegorien. Carestini schien den Doppelsinn nicht zu verstehen, Galletti wartete vorsichtig ab.

»Ihre Oper, Signori, ist wie dieser Spiegel: Man singt das Lob des Fürsten, man hält ihm einen Spiegel vor, indem man einige Fehler des Herrschers einflicht, seine Eitelkeit etwa. Oder die ungerechtfertigte Eifersucht auf seine Gattin. Wegen dieser Fehler sterben einige Personen, das bekehrt ihn zum

Guten, und am Schluss der Opera wird sein Lob gesungen. Die Apotheose ist: Alles, was heute Abend auf der Bühne geschah, habt ihr eurem Herrscher, dem Gütigen, Weisen, Würdigen, zu verdanken. Dort sitzt er in der Loge, seht ihn an, verehrt ihn!«

Galletti nickte zustimmend. Die Opera diente der Verherrlichung königlicher Tugenden. Das musste doch gerade einer preußischen Königstochter einleuchten.

»Schlagen Sie auf den Spiegel, Galletti«, befahl Wilhelmine.

»Aber ich kann doch nicht ... so ein herrlicher Spiegel!«, protestierte Galletti.

»Nur Courage! Sie sind doch ein Mann!« Der Spott in Wilhelmines Stimme war nicht zu überhören. Galletti wagte einen vorsichtigen Schlag. Der Spiegel bekam einen Sprung.

»Was sehen Sie jetzt?« Alle drucksten herum.

»Kommen Sie, sehen Sie hinein, sehen Sie, was ich sehe?« Wilhelmines Gesicht war wie zwiegespalten.

»Sie sehen einen Januskopf, einen Menschen, dem man nicht unbedingt trauen kann, obwohl er reiche Kleider trägt.«

Zaghini sang leise: »Ja, wenn die Geburt durch die Vernunft regieret würde, und nur derjenige ein Reich beherrschen sollte, der die Last der Herrschaft zu tragen vermögend und also derselben würdig ist / So würde Argenore ein Knecht und Ormondo König sein.«

Es war seine letzte Arie als Ormondo, mit der er den Tyrannen Argenore in Rage brachte. Der Venezianer liebte sie, er fand den Inhalt für eine Fürstin erstaunlich, geradezu republikanisch.

Wilhelmine nickte Zaghini in tiefem Einverständnis zu und warf den Spiegel mit Schwung auf den Boden. Scherben splitterten. Sie beugte sich über den Spiegel und winkte das erschrockene Ensemble, einen Kreis um sie zu bilden.

»Was sehen Sie jetzt? Ist das noch Ihre Fürstin? Wollen

Sie ihr eine Lobrede halten, dieser zerstörten Person? Nein? Sehen Sie, so will ich Argenore: als einen verkehrten Fürstenspiegel. Diese zerborstenen Spiegelscherben zeigen mehr Wahrheit und mehr Vernunft als alberne Schmeichelei.«

23

WILHELMINES KLEINE DEMONSTRATION hatte ihre Wirkung nicht verfehlt. Dennoch hörten die Querelen nicht auf. Carestini war eitel und ängstlich; der Höhepunkt seiner Laufbahn war überschritten. Sein Sopran veränderte sich in Alt, das würde seine künftigen Partien einschränken, und er fürchtete um das Ende seiner Karriere. Mit der Zusage, eine zusätzliche Dacapo-Arie singen zu dürfen, hatte Wilhelmine ihn zufriedengestellt, auch wenn der Text nicht recht passte. Dann las sie ihm Racine vor und merkte, dass er beeindruckt war.

»Die Tragödie ist ein anderes Genre als die Oper, Altezza«, entschied er schließlich. »Unsere Gebärden sind Formeln, wir müssen das Publikum durch unseren Gesang rühren, nicht durch unser tragisches Geschick.«

»Signor, wenn ich eine Stimme wie die Ihre höre, muss ich weinen«, schmeichelte sie ihm, »das Wichtigste an der Oper sind zweifellos die Stimmen, die Mimik ist zwangsläufig eingeschränkt. Aber formelhafte Gestik? Ich möchte eine wahrhaftige Spielweise.«

Sie lächelte in Erinnerung an die Neuberin, der sie diese Erkenntnis verdankte. »Ist es nicht reizvoller, einen Rasenden zu spielen als einen Weisen? Sind es nicht die schlechten Charaktere, die unsere Fantasie beschäftigen?«

Sie hatte ihn beinahe überzeugt. In den folgenden Proben bemühte er sich, seine formelhaften Sängerattitüden durch Posen des Dramatischen zu ersetzen.

Eigensinniger blieb Galletti. Als er zum wiederholten Male von ihr Änderungen in der Dramaturgie verlangte, sagte sie ungeduldig: »Signor Galletti, wir sind in den Proben sehr weit fortgeschritten, ich werde nichts mehr ändern. Wenn Sie die Verantwortung für das Libretto nicht übernehmen wollen, dann schreiben Sie einen Epilog für das Textbuch. Und jetzt stehlen Sie mir nicht die Zeit, gleich beginnt die Probe für die speziellen Effekte. Die Verwandlungen der Szene müssen reibungslos funktionieren.«

Nach hinten rief sie: »Monsieur Spindler! Wir gehen noch einmal auf Anfang!«

Unter großem Lärm drehte Maschinenmeister Spindler mit seinen Leuten die riesige Walze. Ein großer Platz erschien, mit einem gewaltigen Triumphbogen im Hintergrund, die Soffitten bildeten Säulen mit einer grandiosen Perspektive. Wilhelmine war begeistert, wie schnell die Verwandlung vor sich ging. Die Berittenen mussten genau in diesem Augenblick auftreten, sie würden den Lärm der Walze übertönen.

»Das zweite Bild, bitte!«

Galletti hatte sich schmollend verzogen, die Musiker hatten ihre Instrumente bereits eingepackt, da erschien ihr Direktor Graf Schönburg aufgeregt mit der Nachricht, Carestini könne die Premiere nicht singen.

Der Lautenist Falkenhagen, Döbbert, der Flötist, und der Cellist Potthoff, die aus dem Orchestergraben interessiert der neuen Bühnentechnik zugesehen hatten, erstarrten und lauschten. Das war ja ein tolles Ding!

»Ist er krank?« Wilhelmine wusste, dass Sänger sich ins Bett legten und alles blockierten, wenn sie beleidigt waren. Schönburg schüttelte den Kopf. »Schlimmer! Er hat ein Engagement in London abgeschlossen!«

Wilhelmine glaubte, der Schlag habe sie getroffen. Wütend schmetterte sie ihr Regiebuch in den Orchestergraben.

»Schönburg!«, schrie sie. »Sie haben den Kontrakt entworfen! Hat Carestini nicht signiert, dass er am 10. Mai 1740 hier singen wird?«

Die Musiker, dem Wurf entgangen, steckten die Köpfe zusammen und tuschelten aufgeregt miteinander. Kleinlaut berichtete Schönburg, dass Carestini erst jetzt aufgefallen sei, dass seine Verpflichtung im King's Theatre auf eben diesen Tag fiele. »Er beteuerte, er habe die ganze Nacht kein Auge zugetan und wisse nicht, wie er Ihnen unter die Augen treten solle.«

Wilhelmine war weiß wie die Wand geworden, sie schwankte. Schönburg eilte, sie zu ihrem Stuhl zu führen, aber sie entglitt seinem Arm und sank zu Boden.

»Oh mein Gott!« Schönburg hatte keinerlei Erfahrung mit ohnmächtigen Damen. Er machte sich Vorwürfe, dass er ihr die Nachricht nicht schonender beigebracht hatte.

Der Cellist rief geistesgegenwärtig nach dem Kapelldiener, Falkenhagen brachte das zerfledderte Textbuch sowie ein Riechfläschchen, Döbbert wurde von Schönburg zu Superville geschickt. Betreten standen der Lautenist und der Cellist. Sollten sie in dieser Situation gehen oder bleiben?

Superville enthob sie dieser Entscheidung. Er kam ins Theater gerannt, sah Wilhelmine auf dem Boden liegen, schrie:

»Hinaus! Alle hinaus! Sofort!« Dann lockerte er Wilhelmines Corsage, schob ihr ein Kissen in den Nacken und klopfte ihr leicht auf die Wange. »Guillemette!«

Sie waren völlig allein, so wagte er es, sie beim Vornamen zu nennen. Langsam kehrte die Farbe in ihre Wangen zurück. Er hob ihren Oberkörper noch ein wenig an, bis er sein Knie darunterschieben und sie abstützen konnte. Wie eine Pietà, dachte er, und das mir als Calvinist.

Wilhelmine schlug die Augen auf und fragte mit schwacher, aber klarer Stimme: »Welchen Kontrakt hat Carestini zuerst unterzeichnet?«

Superville betrachtete sie aus schmalen Augen wie ein Luchs seine Beute. War sie bei Verstand?

»Sie sollten jetzt nicht sprechen und sich nicht aufregen.«

»Es gilt der zuerst unterschriebene Kontrakt. Lassen Sie sich Carestinis Londoner Vertrag zeigen.« Sie sah sich suchend um und fragte: »Wo ist Schönburg?«

»Ich habe alle hinausgeschickt, Sie hatten einen Schwächeanfall«, sagte Superville.

Sie sah ihn ungläubig an und errötete, als sie ihre Lage erkannte. Dann siegte ihr Humor.

»Wie eine Pietà, Superville«, lächelte sie schwach. Er riss sich von ihrem Anblick los und betrachtete Zeus an der Decke, der, von halbnackten Göttinnen umgeben, aus unheilverkündenden Gewitterwolken Blitze schleuderte.

»Was haben Sie denn?«

»Mon Dieu, was soll ich haben, Hoheit, eine Koinzidenz unserer Gedanken! Sie liegen auf meinen Knien und mir ist gänzlich unheilig zumute. Ich möchte Sie in meine Arme reißen und küssen. Nur meine Verantwortung als Arzt hält mich davon ab, Sie in weitere Aufregung zu versetzen!«

Sie war seinem Blick zum Olymp gefolgt, grinste bei dem Gedanken, dass er Athene betrachtete, um wieder zu Verstand zu kommen, und flüsterte: »Woher wollen Sie wissen, dass ein Kuss von Ihnen mich in Aufregung versetzen würde?«

»Wahrscheinlich nicht«, entgegnete er kühl, »das Theater ist dazu offensichtlich besser geeignet. Sie hätten nach Italien fahren, Ihre Lungen auskurieren und Kraft für eine zweite Schwangerschaft sammeln sollen.«

Wilhelmines Knie zitterten beim Versuch, aufzustehen. Superville half ihr auf einen Stuhl.

»Ich bin doch in Italien.« Sie wies auf den prächtigen Hafenprospekt, der im Vordergrund die weiße Mole zeigte und eine fantastische Perspektive auf schäumende Wellen eröffnete. Ein Schiff würde mit einem unsichtbaren Seilzug von der Hinterbühne hereingeschoben werden, als ob es auf den Wellen tanzte, ein Effekt, auf den sie sehr stolz war. Fünf Krüge Bier hatte sie den Bühnenarbeitern versprochen, wenn es bei der Vorstellung perfekt gelänge.

Sie breitete die Arme aus, als wolle sie den gesamten Raum umarmen.

»Das hier ist mein Kind«, lächelte sie, »wenn König Argenore auf dieser Bühne wütet und sein Sohn Ormondo um Vernunft, seine Tochter Palmida um Gnade fleht, dann ist alles über die schlimmste Zeit meines Lebens erzählt, gespielt, gesungen. Das ist die beste Kur, die ich machen kann.«

»Eine solche Kur hätte ich Ihnen nie empfohlen. Der Effekt lässt auf sich warten, Ihnen zittern ja noch immer die Knie. Was hat es auf sich mit diesem Kontrakt?«

Wilhelmine atmete tief durch.

»Carestini hat zwei Verträge a meme temps abgeschlossen. Damit hat er gerade meine Eröffnungspremiere platzen lassen. Denn er wird dem König von England keinen Korb geben, um in Baireuth ein lächerliches Operntheater zu eröffnen, nicht wahr?«

Ein krampfhaftes Lachen schüttelte sie. Superville flößte ihr einen Löffel Baldrian ein.

Friedrich stürzte herein.

»Was ist dir, mein Herz?«

Gut, dass er seine Frau nicht als sterbenden Schwan in meinen Armen gesehen hat, dachte Superville. Er packte seine Utensilien zusammen und meinte: »Das Theater besiegt auch den talentiertesten Arzt.«

»Sie sind noch keine vierzehn Tage hier und machen nichts als Tapages, diese Italiener«, sagte Wilhelmine mit schwachem Lächeln zu Friedrich. »Wenn sie nicht so wundervolle Stimmen hätten, die hierzulande nicht zu finden sind … Aber ich will dich nicht mit meinen Affairen ennuyieren, es soll eine Überraschung werden.«

»Eine Überraschung, die dich krank macht? Ich glaube nicht, dass ich diese Art von Surprise schätze«, meinte er.

»Es ist doch nur eine Oper«, wandte Albertine ein, die eben mit Minni den Saal betreten hatte, »Sie sollten die Musik nicht als Staatsaffaire nehmen, Prinzessin.«

Wilhelmine betrachtete den Hafenprospekt. Er war wirklich gut gelungen, und das für nur fünfundzwanzig Gulden! Wenn sie ihre Oper nicht als Staatsaffaire nahm, was sonst? Nur die Liebe war wichtiger als die Musik, und in der hatte sie nicht viel Glück.

»Du verstehst sie nicht, liebe Schwester«, sagte Minni, »für die Prinzessin gehört die Musik zu ihrem Leben wie für andere Frauen ein Mann.«

Da war ein Unterton, der Friedrich herumfahren ließ. Ein kleines Lächeln umspielte Minnis schmollende Lippen, während sie ihm unbefangen in die Augen sah.

Du Biest, dachte Superville.

Wilhelmine aber blickte zu Minni und lächelte die Freundin an. Sie fühlte sich verstanden.

24

Für die Prinzessin gehört die Musik zu ihrem Leben wie für andere Frauen ein Mann. Wenigstens meine Freundin versteht mich, dachte Wilhelmine, alle anderen wollen ja nur, dass ich mich schone, um Kinder zu gebären. Niemand versteht, dass »Argenore« mein Kind ist. Der Sänger war weg. Als Königstochter und Markgräfin konnte sie jetzt zu anderen Zerstreuungen greifen. Ihre Oper war keine Staatsaffaire, ob sie eine Premiere erlebte oder nicht, würde niemanden umbringen.

Doch, mich, rief eine dünne, verzweifelte Stimme in Wilhelmine, mich würde es umbringen. Wilhelmine war nicht die Neuberin, sie war kein Kind des Theaters, für das es selbstverständlich war, dass eine Premiere um jeden Preis, auch um den der Gesundheit und des Todes, herauskommen musste. Das dünne Stimmchen in ihr schrie leise, aber vernehmlich, dass sie ihr Kind, ihre erste Oper, nicht zu Grabe tragen durfte.

Pfeiffer, dachte sie.

Ihr Konzertmeister und Kompositionslehrer galt als Kind, das mit der Glückshaube zur Welt gekommen war: In der Nacht des Jahrhundertwechsels, am 1. Januar 1700, war er in Nürnberg geboren. Er war als Violinist in den Dienst des launischen Herzogs von Weimar getreten, hatte es dort zum Konzertmeister gebracht, und aus dieser Position hatte ihn die Markgräfin vor sechs Jahren vor dem immer närrischer sich gebärdenden Herzog gerettet. Dafür war er ihr unendlich dankbar. Pfeiffer besaß ihr tiefstes Vertrauen. Sie zog sich mit ihm in das stille Repetitionszimmer über der Bühne zurück und beriet mit ihm über eine Umbesetzung.

»Zaghini? Gut, er ist zu jung … da muss die Schminke nachhelfen!«

Wilhelmine schüttelte energisch den Kopf. Sie habe Zaghini die Rolle des Ormondo auf den Leib geschrieben. »Argenore ist die Titelrolle, aber die Spitzenpartie ist Ormondo! Wissen Sie, welch gewaltigen Stimmumfang Zaghini hat?«

Natürlich wusste Pfeiffer, dass Zaghini bis zum viergestrichenen D sang, und das mit erstaunlicher Leichtigkeit. Nie klang bei ihm etwas angestrengt, immer sang er rein und technisch absolut perfekt.

»Wenn ich Zaghini an den Argenore verschwende, habe ich keinen tragischen Liebhaber mehr, der sechs Arien mit nie gehörten Trillern singen kann.«

Sie schwiegen wieder.

»Kennen Sie noch jemanden aus Weimar, Pfeiffer?«

Es war nie einfach gewesen mit dem kleinen, mageren Herzog, der zwischen den Musikern umhersprang, alle Pauken schlug, auf der Geige kratzte wie ein russischer Dorfmusikant, sich aber für einen exzellenten Musiker hielt. Den Wechsel nach Baireuth hatte ihm der Herzog zutiefst verübelt, in der Folge hatte er alle Sänger und Musiker entlassen. Am schlimmsten aber war, dass sein Mariele … Er seufzte tief.

Wilhelmine überlegte, ob sie ihren Schwager aus Schwedt fragen konnte. Döbbert, ihren wunderbaren Traversflötisten, der auch Friedrich unterrichtete, hatte sie Jean abgeworben. Leider war Döbbert vertragsbrüchig geworden, aber er hatte geschworen, dass es nicht anders ging, der wilde Markgraf hätte ihn eher in Ketten gelegt als ziehen zu lassen. Zu allem Unglück war er so unbedacht gewesen, bei seiner Flucht bei Nacht und Nebel seine Frau zurückzulassen, die der Markgraf prompt arretiert hatte. Sie hatte Fedéric gebeten zu vermitteln, und seine Intermission hatte erreicht, dass Döbbert nun mit seiner Frau friedlich in Baireuth leben konnte. Nein, wenn sie Jean jetzt um einen Sänger bat, würde er nur höhnisch grinsen.

Sie seufzte, Pfeiffer seufzte, sie sahen sich an und mussten trotz des Ärgers lachen.

»Ich habe solchen Verdruss mit dem Herzog von Weimar, wenn ich anfragte, würde er mein armes Mariele ...« Pfeiffer verstummte.

»Und ich habe solchen Verdruss mit dem Markgrafen von Schwedt ...« Wilhelmine war hellhörig geworden. »Ihr Mariele?«

»Hoheit, als ich in die Dienste des Herzogs trat, war ich Kostgänger bei einer ausnehmend freundlichen Familie in Weimar. Der Ehemann starb, die Witwe, nun, Hoheit, bitte verstehen Sie mich recht, es ging in allen Ehren ...«

Wilhelmine lachte amüsiert auf. »Pfeiffer, Sie sind ein Witwentröster! Ich habe Sie unterschätzt!«

Pfeiffer war trotz seiner vierzig Jahre verlegen wie ein Schulbub. »Sie ist eine bezaubernde Person, wir sind einander sehr zugetan. Wir hatten einander versprochen, bevor ich den Dienst bei Ihnen antrat.«

»Lasst ihr Musiker für ein Engagement immer eure Frauen im Stich!«, rief sie aus.

Pfeiffer meinte traurig, er hatte geglaubt, dass der Herzog sein Mariele ziehen lasse. Aber sie sei vermögend. »Sie dürfe ziehen, wenn sie ihm seine Güter für ein Zehntel des Wertes verkaufe! Hoheit, das ist doch ...«

»Gaunerei ist das, sprechen Sie es nur aus! Aber kein Fürst lässt gern reiche Witwen ziehen. Der König von Preußen, mein Vater, hat Heiraten reicher Erbinnen außer Landes sogar unter schwere Strafe gestellt!«

Pfeiffer sah noch unglücklicher drein.

»Soll ich meinen Bruder den Kronprinzen um Intervention bitten, wie seinerzeit für Döbbert?«

Pfeiffer strahlte. »Das würden Sie tun, Hoheit?«

»Natürlich, Sie hätten mir schon längst von dieser Affaire berichten sollen! Mein Bruder ist der Einzige, vor dem diese verschwägerten Reichsfürsten Respekt haben. Ich werde ihm schreiben, vielleicht weiß er auch einen Sänger für uns, aber ich fürchte, dafür ist es nun zu spät.«

Sie ist eine ungewöhnliche Fürstin, dachte Pfeiffer und wischte sich verstohlen eine Träne aus dem Auge. Sie spricht mit mir wie mit einem beinahe Ebenbürtigen, sie zahlt besser als der Weimarer, sie käme nie auf die Idee, Musiker zu arretieren, die ihren Hof verlassen wollten. Aber das Generöseste an ihr ist, dass sie sich für ihre Musiker sogar mit ihren fürstlichen Verwandten anlegt. Ausgerechnet sie hatte das Pech, dass dieser eitle Pfau von Carestini sie im Stich ließ. Pfeiffer fiel vor ihr auf die Knie, aber sie befahl ihm, sich zu erheben, sie hätten eine Premiere zu retten. Wieder saßen sie sich stumm gegenüber und überlegten.

In ihre Überlegungen hinein klopfte es. Es war Galletti.

»Ich bedaure unendlich, dass Sie durch Carestini in solche Verlegenheit geraten sind«, begann er in solcher Unterwürfigkeit, dass Wilhelmine und Pfeiffer einen erstaunten Blick tauschten.

Er habe ihn empfohlen und fühle sich verantwortlich. »Altezza, ich biete Ihnen an, den Argenore zu singen.«

Nur die Wirkung einer Granate wäre durchschlagender gewesen.

»*Sie* wollen uns helfen?«, fragte Wilhelmine ungläubig. »Signor Galletti, ausgerechnet Sie, der Sie mit dem Libretto so unzufrieden sind?«

»Altezza, mit Ihrem großzügigen Vorschlag ist für mich die Sache erledigt. Die Premiere muss über die Bühne gehen.«

Wilhelmine erinnerte sich nicht, einen großzügigen Vorschlag gemacht zu haben.

Er sah sie unschuldig an. »Sie rieten mir, einen Epilog ins Textbuch zu setzen, weil Sie nichts mehr ändern wollten. Ich fand den Rat gut, allein, ich dachte, als Prolog macht es sich besser, es ist immerhin der Geburtstag seiner Serenissima Altezza, unseres verehrungswürdigen Markgrafen.«

Wilhelmine schwante Schlimmes. »Haben Sie diesen Prolog bereits verfasst?«

»Seguro, Altezza!«

Galletti zog ein Blatt Papier aus der Tasche und reichte es ihr.

»Gestatten Sie, wenn wir jetzt auf die Bühne gehen?«, fragte Pfeiffer.

Wilhelmine gestattete. Die beiden zogen ab. Sie entfaltete das Papier und las: »Serenissima Altezza! Wenn ich das erste Mal, da ich das Glück habe, eine geringe Frucht meiner Arbeit auf dem Schauplatz vorzustellen, um dem höchst erfreulichen Geburtstag ew. Hochfürstlichen Durchlaucht ein Opfer zu bringen, ein Trauerspiel aufführe: so bitte untertänigst solches nicht als eine Leichtsinnigkeit oder Übereilung, sondern als eine Notwendigkeit, welche nach dem gemeinen Sprichwort kein Gesetz hat, anzusehen; sintemal der mir aufgegebene Inhalt keine andere Einrichtung und Ausführung verstattete. Ew. Hochfürstliche Durchlaucht legen demnach eine Probe dero Großmut und Gnade in Vergebung dieses Fehlers ab ...«

Es folgten einige Ergebenheitsfloskeln. Sie ließ das Blatt sinken. Frech in die Zueignung hatte er seine Kritik gepackt, natürlich devot umschrieben. Aber er ließ keinen Zweifel daran, wie unpassend er dieses Trauerspiel fand, dessen Inhalt ihm »vorgegeben« worden sei.

Erpressung, dachte sie. Zorn stieg in ihr hoch wie eine heiße Flamme. Wenn ich ihm den Prolog verbiete, wird er mir nicht aus der Patsche helfen. Dann wird meine erste Oper nicht aufgeführt, mein erstes Kind wird das Licht der Welt nie erblicken. Und das zur Eröffnung des neuen Hauses! Sie musste den Druckauftrag wohl erteilen. Wütend zerknüllte sie den Zettel und ging hinunter zur Bühne.

Wenige Minuten später betrat Sonsine mit einem Brief in der Hand das Theater. Wilhelmine war wieder einmal nicht zum Souper erschienen. Das Fräulein stellte sich wie eine Galionsfigur neben Wilhelmine auf und sah stirnrunzelnd zur Bühne. Seit diese italienischen Gaukler eingetroffen waren, erschien Wilhelmine nur noch selten beim Souper. Es war nicht verwunderlich, dass der Markgraf die Etikette vernachlässigte, Minni neben sich, und die beiden auf eine Weise herumalberten, dass bei Hofe darüber getratscht wurde. Wenigstens hatte die Oberhofmeisterin kraft ihres Amtes befohlen, dass Albertine an der Linken des Markgrafen Platz nahm, um das Gerede im Keim zu ersticken. Der Markgraf war galant genug, mit beiden Damen zu scherzen. Nein, diese Proben durften Wilhelmine nicht an der offiziellen Tafel hindern, außerdem musste sie regelmäßig essen. Blass war sie und viel zu mager.

Will dieser Mann nie aufhören zu singen, dachte das Fräulein, während ihr all diese Gedanken durch den Kopf schossen. Wenigstens hat er eine normale Männerstimme, er scheint keines dieser Verbrechen gegen die Natur zu sein.

Galletti sang glockenhellen Tenor. Das ist ja wunderbar, dachte Wilhelmine überrascht und tauschte einen tiefen Blick des Einverständnisses mit Pfeiffer. Ungeduldig sagte sie zur Seite: »Was gibt es, Sonsine? Ich kann es nicht ausstehen, wenn du abwartend neben mir stehst! Die Probe ist gleich zu Ende.«

Sonsine hatte sich noch nicht daran gewöhnt, dass Proben wichtiger war als Familien- oder Staatsangelegenheiten. Spitz sagte sie: »Hoheit waren nicht beim Souper …«

»Ich hatte keine Zeit, das siehst du doch!«, sagte Wilhelmine ungeduldig.

»Wollen Hoheit wohl gestatten, ein Brief von Ihrem Bruder …«

Wenn es um den Kronprinzen ging, hatte sie immer Erfolg, das wusste Sonsine.

»Von Fedéric!« Wilhelmine riss ihr den Brief aus den Händen und brach das Siegel auf.

»Die Nachrichten aus Berlin sind nicht gut«, meinte das Fräulein, »der König ist krank.«

»Der König ist seit drei Monaten krank, seine Krankheiten sind rein politischer Natur«, murmelte Wilhelmine, aber während des Lesens veränderte sich ihr Gesichtsausdruck.

Er rechne nicht mehr mit Monaten, sondern nur mit Wochen, schrieb Federic aus Ruppin.

Sie ließ den Brief sinken. Seit Monaten hatte sie Fedéric immer wieder gefragt, ob sie nach Berlin kommen solle, aber ständig riet er ihr ab. Und jetzt? Wenn sie den Vater noch einmal sehen wollte, musste sie sich beeilen. Ihr Blick fiel auf den großen Leuchter vor der Bühne, der noch nicht mit Kerzen besteckt war. Mechanisch fragte sie: »Sonsine, hast du Kerzen bestellt?«

Sonsine hob die Augenbraue. Der König lag im Sterben und die Prinzessin fragte nach der Theaterbeleuchtung. »Selbstverständlich, Hoheit«, bejahte sie spitz.

Apoll zürnt mir, dachte Wilhelmine. Ich wollte das Theater für meine persönliche Abrechnung benutzen. Aber eine Abrechnung mit einem Todkranken? Verzeihen müsste ich ihm. Nach Berlin fahren, ihn noch einmal sehen, ihm noch einmal die Hände halten. Frieden machen.

Aber sie wollte nicht. Nicht jetzt, dachte sie, gerade habe ich zwei italienische Streithähne getrennt und den Frieden wiederhergestellt. Dann hat dieser Trottel mit der Engelsstimme zwei Kontrakte gleichzeitig abgeschlossen, aber ich kann umbesetzen! Alle Hindernisse habe ich aus dem Weg geräumt. Und jetzt liegt mein Vater im Sterben. Soll mein armer kleiner Erstling schon vor seiner Uraufführung in Rauch aufgehen? Sollen statt schöner Arien Trauergesänge angestimmt werden?

Die Stimme, die vorhin noch klein und dünn in ihr gewispert hatte, schwoll nun zu einem mächtigen Triller an, langanhaltend und intensiv wie Zaghini. Ich will meine Oper, und ich will sie am 10. Mai des Jahres 1740. Ich habe sie geschrieben, komponiert und in Szene gesetzt auf meiner neuen Bühne, ich will sie als Geburtstagsgeschenk für den Mann, den ich liebe, ich will ihm dieses, mein erstes musikalisches Kind, schenken. Versteht das keiner? Nicht einmal Apoll? Warum schickt er mir Hades?

Sorgfältig faltete sie den Brief zusammen und trat an die Rampe.

»Das war extraordinair, ganz wunderbar, Signor Galletti. Ich würde mich freuen, wenn Sie übernehmen. Wenn Sie keine Schwierigkeiten sehen, Pfeiffer?«

»Ganz im Gegenteil, Hoheit, es wird wunderbar gehen.«

Die Herren gingen. Der Kapelldiener kam und löschte die Kerzen.

Wilhelmine wandte sich um und betrachtete die dunkle, einsame Galerie, die das Parkett von drei Seiten umschloss und auf denen noch kein Mensch gesessen hatte. In den Wandleuchtern an den Brüstungen steckten lange weiße Kerzen. An der Beleuchtung hatte sie nicht gespart, das Wichtigste an der Oper waren zweifellos schöne Stimmen, aber ebenso wichtig waren die Beleuchtung und die Bühnentechnik.

Sie betrachtete den roten Adler, das markgräfliche Wappen, der, von Lorbeerblättern umkränzt und von zwei Allegorien der Fama gehalten, über der markgräflichen Loge zu schweben schien. Jeder sollte sehen, dass sie das Redoutenhaus in einen Musentempel verwandelt hatte. Weitere goldene Stukkaturen waren zu kostspielig, sie hatte den Etat lieber für Bühnentechnik verwendet.

Je einfacher der Zuschauerraum, desto weniger kann mich diese Sekte von Pietisten als Verschwenderin beschimpfen, dachte Wilhelmine. Wie teuer diese Akustik ist, sieht keiner.

Sie gab sich einen Ruck und folgte Sonsine zur Sänfte. An der Tür wandte sie sich noch einmal um. Still stand der Kerzenqualm über der verlassenen Bühne. Ein paar zierliche Schuhe mit hohen Absätzen lagen auf dem Boden. Die kleine, hässliche Sängerin mit der wundervollen Stimme benutzte sie, um größer und eindrucksvoller zu erscheinen. Es roch nach Holz, Farbe und Leinöl. Ein schwacher Lichtstrahl drang von draußen durch die geöffnete Tür.

Tief atmete Wilhelmine ein. Sie ballte die Hände zu kleinen Fäusten, bis die Knöchel weiß vor Anspannung hervortraten.

Nein, Papa, dachte sie, du wirst mir die Musik nie mehr nehmen. Nein, Papa, die Kunst ist stärker als der Tod.

25

»SOLL ICH ALLES für die Reise veranlassen?«, fragte das Fräulein. Wilhelmine blickte unschlüssig auf ihre kleinen Fäuste.

»Man redet schon in der Gesellschaft darüber und wirft Ihnen Lieblosigkeit vor«, sagte das Fräulein.

»Lieblos …«, murmelte Wilhelmine, »Gott weiß, wie ich meinen Vater liebe, obwohl er nicht immer mit väterlicher Liebe gegen mich gehandelt hat. Du solltest das am besten wissen!«

»Es war auch ganz die Tat einer liebenden Tochter, im Fasching während der Krankheit des Königs ausgerechnet Molieres ›Eingebildeten Kranken‹ zu spielen«, sagte das Fräulein sarkastisch. Wilhelmine betrachtete ihre langjährige Gefährtin von der Seite, die gerade schmale Nase, den energischen Zug um den Mund, der sich mit zunehmendem Alter verstärkt hatte. Das Fräulein reckte das Kinn und blickte wie ein beleidigter General.

Wilhelmine lachte auf: »Ja, ich erinnere mich gut! Vor allem an die Komödiantin, die das schlaue Dienstmädchen Toinette spielte! Erinnere ich mich richtig, dass Mademoiselle von Sonsfeld die Konkurrenz zu den französischen Komödianten nicht zu scheuen brauchte? Dass sie die meisten Lacher eingeheimst hat? Dass sie tobenden Applaus bekam?«

Das Fräulein war beschämt. »*Ich* sage nicht, dass Sie lieblos sind, Prinzessin«, beteuerte sie, »ich sage nur, dass es in der Gesellschaft gesagt wird.«

»Hier wird vieles geredet. Man hasst mich, weil ich keinen Sohn habe, und alles, was ich tue, wird mir falsch ausgelegt.«

Sie ging zu Friedrich: »Ich brauche dringend deinen Rat.«

Er erhob sich hinter seinem großen Schreibtisch, der mit Stapeln von Erlassen, Bittgesuchen, Beschwerdebriefen und Eingaben aller Art bedeckt war. Eine kleine abendliche Ausfahrt, tête à tête? Sie nickte dankbar.

Sie bestiegen die offene Chaise, ließen sich durch die Stadt fahren und genossen die laue Frühlingsluft. Baireuth war in Friedrichs Regierungszeit gewachsen. Mit über sechstausend Einwohnern, die hauptsächlich für den Hof arbeiteten, war es lebendig geworden. Der Unrat wurde inzwischen regelmäßig weggefahren, so dass nicht der Gestank von Verdorbenem, sondern der Duft der ersten aufgeblühten Fliederdolden die abendliche Luft erfüllte. Aus einer Wirtschaft drangen Gelächter und Fiedelmusik, alles atmete den Geruch beginnenden kleinbürgerlichen Wohlstandes.

»Selbst wenn ich morgen früh abreiste, wäre ich unmöglich in in vierzehn Tagen zurück! Wenn ich fahre, muss ich bis zum bitteren Ende bleiben. Und das mit einem Todkranken, der das, was er am Morgen verurteilt, am Abend gutheißt, der jeden schikaniert, der in seine Nähe kommt!«

»Willst du deinen Vater trotz allem noch einmal sehen?«, fragte er.

»Mein Bruder rät mir seit Wochen davon ab, zu kommen.«

»Befürchtet er dasselbe, was wir befürchteten, als sich meine Schwester auf den Weg machte zu meinem sterbenden Vater?«

In stillem Einverständnis blickten sie einander an. Beide waren sehr beunruhigt gewesen, als die Schwester ihre Ankunft gemeldet hatte. Sie hätte ihnen großen Schaden zufügen können, indem sie ihren Vater auf dem Sterbebett beredete, sein Testament zu ihren Gunsten abzufassen. Nur Floras Geschicklichkeit hatten sie es zu verdanken, dass Friedrichs Schwester sich auf halbem Wege zur Umkehr genötigt sah.

Auf diese unschöne Art hatten sie eine plötzliche Veränderung des Testaments vereiteln können.

»Ich denke schon, dass dies dahintersteckt. Mein Vater könnte sich an seine früheren Versprechen erinnern, die er alle nicht gehalten hat, und das will mein Bruder verhindern. Stell dir die Demütigung vor, wenn ich auf halbem Weg wieder umkehren müsste!«

Der Kutscher hatte am Brandenburger Weiher gehalten. Sie blickten auf den dunklen See, über den sich der schwarze Sternenhimmel spannte wie ein unendliches Zelt.

»Wie klein wir sind, und wie klein ist unser Glück«, sagte Wilhelmine leise.

»Solch einen Moment hatten wir lange nicht mehr«, murmelte er und suchte ihren Mund, »du bist ja nur noch auf dem Theater.«

»Und du nur noch in deiner Kanzlei.«

Sie lächelten sich an, friedlich, wie zwei Freunde, die sich verstehen.

»Ich muss das Regieren lernen«, sagte er leise, »ich muss doch etwas Anständiges hinterlassen, nicht?«

»Wem?«, fragte sie bitter. Schweigend fuhren sie zum Schloss zurück. Nach langer Zeit gingen sie Hand in Hand die Treppen hinauf in sein Boudoir und liebten sich.

❧ 26 ❧

ALLE MASCHINEN HATTEN versagt. Eine graue Gewitterwolke, die sich unter lautem Theaterdonner vom Schnürboden herabsenken sollte, war hinuntergestürzt und hatte Zaghini getroffen, der, aus einer klaffenden Kopfwunde blutend, weitersang und trillerte, während die Leute schreiend zum Ausgang drängten.

Mit klopfendem Herzen schreckte Wilhelmine aus ihrem grauenhaften Albtraum hoch. Es war der 10. Mai 1740, der Tag ihrer Premiere. Einen Moment starrte sie mit weit geöffneten Augen angstvoll auf ihren Baldachin, als könne er ebenfalls herabstürzen und sie erschlagen. Vom Kirchturm hörte sie sechs Schläge. Sie drehte sich auf die andere Seite und kuschelte sich wieder in ihre warme Decke.

»Sophie, mach mir die französische Coiffure, die der Markgraf so gern an mir sieht«, befahl sie am Mittag.

Sophie drehte eine künstliche lange Strähne mit der Brennschere sorgfältig zu einer Korkenzieherlocke und erkundigte sich, wovon die Oper handele.

Sie werde es sehen, versprach Wilhelmine, die die Vorstellung für das Hofpersonal befohlen hatte.

»Aber es wird welsch gesungen, das verstehe ich nicht!« Sophie steckte die Locke an Wilhelmines Coiffure fest, so dass sie sich um den schmalen Hals der Herrin kokett ins Dekolleté hinein kringelte.

»Ca ne fait rien! Es geht um die Stimmen! Sie sind so schön, man muss einfach weinen, wenn man sie hört!«

»Auch wenn man nicht weiß, worum es geht?«, zweifelte Sophie. Wilhelmine sah nachdenklich zu, wie Sophie die zweite Strähne dazu brachte, sich zu locken.

Tatsächlich würde niemand im Publikum Italienisch verstehen. In Baireuth war man seit Georg Wilhelms Zeiten an deutsche Singspiele gewöhnt.

»Glaubst du, dass es wichtig ist, die Sprache zu verstehen, um wahrhaft gerührt zu sein?«

»Ich bin nur ein einfaches Mädchen, Hoheit, die Herrschaften empfinden das sicherlich anders«, meinte Sophie und steckte auch die zweite Locke fest. Kritisch betrachtete sie ihr Werk im Spiegel.

»In der Oper verstehst du jedes Gefühl aus der Musik, auch die hinterlistigste Intrige des abgefeimtesten Schurken!«

»Gibt es böse Schurken?«, fragte Sophie mit glänzenden Augen. Wilhelmine lachte, beobachtete Sophie im Spiegel und dachte, warum nicht.

»In alter römischer Zeit lebte einmal ein König mit Namen Argenore in Ponto, der hatte eine Prinzessin namens Palmida und einen Prinzen namens Eumenes. Dieser wurde als kleiner Knabe in einer unglücklichen Schlacht aus dem Zelte seines Vaters von den Feinden geraubt und geriet dem General Acabo in die Hände. Acabo hoffte, mittels dieses Kindes dereinst des Königreiches Ponto teilhaftig zu werden. Er erzog den Eumenes unter dem Namen Ormondo als seinen eigenen Sohn neben seiner leiblichen Tochter, welche Martesia hieß. Unterdessen wurde Acabo gefährlich krank und sah das Ende seines Lebens vor Augen.

Heimlich gab er seiner Tochter Martesia ein versiegeltes Papier, worin das Porträt des Argenore eingeschlossen war, welches Eumenes damals anhängen hatte, als er geraubt wurde. Acabo ließ Martesia aber einen Eid schwören, dass sie es niemand eröffnen wollte, doch sollte sie es, im Fall Ormondo in die äußerste Gefahr geriete, dem Argenore, sonst aber keinem geben.

Acabo starb, und Ormondo oder vielmehr Eumenes begab sich mit Martesia zur Residenz des Argenore, wurde wegen seiner Tapferkeit zum Feldherrn und verliebte sich in Argenores Tochter Palmida.«

Sophies Wangen glühten. Sie reichte der Prinzessin die prachtvollen Perlenohrringe.

»Wie aufregend, Hoheit, sagte sie, »haben Sie sich das alles selbst ausgedacht?«

»Es ist nur die Vorgeschichte!«

Oh! Sophie war begierig zu erfahren, wie die Geschichte weiterging. Sie tupfte Wilhelmines Gesicht mit der Puderquaste ab, bis es in makellosem Weiß erstrahlte, legte Rouge auf die Wangen und nahm ihr schließlich den Frisierumhang von den Schultern.

»Du wirst es heute Abend sehen! Ormondo erhofft sich die Hand der Palmida. Aber Argenore verspricht sie dem Leonida, der aus königlichem Geblüt und damit seiner Tochter standesgemäß ist. Palmida will ihrem Vater nicht gehorchen, sondern selber frei ihren Gatten wählen. Dies versetzt Argenore in furchtbaren Zorn.

Nun lebt bei Hofe ein Vertrauter des Argenore namens Alcasto, der ebenfalls in Palmida verliebt ist. Er hinterbringt dem Argenore die falsche Nachricht, dass an der Grenze des Landes ein Aufstand drohe, und rät Argenore, Ormondo dorthin zu senden, dessen Tapferkeit und Heldentum diesen Aufstand sicher besiegen würde.«

»Dies ist aber eine Lüge, nicht wahr?«, fragte Sophie atemlos. Sie wollte Wilhelmine eine dreireihige Perlenkette anlegen, aber die wehrte ab: »Hör auf, mich zu behängen wie ein Zarenliebchen! Schlicht bestickt! – Ja, es ist eine abgefeimte Lüge, wie sie von intriganten Domestiken gebraucht wird, die sich bereichern wollen.« Wilhelmine dachte ingrimmig an Grumbkow, der sie zu ihrem Alcasto inspiriert hatte.

»Ormondo und Palmida sind entsetzt, droht doch die Hochzeit mit Leonida, wenn Ormondo so schnell wieder fort muss. In der Nacht wollen die beiden sich heimlich treffen. Dies nutzt Alcasto, um sich Palmida zu nähern. Er will sie zunächst mit schönen Worten, dann mit Gewalt verführen. Palmida beginnt laut zu schreien. Ormondo befreit sie aus den Händen dieses Nichtswürdigen, aber Alcasto kann flüchten und nimmt Ormondos Mantel an sich.«

Sophie schlug die Hände vors Gesicht. »Jetzt denkt der König, dass Ormondo …«

Wilhelmine nickte. »Genau das denkt Argenore. Er zeigt Palmida den Mantel und hält ihr Entsetzen für den Beweis ihrer befleckten Ehre. Er droht, ihr die Hand abhacken zu lassen …«

Ein Aufschrei Sophies unterbrach sie.

»Nein, nein, Sophie, er droht nur! Obwohl es ein schöner Bühnentrick wäre …« Wilhelmine grinste ihr kleines schurkisches Lächeln, aber angesichts des Entsetzens ihrer Zofe fuhr sie schnell fort: »… wenn sie nicht sofort Leonida heirate. Hierauf reicht Palmida Leonida ihre Hand und schwört ihm statt Gattenliebe ihren ewigen Hass. Dies bringt Argenore so gegen seine Tochter auf, dass er sie erstechen will. Indessen kann Palmida zum Hafen flüchten, wo sie mit ihrem Geliebten per Schiff flüchten will.«

Sophie holte das grauseidene Staatskleid für festliche Anlässe und half ihrer Herrin in die Robe. Zufrieden betrachtete sich Wilhelmine im Spiegel und erzählte weiter: »Aber Alcasto will Ormondo ergreifen. Ormondo wehrt sich, es kommt zu einer großartigen Fechtszene! Zaghini kann nicht nur wundervoll singen, er kann auch ausgezeichnet fechten!«

Sophie lachte unsicher. »Aber sie werden doch nicht wirklich fechten und sich verletzen, Hoheit!«

»Sophie, wir sind in Baireuth und nicht im antiken Rom! Nein, wir haben stumpfe Degen, aber es wird sehr echt aussehen, das verspreche ich dir!«

»Werden sie flüchten, Palmida und ihr Ormondo?«, fragte Sophie gespannt.

»Würde dir das gefallen?«

Sophies leuchtende Augen signalisierten Begeisterung.

»Aber sie sind Geschwister!«, sagte Wilhelmine leise und dachte an Féderic. »Sie können doch nicht flüchten wie ein Liebespaar!«

»Das hatte ich ganz vergessen«, murmelte Sophie.

»Die arme Martesia ist die Einzige, die diese tragische Verwicklung aufklären könnte. Aber Argenore hört sie nicht an. Er hat Italce mit einem Giftbecher in den Kerker geschickt. Aber Ormondo ersticht Italce und flieht. Argenore befiehlt seiner Tochter, ihn in den finsteren Kerker zu begleiten. Er will ihr die Leiche Ormondos zeigen und sie dadurch zwingen, ihren Widerstand gegen Leonida aufzugeben.«

»Wie grausam!«, rief Sophie unwillkürlich aus. »Wie kann ein Vater so grausam sein!«

»Ja, wie kann ein Vater so grausam sein«, wiederholte Wilhelmine nachdenklich und dachte: Selbst Sophie, die aus einfacher Familie stammt, hat dergleichen nicht erlebt.

»Ormondo hat unterdessen seine getreuen Soldaten um sich geschart und wagt einen Aufstand gegen Argenore. Aber er fällt unter dem Schwert des verräterischen Alcasto. Palmida ersticht Leonida, weil sie ihn für den Mörder Ormondos hält. Martesia, die das entsetzliche Geschehen nicht mehr aufhalten kann, dringt zu Argenore vor und übergibt ihm den Beweis, dass Ormondo sein geraubter Sohn Eumenes war. Palmida stürzt sich ins Meer. Argenore schiebt Alcasto die Schuld an dem Geschehen zu …«

»Wie ungerecht!«, rief Sophie empört.

»Von einem Tyrannen kann ein falscher Vasall keine Gerechtigkeit erwarten«, sagte Wilhelmine. »Er ersticht Alcasto, aber als Martesia ihm die Nachricht vom Tod Palmidas überbringt, greift er nach seinem Dolch und entleibt sich.«

»Und Martesia?«, fragte Sophie atemlos.

»Martesia muss mit der Schuld leben, zu spät gehandelt zu haben.«

Die Vorstellung wurde ein großer Erfolg. Das Publikum schrie vor Schreck auf, als die Gewitterwolken erschienen, begleitet von unheilverkündendem Donnergrollen. Auch ohne Italienischkenntnisse flogen die Spitzentücher der Damen zu ihren Augen, als Palmida ihr ungerechtes Geschick in rührenden Arien beklagte. Das geforderte Dacapo gewährte die erfreute Sängerin gern.

Im zweiten Akt zitterte Wilhelmine, weil Palmidas Arie durch das Rumpeln der Verwandlung vom Hafen in den Palast gestört wurde. Aber auch diese schwierige Verwandlung auf offener Bühne funktionierte.

Als Zaghini in seinem hellen Knabensopran sang: »Ja, wenn die Geburt / durch die Vernunft regieret würde, und nur derjenige / ein Reich beherrschen sollte, welcher die Last der Herrschaft / Zu tragen vermögend und also derselben würdig ist/ So würde Argenore ein Knecht und Ormondo König sein«, beugte sich Friedrich zu Wilhelmine und raunte: »Meine aufrührerische Gattin! Wenn unsere Untertanen sich dies zu eigen machen, werden sie mich bei meiner nächsten unvernünftigen Handlung absetzen!«

»Daran siehst du, welche Freiheiten die italienische Sprache gestattet!«

Wilhelmine lachte ihn befreit an. Mit jeder Minute platzte ein Stück der Anspannung wie eine Schlammkruste von ihr ab.

Die Sänger waren wundervoll, unter Pfeiffers Dirigat spielten die Musiker so gut wie noch nie, und Spindler mit seinen Leuten schaffte wahre Wunder an den Maschinen. Die großen Auftritte zu Pferd von hinten durch das große Tor, die Fechtszenen und das Bühnengewitter waren noch Wochen später das Tagesgespräch in Baireuth.

Schon in der Pause nach dem ersten Akt küssten ihr Minni und Albertine die Hände.

»Sie sind eine richtige Künstlerin, Hoheit«, sagte Minni. Ihre Stimme klang scheu und leicht bebend vor Ehrfurcht. An dem Tonfall hatte sie lange geübt, um die Markgräfin zu rühren. Wilhelmine umarmte erst sie, dann Albertine. Sekundenschnell schoss ihr die Frage durch den Kopf, warum Albertine nur pummelig und unbeholfen wirkte, wenn sie neben ihrer Schwester stand, sonst nie, aber dann kamen Gäste und Gratulanten.

Zu Wilhelmines großer Erleichterung wurde der Schluss verstanden. Unter düsteren Klängen in c-Moll gab sich der Tyrann und Mörder des eigenen Sohnes den Tod. Galletti widerstand den Versuchungen der Eitelkeit. Er warf sich nicht in die Brust, er spielte keinen Heldentod, sondern starb den kläglichen Bühnentod eines Tyrannen, den niemand betrauert.

Minutenlange Stille herrschte, nachdem der Vorhang gefallen war. Erst als die Sänger vortraten, gab es frenetischen Applaus.

Wilhelmine fühlte, wie das Glück heranflutete wie eine sanfte, große Woge, wie es sie aufnahm und wegtrug von allem Hässlichen, Alltäglichen. Sie sah Zaghinis schöne Augen, Pfeiffers strahlendes Gesicht, Gallettis würdevolle Verbeugung, sah die kleine Sängerin auf ihren hohen Schuhen aufgeregt wegtrippeln und zum zweiten Mal an die Rampe treten, um den verdienten Applaus entgegenzunehmen.

Warm fühlte sich das Glück an, sanft streichelte der Erfolg, während ihr Herz noch immer aufgeregt pochte. Apoll, nun hast du mich, deine arme, unvollkommene Muse, zum zweiten Mal beschützt, dachte Wilhelmine. Du hast verhindert, dass ich die Flöte meines Bruders zerbrach, und du hast mein armseliges kleines Werk beschützt, indem du meinen Vater noch am Leben ließest. Dafür werde ich dir einen Tempel weihen, oben auf dem Gipfel der Eremitage, einen Sonnentempel aus Gold und Edelsteinen. Glitzern und funkeln wird er im Licht der Sonne.

❧ 27 ❧

DER TON IM BERLIN des fortgeschrittenen Jahres 1740 war frecher geworden, nicht nur bei Hofe. Am 31. Mai war der Soldatenkönig gestorben. Es war, als atme die Stadt auf, als dürfe nach dem Tod des despotischen Pietisten endlich von zärtlichen Galanterien bis groben Obszönitäten alles gesagt und getan werden. Das war in Rheinsberg, auf dem gehobenen Niveau der modernen Gedankenwelt des jungen Königs, nicht anders.

»Aber ein Herrscher muss doch eine Moral haben, um nach dieser zu regieren«, wandte Wilhelmine ein. Die Philosophie an der Rheinsberger Soirée, die der Bruder seine »Remusberger Tafelrunde« nannte und die einem kleinen Kreis ausgewählter Männer vorbehalten war, ging ihr zu weit.

»Richtig, eine Moral braucht der Regent«, stimmte Fedéric ihr zu, »aber deshalb muss er nicht unbedingt fromm sein. Sein Wissen sollte er nicht aus der Bibel ablesen, sondern von den Naturwissenschaften und aus der Philosophie erlernen.«

Wilhelmine bedachte dies. Warum ein guter Fürst notwendigerweise ein Atheist sein sollte, leuchtete ihr nicht recht ein. Folgte nicht, so wie dem Glauben die Bigotterie, dem Atheismus der Zynismus? Fedérics Zynismus paarte sich mit unbändiger Spottlust, ein neuer Zug, der ihr am Bruder nicht gefiel. Und der freche Ton auf Berlins Gassen … oder war sie durch ihr Leben in der Provinz bigott und altmodisch geworden? Mit leisem Neid betrachtete sie die Herren am runden Tisch im geschmackvoll grün-golden gehaltenen Speisesaal. Eine solche Runde hätte sie in Baireuth auch gern. Da war der Direktor der wiederauferstandenen Akademie Maupertuis, der liebenswürdige Marquis d'Argens, an ihrer Rechten der charmante Italiener Algarotti, der sich heute Abend in ihrer Gegenwart spreizte wie sonst nie, und zu ihrer Linken Charles Etiénne Jordan, Sekretär und enger Vertrauter des Bruders, Freimaurer und Bibliothekar.

An seine Linke hatte der König den berühmten französischen Philosophen Voltaire befohlen, dessen Dramen und Streitschriften Wilhelmine verschlungen hatte. Mit den Worten: »Er besitzt die Beredsamkeit Ciceros, die Liebenswürdigkeit des Plinius und die Weisheit Agrippas« hatte ihr der Bruder Voltaire vorgestellt, der für einige Monate Gastrecht am verjüngten Hofe genoss.

Er führt ihn vor wie ein seltenes Tier in einer Menagerie, dachte sie. Aber Voltaire schien die Schmeicheleien des jungen Königs zu genießen. Sein schmales, markantes Gesicht war vom Wein gerötet, die Gestik seiner mageren Glieder lebhaft wie die eines Schauspielers, und seine Stimme etwas zu laut und zu schrill, wenn er eine These besonders unterstreichen wollte.

»Wissen macht die Moral aus!«, rief Voltaire aus, seine verrutschte altmodische Allongeperücke aus der Stirn schiebend. »Ein aufgeklärter Herrscher kann nicht schlecht handeln!«

»Wenn ich Ihnen folge, Voltaire, könnte ein intelligenter, aufgeklärter Mensch keinen schlechten Charakter haben. Mein frommer Vater, der verstorbene König, führte ebenfalls Tischgespräche. Nicht mit Geistesgrößen wie Ihnen, erlauchte Messieurs, sondern mit den ersten Predigern seines Landes, denn ihn beschäftigten religiöse Fragen, nicht nur, ob das Jagen und der Besuch der Komödie Sünde sei, sondern auch, ob ein König Barmherzigkeit üben solle statt Strafe. Er versank in tiefes Nachdenken, als die Antwort war: Der Obrigkeit sei freilich das Amt gegeben, das Böse zu strafen, es könne aber dabei auch Barmherzigkeit geübt werden, sonderlich darin, dass man die Gerechtigkeit mit Mitleiden und ohne Rachgier administriere.«

Mit vorgerecktem Kopf, in seiner ganz bestimmten Art, die Marquis d'Argens degoutant fand, fixierte der König die einzige Dame seiner Tafelrunde. »Du redest mir die Vergangenheit zu schön, liebe Schwester! Bei allem Respekt vor den Toten, du musst dich doch erinnern, wie der Vater uns peinigte, während er diese frommen Wusterhausener Gespräche führte? Wir hungerten, froren, waren mit unseren Hofmeistern in winzige Kämmerchen gepfercht und konnten wochenlang weder musizieren noch lesen – sieht man von den frommen Traktätchen ab, die wir von den Franckes und Freylinghausens mit untertänigstem Dank entgegennehmen mussten, als seien es Juwelen!« Mit einem bösen Lachen beschloss er seine Rede: »Alles nur Pharisäer!«

»Ecrasez l'infame!«, rief Voltaire aus, erhob sein Weinglas und brachte einen Toast auf den »Salomo des Nordens« aus. Die Politik des jungen Königs sei von Weisheit bestimmt, die er nicht aus den Schrecken des christlichen Glaubens ziehe.

Wilhelmine meinte nachdenklich, dass vor allem die Wissenschaft vorangetrieben werden müsse, ohne dass die christlichen Dogmen sie behinderten. Man müsse die Kirche von der Lehre trennen: »Ich bin kein ungläubiger Mensch, aber die Toleranz gegenüber jedem, auch einem Moslem, ist unser höchstes christliches Gebot. Diese Toleranz darf unsere rationale Forschung allerdings nicht behindern. Unsere Erkenntnisse müssen auf Tatsachen fußen wie die von Locke und Newton, und nicht auf dem Gottesglauben. Nur die Naturwissenschaft befreit den Menschen aus seiner Unmündigkeit.«

»Darf ich mich unterstehen zu ergänzen, nicht zu widersprechen, Gnädigste, dass die Naturwissenschaft nach Newton immer auch Philosophie sein muss, damit sie nicht sinn- und zwecklos im leeren Raum schwebt?«, entgegnete Voltaire. »Die Naturwissenschaft muss eingebunden sein in die Vernunft, sie muss ihre Folgen kennen, sonst sind wir Menschen nichts als eine Spezies erfinderischer Knechte, die zwischen Hexenverbrennungen und Betrachtungen über die Anziehungskraft der Erde hin- und hertorkelt.«

Der zweite Gang wurde gereicht. Ich bin die einzige Dame am Tisch, dachte Wilhelmine, ich, seine Schwester, und sie war stolz darauf.

»Aus Ihren Argumenten hörte ich Ihren sehr verehrten Lehrer«, sagte Jordan lächelnd zu Wilhelmine. Fragend sah sie den hässlichen Mann mit den traurigen Augen an, nachdem sie sich indigniert vom Anblick des mit Pfeffer und Senf förmlich um sich schüttenden Bruders abgewandt hatte.

»Auch ich bin ein Wanderer zwischen den Welten wie

mein verehrter Lehrer La Croze, die ›wandelnde Bibliothek‹ genannt«, erläuterte Jordan. Er aß mit gutem Appetit.

»La Croze!«, rief Wilhelmine aus. »Wenn ich ihn nicht gehabt hätte! Ich war ein schrecklich neugieriges Kind. Andere geben ihren Kindern die Rute und lassen sie den Katechismus auswendig lernen, wenn sie zu viel fragen. La Croze aber war stets amüsiert und holte aus seinen Gehirnschubladen sein Wissen, breitete es vor mir aus und ließ mich fragen, forschen, erkennen.«

Jordan bat um ihre Hilfe. Er habe begonnen, die Biographie La Crozes zu schreiben. Wilhelmine sah ihn überrascht an. »Das ist eine wundervolle Idee. Man muss sein Wissen der Nachwelt erhalten, außerdem ist er ein lebendiger Beweis für das Glück, das ein frommer Mönch im Protestantismus fand. Ich befürchte, seine Benediktiner hätten ihn wie in früheren Jahrhunderten verbrennen lassen für seine Erkenntnisse.«

Jordan lachte. »So weit wäre es in unseren Tagen sicher nicht gekommen«, meinte er und trank einen Schluck Rotwein. Aber Wilhelmine legte ihr Besteck zur Seite, betupfte mit der Serviette sorgsam ihren Mund, ohne den Puder zu verwischen, und schüttelte den Kopf.

»Der neue religiöse Eifer unserer Zeit erinnert mich an den vergangener Jahrhunderte. Je mehr sich die Menschheit der Vernunft nähert, desto stärker breiten sich die Gespinste des Aberglaubens in den Dachstuben der Hirne aus. Die jüngsten Beispiele von Hexenverbrennungen in unserer Zeit hätte La Croze sicher für unmöglich gehalten. Und doch gibt es sie, die letzten mörderischen Versuche einer strauchelnden Institution, unser Wissen aufzuhalten.«

»Die Papisten haben von jeher alles getan, die Menschen in Unwissenheit zu halten.«

Der König mischte sich ein: »Sie wussten, warum, das muss man ihnen zugute halten. Wir werden zwar die Schule zur Pflicht machen. Aber lernen sie zu viel, so laufen die Kerls in die Städte und wollen Sekretäre und so ein Zeugs werden. Der Sohn eines Spritzenmeisters soll nicht studieren, er soll spritzen!«

Mit diesem Bonmot, von Voltaire belacht, wandte er sich Algarotti zu.

»Wie kann ich Ihnen helfen?«, fragte Wilhelmine Jordan, die die Bemerkung des Bruders unpassend fand und dem reichlichen Genuss des französischen Rotweines zuschrieb.

»Ich möchte die Korrespondenz La Crozes erwerben, auch stünde es unserer Bibliothek sehr gut an, sie zu verwahren. Aber der König trennt sich so ungern von seinen Dukaten ...«

»Eine Familienkrankheit«, seufzte Wilhelmine und versprach, zu vermitteln. »Könnte ich ruhigen Gewissens eine Universität in meinem Land begründen, während das gesammelte Wissen meines verehrten Lehrers im feuchten Keller verschimmelt?«

Sie blinzelte ihm zu und lächelte, ein kleines Lächeln aus schmalen Augen, das ihm bekannt vorkam, bis er einige Tage später einen Berliner Schusterjungen sah, der, die Stiefel seines Herrn über der Schulter, mit eben diesem Grinsen auf das Trittbrett einer Kutsche sprang und Jordan verschwörerisch zublinzelte, ihn nicht an den Kutscher zu verraten.

»Wir sind das Vorbild«, sagte der König. »Wenn Cartouche stiehlt, plündert und mordet, schließe ich daraus, dass Cartouche ein armseliger Kerl ist, den man bestrafen muss, nicht aber, dass ich meine Lebensführung nach ihm einrichten muss. Karl der Weise sagte: Wenn es keine Ehre und keine Tugend auf der Welt mehr gäbe, dann müsste man ihre Spuren bei den Fürsten wiederfinden.«

»Karl der Weise«, murmelte Voltaire, »war das der verstorbene Karl VI.?«

Unvermittelt fügte er hinzu: »Was glauben Sie, wer wird der neue Kaiser werden?«

Die Frage platzte wie eine Granate in die Runde. Mit scheuem Blick auf den König wagte niemand eine Antwort. Bevor sich jemand äußern konnte, sagte Fedéric bissig: »Sie, verehrter Voltaire, sollten sich um den Posten nicht bewerben, er hat eine ungesicherte Zukunft und bringt nichts ein!«

Wilhelmine, die eben ihr Glas gehoben hatte, hielt inne und betrachtete den Bruder erstaunt. Es war bekannt, dass Voltaire von seinen philosophischen Schriften leben konnte, als studierter Jurist auch an Geldgeschäften und Spekulationen verdiente, eine Tatsache, die manche düpierte, aber Fedéric? Hatte er nicht Hochachtung vor Menschen, die ihr Geld selbst verdienten? Außerdem genoss er es offensichtlich, eine Koryphäe wie Voltaire zu seinen Gästen zählen zu dürfen.

Voltaire schien keineswegs beleidigt, sondern fragte hintergründig: »Und der König von Preußen? Was denken Sie?«

Der König erhob sich und beendete die Konversation damit abrupt.

»Stellen Sie Ihre Mutmaßungen ohne den König von Preußen an«, sagte er, seine Serviette wie einen Fehdehandschuh auf die Tafel werfend, »mich rufen dringende Geschäfte nach Potsdam. Wir erwarten Sie dort zu einem Ball, sozusagen zum Dessert. Die Chaisen werden Sie hier in einer Stunde abholen.«

❧ 28 ❧

»Du musst etwas tun«, sagte Wilhelmine zu Friedrich, als sie in ihrem Appartement des Potsdamer Schlosses standen, »Minni wird ständig aufgezogen, sie hätte ein Verhältnis mit dir.«

Friedrich grinste, nahm einen Schluck Wein und antwortete: »Mich hänselt man auch damit.«

Wilhelmine zog die Augenbrauen hoch.

»Ja, und es stört mich durchaus nicht«, meinte er, leicht angetrunken, »sollen sie mich doch für einen Bonvivant halten! Offenbar ist es seit neuestem in Berlin von fürderstem Interesse, galante Verhältnisse zu haben und davon zu reden.«

»Aber für mich nicht!«, rief Wilhelmine. »Und für Minni auch nicht! Du kannst das doch nicht einfach so stehen lassen! Es geht um Minnis Ehre …«

»Ach was«, Friedrich ging zu ihr, strich mit den Fingern ihre Augenbrauen nach und meinte: »Minni findet es lustig.«

Verärgert machte sie sich von ihm los, aber er griff nach ihrem Arm und hielt sie fest.

»Geht es nicht eher um *deine* Ehre?«, fragte er.

»Du bist betrunken«, sagte sie böse.

»Nur ein Glas für Klarsicht«, meinte er. »Deine Ehre ist, was du daraus machst. Ich werde den Gerüchten um Minni und mir nicht widersprechen, da gibt es nichts zu widersprechen. Sie ist deine Freundin, und sie ist meine Freundin.«

»Aber nicht deine Mätresse«, flüsterte sie, »tu mir das nicht an.«

Leise sang sie die Arie der Martesia: »Un certo freddo orrore tutto mi gela il sangue …«

»… che misero in amore per un amabil feno solo non languira«, antwortete er mit den Worten des Leonida. »Du brauchst weder kalte Schauer noch Todesangst zu spüren. Und mich muss eine unerfüllte Liebe nicht ins Grab bringen. Dramatisiere doch nicht alles! Du komponierst Opern, in denen alle sterben. Ich spiele lieber französische Komödie, da geht es um die Tollheiten der menschlichen Natur, an denen stirbt niemand. Wir Männer dürfen der Kunst noch ein paar Narrheiten hinzufügen, die den Frauen streng untersagt sind, aber in der Komödie hat jede Dame ihren Liebhaber …«

Er sah sie vielsagend an.

»Was willst du mir unterstellen?«, fuhr sie auf. Er legte den Finger auf den Mund.

»Das Hübsche an Komödien ist, dass der Ehemann nichts weiß, sonst wäre es eine Tragödie. Sag nichts, was du bereuen könntest, stell mir aber auch keine Fragen und appelliere nicht an meine Ehre. Wir sind freie Menschen mit einem freien Willen, nicht wahr?«

Sie nickte schwach. Er fuhr fort: »Unsere Freundschaften pflegen wir auf unsere Weise, vor allem dein Bruder, und er tut es ziemlich ungeniert neben seiner Ehe. Wir werden uns keine kleinlichen Vorwürfe, Ehrverletzungen und religiösen Vorurteile daraus basteln wie in früheren Jahrhunderten, nicht wahr?«

Ängstlich schüttelte Wilhelmine den Kopf. Er griff ihr in die Coiffure, schob ihren Kopf nach hinten und wollte sie küssen. Angewidert schob sie ihn von sich.

Er ließ sie los und betrachtete sie. »Ich ekele dich an.«

»Nur wenn du betrunken bist.«

»Nur wenn ich betrunken bin, kann ich dir gegenüber so sein, wie ich will. Ich würde dich gern wieder einmal aufs Bett werfen und über dich herfallen, aber das konveniert der Königstochter nicht mehr. Hier in diesem erstarrten Schloss ...«, er machte eine vage Kopfbewegung Richtung Berlin, »in diesem alten Plüschsaal, haben wir unsere Hochzeitsnacht verbracht, erinnerst du dich?«

Sie nickte verstört.

»So glücklich wie in dieser Nacht waren wir nie wieder. Ich wusste nicht, wie man eine Königstochter verführt. Du warst rührend in deiner Unschuld. Was uns verband, war der Humor.«

Sie weinte.

»Worüber weinst du? Ist es nicht eine wundervolle Erinnerung an etwas, was wir nie wieder erleben werden?«

»Du bist zynisch«, sagte sie.

»Nein.« Er betrachtete sie, ihr blasses Gesicht mit den großen blauen Augen, ihre Figur, die er nicht mehr zierlich, sondern ausgemergelt fand. »Ich bin nicht zynisch, ich bin traurig.«

Sie trocknete ihre Tränen und sah ihn erstaunt an.

»Nur manchmal«, fügte er schnell hinzu. »Du weißt, ich bin kein Kind von Traurigkeit. Wir konnten halt nicht so leben, wie ich gern gewollt hätte, mit vielen lustigen Kindern, die Lachen und Trampeln ins Schloss gebracht hätten, die diese steife Etikette aufgelöst hätten. Du bist eine Königstochter, stets musst du ängstlich auf deine Würde bedacht sein ...«

»Würde«, stieß sie hervor.

Er betrachtete ihr spitzes Näschen. »Ich dachte, sie sei dir das Wichtigste. Etikette und Würde.«

»Am liebsten wäre mir, man würde mich als Musikerin respektieren. Aber das ist nicht vorgesehen für eine Prinzessin. Also muss ich den Respekt aus meiner Herkunft erzwingen. Du ziehst auch Gewinn daraus. Es ist im Übrigen eine Dummheit, Vorteile, die einem zustehen, nicht wahrzunehmen, vor allem für eine Frau. Ich könnte schnell enden wie meine Ansbacher Schwester.«

Friederike hatte sich auf ein einsames Landschlösschen zurückgezogen, nachdem sie ihrem Mann wegen seiner Untreue erfolglos eine Szene nach der anderen gemacht hatte. Wilhelmine billigte nicht, dass Friederike einer Küchenmagd, in die sich der Ansbacher Markgraf verguckt hatte, widerspruchslos das Feld räumte und alle Ansprüche einer regierenden Fürstin aufgab. Sie, Wilhelmine, würde in jeder Lage ihren Stand zu behaupten wissen.

Friedrich betrachtete sie fragend. Er hielt ein Glas hoch und hatte den Kopf schief gelegt, eine Locke war ihm in die Stirn gefallen. Sie liebte diesen Blick und musste lächeln.

»Ja, schenk mir auch ein Glas ein.«

»Das ist meine Guillemette«, sagte er leise, »hab doch mehr Lebenslust, trau dich doch.«

Er reichte ihr das Weinglas. »Nichts ist unvernünftiger, als sich Freuden zu versagen. Wir müssen vielmehr alle Tore öffnen, durch die sie zu uns gelangen können, und das Leben genießen, solange wir auf der Welt sind. Trau dich, dann hast du auch keine Angst mehr, bei dem Spiel zu verlieren.«

»Spiel?«

»Auch die Freundschaft ist nur ein Spiel.«

»Die Gesetze sind nicht danach«, sagte sie langsam, »während ihr Gatte nur spielt, verliert die Ansbacherin alles.«

»Du bist nicht wie sie, und ich verspreche dir, die Gesetze nicht anzuwenden«, sagte er. Sie musste husten, sie hatte sich verschluckt bei seinem letzten Satz. Er klopfte ihr sanft auf den Rücken.

»Es gibt Dinge, die muss eine Ehe wie unsere aushalten«, sagte er, »niemals würde ich dich verstoßen oder beleidigen. Wir tun, was wir mögen, und machen einander keinen Vorwurf daraus. Denk einfach nicht darüber nach.«

Damit ging Friedrich hinaus.

Sie trat ans Fenster und sah, wie er im Galopp Richtung

Berlin ritt. Der Staub des sandigen Weges verdunkelte die tief stehende Herbstsonne. Lange stand sie dort, dann rief sie den Diener und befahl, den Sulkey vorfahren zu lassen, den der Bruder ihr zur Verfügung gestellt hatte.

Sorgfältig ließ sie sich von Sophie ankleiden, in jenes blassrote Kleid von der Farbe unreifer Erdbeeren, das sie auf der Eremitage getragen hatte, als er ihr seine Liebe gestanden hatte. Dann fuhr sie in die Stadt, sie kutschierte selbst.

Sein Haus war in der holländischen Kolonie, es war aus roten Backsteinen gemauert und überraschend klein.

Der Diener brachte sie in ein behaglich ausgestattetes Vorzimmer in der ersten Etage. Mit Delfter Geschirr auf weiß gestrichenen Holzborden strahlte es bürgerliche Schlichtheit aus. Auch Tisch und Stühle waren weiß gestrichen und die Fenster zierten Sträuße weißer Strahlenastern und dunkelblauen Eisenhuts in weißen Körben. Die blaue Blume der Weisheit, dachte sie, wo sollte sie sonst gedeihen, wenn nicht bei ihm.

Sie hörte die Tür und drehte sich um.

In einem weißen Hemd mit weit geöffnetem Spitzenkragen stand Superville in der offenen Tür, zärtlich betrachtete sie ihn. Seine etwas wirren Haare schauten unter einer seidenen Hausmütze hervor, die er sich auf verwegene Art um die Stirn gewunden hatte. Zwischen dem weißblauen Mobiliar sah er aus wie ein Freibeuter, der das Hausboot seiner Großmutter geentert hatte. Seine schmalen braunen Augen leuchteten.

Noch bevor er einen Schritt getan hatte, flog sie in seine Arme.

Ein wenig verärgert war Sophie schon, dass die Prinzessin es vorgezogen hatte, in Rheinsberg zu logieren statt im Stadtschloss. Es war zu weit weg von Berlin. Sie beschloss, einen Spaziergang ins Dorf zu machen.

Sie wand sich ein breites Band um den Strohhut und zog einfache rehbraune Handschuhe an, denn eine ihrer wenigen Eitelkeiten waren ihre schmalen weißen Hände, die sie erhalten wollte. Endlich wieder märkischen Sand unter den Füßen, dachte sie, als sie den staubigen Weg zum Dorf einschlug.

Entsetzt sah sie, dass die ersten Häuser am Dorfeingang nur mehr Ruinen waren. Verkohlte Balken ragten in die Luft, nichts war von den Häusern mehr übrig. Ein Mann mit einer Kiepe voller Bretter, die hoch über seinen Kopf ragten, kam ihr entgegen.

»Guten Tag, guter Mann«, sagte Sophie, »sagen Sie mir doch, was ist hier Schreckliches geschehen?«

Der Mann musterte sie ungläubig. »Sie sind nicht von hier, Fräulein, nicht?«

Sie erfuhr, dass im Frühjahr ein Feuer fast das gesamte Dorf in Schutt und Asche gelegt hatte. Die Rheinsberger Fischerhütten waren aus Holz gebaut und mit Schilf gedeckt. Das Feuer hatte sich bei starkem Wind so schnell ausgebreitet, dass alles abgebrannt sei. Eine große Not sei ausgebrochen, versicherte der Mann, man habe nichts retten können.

»Und kurz darauf ist der König gestorben!«, raunte er und hob beschwörend einen Zeigefinger zum Himmel. »Ein böses Omen, Fräulein! Der Neue freilich, der will keine Hütten, sondern Paläste … ich muss weiter, Fräulein, leben Sie wohl.«

Er eilte fort, als hätte er zu viel gesagt.

Von fern hörte sie Musik. Langsam ging sie weiter, an mehr oder weniger zerstörten Häusern vorbei. Ein Einbeiniger mit Krücken saß im Staub und streckte flehentlich die Hände aus. Sophie suchte in ihren Rocktaschen nach einem Kreuzer und drückte ihm die Kupfermünze in die Hand. Die Dankbarkeit des Mannes beschämte sie.

Die Musik drang aus einem der halbfertigen Häuser vor ihr. Es war eine Geige, und sie klang so schrecklich, dass Sophie sich am liebsten die Ohren zugehalten hätte. Das fand ein anderer offenbar auch, denn man hörte eine ungeduldige Männerstimme rufen: »Gis, Willi, es ist ein Gis! Noch mal!«

Der Ton klang klar und rein durch das halb erbaute Haus. Offenbar spielte der Lehrer vor. Das Haus trug bereits den Dachstuhl, dabei waren statt Schilf offenbar die wesentlich teureren Ziegel geplant, denn sie lehnten aufgeschichtet am Haus.

Nun komm schon, Willi, dachte Sophie amüsiert, aber was sie dann hörte, klang nicht viel besser.

»Schluss für heute«, hörte man die gereizte Stimme des Lehrers, und einige leisere Erläuterungen, die Sophie nicht verstehen konnte. Sie entschloss sich, ihren Weg fortzusetzen bis zur Kirche. Aus dem noch türenlosen Haus trat ein etwa zehnjähriger Junge mit einem Geigenkasten und strebte eilig dem Gartentörchen zu. Sein Lehrer trat in die Türöffnung des Hauses. »Üben, Willi, hörst du? Fleißig üben!«

Der Mann wollte sich eben zurückziehen, da traf sein Blick Sophie. Wie vom Donner gerührt blieb er stehen. Sophie, die dem unbegabten Schüler hinterhersah, bemerkte es nicht. Der Mann machte eine Geste, als wolle er den Arm nach Sophie ausstrecken. Aber sie ging zielstrebig weiter und folgte dem Jungen Richtung Kirche.

Plötzlich setzte hinter ihr lauter Jubel ein, fast versagten ihr die Knie. Eine Violine jubilierte, schwang sich in schwindelnde Höhen, jauchzte wie ein leidenschaftlicher Liebhaber, sank in die Tiefe und schluchzte herzzerreißend. Melodien jagten ihr hinterher, umschlangen Sophie wie seidene Bänder und fingen sie ein. Langsam drehte sie sich um.

In der Türöffnung, unter dem nackten Gebälk des Dachstuhls, stand Franz Benda mit seiner Violine und spielte ihr von seiner Liebe.

»Bitte schön, nicht wieder weglaufen!«, rief er, in seine schönen geschwungenen Augenbrauen legten sich Knicke vor Angst, dass die hübsche junge Frau sich auf dem Absatz herumdrehen und weglaufen würde.

»Bitte schön«, wiederholte er atemlos und öffnete das schäbige Holztörchen mit einer tiefen Verbeugung, als sei es eine goldene Schlosstüre. »Bitte schön, mein Fräulein Sophie, nicht weglaufen, das ist doch alles für Sie und für unsere Kinderchen!«

Sophie warf den Kopf zurück und lachte schallend. Er hatte sie nicht einmal gefragt, ob sie ihn heiraten wollte, bot ihr aber schon ein Heim für eine Kinderschar an!

»Jetzt halten Sie mich für einen Strizzi«, murmelte er, »und ich kann es Ihnen nicht einmal verdenken.«

»Für einen was?« Sophie hielt im Lachen inne.

»Für einen leichtlebigen Menschen! Aber das bin ich nicht, Fräulein Sophie, bestimmt nicht. Bitte schön, belieben einzutreten ins künftige Heim und mich erzählen zu lassen?«

Sie folgte ihm durch die Türöffnung in ein Chaos. Halb verbrannte Möbel, nackte Böden und Wände, leere Türöffnungen. Nur die Fenster waren schon eingesetzt und verhinderten, dass der Wind hindurchpfiff.

»Wird alles sehr fein ausschauen«, sagte Benda eifrig, »denken Sie, was viel schlimmer war: Alle meine Noten sind verbrannt, auch meine eigenen Kompositionen, ich war verzweifelt!«

»Die Geige auch?«, fragte sie besorgt. Er lächelte. Sie verstand ihn.

»Nein, Fräulein Sophie, das Feuer brach aus, als ich im Schloss mit dem König musizierte. So ist wenigstens das Instrument gerettet. Und der König ist so gnädig, mir dieses Haus zu bezahlen, alles wird aus Stein gebaut. Hat nicht sein Gutes der Brand? Konnte ich Sie doch nicht in eine Schilfhütte bitten, mein Fräulein! Was mich bekümmert, ist, dass ich Ihnen als Habenichts entgegentrete, obwohl ich endlich ein freier Mann geworden bin.«

Er eilte zu einer halb verbrannten Kommode, zog die Schublade auf, entnahm ihr ein weißes Baumwollsäckchen und hielt es ihr feierlich hin. Sie schaute hinein, es war Asche darin.

»Fräulein Sophie, dies ist mein Freibrief, mit dem ich nach Baireuth reisen und um Sie freien wollte, denn freien, das dürfen nur die Freien. Jeden Tag seit diesem unseligen Kirchweihfest habe ich zu Gott gegeigt, jeden Morgen einen Choral, dass er Sie mir erhalten möge.«

Und dann erzählte Benda. Er, der böhmische Leibeigene aus dem Besitz des Grafen Kleinau, wie hätte er es wagen dürfen, um Sophie anzuhalten? Eisern habe er jeden Dukaten zurückgelegt, um sich freizukaufen, aber es waren nur erbärmlich wenige Kreuzer gewesen in den ersten Jahren.

»Zweihundert Golddukaten habe ich für mich und meine Eltern bezahlt, nach jahrhundertelanger Leibeigenschaft sind wir nun freie Böhmen und niemandes Knecht«, sagte er stolz, und sein Gesicht bekam plötzlich wieder jenen bekümmertzärtlichen Ausdruck, den sie so liebte. Mit unüberhörbarer Angst in der Stimme fragte er: »Wollen Sie einen Menschen heiraten, Fräulein Sophie, der zweihundert Golddukaten wert ist?«

»Ja, Franticek, das will ich«, sagte Sophie glücklich und dachte, dass er mit Gold nicht aufzuwiegen sei. Er schloss sie in die Arme, ganz fest, als wolle er sie nie wieder loslassen, und etwas Ähnliches murmelte er auch in ihr Haar. Sie fühlte sein Herz heftig pochen, oder war es ihres? Sophie schloss die Augen. Als sie sie wieder öffnete, sah sie den blauen Rheinsberger Herbsthimmel über sich, vom schweren Eichengebälk des Dachstuhles in sechs Rechtecke geteilt, und sie dachte: So frei will ich immer sein, so frei wie dieser Blick, über mir der Himmel, Franticek neben mir und eine Schar Kinder um uns herum.

❀ 30 ❀

GRAF COBENZL WAR UNERMÜDLICH, von akribischem Fleiß getrieben. Für seine schöne junge Königin Maria Theresia, die gerade mit zweiundzwanzig Jahren einen der mächtigsten Throne Europas erklommen hatte, hätte er sich ohne weiteres vierteilen lassen. Der österreichischen Königin waren die fränkischen Markgrafschaften wichtig, sie betrachtete sie wie vorgelagerte Inseln auf dem Weg nach Preußen. Ihr Befehl an Cobenzl lautete, im kommenden Jahr

Baireuth zu visitieren. Dass der Markgraf von Baireuth mit seiner Gattin zu Besuch in Berlin war, erschien Cobenzl als glücklicher Beginn dieses Unternehmens. Am interessantesten für seine Zwecke schienen ihm die Hofdamen, zu denen die Markgräfin großes Vertrauen hatte. Die ältere, Tante der beiden, lebte sehr zurückgezogen. Die Schwestern hingegen kamen nicht auf ihre Kosten, das sah er deutlich, hier war seine Chance.

In der gebotenen Form ließ er sich bei dem Fräulein melden, stellte sich als künftiger österreichischer Gesandter Baireuths vor und bat darum, ihre Nichten gemeinsam mit seinem Neffen, dem Grafen Burghaus, gelegentlich ausführen zu dürfen. Auch gebe es Gesellschaften bei honorigen Familien in Berlin und Potsdam, die sich glücklich schätzten, die Töchter des verdienstvollen General Marwitz bei sich zu begrüßen.

Das Fräulein war schnell überzeugt, vor allem, nachdem sie bei Wilhelmine nur Positives über den jungen Mann erfahren hatte.

Graf Cobenzl führte die Schwestern aus, ohne seine abendlichen Verpflichtungen am Hofe zu vernachlässigen. Er organisierte Teegesellschaften, den dernier cri aus Wien, lud zu Landpartien ein, bei denen neckische Pfänderspiele gespielt wurden, brachte den Mädchen und einigen ihrer Kavaliere die neuesten französischen Tänze bei, mit einem Wort: er brachte sie zum Reden. Albertine, das merkte er schnell, war für seine Idee nicht zu gewinnen, dieses Mädchen suchte einen passenden Ehemann. Sie wollte ein Heim in Berlin, sie verstand nicht einmal, worauf er hinauswollte.

Minni hingegen taxierte Cobenzl aus honiggelben Augen. Ihr Mund lächelte, ihre Augen blieben kühl: »Der gnädigen Königin von Österreich scheint am Markgrafen von Baireuth viel gelegen zu sein.«

Das sei in der Tat so, versicherte Cobenzl, regelmäßige Informationen seien sehr nützlich, sie könnten seine zukünftige Aufgabe enorm unterstützen.

Was er als Apanage für Baireuth bekomme, fragte Minni erstaunlich direkt, und nachdem er sie darüber belogen hatte, äußerte sie nach einigem Lippenlecken und Fingerbetrachten, mit einem Zehntel davon könne eine kluge Frau bei einem Mann viel erreichen. Dabei lächelte sie einen Offizier der Teegesellschaft an, der sie mit Blicken verschlang, und fügte hinzu: vor allem, wenn man wie sie eine Vertrauensstellung habe und vom Markgrafen vieles erfahre, das anderen verschlossen bliebe.

Cobenzl war entzückt. Die Unternehmung gestaltete sich einfacher, als er erwartet hatte. Er küsste ihre Hand, was Minni als Geschäftszusage betrachtete, und sah dabei in Albertines träumerisches Gesicht, die nicht verstanden hatte, worüber eben gesprochen worden war.

»Meine süße Schwester ist«, sagte Minni, ohne dass Albertine den ironischen Unterton bemerkte, »man kann es ohne Übertreibung sagen, die beste Freundin der Markgräfin, so wie ich die beste Freundin des Markgrafen bin.«

Die Arbeit der Agenten Frankreichs und Österreichs, Voltaire und Cobenzl, blieb Wilhelmine verborgen. Nachdem der König sich bei den abendlichen Tafelrunden in politischen Dingen äußerst zugeknöpft gezeigt hatte, war Voltaire enttäuscht abgereist. Aber Wilhelmine, die die intelligenten Dispute mit Voltaire genossen hatte, versicherte den neuen Freund ihrer Freundschaft und lud ihn auf ihren Parnass nach Baireuth ein.

Welch ein Leben war das in Berlin! Wilhelmine blühte auf. Nach den Soupers mit den ersten Köpfen des Landes, die sie als einzige Dame hoch schätzten, ging sie auf rauschende Ball-

nächte, sie tanzte, schwatzte, ließ sich von Cobenzl den Hof
machen und Menuett beibringen, den neuesten Modetanz,
bei dem man so herrlich kokett den Fächer herumschwen-
ken konnte. Sie trug die Coiffure nach der neuesten Mode á
la mouton, kurz mit einer sanft sich zum Dekolleté kringeln-
den langen Locke, die ihrem schmalen Gesicht etwas Weiches,
fast Kindliches gab, und trug ein galantes Schönheitspfläster-
chen auf der Wölbung ihrer Brüste. Jeden Abend erschien sie
in einer anderen Robe, fühlte sich schön und begehrenswert
wie nie zuvor in ihrem Leben und lernte eine Unmenge Menschen kennen, die nicht auf sie als Markgräfin herabblickten,
sondern sie als Schwester des Königs mit großem Respekt
und allen ihr zustehenden Honneurs behandelten. Es war
Balsam für ihre Seele. Waren das die Höflinge, die sie ihren
Rangverlust von der Königstochter zur Markgräfin beim letzten Besuch vor acht Jahren so hochnäsig hatten spüren lassen? Waren das die hinterhältigen Intriganten, wegen denen
der Markgraf und sie damals krank, erschöpft und gedemütigt nach Baireuth zurückgekehrt waren?

Sie strafte die einen mit Nichtachtung und vernichtete
die anderen durch beißenden Spott. Friedrich war groß und
gutaussehend, sie genoss es, dass er sie charmant begleitete
und seidene Strümpfe und Spitzenjabots trug, die zu Zeiten
des Soldatenkönigs untersagt gewesen waren. Er hatte recht,
sie spürte es: dass ihm eine Affaire nachgesagt wurde, stand
ihm gut zu Gesicht. Sie ließ ein melodisches Lachen erklin-
gen, wenn man ihr diesen Klatsch zutrug, wie Wasser, das an
schimmerndem Samt abperlt. Sie hatte einen Bruder, einen
Gatten und einen Geliebten! Alles sollte so bleiben, toujours
la vie, das Leben ein Rausch.

Mit vom Tanz schmerzenden Füßen fiel sie neben Friedrich
in die Kutsche, warm eingehüllt in einen Pelz, und schlum-
merte an seiner Schulter ein. In dieser Nacht spürte sie, wie

die Chaise anhielt und er ihren Kopf sanft von seiner Schulter nahm und auf ein Kissen bettete.

»Was ist? Wo sind wir?«, fragte sie schlaftrunken, und er log sanft: »Ich bin noch auf eine Partie Billard verabredet, mein Herz, fahre du schon nach Hause!«

Er wünschte ihr eine gute Nacht, sie wünschte ihm viel Vergnügen, sie küssten sich. Die Nacht war so klar, der Gatte liebevoll, warum sollte er nicht im Morgengrauen Billard spielen oder sich anders vergnügen. Ich bin dreißig Jahre alt, das Leben ist schön, geradezu verboten schön, und ich will jeden Moment davon auskosten, bevor ich eine alte Frau bin, die sich nachts vor dem Kamin wärmt. Damit befahl sie dem Kutscher, nach Potsdam zur holländischen Kolonie zu fahren. Mit den ersten Schreien der Graureiher, die in den Sümpfen ihre Jagd begannen, sank sie in Supervilles zärtliche Arme.

❧ 31 ❧

WILHELMINE WUSSTE NICHTS von den königlichen Plänen. In ihrem Rausch von Bällen fiel allerdings ein bitterer Tropfen: der Bruder hatte immer weniger Zeit für sie. Natürlich hatte Fedéric als König mehr zeremonielle Verpflichtungen als in der lässigen Rheinsberger Kronprinzenzeit. Sein Tag war derart ausgefüllt, dass sie aufrichtig bewunderte, wie er am Abend noch Zeit für seine Remusberger Tafelrunde fand und es nie versäumte, bei den Konzerten, von Benda auf der Violine begleitet, die Flöte zu spielen.

Wo aber war der Gefährte ihrer Jugendzeit geblieben? Bei den seltenen Treffen unter vier Augen machte er immer wieder bissige Bemerkungen über die schlechten Finanzen des Markgrafen, was ihr sehr empfindlich war.

An jenem frühen Morgen räkelte sie sich in Supervilles Bett und beklagte sich bei ihm. »Diese ständigen Tiraden über die eingebildeten Zaunkönige! Ich weiß, ich sollte nachsichtiger sein, er ist ja an diesem scheußlichen Wechselfieber erkrankt, aber sein Spott ist zu arg ...«

Superville lachte trocken auf. »Der König ist krank? Das ist mir neu. Als Arzt müsste ich das doch wissen, oder?« Er trank einen Schluck Wein. »Weißt du, was dein geliebter Bruder tut, während er vorgibt, an Fieber zu leiden?«

Sie sah ihn irritiert an.

»Er schließt sich mit den alten Generälen seines Vaters ein und konferiert mit ihnen nächtelang im Geheimen! Gleichzeitig gibt er rauschende Bälle, von deren Glanz man bis nach Wien berichtet!«

»Woher weißt du das, wenn es so geheim ist?« Wilhelmine war skeptisch.

»Wie lange war der König auf dem gestrigen Ball?«, konterte er. Wilhelmine überlegte. Nach einem offiziellen Tanz mit der Königin hatte sie ihn erst nach Stunden wieder gesehen, und er hatte erschöpft gewirkt. Sie hatte das dem Fieber zugeschrieben und ihn sogar noch ermahnt, sich zu schonen.

»Ich glaube dir nicht, Daniel«, sagte sie langsam.

»Während der österreichische Gesandte tanzt, werden heimlich Truppen verschoben!«

»Unmöglich!« Wilhelmine setzte sich im Bett auf. »Er spricht jeden Abend über die Tugenden eines aufgeklärten Herrschers, warum ein Fürst der Wohltäter seines Volkes sein sollte, und …«

»Und währenddessen bereitet er einen Feldzug vor«, ergänzte Superville. Er strich über Wilhelmines kurze, in Verwirrung geratene Locken. »Du liebst deinen Bruder zärtlich, ich weiß. Aber glaube mir, ich hatte viel Zeit, den König noch als Kronprinzen zu studieren. Er zeichnete mich aus, um seine Kenntnisse zu bereichern, denn er ist außerordentlich wissbegierig.«

O ja, Fedéric war der geborene Forscher, dachte sie, das stumpfsinnige Exerzieren war ihm zutiefst verhasst. Er, der Feingeist, der Philosoph, wollte er einen Feldzug beginnen? Niemals.

Supervilles Hand wanderte ihren Hals entlang und knuspelte ihr Ohrläppchen. »Der König hat viel Geist, aber ein böses Herz und einen schlechten Charakter.«

Wilhelmine wollte aufbegehren, aber er fuhr unerbittlich fort: »Er ist misstrauisch, verstockt, maßlos selbstsüchtig, undankbar, lasterhaft, und ich möchte darauf wetten, dass er einmal geiziger wird als sein Vater. Darüber hinaus fehlt ihm jede Religion, und seine Moral hat er sich selbst zurechtgerichtet.«

Er überlegte kurz und fügte hinzu: »Und diese Moral lässt einen Krieg durchaus zu. Der König sieht sich als Befreier und glaubt, einen gerechten Krieg zu führen. Deinen und Voltaires Besuch benutzt er, damit die Kriegsvorbereitungen nicht auffallen.«

Fedéric benutzte sie? Gegen wen sollte sich der Feldzug richten? Welchen Nutzen konnte Fedéric aus einem Krieg ziehen?

»Ruhm!«, sagte Superville. »Welcher junge König hat nicht den Wunsch, sich einen unsterblichen Namen zu machen!«

Natürlich! Sie schlug mit der flachen Hand auf das bauschige Plumeau. Dass sie daran nicht gedacht hatte!

»Jülich und Berg!«, sagte sie aufgeregt. »Ich hatte damals schon den Eindruck, er wollte den Vertragsbruch selbst rächen, sobald er König wird.«

Keine zwei Wochen später bot der König Österreich das reiche Herzogtum, das er nicht besaß, im Tausch gegen Schlesien an. Er behauptete, es gehöre Preußen ohnehin seit 1537. Während seine Gäste tanzten, verschob er insgeheim alle Truppen an die Grenze Richtung Schlesien. Dann bot er der verblüfften Königin Maria Theresia einen Bündnisvertrag an. Der Preis sei Schlesien.

Maria Theresia ließ ihn wissen, dass sie ihn für verrückt halte. »Einem Fürsten wie Ihnen, der als Reichs-Erzkämmerer dem Kaiser das Wasserbecken reichen muss, kommt es nicht zu, der Tochter des Kaisers Gesetze zu geben«, teilte sie ihm mit.

Mitte Dezember verabschiedete sich Fritz von Wilhelmine. Seine Truppen standen bereit, er würde zu ihnen stoßen und Schlesien im Handstreich nehmen.

Sie warnte ihn vor dem riskanten Unternehmen. »Wenn es misslingt, wird es schlimme Folgen haben. Du hättest dich von deiner Schwester beraten lassen sollen, statt so geheimniskrämerisch zu handeln.«

Fritz legte ihr die Hand auf den Arm und lächelte überlegen.

»Ich bin immer auf deiner Seite«, beteuerte sie, »aber der Flöte spielende Bruder ist mir lieber als der in Stiefeln und der Uniform, die er einmal seinen Sterbekittel nannte.«

»Ich muss diesen Krieg führen, um der Gerechtigkeit willen«, sagte er.

Sie zog die Augenbrauen hoch. Das waren genau die Worte, die Superville benutzt hatte. Hatte der Bruder sich derart verändert? Hatte die Machtfülle ihn korrumpiert?

»Voltaire würde bestreiten, dass Kriege jemals gerecht sein können«, sagte sie, aber er lachte sie aus. »Was versteht ein Philosoph von Politik!«

»Ist Krieg Politik? Vater hat keinen einzigen Krieg begonnen! Hätte er nicht gesagt, dieser Krieg ist teuer und überflüssig?«

»Vater hat sich von Österreich zweimal betrügen lassen! Ich räche ihn ja nur!«, rief er aus.

»Zum Verfasser des Anti- Machiavell passen die Worte Krieg und Rache nicht. Die Sucht nach Ruhm hat schon manchen fehlgeleitet. Dennoch werde ich für den Erfolg deiner Waffen beten, aber nur, weil sie mir die Erhaltung deines Lebens garantieren, und das liegt mir mehr am Herzen als alles auf Erden.«

Gerührt schloss er sie in die Arme. Wilhelmine ahnte nicht, was dieser Feldzug in Baireuth auslösen sollte, in welchen Strudel politischer und persönlicher Verwicklungen der Bruder sie stoßen würde.

DIE ERSTEN FAHNEN mit dem Brandenburger Adler wehten schon im warmen Augustwind, aber Wilhelmine war es
nicht genug. Den König von Preußen müsse man mit doppelt so viel Gepränge empfangen, forderte sie.

»Es wird Murren geben, durch die Missernten sind viele
Menschen verarmt, und wir können nicht das ganze Land
schmücken«, gab Ellrod zu bedenken.

»Doch nicht das ganze Land!«, rief Wilhelmine aus.
»Die Reiseroute von Gefrees bis hier muss gerichtet werden, damit die königliche Karosse nicht in jedes Schlagloch
stürzt! Die Bauern werden doch in der Lage sein, ihrem
König die Steine aus dem Weg zu räumen!«

Albertine und Minni kicherten. Wilhelmine warf ihren
Hofdamen einen ungnädigen Blick zu. Minni merkte sich
die Formulierung, um sie dem Markgrafen zu hinterbringen. Sie sah schon seinen irritierten Blick, wenn sie ihm
vorstellte, dass seine Gattin die Untertanen zu Huldigungen an »ihren König« anwies. Wer regiert eigentlich Baireuth-Brandenburg, würde sie ihn fragen, und ihre Frage
mit einem unschuldigen Augenaufschlag begleiten. Du
solltest deine Autorität nicht untergraben lassen, die Markgräfin gibt zu viele unsinnige Anweisungen, Ellrod findet das auch.

Am 12. September 1743 würde Friedrich der Zweite, König
von Preußen, den Markgrafen von Baireuth und von Ansbach den ersten offiziellen Staatsbesuch abstatten und die
Verbindung zwischen Preußen und Württemberg durch die

offizielle Verlobung seiner Nichte Friederike mit dem designierten Herzog von Württemberg bekanntgeben.

Bis ins kleinste Detail besprach Wilhelmine seit Wochen das Zeremoniell mit Sonsine, alles musste perfekt gelingen. Sonsine schrieb erschöpft das dritte schwarz eingebundene Notizbuch voll. Wilhelmine schimpfte auf die faulen Bauern, die die Steine für die Eremitage nicht lieferten, sie beschimpfte Minister, Landstände, Bürgermeister, Richter und Professoren. Der gutmütige, etwas schwerfällige Baumeister St. Pierre, der dem früh verstorbenen Johann Friedrich Grael gefolgt war, verließ ihr Audienzzimmer geknickt. Der selbstbewusste Ellrod schäumte. Prinzessin von Dünkel zu Dünkelstein lasse mit ihren unsinnigen Forderungen das Land ausbluten, und ihre scharfe Zunge sei wie die des Königs von Preußen, dieses Kriegstreibers …

St. Pierre war ein tüchtiger Baumeister, aber er hatte nicht die Aura des schmalen, stillen Grael mit seinen genialen Ideen. Wilhelmine akzeptierte ihn wie einen ungeliebten Hofhund, der seine Pflicht tut, während man das Schoßhündchen tätschelt.

»Pierrot! Wie geht es mit dem römischen Theater auf der Eremitage voran? Ist der Zuschauerbereich planiert?«

»Hatten Sie Weisung dazu gegeben, Hoheit?«

Wilhelmine schrie ihn an: »Versteht sich das beim Theater nicht von selbst? Braucht das Theater nicht Publikum, um erst zum Theater zu werden?«

St. Pierre schwieg beleidigt. Immerhin hatte er als Dekorationsassistent an der Ludwigsburger Oper gearbeitet.

»Natürlich versteht sich das, Hoheit«, sagte er spitz, »und es wäre einfach zu bewerkstelligen, wenn das Theater nicht nach Dero Wünschen falsch herum gebaut worden wäre.«

Falsch? Was war an ihrer Planung falsch? Sie hatte die Stelle für ihr römisches Theater umsichtig gewählt. Mitten im Wald, am Hang, erhob sich zwischen Bäumen die zauberhafte Ruine eines antiken Theaters, tatsächlich aber nah an den Wirtschaftsgebäuden, so dass Dekorationen und Requisiten bequem angefahren werden konnten.

»Ihro Hoheit hätten die Zuschauer in den terrassierten Hang setzen sollen, so dass sie nach unten auf das Theater blicken.«

Pierrot hatte ihren grandiosen Entwurf nicht verstanden. Er hatte nichts begriffen. Grael hatte gewusst, warum die Zuschauer auf dem Plateau sitzen und hangaufwärts durch alle fünf Bögen auf die hinter dem Theater ansteigende Landschaft als Naturkulisse schauen sollten. Wie groß die Natur erscheint, wenn wir sie von unten betrachten, und wie klein wir Menschen sind, hatte sie gesagt, und Grael hatte ergänzt: wie durch einen steinernen Rahmen, die Natur wird zur Kunst, gezähmt durch das Proszenium und die Bögen. Das Ruinentheater war ihrer eigenen Fantasie entsprungen. Grael behauptete sogar, dass kein Fürst etwas Vergleichbares geschaffen habe. Die Königstochter und ihr Baumeister, zwei Menschen im Exil, dachte sie, möge Grael in Frieden ruhen.

Sie fühlte ihren Magen revoltieren. Das Theater war Bestandteil ihres großen Plans, den Bruder, der sich gerade in Berlin ein prächtiges, riesiges Opernhaus bauen ließ, zu beeindrucken. Womit sollte sie ihm in diesem erbärmlichen Baireuth imponieren, wenn nicht mit außergewöhnlicher Raffinesse?

»Nur wer hangaufwärts blickt, kann die Schönheit meines antiken Theaters bewundern«, sagte sie sanft, als erkläre sie einem Kind, warum ein Apfel nach unten fällt. »Nur aus dieser Perspektive wirkt die Ruine, als würde sie gleich einstürzen! Die Sänger treten nicht auf, sie erscheinen ... verstehen Sie das, Pierrot?«

Sie verscheuchte ihn wie ein lästiges Huhn und rannte mit Sonsine zu den Gästegemächern. Es galt, die verwöhnte Herzogin von Württemberg dort unterzubringen. Sie riss eine Gardine aus der Halterung, stieß einen Sessel um: »Alles veraltet, alles muss neu gemacht werden! Diese Lais wird ohnehin alles durcheinanderwerfen!«

Das Fräulein war nahe daran, das dritte schwarze Notizbuch voller Zorn aufs Parkett zu schleudern. Herzogin Maria Augusta war eine lebenslustige Witwe. Aufgrund ihrer Gefallsucht und der kreischenden Stimme, mit der sie alle möglichen Zweideutigkeiten von sich gab, war ihr Besuch im vergangenen Jahr extrem anstrengend gewesen. Im Moment war Wilhelmine allerdings unerträglicher als die Herzogin.

»Und der Meyern soll sein Haus fertig bauen!«, keifte sie. »In zwei Wochen kommt der König! Ich will keine Baustellen hier sehen, keine Misthaufen, keine Abfälle, keine streunenden Hunde, keine rotznasigen Kinder! Ich werde dieses Bergdorf in eine elegante Residenzstadt verwandelt haben, wenn mein Bruder der König hier eintrifft.«

Mein Bruder der König! Friedrich konnte es nicht mehr hören und beschloss, mit seiner Tochter auszureiten.

Friederike hüpfte zur offen stehenden Tür hinein. Sie ging mittlerweile ins elfte Lebensjahr, war ein wenig pummelig und benahm sich mal kindlich, mal unerwartet erwachsen. Ihre Haare leuchteten weizenblond wie die ihres Vaters, ihre Augen hatten das forschende Blau Wilhelmines.

»Der Herr Markgraf mein Vater lässt fragen, ob ich mit ihm ausreiten darf«, fragte sie.

»Du hast das Reitkleid ja bereits an! Soll ich es dir jetzt verbieten?«, sagte Wilhelmine böse und riss die zweite Gardine zu Boden.

Friedrich steckte den Kopf zur Türe herein und besah skeptisch die Unordnung.

»Können wir der Hektik ein paar Stunden entfliehen?«, fragte er. »Man hört, dass du alle Welt mit den Vorbereitungen für den Besuch des Königs drangsalierst, meine Liebe!«

Friedrich war auf den König nicht gut zu sprechen. Erst hatte er ihn mit seinem Überfall auf Schlesien in eine arge Zwickmühle gebracht, später durch seinen unerwarteten Friedensschluss mit Österreich gegenüber seinen Landständen zum Affen gemacht. Friedrich hasste es, eine Politik zu verteidigen, die er nicht wollte und bei deren unerwarteten Schachzügen er nicht mitziehen durfte. Er hatte wenig Lust, die Residenz nur für den Besuch dieses unberechenbaren Bruders kostspielig auf Vordermann zu bringen.

Wilhelmine sprang auf, als hätte sie eine Schlange gebissen: »Es geht hier schließlich auch um die Hochzeit unserer Tochter!«

»Wann kommt mein Bräutigam?«, fragte Friederike neugierig. Friedrich meinte unwillig: »Er ist noch nicht dein Bräutigam, du musst ihn nicht heiraten, wenn dein Herz Nein sagt.«

Das Kind nickte ernsthaft, fasste den Vater an der Hand und sagte: »Ich hab ja dich, liebster Papa, eigentlich brauche ich keinen Bräutigam!«

Wilhelmine riss wütend an den Schubladen eines zierlichen Spieltisches, die sich nicht öffnen ließen. »Wenn deine künftige Schwiegermutter in diesem Loch hausen muss, wird der Herzog wohl nicht mehr geneigt sein, dich zu heiraten ...«

»Oder ich ihn!«, rief Friederike. »Ich will ihn gar nicht heiraten!« Sie lachte und zog ihren Vater an den Ohren.

Ich will ihn gar nicht heiraten.

In hohem Bogen schleuderten die Spielsteine aus der unerwartet geöffneten Schublade. Wilhelmine betrachtete ihre pummelige, aber selbstbewusste Tochter. Sie sah sich mit elf Jahren vor den englischen Fregatten stehen, linkisch, schüchtern, kränklich: »Ich will ihn gar nicht heiraten!«, hatte sie geschrien. Sie sah sich, wie sie zitternd den Heiratsbefehl vor den vier schwarzen Generalen unterschrieb ... Mechanisch sammelte sie die Spielsteine auf. Wie unbefangen Friederike lachte, wie frei sie wählen durfte. Niemand würde ihr Festungshaft androhen, wenn sie nicht heiraten wollte oder einen anderen Mann wählte. Ihr Zorn sank in sich zusammen wie ein Käsesoufflé.

Über den Kopf der Tochter trafen sich Friedrichs und Wilhelmines Blicke. Er deutete eine kalte Verbeugung an: »Wenn wir dann aufbrechen dürften ...«

Sie hatte ihn nicht frei gewählt, aber sie liebte ihn. Seit ihrem Gespräch in Berlin behandelte sie ihn wie ein rohes Ei. Nur nicht daran rühren, dachte sie, ich will nichts über seine Affairen wissen und er soll nichts von Superville und mir erfahren. Zusammenhalten müssen wir allemal.

Das Fräulein sah über Friederikes Scheitel auf die beiden und schüttelte unmerklich den Kopf. Seit unausgesprochen klar war, dass aus dieser Ehe kein Thronerbe hervorgehen würde, ging das Ehepaar offenbar getrennte Wege. Es stand ihr nicht an, dies zu kritisieren, aber sie missbilligte, dass Wilhelmine viel Zeit mit ihrem Leibarzt verbrachte. Der Markgraf verbrachte ebenfalls viel Zeit ohne seine Gattin, angeblich, um ein Naturalienkabinett einzurichten.

Wilhelmine strich ihrer Tochter zärtlich über die Haare. »Selbstverständlich sollt ihr reiten, mein Herz. Sei vorsichtig mit deinem Pony, es ist noch so jung und wild.«

Zu ihrer Überraschung ließ er das Kind auf den Boden und zog sie an sich, während Friederike ungeduldig an ihm zerrte. Sacht strich er ihr über die Wange. »Alles wird gut«, flüsterte er in ihr Ohr, dann ließ er sich von seiner Tochter aus dem Gemach ziehen.

Völlig erschöpft sank Wilhelmine auf die Chaiselongue und begann hoffnungslos zu weinen. Nichts wollte sie mehr, keinen Prunk, keine Banketts, alles sollte so einfach wie möglich sein.

»Aber es ist ein Staatsbesuch, Prinzessin«, wagte Sonsine einzuwenden.

»Das ist es eben!«, schluchzte Wilhelmine verzweifelt. »Der König von Preußen kommt, um zu inspizieren, was er sich einverleiben will! Ach, lassen wir alles so erbärmlich, wie es ist, damit er die magere Kost verschmäht!«

Sie deutete auf das Bild ihres Vaters, das ihr Gästezimmer schmückte. »Weißt du noch, welch namenlosen Schrecken die Idee meines Vaters in mir auslöste, der Markgraf und ich müssten in Pasewalk bei seinem Regiment leben, um die teure Hofhaltung in Baireuth einzusparen?«

Das Fräulein erinnerte sich nicht nur an die Idee, die sie ihre Anstellung gekostet hätte, sondern auch an die rüde Formulierung, von der sie begleitet wurde.

»Mein Bruder hat mir in Berlin bei meinem letzten Besuch denselben Vorschlag gemacht!

Er wollte mir Rheinsberg schenken! Ein zauberhaftes Lustschloss im milden Klima!«, rief Wilhelmine. Sie putzte sich geräuschvoll die Nase und fuhr leise fort: »Der Markgraf war viel klüger als ich. Er hat das großherzige Angebot durchschaut als Annektion ohne Waffen. Ich soll kassiert werden, hat er getobt, nur weil ich keinen Erben habe. Aber er werde auf seinem unabhängigen Staat bestehen, solange er lebe! – Ich bin keine Kugel auf dem Billardtisch des jungen Königs von Preußen, hat er gesagt.«

Das Fräulein verstand. Aber sie fand es falsch, dem jungen hochfahrenden König die armen Kirchenmäuse vorzuspielen.

»Sie haben doch einen Parnass geplant, Prinzessin, nicht?«, begann sie vorsichtig. »Muss das nicht Ihren Bruder viel mehr beeindrucken?«

Wilhelmine sah sie trübe an. »Ach, es hängt doch immer alles am Geld!«

Sonsine schüttelte weise den Kopf. »Wahre Freundschaft ist mehr wert als alle Reichtümer der Erde.«

Wilhelmine bedachte dies. Ihre Tränen versiegten. Dann sprang sie auf und umarmte ihre Oberhofmeisterin überschwänglich. »Meine liebe Sonsine, was wäre ich ohne deine klugen Einfälle! Alles wird der Freundschaft gewidmet sein! Ich werde oben auf der Eremitage den Parnass der Freundschaft errichten! Keine Etikette, keine Förmlichkeiten!«

»Keine Etikette?«, fragte das Fräulein alarmiert.

»Es wird nur Brüder und Schwestern der Freundschaft geben, wie beim Markgrafen Georg Wilhelm, keine Standesunterschiede, und ich werde ihre Äbtissin sein.«

Sonsines Augenbrauen zogen sich fast bis zum Haaransatz. »Etwa in Mönchskutten?«, fragte sie mit Abscheu in der Stimme. Sie hatte von den Eremitenvergnügungen des früheren Markgrafen gehört und missbilligte diese zutiefst. Das hatte es bei Königin Charlotte nicht gegeben. Wer von Stand war, konnte sich Leutseligkeit gestatten, ohne mit seinen Untertanen in stinkende Kutten zu schlüpfen, tagelang in Waldhütten wie die Erdferkel zu leben und zweideutige Spiele zu treiben. Wilhelmine sah die angeekelte Mimik ihres alten Fräuleins und lachte schallend.

»Nein, keine Mönchskutten, schließlich bin ich Calvinistin«, versicherte sie, »sei unbesorgt, unsere Vergnügungen werden nicht den Hauch papistischer Schweinereien haben.«

Sie eilte zur Tür und drehte sich noch einmal um: »Denke um Himmels willen an genügend Pfeffer und Mostrich und diese degoutanten Chilischoten für den König. Aber nur vor seinem Teller in silbernen Schälchen! Soll er sich selbst alles verwürzen, unsere Cuisine ist daran nicht schuld.«

❦ 33 ❦

BEI STRAHLENDER SEPTEMBERSONNE zog der König von Preußen in Baireuth ein und verbreitete einen Glanz, den die Stadt nie wieder erleben sollte.

Der Markgraf war dem Tross entgegengeritten und begleitete die königlichen Kaleschen im Triumphzug durch die Stadt zum Schloss. Wilhelmine empfing ihren Bruder an der Schlosstreppe, zu ihrer Linken die Tochter, zur Rechten die aufgeputzte Herzogin von Württemberg, umgeben vom gesamten Hofstaat.

Neben Generälen und Ministern – unter ihnen war der alte Baron von Pöllnitz, den Fritz behandelte wie der Vater einst seinen Gundling – gehörte auch der kleine Bruder August Wilhelm zum Gefolge. Vor drei Jahren noch ein etwas linkischer Junge mit schlechter Haut, entstieg er der Kutsche als junger, elegant gekleideter Herr, den Wilhelmine herzlich drückte.

Schließlich schälte sich aus dem letzten Wagen, ein wenig gekrümmt und verstaubt von der langen Reise, ein Mann mit einer altmodischen Allongeperücke, die sein schmales kluges Gesicht einrahmte wie eine graue Regenwolke.

»Voltaire!«, rief sie überrascht aus. »Welchen Glanz bringen Sie in unser Baireuth!«

Der Philosoph begrüßte die Markgräfin, die er neben der Prinzessin von Sachsen-Gotha für eine der intelligentesten und aufregendsten Frauen Deutschlands hielt, mit einer vollendeten Verbeugung und überreichte ihr als Geschenk sein neuestes Werk, in Leder gebunden und mit Goldprägung.

»Ich lege mich Ihnen zu Füßen, Votre Altesse«, sagte er gewandt, »und mit mir sinkt meine jüngste Tragödie Mahomet in den Staub. Ich schenke Ihnen, der Beschützerin der Künste, ein Werk, das mir die Wut der französischen Katholiken, aber den apostolischen Segen des Papstes Benedikt eingetragen hat!«

Wilhelmine lachte, ließ sich die Hand küssen und betrachtete das zweite Buch, das er ihr überreicht hatte. Es war Racines neueste Tragödie: »Bajazet«.

»Ich sehe schon, Sie wollen Theater spielen«, sagte Wilhelmine lächelnd, »Ihr Aufenthalt in Deutschland erzeugt in allen Herzen eine förmliche Wut, Verse zu deklamieren!«

Sie reichte die Bücher an ihre Oberhofmeisterin weiter, die wie ein junges Mädchen errötete, als der König sie in die Wange kniff und meinte: »Na, Sonsine, hältst du es noch aus mit ihr?«

Im festlich geschmückten Saal stellte Fritz ihr einen zierlichen Herrn vor: den Sänger Porporino aus Neapel.

»Er ist erst seit einem Jahr in meinem Dienst«, sagte Fritz, dessen Blick wohlgefällig auf dem schmalen Italiener mit den dunklen vollen Locken verweilte, »du siehst, auch ich kümmere mich erst um die schönen Stimmen, bevor ich ihnen ein Opernhaus errichte.«

Nur mit Mühe bewahrte Wilhelmine Haltung. Während sie Porporino lächelnd die Hand reichte, dachte sie an Zaghini, ihren höchsten Triumph, das Einzige, was sie Fedéric mit ihrem kleinen, armen Hof voraushatte – nun trumpfte Fedéric mit einem eigenen Kastraten! Pfeiffers Pastorale sollte aufgeführt werden, und nun hatte sie einen Kastraten im Publikum. Eine Sottise Porporinos konnte alles zunichte machen, und ihr Bruder würde ihre Blamage bespötteln bis an ihr Lebensende.

Der Septemberabend war durchglüht von später Sommerwärme. Drosseln juchzten ihr Abendlied in den dunkelblauen

Himmel, auf dem sich zarte rosa Wolkenbahnen wie Tusch-
zeichen zeigten.

Sonsine führte die Gäste vom unteren Waldweg, an der
Kaskade vorbei, zum Plateau, dem natürlichen Zuschauerraum. Unvermittelt standen alle mitten im Wald vor der Ruine
eines Theaters mit geborstenen toskanischen Säulen, von Farn
überwuchert, dabei durch prächtige Illumination in Szene
gesetzt, genau so, wie Wilhelmine den Effekt gewünscht hatte.
Das römische Theater ragte zwischen hohen Bäumen in den
Himmel, eine eigenwillige Mischung aus wirklicher Baustelle
und künstlich geschaffener Ruine. St. Pierre hatte sich mächtig ins Zeug gelegt, um den Befehlen der Markgräfin nachzu-
kommen. Da an Ausbau nicht mehr zu denken war, hatte er
die fehlenden Steinbögen kurzerhand auf Leinwand gemalt
und als Sofitten gehängt. Wilhelmine war restlos begeistert
und mit ihm versöhnt.

Die Theaterruine rief allgemeine Bewunderung hervor. Porporino behauptete, etwas so Bezauberndes gebe es in ganz
Italien nicht, und es sei ihm eine Ehre, auf diesem Theater
singen zu dürfen. Der König lobte die innovativen Ideen seiner Schwester und nannte sie die erste lebende Architektin
eines römischen Theaters.

Die festlich gekleideten Gäste versammelten sich auf dem
Plateau. Musik spielte auf. Dann trat eine kleine, unförmig
dicke Gestalt zwischen den steinernen Bögen hervor. Sie trug
ein weißes, mit roten Blumen reich besticktes weites Gewand.
Lange, weit geschnittene Ärmel reichten bis an ihre Knie. Auf
den Haaren saß eine fremdartige schwarze Haube, die mit
langen roten Federn verziert war. In einer Hand trug sie einen
zierlichen goldenen Vogelkäfig mit einem aufgeregten Zeisig.

»Erhabene Gäste«, begann sie ihre Rede, »vornehme
Anwesende, lasst Euch von einer Fürstin aus dem fernen Land

der Chinesen, die zu Euren Ehren anreiste, eine Geschichte erzählen.«

Sie sprach in einem seltsam exotischen Singsang. Einigen Anwesenden dämmerte es, wer die Bühne betreten hatte, die zierliche Figur mit Kissen bis zur Unkenntlichkeit ausgestopft.

Die Gestalt hob den Arm, und der weite Ärmel flatterte wie ein Flügel um sie:»Lasst euch, verehrungswürdige Mandarine, eine Geschichte erzählen. Sie wird euch zeigen, dass auch hohe Herrschaften die Gnade der Freundschaft nicht entbehren können ...«

Sie stellte den Vogelkäfig ab, setzte sich auf die Bank, ordnete ihr faltenreiches Gewand und begann:»Im großen chinesischen Reich lebte einmal eine Prinzessin, die war schön wie ein Engel.«

Auf einem weißen Vorhang erschien der Schattenriss einer dreistöckigen Pagode, von den Zweigen einer Trauerweide halb verborgen, zu der ein junges Mädchen in weiten Pluderhosen trippelte. Gleichzeitig zirpte eine Glasharfe fernöstlich anmutende traurige Töne, die aus weiter Ferne zu kommen schienen.

Die schwarzen Umrisse der hübschen Chinoiserie riefen spontanen Applaus hervor. Die Idee, ein Schattenspiel auf dem Theater unter freiem Himmel zu inszenieren, begeisterte. Während fernöstliche Gestalten die Schattenbühne bevölkerten, erzählte Wilhelmine – keine andere hatte die Bühne betreten – in Versen die traurige Geschichte einer chinesischen Prinzessin. Von ihrem Liebhaber verraten und von der eigenen Mutter ins Unglück gestürzt, hatte sie Zwillinge geboren, die starben. Den Rest ihres Lebens verbrachte sie einsam in Kummer und Elend.

»Vielleicht halten Sie diese Geschichte, die ich in meinem Schattentheater erzählt habe, für anstößig. Aber mehr als fromme Sinnbilder liebe ich alles Spekulative. Die Pflichten der Freundschaft zu leben ist schwerer, als schöne Reden über sie zu halten. Hätte die Prinzessin auch nur einen wahrhaftigen Freund gehabt, wäre ihr nichts geschehen.«

Der weiße Vorhang fiel und gab den Blick frei auf die Schattenspieler Albertine, Minni, Voit von Salzburg und Graf Burghaus, einen von Minnis zahlreichen Verehrern aus dem kaiserlichen Regiment, ergänzt von Johann Pfeiffer und Kleinknecht, den Lautenisten, der sich auf die Glasharfe so wundersam verstand. Sie alle bildeten eine Allegorie der Freundschaft.

Das Publikum reagierte mit Hochrufen. Wilhelmine ging zu ihren Spielern. Nach drei Verbeugungen hob sie die Hände. Es wurde ruhig.

»Die Prinzessin vertraute in ihrer Verblendung einem Menschen, der ihr falsche Versprechungen machte. Woran erkennen wir einen wahren Freund?«

Sie breitete die Arme aus und rief pathetisch: »Wir wollen diese Eremitage für eine Woche in einen Parnass der Freundschaft verwandeln und der Göttin Amitia huldigen. Zuerst müssen wir den Weg durch das Labyrinth der Leidenschaften bewältigen, den der Mensch auf dem Weg zu einer vernünftigen Freundschaft durchschreiten muss. Bitte, folgen Sie den Fackelträgern.«

Die Nacht war klar und warm. Ein Sternenhimmel mit einer schmalen, silbernen Mondsichel bekrönte den Berg der Eremitage. Fackelträger geleiteten die Gäste in das Labyrinth aus mannshohen Buchenhecken. Kichernd und schwatzend suchten sich die einzelnen Gruppen ihren Weg durch die schmalen, finsteren Pfade, verschiedenen Lichtern folgend, die sich immer wieder als Irrlichter herausstellten.

Der König suchte Wilhelmines Gesellschaft. Ob sie das chinesische Märchen erfunden habe. Wilhelmine hängte sich bei ihm ein. »Das Leben selbst schreibt die wahrhaft tragischen Geschichten, Féderic, das weißt du doch. In diesem Fall ist es das traurige Geschick der Prinzessin von Kulmbach. Ihre Zwillinge wurden hier geboren, auf der Eremitage, und die Mutter, diese Medea, lebt in Erlangen.«

Sie fanden den Weg aus dem Labyrinth, passierten die Grotte, die Wilhelmine die »Grotte der Erkenntnis« nannte, und spazierten über den Innenhof des Schlosses zum Marmorsaal. Weit waren die Flügeltüren geöffnet. Sanft plätscherte der Brunnen, von Rosen und nachtduftenden Königslilien umgeben.

Die Tafel rief allgemeine Bewunderung hervor. Nach Wilhelmines Idee war sie mit einem Tafelaufsatz geschmückt, der die chinesische Schattenspielwelt aufleben ließ. Ein Fluss zog sich in der Mitte der Tafel entlang, an dessen Ufern zierliche Pagoden und Paläste standen. Auf dem Fluss schwammen kleine Boote mit Fischern in exotischen Gewändern und breiten Strohhüten, die winzige Angeln ins Wasser hielten. Auf Inseln hockten Reiher und Schildkröten als Symbol des ewigen Lebens, und am Kopf befand sich ein kleiner Tempel auf einem Berg. In ihm brannte Räucherwerk, das den gesamten Saal mit Zedernduft erfüllte, nicht nur exotisch, sondern auch nützlich, wie der Markgraf zu seiner Tischdame, der Herzogin, bemerkte, denn Zedernholz vertreibe die lästigen Blutsauger. Glücklich nahm Wilhelmine neben dem König Platz.

Später stand der König staunend in Wilhelmines japanischem Kabinett, das den Übergang von den offiziellen Räumen zu ihren privaten Gemächern bildete.

»Erkennst du sie?«, fragte sie. »Du hast mir die Tafeln geschenkt!«

Das seien zwei winzige Tafeln gewesen, wehrte er ab, ein antiker asiatischer Wandschirm, aber sie lachte und deutete auf vier Tafeln, die eine der vier prächtig ausgestalteten chinois gestalteten Wände schmückten. Eigentlich war es kein Raum, der Gang führte vielmehr um die Ecke ihres Pavillons. Durch zwei Türen hatte Wilhelmine den Gang in ein Kabinett verwandelt, das farbenprächtig mit asiatischen Lackmalereien geschmückt war. Szenen der Huldigung, Jagden, Teezeremonien, eine Gerichtsszene – die Flachreliefs sprangen dem Betrachter förmlich entgegen. Prächtige korallenrote Rahmen mit chinoisen Ornamenten trennten die Reliefs voneinander.

»Woher hast du die anderen? Sie müssen dich ein Vermögen gekostet haben!«

»Farben, Pinsel, der Lack und das Holz waren nicht eben günstig«, meinte sie schelmisch, »insgesamt habe ich die ungeheuerliche Summe von fünfzig Gulden verschwendet.«

»Du hast eigenhändig …«

»Womit haben wir Schwestern uns mit der Mutter unterhalten, während ihr ununterbrochen exerzieren musstet? Ständig um Geld gespielt? Gobelins gestickt?« Sie schüttelte sich. »Diese Stickereien habe ich gehasst. Aber die Lackmalerei hat mich entschädigt.«

Voller Respekt betrachtete er das geometrische Lotusblütenmuster der Stuckdecke, das von einer Insel aus blauen Blumen unterbrochen war. Eine Frau in weißem Kaftan mit roter Blütenstickerei und einer exotischen Kappe saß darauf und bekam von einem Diener eine Tasse Tee gereicht. Ein zweiter Diener hielt einen chinesischen Schirm schützend über die Szene. »Das bist ja du!«

Zufall, wehrte Wilhelmine ab, es sei ein wenig unbeholfen ausgefallen, für Dilettanten wie sie seien Gesichter schwieriger als Landschaften und Blumenmotive.

»Dann liebe ich den Dilettantismus«, schmeichelte der König. Sie deutete auf einen buddhistischen Mönch, der auf einer Insel neben seinem pagodenbekrönten Häuschen stand und in gemalte Wellen blickte: »Eine Specksteinfigur aus dem Kabinett unserer Mutter.«

»Von den Großeinkäufen in Amsterdam?«, fragte er.

»Erinnerst du dich noch an den Wutanfall des Königs über diese Verschwendung?« Sie kicherten und waren sich sehr nahe. Er legte den Arm um ihre Schulter und meinte leise: »Wie gut, dass die Königin so verschwenderisch war und du ein wenig davon profitieren kannst.« Nachdenklich fügte er hinzu: »Mir scheint, dass ich mehr vom Geiz meines Vaters geerbt habe, als mir lieb ist. Viele behaupten es hinter vorgehaltener Hand. Aber was soll ich tun, ich muss die Dinge zusammenhalten ...«

»Dieses Kabinett mahnt mich jeden Tag, die konfuzianischen Tugenden einzuhalten. Es erinnert mich daran, dass es eine Kultur gibt, die der unsrigen weit überlegen ist, in der Krieg, Gewalt und Tyrannei ausgelöscht sind für immer.«

Fritz betrachtete nachdenklich die Fischerboote auf den Wellenreliefs. Er wollte die idealische Welt der Schwester nicht durch sarkastische Bemerkungen zerstören.

»Apropos Krieg«, fügte sie spitz hinzu, »hast du dich entschlossen, wieder zu Apoll zu werden oder wirst du weiterhin Mars bleiben?«

Überrascht wandte er sich um. »Euer gesamtes böhmisches Nachbarland ist von Österreich eingenommen worden. Soll ich tatenlos zusehen? Die unersättliche Maria Theresia will ihr Land um Bayern erweitern!«

»Im Gegensatz zu dir bietet sie dem Kaiser mit den österreichischen Niederlanden etwas an«, meinte Wilhelmine. Fritz verschlug es die Sprache. Woher kamen derart österreichisch gesinnte Reden? War dies dem Einfluss des charmanten Grafen Cobenzl und seines Neffen Graf Burghaus zu verdanken? Misstrauisch hatte er deren Vertrautheit mit dem Leibarzt Superville beobachtet. Sein eigener Gesandter Berghofer war offenbar zu bieder, um bei den Damen mitzuhalten.

»Bayern muss von den Machtgelüsten dieser Dame befreit werden«, sagte er energisch, »und deswegen werde ich dich morgen verlassen.«

»Fedéric! Du bist doch gerade erst angekommen!«

Es sei nur für ein paar Tage, beruhigte er sie, er müsse sich in Süddeutschland nach Verbündeten gegen die Eroberungsgelüste der Betschwester umsehen.

Sie senkte enttäuscht den Kopf. »Und ich dachte, du kommst wegen mir.«

Das tue er selbstverständlich, und in ein paar Tagen sei er zurück. »Porporino und Voltaire sollen dich zerstreuen!«

Zerstreuen … Warum war sie kein Mann, um ihn als Diplomat in seiner Mission begleiten und unterstützen zu können!

Sie schlenderten ins Musikzimmer. Sie setzte sich vor ihr Cembalo und spielte. Er betrachtete Pesnes Gemälde von Sonsine, auf dem sie in einer lebhaften Geste dem Betrachter entgegenschaute, da fiel ihm etwas ein.

»Sonsines Nichte«, sagte er, »die Gerüchte in Berlin haben mir nicht gefallen, über diese … Albertine? Minni?«

Ein großer Schrecken durchfuhr Wilhelmine. »Welche Gerüchte?«, fragte sie betont harmlos.

»Man tuschelte von nichts anderem als von dem Einfluss, den sie auf den Markgrafen hat!«

»Es ist ein dummes, bösartiges Gerücht«, sagte sie energisch, »ich lasse meine Freundinnen nicht verleugnen. Minni hat in Berlin im Hause ihres Vaters gewohnt. Man tat ihr Unrecht. Wegen des Geschwätzes war sie derartig unglücklich, dass sie aus meinen Diensten gehen wollte, um dem Gerede ein Ende zu machen!«

Fritz fand es an der Zeit, Minni zu verheiraten, dies würde den Höflingen eher das Maul stopfen, sie habe doch die Zwanzig bereits überschritten? Wilhelmine stellte überrascht fest, wie viele Jahre vergangen waren. Minni ging ins sechsundzwanzigste Jahr.

»Siehst du!«, sagte der Bruder energisch. »Es wird höchste Zeit! Mein Adjutant, der Oberst von Münchow, ist ein braver Kerl und aus altehrwürdigem Hause …«

Wilhelmine hörte nicht zu, wie Fritz die Vorzüge seines Adjutanten pries. Sie spielte eine kleine, spöttische Melodie, während sie Minnis Bildnis betrachtete, die als Göttin Flora, eine Maske lässig in der Hand, mit wachem Blick auf die Musikantin herabschaute.

»Sie ist meine Hofdame und meine beste Freundin, sie hat kein Interesse, sich zu verheiraten. Ich will sie nicht verlieren«, unterbrach sie den Bruder mit fester Stimme. Der betrachtete sie kritisch. »Die Ergebenheit zu dir geht dem Fräulein von Marwitz über die Ehe?«, fragte er ungläubig. Wilhelmine erinnerte ihn daran, dass die meisten Ehen nichts weniger seien als standesgemäße Versorgungen, und diese habe Minni auch als Hofdame. Vielen Frauen sei ihre Tätigkeit wichtiger als eine Ehe. In jenem leichten, ironischen Ton fügte sie hinzu: »Ich lerne vier Tragödienrollen, bestelle Kostüme, komponiere für die Oper und treibe den ganzen Tag nichts als Kindereien! Das sind so meine Staatsgeschäfte.«

Fritz betrachtete seine Schwester nachdenklich. Die Damen seines Jahrhunderts schienen an der Ehe wenig Geschmack zu finden.

Er bat darum, sich zurückziehen zu dürfen, er sei müde und werde morgen in der Frühe ohne Zeremoniell abreisen. »Ich möchte nicht den Eindruck erwecken, der Ball würde mich ennuyieren.«

Und selbst wenn, dachte Wilhelmine selbstbewusst, hier regiert der Markgraf, der Ball wird von ihm erst dann beendet, wenn er sich ennuyiert. Solange wir noch Geld haben, um unsere Feste zu feiern, solange die Musen auf meinem Parnass noch die Laute schlagen, solange, mein liebster Bruder, bekommst du mich nicht nach Berlin, schon gar nicht nach Rheinsberg. Sie betrachtete die Decke ihres Musikzimmers, auf der Orpheus, von friedlichen Tieren umgeben, die Leier rührte. Solange ich hier oben die Leier schlage, solange wird wahre Freundschaft herrschen. Meine Freundinnen lasse ich mir nicht von deinen Adjutanten wegnehmen.

❦ 34 ❦

DIE HERZOGIN VON WÜRTTEMBERG hatte ihre eigenen Vorstellungen von Freundschaft. Das musste Wilhelmine zu ihrem Leidwesen erfahren. Die Trennung zwischen der »Abtei«-Eremitage, auf der die Schranken der Etikette gelockert waren, und den Galatafeln im Schloss, wo sie auf deren Einhaltung pochte, schien mit der Abreise des Königs aufgehoben.

Die Herzogin führte bei Tisch das große Wort. Nachdem der König der Heirat ihres Sohnes Karl Eugen mit Wilhelmines Tochter zugesagt hatte, trug sie eine aufdringliche Heiterkeit zur Schau. Mit dem Gefühl, nun zur Familie zu gehören, hatte die Herzogin jede Zurückhaltung aufgegeben.

Neckereien, Schäkereien, Augengezwinker, alles was sie unter Koketterie verstand, musste zur Unterhaltung bei der Tafel herhalten, und zwar auf eine derart frivole Weise, dass sich selbst die Herren mit roten Ohren abwandten.

Wilhelmine beobachtete mit Sorge, dass sie die Marwitz-Schwestern mit ihrem Verhalten anstiftete. Es wurde Mode, sich neckisch zu knuffen, Servietten an den Kopf zu werfen, wie ausgelassene Pferde hintereinander her zu laufen, zweideutige Lieder zu singen und sich bei jeder Gelegenheit geziert auf die Wangen zu küssen. Von Wilhelmine wegen ihres Verhalten getadelt, meinte Minni unschuldig: »Es ist doch die Woche der Freundschaft! Warum passt es Ihnen nicht, dass wir uns küssen?«

Wilhelmine verwünschte sich für diese Idee und ihre Großzügigkeit, die Etikette außer Acht zu lassen. Voltaire hatte sich oben auf der Eremitage eingerichtet und ließ sich bei Hofe nicht blicken. Sie bat Friedrich um Hilfe. Aber der zuckte die Achseln und fand nichts dabei.

»Du wolltest doch immer die steife Etikette bei Tisch lockern«, sagte er gleichmütig.

»Aber doch nicht de cette facon!«, rief Wilhelmine verzweifelt.

»Chacun á sa facon«, antwortete er, »soll doch jeder auf seine Weise selig werden. Die Herzogin wird bald abreisen, damit erübrigt sich das Problem.«

Sonsine ermahnte ihre Nichten sanft. Sie ließen sie reden. Albertine hatte im jungen Podewils, der im Gefolge des Königs gekommen war, einen Verehrer gefunden. Es war der Neffe jenes Ministers, der Wilhelmine einst zur Heirat genötigt hatte.

Wilhelmine sagte einige deutliche Worte. Albertine sah beleidigt zu Boden, aber Minni zog die hübschen Augen zu schmalen Schlitzen zusammen und musterte die aufgebrachte Markgräfin mit provozierender Ruhe.

Jedes Wort akzentuierend, fing Minni eine Betrachtung über Freundschaften an, die bei genauerer Betrachtung doch sehr unterschiedlich seien. Manche ließen sich ohne große Mühe als Liaisons deuten. Was wohl der König von Preußen von dieser Art Freundschaft halte, meinte sie, sich ein imaginäres Federchen vom Gewand zupfend, er sei so wenig wie sein Vater für ein ausschweifendes Leben bekannt, und er liebe seine tugendhafte Schwester doch über alles ...

Sie formte ihre vollen Lippen zu einem kleinen Kussmund und sah die Markgräfin vielsagend an. Wilhelmine erschrak furchtbar. Minni bemerkte das kurze angstvolle Zucken und entfernte sich zufrieden.

Sie hatte auf ein vertrauliches Gespräch angespielt. Auf der Rückreise von Berlin vor drei Jahren hatten sie bei Wilhelmines Tante in Coburg Station gemacht. Es war langweilig dort, man unterhielt sich bei der alten schwerhörigen Dame vor allem mit Handarbeiten. Zu allem Unglück plagten Wilhelmine entsetzliche Zahnschmerzen. Albertine hatte sich, Müdigkeit vorschützend, früh am Abend zurückgezogen, die Herzogin ging ebenfalls zu Bett. Wilhelmine hatte mit der Freundin bereits einige Gläser Wein geleert, als Minni behauptete, Zahnschmerzen werde man durch Rauchen los. Sie hatten sich also vom Diener dicke Zigarren besorgen lassen, geraucht wie die Dragoner, dabei eine weitere Flasche Wein getrunken, und Minni hatte kichernd von ihren Eroberungen in Berlin berichtet. Beschwingt von dem Vertrauen, das die Freundin ihr bewies, hatte Wilhelmine ihr von der Liaison mit Superville erzählt. Minni hatte große Augen gemacht, sie fand das alles sehr aufregend, gemeinsam hatten sie von den »liaisons dangereuses« getuschelt und ewiges Stillschweigen bei ewiglicher Freundschaft gelobt.

Nun hatte sie Wilhelmine in der Hand, nun konnte sie beginnen, ihre Machtposition auch politisch spielen zu lassen. Der starke Einfluss, den Wilhelmine immer noch auf den Markgrafen ausübte, musste endlich gebrochen werden. Sie fuhr in ihrem Benehmen fort, wusste die Kavaliere des Hofes für die neuen Manieren zu begeistern und gleichzeitig die Markgräfin als steif und altbacken hinzustellen. Das gelang ihr besonders gut an jenem Abend, an dem Wilhelmine auf die Eremitage zurückgekehrt war, die Hofdamen aber gemeinsam mit dem Markgrafen im Baireuther Schloss tafelten. An diesem Abend führte sie das große Wort. Cobenzl würde ihr Vorgehen billigen, dies war die Gunst der Stunde, die es zu nutzen galt. In fünf Tagen würde der König zurückkehren, und in seiner Gegenwart würde die Markgräfin nicht wagen, eine Szene zu machen, die sie selbst kompromittieren würde. Und falls doch, würde dem König die pikante Geschichte von der Liaison dangereuse seiner tugendhaften Schwester zufliegen ...

Wilhelmines Schreck saß tief. In dieser Nacht fand sie kaum Schlaf. Von grässlichen Träumen geplagt, stand sie endlich auf, legte sich einen Seidenschal um die Schultern und trat in den morgenkühlen Park der Eremitage.

Weit am Horizont sah sie eine dichte graue Wolkendecke. Die aufgehende Sonne strahlte sie an, sie zeigten sich nun in einem durchscheinenden Karmesinrot. Wer wird die Oberhand behalten, dachte Wilhelmine, konnte die Sonne die schweren grauen Wolken, die sich zu einer undurchdringlichen Decke zusammengeballt hatten, vertreiben? Fröstelnd zog sie ihr Tuch über den Schultern zusammen und beobachtete die Glut, die den Tag einleitete. Plötzlich wurde ihr bewusst, wie nichtssagend die ihr anvertrauten Geheimnisse Minnis waren, Jungmädchengeständnisse, albern und bedeutungslos. Aber sie war die regierende Markgräfin, verheiratet! Wenn der Bruder von ihr und Superville erfuhr!

Die heiseren Schreie der hoch in die Morgenluft aufsteigenden Mauersegler verkündeten, dass der Tag sonnig und wunderschön zu werden versprach. Aber ihr war sterbenselend zumute.

Wie ein sterbender Falter taumelte sie unter den Bäumen entlang zu ihrem Ruinentheater und sank neben die Säulen. Ich werde so traurig enden wie die Prinzessin von Kulmbach, erst umgeben von falschen Freunden, dann vereinsamt.

Ihre liebste Freundin hatte sich in ihre ärgste Feindin verwandelt, aber warum? Was hatte sie ihr getan, außer energisch die Etikette einzufordern? Oder war Minni niemals ihre Freundin gewesen? Hatte sie eine hübsche Maske geliebt? Ein fettes Lärvchen genährt und gefördert mit ihrem Herzblut, das sich, frisch geschlüpft, als gefährliche Hornisse entpuppte?

Niemals durfte der Bruder von Superville und ihr erfahren, er würde seine Lieblingsschwester und all seine Unterstützung fallen lassen. Und hätte sie diese nicht mehr, wäre es Minni ein Leichtes, ihr den Gatten zu entfremden.

Auf einmal erschien ihr die leichte, unbeschwerte Liebe zu Superville schal, regelrecht obszön. Worauf hatte sie sich eingelassen? Auch Fedéric konnte Superville nicht leiden, hinter seinem Spott verbarg sich Kritik an Supervilles maßlosem Ehrgeiz und der Arroganz des Gelehrten. Plötzlich fiel ihr auf, was Superville in Baireuth alles erreicht hatte. Er war ja nicht nur ihr Leibarzt, sondern inzwischen Minister für das Gesundheitswesen, Kanzler der Universität und Minister der Bergwerke. Superville hatte es weit gebracht, vielleicht hatte er sie nur benutzt? Vielleicht machte er gar mit Minni gemeinsame Sache?

Nein, dieser Gedanke war ungeheuerlich. Sie ging zurück in ihr Schlafzimmer, aber sie fand keine Ruhe und nahm ihre unruhige Wanderung durch die Gemächer wieder auf.

Schließlich sank sie erschöpft auf die Chaiselongue in der Nische ihres Schreibkabinetts.

So fand sie das Fräulein, hinter halb zugezogenen Vorhängen in ihrer verspiegelten Nische. Bekümmert sank das Fräulein auf die Knie, sie ahnte, dass Minnis schlechtes Benehmen Wilhelmines großartige Freundschaftsidee zerstörte, und sagte gepresst: »Ich entschuldige mich für die schlechten Manieren meiner Nichten, ich werde sie zur Ordnung rufen. Ich fürchte, das schlechte Beispiel der Herzogin verdirbt die guten Sitten, die ich sie gelehrt habe.«

Wilhelmine hatte nur halb zugehört. Nicht einmal Sonsine kann ich mich anvertrauen, dachte sie, niemandem kann ich meine Lage schildern, niemanden um Hilfe bitten, ich bin völlig allein mit meiner Schmach. Mit schwacher Stimme bat sie Sonsine, aufzustehen und sie allein zu lassen, ihr könne niemand helfen. Mühsam richtete sich das Fräulein auf, betrachtete die kleine, wie hingegossene Gestalt und verließ, Angst im Herzen, das Kabinett.

Da stehst du, Einsamkeit, begrüßte Wilhelmine die heraufziehende Morgenröte. Ich heiße dich willkommen, den Rest meiner Tage werde ich mit dir verbringen, Aurora. Von meinem Bruder verachtet, von meinem Gatten als Ehebrecherin in eine Festung gesperrt, während er mit seiner Mätresse, die ich für meine Freundin hielt, Kind um Kind zeugt. Habe ich nicht in Monbijou erlebt, wie bösartig die Königin meine Mutter verraten wurde, weil sie den falschen Damen vertraute? Wie konnte ich so dumm sein, einer Hofdame zu vertrauen?

Voltaire war über die unerwartete Abreise des Königs verärgert. Geschickt hatte der König ihn ins Abseits manövriert, in ein charmantes Abseits zweifellos, aber er hatte ihm wieder einmal deutlich gezeigt, dass er ihm seine politischen Pläne keineswegs verraten wollte.

Am Vormittag dieses 13. September setzte Voltaire sich an den Schreibtisch, den Wilhelmine in sein lauschiges Appartement in der Grottenkuppel der Eremitage hatte stellen lassen, und überlegte, was er Monsieur Amalot de Chaillou, Staatssekretär im Auswärtigen Amt des Königs von Frankreich, schreiben konnte. Chaillou wollte wissen, was der König vom Preußen im Schilde führte. Das hatte auch Voltaire bisher partout nicht erfahren, aber er musste die Vergnügungsreise nach Baireuth als politische Mission rechtfertigen. Er hatte keine Ahnung, dass sich der König einen Spaß daraus machte, weil er Voltaires politischen Auftrag schon seit Jahren durchschaut hatte.

Voltaire kleidete die wenigen aufgeschnappten Brocken in zierliche Worte, beschrieb, wie der König auf die Engländer geschimpft habe, und schloss den Brief: »Der König freut sich sehr, dass Sie dem Kaiser Hilfsgelder zugesandt haben, aber, hatte er lachend hinzugefügt, es wäre ihm lieber gewesen, wenn Sie das Geld für seine Truppen überwiesen hätten, denn der Kaiser sei ein Schwächling und imstande, es mit seinen Mätressen durchzubringen.«

Da war etwas im Busch, und dieses Mal würde Voltaire sich nicht hereinlegen lassen wie vor drei Jahren. Heftigen Vorwürfen hatte er sich ausgesetzt gesehen, dass er zwar an der Seite des preußischen Königs getafelt, aber vom Überfall auf Schlesien nicht die geringste Ahnung gehabt hatte. Dieses Mal würde er nicht zu früh abreisen, während der König womöglich das nächste Land überfiel. Dieses Mal würde er abwarten, was ihm an diesem bezaubernden Ort bei der geistvollen Gastgeberin nicht schwerfiel.

Und so war es Voltaire, der Wilhelmine unwissentlich aus ihrer vertrackten Lage half. Wilhelmine bewahrte Haltung. Er hatte beschlossen, in Abwesenheit des Königs den geistreichen Bonvivant zu geben. Er wolle eine Geschichte erzählen, verkündete er launig, die gestrige habe ihn dazu angeregt. Er habe kein so fantastisches Scherenschnitttheater vorbereitet wie Soeur Guillemette, die Äbtissin dieser großartigen Abtei der Freundschaft, in der alle Freuden der Geselligkeit und alle guten Geister versammelt seien. Dabei richtete er seine listigen lebhaften Augen auf Wilhelmine, die seinen Blick wie Balsam und seine Worte wie Manna in sich aufnahm und ihm unendlich dankbar war.

Schnell schlug sie ihren geliebten japanischen Pavillon vor: »Pilgern wir zum Berg der Weisheit über der Drachenhöhle, wo wir der Aufrichtigkeit, der Tugendhaftigkeit und den Musen begegnen werden.« Ein Blick streifte Minni, in der Hoffnung, sie erbeben zu lassen.

Minni erbebte nicht, im Gegenteil, sie fühlte sich herausgefordert. Dass die Markgräfin auftrumpfen würde, hatte sie erwartet. Sie kannte deren Naturell und wusste, dass ihr Sieg kein leichter sein würde. Sie hörte nur Wilhelmines starke, sichere Stimme, sie sah nicht ihre zitternden Knie und ihr flatterndes Herz. War die Markgräfin mit diesem Franzosen im Bunde? Dieser Voltaire war immerhin ein vertrauter Freund des Königs. Aber ich will nicht in Frankreich und nicht in Berlin regieren, beruhigte sie sich selbst, sondern nur hier in Baireuth. Noch fünf Tage! Sie hatte das Freundschaftsgetue satt. Der Markgraf sollte sie zu seiner Mätresse en titre ernennen und mit einem einträglichen Hofamt versehen. Noch fünf Tage, dann hatte sich die Markgräfin die Gunst des Königs verscherzt, und der Markgraf würde sich von seiner kompromittierten Gattin trennen.

Voltaire hatte auf einem geflochtenen Gartenstuhl in der Mitte des leuchtend roten Pavillons Platz genommen. Zahlreiche Kerzen tauchten sein markantes Faltengesicht in ein gespenstisches Licht.

»Ein Araber, der im Sterben lag, rief seinen Sohn zu sich«, begann er seine Geschichte mit lebhaften Blicken auf seine Zuhörer. »Mein Sohn, sage mir, wie viele Freunde du während meiner Lebenszeit gewonnen hast!

Der Sohn antwortete, es seien sicherlich an die hundert. Da sprach der Vater: Der Weise sagt, man solle niemanden seinen Freund nennen, bevor man seine Freundschaft erprobt hat. Ich bin viel älter als du und habe mir mit Mühe einen einzigen Menschen zum wahren Freund gemacht. Wie kannst du hundert Freunde gewonnen haben? Ziehe los und stelle sie auf die Probe!

Wie soll ich sie auf die Probe stellen?, fragte der Sohn. Da sagte der alte Araber: Schlachte ein Kalb, zerlege es in Stücke und tue es in einen Sack. Sorge dafür, dass der Sack außen blutig ist. Dann gehe zum ersten deiner Freunde und sage zu ihm: Lieber Freund, etwas Entsetzliches ist geschehen. Eben habe ich, ohne es zu wollen, einen Menschen umgebracht. Bitte, bestatte ihn heimlich! Dich wird niemand verdächtigen, und mich kannst du auf diese Weise retten.

Der Sohn tat, wie ihn der Vater geheißen, schlachtete das Kalb, lud sich den blutigen Sack auf den Rücken und wandte sich hilfesuchend an den ersten Freund. Dieser sagte zu ihm: Wenn du eine Schandtat begangen hast, musst du auch die Folgen tragen. In mein Haus lasse ich dich nicht herein!

Der nächste sagte: Nimm den Sack wieder auf deinen Rücken und geh! Wie kannst du denken, dass ich dein Verbrechen decke!

Der Sohn ging zu jedem seiner Freunde, aber jeder sagte ihm dasselbe. So kehrte er zu seinem Vater zurück.

Lieber Sohn, sagte der Vater, nun hast du erfahren, was der Weise meinte, als er sagte: Man hat viele Freunde, wenn man sie zählt, aber nur wenige, auf die man zählen kann.«

Voltaire trank einen Schluck Burgunder, blickte listig in die Runde und fuhr fort: »Nun mache dich auf und gehe zu dem Mann, den ich meinen wahren Freund nenne, und höre, was er dir sagt!

Der Sohn ging zum Freunde seines Vaters und sagte: Hilf mir! Eben habe ich, ohne es zu wollen, einen Menschen umgebracht. Bitte bestatte ihn heimlich! Dich wird niemand verdächtigen, und mich kannst du auf diese Weise retten.

Der Mann zog den Jungen in sein Haus, schickte Frau und Gesinde fort und begann, eine Grube auszuheben. Als der Sohn nun sah, dass der Mann alles vorbereitet hatte, grüßte er ihn von seinem Vater, öffnete den Sack und offenbarte ihm die Wahrheit und kehrte zu seinem Vater zurück.

Der Vater sagte: Siehst du, mein Sohn: Ein wahrer Freund hilft dir, wenn die ganze Welt dich im Stich lässt.«

Die Zuhörer waren still. Voltaire besah den goldenen Drachen, der mit aufgerissenem Rachen, die lange rote Zunge wie eine Flamme züngelnd, an einem Pfosten zur Decke zu kriechen schien wie ein riesiger Gecko.

Wilhelmine sah, wie Friedrich lächelnd als Erster applaudierte, bis der Hof seinem Beispiel folgte. Sie begegnete dem Blick Supervilles, der sich unauffällig immer so zu den Hofkavalieren setzte, dass er sie sehen konnte. War der Blick aus seinen intelligenten braunen Augen liebevoll? Oder war es nur der verschlagene Blick eines ehrgeizigen Höflings? Lautlos formte er mit den Lippen »Je t'aime«. Errötend wandte sie sich ab. War es nur lasziv? Wo war ihr einziger Freund, der ihr half, wenn die Welt sie im Stich ließ? Plötzlich sah sie nur in grelle Gesichter, aufgerissene Münder, falsches Lachen. Sie sah die schrill geschminkten Gesichter der Kastraten, die schwarzen Pflästerchen auf den Falten der Herzogin, den protzigen Ring auf Pöllnitz' fettem Finger. Das charmante Lächeln Cobenzls erschien ihr wie eine verlogene Fratze.

Ich bin wie ein Schaf unter Wölfe geraten, dachte sie, aber ich bin ein schwarzes Schaf, auf Gnade darf ich nicht rechnen.

Urplötzlich zuckte ein greller doppelter Blitz über den Himmel, dem unmittelbar ein langes, polterndes Donnern und kübelartiger Regen folgten. Einige Damen schrien erschreckt auf, alles rannte dem Schloss zu. Wilhelmine hatte keine Lust, nass bis auf die Haut im Schloss anzukommen. Dieser Regenguss konnte in wenigen Minuten vorbei sein. Beherzt zog sie die zierlichen Schuhe von den Füßen und lief barfuß über das weiche Gras hinunter in die mit Tuffgestein ausgestaltete Grotte, die die Erhöhung des Pavillons bildete. Ein Geräusch im Dunkeln ließ sie zusammenfahren.

»Nicht erschrecken, ich bin es nur«, sagte eine Stimme aus dem Halbdunkel.

»Hulla«, sagte sie verblüfft.

Er wollte nicht bei dem albernen Kosenamen genannt werden, mit dem der Vater ihn angesprochen habe.

»Meine Freunde nennen mich Gustl«, sagte August Wilhelm, ihr Bruder.

Gustel... Wie wenig sie von ihren jüngeren Geschwistern wusste.

»Es ist schön hier«, lobte August Wilhelm, »kein kalter, leerer Prunk, alles ist so philosophisch.«

Er zeigte auf das Bogenrelief: »Beschützen dich diese Tiere?«

»Bei den Chinesen ist die Schildkröte das Symbol für das ewige Leben, und der Drache bringt Glück.«

»Dann sollte ich wohl in meinen neuen Garten eine riesige Drachenhöhle bauen, vielleicht locke ich einen veritablen Drachen an, ich könnte Tonnen von Glück gebrauchen!«

Das sagte *er*, das geborene Glückskind, das Lieblingskind des Vaters?

»Ich würde lieber in einer solchen Grotte hausen, Hauptsache, ich muss nicht mit ihr zusammenleben«, stieß er heftig hervor.

»Ist es so schlimm?«

»Sie ist herzlos, und sie hasst mich ebenso wie ich sie! Warum musste Fritz auf dieser unglückseligen Heirat bestehen? Sie wurde vom Vater beschlossen, als ich noch ein Kind war.«

Er sah seine Schwester unglücklich an. »Ist das zu verstehen? Er ist doch selbst vom Vater zur Heirat gezwungen worden!«

»Erfahrenes Unglück macht uns nicht großzügig«, sagte Wilhelmine leise.

»Ich begreife, wenn man jemanden durch eine Heirat aus dem Weg schaffen will«, sagte der sanfte, unsoldatische Bruder erregt, »es ist eine allgemein geübte Praxis. Er aber lässt mich nicht ziehen! Hätte er mich als Gouverneur nach Schlesien oder Ostpreußen geschickt, da wäre ich ihm dienlicher gewesen ...«

Wilhelmine hatte aufgehorcht bei seinen letzten Worten. Durch eine Heirat aus dem Weg schaffen. Sie trat an den bogenförmigen Grotteneingang und sah hinaus auf den neu angelegten Teich, die Brücke aus weiß leuchtenden Birkenstämmen und das chinesische Vogelhaus. Schwere Tropfen fielen von den Bäumen, funkelnd wie Rubine in der Abendsonne, und bildeten Kreise im braun aufgewühlten Wasser.

Durch eine Heirat aus dem Weg schaffen, wie ein Echo hallten diese Worte immer wieder in ihrem Kopf. Undeutlich formte sich ein Gedanke, der im Licht der Abendsonne in seiner Bösartigkeit immer klarer hervortrat, eine Bösartigkeit, die sie umfing wie eine wärmende Decke.

So also fühlt sich ein böser Plan an, dachte sie, das hatte ich noch nicht gewusst. Wie wird sich erst die Rache anfühlen? Ob es stimmt, dass sie süß ist?

»Danke, Gustl«, sagte sie, »du hast mir sehr geholfen.«

Noch fünf Tage waren es bis zur Rückkehr des Bruders. Fünf Tage, um einen intriganten Plan in die Tat umzusetzen.

Minni bemerkte Wilhelmines gelassene Art, deutete ihre Freundlichkeit als Niederlage und fuhr fort, den Hof in ihrem Sinne zu beeinflussen. Die koketten Manieren bekamen eine gewisse Form, dazu führte sie eine andere Tischordnung ein und trieb allerlei Schabernack, den sie niemals gewagt hätte, in Gegenwart des Königs zu veranstalten. Außerdem machte es ihr Spaß, den Markgrafen ein wenig eifersüchtig zu machen, indem sie Cobenzls Neffen, Graf Burghaus, neckte, der in sie verliebt war. Burghaus war ein tüchtiger, aber völlig verarmter Edelmann aus einem uralten Geschlecht, durch Cobenzls Fürsprache zum Oberst im kaiserlichen Regiment des Markgrafen aufgestiegen, und während Wilhelmine Minnis blitzende Augen und die herausfordernden Blicke, die sie abwechselnd Burghaus und Friedrich zuwarf, beobachtete, nahm ihr Plan Gestalt an.

Sie soll den einen bekommen und den anderen verlieren, dachte Wilhelmine, schneller, als ihr lieb ist. Wenn ich nur wüsste, wie ich es einfädeln soll.

Voltaire schlug vor, Racines Tragödie »Bajazet« einzustudieren und den König bei seiner Rückkehr mit der Aufführung und einem anschließenden Maskenball zu überraschen.

»Es wäre mir eine Freude, wenn Sie die Geliebte des Sultans spielen«, sagte er mit einer komischen Verbeugung.

»Sie wollen mich in Schleier und Hosen sehen, mon ami«, entgegnete Wilhelmine amüsiert, »aber nur, wenn Sie mir versprechen, den Schurken zu geben!«

»Genau das habe ich vor.« Voltaires zerknittertes Lachen schien sein faltiges Gesicht in tausend Sprünge zu zerteilen wie Craquelé-Porzellan. »Sie spielen die Roxane, ich den Acomat. Sie sind dem Gefühl verpflichtet, ich der Staatsraison.«

Damit hätten sie ihre wahren Rollen vertauscht, meinte Wilhelmine.

Sofort ließ sie die Rollen abschreiben und las die Tragödie

noch in der Nacht. Ja, böse will ich sein, böse, dachte sie, eine eifersüchtige Roxane, die über Leichen geht, will ich spielen.

Wilhelmine spielte leidenschaftlich gern, und neben Voltaire war es nicht nur eine Ehre, sondern höchst vergnüglich. Er war ein miserabler Schauspieler und machte keinen Hehl daraus. Seine ironischen Anmerkungen zur Schauspielkunst, seine unbeholfenen Gesten und Tiraden riefen ständig Gelächter hervor.

Wilhelmine bestand darauf, dass Minni, die sich zunächst zierte, mitspielte. Theater ist die Schule des Lebens, dachte sie, je stärker sie in die Proben eingebunden ist, desto weniger Zeit bleibt ihr für ihre Kabalen. Wenn der König zurückkehrt, muss mein Plan fertig sein. Ich werde sie derart kompromittieren, dass sie kein Wort mit ihm wechseln wird.

Aber Theaterproben verbinden. Der heiße Wunsch nach Gelingen ist von komischen Fehlern durchsetzt, die Lachen hervorrufen, und Lachen verbindet. Wilhelmine sah Minni an, sie umarmten und küssten sich, sie lernten Dialoge miteinander, spielten die Szenen und kamen einander sehr nah. Minni schien so süß, so unbefangen. Die naive Liebende, die sich am Schluss den Tod gibt, spielte sie so anrührend, dass allen Mitwirkenden Tränen in den Augen standen. Ich war zu hart mit ihr, dachte Wilhelmine, Sonsine hatte recht. Nur das Getue der Herzogin animiert Minni, sich wie eine Kokotte zu benehmen, niemals würde sie dem König mein Geheimnis verraten.

Aber dann fing sie zufällig Minnis Blick auf, während sie eine Szene mit Superville probte, der eine kleine Rolle übernommen hatte. Sie sah die kaum verhüllte Gier in diesem Blick, der böse Plan stand auf Minnis Stirn wie in fetten Lettern geschrieben. Der Schmerz über den Verrat der Freundin schnürte Wilhelmine die Luft ab.

Ihr Plan entstand während der Proben, und er sollte am Abend der Aufführung ebenfalls in Szene gesetzt werden.

❀ 35 ❀

Bei der Generalprobe, die Luft knisterte vor Spannung und unterdrücktem Gelächter, klopfte Wilhelmine an Voltaires Garderobe. Sie lachte beim Anblick des braunhäutigen, krummbeinigen Männleins mit riesigem Turban und martialischem Krummdolch, das ihr öffnete. »Voltaire, die Rolle des Intriganten ist für Sie wie geschaffen.«

»Die Favoritin des Sultans! Welche Ehre für den bösartigen kleinen Acomat!«, rief er aus, öffnete weit die Tür und gestikulierte einladend.

»Voltaire, denken Sie sich den Sack auf meinem Rücken. Helfen Sie mir, eine Leiche zu beseitigen?«

Voltaire wusste im ersten Augenblick nicht, ob das Spiel bereits begonnen hatte. Ihre blauen Augen über dem koketten Chiffonschleierchen, das die untere Hälfte ihres schmalen Gesichts bedeckte, sahen ihn aber so flehend an, dass er sich entschloss, ihren Hilferuf anzunehmen.

Er legte die linke Hand auf seinen Krummdolch, kniete vor ihr nieder, ergriff mit seiner Rechten ihre Hand und sagte feierlich: »Ich schwöre Ihnen bei diesem Dolch, Soeur Guillemette, dass ich meine Geschichten nicht nur in Weinlaune verbreite. Betrachten Sie mich als Ihren einzigen wahren Freund, wenn die ganze Welt Sie im Stich lässt.«

Die Szene war im Spiegel zu sehen und so rührend, dass Wilhelmine eine Träne aus dem Augenwinkel lief und hinter dem Schleier verschwand, was Voltaire bezaubernd fand. Dann fiel ihr Blick auf den Dolch und sie rief anklagend: »Voltaire! Sie haben auf einen Theaterdolch geschworen!«

»Ist es darum ein Meineid?«, rief er aus. »Wo liegt die

Wahrheit, Soeur Guillemette, im Leben? Oder auf dem Theater? Wer verbreitet mehr gemeine Lügen, der Priester von der Kanzel oder der Schauspieler von der Bühne? Wo findet Angst und Schrecken, Lüge und Wahrheit statt, wenn nicht hier, auf diesen Brettern? Warum darf ich nicht schwören auf dieses unschuldige Requisit, mit dem ich keiner Fliege etwas zuleide tun kann?«

Wilhelmine blickte in den Spiegel und tupfte vorsichtig die Träne ab, um ihre Schminke nicht zu verwischen.

»Soeur Guillemette, selbstverständlich werde ich Ihre Leiche begraben! Bringen Sie mir den Sack, und ich beginne sofort!«

»Mein Sack besteht aus Folgendem: Nach der Vorstellung gehen Sie sofort zum Markgrafen. Verhindern Sie, dass er sofort zum Maskenball auf die Eremitage fährt. Erzählen Sie ihm irgendetwas, lassen Sie sich das Naturalienkabinett zeigen, was auch immer, halten Sie ihn etwa eine Stunde hier fest …«

»Ich werde mir etwas einfallen lassen.«

»Kurz bevor Sie dort ankommen, stecken Sie ihm dieses zu.«

Sie griff in ihr Gewand und reichte ihm ein kleines rosa Billett. Voltaire nahm es und roch daran. Sein Lächeln war ihrem kleinen schurkischen Grinsen so ähnlich wie Spießgesellen einer Räuberbande.

»Ein Billettdoux einer Gattin an ihren Gatten, wie aufregend …«

Sie hatte keinen Sinn für seine Ironie. Bei allem, was ihm heilig sei, solle er ihr versprechen, dass er dem Markgrafen nicht verraten würde, von wem er das Billett erhalten habe. Er versicherte ihr, dass er eine abgefeimte Intrige jedem Mord aus Leidenschaft vorziehe.

»Um Mitternacht ist Demaskierung«, erklärte Wilhelmine, »Sie werden kurz zuvor einige Damen und Herren zu einer Promenade zur Grotte einladen. Bei Ihrem rhetorischen Talent dürfte Ihnen das nicht schwerfallen, mein Bester. Wenn die Demaskierung stattfindet, wird sich Ihnen in einer der Grotten der Anblick einer galanten Szene bieten.«

Wilhelmine machte eine Pause und sah Voltaire bedeutungsvoll an. Der erwiderte ihren Blick unbewegt. »Ich möchte, dass Sie diesen Anblick in eine große dramatische Szene verwandeln. Lassen Sie jeden wissen, dass die Verderbtheit der Sitten überhandnehme, dass Sie Derartiges an meinem Hofe niemals erwartet hätten und dass Sie davon ausgingen, dass der Markgraf solchen Umtrieben ein sofortiges Ende zu setzen weiß.«

Über Voltaires Runkelrübengesicht huschte ein Lächeln. »Madame, ausgerechnet ich soll den Moralapostel spielen? Wer wird mir das glauben?«

»In wenigen Minuten werden wir sehen, ob man Ihnen den Intriganten abnimmt«, sagte Wilhelmine mit maliziösem Lächeln.

Damit schwebte sie, von Chiffonschleiern umweht, aus seiner Garderobe.

Bezaubernd, dachte er und roch noch einmal an dem parfümierten Billett, bevor er es einsteckte, ein bezauberndes Biest. Wie attraktiv eine Frau doch ist, wenn sich in ihr Schönheit und Niedertracht paaren.

Der König zeigte sich begeistert und applaudierte der Aufführung von »Bajazet« heftig. Er war nur eine Woche fort gewesen, seine Reise war ein Misserfolg. Was hier in diesen sieben Tagen entstanden war, präsentierte sich dagegen als voller Erfolg. Über seine Schwester als Favoritin des Serails konnte Fedéric sich nicht beruhigen. Seine Schwester habe ihm eine Seite gezeigt, die er an ihr noch nicht kenne. Bisher sei sie ihm vermutlich verschleiert geblieben, erwiderte Wilhelmine zerstreut.

Während der König sich über dieses Bonmot ausschütten wollte vor Lachen, beobachtete sie Minni. Während des letzten Aktes hatte sie heimlich ein Billettdoux, um eine Rose gebunden, auf Minnis Garderobenplatz gestellt. Auf dem Billett stand: ›Ein sehnsüchtiger Schäfer erwartet seine Schäferin eine halbe Stunde vor Mitternacht in Arkadien. Treffpunkt: in der Grotte.‹ Es war mit dem üblichen flüchtig hingeworfenen Kürzel des Markgrafen signiert.

Nun galt es zu verhindern, dass Minni Friedrich ansprechen konnte. Das war Voltaires Aufgabe. Wilhelmines Herz klopfte zum Zerspringen. Aus dem Augenwinkel beobachtete sie, wie Voltaire den überraschten und geschmeichelt lächelnden Friedrich mit sich fortzog.

Ein weiteres Billett hatte sie Cobenzl vor Beginn der Vorstellung zuspielen lassen, damit er es seinem Neffen reichte. Niemand durfte später herausfinden, von wem das Billett gekommen war. Auch Burghaus lud das geheimnisvolle Billett zum nächtlichen Stelldichein an die Grotte ein. Die Kirchenuhr schlug scheppernd neunmal.

Sie sah Burghaus eilig in die Garderobe streben, um sein Kostüm zu wechseln. Cobenzl stand im Eingang, wartete auf ihn und machte artige Konversation mit Minister Podewils, in der Hoffnung, Genaueres über die süddeutsche Mission des Königs zu erfahren.

»Du hörst mir ja gar nicht zu!«, beschwerte sich Fritz.

»Verzeih mir«, sagte sie, »ich bin in Gedanken schon bei unserem Maskenball, es gibt noch einiges zu organisieren, und ich bin noch nicht umgezogen. Du musst mein Spiel später kritisieren.«

»Kritisieren«, rief er aus, »ich halte eine Eloge nach der anderen, und du hörst sie nicht einmal an! Übrigens müsste ich mich auch umziehen, habe aber leider kein Kostüm.«

»Ich habe dir eines in dein Gemach auf der Eremitage legen lassen«, sagte sie lächelnd, »es ist ganz von Gold und des Herrschers der Gewässer Arkadiens würdig. Keiner weiß, was du tragen wirst. Fahr nur schon hinauf, ich werde mit den Damen folgen.«

Er drückte dankbar ihren Arm und eilte voller Vorfreude zu seiner Chaise. Er liebte Maskenbälle, wenn er dabei unerkannt blieb. In Berlin war es unendlich fad, wenn ihn auch als Harlekin jeder mit »Majestät« ansprach.

Wilhelmine eilte in ihre Garderobe. Jetzt wird sich zeigen, ob mein Plan gelingt, dachte sie, sonst war alles umsonst.

Minni saß vor dem Spiegel. Vor ihr stand die Rose in einem Glas, das Billett war nicht zu sehen. Ihr Kostüm hatte sie bereits abgelegt, die Ankleiderin hängte es gerade sorgfältig über den Bügel, als Wilhelmine hereintrat. Eifrig zeigte sie auf ein hübsches graues Gewand mit graublaugestreifter Schürze, Holzschuhen und einem Strohhut, unter dem Kinn mit bunten Bändern zu binden. Das tief ausgeschnittene Dekolleté war von einem roten Spitzenband eingerahmt. »Ihr Schäferinnenkostüm für den Ball, Hoheit, ich hoffe, es gefällt Ihnen?«

Im Spiegel beobachtete Wilhelmine, wie Minni sehnsüchtig auf das Kostüm starrte.

»Ja, es ist recht hübsch«, sagte sie betont gleichgültig, »hilf Sie mir jetzt aus diesem Kostüm, Zensl, ich bin völlig echauffiert von der Vorstellung.«

Während die Ankleiderin sie auskleidete, sagte sie zu Minni: »Bist du auch so echauffiert? Ich bin überhaupt nicht zufrieden, im dritten Akt hatte ich doch meinen Text vergessen, nicht ein Wort fiel mir ein …«

So plapperte sie harmlos dahin, bis sie im Untergewand dastand, griff nach dem feuchten Schwamm, den Zensl ihr reichte, und tupfte sich ausgiebig Arme, Dekolleté, Hals und Gesicht ab.

Minni stand unschlüssig vor ihrem Gärtnerinnenkostüm, einem Kleid in Schilfgrün, mit Blüten bestickt, und einer langen zartrosa Schürze. Für das unerwartete Rendezvous brauchte sie ein Schäferinnenkostüm. Wilhelmines Kostüm wäre genau richtig, aber was war zu tun?

Wilhelmine puderte Gesicht und Dekolleté, fragte, ob sich Minni ein Spiel für den Maskenball ausgedacht habe, kicherte und lachte. Schließlich drehte sie sich zur Ankleiderin um und befahl ihr Kostüm.

Minni holte Luft. Ob sie einen Kostümtausch vorschlagen konnte? Durfte sie es wagen? Bevor sie etwas sagen konnte, sah sie Wilhelmine unschlüssig an den roten Spitzen ihres Gewandes herumzupfen.

»Was meinst du, Zensl, wird diese Farbe mir stehen?«, fragte sie. Ihre Stimme klang zweifelnd. Die Ankleiderin beteuerte, dieses Grau sei für Ihro Hoheit wie geschaffen und mit den roten Spitzen von großer Raffinesse, aber Wilhelmine schien unzufrieden.

Nun schien Wilhelmine erst Minnis Kostüm zu entdecken und schlug vor Entzücken die Hände zusammen. »Was ist denn das? Und dieses merveilleuse Schilfgrün! Wer maskiert sich als Gärtnerin?«

»Ich«, sagte Minni, ihre Chance witternd, »aber ich mag die Farbe nicht. Dieses Grün macht mich blass.«

Wilhelmine widersprach: »Eher mich – vor Neid. Es ist bezaubernd.«

Sie musterte ihre Hofdame. »Nun ja, die Farbe steht dir vielleicht nicht so gut wie mir.«

Minni nickte beflissen. »Bitte, Hoheit, ich wage es nicht, vorzuschlagen, aber ... wenn Hoheit das Gärtnerinnenkostüm vorziehen?«

Du solltest eher sagen, dass *du* um jeden Preis als Schäferin losziehen willst, dachte Wilhelmine. Laut sagte sie: »Ach ja, das wäre schön. Aber es geht ja nicht.« Und wandte sich wieder dem Spiegel zu.

Hastig und erstaunt fragte Minni: »Warum nicht?«

Sie könne ihr dieses bezaubernde Kleid nicht rauben, und sie habe sich noch nie als Gärtnerin maskiert, erklärte Wilhelmine, auf Minnis Reaktion lauernd.

»Aber Hoheit, besteht darin nicht gerade der Spaß maskierter Redouten? Niemand wird Sie in der Maske der Gärtnerin vermuten!«

Wilhelmine schien dies zu bedenken. »Zumal ich niemals ein solches Grün trage.«

Minni beteuerte: »Es wäre mir eine Ehre und ein großes Plaisir, mit Ihnen zu tauschen, Hoheit!«

Sie sah Wilhelmine an, ehrlich beglückt, Wilhelmine sah Minni an, lachte in strahlender Falschheit, während ihr das Herz schwer wurde. Sie gestand sich ein, dass sie immer noch gehofft hatte, sich zu irren. Sie hatte gehofft, Minni wollte nicht tauschen, sich auf dieses Rendezvous mit Friedrich nicht einlassen. Aber sie wollte, das war keine Frage, sie brannte darauf, ihr hübsches abgefeimtes Gesicht leuchtete.

»Aber du darfst niemandem etwas verraten von dem Tausch, ja? Gib mir dein großes Ehrenwort«, forderte Wilhelmine ernst.

»Großes Ehrenwort«, antwortete Minni, ebenfalls ernst. Dann lachte sie vertraulich: »Ein Maskenball macht doch nur Spaß, wenn man unter der Maske unerkannt bleibt, nicht wahr?«

Minni war so hübsch, so bezaubernd, sie blitzte vor Spannung und Vorfreude auf den Ball, alles an ihr war so, wie Wilhelmine sie liebte. Und sie plapperte weiter: »Meine Schwester und ich haben ein wundervolles Spiel erdacht, im Labyrinth, Hoheit, es wird Sie ungemein amüsieren, es ist noch nie hier gespielt worden. Lassen Sie sich überraschen!«

»Ich kenne kein größeres Vergnügen als Überraschungen«, sagte Wilhelmine und wandte sich ab, damit ihre Mimik sie nicht verriet. Wie konnte ich mich in diesem Mädchen derartig täuschen, ich hielt sie für mein Geschöpf, ich habe ihr mein ganzes Vertrauen geschenkt, aber sie will es missbrauchen für ihren gemeinen Verrat.

»Sehen Sie nur.« Langsam drehte sich Minni um. Das Schäferinnenkostüm stand ihr ausgezeichnet. Die feinen roten Spitzen, die das Dekolleté einrahmten, gaben dem schlichten taubenblauen Kleid etwas Raffiniertes, das in deutlichem Kontrast zu der ländlichen gestreiften Schürze stand. Sie drehte sich vor dem Spiegel, dass der weite Rock flog, lachte und meinte: »Was ich an Arkadien am meisten liebe, ist, dass keine Schleppe mich hindert!«

Woran hindert, dachte Wilhelmine grimmig, und ließ sich in eine schilfgrüne Gärtnerin verwandeln. Minni äußerte unbefangen ihr Entzücken. Sie umarmten sich.

Zum letzten Mal, dachte Wilhelmine, während sie Minni in den Armen hielt, den Pudergeruch ihrer Haare und den süßlichen, typischen Geruch ihrer jungen Haut einatmete. Nie wieder werde ich sie in den Armen halten, warum musste sie mir das antun, ich habe sie doch geliebt. Wieder durchzuckte sie der Gedanke, den Plan zu verwerfen und stattdessen Minnis Ehrenwort zu verlangen, dass sie dem König nichts von Superville verrate. Sie lösten sich voneinander, Wilhelmine hatte schon den Mund geöffnet, als sie aus Minnis Dekolleté die Spitze des Billetts hervorlugen sah.

Nein, ich darf ihrem Charme nicht erliegen, ermahnte sie sich. Schnell zog sie die grüne Halbmaske vor die Augen.

Die Eremitage erstrahlte in festlichem Glanz von Fackeln, die den von Tuffgestein verschütteten, kaum erkennbaren Eingang in ein unheimlich flackerndes Licht tauchten. Das Labyrinth und die Eremitenhäuschen im Wald waren mit Lampions in allen Farben behängt, als würden unzählige Blumen ihre nächtlichen Blüten erstrahlen lassen. Bunte Illumination betonte geheimnisvoll das Poröse, Derangierte des römischen Theaters.

Auf dem Wasser des Bassins der unteren Grotte schwammen Ölleuchten, die den Meeresungeheuern und Nymphen ein fratzenhaft verzerrtes Aussehen verliehen. Einige steinerne Bänke in den Grotten waren mit Kissen und Polstern versehen, wie auch alle anderen Sitzgelegenheiten bis zum entlegenen Tempel des Stillschweigens mit weichen Kissen und Steppdecken orientalischer Art ausgestattet waren. Die galanten Abenteuer sollten nicht an der Septemberkühle des fortgeschrittenen Abends scheitern. Nur die Wege zur etwas abgelegenen unteren Grotte waren nicht beleuchtet, dafür hatten Wilhelmines Anweisungen gesorgt. Keiner ihrer Gäste sollte sich vor der Demaskierung dorthin verirren.

Inzwischen fuhr Friedrich mit dem Freiherrn von Gleichen und Voltaire, der es mit den Worten »Ich bitte Sie, Messieurs, es ist sinnlos! Mich erkennt ohnehin jeder!« abgelehnt hatte, sich zu maskieren, in der markgräflichen Chaise zur Eremitage. Stolz hatten sie den berühmtesten Philosophen Europas durch das neue markgräfliche Naturalienkabinett geführt. Voltaires kenntnisreiche Fragen ließen von Gleichen aufblühen, dessen ganzes Herz an der naturkundlichen Sammlung hing, der sogar ein spezielles Mikroskop entwickelt hatte, um die Dinge klassifizieren zu können. Merkwürdigkeiten, die in der Markgrafschaft, vor allem im Wisenttal, gefunden worden waren, Knochen des Mammuts, erregten Voltaires Aufmerksamkeit, aber auch schwer zu deutende Abdrücke auf dem weichen Kalkstein des alten Gebirges, wie die Felsenmeere um Sans pareil genannt wurden.

Endlich saßen sie in der Kutsche. Voltaire griff in die Tasche, spielte den Umständlichen, entschuldigte sich viele Male für seine Vergesslichkeit, er werde alt. Ausgerechnet ihn habe man zum Überbringer erkoren, und reichte Friedrich das Billett. Friedrich öffnete den Umschlag, dem ein betörender Rosenduft entströmte. Die Herren schnupperten und lächelten vielsagend. Friedrich las, dass eine Gärtnerin ihre Arbeit unterbrochen habe, um ihn eine halbe Stunde vor Mitternacht im »Temple du Silence«, dem Tempel des Stillschweigens, zu erwarten. Vom Turm schlug es halb elf.

Vergnügt verabschiedete Friedrich seine Gäste im Innenhof, bewunderte den dort aufgebauten orientalischen Basar und ließ von Gleichen und Voltaire in lebhaftem Gespräch über die neuesten physikalischen Erkenntnisse zurück. Er setzte seine Maske auf und ging erwartungsvoll durch den Garten zur Kaskade. Der betäubende Duft der Nachtviolen mischte sich mit dem schweren Odeur der letzten Rosen. Lachende Menschen versuchten, aus dem reißenden Wasser zu fangen, was oben eingesetzt wurde, kleine Glasfische,

Muscheln und Perlen glitzerten im flackernden Fackellicht. Er wandte sich hangabwärts und schlug den schmalen Pfad durch den immer dunkleren Wald zum Tempel des Stillschweigens ein. Das Gelächter und Geplapper wurde leiser, nur ferne Musik erfüllte noch die Luft. In steigender Erregung beschleunigte er seine Schritte.

Ungeduldig wies Minni ihre Schwester ab, die sie bedrängte, sie möge ihr bitte einen Rat in Liebesdingen geben, sie kenne sich doch aus.

»Morgen«, sagte sie kurz angebunden, »ich habe jetzt keine Zeit, und wehe, du spionierst mir nach!«

Unglücklich sah Albertine ihrer Schwester nach, die durch ein geheimes Loch in der Hecke aus dem Labyrinth verschwand. Gelächter und Musik wehten von fern über die Eremitage, hinter der hohen Hecke meinte sie, unterdrücktes Kichern und Kleiderrascheln zu hören.

Ein Mann im goldenen Gewand in der Maske eines Neptun, dem König seltsam ähnlich, jagte mit gezücktem Dreispitz einen jungen Mann im Hirtenkostüm, der mit kreischendem Lachen vor ihm flüchtete. Ohne Albertine zu beachten, lärmten sie an ihr vorbei und verschwanden hinter einer Hecke. War dies die Nacht, in der sich die Menschen in Ungeheuer und Götter in Tiere verwandelten? Ängstlich wollte Albertine aus dem Labyrinth hinaus zu den harmloseren Vergnügungen in den Innenhof des Schlosses flüchten. Da fiel ein Schatten auf sie.

Verbunden mit einer Ermahnung hatte Graf Burghaus das Billett von seinem Onkel erhalten.

»Wir sind hier, um der Königin Maria Theresia zu dienen«, erinnerte Cobenzl, »ein Rendez-vous, mon cher, gut, die Nacht ist lau und das Fleisch schwach, aber fange keine galante Affaire an. Du bist nicht in der Lage, eine Frau zu unterhalten, nicht als Ehefrau und schon gar nicht als Mätresse, die sind noch kostspieliger.«

Cobenzl hatte Grund zu dieser Mahnung. Burghaus hatte sich in Baireuth unsterblich in seine Base, die muntere Minni, verliebt, aber sie hatte ihn stets sehr von oben herab behandelt, denn dank seines verschwenderischen Vaters war er nur ein armer Schlucker. Er hatte gehofft, er könne ihr mit seiner Liebe imponieren und hatte einiges getan, was Sonsine als exzentrisch missbilligte. Sie hatte sich beim Markgrafen dafür verwendet, den stürmisch Verliebten noch im Herbst zum Regiment des Herzogs von Toscana, einem Freund des Markgrafen, zu schicken, um ihn abzukühlen. Cobenzl befürwortete den Plan, er brauchte Minnis Talente nicht als Ehefrau seines glücklosen Neffen.

Als Burghaus vor der drohenden Abkommandierung verzweifelt überlegte, wie er die hübsche Minni doch noch für sich gewinnen konnte, war ihm dieses Billett zugeflogen. Es konnte nur von ihr sein! Wollte sie ihn endlich erhören? Keine andere konnte die Schäferin sein, die ihn an der Grotte treffen wollte. Dass sie ihm während der Schatzsuche keinerlei Beachtung geschenkt hatte, erhöhte nur den Reiz. So waren die Frauen, sie gaben vor, einen jungen Mann zu verachten, um sich dann heimlich mit ihm zu treffen. Taten sie das, um die Schicklichkeit zu wahren, oder war es Koketterie?

Aufgeregt eilte er den Weg durch den gepflegten Garten neben dem Labyrinth hinunter. Kies knirschte unter seinen eiligen Schritten. Er übersah eine Schwelle, stolperte, fing sich wieder. Schnell rückte er die Maske zurecht, Frauen liebten Versteckspiele dieser Art, das hatte er schon bemerkt, er würde sein Inkognito nicht preisgeben, nicht vor der Demaskierung um Mitternacht.

Plötzlich stand er vor dem undeutlichen Umriss eines Hauses. »Monplaisir«, murmelte er überrascht, er hatte sich verlaufen. Im Dunkel einer mondlosen Nacht sahen die Dinge völlig anders aus. Wo war nur die untere Grotte? Wenn er zu spät kam? Er wandte sich nach rechts. Im Dunkel tauchte das chinesische Vogelhaus auf. Erschreckt durch sein plötzliches Erscheinen, flatterten die kleinen grünen Papageien kreischend durcheinander. Erleichtert erkannte er die weiße steinerne Balustrade, die das Dach einer Grottenarkade bildete. Er tastete sich vor zur schmalen Steintreppe und sah das Bassin vor sich, erhellt durch viele kleine Lichtchen, die wie Glühwürmchen auf dem ruhigen Wasser trieben. Der Triton, der auf einem Delphin ritt, grinste ihn triumphierend an. Im tiefen Dunkel lagen die Grotten der Arkaden. In welcher mochte sie ihn erwarten?

Sie musste als Erste am Tempel des Stillschweigens sein und ihn dort erwarten, das gehörte zu ihrem Plan. So käme er nicht zum Nachdenken, außerdem war die Gefahr groß, dass er wieder fortging und alles verdarb. Unauffällig hatte Wilhelmine sich von ihren Gästen getrennt und eilte durch den Wald zu ihrer Holzhütte, in der sie die Büsten ihrer liebsten Philosophen versammelt hatte. Es gab nur einen Raum und eine winzige Küche, die sie mit Baireuther Fayence ausgestattet hatte. Natürlich kochte sie dort nicht, sie genoss es, eine ländliche Puppenstube zu haben.

Die Tür knarrte beim Öffnen. Die Philosophen aus weißem Marmor schimmerten im Dunkel. Sie rieb Sir Isaac Newton respektlos die Nase, wie sie es immer tat, wenn sie für eine Sache besonderes Gelingen wünschte, und entnahm der Vitrine in der Küche zwei einfache Gläser. Nichts durfte so aussehen, als käme es von ihr. Dann zog sie die Bodenklappe nach oben und entnahm dem steinernen Depot einen gut gekühlten Champagner und einen Korkendreher. Nur keine Dienstboten beauftragen, die alles herumtratschen würden, lieber die Dinge selbst bewerkstelligen. Sie packte alles in einen Weidenkorb, murmelte Newton verschwörerisch zu: »Nach der Wahrscheinlichkeit müsste alles gelingen«, und eilte zum Tempel des Stillschweigens. Ihr Herz klopfte heftig. Da vertrat ihr jemand den Weg.

Endlich war sie die Schwester los. Anhänglich war Albertine ja immer, aber ausgerechnet heute! War die Gans etwa verliebt? Was ging sie das an. Dass der Markgraf plötzlich so romantisch war, ihr eine Rose mit einem Billett zu schicken, war etwas ganz Neues. Er pflegte sonst weniger Umstände zu machen, wenn er sie heimlich treffen wollte. Aber es kam ihr gerade recht. Er musste endlich zu ihr stehen, die Maitresse en titre musste sie werden, seine offizielle Mätresse, die an seiner Seite saß. Durch ihr Wissen um das galante Verhältnis der Markgräfin mit Superville fraß diese ihr aus der Hand, die Zeit der Schonung war vorbei. Ab sofort würde sie ihren Plan ohne Rücksicht auf Wilhelmine durchführen.

Leise huschte sie über den breiten Weg, der neben den Hecken des Labyrinths direkt zur Grotte führte. Überrascht sah sie, dass die Wasserspiele nicht in Betrieb waren und stattdessen unzählige Lichter auf dem Wasser schwammen. Wie reizend, dachte sie überrascht, war das seine Idee? Er schien sehr verliebt zu sein, gut, sie wollte nicht nachstehen, so würde sie am schnellsten zum Ziel kommen. Die Nischen waren allerdings sehr finster. Während sie noch unschlüssig das Bassin betrachtete, hörte sie Schritte, die von der Treppe der gegenüberliegenden Seite kamen. Schnell versteckte sie sich in der nächsten Grotte.

»Was hast du vor?«, zischte die Gestalt sie an.

Es war Superville, der ihr den Weg verstellte, und er war gereizt wie ein spanischer Stier. »Ich sehe dich seit Tagen nicht, kein Wort sprichst du mit mir, meinem Blick weichst du aus!«

Bitte, nicht jetzt, flehte Wilhelmine innerlich, bitte keine unnötige Eifersuchtsszene, die meinen gesamten Zeitplan durcheinanderbringt. Sanft sagte sie: »Ich hatte Proben, ich habe das Haus voller Gäste, die unterhalten sein wollen, darunter die äußerst anstrengende Herzogin.«

»Ja, und Voltaire«, höhnte er, »dieser Gast scheint sich deiner besonderen Fürsorge zu erfreuen!« Hart packte er sie am Arm, Gläser klirrten. »Champagner? Wo gehst du hin? Triffst du dich etwa mit ihm?«

Es musste jeden Moment elf Uhr schlagen, wie konnte sie ihn nur loswerden?

»Wie albern du dich benimmst«, sagte sie leise und zornig, »du, ein schöner, kraftvoller Mann in der Blüte seiner Jahre! Du verdächtigst mich, mit einem alten Philosophen, der nur seinem Geist lebt, ein Stelldichein zu haben?«

Er lachte auf, es klang bitter. »Dieser weise Philosoph ist alles andere als alt! Ihn und mich trennen zwei Jahre!«

Sie trat sehr nah an ihn heran und flüsterte: »Wir sind Freunde, Daniel, beschwöre nicht das hässliche Gespenst der Eifersucht herauf. Es ist zu niedrig, um zwischen uns zu stehen.«

»Schwörst du?«, fragte er. Sie spürte, er war nicht überzeugt. Sie hob die Hand. Er zog sie hinunter und presste sie an sich.

»Du sollst nicht nur mit der Hand, sondern mit deinem wunderschönen Körper schwören«, murmelte er an ihrem Ohr. Er drängte sie an den Baum, wollte sie küssen. Um Himmels willen, dachte sie voller Panik, er macht alles zunichte. Ich komme zu spät, und mit zerknittertem Kleid.

Mit aller Kraft stieß sie ihn von sich, er stolperte und fiel auf den Pfad. Sie beugte sich zu ihm nieder und zischte: »Wenn du dich und mich ins Unglück stürzen willst, dann folge mir. Wisse aber, dass du mich niemals wiedersehen wirst, wenn du mein Vertrauen missbrauchst. Gehe zum Schloss, dort wirst du Voltaire unmaskiert finden.«

Damit lief sie weiter, den ihr vertrauten Pfad entlang, den sie auch im Dunkeln genau kannte. Superville erhob sich langsam. Traurig sah er ihr nach, dann ging er in die andere Richtung.

Albertine schrak zusammen. Der Fremde war groß, mit einem silbernen Schäferanzug bekleidet, und er trug eine schwarze Halbmaske.

»Geben Sie mir die Ehre, mit mir zu tanzen?«, fragte er und Albertine nickte mit klopfendem Herzen, stumm, eine verbindliche Erwiderung fiel ihr nicht ein. War es Graf Podewils, der sie nun behutsam aus dem Heckengarten führte? Sie wollte so gern tanzen in dieser milden Spätsommernacht, auf dieser wunderschönen Bühne, arkadische Tänze, die nicht dem höfischen Zeremoniell entsprachen, sondern bei denen man wild herumsprang, um die Taille gepackt und in die Luft gehoben wurde. Trotzdem hatte sie etwas Angst vor diesen merkwürdigen promiskuitiven Gestalten, die zwischen den Lichtern umherschaukelten wie trunkene Käfer. Sie zögerte.

»Warten Sie auf einen weiteren Kavalier, Mademoiselle?« Seine Stimme klang spöttisch. Das erregte ihren Eigensinn. Ein schönes Mädchen habe einige Verehrer, erklärte sie spitz, und darum müsse sie sich vorsehen, sie warte auf ihre Schwester, die sie begleite.

Sein Mund unter der Maske verzog sich zu einem breiten Lächeln, er hakte sie unter und meinte lässig: »Kommen

Sie tanzen, Mademoiselle, Ihre Schwester wird sich ohne Sie unterhalten, wir würden sie nur stören.«

Am Ende der umgestürzten Marmorsäule stand eine fast heruntergebrannte Kerze. Die Säule lag auf der Lichtung, und zwei Kerzen erleuchteten die Ruine eines griechischen Tempels. Der Kerzenstummel verbreitete gerade so viel Licht, dass er den bezaubernden Anblick genießen konnte.

Vor dem Tempel des Stillschweigens lagerte auf vielen Kissen eine bildhübsche Gärtnerin in einem schilfgrünen Gewand. Halb lag sie, halb saß sie auf der Anhöhe, zwischen den Säulen, die vom Flackern der Kerze erhellt wurde. Sie sah aus wie eine gestrandete Nixe. Ihr Gesicht konnte er nicht erkennen, sie hatte sich zu einem Weidenkorb geneigt, dem sie ein Glas entnahm. Er stand still und ließ das Bild auf sich wirken. Welch eine exzentrische Idee! Minni war doch immer für eine Überraschung gut. Und dieses Grün … er erinnerte sich an die Jagd, wie sie aus der Kutsche stieg und zum Felsen in Sanspareil schritt, eine kühle Meerjungfrau, die zu erobern er sich in jenem Augenblick vorgenommen hatte, auch wenn er es sich damals nicht eingestehen wollte. Anscheinend hatte sie noch nicht bemerkt, dass ihr Galan bereits gekommen war, denn nun schob sie den Rock hinauf, um ihr Strumpfband zu richten. Spitzen rieselten über atemberaubende Beine und Fesseln in zarten Seidenstrümpfen. Sein Atem ging rascher. Sollte er sich zu erkennen geben? Er entschloss sich, sie noch eine Weile zu beobachten. Seine Erregung stieg, als sie nun auch das zweite Strumpfband richtete und dabei ihr zierliches Bein gerade in die Luft streckte, weiße Haut schimmerte unter grüner Seide. Er stöhnte unwillkürlich.

Erschreckt ließ sie die Röcke fallen und blickte in seine Richtung, konnte aber offenbar nichts erkennen. Sie trug eine schilfgrüne Maske, aus der ihm ihre Augen geheimnisvoll entgegensahen. Blüten an den Maskenrändern verdeckten auch einen Teil der Stirn und der Wangen. Nur ihr Mund war unbedeckt. Er räusperte sich und trat aus seinem Versteck, aber er schien sie trotzdem maßlos erschreckt zu haben.

In einer heftigen Wendung wollte sie sich erheben, wobei sie die Röcke bis über die Knie hob, so dass er die gesamte Schönheit ihrer Beine bewundern konnte. Die Kerze erlosch, es war dunkel. Ohne ein weiteres Wort trat er auf sie zu und küsste sie. Sie wehrte sich viel zu spät, stieß ihn von sich, spielte die Erschreckte. Amüsiert dachte er, dass Minni sonst nicht so viele Umstände machte, aber heute Nacht war sie eine Gärtnerin Arkadiens, gut, er würde mitspielen, er liebte galante Spiele.

»Schöne Gärtnerin, gewähren Sie einem armen Schäfersohn die Gunst eines Schäferstündchens?«

Sie lächelte, streichelte seine Wange, strich ihm über die Haare, behutsam, ohne die Maske zu verrücken. Sie verbrachten weitere Minuten in einem langen, sehnsüchtigen Kuss. Als er sie etwas fragen wollte, deutete sie auf den Tempel und legte den Finger auf seinen Mund. Der Tempel des Stillschweigens. Er genoss diese neue Regel. Stumm goss sie ihm Champagner ein, wortlos tranken sie einander zu.

Unter dem Kostüm pochte Wilhelmines Herz heftig. Bis zur Demaskierung musste sie ihn an diesen Ort zu fesseln wissen. Das rechtzeitige Löschen der Kerze war ihr gottlob gelungen, nicht auszudenken, wenn er sie erkannt hätte. Während sie sich scheinbar leidenschaftlich seinen Küssen hingab, überlegte sie, mit welchen Raffinessen sie das Liebesspiel so hinauszögerte, dass sie ihn um Mitternacht zur Demaskierung an die untere Grotte locken konnte. Sie kannte ihn, er würde mitkommen, einem Vergnügen war er niemals abgeneigt. Es tat ihr leid, dass sie sich diesem nächtlichen Schäferstündchen nicht völlig hingeben konnte. Sie liebte ihn und hätte diese Minuten gern genossen. Während sie seine zärtlichen Hände auf ihrem Körper spürte, dachte sie: So streichelst du sie also, du Schuft, so küsst du sie, so liebst du sie. Unendliche Traurigkeit fiel sie an wie ein garstiges Tier.

Hatte er etwas forthuschen sehen? Über die schimmernden Lichter auf dem Wasser versuchte er, in die Arkaden hineinzublicken, aber alle Grotten lagen hinter ihrem steinernen Bogen in tiefer Finsternis. Vorsichtig schaute er in den ersten Bogen. Ein aufgeschrecktes Insekt umschwirrte ihn. Ärgerlich schlug er mit der Hand danach und setzte seine Suche fort. Ein Vogel rief schon zum wiederholten Mal, erst jetzt wurde er aufmerksam. Sangen Vögel nachts? War das überhaupt ein Vogel? Er spitzte die Lippen und flötete versuchsweise nach, was er gehört hatte. Da! Es kam eine Antwort. Wieder pfiff er, nun kühner, wieder antwortete ihm das zärtliche Flöten einer verliebten Drossel.

Er eilte in die Grotte, in der er seine Angebetete vermutete. Da saß sie, seine bezaubernde Schäferin. Er ging auf die Knie, suchte ihre Hand, küsste sie. Ihr Lachen war leise und silberhell. »So förmlich, mein Geliebter?«, fragte sie. Er glaubte zu träumen. Sie zog ihn auf die Steinbank, die äußerst komfortabel mit weichen Kissen ausgestattet war. Er wagte es, sich ihren Arm hinaufzuküssen, bis an jene köstliche Stelle, wo die Rundung des Oberarms in einem bezaubernden Grübchen mündete, das er so oft von weitem bewundert hatte.

Minni war entzückt über die neue Verliebtheit des Markgrafen. Wie feurig er war! Sie entzog sich ihm ein wenig und ermahnte ihn sanft: »Lass dir Zeit, mein Liebster.«

Sie hat recht, dachte er erschrocken, ich will sie heiraten und nicht kompromittieren. Es schickte sich nicht für einen Ehrenmann, maskiert zu freien. Wieder ihre betörende

Stimme, während ihre Arme ihn umschlagen: »Findest du nicht, dass ich eine charmante Offizielle abgäbe?«

Was meint sie, dachte er, aber warum nicht. Sie auf ihr bezauberndes Dekolleté küssend, murmelte er undeutlich: »Selbstverständlich, meine Schöne, eine allerliebste Offizielle, die bezauberndste von allen.«

So leicht war der Sieg! Minni war hochzufrieden. Aber womöglich ist er angetrunken und erinnert sich am nächsten Tag an nichts, überlegte Minni. Sie gewährte ihm das Vergnügen, sich mit ihrem Strumpfband zu beschäftigen, und fragte schärfer: »Versprochen?«

Im Angesicht des Paradieses verspreche ich alles, dachte Burghaus und murmelte unter Küssen: »Versprochen«, auch wenn er keine Ahnung hatte, was. In diesem himmlischen Moment hätte er auch seine Hinrichtung versprochen.

»Gärtnerin, wohin ziehst du mich«, seufzte er, aber sie fasste ihn sanft an den Händen. Er fand es nicht logisch, diesen verschwiegenen Ort mit einem anderen zu tauschen, aber es war lustig, durch den dunklen Wald zu laufen. Kichernd lief sie voran. Kleiner als sonst kam sie ihm vor, aber das lag vermutlich nur an diesem unebenen Waldweg, der eine Gestalt bald so, bald so erscheinen ließ, und an diesen unregelmäßigen kleinen Lichtern, die fern in den Bäumen schaukelten wie Glühkäfer unter dem sternenübersäten Nachthimmel.

Ein Wetterleuchten zuckte plötzlich über den nachtschwarzen Himmel. Sie blickte erschrocken nach oben, strauchelte, er fing sie auf. Arm in Arm folgten sie dem Pfad.

Wilhelmines Herz klopfte heftig, als sie sich der Grotte näherten. Von weitem hörte sie Gelächter und Männerstimmen. Voltaire schien sein Versprechen zu halten. Sie erreichten die Grotte, die still im Dunkeln lag. Auf dem Bassin schwammen einige Ölleuchten.

»Sterne im See, wie hübsch«, sagte Friedrich, auf ihr Zeichen hin seine Stimme dämpfend, »wolltest du mir das zeigen? Aber nun muss ich hinauf zur Demaskierung.«

Ich muss ihn noch einen Augenblick festhalten, dachte sie, umschlang ihn fest mit den Armen und legte den Kopf an seine Brust. Gerührt küsste er sie aufs Haar.

In diesem Moment sprang das Wasserspiel an. Mit einem gewaltigen Rauschen schoss die große Fontaine des Nymphäums in die Höhe und ergoss sich mit einem Schwall ins Bassin, alle Öllichter verloschen sofort. Von den Arkaden spritzten die Meeresgötter feine Strahlen auf den Kiesweg. In den Grotten sickerte und gurgelte das Wasser aus den weit geöffneten Mäulern der fratzenhaften Gesichter an den Wänden. Für Sekunden war es stockfinster, dann sprangen einige Gestalten mit Fackeln in den Händen aus der Dunkelheit und umzingelten die Grottenarkade. Weitere Fackeln wurden verteilt und beflammten die Szene. Zwei Musiker erschienen auf der Terrasse und begleiteten die Szene mit lebhaften Tanzweisen.

»Demaskierung!«, rief ein in Gold gekleideter Neptun übermütig und sprang, mit einem Dreizack bewaffnet, auf den Markgrafen zu, um ihm die Maske zu entreißen.

»Wer hat …«, stammelte Friedrich, aber da zog der Übermütige selbst seine Maske ab. Es war der König.

Noch bevor Friedrich seine Maske abnehmen konnte, leuchteten die übermütigen Gäste in die Grotten hinein. Ein Pärchen in derangierter Kleidung sprang pudelnass hinaus. Wie eine Bande Satyrn hüpfte die ausgelassene Gesellschaft um die beiden herum.

»Demaskieren, demaskieren!«, riefen sie, während die Musiker die Szene mit venezianischen Volksweisen befeuerten. Keiner der ausgelassenen Gäste bemerkte, dass die durchnässte Galanin vor Angst, nicht vor Kälte schlotterte.

Erwischt, dachte Minni, im Angesicht des Königs und seines gesamten Gefolges, die Schande überlebe ich nicht, nun ist es vorbei. Wenn mich doch in dieser Sekunde ein gnädiger Blitzstrahl träfe!

»Demaskierung, Demaskierung!«, rief nun auch Voltaire, eilte flink wie ein Käfer auf krummen Beinen herbei, um Friedrichs schöner Begleiterin die Maske zu entwenden. Sei es drum, dachte Friedrich, man hat uns nicht in flagranti gesehen. Warum soll ich nicht mit einer Hofdame meiner Frau zur Grotte gehen.

»Meine schöne Schwester!«, hörte er den König jubeln, während er noch das durchnässte Paar betrachtete und überlegte, wer sich nach der Demaskierung dem Gespött ausgesetzt sehen würde. Er sah den König auf die Frau an seiner Seite zueilen, die, schilfgrün, schön und begehrenswert, neben ihm stand: Wilhelmine!

Er starrte nur, starrte sie an durch seine Maske, sah, wie der König sie umarmte und bestens gelaunt fragte: »Mit welchem Kavalier hast du dich vergnügt, liebste Schwester?«

Es war Wilhelmine, die Friedrich sanft die Maske abnahm, ihm tief in die Augen sah und zu Fedéric sagte: »Sieh, liebster Bruder, mit wem ich mich am liebsten vergnüge!«

Der König betrachtete seine Schwester und ihren Mann, der seltsam überrascht schien. Beneidenswert, dachte er, ein Schäferstündchen mit der eigenen Gattin lag meilenweit entfernt von seinem Vorstellungsbereich.

Voltaire, Wilhelmines Maske noch in der Hand, wechselte einen schnellen Blick mit Wilhelmine, sah auf das durchnässte Paar, holte tief Luft und begann, lauthals die Unmoral seiner Zeit zu beklagen.

»O tempora, o mores!«, rief er aus. »Welche Freiheiten nehmen sich die Menschen heraus! Kaum dass sie mit einer Maske ihr Gesicht bedecken, glauben sie, die Freiheit zu haben, alle anderen Körperteile zu entblößen! Am Hof des Königs von Frankreich, wo die Zügellosigkeit regiert, ja, da ist solche Sittenlosigkeit dem Volk ein bejammernswertes Schauspiel! Aber hier? Unter den Königen und Prinzen von Preußen? Nein, ich kann es nicht glauben.«

Der König räusperte sich, schubste den hübschen Ganymed, der mit ihm gekommen war, ein wenig zur Seite und meinte: »Voltaire, ausgerechnet Sie als Hüter der Moral?«

Dann sah er auf seine Schwester, sah ihren indignierten Blick auf das nasse Pärchen, das sich immer noch in galanter Verirrung der Kleider im Kreise seiner Höflinge genierte, erkannte, dass sie Voltaires Meinung teilte und offensichtlich ein königliches Eingreifen erwartete. Die Miene des Markgrafen ließ sich nicht entschlüsseln, er schien zur Steinsäule erstarrt.

Der König fand den Anblick des nassen, halb entkleideten Paares eigentlich nur komisch, aber zwei Menschen, auf deren Meinung er viel gab, fanden die Sache offenbar nicht amüsant. Erwartete man etwas von ihm? Wer waren die beiden überhaupt, die sich kompromittiert hatten? War die Angelegenheit so brisant? Übermütig deutete er auf das prachtvolle Nymphäum und rief euphorisch aus: »Liebste Schwester, nun bist du außer der Äbtissin dieses Konventes der Freundschaft auch zur Herrscherin über die Insel Kythera avanciert! Freunde! Freunde! Lasset die Barke kommen, steigt alle ein und lasst uns die Reise antreten zur Insel der Liebenden ...«

Ein Schrei ließ alle zusammenfahren. Das durchnässte Frauenzimmer im Schäferinnenkostüm wollte den Kreis der Höflinge durchbrechen und davonlaufen, aber ihr ebenso nasser Kavalier schrie ihren Namen. Laut tönte sein »Minni! Bleib!« über das rauschende Bassin. Die Musik brach ab.

Der Markgraf zuckte zusammen. Er sah, wie die an der Treppe stehenden Kavaliere die Dame zu ihrem Galan zurückführten. Sie blickte zu Boden. Aber der Mann riss sich jetzt die Maske vom Gesicht, packte die Widerstrebende an der Hand und zerrte sie, deren schwere nasse Röcke über den Kies schleiften, hinter sich her. Vor dem König und dem Markgrafenpaar fiel er auf die Knie und rief: »Serenissimus! Königliche Hoheit! Ich flehe Sie an, geben Sie mir diese Dame zur Frau.«

Wer war das? Wer lag da vor ihm im Staub und wollte seine Geliebte heiraten?

Linker Hand blickte Friedrich in das von unterdrücktem Lachen gerötete Gesicht seines königlichen Schwagers, rechts sah er in Wilhelmines lächelndes Gesicht. Sie legte ihm die Hand auf den Arm und sagte sanft: »Graf Burghaus ist ein Ehrenmann, nicht wahr? Er würde sie niemals kompromittieren. Ich trenne mich zwar nur ungern von meiner liebsten Hofdame, aber in diesem Fall …«

Nun erst blickte Minni auf. Sie sah das schilfgrüne Kostüm, sah Wilhelmines schmale Hand auf dem Arm des Markgrafen, sah den Triumph in ihren Augen glitzern, hörte die falsche Sanftheit in ihrer Stimme, die den Jubel nur schwer verbergen konnte, und fühlte, wie sie innerlich zersprang.

Der König lachte laut und sagte vergnügt: »Zwei begossene Pudel braucht man nicht mehr ins Wasser zu werfen! Man sollte sie trauen!«

Aufmunternd sah er seinen Schwager an. Was hatte der bloß, er war doch sonst nicht auf den Kopf gefallen? Seine witzigen Bemerkungen zur richtigen Zeit hatte er immer geschätzt. Voltaire konnte sich über das Bonmot des Königs nicht beruhigen und rief lauthals seine Zustimmung hinaus, womit er die umstehenden Kavaliere ansteckte, die lachend die Hochzeit forderten. Mit klugen, ernsthaften Augen sah er Wilhelmine an, er ahnte, bei welchem Coup er geholfen hatte. Einen Herzschlag lang tauchten ihre Blicke in tiefem Einverständnis ineinander.

Friedrich schüttelte Wilhelmines Hand ab und räusperte sich.

»Burghaus«, sagte er, »ich sollte Sie eigentlich …«

In diesem Augenblick trat Graf Cobenzl vor, befremdet hatte er die Situation verfolgt. Er wusste nicht, warum die Mätresse des Markgrafen – und sie war seine Mätresse, die Spatzen pfiffen es ja trotz aller Heimlichtuerei und Dementis von den Dächern, – warum sich die Marwitz in eine derart kompromittierende Situation begeben hatte. Er hatte sie für klüger gehalten. Aber er wollte sie sich als Spionin erhalten, und das konnte er nur, wenn er einen Skandal vermied. Sie war immerhin die intime Freundin der viel einflussreicheren Markgräfin, und diese schien die Heirat zu wünschen. Viele Fürstinnen verheirateten aus unterschiedlichen Gründen die Mätressen ihrer Gatten, meist, um unerwünschten Nachwuchs zu vermeiden. Burghaus war vernarrt in seine Base, sie galt als reiche Erbin, also würden die beiden standesgemäß leben können.

Cobenzl löste sich mit einem Handkuss aus dem festen Griff der Herzogin Maria Augusta, die er während des Festes charmant, aber erfolglos gegen den preußischen König einzunehmen versucht hatte, und sagte mit der notwendigen Portion Demut in klangvollem Wienerisch: »Bittschön, Serenissimus, schonen Sie meinen Neffen, seien Sie gnädig! Mag er seine Base heiraten, meinen Segen hat er. Damit wäre sein galanter Fehltritt gesühnt, an dem ihre Schönheit einen nicht unerheblichen Anteil trägt, und beide können ihr Leben lang den Spaß der letzten halben Stunde wiederholen.«

Voltaires meckerndes Lachen steckte alle an. Ohne Minni anzuschauen, sagte Friedrich unbewegt: »Oberst Burghaus, Ihre Königliche Hoheit die Markgräfin und ich haben die

Gnade, Ihr Gesuch zu bewilligen. Eine Beförderung zwecks Ehestand ist in Aussicht. Geben Sie mir Ihre Hand, und Sie, Mademoiselle von Marwitz …«

Burghaus sprang auf, packte Minni an der Hand, küsste die sich Sträubende zärtlich vor aller Augen, was ihm die Sympathien der anwesenden Damen und die Kennerblicke der Kavaliere eintrug, und zerrte sie vor den Markgrafen.

Starr sagte dieser, die Hände der beiden ineinanderlegend, ohne Minni anzusehen: »Was Gott zusammengeführt, soll der Mensch nicht trennen.«

❧ 37 ❧

DER KÖNIG WAR VERKATERT. Prächtig hatte er sich amüsiert, wundervolle Feste verstand seine Schwester zu geben. Der unerwarteten Hochzeit des begossenen Pärchens war ein Sängerwettstreit auf der nächtlichen Naturbühne gefolgt, ärgerlicherweise konnte ihr kleiner Kastrat besser trillern als sein Porporino. Überhaupt, diese Eremitage! Ein landschaftlicher Rohdiamant, den sie zu einem Brillanten geschliffen hatte. Er tröstete sich damit, dass es ihr für weitere Bauten am Geld mangelte, sonst stünden ihre Schlösser der Raffinesse und dem Glanz des sächsischen Hofes in nichts nach. Hübsch auch diese Idee mit der Freundschaft, sie hatte ihn angeregt, ihr einige Verse zum Abschied zu senden. Er liebte es, Verse zu dichten, sogar Voltaire bewunderte sie. Jedenfalls glitzerten seine Augen und ein sardonisches Lächeln spielte um seine Mundwinkel, wenn der König ihm ein längeres Epos zum Durchsehen gab.

Mit schmerzendem Schädel schrieb er: »Meines Sehnens vergebliche Pein / Möge Dein Herz offenbaren: / Nicht die Feste, die wunderbaren, / Dich entbehr ich allein./ Losgerissen – ein halbes Ich! / Eines gewähre, Geliebte mein: / Diese Stätte lass ewiglich / Uns zum Tempel der Freundschaft weihn!«

Sein Adjutant Münchow meldete mit traurigen Augen, dass die Kutsche zur Abfahrt bereit sei.

»Münchow, Sie sehen aus wie ein nasses Handtuch«, schnarrte der König schlecht gelaunt, »was haben Sie denn? Kreuzdonnernocheinmal!«

Er habe nichts, vermeldete der Adjutant spitz, er verhalte sich eben wie ein Mensch, dem die Protektion ohne erkenntlichen Grund entzogen sei. Beleidigte Adjutanten fand Fritz langweilig, er befahl ihm abzutreten.

Wilhelmine umarmte ihn weinend. »Die Eremitage war das Paradies, solange du hier warst. Jetzt stößt du mich in die Hölle, in der Voltaire diesen Bischof sehen will, der seine Aufnahme in die Académie Francaise verhindert hat.«

Nach einer solchen Nacht in der Frühe so geistreich, dachte er, ist dies das Ergebnis der zärtlichen Gattenliebe? Er küsste sie und stieg in die Kutsche zu seinem Bruder August Wilhelm, der ebenfalls nicht sehr frisch aussah.

Während die Kutschen, eskortiert von des Königs Generalen, die Straße nach Baireuth hinunterrumpelten, ging Wilhelmine zurück in ihr Schlafzimmer. Wenn ich nicht Harmonie stiften kann mit meiner Musik wie Orpheus, muss ich intrigieren wie Hera, dachte sie. In dieser Welt voller abgründiger Zweideutigkeiten wechselt die Liebe schnell ihr Objekt, Minni wird sich mit Burghaus schon trösten. Sie kuschelte sich wieder in ihr Bett, räkelte sich voller Genuss und schlief, tief befriedigt über ihren Triumph, wieder ein.

Des Königs Katerlaune verschlimmerte sich mit jeder Meile schlechten Weges. Mit jedem Schlagloch, das seinen Rücken stauchte, fiel ihm schmerzhaft auf, was ihm alles misslungen war.

Er hatte ein Fürstenbündnis gegen die österreichische Übermacht zustandebringen wollen. Aber der mächtigste Mann in Süddeutschland, Fürstbischof Schönborn, der Wilhelmine vor einigen Jahren tagelang mit seinem besten Wein, Musik und geistreichen Gesprächen auf seinem pompösen Landsitz Pommersfelden traktiert hatte, hatte ihn nicht einmal empfangen!

Ausgewichen war er ihm, ebenso der Herzog von Sachsen-Gotha, zu dem er sich aufgrund Voltaires Empfehlung begeben hatte. Nie war ihm so schmerzlich bewusst geworden, dass man ihn nicht mit offenen Armen und gebeugten Knien empfing, sondern am liebsten vor ihm ausriss. Die Herzogin von Sachsen-Gotha war in der Tat eine geistvolle Dame. Welcher Teufel hatte ihn geritten, ausgerechnet mit seinen alten Haudegen von Generalen vor ihr aufzukreuzen – und mit Baron Pöllnitz, diesem Schwachkopf, dessen alberne Zoten bei dieser Dame nur indigniert hochgezogene Augenbrauen ausgelöst hatten. Da wären Wilhelmine mit Voltaire als Unterhändler erfolgreicher gewesen.

»Ich bin ein miserabler Diplomat«, murmelte er vor sich hin. Der dösende August Wilhelm schreckte hoch.

»Wie?«, murmelte er schlaftrunken.

»Ach, schlaf weiter«, knurrte der König ärgerlich. Bei seinen düsteren Selbstbezichtigungen konnte er keinen Zeugen brauchen, den kleinen Bruder am wenigsten, dieses Milchgesicht. Aber der hatte ihn offenbar verstanden, denn er murmelte schlaftrunken: »Lieber Bruder, das darfst du nicht denken. Die Herzogin von Württemberg singt dein Lob und rühmt eure Brüderschaft.«

»Brüderschaft mit dieser Medea«, knurrte Friedrich. Was tat man nicht alles für die Zaunkönige im Süden, nur um sie bei Laune zu halten. Der Bund mit Württemberg durch die geplante Heirat zwischen seiner Nichte und dem designierten Herzog von Württemberg war allerdings der einzige Erfolg dieser Reise. Aber auch hier hatte er, genau besehen, Zugeständnisse machen müssen: Der garstige kleine Karl Eugen, dieser naseweise Sechzehnjährige, der sein Spree-Athen als »honettes Gefängnis« bezeichnet hatte, durfte zu seiner Mutter an den württembergischen Hof zurückkehren. Dort war er natürlich wieder den österreichischen Intriganten ausgesetzt, deren Einfluss er ihn am preußischen Hof hatte entziehen wollen.

Der Besuch beim Ansbacher Schwager war ebenfalls ein Schlag ins Wasser gewesen. Er hatte den Einfluss seiner Schwester Friederike stärken wollen, aber die war nicht wie Wilhelmine. Seit vielen Jahren hockte sie in ihrem Schmollwinkel. Eine Heidenangst hatte sie vor ihrem hirnlosen Schwachkopf von Gatten, der Unsummen für seine Falken und seine Mätressen verschleuderte. Stattdessen hatte ihn sein alter Intimfeind Seckendorff begrüßt, der als Minister uneingeschränkte Freiheit genoss und ungestört für Österreich agierte.

Der König sah aus dem Wagen auf die Nebel, die aus den Tälern aufstiegen wie graue Gespinste. Diese Berge, furchtbar, das konnte einem Menschen von Verstand arg zusetzen, hier hatte man den Kopf nicht frei. Ärgerlich glich er mit schmerzendem Rücken ein besonders heftiges Rumpeln aus. Das war kein Weg, das war eine Zumutung, auch so eine Sache, in die diese Zaunkönige besser investieren sollten: Statt Opernhäuser zu bauen, sollten sie erst mal vernünftige Routen fürs Militär schaffen. Und für ihren König. Säuerlich griff er nach der Flasche, die im Futteral des Polsters steckte, und sah der Sonne zu, die, herbstlich verschleiert, aus einer Nebelbank auftauchte. Eigentlich, gestand er sich nach einem erfrischenden Schluck Wasser ein, hatte er nichts dagegen, dass seine Schwester Opernhäuser baute, er tat das ja auch. Es war sinnvoller, als dieselbe Summe für einen weißen Falken auszugeben wie der Ansbacher. Die Baireuther waren vernünftiger, aber sie waren zu eigenmächtig. Schloss der Baireuther Schwager doch während der Krönungsfeierlichkeiten im vergangenen Jahr einen Vertrag mit dem neuen Kaiser ab – ausgerechnet, während er, der König, an einem geheimen Vertrag mit Maria Theresia bastelte! Als er onkelhaft angemerkt hatte, man solle ihn doch um Rat fragen, bevor man Entscheidungen von derart politischer Tragweite fälle, war Wilhelmine richtig giftig geworden! Seine Politik hatte sie als Zickzackkurs bezeichnet, den sie seit der Annektion von Schlesien nicht durchschaue. Wie habe der Markgraf von seinem geheimen Vertrag etwas hätte ahnen können, wenn er so geheim sei, dass man ihn seinen nächsten Verwandten verschweige! Und der Markgraf hatte ihn angemurrt, er habe geglaubt, in preußischem Interesse zu handeln, seit wann Preußen nicht kaiserlich gesinnt sei, zumal der Kaiser zum ersten Mal ein Wittelsbacher und sein unmittelbarer Nachbar sei. Daraufhin war er schärfer geworden und hatte in aller Deutlichkeit erklärt, dass es ungehörig sei, Verträge abzuschließen, ohne den Chef des Hauses um Rat zu fragen. Nun waren sie beleidigt. Nichts verstanden sie von der Weltpolitik, diese Miniaturpotentaten, aber ständig wollten sie mitmischen. Konnten sie nicht die Kurlinie fragen, bevor sie Politik trieben!

Er hatte versucht, seiner Schwester das Unvorteilhafte des Vertrages auseinanderzusetzen. Beim nächsten Mal würde sie hoffentlich ihn und nicht diesen Cobenzl fragen, diesen österreichischen Spitzel, dessen Einfluss am Baireuther Hof ihm ebenso wenig gefiel wie der Seckendorffs am Ansbacher, obwohl er zugeben musste, dass Cobenzl ein weitaus charmanterer Busche war, und sein Neffe, doch, das war ein gerader Junge, nun war er ja verheiratet …

Der König erstarrte. Wie war das gewesen? Cobenzl war der Onkel dieses Burghaus? War Burghaus etwa Österreicher? Aber er diente doch im markgräflichen Regiment!

»Dieser Burghaus ist doch Oberst, was?«, weckte er August Wilhelm. Der gähnte. Oberstleutnant, soweit er wisse, charmanter Bursche.

»Oberstleutnant bei den preußischen Dragonern?«, fragte der König scharf. Sein Bruder schüttelte den Kopf: »Aber nein, bei den Kürassieren.«

»Den kaiserlichen Kürassieren?«, schrie der König. Was war da eigentlich geschehen? Er hatte diese Hofdame, diese … Wieder fuhr er den kleinen Bruder an: »Wie heißt das Weibsbild, das er geheiratet hat?«

»Minni«, murmelte August Wilhelm, der seinen Schlaf nun ernsthaft gefährdet sah.

»Unsinn! Die Familie!«, rief der König verärgert.

»Marwitz«, entgegnete der Bruder erstaunt und öffnete ein Auge. Was hatte der König nur?

Marwitz, natürlich. Die Tochter seines verwundeten Generals. Darum war Münchow auch beleidigt … Er schob das Fenster mit einem Ruck nach oben, klemmte sich dabei den

Daumen, fluchte und brüllte zum Fenster hinaus: »Münchow! Herkommen!«

Er hätte nicht zu brüllen brauchen. Sein Adjutant ritt, wie es sich gehörte, neben der Chaise seines Herrn. Münchows Pferd, von der seitlichen Attacke aus der Kutsche völlig überrascht, legte die Ohren an, bog den Hals wie ein Hirsch und wollte in wilder Flucht davonsprengen. Der junge Mann verstand es, sein Pferd zurückzuhalten, und fragte etwas atemlos: »Jawohl, Majestät?«

»War es diese Marwitz, die du heiraten wolltest?«

Münchow ließ die Mundwinkel hängen. Seine Augen blickten den König traurig an. Herrje, nun hat er auch noch Liebeskummer, dachte der König gereizt, ist bei mir Adjutant, ist seinem König täglich am nächsten, die höchste Auszeichnung, die einem Mann zuteil werden kann, und was will er, ein Weibsbild! Es ist zum Auswachsen.

»Jawohl, Majestät, das wollte ich mit Ihrer gnädigen Erlaubnis, aber Sie zogen vor, sie dem Leutnant Burghaus zu vermählen«, meldete Münchow beleidigt.

Er hätte vorgezogen? Jetzt wusste er wenigstens, warum sein Adjutant beleidigt war.

»Es wird sich schon eine passende Partie für Ihn finden«, schnarrte der König und knallte das Fenster wieder nach unten. August Wilhelm öffnete ein Auge, schloss es angesichts der finsteren Miene seines ältesten Bruders sofort wieder und stellte sich schlafend.

Der König befand sich in der Tat in heller Empörung. Das war ja ein unerhörter Vorgang. Er schlug Wilhelmine seinen Adjutanten als geeigneten Ehemann für ihre Hofdame vor, sie lehnte den ehrbaren Münchow mit fadenscheinigen Argumenten ab und verheiratete sie, kaum dass er ihr den Rücken gedreht hatte, mit diesem österreichischen Spion. In seinem Beisein, mit seiner champagnerseligen Zustimmung! Wahrscheinlich hatte sie auch diesen kleinen gefügigen Pagen mit den blonden Locken auf ihn angesetzt, sie war ja die Einzige, die seine Vorlieben kannte ...

Sie hatte ihn reingelegt, seine Lieblingsschwester! Sie schrieb ihm rührende Briefe, in denen sie nicht müde wurde, ihre schwesterliche Liebe stets in neuen, zärtlichen Worten zu bekunden, während die Spione an ihrem Hof emsig wie ein Bienenvolk gegen Preußen arbeiteten! Hätte er doch diesen Superville nicht nach Baireuth gehen lassen! Dass der gegen ihn intrigierte, wo er nur konnte, war klar. Er hatte keinen Humor, hatte ihm ein albernes Spottgedicht übel genommen, immerhin war Supervilles Diagnose so falsch gewesen, dass er einen Toten als lebendig bezeichnet hatte, war da ein wenig Spott nicht mehr als angemessen? Aber Wilhelmine hatte mit feuchtem Blick erklärt, dass sie nur dank Supervilles Heilkunst noch unter den Lebenden weile. Was war der eigentlich alles? Er musste Podewils fragen. Hatte Wilhelmine nicht begeistert von der Universität gesprochen, die sie mit Superville als Kanzler im November eröffnen wollte? Dabei, so erinnerte er sich, hatte der Markgraf diese Universität erst im Juli voller Zorn über die studentischen Umtriebe geschlossen. Superville schien nicht einmal seine Herren Studiosi im Griff zu haben!

Vielleicht war Superville nicht österreichisch gesinnt, auch danach musste er Podewils fragen, aber eines war er: sein geschworener Feind.

Ach, Untertanen, dachte der König und kühlte den schmerzenden Daumen in der Wasserflasche, auf diese subalterne Art beleidigt, grässlich. Man sollte sich nur mit Gleichgesinnten umgeben. Weg mit den Höflingen, Schmeichlern und Idioten, er würde sich auch so etwas bauen wie die Eremitage. Denn das musste er seiner Schwester lassen: Sie hatte sich ihren Pflichten durch diesen Parnass elegant entzogen. Auch im

Märkischen müsste sich doch so etwas wie eine kleine Erhe-
bung, eine Anhöhe finden lassen. Das musste er auch haben,
einen sorgenfreien Landsitz.

Sorgenfrei, das gefiel ihm. Sans Souci.

Die Laune des Königs besserte sich nicht, als sie in einem
Posthaus Station machten. Um sich vom unerträglichen
Essen abzulenken, griff der König nach einer Zeitung, die
der Wirt rasch vor ihm verstecken wollte. Er solle sich
nicht ennuyieren, meinte der Wirt unter vielen Bücklingen, die Zeitung sei für das einfache Volk und nicht für
Ihro Majestät.

Neugierig geworden, meinte der König großzügig mit
vollem Mund: »Gib Er nur her, Herr Wirt, Gazetten sollen nicht geniert werden.« Griff nach dem schmalen Heft,
dessen oberste Schlagzeile verkündete: »Vom Königlich –
Preußischen Hof«.

»Lesen Sie, Pöllnitz«, befahl der König, während er seinen
Eintopf pfefferte, dass den neben ihm Sitzenden die Tränen
kamen. Baron Pöllnitz legte seinen Löffel beiseite, hielt sich
umständlich ein Leseglas vor die Augen und begann: »Eine
zu Ehren der Freimaurer-Zunft unlängst geprägte Medaille
stellet auf der einen Seite den Gott des Stillschweigens vor,
wie er mit dem Finger die Lippen zudrücket; auf der anderen Seite aber zeigt sich eine Hand aus den Wolken, die eine
Bleiwaage über verschiedene Steine hält.«

Der Baron machte eine kurze Pause und schielte über sein
Leseglas zum König. Dessen ungeduldige Handbewegung
signalisierte, er solle fortfahren.

»Diese Münze gibt uns das eigentliche Bild der gegen-
wärtigen Beschaffenheit des Königlich preußischen Hofes.
Der Mund ist verschlossen und die Hand geschäftig. In
den politischen Angelegenheiten ist nichts als Stillschwei-

gen zu sehen, und in Kriegssachen gehet es lebendiger zu als irgendwo anders. Man rekrutiert, man exerciert, man passiert Revue, man gießet große und kleine Stücke und schreibt darauf: Ultima Ratio Regis ...«

Der Baron übersetzte: »Das letzte Mittel des Königs«. Aber es herrschte eisige Stille. So räusperte er sich und fuhr fort: »Mit einem Wort: Mars ist einen Tag so geschäftig als den anderen, bald im Cabinett, bald im Zeughaus, bald auf der Parade, und lässet jedermann in der Ungewissheit, ob dieses alles nur geschehe zum Zeitvertreib der Prinzen und Offiziers, oder ...«

Pöllnitz hörte die Herren zischen, hatte aber inzwischen Spaß an seinem neuen Amt als Vorleser gefunden. Mit komödiantischem Schwung fuhr er fort: »Oder um den Kriegs-Staat wieder auf einen ansehnlichen Fuß zu setzen, den in Schlesien erlittenen Abgang zu ergänzen, oder um Ansprüche auf ein neues Schlesien auszuführen.

Bis Anfang dieses Monats Augustus hat die Kriegsmacht auf 150.000 Mann vermehret, und bei derselben alles auf das punktuellste eingerichtet sein sollen. An ihrem Fleiß und Suchen haben die auf Werbung stehenden Officiers manch schönes Mutterkind der Fahne zugeführt.

Der Rat Sr. Majestät ging hauptsächlich dahin, dass das Reich um seiner eigenen Sicherheit willen auf eine gute Reichsarmee bedacht sein möge. Es möchte dieses wohl auch geschehen sein, wenn nur die Kriegs-Cassa sich ebenso gesegneten Leibes befände ...«

Das Gesicht des Königs hatte sich während des Vortrages von Pöllnitz zunehmend gerötet, und wussten die Herrn anfangs noch nicht, ob dies vom Pfeffer kam, den er sich verschwenderisch über den Gemüseeintopf geschüttet hatte, so war jetzt, als er mit der Faust auf den Tisch hieb, gewiss, dass der königlich angestaute Ärger sich Luft verschaffte.

»Genug!«, sagte der König wütend. »Was ist das für eine schändliche Gazette?«

»Auszug der neuesten Weltgeschichte, 34. Jahrgang, vom August diesen Jahres, von einem gewissen Johann G. Groß verlegt«, antwortete Pöllnitz beflissen.

»Sie ist hiermit konfisziert!«, rief der König. Aber er hatte nicht mit dem Wirt gerechnet. Der schlich schlangengleich an Pöllnitz heran, entwand dem Verblüfften die Zeitung, machte eine tiefe Verbeugung und sagte zum König: »Majestät verzeihen gnädigst, diese Zeitung kostet mich zwei Gulden das Jahr, nebst fünf Kreuzern Botenlohn. Wenn sie jemand konfisziert, dann – halten zu Gnaden! – nicht Ihro Majestät, sondern nur Seine Majestät der Kaiser oder Seine Gnaden Serenissimus unser gnädiger, vielgeliebter Markgraf von Baireuth!«

Er blickte in drohende Gesichter, zeigte dem König devot das Titelblatt der »Weltgeschichte«, auf der deutlich das kaiserliche und markgräfliche Privilegium gedruckt war, fügte noch ein demütiges »Halten zu Gnaden!« hinzu und wieselte pfeilschnell in die Küche, bevor ihn einer der Offiziere arretieren konnte.

»Fertig zur Weiterfahrt!«, brüllte der König und warf seinen Löffel in den ungenießbaren Eintopf, der nach allen Seiten auf das weiße Leintuch spritzte. Die Herren beeilten sich, zum Anspannen zu befehlen, die Gläser auszutrinken und bei der Wirtin, die die Aufregung überhaupt nicht verstand und schnell ihr kostbares Tischleinen retten wollte, die Zeche zu bezahlen. Erst vor der Tür bemerkte einer der Herren mit verlegenem Grinsen, er habe beim ersten Mal beim Lesen einer Zeitung gelacht.

»Das lag an Pöllnitz«, meinte Münchow, den Sattelgurt anziehend. Aber der zweite Adjutant war sich sicher: »Die Berlinischen Zeitungen sind so trocken, dass ich wenig Vergnügen darin fände, selbst wenn Pöllnitz sie vorläse. Das macht sicher die scharfe Zensur.«

»Vorsicht«, zischte Münchow, »für diese Meinung bekommen Sie ganz schnell die Rute! In Preußen gilt nur eine Meinung, und das ist die königliche, eine andere wird nicht gedruckt!«

Der königliche Kater war durch das scharfe Gewürz verflogen, der königliche Zorn allerdings gepfeffert. So frech durften die Gazetten in Baireuther Landen über den König von Preußen schreiben! So unverschämt durfte ein Zeitungsschreiber ihn, den König von Preußen, als Mars mit leerer Kriegskasse verhöhnen!

Er befahl Podewils in seine Kutsche und fragte ihn über Superville aus, den er als Informanten hinter diesem Zeitungsschreiber Groß vermutete.

Superville sei Vorsitzender des von ihm gegründeten Collegium medicum, unterrichtete ihn Podewils, eine segensreiche Einrichtung, die die Quacksalberei einschränke und wirksam gegen Seuchen vorgehe. Außerdem sei er Bergwerksdirektor und Cancellarius Perpetuus der Universität, was bedeute, dass er unmittelbaren Zugang zum Markgrafen habe.

»Dieser Superville hat aber weitreichende Befugnisse!« Der König war überrascht.

Die habe er in der Tat, sagte der gut informierte Podewils. In Halle beispielsweise entscheide ein Gremium über die Besetzung der Lehrstühle, dies falle in Erlangen in die alleinige Kompetenz Supervilles.

Nachdenklich sah der König hinaus auf die letzten sanften Ausläufer des Vogtlandes. Da er nicht mehr gereizt schien, hielt Podewils seine Stunde für gekommen. Um eine große Gnade wolle er bitten, begann er, und der König, in tiefes Nachdenken über den Einfluss Supervilles auf seine Schwester und diese gänzlich ungenierte Presse versunken, gewährte die Bitte. Erst jetzt fiel ihm auf, dass er Superville nach der Aufführung von »Bajazet« nicht mehr gesehen hatte. Der Hugenotte war ihm ausgewichen. Der Mann war mit Sicherheit ein österreichischer Spion, er war es, der ihm die Schwester entfremdete!

Er horchte auf. Hatte Podewils den Namen Marwitz erwähnt?

»Erbschaft?«, fragte er.

»Ich sagte gerade, dass sich Ihro Majestät sicher meinem Wunsch auch deshalb nicht entgegenstellen werden, weil Dero gnädige Majestät Ihr Herr Vater der verstorbene König die Verfügung getroffen, reiche Erbinnen nicht außer Landes zu verheiraten.«

Tatsächlich? Hatte er?

»Wie lautet Ihr Wunsch, Podewils?«, fragte der König ungeduldig. Dass man den Leuten immer alles aus der Nase ziehen musste! Podewils sah ein kleines bisschen beleidigt aus. Er räusperte sich und wiederholte: »Ich bitte Ihro Majestät um die Hand der Mademoiselle Albertine von Marwitz.«

Der Vater hatte verfügt, dass reiche Erbinnen nicht außer Landes heiraten durften? Das sah ihm ähnlich, die Gelder sollten im Lande bleiben. Marwitz war vermögend, er hatte sogar ein Schloss irgendwo im Ostpreußischen … Seine Schwester hatte ihn wieder betrogen! Sie hatte dem Vater seinerzeit versprochen, ihre Hofdamen nicht in Baireuth zu verheiraten. Was spielte seine Schwester für ein intrigantes Spiel? War sie so beeindruckt von Königin Maria Theresia? Alle Damen sangen das Hohelied dieser Frau, es war intolérable. Frauen gehörten nicht auf einen der ersten Throne Europas! Schon als Gattinnen waren sie unerträglich, nun sollten sie auch noch regieren? Aber er hatte sein Schlesien zurückerobert und sie in ihre Schranken gewiesen. Doch wie sollte er seine Schwester in ihre Schranken weisen?

»Solange sie noch Geld haben, kriege ich die Baireuther nicht nach Berlin«, murmelte er vor sich hin, »man muss sie aushungern.«

Genau das würde er tun. Gut, dass Podewils ihn an diese Verfügung erinnert hatte. Welch eklatanter Verstoß gegen preußische Gesetze! Mit dieser ungehorsamen reichen Erbin würde er das Aushungern beginnen.

Podewils war bange zumute. Der König schien sein Anliegen nicht zu billigen. Schnell sagte er: »Majestät, es ist nicht nur wegen des Erbes. Wir lieben uns.«

»Das ist schön«, meinte der König. Er wirkte geistesabwesend. Doch im nächsten Augenblick fixierte er Podewils scharf und schnarrte: »Aber eine reiche Erbin ist besser als ein Bauernmädchen, was, Podewils?«

Podewils errötete.

»Zumal sie die Alleinerbin ist, was, Podewils?« Der König schien schlagartig sehr vergnügt. »Meinen Segen haben Sie, mein Bester, fragen Sie Marwitz, und dann heiraten Sie!«

Alleinerbin? Die Stimmungen des Königs waren undurchschaubar, anscheinend war er nun in bester Stimmung.

»Wir werden Höchstselbst an Marwitz schreiben«, sagte der König und rieb sich die Hände. Es hörte sich an, als ob zwei Schleifpapiere aneinandergerieben würden. Podewils dankte für die große Gnade und wagte nicht zu fragen, was es mit der Alleinerbin auf sich hatte. In Gedanken hatte der König soeben Minni enterbt.

Wilhelmine ahnte nichts von der frisch erblühten Feindschaft des Bruders.

❧ 38 ❧

AUSGESCHLAFEN, HUNGRIG UND voller Tatendrang erwachte Wilhelmine spät am Vormittag auf der Eremitage, ahnungslos, dass ihre kleine Intrige in den Strudel der großen Politik geriet. Seit langem hatte sie sich nicht mehr so gut gefühlt. Einmal im Leben müssen Pläne gelingen, dachte sie, das ist nur gerecht, zu oft bin ich das Opfer der Situation geworden. Gut gelaunt zog sie an der Schnur, um ein exorbitantes Frühstück zu befehlen, zu dem sie Voltaire einlud.

»Glauben Sie, Frere Voltaire, dass die Materie denken kann?«, fragte sie übermütig, während sie ein noch warmes Brioche mit Aprikosenkonfitüre bestrich.

Voltaire goss frische Sahne in seinen Kaffee und meinte ernsthaft: »Wenn Sie von dieser Konfitüre sprechen, Madame, habe ich gewisse Zweifel. Dieses Insekt dagegen ...« Er verscheuchte eine zudringliche Wespe. »Dieses Insekt denkt jedenfalls darüber nach, wie es Ihnen die Konfitüre abspenstig machen kann.«

Wilhelmine lachte und hielt der Wespe freigiebig ihr Brioche hin. »Sie billigen bereits den Wespen Gedanken zu. Nun, immerhin verstehen diese Tiere ihre Häuser aus Papier zu bauen, aber nicht, auch darauf zu schreiben. Ich werde Sie jenem Autor empfehlen, der ein ganzes Buch der Behauptung widmete, Frauen seien keine denkenden Wesen!«

»Soeur Guillemette, wenn die Frauen nicht denken könnten, dann wäre gestern Nacht nichts geschehen«, entgegnete Voltaire, hob die Tasse an den Mund und sah sie über den Rand hinweg forschend an. Er hatte offenbar unwissend den Part des Hephaistos gespielt und das Netz über Aphrodite und ihren Galan geworfen. Wenn diese intelligente Fürstin ihre Hofdame kompromittierte, dürfte sie ihre Gründe haben. Frauen hatten immer geheime Gründe für ihre mysteriösen Handlungen, sie waren seinem Verstand nicht zugänglich, aber er respektierte sie.

Wilhelmine wollte über die Geschehnisse der vergangenen Nacht nicht sprechen.

»Sie meinen, alles entsprang dieser Materie hier?« Sie klopfte auf ihr Herz.

»Nein, dieser hier.« Er tippte sich an die Stirn.

»Aber es muss eine Verbindung geben zwischen Herz und Geist, nicht wahr?«

Voltaire lächelte spöttisch. »Der göttliche Funke, Madame!«

Sie lachte, dann sagte sie bestimmt: »Über den göttlichen Funken dulde ich keinen Spott. Aber ich lasse ihn auch nicht als Beweis gelten. Voltaire, ich glaube, ich habe das Thema für die Disputation für die Eröffnung der Universität im November gefunden: Ob die Materie denken könne. Was halten Sie davon?«

»Wenn Sie die Theologen von dem Disput ausnehmen, könnte es interessant werden.«

Voltaire bestrich ein Stück Käse fingerdick mit Butter. Wilhelmine lachte etwas unsicher. »Das meinen Sie nicht ernst, Frère Voltaire! Ich kann eine gesamte Fakultät nicht von der Disputation ausschließen.«

»Von der Materie lehren die meisten, sie habe nur Ausdehnung und Dichte. Ich sage Ihnen ganz bescheiden: Sie ist noch tausend anderer Eigenschaften fähig, die Sie nicht kennen, die Professoren auch nicht, und ich am allerwenigsten.«

»Eben deshalb dürfte es exorbitant wichtig sein, über dieses Thema zu forschen.«

»Genau, Madame. Aber die Religionen haben sich stets um zwei Stützpunkte bewegt: Ritus und Dogma.« Er biss mit Genuss in sein Brioche. »Wobei der Ritus zum großen Teil vom Klima abhängt, das Dogma nicht.«

Wilhelmine rührte ihre Schokolade auf und kicherte. »Wenn ich keine Dogmen hören will, werde ich sehr einfach verfahren: Die Herren Theologen dürfen disputieren, aber Gott ist nicht zugelassen.«

Voltaire lachte schallend. Der Esprit dieser Prinzessin war unbezahlbar.

»Wie wollen Sie das erreichen, Soeur Guillemette? Die Fenster verhängen? Die Glocken der Ablenkung halber läuten? Aber wird das allerhöchste Wesen sich davon abhalten lassen?«

»Keine Blasphemie, mein Bester«, grinste Wilhelmine, »sagten Sie nicht einmal: während die Pedanten sich prügeln, triumphieren die Philosophen?«

»Die wahre Philosophie besteht darin, nicht weiter zu gehen, als die Fackel der Physik leuchtet.«

»Genau! Ich werde die Herren Theologen zulassen, aber sie dürfen nicht mit Gott argumentieren, ich werde die Bibel nicht als Mittel der Beweisführung dulden.«

»Ich sehe und höre die Baireuther Pallas Athene!«, rief Voltaire. »Madame, ich wäre zu gern Zeuge bei dieser Disputation!«

»Bleiben Sie, Frère Voltaire, seien Sie für einige Wochen mein Gast! Schon im November soll die feierliche Eröffnung stattfinden! Adeln Sie die Erlanger Universität, indem man sich noch Jahrhunderte später erzählt: Voltaire hat ihrer Gründung im Jahre 1743 beigewohnt.«

Voltaire zerpflückte sein Brioche in zwei Teile und tunkte eines in seinen Kaffee. Genießerisch lutschte er das tropfende Gebäck. Dann neigte er bedauernd den Kopf. »Soeur Guillemette, ich werde nicht mehr hier sein können, zu sehnlichst erwartet mich meine eigene Pallas mit den neuesten Erkenntnissen der Physik. Ich habe Sehnsucht, ich gestehe es, nach Madame de Chatelet und unserem Exil auf Cirey. Außerdem habe ich dringende Geschäfte.«

Der September neigte sich seinem Ende entgegen. Warm und sonnig waren die Tage, empfindlich kühl die Abende. Wilhelmine genoss die Wochen auf der Eremitage und die anregenden Gespräche mit Voltaire. An einigen beteiligte sich Superville mit Plänen für die Universität. Manchmal verschwand sie mit ihm in ihrer Waldhütte, er, um Streit und Misstrauen zu begraben, sie, um die Zweisamkeit zu genießen.

An einem nebelfeuchten Morgen im Oktober stieg Voltaire fröstelnd, eine zerknautschte Fellkappe auf der voluminösen Allongeperücke, in die Kutsche.

»Votre Altesse, ich bin Ihrem Bruder, dem gekrönten Orpheus, nach Baireuth gefolgt und habe Ihren Hof erlebt, an dem alle Freuden der Geselligkeit und alle guten Geister versammelt sind. Es gab Opern, Komödien, Jagden, Bälle und eine erlesene Küche. Muss der Mensch nicht vom Teufel besessen sein, wenn er am Rhein oder an der Donau sein Verderben sucht, statt das Leben hier so geruhsam dahinfließen zu lassen?«

Geruhsam! Sie hatte eine Kabale entfacht, das ihr den Gatten und die Freundin genommen hatte. Er aber hatte in ihre Seele geschaut, mit ihm hatte sie einen Freund gewonnen.

»Frère Voltaire, ich bedaure, wenn dieser beschauliche Ort Sie gelangweilt haben sollte!«

Er küsste sie auf beide Hände, kicherte und sagte: »Soeur Guillemette, bei Ihnen kann man alle Annehmlichkeiten eines Hofes genießen ohne die Unbequemlichkeiten der großen Welt. Sie verstehen schon, was ich meine. Leben Sie wohl, teuerste Freundin! Ich habe schon jetzt Sehnsucht nach den wundervollen Tagen mit Ihnen.«

Wilhelmine sah der Kutsche nach, die durch die Königsallee fuhr. Die Hufe der Pferde zerrissen den herbstlichen Bodennebel.

Irgendwann werden wir uns vor unserer eigenen Zurückgezogenheit nicht mehr retten können, dachte sie. Jeder ruiniert sich mit seinem kleinen Versailles. Die Heckengärten reichen nicht mehr, unwegsame Felsen müssen uns von unseren Höfen mit ihrer unerträglichen Etikette trennen. Die Spiegel werden blind, und mit ihnen der Glanz des Sonnenkönigs. Was ist ein Herrscher wert, der einen Voltaire aus dem Land treibt? Die Zeit wird uns überrollen, wir sind nichts als überflüssiger Ballast. Die Schriften eines Voltaire aber, sie werden die Zeiten überdauern.

Mit weit heraushängender Zunge kam Folichon der Zweite zurück, der die Kutsche bellend verfolgt hatte. Eine späte Rose blühte vor den Felsen des aufgeschütteten Parnass. Still war es auf der Eremitage, tief stand die Morgensonne hinter den Bergen und warf lange Schatten. Sie zog das Tuch enger um die Schultern.

»Gehen wir nach Hause, Folichon«, sagte sie zärtlich, »es wird Herbst.«

Spiegelscherbe sieben

IN DER GROSSEN wolkenförmigen Spiegelscherbe über ihrem Schreibtisch bewegt sich etwas. Ist der Bruder endlich gekommen? Fedéric?

Aber in der Spiegelscherbe erblickt sie das zerknitterte Gesicht Voltaires. Spöttisch wie immer blitzen seine kleinen klugen Augen unter einer ramponierten Allongeperücke, der grinsende Mund ist von Falten eingezogen wie ein Apfel nach einem Winter im Keller, und sehr viele Zähne scheint er auch nicht mehr zu besitzen.

Frére Voltaire! Bisher suchen mich in meiner letzten Nacht nur die Toten auf!

Ich bin ein Wanderer zwischen den Welten, Soeur Guillemette, was ist die Materie. Seit dem Tod von Madame de Chatelet schrumpft sie, der Geist ist umso wacher und unruhiger.

In einem seltsamen Gefährt ist er gekommen. Es ist aus Weidenruten geflochten und hat zwei riesige hölzerne Räder an jeder Seite. Voltaire steht darin wie ein uraltes Kind in einem Weidenkörbchen.

Es handele sich um einen Streitwagen, erklärt Voltaire würdevoll, schon die Assyrer bauten ihn, und er habe ihn entscheidend verbessert. Mit einer leichten Verbeugung fügt er hinzu: Verwenden Sie diese kleine bescheidene Hilfe von mir, Madame.

Er ist unzweifelhaft dem Wahnsinn verfallen. Wie schade um diesen schönen Geist.

Sie scherzen, mein Freund!

Er scherze keineswegs, nicht angesichts der Verwüstungen, die ihr Bruder der König seit zwei Jahren Europa antue. Er schlage vor, dass Wilhelmine sich mit Frankreich verbünde: Und Sie rüsten Ihr Regiment mit meinen Streitwägen aus. Ich habe bereits an den Duc du Richelieu geschrieben. Mit Granaten bestückt, sind sie eine furchtbare Waffe.

Voltaire, Sie missbrauchen meine Gastfreundschaft. Der Krieg ist eine Geißel! Ihre Worte!

Voltaire winkt ab: Alle Welt schreit: Frieden! Frieden! und führt Krieg bis zum Exzess. Ich schäme mich, Soeur Guillemette, dass ausgerechnet ein pazifistischer Schmierfink wie ich von Destruktionsmaschinen träumt! Aber wir müssen die Guten, die schlecht schießen, verteidigen gegen die Bösen, die besser schießen. Es gibt keine Alternative.

Wilhelmine lacht ihn aus: Es gibt immer eine Alternative, mon ami. Die Waffen, die wir einsetzen, kehren sich gegen uns selbst. Die Chinesen erschienen uns töricht, weil sie die Bedeutung des Schwarzpulvers nicht erkannten, aber ich denke, dass sie es aus Weisheit nur für wundervolle Feuerwerke verwendeten.

Sie sieht plötzlich nur noch seine mottenzerfressene Allongeperücke im Spiegel. Er hat ihr den Rücken zugewendet. Schlechter Verlierer, denkt sie und sagt versöhnlich: Der Krieg kann den Krieg so wenig auslöschen, wie das Wasser die Flut bekämpft.

Die Vorhänge umwehen Voltaires lautlos verschwindende Gestalt im Mondlicht.

Sie meinen, verehrte Soeur Guillemette, die einzige Waffe gegen den Krieg ist die Vernunft.

Wilhelmine ruft hinter ihm her: Der Verstand, den Gott uns gab.

»Pass auf, Hornochs!« Der Koch balancierte die Platte mit dem Backhendl an dem Koch vorbei, der ihm mit der Sauciere im Weg stand.

»Wen heißt du Hornochs, du welscher Laffe?«, fragte der Baireuther Koch drohend.

»Nimm dich in Acht, du! Ich bin aus der Steiermark, ich zeig dir, was ein stoasteirischer Kinnhaken ist, Depp, damischer!« Schon standen sie sich drohend gegenüber.

»Lasst den Unsinn«, brachte sie der Servierdiener auseinander, »es geht weiter! Die Suppe ist abgetragen, jetzt kommt das Backhendl!«

Der Koch legte ihm die Platte auf die Hand.

»Ist es so, wie Ihre Majestät es wünscht?«, fragte der Servierdiener ängstlich.

»Natürlich!«, brauste der Steirer auf. »Knusprig und perfekt, wie sonst?«

»Das letzte Mal hat sie mich beschimpft, weil es nicht durchgebraten war.«

»Ach was, da war es auch durchgebraten. Meine Hendl sind immer durchgebraten, sie hatte bloß schlechte Laune!«

Es war der 20. September 1745, und Königin Maria Theresia reiste von Wien zur Kaiserkrönung ihres Gatten Franz von Lothringen nach Frankfurt. Wilhelmine hatte sich nicht nehmen lassen, der Kaiserin ihre Aufwartung zu machen. Rasch war für Maria Theresia und ihr Gefolge in Emskirchen auf markgräflichem Gebiet ein Saal vorbereitet worden. Es war eng und einfach, dafür musste die Bewirtung umso mehr Eindruck machen.

»Bei einer Cuisine, wo die Kapaunen mit Semmelbrösel einbalsamiert werden, da hätt ich auch keinen Appetit!«, sagte der Baireuther Koch vergnügt.

»Meine Backhendl sind die besten von Wien!«, regte der Steirer sich auf. »Dein König schmiert sich das Essen mit Mostrich und Pfeffer voll, der merkt ja nicht, was du ihm kochst!«

»Mein König?«

»Ja, der König von Preußen, von dem weiß man doch, dass er keinen Geschmack hat, aber eine Menge Appetit! Gerade hat er sich Schlesien einverleibt!«

Der Baireuther packte seinen Kollegen zornig beim Kragen. »Er hat sich nur geholt, was eure Kapaunfresserin ihm weggenommen hat!«

»Das ist eine Lüge!«

»Kannst deine Schläge noch kriegen, Lumpazi!«

Schon gingen sie wieder aufeinander los.

»Werdet ihr wohl vernünftig sein!«, fuhr eine alte Magd dazwischen. Sie war doppelt so breit wie die beiden zusammen und baute sich drohend zwischen den jungen Kerlen auf, das große Messer, mit dem sie Möhren geschnitten hatte, noch in der Hand.

»Du weißt ja nicht, was du schwätzt, Dummkopf«, herrschte sie den steirischen Koch an, »hier regiert der Markgraf Friedrich, unser Vielgeliebter, der lässt sich von deiner Königin nichts sagen, und vom König von Preußen auch nicht!«

Der Steirer lachte sie aus. »Euer Vielgeliebter ist doch ein Preuße, ihr seid alle Preußen! Hat er nicht die Schwester des Königs geheiratet, diese dünkelhafte Wilhelmine? Der Markgraf ist ja nur eine Marionette, der König und seine Schwester lassen ihn an ihren Fäden zappeln!«

Die Magd ließ das Messer sinken und sah gespannt auf den Baireuther Koch. Der ließ sich nicht einschüchtern. »Wenn er eine Marionette des Königs von Preußen ist, warum speist er dann hier mit deiner Semmelbröselkönigin?«

»Er sitzt an der Tafel unserer Königin?« Jetzt war der steirische Koch überrascht. Die Magd warf die Möhrenscheiben in kochendes Wasser und sagte selbstsicher: »Der Markgraf und die Markgräfin sind aus Baireuth hierhergekommen, um sich der künftigen Kaiserin zu Füßen zu werfen. Und wir sind Franken, keine Preußen, Dummkopf.«

»Noch ist sie nicht Kaiserin, deine Semmelbröselfresserin«, stichelte der Baireuther.

Wieder standen sie sich gegenüber, aber da kam der Servierdiener, und die Neugier siegte.

»Sitzt unser Markgraf an der Tafel der Königin?«, fragte die alte Magd.

Der Servierdiener raunte hektisch: »Wie soll ich das wissen! Ich hab das Essen vorzulegen, da sehe ich nicht in Gesichter.«

»Du schaust sehr wohl in die Gesichter, bist ein neugieriger Fratz«, sagte die Magd gutmütig und hielt ihm einen rotbackigen Apfel hin. Als er danach greifen wollte, hielt sie ihn fest, rieb ihn an ihrer Schürze glänzend und fragte: »Schmeckt der Markgräfin das Backhendl?«

Der Diener sah sehnsüchtig auf den Apfel und meinte dann: »Sie isst nicht mit, wie soll ich das wissen?«

Nun war die Magd erstaunt. Sie überließ ihm den Apfel, in den er knirschend biss. Die Markgräfin aß nicht! Man wusste ja, dass sie einen schlechten Appetit hatte …

»Unsinn! Sie ist nicht geladen, sie sitzt auf ihrem Stühlchen neben dem Markgrafen gegenüber der Tafel und sieht der Kaiserin beim Essen zu«, erklärte der Apfelknirscher undeutlich, packte sich ein Tablett mit Gemüseschüsseln und sauste wieder los.

Die drei sahen sich an. Die Köche hatten ihren Streit vergessen.

»Das wird ihr hart ankommen«, sagte der Baireuther zur Magd, »sie ist immerhin die Tochter des Königs von Preußen, und nun muss sie der Königin von Ungarn beim Essen zuschauen.«

Der Steirer lachte: »Sie darf wohl froh sein, wenn sie danach der Kaiserin die Schüssel zum Händewaschen reichen darf.«

»Du bist ein alberner Kerl«, fuhr ihn jetzt eine magere kleine Köchin an, die während des Streits eine Sauce zubereitet hatte, »du verstehst nichts! Krieg wird es geben, deshalb ist sie hier!«

Die drei wandten sich um und sahen die Kleine überrascht an.

»Lass hören, Käthchen«, sagte die Magd und herrschte die beiden Männer an: »Haltet die Goschen! Die Käthe versteht's, die hatte 'nen Lehrer zum Vater.«

Käthe schlug die Sauce mit einem großen hölzernen Quirl, wischte sich den Schweiß von der Stirn und sagte barsch: »Glotzt nicht so blöd! Wir sind doch umzingelt von den Österreichern, seit eure saubere Königin Bayern besetzt hat!«

»Ha, da kommt der König von Preußen und fegt sie aus dem Land«, sagte der Preußenbewunderer, »so wie …«

»So wie er auf Prag losmarschiert ist? Und dann wieder umgekehrt?« Der Steirer hielt sich den Bauch vor Lachen.

»Der ist nicht umgekehrt, der hätte auch Wien erobert!«

»Hat er aber nicht!«

»Wer hat denn die Schlacht in Hohenfriedberg gewonnen?«

»Du jedenfalls nicht!«

»Nein, das war der Preußenfritz! Und weißt du auch, mit wem er gesiegt hat? Mit den Unsrigen, mit unseren Baireuther Dragonern! Schau dir unseren vielgeliebten Markgrafen an, das ist ein Mannsbild. Der versteht's!«

»Was versteht er?«, wollte die kleine magere Käthe wissen. »Hat er mehr Grips im Hirn als seine Untertanen? Dazu braucht's nicht viel, wenn ich dich so höre!«

»Der versteht von allem was, der hat selbst für depperte Weiber wie dich ein offenes Ohr, der reitet und schießt wie der Teufel, der schießt nie fehl …«

»Vor allem nicht bei die Weiber!«, höhnte der Steirer, und die Mädchen in der Küche kicherten und stießen sich an.

»Vor dem und seinen Dragonern haben deine Leute Reißaus genommen, so schnell konntet ihr Österreicher gar nicht laufen, ihr Hanfstängel!«

»Mich nennst du nicht Hanfstängel!« Der Steirer holte aus und traf den Baireuther Koch am Kinn. Der Baireuther wäre stumm zu Boden gegangen, hätten ihn die kräftigen Arme der Magd nicht gehalten. Langsam ließ sie ihn zu Boden sinken.

»Siehste, das meinte ich«, sagte Käthe, die Sauce abschmeckend, »so schnell prügeln sich die Kerle, was soll unsereins machen? Ich mach's wie die Markgräfin, ich geh mal hier in Dienst, mal dort, dann krieg ich keinen Ärger, und halt mich aus den Dingen raus.«

»Wie meinst du das? Die Markgräfin geht doch nicht in Dienst!«

Die Magd griff sich eine Schöpfkelle, schüttete eine Kelle Spülwasser über das Gesicht des besinnungslosen Kochs und beobachtete, wie er prustend wieder zu sich kam.

»Ich mein, dass die Markgräfin, statt zu prügeln, sich mal bei ihrem Preußenfritz einschmeichelt und mal der Königin von Ungarn schöntut. Das ist schlau, verstehst du, dafür sitzt sie lieber mal ein halbes Stündchen auf einem unkommoden Hocker. Stell dir vor, sie hätte ihre Aufwartung hier nicht gemacht! Was wäre dann?«

Was? Die Magd wusste es nicht.

»Dann hätten die Österreicher uns einfach überrannt! Welchen Grund hätten sie gehabt, um Baireuth herumzumarschieren auf dem Weg nach Frankfurt? In der Zeit hätte der Preußenfritz nicht mal gehustet! Dann wären wir Franken ein Teil von Bayern!«

Huh! Eine entsetzliche Vorstellung! Die Magd schüttelte sich. Franken zu Bayern, das war ja nicht auszudenken. Nein, da schien der Vielgeliebte doch in den richtigen Händen zu sein, selbst wenn die Markgräfin eine Dünkelhafte sein sollte, die nicht mal richtig deutsch zu sprechen verstand und nur die empfing, die welsch plaudern konnten.

Längst hatte Königin Maria Theresia die Tafel aufgehoben und sich mit ihrem Gefolge zur Ruhe begeben. Die Magd hatte die Küche aufgeräumt, Käthe ihre Zutaten eingepackt. Sie wollten nach Baireuth zurück, aber das Tafelgeschirr fehlte. Die Magd schimpfte den Kellner einen faulen Hund, aber der schüttelte den Kopf: Er dürfe nicht hinein, das Abräumen störe den Künstler.

»Welchen Künstler?«, fragte der Baireuther Koch ärgerlich.

Der Pelzkragen sitze dort und male die Markgräfin, verkündete der Kellner. Die Magd wurde neugierig und zog Käthe mit sich in den ersten Stock. Vorsichtig lugten sie durch den Türspalt. Tatsächlich saß die Markgräfin auf ihrem Stühlchen, neben sich ihre Tochter. Vor ihnen saß ein Mensch mit wilden Gesichtszügen, schwarzem Vollbart und einem großen Zeichenblock.

»Ist die Kleine schön!«, entfuhr es dem steirischen Koch, der ihnen neugierig gefolgt war. Interessiert beobachteten sie den Maler, der im Gefolge Maria Theresias reiste, um in Frankfurt die illustren Gäste der Krönungsfeierlichkeiten zu porträtieren.

»Schön, aber hochmütig«, raunte Käthe, die sich auskannte, »dabei ist sie nicht mal vierzehn.«

Der Maler wandte sich gereizt um. Hatte er ihr Flüstern gehört? Himmel, waren diese Künstler empfindlich. Auf Zehenspitzen schlichen sie in die Küche zurück.

»Der hat nicht mal eine Palette«, meinte der steirische Koch verächtlich. Käthe musterte ihn verächtlich: »Er malt Pastell.«

Keiner verstand sie. Geduldig erklärte Käthe, die Stifte bestünden aus Pastellkreide, eine neue Erfindung. Auch der Baireuther Hofmaler, ein Schwede, benutze sie.

»Dieser ist aber ein welscher«, behauptete die Magd.

Der steirische Koch hatte seine Messer geschliffen und ordentlich verpackt. Nun sah er auf und schüttelte den Kopf.

»Der ist Schweizer«, sagte er, »der ist stinkreich geworden, weil alle sich drum reißen, von ihm gemalt zu werden. Er heißt Liotard.«

❧ 40 ❧

JOHANN ADOLF HASSE schlug Wilhelmines geliebtes Cembalo an, ihr »Gewitterteil«. Die Musiker folgten ihm mit besonderer Aufmerksamkeit. Respektvoll hatten sie zur Kenntnis genommen, dass es der Markgräfin gelungen war, den berühmten Opernkomponisten und seine Frau, die gefeierte Primadonna Faustina Bordoni, auf der Reise von Dresden nach Berlin zu einem Umweg über die kleine Residenz zu bewegen. Dies war einem alten Bekannten zu verdanken: Giovanni Carestini, inzwischen in Dresden engagiert, hatte das Ehepaar zu dem Besuch beredet. Er habe etwas gutzumachen, hatte er Wilhelmine geschrieben, er werde mit der Faustina auf ihrer Bühne singen.

Es war Anfang Juli 1746, als die Stimme der Faustina in Erlangens Markgrafentheater erklang und den elegant renovierten alten Bau erfüllte. Sie jubilierte der Liebe zu, schluchzte und beklagte den Tod, raste vor Eifersucht und wehklagte über den Schmerz der Verlassenen. Sie hatte eine Scala von sechzehn vollkommenen Tönen für diese Gefühle zur Verfügung. Sie sang nicht, sie zauberte.

Wilhelmine saß in ihrer verdunkelten Loge und weinte. Einsam war sie, unendlich allein fühlte sie sich, und voller Angst.

Ich liebe doch die Welt und ihre Freuden, ohne mich hohler Vergnügungssucht hinzugeben, dachte sie. Was hatte sie angerichtet mit dieser Heirat! Die Tage bei der Königin in Schloss Monbijou fielen ihr ein, angefüllt mit Kartenspiel, obszönem Tratsch der Hofdamen und dummen kleinen Intrigen, die Tag für Tag nichts anderem dienten, als sich in Gunst zu setzen und eine andere in Ungunst fallen zu lassen. Nie hatte sie ein solches Leben gewollt, immer hatte sie sich neben Friedrich gesehen, und ihre Hofdamen sollten ihre Freundinnen sein.

Von Eifersucht war sie weit entfernt gewesen. Ich war doch bereit zu teilen, dachte sie verzweifelt, mechanisch die Hände zum Applaus rührend, die Idylle der Eremitage, Friedrich und ich, Superville und ich, der Prinz und Minni … ach, Minni! Hinter sich spürte sie die Feindin, roch den Duft ihres

Parfums, Rosen mit Limonen, und ein Hauch von Bergamotte, sie liebte diesen Duft.

Ihre schöne Intrige hatte nicht dazu geführt, dass Minni mit ihrem Gatten Baireuth in Richtung Italien verließ. Der Herzog von Toscana hatte Burghaus nicht engagiert, und Wilhelmine argwöhnte, Friedrich habe dabei seine Hand im Spiel gehabt. Das Paar bewohnte weiterhin das Gästeappartement im Schloss. Durch Minnis Heirat war das genaue Gegenteil des Friedens entstanden, den sie sich erhofft hatte. Jeder Tag war eine Qual, sie flüchtete sich auf die Eremitage, zu Superville, nach Erlangen. Ins weiter entfernte Sanspareil wagte sie sich nicht, sie fürchtete, dort auf Friedrichs und Minnis Liebesnest zu stoßen.

Die Faustina beendete die lange Cavantine, verbeugte sich und gab den Musikern die Ehre. Wilhelmine hörte Minnis gezierten Beifall hinter sich, hörte Sonsines schweren, rasselnden Husten, sah Superville, der immer wieder einen Blick zu ihr hinaufschickte.

Einen Tempel der Freundschaft hatte sie errichten wollen, und was war daraus geworden? Ein Trümmerfeld, aber keines von antiker Größe, nur ein jämmerliches, eingestürztes Häuschen. Der Tempel, den der Bruder hatte weihen wollen – fluchtartig hatte er ihn verlassen.

Alles hatte mit Minnis Heirat begonnen. Fedéric hatte seinen Segen gegeben, auch wenn er von ihrer kleinen Intrige nichts geahnt hatte. Aber kaum in Potsdam angekommen, schrieb er ihr einen Brief nach dem anderen und bestand auf jenerlächerlichen Verfügung des Vaters, wonach reiche Erbinnen nicht außer Landes heiraten durften! Wie kleinlich er war, wie geizig, dachte sie. Albertine hatte den preußischen Offizier Podewils geheiratet und war in die Heimat zurückgekehrt. Wilhelmine vermisste die ausgleichende Hofdame, sie hatte ihre Freundschaft nicht missbraucht. Und mit ihrer Heirat war dem albernen Gesetz wohl Genüge getan, Albertines Erbschaft blieb Preußen erhalten.

Im nächsten Brief erregte sich der König über einen lächerlichen Zeitungsschreiber, dann warf er ihr vor, dass sie ihm den Durchmarsch des österreichischen Korps Grünne durch das Vogtland nicht gemeldet hatte. Nach dem preußischen Sieg bei Hohenfriedberg hatte sich Burghaus dem österreichischen Regiment Karls von Lothringen angeschlossen, warum hatte der Bruder sich darüber nicht echauffiert? Ein Höfling seiner Schwester kämpfte innerhalb der österreichischen Hauptmacht gegen ihn in Schlesien! Aber darüber hatte Fedéric kein Wort verloren, stattdessen hatte ihr Verrat wegen dieses unbedeutenden Korps Grünne vorgeworfen! Und immer wieder seine Spötteleien über die kleinen Höfe und ihre Fürsten, sogar über ihre neugegründete Erlanger Universität. Wie ironisch er ihr gratuliert hatte: er zittere bereits vor all den Gelehrten, die sie hervorbringen werde.

Die Faustina stimmte eine fröhliche Arie an. Sie sang, als ob ihre Stimme Flügel hätte, mal große schwere Schwingen, mal die flatternden, schnellen Flügelchen eines Zeisigs. Wollte sie die unglückliche Markgräfin aufheitern? Sie sang vom Licht, mit dem sie als Astarte die Menschen beglücken wolle, vom Feuerwagen, mit dem sie den Menschen die wärmende Sonne bringe.

Drei auf dem Wagen der Astarte sind zu viel, dachte Wilhelmine, ich war zu dumm, das zu erkennen. Ich hielt Friedrichs Freunde für die meinen, und meine Freundinnen sollten auch seine Freundinnen sein. Ich bin Markgräfin, das hatte ich vergessen. Es ging nie um Freundschaft oder Liebe, sondern um Machtpolitik.

Sie fühlte ihn im Halbdunkel neben sich, sein Kopf neigte sich zur Seite, selbst Faustinas Gesang hinderte ihn nicht an einem minutenkurzen Schlaf. Erschöpfung von seinen Distraktionen, zu denen sie ihn verleitet. Minni versucht, meinen leichtlebigen, liebestollen Markgrafen von mir wegzuziehen. Sie hat es nicht geschafft, mich ihm zur Feindin zu machen, viel schlimmer, es ist seine Gleichgültigkeit, die so entsetzlich schmerzt.

Alle haben mich verlassen, es tut so weh. Schwach macht die Einsamkeit, Einsamkeit weckt Argwohn, und Argwohn macht hilflos. Ein Teufelskreis, dachte sie, alle habe ich gegen mich.

Wie sie alle über sie hergefallen waren, ihre gesamte Familie. Sie hatte sich gefühlt wie der Fuchs, wenn die Hundemeute ihn umzingelt. Jeder hatte knurrend ein Glied von ihrem Körper abgerissen und sich damit getrollt. Alle hatten Wilhelmine verübelt, dass sie Maria Theresia nicht unbeachtet hatte passieren lassen. Was hätte ich tun sollen, dachte sie, einen Krieg riskieren, indem ich Maria Theresia brüskiere? Sie war sicher, dass es nur ihrer Aufwartung anlässlich Maria Theresias Durchreise zu verdanken war, dass Grünne sein Regiment mit Anstand durch Baireuth und Ansbach geführt hatte. Anderenfalls hätten zehntausend Soldaten gemordet, gebrandschatzt, geschändet und geplündert.

Währenddessen überfiel Fritz Sachsen! Nichts, aber auch nichts konnte man bei seinem politischen Ränkespiel erahnen, sie mussten schon sehen, wo sie blieben mit ihrem kleinen Land in der Mitte.

Die designierte Kaiserin war zu hochherzig, um die Schwester ihres größten Feindes in Verlegenheit zu bringen. Außerdem war sie eine schöne Frau, erst achtundzwanzig Jahre alt, mit stattlicher Figur, hatte ein helles, freundliches Lachen, bei dem sie viele blendendweiße Zähne entblößte, und blaue Augen, aus denen viel Gutherzigkeit sah. Sie wusste, welchen Respekt sie der regierenden Markgräfin, durch deren Land sie reiste, schuldete. Es wäre falsch gewesen, auf ihren Vorrechten als Königstochter zu bestehen, was ihr sonst sehr wichtig war, um ihre Stellung zu behaupten. Stattdessen hatte sie richtig taktiert, ihre Tochter mitzunehmen. Zwar hatten sie nicht an der Tafel diniert, aber Maria Theresia war sehr huldvoll gegen die dreizehnjährige Friederike gewesen. Die zwei Stunden waren in anregendem Gespräch vergangen. Und schließlich hatte sie die Anwesenheit Liotards in Maria Theresias Gefolge genutzt, die Pastelle waren eine wahre Sensation. Wahrscheinlich war Fritz nur neidisch, weil der berühmte Maler ihn nicht porträtiert hatte. Er würde noch ganz andere Dinge neidisch betrachten, wenn sie erst ihr neues Opernhaus in Baireuth eröffnete …

Die Faustina hatte die Arie der Astarte beendet und holte Carestini auf die Bühne. Er verbeugte sich tief und begann eine devote Ansprache: »Als kleine Wiedergutmachung für die Verlegenheit, in die ich Sie einmal brachte, Altezza reale, möchten meine verehrte, geliebte Partnerin und ich Ihnen einige Arien aus den neuesten Opern unseres großartigen, verehrten Maestro zu Gehör bringen.«

Perlen vor die Säue, dachte Wilhelmine bitter, Orpheus singt, und keiner hört zu. Der umjubelte Kastrat Englands und die erste Primadonna des wichtigsten Theaters Europas singen die neuesten Arien eines der wichtigsten Komponisten dieses Zeitalters. Nicht in Dresden, nicht in Paris, nicht in Berlin, nein, auf der mickrigen Bühne meines Kuhdorfes.

Dennoch war sie unbändig stolz in diesem Augenblick, freute sich über Carestinis Ansprache, genoss es, dass die Höflinge hörten, welche Achtung ihr erwiesen wurde.

Wäre mein Bruder nicht in die zu großen Soldatenstiefel seines Vaters gestiegen, hätte er Maria Theresia diese drei

Götter der Musik gesandt statt einer Kriegserklärung, sie hätte geweint wie Orpheus' Bestien und ihm dieses alberne Schlesien geschenkt.

Als hätte Carestini ihre Gedanken erraten, begann er eine ihr unbekannte Arie, in der er den Tod seiner Geliebten betrauerte. Schneidend wie ein Zink in den hohen Tönen des Schmerzes, schmelzend wie eine Harfe in den tieferen erhob sich sein Kontraalt mühelos über Wilhelmines Orchester. Ein Fest war es ihr, ein tiefer Triumph, diese Stimme nach Baireuth geholt zu haben! Wenn ihr doch alle zu Füßen lägen, um ihr zu huldigen für diese Großtat, aber nein, man schnitt sie, demütigte und missachtete sie.

Der Fächer entfiel ihren Händen, der Argwohn hatte die Einsame plötzlich zum Zittern gebracht. Schöne Worte waren das gewesen von Carestini, aber galten sie der Markgräfin und ihrem Musikverstand? Vielleicht sollten sie nur der Lieblingsschwester des Königs schmeicheln! Fritz arbeitete mit Hasse an einer Oper, das wusste sie, vielleicht wollte Carestini ebenfalls dort singen?

Ein Diener reichte ihr wortlos den Fächer. Meine Musik kann Fedéric mir nehmen, erkannte sie plötzlich, und eine kalte Hand griff an ihr Herz. Er allein weiß, dass er mich damit tödlich trifft. Keiner wird bei mir musizieren wollen, wenn ich beim König in Ungnade stehe, keinen würde ich bezahlen können ohne die dreißigtausend Gulden, die er mir jährlich für die Oper gibt. Der Gedanke beraubte sie ihres Atems, heftig rang sie nach Luft, Übelkeit stieg so plötzlich in ihr auf wie überkochende Milch.

Friedrich sah überrascht zu ihr hinüber, Sonsine reichte von hinten ihr Riechfläschchen. Gute Sonsine, dachte Wilhelmine, als sie das kräftige Lavendel tief inhalierte, jeden Atemzug von mir registriert sie besorgt, dabei ist sie viel kränker als ich. Friedrich tätschelte ihre Hand.

So wie er einen seiner Jagdhunde streichelt, dachte sie böse, aber nicht den schönen Lieblingshund, sondern den schwächsten, der mit der Meute nicht mithalten kann. Sie zog ihre Hand weg.

Musik öffnet die Seele, dachte sie, Musik ist mein Schlüssel zum Glück, das Menschen mir nicht geben können, was soll mir die feindselige Welt! Ich werde komponieren, die Eremitage und Sanspareil weiter verschönern, ich will malen lernen, und ich werde mein neues Opernhaus bauen, jetzt gerade. Wenn ich das alles lasse, wenn ich nicht mal mehr der erfolglose Orpheus sein darf, dann bin ich verloren.

❧ 41 ❧

EINE INTIME FESTLICHE TAFEL erwartete die Sänger in der Markgrafenloge. Sogar Minni verschwand, die Blicke stillen Einverständnisses, die Friedrich und sie austauschten, versuchte Wilhelmine zu ignorieren. Sie erwartete weitere Gäste, die ihr größter Triumph sein würden, leider hatten sie sich offenbar verspätet.

»Ich weiß, dass die Akustik in diesem Theater nicht Besonderes ist«, sagte Wilhelmine zur Faustina, die sie an ihre Seite gebeten hatte. Die Faustina versicherte, die Akustik sei nicht schlecht.

»Glauben Sie mir, Altezza«, sagte die kräftige Frau mit dem unerhörten Stimmvolumen in klangvollem Italienisch, »ich habe schon in prächtigen Bauten gesungen, auf Bühnen, die mit goldenem Zierrat überladen waren – was nutzt all die Pracht, wenn die Stimme an den Wänden abprallt, wenn das Publikum die Klangfülle, die Schönheit der Musik nicht genießen kann.«

»Sie denken also auch, dass die wahre Pracht eines Opernhauses in seiner Akustik liegt?«

»Unbedingt, Altezza! Und dabei ist es so einfach: Weg mit der Marmorpracht! Ich gestehe Ihnen, auf schäbigen Bretterbuden habe ich meine größten Erfolge errungen.«

»Weg mit der Marmorpracht«, wiederholte Wilhelmine begeistert, »ich denke wie Sie, verehrte Faustina.«

Wo sie nur blieben?

»Ich plane ein neues Opernhaus, Maestro«, wandte sie sich an Hasse, »es soll dieses umgebautes Redoutenhaus ersetzen. Es wird Sie freuen zu erfahren, wer es plant.«

Hasse tippte auf Knobelsdorff. Der Berliner Architekt war durch sein neues Berliner Opernhaus über Nacht berühmt geworden. Wilhelmine hatte seine Pläne gesehen, aber sie stellte sich etwas völlig anderes vor und verneinte lächelnd.

In diesem Augenblick betrat der Theaterdiener die Loge und kündigte die Gäste an. Endlich!

Ein älterer Herr mit markantem Profil und grauen Haaren, klein, aber kräftig, betrat die Loge und verbeugte sich tief vor dem Markgrafen.

»Giuseppe Galli! Welche Überraschung!«, rief Carestini. Galli Bibiena küßte Wilhelmine die Hand.

»Und das kann nur Ihr Sohn sein!« Carestini war temperamentvoll aufgesprungen und umarmte einen schmalen jungen Mann mit dunklem Lockenschopf und lebhaften dunklen Augen, der hinter seinem Vater die Loge betreten hatte. Sonsine war nicht da, das Zeremoniell verletzt, Wilhelmine zeigte sich großzügig, da der junge Mann sich glänzend benahm. Er beugte sich tief über Wilhelmines Hand und machte sein artigstes Kompliment über ihren Kunstsinn, dann verbeugte er sich vor der Faustina: »Carlo Galli Bibiena, Signora, einer ihrer glühendsten Verehrer.«

Auf dem vollen, regelmäßigen Gesicht der Faustina erschien ein huldvolles Lächeln. »Konnten Sie die Familie Bibiena verpflichten, Altezza?«, fragte sie, und in ihrer schönen Stimme lag großer Respekt. Wilhelmine errötete vor Freude und neigte zustimmend den Kopf.

Dann werde sie bald das schönste Opernhaus Europas besitzen, versicherte die Primadonna. Sie habe im Teatro dei Filarmonici in Verona gesungen, das Carlos Großvater gebaut hatte. »Altezza, welch ein Haus! Und die Dekorationen! Maestri von Weltrang sind sie, die Bibiena, und das bereits in der dritten Generation!«

»Erst Stimmen wie Faustinas bringen unser Haus zum Klingen«, versicherte Giuseppe, »und auch hier habe ich eigentlich nichts zu tun, denn ich habe die Ehre, mit Sua Altezza reale gemeinsam zu planen. Durch ihre hohe Sachkenntnis weiß sie genau, was sie will. Unsere Pläne langweilen sie nur.«

»Sie Schmeichler,« rief Wilhelmine. »Sie haben die Kalesche voller grandioser Pläne und paradiesischer Entwürfe, Signor Bibiena! Meine Qual besteht darin zu entscheiden, welches Ihrer Wunder ich mir leisten kann!«

Im Kreise der gut gelaunten Künstler war ihre schwarze Stimmung verflogen. Hier bekamen ihre Pläne die verdiente Bewunderung, diese Menschen verstanden, was sie wollte. Sie war ungemein stolz, die Bibiena gewonnen zu haben, Zaghini hatte vermittelt. Nach Rom, Verona und Wien würde nun sie in den Genuss kommen, ein Opernhaus der berühmten Bologneser Familie zu besitzen. Für diesen Schatz bezahlte sie teuer, aber eine erstklassige Akustik und ein von erlesener Eleganz gestalteter Innenraum war es ihr wert. Als Friedrich bei der Gagenhöhe der Bibiena zusammengezuckt war, hatte sie geschickt ausgehandelt, dass sie nur den hölzernen Innenraum ausführen sollten. Auf das Äußere kam es ihr nicht an, damit hatte Wilhelmine St. Pierre beauftragt.

Mit Genugtuung betrachtete sie, wie sich die Faustina, Carlo Bibiena und Friedrich lebhaft über Bühnenbau, Akustik und die Erfordernisse für neue Opern unterhielten. Guiseppe gestikulierte lebhaft vor Carestini. Sie stellte sich das Gesicht des Bruders vor, wenn Hasse am Berliner Hofe erzählen würde, dass die Bibiena das Opernhaus in Baireuth erbauen würden. Wer war schon Knobelsdorff! Erblassen vor Neid sollte der Bruder. Sie wollte nicht das größte, sie wollte das schönste Opernhaus Europas haben, mit einer Akustik, die jeden Sänger allein wegen der Ehre nach Baireuth ziehen würde, mit einer grandiosen Maschinerie und einem eleganten, mit unerhörter Raffinesse ausgeleuchteten Innenraum mit vier Rängen in Blau und Gold.

Dann aber nannte Hasse die Gagen der Sänger, die er für seine Opern vorschlug, und sie erblasste. Nie würde sie diese bezahlen können, wenn sich der Bruder nicht wegen der bevorstehenden Hochzeit ihrer Tochter generös zeigte. Verdrossen presste sie die schön geschwungenen schmalen Lippen aufeinander. Sie wollte nicht an diesen Bruder denken. Früher hatte er ihren künstlerischen Ehrgeiz beflügelt. Jetzt stand er zwischen ihr und ihrer Musik wie eine schwarze Krähe.

Als Friedrich nach Stunden angeregter Konversation voller Ideen, Gelächter und euphorischer Pläne die Tafel aufhob, fühlte sie sich leer und müde.

Ich bin wie eine Königin ohne Land, dachte sie. Ich werde ein glänzendes Opernhaus besitzen, es aber nicht bespielen können, wenn der König mir seine Unterstützung verweigert.

❦ 42 ❦

SONSINE LAG MIT geschlossenen Augen in ihrem Bett. Gelblich fahl sah ihre Haut aus, wie altes Pergament, knittrig und zerbrechlich. Mager und eingefallen zeichnete sich ihr Körper unter der sorgfältig geschlossenen Decke ab. Superville schüttelte den Kopf. Er hatte sein Möglichstes getan, aber das energische Fräulein war alt geworden, sie stand kurz vor ihrem fünfundsechzigsten Jahr. Er konnte nichts mehr für sie tun.

Nun schlug das Fräulein die trotz Schwäche lebhaften Augen auf. Sie sah Supervilles zweifelnden Blick und bat schwach um den Pfarrer.

Er versprach es und machte sich auf die Suche nach der Markgräfin.

Er fand sie an ihrem zierlichen Schreibtisch, Bogen um Bogen mit ihrer mädchenhaften Schrift bedeckend. In den letzten Wochen hatte sie nichts anderes getan. Sie schreckte hoch wie ein aufgescheuchtes Reh. Mit aufgerissenen leeren Augen sah sie ihn an.

»Es geht zu Ende«, sagte er leise, »du solltest jetzt zu ihr gehen.«

Sie schluchzte auf. Er wollte sie in die Arme nehmen, aber sie raffte ihre Röcke und rannte die Treppen hinauf, blind vor Tränen.

Sonsine, meine liebe Sonsine, dachte sie, so bin ich immer die Treppen im Berliner Schloss hinaufgerannt, wenn ich vor Wut weinte und mich nur noch verkriechen wollte. Dann hörte ich deine eiligen Schritte hinter mir, und wenn ich weinend auf dem Bett lag, bist du leise eingetreten. Stumm hast du mich gestreichelt, bis ich mich beruhigt hatte. Wegen dir begann ich zu lesen, bekam Freude am Lernen. Ohne dich wäre ich eine einsame, hochnäsige Gans geworden, den hässlichen Intrigen meiner Familie und den Kabalen der Höflinge hilflos ausgeliefert.

An der Schwelle stieß sie mit Minni zusammen.

Einen Augenblick zögerte Minni, dann fiel sie in eine tiefe Verbeugung und ließ der Markgräfin den Vortritt. Wilhelmine schloss demonstrativ die Türe hinter sich. Ihre letzte Stunde mit Sonsine wollte sie auf keinen Fall mit der Verräterin teilen.

Sonsines Augen leuchteten auf, als Wilhelmine an ihr Bett trat.

»Alles wird wieder gut«, flüsterte Wilhelmine, »du wirst wieder gesund werden, liebe Sonsine.«

Das Fräulein sah sie zweifelnd an. Ihr energisches Kopfschütteln brachte sie nicht zuwege.

»Sie müssen sich versöhnen«, sagte sie mühsam.

Mit wem? Wilhelmine fühlte sich mit dem Rücken zur Wand und im Krieg mit dem Rest der Welt.

»Mit dem König, Ihrem Bruder, Hoheit!«

Das sagte *sie*? Sie, der er, erbost über Minnis Heirat, die er auch für ihr Werk hielt, ohne Begründung ihre Stiftsstelle gestrichen und dadurch mittellos gemacht hatte? Die königliche Ungnade hatte sie sehr gekränkt. Wilhelmine hatte den Bruder in devoten Worten gebeten, seine Entscheidung rückgängig zu machen, um Sonsine vor ihrem Tode zu trösten. Noch hatte sie keine Nachricht von ihm, aber im Angesicht einer Sterbenden musste eine Lüge erlaubt sein.

»Er gibt dir deinen Stift wieder«, sagte sie schnell, »gestern hat er geschrieben.«

Sonsine lächelte sanft. Das Kind konnte noch nie gut lügen. Verstellen, ja, das hatte sie früh gelernt. Das gesamte höfische Leben war eine einzige Verstellung, aber lügen konnte sie nicht.

»Versuchen Sie es gar nicht erst, mein Kind«, sagte sie zärtlich, »ich werde auch ohne irdische Güter sanft von dieser Welt gehen. Aber Sie müssen mir versprechen, sich zu versöhnen.« Bittend sah sie ihre Prinzessin an.

Hilflos gab Wilhelmine das Versprechen. Das Zerwürfnis lag doch nicht an ihr, was sollte sie noch tun. Seit zwei Jahren schrieb sie dem Bruder devote Briefe, versicherte ihn ihrer unverbrüchlichen schwesterlichen Liebe, schrieb ihm, dass sie ihn stets zärtlich und aufrichtig lieben werde, aber er blieb kalt.

»Fahren Sie zum König und werfen Sie sich ihm zu Füßen«, befahl Sonsine. Wilhelmine wollte heftig aufbegehren, aber der Blick auf die Sterbende machte sie sofort sanft wie ein Lamm. Sich dem Bruder zu Füßen werfen! Niemals! Er hatte ihr Unrecht getan …

»Sie haben ihm einen Streich gespielt, und Minni auch«, flüsterte Sonsine. Ihre Augen strahlten lebendig und intelligent. Wie sie mich durchschaut, dachte Wilhelmine beschämt, kein Wort habe ich ihr von der Heiratsintrige gestanden, wer wird mich in meinem Hochmut strafen, wenn sie nicht mehr ist.

»Lassen Sie Minni herein«, bat Sonsine mit schwacher Stimme. Wilhelmine errötete vor Zorn, aber die letzten Wünsche ihres Fräuleins waren zu respektieren. Minni trat ein, gefolgt von dem Pfarrer, der respektvoll neben der Tür stehen blieb. Mit rotgeweinten Augen kam Minni zur anderen Seite des Bettes.

»Du hast nicht recht gehandelt«, flüsterte das Fräulein, »Loyalität zu unserer Herrschaft ist das oberste Gebot unserer Aufgabe. Du hast das Vertrauen der Markgräfin missbraucht, das darf eine Hofdame niemals tun.«

Minni sah zu Boden. Dicke Tränen tropften auf die weiße Bettdecke und hinterließen graue Flecken.

»Reicht euch die Hände«, flüsterte das Fräulein. Wilhelmine wollte aufbegehren, aber das Fräulein nahm ihre allerletzte Kraft zusammen für einen flehenden Blick. Was in Gottes Namen verlangst du von mir, Sonsine, dachte Wilhelmine, aber da wisperte das Fräulein, kaum noch zu verstehen: »Liebet eure Feinde.«

Der Pfarrer trat an das Kopfende des Bettes, besorgt, er könne zu spät kommen. Minni sah auf, Tränen flossen aus ihren schönen Augen. Ohne die Larve der Koketterie war sie nur eine leidlich hübsche Frau, nichts weiter, ohne die aufgeworfenen Lippen und den neckischen Blick sah sie hilflos und verloren aus, eine Verzweifelte mit rotgeweinter Nase und verschwollenen Augen. Unsicher blickte sie Wilhelmine an und streckte verzagt ihre Hand aus.

Wilhelmine kämpfte einen schweren Kampf mit sich, dann gab sie sich einen Ruck und reichte der Verräterin über Sonsine hinweg entschlossen die Hand. Minni ergriff sie. Der Blick des Fräuleins verschwamm, ihre zuckenden, lautlos murmelnden Lippen formten nun ein weiches Lächeln. Der

Pfarrer berührte ihre Stirn und zeichnete das Kreuz in die Luft.

Die Freiin Dorothea Henriette Louise von Wittenhorst-Sonsfeld war tot.

Jetzt bin ich wirklich einsam, dachte Wilhelmine, jetzt bin ich völlig allein. Ich habe nie verstanden, dass Sonsine meine Freundin war. Immer war sie meine Bedienstete, Erzieherin, Hofmeisterin, alles, nur die Freundin habe ich nie in ihr gesehen. Wie oberflächlich mein ganzer Freundschaftskultus war! Die einzige wahre Freundin habe ich nie erkannt, und jetzt habe ich sie für immer verloren.

Plötzlich spürte sie, dass sie Minnis Hand immer noch umklammert hielt. Was hatte sie getan? Was für ein entsetzliches Versprechen hatte sie der Sterbenden gegeben? Aber es war heilig, sie durfte es nicht brechen. Sie blickte Minni an. Die erwiderte ihren Blick, traurig sah sie aus, verweint und trostlos. Zum ersten Mal wurde Wilhelmine bewusst, dass Minni mit Sonsine die Mutter verloren hatte. Sonsine hatte ihre Nichte aufgezogen seit deren viertem Lebensjahr.

Die beiden Frauen fielen sich in die Arme. Ich ertrinke, dachte Wilhelmine, sich an Minnis runde weiche Schultern anklammernd, ich ertrinke, zu Hilfe, die Wellen schlagen schon über mir zusammen, ich ertrinke, rettet mich keiner?

43

»Nein, mon cher, ich fahre nicht! Ich hasse diese Wasserkuren. Was willst du mir noch antun!« Wilhelmine sank erschöpft in ihr Kissengebirge zurück, das die Dienerinnen in ihrem Himmelbett aufgetürmt hatten. Ihr Gesicht war blass, auf ihrer Stirn stand kalter Schweiß, ihre Augen leuchteten in unnatürlich wasserhellem Blau. Ein schmerzhafter Rheumatismus zwang sie in verkrampfte Stellungen. Die Anfälle dauerten mehrere Tage, danach sank sie völlig erschöpft in sich zusammen. Meist schwollen nach einem solchen Anfall ihre Beine durch Wasseransammlungen unförmig an, ihr Unterleib war aufgebläht, die Haare hingen ihr wirr und ungepflegt ins Gesicht, weil sie niemanden an sich heranließ während dieser Schmerzattacken.

Superville erklärte energisch, dass die heißen Quellen von Karlsbad für die Linderung ihres Rheumatismus genau das Richtige seien.

»Alle diese Wasser rufen im Körper nur eine Gärung hervor, die die Gefäße eher zerreißt, anstatt sie zu öffnen«, entgegnete sie trotzig. Superville betrachtete sie wie einen Papagei, der ein unflätiges Wort gekreischt hat. »Wer behauptet einen solchen Blödsinn?«

Sie wollte nicht sagen, dass es die Worte ihres Bruders waren, der von Kuren nichts hielt. Den Grund seiner Abneigung bildeten vermutlich nicht nur die Gefäße des Körpers, sondern auch die Gefäße, die Dukaten enthielten und von kostspieligen Kuren ebenfalls zerrissen wurden.

»Ich will nicht nach Karlsbad, ich will nach Italien«, sagte sie kraftlos. »Lass mich die Hochzeit meiner Tochter abwarten, danach kann ich fahren!«

Friederike werde erst im kommenden Jahr heiraten, erinnerte er sie, und sie werde diese Hochzeit nicht mehr erleben, wenn sie sich nicht sofort kuriere. Superville war ernsthaft erzürnt. Seit dem Tod ihrer Oberhofmeisterin im vergangenen Jahr lag Wilhelmine immer wieder zu Bett, mit allen Symptomen der Auszehrung und Melancholie.

»Der Tod flößt mir keinen Schrecken ein. Ich genieße den Vorzug, das schönste Skelett Europas zu sein«, sagte Wilhelmine leichthin. »Weißt du, was ich viel mehr fürchte?«

Superville sah sie fragend an.

»Dass er mir die Menschen raubt, die ich lieb habe, und gerade das lässt mich einen frühen Tod wünschen!«

Superville verzog das Gesicht. Eine Kur würde Wilhelmine bestenfalls Ablenkung verschaffen. Die Ursachen ihrer Krankheit lagen in den seit inzwischen fast vier Jahren unerträglichen Spannungen, unter denen sie leben musste. Sie konnte nicht schlafen, nicht essen und trank zu viel von dem schweren Ungarwein, während sie an ihrer Lebensgeschichte schrieb, Kälte und Krankheiten ignorierend. Eng beschrieb sie mit ihrer kindlichen, ordentlichen Schrift Bogen um Bogen. Anfangs hatte er diese neue Beschäftigung begrüßt. Aber je länger sie schrieb, desto weniger schien es sie zu erleichtern. Besorgt beobachtete er, wie sie sich mit Erinnerungen quälte, die offenbar so entsetzlich waren, dass sie sie besser für immer vergessen hätte.

Er hatte sie gedrängt, Erleichterung und Ablenkung in ihrer geliebten Musik zu finden, in der fortgeschrittenen Planung des Opernhauses, dessen Grundmauern inzwischen standen. Stattdessen hatte sie zu malen begonnen, eine einsame, in gekrümmter Haltung ausgeübte Tätigkeit, die sie nicht entspannte. Der neu engagierte schwedische Porträtist Alexander Roslin lehrte sie die neue Mode der Pastellmalerei, aber Superville fand die Ergebnisse nicht überzeugend, er wünschte, sie würde sich wieder der Musik zuwenden.

Flora, die nun Oberhofmeisterin war, hatte ihm erzählt, dass die nervösen Anfälle der Prinzessin von den Briefen aus Berlin herrührten. Jeder Brief des Königs enthielt offenbar eine Reihe von Gemeinheiten, Vorwürfen und Lieblosigkeiten. Daher sah Superville in einer Kur das einzig geeignete Mittel, um Wilhelmine dem familiären Ärger zu entziehen. Mit ihrer Ehe stand es ebenfalls schlechter als je zuvor. Der Markgraf hatte sich nach anfänglichem Ärger über seine vermeintlich untreue Mätresse wieder an diese angenähert, näher als je zuvor, soweit Superville das beurteilen konnte.

Nach Sonsines Tod hatten die Damen sich weinend in den Armen gelegen, bei der Trauerfeier einträchtig nebeneinandergesessen, und ebenso hielten sie es bei der offiziellen Abendtafel. Es schien, als hätten sie ein Gelöbnis abgelegt, aber eines, unter dem Wilhelmine entsetzlich litt. In Einsamkeit und Kummer lag der wahre Grund ihrer Krankheit. Besorgt sah er, wie sie immer magerer und ausgezehrter aussah, außer dem schmerzhaften Rheumatismus quälten sie immer wieder Hustenanfälle. Er war in Sorge um ihre Lungen. Auch deshalb brauchte sie dringend Luftveränderung. Das Ehepaar Burghaus würde bald nach Wien zum kaiserlichen Regiment abreisen, der Zeitpunkt schien ihm gut gewählt für ihre Kur.

»Eine alte Frau ist wie ein unnützes Möbel«, philosophierte sie zänkisch.

»Du sprichst nicht von dir, oder? Mit achtunddreißig Jahren …«

»Ich bin dem Tode schon so nahe gewesen, dass ich ihn nicht fürchte.«

Er war erschüttert. »Deine Tochter braucht dich vor ihrer Hochzeit mehr als je …«

»Bavardage! Sie hat einen liebevollen Vater«, raunzte sie, »lass mich sterben, dann habe ich endlich Ruhe. Für wen sollte ich leben?«

»Für mich«, sagte er gequält. Sie betrachtete ihn lange, auf einmal sehr aufmerksam, als nehme sie ihn zum ersten Mal wahr. Mit ihrer schmalen Hand berührte sie seine Wange, ließ sie dort liegen, stumm, bewegungslos, kühl. Es war wie bei ihrer ersten Begegnung an der Grotte. Er schloss die Augen.

»Du bist sehr lieb, Daniel«, sagte sie schließlich, seine Wange streichelnd, »du bist ein weiteres Opfer meiner platonischen Fühllosigkeit.«

Damit drehte sie ihm den Rücken zu. Er ging.

44

DIE PROMENADE IM böhmischen Karlsbad war gepflastert, von jungen Linden vor hellen vornehmen Hotels gesäumt und in jeder Weise dazu angetan, dem Adel Europas bei kleineren Beschwerden zu helfen. Seit der Zar mit riesigem Gefolge in der politisch unabhängigen »Königsstadt« gekurt hatte, erfreute sich der kleine Ort regen Zuspruchs. Hier fand jede Dame den passenden Verehrer, wenn sie nicht bereits in

Begleitung mehrerer Liebhaber erschien, hier wurden Konzerte gegeben, Komödien gespielt, Redouten gefeiert, hier verstand man, seine Kurgäste glänzend zu unterhalten, und vor allem blühte der Klatsch.

Man flanierte, promenierte, zeigte sich, in die neueste Pariser oder Wiener Mode geschnürt, zierlich mit abgespreiztem kleinen Finger ein Krüglein Wasser haltend, in den hölzernen Wandelhallen, Kolonnaden genannt, man diskutierte in solidem Sächsisch den Erfolg der eigenen Kur und den Misserfolg der anderen, die Österreicher schimpften auf die Regierung, die Preußen auf die Unordnung. Die Herren gaben sich als weltgewandte Bonvivants, die Damen als erfahrene Kokotten.

»Sehen Sie nur, Hoheit!« Auguste von Tettau deutete auf einen Menschenauflauf, der sich auf der Promenade gebildet hatte. Ein Mensch von recht nachlässigem Äußeren hatte aus sich selbst ein Theater gebaut. Nur sein Gesicht sah bärtig hinter der kleinen Bühne hervor. Eine Figur nach der anderen führte er vor, indem er sie in der kleinen, von roten Vorhängen umhängten Bühne aufhängte, an einer Strippe zog und zappeln ließ.

Wilhelmine betrachtete das Geschehen so gelangweilt, wie sie alles in diesem Badeort betrachtete. »Eine Marionette, was ist Besonderes daran? Und dieser Mensch sieht aus, als hätten die Mäuse in seiner Perücke ihren Nachwuchs aufgezogen.«

Auguste von Tettau, am Berliner Hof kokett Finette genannt, kicherte. Die Markgräfin hatte eine schlagfertige Zunge. Sie getroffen zu haben und sich mit ihr über die Torheiten der Menschheit zu amüsieren, machte die Kur ausgesprochen kurzweilig.

»Wir müssen dem Menschen und seinen Läusen ja nicht zu nahe kommen«, erwiderte sie vergnügt, »aber ich schwöre Ihnen, Hoheit, was er dort zeigt, ist die neueste Mode aus Paris!«

Wilhelmine sah sie an, als zweifelte sie am Verstand Finettes.

»Marionetten? Es gibt sie seit Jahrhunderten! Dernier cri sind mechanische Puppenautomaten, die singen, Cembalospielen, ja sogar rechnen. Sie gleichen den Menschen derart, dass man sich um den Fortbestand unserer Gattung Sorgen machen muss!«

Finette deutete auf die Figürchen.

»Sehen Sie nur! Er führt sie nicht am Kreuz, auch nicht an Fäden, er tut nichts, als an einem Strick zu ziehen!«

Der Puppenspieler begann, in einer hohen quäkenden Stimme zu singen. Gleichzeitig schlug er mit dem Fuß eine Trommel und mit der rechten Hand entlockte er einer neben ihm liegenden Zither so entsetzliche Töne, dass Wilhelmine sich die Ohren zuhielt. Finette aber hörte interessiert zu. Er sang von den »pantins«, die sich von jedem Kind bewegen ließen, von den Menschen, die nur eine Schnur brauchten, um Arme und Beine lustig zu bewegen, und dass jede der hier anwesenden gnädigen Herrschaften und eleganten Damen einen solchen besitzen müsse, und zwei weitere, um sie ihren besten Freunden zu schenken. Geschickt wechselte er während seines eintönigen Singsangs die Figuren aus. Dicke Bäuerinnen zappelten in abstehenden Röcken, alberne Kavaliere hüpften mit kleinen Degen, Mademoiselles bewegten ihre Reifröcke und französisch aufgetürmten Coiffuren. Kinder, Harlekine, sogar Tiere folgten. Wilhelmine sah zunehmend interessierter zu, aber dann ließ er einen Bologneserhund zappeln, der wie eine Miniatur ihres Folichon aussah. Mit ausgestrecktem Arm deutete er auf ihren Folichon, der wütend zu kläffen begann. Sie entfloh der gaffenden Runde.

Auf einer weiß gestrichenen Holzbank mit Blick auf die Promenade nahm sie Platz und ließ den Hund auf den Boden. Die Narrheiten der Menschheit nehmen täglich zu, dachte sie mit einer Mischung aus Amusement und Verärgerung, jetzt ziehen sie schon Figuren am Strick wie die kleinen Kinder.

Finette folgte ihr nach einer Weile und hielt ihr einen kleinen Kavalier hin, den sie aufgeregt mit Armen und Beinen zappeln ließ, während sein gemaltes Gesicht mit halb geschlossenen Augen einen äußerst blasierten Ausdruck zeigte.

»Lieber Himmel, Finette«, sagte Wilhelmine kopfschüttelnd, »haben Sie für diese Torheit Ihre Gulden geopfert!«

Dennoch nahm sie ihn und besah sich die Rückseite, an der die einfachen Stricke so verknüpft waren, dass die Figur gleichzeitig alle vier Gliedmaßen bewegen konnte, genauer.

»Ist er nicht allerliebst?«, strahlte Finette, »sie sind der dernier cri in Paris, keiner, der auf sich hält, geht ohne seinen *pantin*, seinen Hampelmann, aus dem Haus, bei Hofe wird damit gespielt, alle amüsieren sich mit ihm!«

»Er ist ja nur aus Pappe«, stellte Wilhelmine erstaunt fest, »was für eine Kinderei! Jede Marionette kann mehr Empfindung ausdrücken als dieser Hampelmann!«

Finette kicherte und erwiderte: »Werden Sie mir glauben, wenn ich Ihnen sage, Hoheit, dass diese kleinen Pappfiguren in Paris inzwischen so gefragt sind, dass man 50 Pistolen für sie bezahlt?«

Die Torheiten der Menschheit erschienen Wilhelmine unendlich wie das unerforschte All.

»Oh Posthumus, wie die Zeit verstreicht. Warum in diese kurze Frist so weitgesteckte Pläne drängen?«

Finette sah sie verständnislos an.

»Horaz«, erläuterte Wilhelmine, »ich dachte gerade, dass die Franzosen diese Regel von Horaz sehr fröhlich befolgen. Sie nutzen das Leben, während wir Deutschen uns mit unserem groben Verstand immerfort Sorgen machen. Es scheint mir, dass so ein kleiner Hampelmann unseren Blick auf unser

Elend und unsere Hinfälligkeit richtet, ohne uns jenen philosophischen Gleichmut zu geben, dessen man uns rühmt.«

Finette schwieg eingeschüchtert. Die Schwester ihres Königs war manchmal so wie er, sie dachte über seltsame Dinge nach und sprach krauses Zeug, so waren sie wohl. Die Königin, der sie diente, war erleichtert, wenn der König in sanfter Stimmung war bei seinen seltenen Besuchen in Hohenschönhausen. Er konnte grausam spotten, offenbar waren seine Gedanken scharf wie Schwerter.

Schnell nahm sie ihren Hampelmann an sich und kreischte mit hoher Stimme: »Ich liebe Sie, meine Dame, und Sie lassen mich leiden! Schenken Sie mir Gehör, schenken Sie mir Ihre Gunst, Geliebte, es wird Ihr Unglück nicht sein, meine Teuerste!«

Wilhelmine lachte. »Finette, der Himmel muss Sie nach Karlsbad geschickt haben! Sie sind im Herzen sicherlich Französin, denn Sie nehmen das Leben so, wie ich eben beschrieb!«

Sie pfiff nach Folichon, der sich im Park vergnügt hatte, nahm ihn auf den Arm und erhob sich.

»Es ist Brunnenzeit«, sagte sie vergnügt, »kommen Sie, Finette, packen Sie Ihren Verehrer an seinem Henkersstrick und lassen Sie uns gehen, mit heiligem Ernst unser Wasser zu trinken und uns über die Torheiten der Sächsinnen lustig zu machen.«

Finette erhob sich von der weißen Bank und bemerkte, das sei ihr letzter Tag. Die hiesige Kur schlage nicht an, sie ginge nach Teplitz. Sie wollte nicht zugeben, dass Karlsbad ihren finanziellen Rahmen bei weitem überstieg, dieser Ort war in den letzten Jahren derart in Mode gekommen, dass die Preise förmlich explodiert waren. Teplitz war erschwinglicher.

»Sie wollen mich diesen regenbogenbunten Kleiderständern mit ihren sächselnden Liebhabern aussetzen?«, fragte Wilhelmine so entsetzt, dass Auguste von Tettau lachen musste.

»Sie müssen nach Berlin kommen, Hoheit, Sie werden dort schmerzlich vermisst«, sagte sie, »dann werden wir uns wiedersehen, und wenn Ihnen die königliche Familie ein wenig Zeit lässt, dann können wir wieder so wundervoll lachen und spotten wie hier.«

Nachdenklich sah Wilhelmine in den Park des neu erbauten Böhmischen Saales, neben dem sich der ältere, etwas düstere Bau des Sächsischen Saales erhob. Die Anlagen waren von mathematischer Regelmäßigkeit. Breite, gekieste Wege führten an altmodischen Rabatten vorbei. Wusste der Hofklatsch noch nichts von dem abgekühlten Verhältnis zu ihrem Bruder? Oder war sie, die arme Markgräfin im fernen Baireuth, kein Gesprächsthema? Sogar die Schwester hatte in bösen Briefen aus Schweden ihren Unwillen über die tolldreiste Markgräfin kundgetan, die die Frechheit besessen hatte, sich mit Königin Maria Theresia zu treffen, während der König gegen diese in Schlesien kämpfte. Oder schwatzte man gar über den Markgrafen und seine Mätresse und machte sie, die *cocu*, lächerlich?

»Glauben Sie, ich wäre bei Hofe willkommen, Finette?«, fragte sie unvermittelt.

Finette sah sie erstaunt an. »Willkommen? Hoheit, man spricht noch heute von Ihrem Besuch vor sieben Jahren, den rauschenden Festen, den Konzerten mit Ihrer Mitwirkung an diesem …, am …«

»Cembalo«, sagte Wilhelmine mechanisch.

»Genau! Und die Disputationen, die Sie mit Jordan, Maupertuis und Voltaire geführt haben, wie Sie den Gelehrtenkreis des Königs bereichert haben! Jedermann wird Ihnen zu Füßen liegen!«

»Wir werden darüber nachdenken«, entschied Wilhelmine.

Am nächsten Morgen baumelte ein Hampelmann an der Tür ihres Appartements.

»A la prochaine! In Treue, Finette«, hatte Auguste von Tettau geschrieben. Sie war abgereist. Wilhelmine war wieder allein.

Lustlos schlenderte Wilhelmine zur Kolonnade, in der die Thermalquelle aus dem Boden sprudelte. Der Tagesablauf war eintönig. Superville hatte ihr verboten, die Laute mitzunehmen, sogar das Memoirenschreiben hatte er ihr verboten, sie solle sich nur den Brunnen hingeben und ihre täglichen Bäder, Trinkkuren und Promenaden machen.

Sie ließ sich ihr Krüglein mit Wasser füllen und ging die Wandelhalle entlang, Folichon auf dem Arm, gelangweilt an ihrem Wasser nippend und hoheitsvoll einige Menschen grüßend, die Gnade vor ihren Augen gefunden hatten.

Ach, wenn Sonsine mit zur Kur gefahren wäre statt dieser langweiligen neuen Hofdame! Wie ein schwerer Theatervorhang fiel die schwarze Stimmung über sie und drückte ihr den Atem ab. Finette hatte ihr ein wenig Ablenkung verschafft, aber nun hatte sie keinen Menschen mehr. Ihre Lage war hoffnungslos.

Da erregte ein Konzertzettel ihre Aufmerksamkeit. Ein böhmisches Streichquartett wurde angekündigt. Ihre Stimmung hob sich. Eine willkommene Zerstreuung. Vielleicht war es schön, dann tat es ihren Ohren wohl, die lange nichts Gutes mehr gehört hatten. War es schlecht, nun, dann konnte sie gehen, wann es ihr beliebte. Niemand zwang sie, unter Katzenmusik zu leiden.

❧ 45 ❧

Es war eine günstige Gelegenheit, die Familie ihres Mannes im Böhmischen kennenzulernen, und Sophie hatte sie freudig ergriffen. Selten ließ sich ein Engagement mit einem Familienbesuch verbinden, denn Benda hatte bei Hofe so viel zu tun, dass wenig Zeit für auswärtige Verpflichtungen blieb. Ihre fünf Kinder hatten sie bei ihrer Mutter in Berlin gelassen. Es waren liebe Kinder, sie war unbändig stolz auf sie, aber sie waren anstrengend. Zum ersten Mal reisten sie zu zweit. Sie hatte sich an ihn gekuschelt in der holpernden Kutsche, sie waren nach Kleinau gereist, und sie war dort von seiner neugierigen Familie freundlich aufgenommen worden. Dann hatten sie sich Prag angesehen, das prächtige, musikbegeisterte Prag, waren Hand in Hand durch die schmalen Gassen der Kleinseite zum Hradschin hinaufgeschlendert, hatten seine böhmischen Musikerkollegen getroffen und waren mit ihnen weiter nach Karlsbad gefahren, wo sie zwei gut bezahlte Konzerte für die anspruchsvollen Kurgäste geben sollten.

Schnell kleidete Sophie sich an, um zum Konzertpavillon zu gehen. Es war ein warmer Sommertag Ende Juli. Sie griff nach ihrem spitzenbezogenen Sonnenschirm, den sie sich in Prag geleistet hatte, und machte sich zu Fuß auf den kurzen Weg.

Wilhelmine hatte sich mit der Sänfte zum Pavillon tragen lassen und am äußeren Rand in einer mittleren Reihe Platz genommen. Schon nach den ersten Tönen horchte sie auf. Die Komposition war von Graun, ein Konzert für Laute und Orchester, das sie selbst sehr gern mit ihren Musikern spielte.

Hier war die Lautenstimme für Violine transponiert, offensichtlich hatte man keinen Lautenisten. Aber einen Violonisten, und was für einen! Wilhelmine schloss die Augen und genoss die vertrauten Töne. In der Pause sah sie, wer sich auf der Bühne des Pavillons verbeugte.

Benda! Franz Benda spielte in Karlsbad! Das hatte sie nicht erwartet.

Aber sie sah sich nicht in der Lage, ihn zu empfangen. Ich kann nur noch Floskeln der Etikette, damit mir niemand zu nahe tritt, dachte sie traurig. Ich bin völlig vereinsamt, ständig sehe ich mich von Feinden umgeben, keinem Menschen kann ich unbefangen begegnen. Was weiß Benda? Redet der König schlecht über mich? Tratscht man über das Verhältnis des Markgrafen mit der Marwitz, bespöttelt man mich als *cocu*?

Nervös grasten ihre Hände im weichen Fell des Hundes. Was sollte sie tun? Wie gern würde sie mit Benda über die Musik sprechen, seine neuesten Kompositionen kennenlernen, wie gern würde sie mit ihm musizieren, es war jedes Mal ein Genuss gewesen. So viel hatte sie von ihm gelernt, so viel verdankte sie ihm.

Sophie war aufgestanden, um sich die feinen Herrschaften, die sich in der Pause an Erfrischungen delektierten, unauffällig zu betrachten. Geblümte Seide in orientalischem Stil schien der dernier cri zu sein, von allen Kleidern blühten Tulipan, Rosen und Lilien in arabesken Formen, auch die Schnitte hatten eine orientalische Prägung. Bald werden die Damen in Pluderhosen und Morgenmänteln herumlaufen, dachte sie amüsiert.

Plötzlich erblickte sie eine Dame, die ihr bekannt vorkam, auf der anderen Seite am Ende der Reihe. Sie war elegant und mit jener Schlichtheit gekleidet, die Sophie gern mochte, die einem, wie sie zu sagen pflegte, die Hände frei ließ, um sich mit wichtigeren Dingen zu beschäftigen als Coiffure und Garderobe.

Kleidung und Schmuck nach zu urteilen, war die Dame sehr hochgestellt, und ein Schoßhündchen hatte sie auch. Nun erhob sie sich mühsam, sie hielt sich so lange wie möglich an der Stuhllehne fest und wies die Hand ihres Lakaien zurück. Diese Dame machte die Kur nicht zu ihrem Vergnügen, sie schien in Karlsbad Linderung ihrer Leiden zu suchen. Nun hob sie das Gesicht, und Sophie erschrak. Es war die Prinzessin! Wie hatte sie sich verändert!

Sophie überschlug schnell, dass seit ihrem Dienstaustritt acht Jahre vergangen waren, die Markgräfin musste bald vierzig Jahre zählen. Sie hatte viel weißen Puder aufs Gesicht und zu viel Rouge auf die Wangen gelegt. Viele halten uns Frauen für kokett, weil wir uns schminken, dachte Sophie. Sie denken, wir wollen die Blicke der Männer auf uns ziehen, vor allem mit zunehmendem Alter. Dann verachten sie uns wegen lächerlicher Gefallsucht. Sie verstehen nicht, dass es gegen Alter, Krankheit und Gebrechen kein anderes Mittel gibt als ein wenig Schminke.

Sophie eilte zur Bühne, während sie überlegte, ob sie die Markgräfin begrüßen durfte. Sie konnte doch nicht einfach auf sie zugehen, sie, eine ehemalige Zofe, eine Bürgerliche. Man musste sich anmelden, ein Billett abgeben und um eine Audienz bitten. Die Oberhofmeisterin hatte die Billets der Prinzessin gebracht und bestimmt, wann und wo die Audienz stattfinden sollte. Das Fräulein von Sonsfeld! Sophie sah, wie Wilhelmine langsam zum Ausgang ging, gefolgt von dem Lakai und einer mageren Dame. Wo war Fräulein von Sonsfeld? Nie hatte sie die Markgräfin ohne ihre Hofmeisterin gesehen. Und die Hofdamen! Die lustigen Mädchen, jünger als sie, die mit ihrer guten Laune stets die trüben Stimmungen der Markgräfin zerstreuen konnten, wo waren sie?

Die Musiker saßen hinter der Bühne bei einem Krug Bier und blickten ihr fragend entgegen. »Ein gutes Konzert, ihr spielt sehr gut«, lobte sie.

Frantisek Benda küsste seine Frau.

»Möchtest du eine Limonade oder sollen wir auch so ein Wasser trinken gehen?«, fragte er, »man kann nicht in Karlsbad gewesen sein, ohne den Brunnen gekostet zu haben!«

Sie entschied sich für den Brunnen, um ihn fortzulocken, und flüsterte ihm zu, dass die Markgräfin von Baireuth in Karlsbad sei.

»Wie schön!« rief er aus. »Ein Mensch mit Musikverstand! Eine Perle unter ...« Er unterbrach sich, der Vergleich schien ihm zu grob.

»Ich kann sie doch nicht begrüßen wie unsere Rheinsberger Nachbarn!«, sagte Sophie beklommen. Benda hob selbstbewusst die schön geschwungenen Brauen: »Aber ich! Sie hat mich spielen hören!«

Die Markgräfin sei aber hinausgegangen.

»Wenn sie nicht wiederkommt, waren wir nicht gut«, stellte er sachlich fest. Sophie schüttelte den hübschen, inzwischen gelockten Kopf.

»Sie sieht sehr leidend aus«, gab sie zu bedenken, aber Benda meinte ungerührt: »Gerade dann zeigt sich, ob wir gut waren. Musik lindert Schmerzen und lässt Freude in den Körper. Gib darauf acht, ob sie wiederkommt, ich will ihr den Bojek vorstellen, dem täte ein Jahr in Baireuths Orchester gut, der Pfeiffer sorgt für Disziplin.«

»Du willst einfach ...«

»Ich lasse mir eine würdige Anrede einfallen, meine Königin«, lächelte er und ließ sich aus dem sprudelnden Brunnen einen Krug schöpfen. »Man sagt, diese Quelle macht fruchtbar, und wir wollen doch so viele Kinderchen haben, dass wir ein Orchester besetzen können, nicht wahr, mein Herz?«

Wilhelmine kam nach der Pause zurück. Diesmal schloss sie nicht die Augen, sondern beobachtete, wie gut die Musiker harmonierten, wie der kräftige große Cellist mit dem schönen Klang seines Instrumentes Bendas Violine Gelegenheit gab, über den dunklen Tönen des Cellos zu jubilieren, mit jenem Schmelz, der sie immer wieder tief im Herzen ergriff.

Als die Instrumente verstummten, saß sie einen Moment stumm. Dann atmete sie tief durch und begann, dem höflichen Applaus Beine zu machen. Diese Kurgäste waren von einer entsetzlichen Oberflächlichkeit, sie begriffen nicht, was sie gehört hatten. Sie drehte sich zu ihrer Hofdame um und zischelte ihr zu: »Los, Kluten! Applaudiere! Du bist nicht zum Vergnügen hier!«

Die erschrockene Kluten klatschte in die dürren Hände, so laut sie konnte. Bendas Musik macht einen Effekt wie drei Wochen Kurbetrieb, freute sich Wilhelmine. Gern hätte sie mit ihm gesprochen, aber Benda spielte schon so viele Jahre für den König, wer mochte ihn inzwischen gegen die unbotmäßige Schwester des Königs beeinflusst haben! Was mochte man sich in Musikerkreisen erzählen! Selbst die hoch verehrte Faustina konnte den übelsten Tratsch über Baireuth hinter vorgehaltener Hand erzählt haben, alle taten das, keinem konnte sie trauen. Wird sie von meiner Spottlust erzählen, wird man es mir als Standesdünkel auslegen, wird sie von meiner Krankheit und meiner Schwäche erzählen, wird jeder die Augen verdrehen und behaupten, man wisse ja, was die Markgräfin so krank mache …

Wilhelmine stockte der Atem. Mehrere Sekunden rang sie nach Luft, weil sie die Szene so deutlich vor sich sah, hämisches Lachen auf gepuderten Gesichtern, geheucheltes Mitleid hinter Federn und Fächern. Sie schwankte und griff nach der Stuhllehne.

Die Kluten riss erschrocken die Augen auf, da fragte eine weiche Stimme: »Hoheit, hat Sie eine Schwäche befallen? Darf ich Ihnen helfen?«

Welche Anmaßung! Die Kluten starrte erschrocken auf eine junge Frau in einem lächerlich einfachen Kattunkleid, die in einem vorschriftsmäßigen Knicks vor der Prinzessin verharrte.

»Non, pas du tout«, murmelte Wilhelmine, ohne einen Blick auf die junge Frau zu werfen, verärgert über ihre unfähige Hofdame, die ihr Bettlerinnen nicht vom Leib halten konnte. Der Lakai drängte sich zwischen die Kniende und Wilhelmine und winkte nach einer Sänfte. Sophie fühlte sich grob beiseitegestoßen, konnte das Gleichgewicht nicht halten und fiel zur Seite. Ungläubig über das, was ihr geschehen war, rappelte sie sich auf und blickte, die Röcke richtend, erstaunt auf die Sänfte.

Mit geschlossenen Augen hatte Wilhelmine alles über sich ergehen lassen. Erleichtert nahm sie in der Sänfte Platz. Rasch wollte die Kluten die Vorhänge vorziehen, da öffnete Wilhelmine die Augen und begegnete Sophies verwundetem Blick.

»Arret!«, sagte sie knapp und hielt den Vorhang fest, um sich zu vergewissern, ob ihre Augen ihr keinen Streich spielten. Es war Sophie. Sie hatte lockige kurze Haare, aber es war ihre Sophie, kein Zweifel, ein Mensch, so verschwiegen wie Sonsine, ihr so ergeben wie danach nie ein anderer. Ein großes Glücksgefühl durchströmte sie.

»Kluten, hole Sie diese Person, sie soll hier einsteigen, nimm dir eine andere Sänfte!«, herrschte sie die verblüffte Hofdame an. Die gehorchte, schlüpfte wieselgleich zu der jungen Frau und führte sie am Arm zur Sänfte. Wilhelmine hatte die Vorhänge zugezogen, damit niemand sie mit dieser wenig standesgemäßen Person in Verbindung bringen konnte, auch wenn sie Herzklopfen vor Freude hatte, Sophie wiederzusehen.

Dies alles beobachtete Benda. Seine Kollegen und er hatten die Instrumente in ihren Kästen verstaut und nun sah er sich, durstig nach einem böhmischen Bier, nach Sophie um. Wer wollte ihm das Folgende verdenken? Er sah seine Frau hinter den leeren Stuhlreihen, von einem mageren, wenig einnehmenden Wesen gepackt, mit Gewalt in eine verhüllte Sänfte gezwungen. Alle vergangenen bitteren Erfahrungen aus der Zeit seiner Leibeigenschaft stiegen in ihm auf, nein, sie rissen ihn geradezu hin, denn es ging ja nicht um ihn, sondern um das geliebte Wesen, das er errungen hatte und das er in Gefahr sah.

Und so raste Benda, den Geigenkasten in der Hand, mit seinen langen Beinen los, genau in dem Moment, in dem sich die Sänfte in Bewegung setzte. Zwei routinierte Träger wollten nach dem Konzert an weiteren Passagen mehr verdienen als an diesem kurzen Weg um die Ecke zum Hotel, sie hatten es sichtlich eilig.

»Haltet sie! Haltet sie! Eine Entführung!«, schrie Benda aus Leibeskräften, während er auf die Sänfte zusteuerte. Er stürmte an der mageren Hofdame vorbei, rannte den Lakaien um und nahm die Verfolgung der Sänfte auf.

Seine Musikerkollegen hörten ihn nur »Entführung« brüllen. Sie schulterten ihre Instrumente und rannten hinter Benda her, so schnell sie konnten.

In der Kolonnade ließen die vornehmen Herrschaften ihre Krüglein sinken und gafften. Während der Trinkkur war Schwatzen und Lachen untersagt, langsames, stummes Schreiten sollte den Effekt der Kur befördern. Und nun schnaufte in die weihevolle Stille eine Gesellschaft offenbar toll gewordener Menschen wie eine Herde Rhinozerosse.

Die Kavaliere rissen die Damen zur Seite, die ihnen mit einem gehauchten Laut in die Arme sanken. Schnellere wichen mit mehr oder weniger eleganten Bewegungen dem unglaublichen Zug aus, der auf sie zuraste: eine Sänfte mit wild entschlossenen Trägern, dahinter ein langbeiniger, schreiender, wild gestikulierender Mann mit einem Geigenkasten, darauf ein weiterer Musiker mit Geigenkasten auf dem Rücken, dem heftig atmend in einiger Entfernung der Cellist und der Kontrabassist mit ihren schweren sargähnlichen Kästen hinterherrannten, gefolgt von einem mageren Fräulein, das, um Würde bemüht, die Hände rang und kleine spitze Schreie ausstieß.

In der wiegenden Sänfte, durch weiche Polster und dicke gelbe Vorhänge von allem Irdischen abgeschirmt, saß Wilhelmine ihrer früheren Zofe gegenüber, griff nach ihren Händen und sagte bereits zum zweiten Mal: »Liebe Sophie, wie ist das möglich!«

Ein Gesicht, das sie fast ein Jahrzehnt im Spiegel gesehen hatte. Ein Mund, der immer verschwiegen gewesen war, zwei mandelförmige Augen, die viel Humor zeigten, zwei Hände, deren Geschicklichkeit sie fast eine Dekade ihres Lebens verschönert hatten. Ein Mensch, dem sie vertrauen konnte: Sophie war zu ihr zurückgekehrt.

»Benda hatte dieses Konzert und ich habe ihn begleitet«, sagte Sophie, die sich immer ein wenig vor den Ekstasen ihrer Herrin gefürchtet hatte, eingeschüchtert.

Benda! Wilhelmine starrte sie an. Mühsam kehrte die Erinnerung zurück. Ihr gegenüber saß nicht ihre verloren geglaubte Zofe, sondern Frau Benda. Sie war wieder in der Realität angekommen. Natürlich, Sophie hatte ihren Gatten zum Konzert begleitet.

Sophie hörte beunruhigende Geräusche von draußen. Ohne in ihrem Tempo nachzulassen, schimpften die Sänftenträger mit groben Worten. Die Sänfte geriet in wildes Schaukeln. Wilhelmine griff haltsuchend nach den Griffen neben ihrem Sitz.

»Was ist eigentlich los da draußen?«, erkundigte sie sich.

»Entführung!«, hörten sie eine sich überschlagende Stimme schreien. Dann wurde der Schlag der Sänfte aufgerissen. Ein schwer atmender Benda schrie: »Bleibt mir vom Leib! Ich muss sie retten!«

Wilhelmine zog den Vorhang an ihrer Seite zurück und blickte direkt in Bendas gerötetes, atemloses Gesicht.

»Benda!«, sagte sie freundlich und reichte ihm die Hand, damit er ihr beim Aussteigen behilflich sein konnte. »Ihr Konzert war wunderbar! Sie sind so echauffiert, warum haben Sie keine Sänfte genommen?«

Benda starrte erst auf die Markgräfin, dann auf seine Frau, die völlig unversehrt in der Sänfte saß und sein derangiertes Äußeres mit kritischen Blicken musterte. Blitzschnell fasste er sich, rückte mit der einen Hand die Perücke zurecht, während er mit der anderen der Markgräfin aus dem engen Einstieg half, sich tief verneigte und sein Entzücken äußerte, ihr hier in Karlsbad so unverhofft zu begegnen.

Atemlos trafen die anderen Musiker ein, misstrauisch vom Hotelpagen betrachtet. Wilhelmine blickte ein wenig befremdet auf die Versammlung, die sich vor dem Hotel gebildet hatte, und sah sich suchend nach ihrer Hofdame um. Sie hatte sich zwar daran gewöhnt, einsam zu sein, aber nicht ohne Begleitung. Die Kluten war nicht zu sehen. Aber da war ja Sophie, und so sagte sie lächelnd: »Sophie, komm, wir werden uns eine Erfrischung gönnen vor dem Souper, vor allem die Herren …« Sie betrachtete mit hochgezogenen Augenbrauen den völlig aufgelösten Bassisten, der eben mit hochrotem Gesicht angerannt kam, sein schweres Instrument auf beiden Armen vor sich tragend wie einen Kindersarg, »… die Herren Musiker benötigen sie dringend.«

Damit ging sie voran, Sophie im Schlepptau, vorbei an dem Portier, der ehrerbietig die Türe aufriss. Mit wem die zahlenden Herrschaften das Hotel betraten, war deren Sache. Dies war die Enkelin des Königs von Preußen, der hier schon vor vierzig Jahren zur Kur abgestiegen war.

Zielstrebig steuerte Wilhelmine durch die große Halle in die elegante Orangerie, und wenige Minuten später perlte zu böhmischem Bier und einem schauderhaften Likör, der als Spezialität Karlsbads galt, das Gelächter der Markgräfin durch die Halle, das erste befreite, fröhliche Lachen, das in Karlsbad von ihr gehört wurde. Wilhelmine amüsierte sich köstlich über den Gedanken, dass sie Sophie entführt haben könnte.

Sie genoss die zwanglose Runde. Fast wie nach den Proben, dachte sie, und eine große Sehnsucht überfiel sie nach ihrem halbfertigen Opernhaus. Sie befahl, das Souper oben in ihren Gemächern zu servieren: »Ich bin diese steife Halle leid, Weiber mit Schöntuerei in Verbindung mit Bauernbenehmen, ein lachhafter Gegensatz! Und diese Männer! Sie sind für den Erfolg der Kur sehr förderlich, denn sie machen mich unendlich schläfrig! Ich versichere Ihnen, es gibt kein besseres Mittel gegen Schlaflosigkeit, als sich Sachsen zum Souper einzuladen!«

Die Musiker lachten schallend und beteuerten, sie seien ausschließlich Böhmen.

»Heute Abend werden wir im chambre séparée speisen, Messieurs!«, entschied Wilhelmine. Sie war entschlossen, die Situation auszukosten.

Am nächsten Tag fuhr Wilhelmine mit Sophie aus. Durch die sattgrüne sommerliche Landschaft folgten sie den Windungen des Flüsschens Tepl zu einem am Berg gelegenen Aussichtspunkt, der Stelle, an der Kaiser Karl IV. die heißen

Quellen angeblich durch einen verunglückten Jagdhund entdeckt hatte.

Unter dem achteckigen Pavillon hatte der Lakai ein Dejeuner à la pique-nique vorbereitet. Sie saßen auf Korbstühlen zwischen weißen Holzgerüsten, an denen zartgelbe Kletterrosen ihre Blüten in der Morgensonne geöffnet hatten.

Es brauchte nur Sophies kluge, fragende Blicke, bis Wilhelmine alles erzählte, was sie kränkte, auch das Versprechen, das sie der sterbenden Sonsine gegeben hatte und das so schwer auf ihrer Seele lastete. Als sie zögernd von ihrer Intrige erzählte, kicherte Sophie zum ersten Mal.

Wilhelmine, befeuert von der Reaktion des ersten Menschen, dem gegenüber sie wagte, die Wahrheit einzugestehen, erzählte von den zwei begossenen Pudeln bei der mitternächtlichen Demaskierung derart plastisch, dass Sophie die Tränen die Wangen hinunterliefen. Wilhelmine sparte nicht mit weiteren Details. Zum ersten Mal lachte sie befreit und war stolz auf ihre gelungene Tat.

Eine Weile kicherten sie, tranken geeiste Zitronenlimonade, pickten frische Kirschen und spuckten die Kerne über die Brüstung wie Berliner Gassenjungen.

»Aber ich habe mir einen Bärendienst erwiesen!«, rief Wilhelmine aus. »Ich habe den König verärgert, er vertraut mir nicht mehr, weil er meine Beweggründe nicht kennt. Vermutlich hält er mich sogar für eine Spionin Maria Theresias!«

Sophie kannte sich in der hohen Politik nicht aus. Aber hier lag ein Familienproblem vor, und im Umgang mit Familie hatte sie in den letzten Jahren viel gelernt.

»Alles hängt an der Liebe Ihres Bruders, des Königs«, sagte sie entschieden. »Hoheit, ich bin mir sicher, dass alles wieder gut werden wird, wenn Sie sich nur mit ihm versöhnen.«

Wilhelmine sah sie zweifelnd an. Es leuchtete ihr nicht ein, wie die Versöhnung mit dem Bruder ihr den untreuen Mann wieder zuführen und sie von dem grauenhaften Versprechen gegenüber Sonsine entbinden sollte. Sie hatte sich in all das hineinmanövriert wie ein schlechter Feldherr, nun musste sie sehen, wie sie das Manöver wieder rückgängig machte.

»Kein Rückzug!«, sagte die kluge Sophie. »Ein schlauer General schwächt seinen Gegner durch ein neues Bündnis! Sie müssen nach Berlin fahren. Überraschen Sie den König! Machen Sie einen Schritt nach vorn, mit dem er nicht rechnet!«

Wilhelmine betrachtete ihre ehemalige Zofe in ihrem einfachen, aber geschickt selbst geschneiderten Kattunkleid, die lächelnden klugen Augen, inzwischen von einigen feinen Fältchen umgeben, die eifrigen Gesten, mit denen sie das Gesagte unterstrich.

»Sophie, an dir ist ein glänzender Feldherr verloren gegangen.« Wilhelmine biss mit neu erwachtem Appetit in einen Hühnerschenkel, trank ein großes Glas Limonade auf einen Zug aus und gestand: »Minni hat mich verraten, Sonsine ist gestorben. Ich bin so einsam geworden, unendlich einsam. Ich weiß nicht mehr, wie ich mit Menschen reden soll. Selbst mein Bruder ist mir fremd geworden durch seine strafenden Briefe. Was soll ich ihm sagen, er …«

»Es wird sich zeigen, wenn Sie vor ihm stehen«, sagte Sophie sanft, »vergessen Sie nicht, er ist ein Mann! Er kann nicht zugeben, dass Sie mit Ihren Argumenten recht haben! Sie haben an seine Intelligenz appelliert, das war falsch. Sie müssen sein Gefühl rühren.«

»Gut«, überlegte Wilhelmine laut, »ich werde ihm noch heute schreiben, dass ich nach Berlin kommen werde …«

»Nein, Hoheit, Sie müssen ihn überraschen!«, unterbrach Sophie sie temperamentvoll.

»Ich soll einfach so nach Berlin fahren? Aber wenn ich den König bei wichtigen Staatsgeschäften unterbreche …«

»Hoheit, verzeihen Sie, aber das sind Ausflüchte!« Sophie stellte ihr Glas so energisch ab, dass die Limonade auf das Tischtuch spritzte. »Der König wird Sie immer empfangen, jeder weiß, wie sehr er seine Schwester liebt. Fahren Sie!«

Wilhelmine sah über die grünen gemähten Wiesen auf die sanften Wellen der böhmischen Landschaft. In weiter Entfernung trieb ein Schäfer seine Herde durch das Tal an die Ufer des Tepls. Sanft und versöhnlich war das Bild. Sie hörte das Blöken der Lämmer, das aufgeregte Bellen des Hütehundes und sah sich nach Folichon um. Als hätte er ihren Blick gespürt, trottete er heran und legte sich mit einem Seufzer zu ihren Füßen nieder. Sie nahm ihn hoch, streichelte sein weiches Fell, sah Federíc vor sich, wie er seine Windhunde herzte, während er die Menschen verspottete. Es würde ihr Gang nach Canossa werden.

Sophie hatte das Geschirr ordentlich zusammengeräumt und in den Korb gestapelt, nestelte nun an ihrem Täschchen herum.

»Und für die Liebe …«, flüsterte sie, eine kleine Phiole herausziehend, aus billigem Glas, mit einem einfachen Messingverschluss.

»Hoheit, ich weiß, dass Sie nichts auf diese alten Tränke und Bräuche geben, für Sie ist das alles finsteres Mittelalter. Aber der Jude, der es mir gab, schwor darauf, und ich trage es seit Jahren bei mir und habe es nie gebraucht. Schütten Sie diesen Trank in das Weinglas Ihres Gatten, und er wird sich wieder in Sie verlieben wie am ersten Tag.«

Wilhelmine betrachtete erst Sophie nachdenklich, dann das Fläschchen, das im Sonnenlicht violett schimmerte. Wortlos steckte Wilhelmine die kleine Phiole ein, in der eine dunkle, ölige Flüssigkeit schwamm.

46

WIE EINFACH ES IST, dachte Wilhelmine. Ihr Kopf lag an der Schulter des Bruders, die Überraschung war gelungen. Die Kutsche zu verlassen, tief durchzuatmen, die Wachen und Diener mit einem schelmischen, auf den Mund gelegten Zeigefinger zu bewegen, sie nicht anzumelden, war eine Tat gewesen.

Die nächste galt der Tür zu seinem Arbeitszimmer in Sanssouci, zu dem sein erster Diener sie führte, denn sie kannte das Schloss noch nicht. Einige Minuten hatte sie davorgestanden, hatte tief durchgeatmet, dann hatte sie zaghaft geklopft. Keine Reaktion. Endlich, auf ihr drittes Klopfen, hatte sie Biches langgezogenes Heulen gehört und dann den Bruder, der die Hündin zur Ruhe rief. Dann hatte seine Stimme, sehr unwillig, »Entrez!« gerufen.

Ihr Herz klopfte bis zum Hals, sie meinte, es müsste zerspringen, und im nächsten Augenblick würde sie tot durch die geöffnete Tür in sein Gemach sinken. Aber sie blieb sehr lebendig, ein völlig überraschter Fedéric sprang hinter seinem Schreibtisch auf, rief ihren Namen, stolperte über die sich überschlagenden kläffenden Hunde, und nahm sie in die Arme. So standen sie.

Keine Worte, dachte sie, keine Erklärungen, keine Lügen, keine Beschuldigungen, kein Eigennutz und keine Ehrsucht, so einfach kann die Freundschaft sein.

Ciel, wie blass und abgemagert sie ist, dabei kommt sie von der Kur, dachte er erschrocken, was ist geschehen? Ist das noch meine Schwester, nicht einmal vierzig Lenze und grenzenlos erschöpft wie eine uralte Frau?

Langsam lösten sie sich voneinander. Er wollte ein fröhliches Lächeln aufsetzen, aber den Schrecken in seinen Augen konnte er nicht verbergen.

»Welche Freude, dich zu sehen!«, sagte er, sie bei den Händen nehmend.

»Welche Freude kann dir dieses wandelnde Gerippe schon bereiten?«, fragte sie, schon wieder sarkastisch, um die Rührung zu überwinden.

Er log, dass sie blendend aussehe, die Karlsbader Kur habe offenbar Wunder gewirkt, aber sie hatte ihn durchschaut. »Ein Windhauch, ein Tautropfen wirft alles um, was die ärztliche Kunst in langer Zeit aufgebaut hat. Das ist in zwei Worten mein Bild! Es ist wenig liebenswert!«

»Es ist sehr liebenswert«, widersprach er, »verzeih meine schreckliche zivilisierte Zurückhaltung. Wenn wir uns so begrüßen könnten wie diese Tiere!«

Er deutete auf die Hunde, die sich hechelnd und jappend durch den Raum jagten, Folichon hatte gegen das Windspiel keine Chance, schließlich lag er mit weit heraushängender Zunge unter dem Schreibtisch, von Biche beschnuppert und schließlich freundlich beleckt.

Wilhelmine lachte und drückte seine Hände. »Auch ohne das hündische Zeremoniell habe ich den Gipfel des Glücks erreicht! Ich sehe einen Bruder wieder, den ich stets zärtlich geliebt habe und dessen Bild in meinem Herzen unauslöschlich eingeprägt ist.«

Der Moment war vorbei, weitere Zärtlichkeiten konnten sich die zur Kühle erzogenen Menschen nicht zugestehen. Der bissige Humor gewann die Überhand, sie spürte es, sie spürte aber auch, dass sie sich nicht wieder voneinander entfernten. Der alte Spott war der beste, er hatte sich bewährt, tränenreiche Geständnisse und Zärtlichkeiten waren ihre Sache nicht.

Nach zehn Tagen fuhr Wilhelmine, beglückt über die Versöhnung mit Fedéric, nach Hause, gestärkt und bereit für ein neues Leben. Ihr Geheimnis bewahrte sie allerdings tief im Herzen, sie hatte es nicht über sich gebracht, dem Bruder die Wahrheit über Friedrichs Beziehung zu Minni und die ihre zu Superville zu gestehen. Es war nur ein Satz von ihm gewesen, leichthin gesprochen, sie verhalte sich wie der cocu, der als Letzter erfahre, was in seinem eigenen Hause vorgehe.

Alles hatte sich in ihr aufgebäumt, und in der Angst, sich zu verraten, hatte sie statt lächelnder Antwort eine Kriegserklärung abgegeben. Sie sei die undankbarste und unwürdigste der Frauen, würde sie nicht alle Liebenswürdigkeiten anerkennen, die der Markgraf ihr ständig im Laufe ihrer Ehe erweise. »Ich kenne alle Gerüchte über mich und unseren Hof, du erweist mir keine große Ehre, wenn du mich als ein Kind hinstellst, das sich von jedermann leiten lässt und dem man alles aufschwatzen kann. Vor ein paar Jahren hieß es, Superville lenke alles, dann sollte es Ellrod sein, jetzt ist es angeblich Burghaus! Ich müsste jedem Verkehr entsagen, wollte ich dergleichen Behauptungen ein Ende machen!«

Zuerst hatte er sie mokant angesehen, eine spöttische Bemerkung auf der Zunge, dann hatte er sich auf die Lippe gebissen und sich innerlich verwünscht für seine Taktlosigkeit. Sie hingegen schwor sich, das frisch hergestellte Einvernehmen mit ihrem Bruder nicht durch Dispute über dieses unerfreuliche Thema zu belasten. Er solle ihr sein neues Flötenkonzert vorspielen, bat sie ihn zärtlich.

Sie schieden, er beglückt über die schwesterliche Liebe, die sie ihm unverwandt entgegenbrachte, sie gestärkt durch seine Bruderliebe für eine entscheidende Wende in ihrem Leben. Mit ihm als Freund konnte sie die Welt aus den Angeln heben.

Spiegelscherbe acht

EIN KÜHLER HAUCH streift sie wie feuchte Nebelschwaden. Er ist da, endlich ist Fedéric zu ihr gekommen.

Sie wendet den Rollstuhl, er hockt auf dem Fensterbrett. Der Mondschein fällt auf seine Perücke und gibt ihr ein gespenstisches Aussehen. Wie er aussieht! Die blaue Uniform ist korrekt, aber alles erscheint ihr ferkelig, speckig, abgewetzt. Kopfschüttelnd betrachtet sie den abgeschabten Wollstoff und die schlammbespritzten Stiefel, die ihm bis über die Knie reichen. In bleierner Mattheit schimmert das verblichene Rot des ausgefransten Kragens im Mondlicht.

Er sieht auf. Schenkt ihr ein müdes Lächeln. Sie erschrickt über die Todessehnsucht in seinem Blick.

Meine diplomatische Mission war nicht vom Erfolg gekrönt. Mirabeau ist tot, Voltaire will mit Streitwagen gegen deine Heere ziehen. Du musst Frieden machen, sonst wirst du nichts als ein böser alter Mann werden.

Er lacht kurz und meckernd wie ein verbeulter Futtereimer: Ich habe drei glänzende Siege errungen, alle fürchten mich.

Was haben dich die Siege gekostet?

Er will empört auffahren. Sie legt den Finger vor den Mund und raunt: Das wollen wir nicht laut sagen, n'est-ce pas? Den soliden Staatshaushalt des Vaters ruiniert, Geld gefälscht, um Rekruten zu kaufen, das eigene Silber gestohlen, Schwamm drüber, wenn es dir etwas eingebracht hat.

Die Feder eines Kätzchens, aber die Rede einer Tigerin.

Sie lacht trocken auf. Was haben die Siege dir eingebracht?

Nichts, erwidert er, es ist vorbei. Meine Niederlage in dieser Nacht ist die schlimmste meines Lebens, mein Gott, sie haben die Kanonen nur herumdrehen müssen, von unseren eigenen Granaten vernichtet, diese Schande überlebe ich nicht. Das Leben ward uns von der Natur gegeben ...

Von Gott, unterbricht sie ihn scharf. Er lacht, ein höhnisches, trockenes Lachen. Von wem auch immer, es ward uns als eine Wohltat gegeben, sobald es das nicht mehr ist, hört der Vertrag auf, und es steht jedermann frei, seinem Missgeschick ein Ende zu machen ...

Hat er jede Moral verloren? Vom Mondlicht beschienen, grinst er sie an, kramt eine goldene Schnupftabakdose hervor und zeigt ihr die kleinen weißen Pillen darin: Fasst du denselben Entschluss wie ich, so werden wir gemeinsam unser Unglück und Missgeschick beenden.

Du willst dich davonstehlen und mich mitnehmen? Merci! Ich ziehe es vor, mit meinen Gespenstern zu sterben, zwischen den Scherben meines Lebens.

Sie rollt dicht auf ihn zu: *Du* musst leben, zieh die Karre aus dem Dreck. Ich sterbe ohnehin, sieh mich an.

Er will ihren angeschwollenen Körper, ihr aufgedunsenes Gesicht, die durchscheinende Haut nicht sehen.

Aber sie zerrt die schweren Röcke nach oben: Sieh hin, ein einziges Mal! Dein Kopf ist mehr wert als ein Königreich, es ist keine Schande, seinen Kopf wie Thales aus der Schlinge zu ziehen!

Schnell bedeckt er ihre unförmig angeschwollenen Beine, haspelt herum, flüstert: Man muss für sein Vaterland kämpfen und für sein Vaterland fallen, wenn man es retten kann, und wenn man das nicht kann, ist es schimpflich, zu überleben.

Er legt seinen Kopf in ihren Schoß und weint. Der Mond bescheint die schiefe Naht seines zu engen Uniformrockes, verwandelt kratziges Blau in fades Grau.

Ich bin so müde, liebste Schwester.

Sie zieht den schwarzen Pilgermantel fester um die Schultern. Legt eine Hand auf seinen Kopf, streichelt die Perücke, ein seltsames Gefühl, als streichelte sie ein totes Tier: Wir sind alle nur Pilger auf dem Weg nach Arkadien, wir hoffen auf Gnade von Pan, aber er wird uns fortjagen, wenn wir Mars gehuldigt haben statt den Musen. Lebe! Fortuna ist dir jetzt abhold. Ließest du deshalb so tapfere Leute im Stich, die ihr Leben für dich opfern, welche Vorwürfe müsstest du dir machen, dass du so viele Menschen ins Unglück stürzest! Wie könntest du dich da friedlich und ohne Reue ins Grab legen! Wenn ich sterbe, da verliert die Welt nichts – aber du! Gott, ich schaudere!

Der Ruhm eines Alexanders ist unvergänglich. Worin besteht der Ruhm einer Prinzessin? Was spiegelt sich anderes in diesen Scherben als meine Hoffart, meine Eitelkeit, meine Fehler! Zerschnittene Fratzen. Ich weiß, was hinter den Spiegelscherben liegt, nie werde ich dorthin gelangen.

47

WILHELMINE WAR EBEN aus der Kutsche gestiegen und hoffte, Friedrich käme zu ihrem Empfang die Stufen hinunter, da trat Minni ihr entgegen. Minni, die sie in Wien wähnte, Minni, von der sie gehofft hatte, sie nie in ihrem Leben wiederzusehen.

Langsam, zierlich einen Fuß im seidenbezogenen Schuh vor den anderen setzend, kam sie die Treppe herunter, jeder Hüftschwung eine Kampfansage. Sie trug ein neues Kleid mit einem raffinierten Dekolleté und teuren geklöppelten Spitzen an den Ärmeln, die sonst nur die Markgräfin bei Hofe tragen durfte, und begrüßte die Prinzessin, ein triumphierendes Lächeln auf den schönen Lippen. Wilhelmine erstarrte. Was hatte das zu bedeuten? Wie kam Minni dazu, auf der untersten Treppenstufe stehen zu bleiben, als sei sie die Baireuther Schlossherrin? Sie wollte doch nicht allen Ernstes ihre Regentin von der Stufe herab begrüßen! Aber Minni lächelte und lächelte und machte keine Anstalten, noch eine Stufe herunterzukommen.

Wilhelmine zögerte. Wo war die Oberhofmeisterin? Sie sah sich nach Flora um, aber sie konnte sie nirgendwo entdecken. Eilig drückte sich der Diener mit den Koffern vorbei. Triumphierend glitzerten Minnis Augen. Da kam die Erlösung.

Ihre Tochter kam ihr zu Hilfe. Jegliche Formalitäten außer Acht lassend, stürmte die Fünfzehnjährige auf ihre Mutter zu und rief, sie umarmend: »Mama, liebste Mama, wie schön, dass du endlich zurück bist!«

Sie ließ ihre Mutter nicht los und plapperte ohne Unterlass von allen möglichen Dingen, die in der Welt einer Jungfrau, die gern erwachsen sein wollte und in wenigen Monaten heiraten sollte, von außerordentlicher Wichtigkeit waren.

Schließlich trat sie neben Minni auf die Stufe, um der Mutter zu zeigen: »Sieh nur, das Kleid hat Minni mir geschneidert, und sie hat mir gezeigt, wie man Bordüren macht, ist es nicht bezaubernd?«

Nun standen beide auf der Stufe. Wilhelmine lächelte boshaft, zeigte reges Interesse an den Fältelungen, wollte Details sehen, und so zog Friederike Minni von der Stufe herunter, näher an die Mutter heran, damit diese die Raffinesse bestaunen konnte. Wilhelmine stieg wie selbstverständlich zwei Stufen hinauf, bewunderte von dort beide Roben, warf Minni einen verächtlichen Blick zu und versprach Friederike einige Mitbringsel aus Karlsbad. Dann schritt sie die Stufen hinauf, von der neugierigen Tochter verfolgt wie von einem jungen, verspielten Hund.

Seit Juni hatte Wilhelmine Minni nicht mehr gesehen. Burghaus war in das kaiserliche Regiment in Wien eingetreten und hatte mit Minni den Hof verlassen. Warum war Minni jetzt hier, und warum derart selbstsicher?

Beim Souper stellte sie fest, dass die Sitzordnung verändert war. Gleichzeitig vermisste sie Flora zu ihrer Aufwartung, ebenso wie ihre zwei Diener.

Es ging andauernd so fort. Die Reihenfolge des Menus entsprach nicht ihrer Anordnung, der Wein war ein anderer, ihr nicht bekömmlicher, als Dessert kam eine Speise, die sie nicht vertrug.

Am schlimmsten aber war die Begegnung mit Friedrich. Nach einem förmlichen Handkuss und zwei gleichgültigen Fragen nach ihrem Befinden und dem Erfolg der Kur ließ er sich am anderen Ende der Tafel nieder. Sie saßen sich nun gegenüber, zwischen sich auf jeder Seite zehn Höflinge. Sie kannte dergleichen Tischordnungen, sie entsprachen der Etikette, aber sie liebte sie nicht, sie hatte immer neben dem Markgrafen am Kopfende gesessen.

Mit schmalen Lippen vermied sie, Minni anzusehen. Mehrmals suchte sie Friedrichs Blick, er begegnete ihr nur selten, mit kalten, ausdruckslosen Augen. Es schien, als würde er sie nicht wahrnehmen. Er scherzte quer über den Tisch mit Gleichen, und mit Cobenzl zur Rechten sowie Ellrod zur Linken hatte er offenbar sehr wichtige Dinge zu besprechen. Es beruhigte sie etwas, dass Superville Cobenzl gegenübersaß, so konnte sie ihn wenigstens später fragen, worum sich die Konversation gedreht hatte. Wo war Burghaus?

Ihr fiel auf, dass Minni den Ton angab. Ihre Koketterie war einer lächelnden Würde gewichen. Die provinzielle Würde einer Landedelfrau, dachte Wilhelmine hämisch. Minni bestimmte die Konversation, gab sich auf alberne Art leutselig, nicht besonders geistvoll, lahm waren ihre Repliken.

Bleich saß Wilhelmine am Kopf der Tafel, brachte mühsam ein Lächeln zustande. Einmal gelang es ihr durch Friederikes Fragen, von Karlsbad und Berlin zu berichten, aber als habe sie bereits zu viel zugelassen, brachte Minni das Gespräch schnell auf die Jagd.

Dieses Thema hatte Wilhelmine bei Tisch stets bewusst vermieden, wissend, dass sich die Chevaliers darüber stundenlang auch in den blutrünstigsten Details ergehen konnten. Jetzt begriff sie Minnis Strategie: Sie wählte mit Bedacht Themen, die Wilhelmine abstießen. Sie wollte sie ausschließen, und das Schlimmste war, dass es ihr zu gelingen schien. Alle Köpfe wandten sich ihr zu, wie sie nett von Pferden und Hunden parlierte und dem Markgrafen bewundernd zuhörte, der von seinen jüngsten Jagderlebnissen erzählte.

Der erste Gang wurde abgetragen. Wilhelmine erhob sich brüsk. Das Gelächter erstarb. Minnis Augen glitzerten amüsiert im Schein der Kerzen. Wilhelmine entschuldigte sich, ihr sei übel, wahrscheinlich von der Reise, sie müsse sich zurückziehen. Sie ging in dem erniedrigenden Gefühl, dass ihre Abwesenheit von niemandem bemerkt wurde.

Sie sah, dass ihr Schreibtisch nicht zu ihrer Ankunft vorbereitet war, und schickte nach Papier und Tinte.

Es dauerte keine fünf Minuten, da stand Florentine von Sonsfeld im Raum, klein, beleibt, schnaufend, mit mehreren Bögen Papier sowie einer neuen Feder in den Händen.

»Sie befehlen, ich lege diese Dinge auf Ihren Schreibtisch«, sagte Flora.

»Kommst du endlich, deine Herrin zu begrüßen, Flora?«, fragte Wilhelmine ungehalten. »Wo warst du? Außerdem brauche ich dich bei der Tafel.«

»Ich dachte, mein Aussehen wäre bei Tisch nicht mehr gewünscht, Sonsine war immer so elegant ... Ihre Hochwohlgeboren die Gräfin Burghaus befahl während Ihrer Kur zwei der neuen Diener zu Ihrer Aufwartung, Hoheit.«

»Ihre Hochwohlgeboren die Gräfin Burghaus!«, äffte Wilhelmine sie nach. »Flora, was ist in dich gefahren? Die Hochwohlgeborene ist deine Nichte Minni!«

»So darf ich sie nicht mehr nennen, sie hat es mir bei Strafe verboten! Und sehen lassen soll ich mich so wenig wie möglich. Wenn ihr Gatte mich sehen könnte, trennt er sich womöglich von Tisch und Bett, weil er Angst hat, sie könne auch verwachsene Kinder gebären, es liegt doch in der Familie ...«

Wilhelmine betrachtete Florentine von Sonsfeld mit zärtlichen Blicken. Sie mochte sie, es war für sie eine Selbstverständlichkeit gewesen, sie nach dem Tod Sonsines in deren Amt einzusetzen, auch wenn sie nicht deren Eleganz hatte. Die arme Flora war klein, sie hinkte und war verwachsen geboren worden, aber sie hatte ein wunderschönes Gesicht mit großen braunen Augen und regelmäßigen Gesichtszügen, und sie hatte ein großes Herz.

»Du redest ein Zeug, liebe Flora, dagegen kommen mir deine Geistergeschichten direkt vernünftig vor. Was soll das alles? Ich befehle, dass du mir bei Tisch aufwartest wie immer!«

Flora hinkte noch einen Schritt näher heran, ergriff Wilhelmines Hand und drückte sie zwischen ihren beiden kräftigen kleinen Händen.

»Sie sind eine gute Herrin«, sagte sie, und eine Träne rann ihre Wange herab, »aber die Gräfin stört mein Hinken bei Tisch, sie will es nicht sehen, sie ...«

»Sie stört das Hinken ihrer Tante?«, rief Wilhelmine aus. »Seit wann? Seit sie die Gräfin Burghaus ist? Wer hat ihr Schlaflieder vorgesungen, nachdem ihre Mutter gestorben war? Wer hat sie getröstet, wenn sie traurig war? War das nicht Tante Flora?«

Flora nickte unter Tränen.

»Du wirst ab morgen alles wieder so tun wie vor meiner Kur, *du* bist meine Oberhofmeisterin«, befahl Wilhelmine. Der Herr Markgraf habe es befohlen, sagte sie leise. Wilhelmine begriff. Minni hatte es geschafft. Auf irgendeine Weise hatte sie sich wieder in Gunst gesetzt.

Der Herr Markgraf sei sehr verändert, seit die Gräfin aus Wien zurückgekehrt sei, flüsterte Flora. »Man sagt, Graf Burghaus hat seinen Sold in Wien nicht bekommen. Sie sind völlig verschuldet und krank hier angekommen, drei Tage nach Ihrer Abreise, Hoheit. Ich musste ihre Gemächer im Schloss wieder herrichten.«

Sie beugte sich näher zu Wilhelmine und wisperte: »Dabei ist Graf Burghaus schon eine Woche später wieder abgereist, er ist als Generalleutnant in niederländische

Dienste getreten! Der Markgraf tut alles, was die Gräfin will, er unterschreibt alles, was sie anordnet. Er hat seinen Kellermeister entlassen und einen Mann eingesetzt, der bei ihr in hoher Gunst steht, obwohl der nicht einmal weiß, wie man eine Flasche öffnet. Zwei Diener sind neu bei Tisch, sie hat sie zur Bedienung befohlen ausgerechnet bei Ihnen, Hoheit, damit Sie bei der Tafel schlechter bedient werden als alle anderen.«

So war das also. So weit war die Affaire in den Wochen ihrer Abwesenheit fortgeschritten. Unter Sonsines entschiedenem Regiment hatte Minni nie derartig auftrumpfen können. Sie hätte nicht zur Kur fahren dürfen.

Sie sah in Floras ergebenes Gesicht und meinte mit ihrem kleinen schurkischen Lächeln: »Das müssen wir uns nicht gefallen lassen, n'est-ce pas?« Flora lachte unsicher.

»Das werden wir nicht dulden, vielleicht ist es nur eine petite affaire, die wir mit dem kleinen Finger wegwischen!«

»Auch wenn wir beide Hände brauchen, werden wir es schaffen, Hoheit«, meinte Flora verschwörerisch, »wir werden es schaffen, und die weiße Frau wird uns dabei helfen!«

Wilhelmine legte den Kopf in den Nacken und lachte schallend.

48

AM NÄCHSTEN ABEND war die Tischordnung wieder verändert, sie sah es mit einem Blick auf die Tafel.

Ihren Bruder als unsichtbaren Schutzschild vor ihrem Herzen wissend, hatte Wilhelmine erst mit Friedrich sprechen wollen. Aber sie hatte den ganzen Tag über erfolglos versucht, ihn zu erreichen. Erst war er auf der Reitbahn, dann war er bei Ellrod, dann war er nach Erlangen geritten und sollte erst am Abend zurück sein.

Wich er ihr aus? Das war neu. Minnis Ehemann war in den Niederlanden, ihre Gemächer offen wie ihre Arme. Wilhelmines Argwohn erwachte wie ein gereizter Löwe, schüttelte die Mähne, riss das Maul auf, Drohgebärden ohne Verstand, von jenem entsetzlichen Herzklopfen begleitet.

Sie flüchtete ans lange entbehrte Cembalo, und das brachte sie wieder zu sich. Ich muss mich um die wirklich wichtigen Dinge kümmern, dachte sie und ließ sich ins Opernhaus tragen, um die Baufortschritte zu betrachten. Entsetzt stellte sie fest, dass der Bau kaum weiter gediehen war als vor ihrer Kur.

Sie zitierte St. Pierre zu sich. »Nur noch wenige Monate bis zur Hochzeit meiner Tochter, Pierrot!«, sagte sie nachdrücklich, »nichts ist geschehen, während ich zur Kur war! Hatte ich nicht klare Anweisungen hinterlassen?«

»Ja, Hoheit, das hatten Sie, allein …« St. Pierre fuhr sich verlegen mit den Händen über seinen Justaucorps. Sie wartete auf seine Antwort. Ihn zu drängen, ihm ins Wort zu fallen, beförderte die Dinge bei ihm nicht, das hatte sie gelernt.

»Allein, Serenissimus befahl, vorrangig sein Jagdhaus in Selb auszubauen.«

Wilhelmine fixierte St. Pierre mit dem Blick ihres Vaters. »Sie werden sich jetzt mit allen ihren Kräften dem Opernhaus widmen, ich werde mit dem Markgrafen sprechen. Seine Leidenschaft für die Jagd lässt ihn offenbar die Hochzeit seiner Tochter vernachlässigen.«

St. Pierre verbeugte sich stumm. Sie verließ die Baustelle und ließ sich zu Bibienas Werkstatt tragen.

Sie fand Carlo beschäftigt mit hölzernen Allegorien, die über der Loge und der Bühne ihren Platz finden sollten. Der junge Gontard grüßte die Markgräfin ehrerbietig, ohne die goldene Bemalung eines Gewandes zu unterbrechen. Die Farbe durfte nicht eintrocknen. Bibiena ließ sein Werkzeug sinken und begrüßte erfreut und temperamentvoll seine Herrin.

Sie lobte seine Arbeit, sah sich alles genau an, fragte nach Details. In der Werkstatt seien ja einige Teile fertig, aber müsste die gesamte Umbauung nicht längst im Haus stehen?

»Altezza, verzeihen Sie gnädigst! Ich kann dort nichts tun, bevor das Dach fertig ist oder wenigstens eine provisorische Überdachung aufgestellt wird!«, beschwerte sich Bibiena, heftig gestikulierend, »sehen Sie!«

Er führte sie zu seinem Modell und deutete auf die hölzerne glockenartige Form, die den gesamten Bühnenraum umschloss. »Ich muss alles in den Außenbau einpassen! Ja, wenn wir in Italia wären, da könnte ich einfach mit meinem Bau beginnen! Aber hier, wenn dieses Holz plötzlich im Regen steht ...«

Wilhelmine lobte seine Umsicht und erkundigte sich besorgt, warum St. Pierre kein provisorisches Dach über die Baustelle gesetzt habe, man brauche doch die längste Zeit, um die Bühnenmaschinerie einzubauen.

Bibiena hob lebhaft beide Hände in die Luft: »Natürlich, Altezza! Aber Sanspareil war noch nicht fertiggestellt, andauernd musste er dort hinaus ...«

»Äußerlich ist Sanspareil aber fertig«, meinte Wilhelmine und fügte lauernd hinzu: »Nur zur Bequemlichkeit, wenn man dort einige lustvolle Tage verbringen will, fehlt einiges …«

Gontard sagte naiv: »Die Ausgestaltung des Schlösschens befahl die Gräfin dort vordringlich fertigzustellen …«

»Die Gräfin Burghaus?«, fragte Wilhelmine, innerlich zitternd, äußerlich sehr ruhig.

»Wir nennen es jetzt den morgenländischen Bau, ich durfte die Zeichnungen machen, auch für einige erbauliche Stätten im Felsengarten. Es ist als Überraschung für Sie gedacht, Hoheit, es wird Ihnen gefallen«, sagte Gontard eifrig.

»Mir gefällt nichts, was meinen Anordnungen zuwiderläuft«, entgegnete sie brüsk, »und die lauten, dass das Opernhaus oberste Priorität hat.«

»Meine Rede!«, rief Bibiena, »ich sage immer, die Mariage Ihrer wunderschönen Tochter im Opernhaus geht vor allem! Aber St. Pierre musste ständig für die Gräfin planen, auch für das Palais auf der Friedrichstraße …«

»Ah ja, das Palais«, sagte Wilhelmine ruhig, als wisse sie Bescheid. Welches Palais? Wer gab hier die Anordnungen?

Schlau fügte sie hinzu: »Aber die Oper hat Vorrang auch vor dem Palais, nicht wahr?«

»Natürlich!«, rief Bibiena aus, »die Bauarbeiten am Palais waren schon eingestellt, die Gräfin übersiedelte doch nach Wien, da wird bei ihrer Rückkehr der Weiterbau so energisch befohlen, dass St. Pierre alles andere liegen lässt!«

»Der Markgraf befahl Höchstselbst, die Steinlieferungen, die für das Opernhaus bestimmt waren, beim Palais abzuladen«, versicherte Gontard eifrig, »es war nicht die Schuld St. Pierres!«

Friedrich ließ seiner Mätresse ein Palais bauen! Und, viel schlimmer, dieses alberne Haus hatte Vorrang vor ihrem einzigartigen Opernhaus! So weit war die Sache gediehen, kaum dass sie Baireuth den Rücken gekehrt hatte!

Wütend ließ sie anspannen und fuhr hinauf zur Eremitage. Sie fand sie verwaist vor. Auf den gekiesten Wegen wucherte das Unkraut, die Gärten waren vernachlässigt, die Hecken nicht geschnitten. Fröstelnd ging sie durch die einsamen Gemächer, in denen die Luft stockig roch. Alles war verstaubt, über die Möbel waren weiße Leintücher gebreitet.

»Ach Folichon, es sieht aus, als wäre ich gestorben«, sagte sie und verbarg das Gesicht in seinem weichen Fell, »ich sollte hier wieder alles herrichten und mein weiteres Leben als Eremitin verbringen, nur du und ich, mein kleiner Köter, was?«

Er zappelte und wollte durchaus nicht auf ihrem Arm bleiben. Als sie ihn hinunterließ, jagte er ohne einen Laut durch die Räume davon.

Was geht mich das eitle Leben meines kleinen Markgrafen an, soll er sein oberflächliches Leben seinen lasterhaften Vergnügungen widmen. Ich werde hier oben residieren, ungestört komponieren, mich den Wissenschaften und meiner Korrespondenz widmen. Aber schon bei dem Gedanken griff die graue Hand der Einsamkeit nach ihr und zog alles Lebendige aus ihr heraus. Sie sank auf einen verhüllten Fauteuil. Ja, wäre ich die Königin von Frankreich, dachte sie bitter, umgeben von Luxus, für jeden Wunsch fliegen fünf Lakaien, ihn zu erfüllen, dann könnte ich die Mätresse des Gatten elegant übersehen. Wenn ich gewusst hätte, dass die Ehe mit einem Weferlinger Dorfjunker mich verarmen und innerlich erfrieren lässt, hätte ich mich besser als Komponistin durchgehungert.

Aber sie raffte sich auf, pfiff dem Hund, der stolz mit einer großen Maus im Maul antänzelte, lobte ihn ausgiebig für seine Heldentat und schlenderte durch den verwahrlosten Garten nach Monplaisir. Hier traf sie zu ihrer Erleichterung Menschen an.

Die dicke Magd war beim Melken und fiel schier vom Schemel, als die Markgräfin auf einmal in der Stalltüre stand. »Lieber Himmel, Königliche Hoheit Höchstselbst!«, rief sie, und nach hinten schrie sie mit erstaunlichem Organ: »Hans! Bring einmal von dem frischen Kuhkäs, die Markgräfin ist zurück!«

»Aber ich habe überhaupt keinen Hunger ...« Wilhelmines Stimme erstarb. Die dicke Alma erinnerte sie an die Mermann. Plötzlich fühlte sie sich wohl. Ruhig malmten die Kühe, wandten die Köpfe und betrachteten sie aus samtig bewimperten Augen mit mäßiger Neugier. Alles war so normal, so lebendig, ging seinen täglichen unaufgeregten Gang.

Die Magd zog den Eimer unter der Kuh weg, band den Strick los, mit dem sie den Schwanz vorsorglich an den kräftigen schwarzweißen Kuhschenkel gebunden hatte, und verließ nach einigen Verbeugungen vor der Markgräfin den Stall. Vor dem Haus hatte Hans, das Faktotum, eine Brotzeit auf dem Holztisch angerichtet. Dunkelbraun leuchtete die Brotkruste und duftete köstlich.

Es war einer der seltenen Momente, in denen Wilhelmine ihren Vater und seine Liebe zu einfachen Menschen und frugalen Genüssen verstand. Sie nahm ihre Röcke zusammen, quetschte sich zwischen Bank und Tisch, und bekam aus einem Krug einen großen Becher Milch eingeschenkt.

Um die Ecke, die hölzerne Schubkarre mit frischem Heu beladen, bog Josef, den sie bei sich immer den großen Tölpel nannte, und bevor er bei ihrem Anblick sich die Mütze vom Kopf risse und damit unweigerlich die Fuhre Heu umstoßen würde, winkte sie ihm vergnügt zu. Alma und Hans hatten sich inzwischen in respektvollem Abstand, aber durchaus zutraulich, auf die zweite Bank gesetzt. Alma hielt das Brot vor die Brust und schnitt mit einem riesigen Messer dicke Schnitten ab, wobei das Messer in bedrohliche Nähe ihrer umfangreichen Büste geriet, und berichtete stolz: »Die Kühe geben jetzt acht Krüge am Tag!«

Sie falteten die Hände, sprachen ihr Tischgebet und langten zu. Alma bestrich eine Schnitte Brot mit dem fast weißen frischen Käse, den sie Kuhkäs nannte, streute Schnittlauch darüber und reichte sie Wilhelmine.

»Waren Sie daheim, Hoheit?«, fragte sie mit unüberhörbarer Sehnsucht in der tiefen Stimme. Wilhelmine sah erstaunt auf.

»In Karlsbad war ich, zur Kur«, sagte sie.

»Ach, nicht in Potsdam«, murmelte Alma enttäuscht.

»Auch«, bestätigte Wilhelmine. Almas Gesicht hellte sich auf. »Wie sieht es aus? Ist die holländische Siedlung fertig mit ihren hübschen Häusern? Der neue König soll viel gebaut haben. Schwimmen die Schwäne noch auf den Seen?«

Wilhelmine nickte erstaunt. Was wusste ihre stämmige Magd von Potsdam?

Sie sei doch mit den Holländerkühen gekommen, vor über zehn Jahren, sagte Alma schwermütig, der König habe es befohlen, und dann sei sie kleben geblieben. Sie sagte wirklich »kleben geblieben«, wischte sich verstohlen eine Träne aus dem Auge. Wilhelmine war noch nie aufgefallen, dass die Kuhmagd keinen fränkischen Dialekt sprach.

»Bist du nicht gern in meinen Diensten, Alma?«, fragte Wilhelmine erstaunt. Nie hatte sie darüber nachgedacht, dass man Menschen nicht wie Möbel mitnehmen konnte.

Tja, das sei nun so eine Frage, meinte die Alma bedächtig, ihre alte Mutter habe sie nie mehr gesehen, und nun sei sie tot.

Josef kam mit seiner Leier und spielte eine fröhliche Weise, die Wilhelmine bekannt vorkam. Folichon stellte die Ohren auf und rannte kläffend zum Stall.

»Wird wohl ein Karnickel gewittert haben«, murmelte das Faktotum.

»Oder den Fuchs«, meinte Alma, »so einen Hund könnten wir hier gut brauchen.«

Wilhelmine biss mit gerade erwachtem Hunger in das frische Brot, merkte, dass sie den ganzen Tag über noch nichts gegessen hatte, und dachte: Das ist also mein Königreich, es gleicht dem Reich der Helden, die Homer so hoch preist. Wenn ich auf meinem Düngehaufen sitze, bin ich Agamemnon, Odysseus oder Achill. Statt mit Troja führe ich Krieg mit Kaninchen, Füchsen und anderen schädlichen Tieren. Kein Vergil, der meine Taten besingt, dachte sie, statt dessen sehe ich mit Vergnügen meine dicke Magd mit ihrem großen Bauerntölpel tanzen und mein Faktotum mit ernster Miene seine Leier spielen. Das alles gibt mir Vorstellungen von Größe und überzeugt mich, dass ich eine Großmacht bin – ein Beweis, dass alles nur auf Einbildung beruht.

»Der Kuhkäs ist köstlich«, sagte sie und erhob sich, »morgen schicke ich euch einen Hund rauf, einen von den alten Jagdhunden. Die sind für die Meute zu langsam, aber schnell genug, um Kaninchen aufzuspüren.«

So kam sie zum Souper, erbost und erfrischt zugleich. Flora hatte sich durchgesetzt, am Kopf der Tafel standen wieder zwei Stühle. Sie atmete auf, sie würde wieder neben Friedrich sitzen. Es war eine kleine Tafel mit zehn Gedecken, und der Oberhofmeister hatte den Gong noch nicht geschlagen, infolgedessen traf sie nur auf drei Herren mit ihren Damen, die noch nicht Platz genommen hatten, aber sichtlich hungrig hinter ihren Stühlen standen. Bei ihrem Anblick verbeugten sie sich ehrerbietig. Es waren Gleichen und die Brüder Ellrod.

»Macht meine Tochter Fortschritte?«, erkundigte sie sich beim Hofmeister Ellrod und winkte nach der Wasserschale.

Ellrod beteuerte, die Prinzessin sei sehr wissbegierig und damit beschäftigt, sich alles über die Hochzeitszeremonien, das Württemberger Haus und dessen Geschichte anzueignen.

Wilhelmine befahl ihm, keine Nachsicht zu zeigen: »Setzen Sie Ihren Unterricht mit aller Strenge fort, es gibt nichts Schlimmeres als geistlose Gattinnen.«

Der Diener, der ihr die Schale zum Händewaschen reichte, war der Tölpel vom Vortag, merkte sie missbilligend. Sie griff nach dem Handtuch und trocknete sich die Hände, als Minni erschien.

An diesem Abend trug sie ein rotes Kleid, rot wie eine Kampfansage, von jener neuen Farbe, die Wilhelmine zutiefst verachtete, weil sie gehört hatte, dass sie durch Zerquetschen von Läusen gewonnen wurde.

Die rote Wolke wehte duftend an ihr vorbei, eine nachlässige Verbeugung andeutend, nickte den Herren hoheitsvoll zu und steuerte den Stuhl am Kopf der Tafel an. Voit stellte sich neben die Tür und klopfte mit seinem Stab auf den Boden, alles sank in die zeremonielle Verbeugung.

Friedrich trat ein, küsste seiner Gattin zerstreut die Hand, erkundigte sich mit abwesendem Lächeln nach ihrem Befinden, wartete ihre Antwort nicht ab und ging zu seinem Stuhl. Ohne weitere Umstände nahm er neben Minni Platz und klatschte in die Hände, damit der erste Gang aufgetragen werde.

In Wilhelmine zersprang ihr Herz, oder war es nur ihre Contenance, etwas explodierte tief in ihrem Innern und zerschellte in tausend Scherben. Sie sah Friedrich und Minni einträchtig nebeneinandersitzen, der Mann und die Freundin, die sie einmal geliebt hatte. Sie hatten sie aus ihrem Bund ausgeschlossen. Sie sah kommen, was sie seit Monaten hatte vermeiden wollen. Minnis rote Robe leuchtete und leuchtete, sprang ihr förmlich ins Gesicht. Bauten ihre Feinde darauf, dass sie sich wie ein Hund verkroch? War sie nicht die Tochter eines Königs und die Schwester eines umjubelten königlichen Feldherrn, des gefeierten Eroberers von Schlesien? Sie warf das Tuch, das sie noch in der Hand hielt, auf den Tisch und schrie: »Was tut sie auf diesem Platz? Wer hat ihr erlaubt, dort Platz zu nehmen?«

Friedrich, der nach seinem Weinglas gegriffen hatte, zuckte zusammen und stellte das Glas wieder ab. Erschrocken schauten die Herren, beschämt senkten ihre Gattinnen ihre Lider, Servietten fielen zu Boden, Bestecke klapperten.

Minni war in ihrem Element. Endlich konnte sie diese hochnäsige, dünkelhafte Markgräfin demütigen. Diesen Platz an der offiziellen Tafel hatte sie sich erkämpft, während Wilhelmine zur Kur war. Seit Wochen saß sie neben dem Markgrafen, war endlich seine Maitresse en titre, ohne dass das Wort ausgesprochen wurde, nur gestern, bei Wilhelmines Ankunft, hatte sie auf seine Bitte äußerst ungern ihren Platz geräumt, aber erst, nachdem er versprochen hatte, Wilhelmine ans Kopfende der Tafel zu platzieren.

»Nun, Madame, ich sitze, wo ich hingehöre«, sagte sie, ohne sich zu erheben.

Diese Frechheit brachte Wilhelmine beinahe um den Verstand.

»Ich fragte, wer Ihr erlaubt hat, dort Platz zu nehmen«, fragte sie schneidend, und fuhr mit erhobener Stimme fort: »Ich habe es ihr nicht erlaubt, ebenso wenig habe ich gestattet, die Tischordnung und die Menufolge zu ändern, meine Oberhofmeisterin von der Tafel zu entfernen, andere Diener zu meiner Bedienung anzustellen.«

Zwar voller Zorn, hatte sie schnell ihre Beherrschung zurückgewonnen, und nannte mit Bedacht nur die Dinge, die ausschließlich auf Minnis Anordnungen zurückgingen. Gern hätte sie ihr auch die verschluderten Baumaßnahmen ins

Gesicht geschleudert, aber dies waren, ob auf ihren Einfluss hin oder nicht, Friedrichs Anordnungen, und diese Blöße wollte sie sich nicht geben.

»Die erste Dame des Hofes benötigt dafür keine Erlaubnis«, schnurrte Minni, streckte sich, nahm die Schultern nach hinten und lehnte sich ein wenig zurück, genau so weit, dass ihr schönes Dekolleté zur Geltung kam und die Augen aller Herren sich schlagartig hoben, um sie zu betrachten. Im Saal wurde es völlig still.

Du Hure, schrie es in Wilhelmine. Sie sah auf Friedrich, der mit seiner Serviette spielte und wünschte, er wäre nicht da. Sag es, schrie es in ihr, sag, dass du es ihr erlaubt hast, damit ich sehe, ob du lügst.

»Die erste Dame bei Hofe ist die Landesherrin«, erklärte Wilhelmine laut, sie konnte nicht verhindern, dass ihre Stimme zitterte.

Minni trank einen Schluck Wein, wobei sie eine rosa Zungenspitze in den Pokal tauchte, und meinte, das könne sich schnell ändern. »Am französischen Hofe ist Madame Pompadour die erste Dame, und war nicht am preußischen Hofe seinerzeit auch die Gräfin Wartenberg …«

Weiter kam sie nicht. Die Erwähnung des einzigen Fehltritts ihres Großvaters in vier Generationen mustergültiger preußischer Ehen war Wilhelmine zu viel. Wütend griff sie nach der Waschschüssel, die der vor Angst erstarrte Diener immer noch hielt, und warf sie mit der Kraft eines antiken Diskuswerfers in Minnis Richtung.

Sie hätte getroffen, wäre Minni dem Geschoss nicht mit einer katzenhaften blitzschnellen Drehung ausgewichen. Die Schüssel knallte hinter ihr gegen den großen Spiegel, zerschellte am Spiegelglas, das Wasser spritzte in alle Richtungen, der Spiegel prasselte in glitzernden Scherben aus dem mächtigen goldenen Rahmen. Das Wasser rann die Wand herab, fand seinen Weg über die Anrichte und tropfte von da erst als langer Faden, dann in kleinen, unaufhörlichen Tropfen zu Boden. Schwankend blieb der schwere Rahmen hängen, polternd rollte die schwere Schüssel, merkwürdigerweise unbeschädigt, über das Parkett und blieb unter dem Tisch zu Füßen des Markgrafen liegen. Der warf seine Serviette auf den Tisch, sprang mit nassem Rücken und undefinierbarem Gesichtsausdruck auf und machte Anstalten, den Saal zu verlassen, Voit einen Wink gebend, ihm zu folgen. Die Frauen schienen seinen Abgang nicht einmal wahrzunehmen. Der übrige Hof wagte nicht, sich zu rühren.

Minni nahm nach ihrem blitzschnellen Ausweichmanöver ihre hoheitsvolle Haltung wieder ein, ließ sich Wein nachschenken, spreizte die Finger.

»Was bilden Sie sich eigentlich ein?«, fragte sie mit hässlicher Stimme, »wollten Sie mir nicht immer dieses Zeremoniell überlassen, das Sie als Ihr Misthaufenkorsett bezeichneten? Sie wollen doch auf dem Parnass der Freundschaft leben, eine vornehme Umschreibung der Insel Kythera, die Sie mit ihrem Liebhaber …«

Wilhelmine erstarrte, jetzt konnte Minni sie vernichten. Aber Friedrich hatte sich bei ihren letzten Worten mit einem Ruck umgewandt und warf Minni einen Blick zu, den offenbar nur sie verstand, denn sie brach ab und fuhr hastig fort: »Gehen Sie auf Ihre Badereisen, weilen Sie bei Ihrem Bruder, ziehen Sie sich zurück auf Ihre Eremitage zum Studium, überlassen Sie die Etikette, die Ihnen lästig ist, unbesorgt mir, ich werde Sie würdig vertreten!«

Wilhelmine ballte die Fäuste.

»Über meinen Platz entscheidet meine Herkunft! Aber diese Person muss jemand in ihre Schranken weisen! Weiß Sie, wo Ihr Platz ist?«, schrie sie. »Ihr Platz, Madame, ist in den Niederlanden, an der Seite Ihres Gatten, und dort wird

Sie sich hinscheren, und zwar sofort! Sie verschwindet nicht nur von meinem Stuhl, sie verschwindet von meinem Hof, und zwar augenblicklich! Ich gebe Ihr bis morgen Zeit, Ihre Sachen zu packen!«

Jetzt sprang Minni auf.

»Ach, in die Niederlande«, höhnte sie, »und wovon, Königliche Hoheit? Wollen Sie mir huldvoll das Reisegeld geben? Sie haben mich ins Elend gestoßen, Sie sind schuld an dieser unseligen Heirat, die mir die Gunst meines Vaters entzogen und mich um mein Erbe gebracht hat!«

»Wer hat Sie großherzig bei Hofe erzogen und gebildet? Wer hat aus einer dummen Gans eine junge Dame gemacht, offensichtlich erfolglos? So dankt Sie es mir, widerliche Schlange, hat sich erst bei mir, dann bei dem Markgrafen eingeschmeichelt. Jetzt zeigt Sie Ihr wahres Gesicht! Lügnerin! Verräterin! Sie schändet meine Güte, Sie missbraucht meine Gnade, Sie tritt meinen Großmut mit Füßen! Sagte ich morgen? Zwei Stunden Zeit bekommt Sie, Ihre liederlichen Sachen zu packen und zu verschwinden.«

Was Minni antwortete, hörte sie nicht. Mit einigen schnellen Schritten war sie bei der Tür und vertrat Friedrich den Weg.

»Ist das dein Werk?,« fragte sie ihn so leise, dass außer ihr nur Voit ihre Worte hören konnte. »Alles sei nur ein Spiel, hast du gesagt, auch die Freundschaft, keine Fragen, keine Vorwürfe! Ist das die neue Spielregel, dass ich von der Bühne verschwinde? Dass ich mich irgendwohin zurückziehe, wo ich euer Tête-à-tête nicht störe? Willst du das Spiel auf diese Weise fortsetzen?«

Er sagte, sie aus leeren Augen ansehend, leise: »Nein, dieses Spiel langweilt mich.«

Sie wurde schärfer. »Meine Demütigung langweilt dich. Das bedauere ich unendlich. Vielleicht wirst du dich nicht mehr langweilen, wenn ich mit meinem Bruder gesprochen habe, wenn er mit seinen Truppen dieses lächerliche Land, diesen Flickenteppich, kurz und klein geschlagen hat, wenn es wieder zu Preußen gehört und kein neuer Hausvertrag geschlossen wird und du auf deinen Schulden sitzenbleibst. Dann kannst du deine grandiosen Jagden hier in diesem verwahrlosten Schloss durchführen und Ratten schießen, um dich und dein liederliches Weibsstück zu ernähren.«

Atemlos sah sie ihn an, wie ein Gebirgsbach funkelten ihre Augen. Voit presste die Lippen zusammen. Friedrich lächelte ein kleines, trauriges Lächeln.

»Womit willst du mir drohen, Wilhelmine? Haben wir einen Sohn?«

Da war es wieder, ihr Versagen, wie eine schwarze Wand schob es sich in den Raum.

»Wir haben doch keinen Erben, wozu einen neuen Hausvertrag?«, fuhr Friedrich mit eigenartiger schleppender Stimme fort. »Soll dein Bruder doch alles kurz und klein schlagen, nach meinem Tod wird er das ohnehin tun. Für wen sollen wir dieses zerrissene Land zusammenhalten? Wir sind Aussterbende, wir bewegen uns durch unser Land wie einst diese Mammuts, schwer die riesigen Zähne vor uns herschleppend als Trophäen einer aussterbenden Macht. Auch sie …«, er machte eine vage Kopfbewegung in Minnis Richtung, »sie, die nur eine mittlere Laufbahn als Markgrafenliebchen anstrebte, genau genommen sind wir alle schon jetzt tot und begraben. Unsere Überreste wird man einmal in marmornen Sarkophagen finden wie das vergilbte Elfenbein in den Höhlen des Alten Gebirges.«

Damit wandte er sich ab und ging mit hängenden Schultern hinaus. Wilhelmine sah ihm zutiefst erschrocken nach. War das Friedrich, der Vielgeliebte, der charmante Draufgänger, Jäger und Reiter, der liebevolle Vater und vergnügte Flötenspieler?

Voit sah von seinem langjährigen Schützling zur Markgräfin, aus deren Gesicht die Wut gewichen war. Tränen liefen ihr die Wangen hinab, namenlose Furcht vor der Zukunft umklammerte ihr Herz.

»Hoheit!«, flüsterte Voit eindringlich, »ich beschwöre Sie, dieser Konflikt kann nur von Berlin aus gelöst werden!«

Wilhelmine sah ihn unter Tränen erstaunt an. Friedrich liebte sie nicht mehr, daran konnte der Bruder nichts ändern. Sie konnte sich auf eines der märkischen Schlösser zurückziehen, wenn er ihr die Schande antäte, sich scheiden zu lassen, ach, was hatte sie getan!

»Tragen Sie Sorge für die Scherben, ich bitte Sie!«

Welche Scherben? Er verstand nicht. Wilhelmine errötete in Erinnerung an ihren Auftritt, erklärte ihm aber, er solle die Spiegelscherben aufheben. Nun begriff er. Ob man den Spiegel kleben solle? Sie schüttelte den Kopf. Ob man die Scherben in ihr Gemach bringen solle?

»Bringt sie auf die Eremitage«, sagte sie langsam, mit einem seltsamen Lächeln, »dort ist Platz für die Scherben meines Glücks.«

49

IM ERSTEN MOMENT wollte sie nicht glauben, dass es so einfach sein sollte.

»Hängt alles nur an Dukaten, Voit?«

»Dukaten regeln in diesem Fall alles, Hoheit, glauben Sie mir, ich kenne den Markgrafen von klein auf! Er hat seine Mutter früh verloren, er will von jedermann geliebt werden. Er befürchtet, dass alle Welt über ihn reden wird, wenn er seine Mätresse nicht in Ehren verabschiedet, sondern ins Elend stößt.«

»Und wenn sie dann immer noch nicht geht?«, fragte sie zweifelnd.

»Sie wird gehen, Hoheit, sie wird! Gräfin Burghaus hat all ihre Bezüge, allen Einfluss bei den Österreichern verloren. Maria Theresia braucht keine Spionin, die das Einvernehmen des markgräflichen Paares stört.«

Minni war also kurz nach der Machtübernahme gescheitert. Aber es half nichts, Friedrich hatte sie nach ihrem Rausschmiss im Gesandtenhaus einquartiert, sie lebte immer noch unter seinem persönlichen Schutz, jeder Blick aus dem Fenster auf das Haus mit dem roten Adler über dem Tor machte sie krank.

Wilhelmine überlegte, dass sie in diesem Fall dem Bruder die Mätressenwirtschaft an ihrem Hofe eingestehen musste. Es wurde ihr sehr sauer.

»Ich habe noch zehn silberne Leuchter von meinem Vater, sie sind schwer und äußerst wertvoll. Ich hänge nicht daran, wenn ich ihr die überlasse?«, fragte sie hoffnungsvoll.

»Hoheit, Sie sollten ihr nichts überlassen ohne das Versprechen, dass sie Baireuth verlässt.«

Das war richtig. Bei dem Gedanken, dass Minni noch während der Hochzeit ihrer Tochter im September hier sein würde, fuhr ihr ein eisiger Schreck durch den Körper.

»Dennoch ist Ihre Idee gut«, sagte Voit langsam, »packen wir die Gräfin bei ihrer Geldgier. Ich werde ihr sehr deutlich vermitteln, dass Sie ihr anderenfalls einen Kübel Mist vererben ...«

Wilhelmine lachte hell auf. »Voit, Sie sind ja ein richtiger Intrigant!«

»Dieses Land liegt mir am Herzen, Hoheit, und ich möchte nicht, dass der Markgraf in seinem Schloss Ratten jagen muss.«

Wilhelmine sah beschämt zu Boden. »Das war im ersten Zorn.«

»Im ersten Zorn sagt man meist die Wahrheit, Hoheit.«

»Im ersten Zorn geht die Welt unter, man weiß nicht, was man redet«, widersprach sie. Voit neigte den Kopf und sagte: »Wir werden die Gräfin Burghaus ruhigstellen, bis Antwort aus Berlin eingetroffen ist.«

Nun saß sie an ihrem zierlichen Schreibsekretär, um sich herum zerknülltes Papier, und wusste nicht, wie sie beginnen sollte. Wie einfach es ist, Noten zu schreiben, dachte sie, die Feder in den chinesisch bemalten Fayencebehälter tauchend, soll ich Fedéric mein Geständnis als Flötenkonzert schicken? Oder als Oper? Das gäbe einen schönen Stoff, untreue Gattin verstößt Mätresse des Gatten. Nein, nie durfte der Bruder Details erfahren. Zum fünfzigsten Mal begann sie: »Liebster Bruder!«

Sie musste an sein Herz appellieren. Ihn anflehen. Sie begann, die Buchstaben sorgfältig mehr zeichnend als schreibend: »Ich möchte Dir mein Herz öffnen und mit Dir vertrauensvoll und aufrichtig über ein Thema sprechen, das mir seit Jahren den tödlichsten Kummer bereitet hat. Wie oft habe ich mir nicht Vorwürfe über mein verkehrtes Benehmen gemacht …« Sie überlegte. Sie musste alles auf sich nehmen, auch wenn es sauer wurde. Sie strich das letzte Wort und schrieb: »gegen dich gemacht. In Deiner Hochherzigkeit hast Du mein früheres Unrecht vergessen; nichtsdestoweniger denke ich unausgesetzt daran.«

Jetzt reicht es mit diesen Selbstbezichtigungen, dachte sie, dies geht sehr weit. Aber es hat keinen Sinn, von ihm Gerechtigkeit zu fordern, nur Barmherzigkeit. Schnell fügte sie hinzu: »Meine letzte Krankheit, die Nähe des Todes, hat mich in meinen Gedanken bestärkt.«

Jetzt musste sie aber zur Sache kommen. Vorsichtig begann sie zu formulieren: »Falsch angebrachtes Mitleid und allzu große Schwachheit gegenüber einer Person, die ich mir treu ergeben glaubte, haben mich straucheln lassen. Zu meiner Rechtfertigung kann ich nichts weiter anführen.«

Sie las sich den letzten Satz durch. Das war gut, keine Namen, und sollte je ein Mensch sie der Untreue bezichtigen, so war mit diesem Bekenntnis der doppelte Boden bereits gelegt.

»Ohne mein schrankenloses Vertrauen in Deine Güte würde ich nicht wagen, Dich zu bitten, mich aus dem Labyrinth zu retten, in das ich so lächerlich hineingetappt bin. Ich habe das Schicksal vieler Großer erfahren: Ich glaubte, eine wahre Freundin gefunden zu haben, aber sie stahl mir das Herz meines …«

Sie warf die Feder aufs Papier, wo sie einen hässlichen Klecks hinterließ, und ging erregt zum Fenster. Nein, sie konnte es nicht zugeben, nicht nach seiner süffisanten Bemerkung über den Hahnrei, der alles zuletzt merkt, nein, und den Markgrafen wollte sie auf keinen Fall in die Sache hineinziehen. Sie setzte sich wieder und schrieb sorgfältig: »Ich glaubte, eine wahre Freundin gefunden zu haben, und mein Lohn war aller erdenklicher Undank.«

Undank, das war keine Lüge. Der Rest fiel ihr leichter, zügig schrieb sie in ihren weit nach rechts schwingenden, schmal geschwungenen Buchstaben ohne weitere Unterbrechung: »Meine Eigenliebe stöhnt auf, sich so getäuscht zu sehen, und mein Herz leidet, weil ihm das Einzige geraubt ist, was zum Lebensglück beitragen kann. Ich habe die verhängnisvolle Ehe der Burghaus gestiftet, die ich so bitter bereuen muss. Sie hat all ihr Hab und Gut verloren und ist gegenwärtig im tiefsten Elend, denn ihr Gatte hat seit zwei Jahren keinerlei Einkünfte aus seinem Regiment, und eigenes Vermögen besitzt er nicht. Das Wenige, was ich geben kann, reicht bei weitem nicht hin, um sie außerhalb zu erhalten. Unserer beider Gemütsart passt nicht mehr zusammen. Sage dir selbst, liebster Bruder, ob ich sie in ihrer jetzigen Lage lassen und sie sozusagen ins Elend schicken kann, nachdem ich so viel Aufhebens von ihr gemacht habe. Ich lege Ruf und Ehre in Deine Hände. Nur du kannst meinem Geist und meinem Herzen die Ruhe wiedergeben, indem Du ihr auszahlst, was ihr Vater ihr vermacht hat. Unter dieser Bedingung ist sie entschlossen, dies Land für immer zu verlassen. Ich beschwöre Dich mit gefalteten Händen, gewähre mir diese Gnade! Diese Dankespflicht wird zu vielen anderen hinzufügen und nicht aufhören, sie zeitlebens anzuerkennen Deine Dich liebende Schwester Wilhelmine.«

Nicht mehr durchlesen, dachte sie, während sie Sand über die feuchte Tinte streute, sonst fällt mir wieder etwas auf, was ich korrigieren muss. Fort mit dem Brief, jede Minute ist kostbar, die mich früher von ihrer Gegenwart befreit.

Sorgfältig versiegelte sie den Brief und läutete nach Flora.

»Besorge schnell diesen Brief, liebe Flora«, sagte sie, »wenn Gott meinem Bruder ein Herz gegeben hat, wird mein Leben durch diesen Bettelbrief endlich in ruhigeren Bahnen verlaufen.«

Sie nahm ihre unruhigen Gänge von Fenster zu Fenster wieder auf. Es arbeitete in ihr. Mit entschlossenen Schritten kehrte sie an ihren Schreibsekretär zurück, entnahm der Schublade einen weiteren Bogen und schrieb, ohne zu zögern, mit schwungvollen großen Buchstaben darauf: »L'homme«.

»Der Mensch«, murmelte sie, »was ist der Mensch, wenn er nicht von seinen Leidenschaften beherrscht wird. Er sollte dem Guten, Wahren und Schönen dienen, seine Liebe soll eine vernünftige sein, nur das macht ihn würdig, die erste Stelle der Schöpfung einzunehmen.«

Sie begann zu skizzieren, Schluss mit den Leidenschaften, den tragischen Verwicklungen, den tödlichen Familienfehden, Schluss mit Opern wie »Argenore«. Ihr Genuss lag nicht mehr in der Rache, niemand musste mehr im letzten Akt hingemetzelt zu Boden sinken. Ein neues Kapitel würde sie aufschlagen, in ihrem Leben und in der Operngeschichte, alles, alles würde sie ändern, von Grund auf. Keine Menschen mehr mit bösen Charakteren, werden wir nicht alle verführt?

Sie sah Friedrichs hängende Schultern, seinen schleppenden Schritt, sein müdes Lächeln. Seine Distraktionen hatten ihn nicht bereichert, sondern ärmer gemacht. Voluptia, die Wollust, hat ihn verführt, nur die Vernunft konnte ihm zu den wahren Tugenden des Lebens verhelfen.

Mit großer Trauer im Herzen schrieb sie die Geschichte einer Verführung auf, ein theatralisches Fest, nicht lang, nicht opulent. Auf der einen Seite der Geist des Lichts und seine Tochter, die Vernunft, dann sein Gegenspieler, der Geist der Finsternis mit seiner Tochter, der Wollust. Darunter das Reich der Sterblichen, unvollkommen, beherrscht von der

Sehnsucht nach Liebe, von Lucosia, eigentlich Amor, dachte sie, aber sie hatte nie eingesehen, warum Amor ein Mann sein sollte, die Liebe war weiblich. Mal erschien sie in ihrer beständigen, vernünftigen Gestalt, mal flatterhaft und vergnügungssüchtig.

Sie betrachtete das kleine Fläschchen von Sophie, das auf ihrem Schreibsekretär stand. Der billige Messingverschluss war angelaufen und verfleckt. Violett schimmerte das Glas. Es war, als hätte sie die wirkliche, vernünftige Liebe in ein Fläschchen abgefüllt, als warte sie nur darauf, hinausgelassen zu werden.

Anima, die Seele, musste hinzukommen, die Wollust zu bannen. Aber hatte die Seele nicht eine männliche und eine weibliche Seite? Voltaire hatte erzählt, dass für die chinesischen Weisen die Seele, das Chi, aus dem weiblichen Yang und dem männlichen Yin zusammengesetzt war und dass der Mensch nur in Harmonie war, wenn er beide Teile in sich vereinte. Das hatte ihr eingeleuchtet.

Ich bin oft sehr männlich in meinem Handeln, meinen Entschlüssen, dachte sie, und Friedrich? Sie sah den lachenden Reiter auf dem neu erworbenen, wilden Pferd, den verwegenen Jäger, den Müden mit den leeren Augen, der von den Mammuts sprach. Er ist so weiblich, so verletzlich, das Draufgängertum muss er wohl haben, um seine Männlichkeit zu beweisen. Zwei Personen, dachte sie, Animus für das Yin und Anemia für das Yang, beide verletzlich, beide werden durch Voluptia verführt.

Und mich, dachte sie plötzlich, was hat mich verführt? Ich gehöre doch auch ins Reich der Sterblichen, was fällt mir ein, mich über Friedrich zu erheben? Bin ich nicht auch der Voluptia verfallen? Ach, ich bin so schwach wie er, dachte sie, ich sollte zuerst mein Opfer bringen, bevor ich eine Oper über die wahre reine, vernünftige Liebe komponiere. Die Oper verlangt Größe in der Darstellung, Verzicht und Edelmut von ihrem Komponisten.

Sie legte die beiden Seiten in die Schublade zurück, drehte nachdenklich die violett schimmernde Phiole in den Händen und legte sie, die Seiten zu beschweren, darauf.

❧ 50 ❧

ALS DIE KIRCHTURMUHR zehn schlug, legte sie die Feder weg und ließ sich mit der Sänfte durch die dunklen Gassen zu Supervilles Haus tragen. Sie sah das Licht in seinem Arbeitszimmer und dachte: zum letzten Mal. Stumm nahm er sie in die Arme, führte sie in sein Schlafgemach, stumm streichelten sie einander, als wollten sie sich nie wieder loslassen, stumm liebten sie sich, stumm lagen sie nebeneinander.

Mein Pirat, wenn jetzt die Barke draußen wartete, ohne Zögern würde ich mich mit dir einschiffen nach der Liebesinsel Kythera und sie nie wieder verlassen bis zu unserem Tod, dachte sie. Aber da ist keine Barke, kein Kythera, kein Parnass, nur kaltes, ödes, bergiges Land. Träfe mich in dieser Sekunde ein gütiger Blitzstrahl, ich würde lodernd verbrennen mit dem Gefühl: für diese Liebe habe ich nicht zu teuer mit dem Tod bezahlt. Sie weinte.

»Meine Schwester in Braunschweig erwartet dich«, sagte sie, »sie sehnt dich herbei, ihre Universität, Bibliothek und die Gesundheit ihrer Familie wiederherzustellen.«

Er lachte bitter. »Habe ich eine Wahl?«

»Du könntest in die Niederlande.«

»Zu spät.«

Sie begann langsam, sich anzuziehen. Er betrachtete ihren schmalen weißen Körper, ihre unbeholfenen Bewegungen. Sie war es nicht gewohnt, sich allein anzuziehen. Wenn dieser geliebte Körper sich jetzt bedeckt, dann habe ich ihn zum letzten Mal gesehen, dachte er und schloss sorgfältig einen Haken nach dem anderen, ich werde sie immer lieben.

Sie griff nach einem Päckchen, das sie sorgfältig in marmoriertes Papier eingebunden und mit einem Samtband mehrmals verschnürt hatte.

»Alle Welt schreibt Denkwürdigkeiten«, sagte sie, »ich bin dieser dummen Mode vor einiger Zeit auch verfallen. Dieses Päckchen enthält mein Leben, es wird viele geben, die wünschten, ich hätte es nie geschrieben.«

Sie reichte ihm das Päckchen. Er nahm es, drehte und wendete es in der Hand wie ein heißes Brot.

»Es hat mir nicht gutgetan, mich an Demütigungen zu erinnern, die ich lieber vergessen hätte. Ich hätte die Zeit besser auf das Komponieren verwendet. Alle niederen Instinkte hat die Niederschrift in mir geweckt, alle Schmerzen kamen wieder hoch. Dieses Buch ist ungerecht, böse und enthält doch nichts weniger als die reine Wahrheit. Ich mag es nicht mehr sehen, keine Zeile werde ich mehr daran schreiben. Ich mag diese Memoiren niemandem anvertrauen als dir.«

Sie sah ihn fragend an.

»Dann ist dies wirklich der Abschied? Jetzt?«, stammelte er.

»Jetzt, für immer und ewig. Ich liebe dich, Daniel.«

Er wollte sich ihr zu Füßen werfen, sie anflehen, ihn nicht zu verlassen, ihr den Sternenhimmel versprechen, schreien, ihr eine Szene machen. Aber er sah auf die bunten Windungen des Papiers in seinen Händen und schwieg.

»Ich liebe dich, dabei kann ich nicht lieben«, fuhr sie fort. »Du bist in mein Leben eingebrochen wie ein schönes Raubtier und hast meine Kälte in Stücke zerrissen. Du hast mich die Liebe gelehrt, du warst ein wundervoller Lehrer, es liegt nicht an dir. Verzeih mir.«

»Was liebst du?«, fragte er leise.

»Du fragst was, nicht wen?«

»Ja.«

»Dann hast du mich verstanden. Ich liebe die Musik. Wenn ich eine schöne Stimme höre, muss ich weinen. Ich habe kein Gefühl, ich bin nur sentimental. Meinen Hund streichele ich öfter als meine Tochter.«

»Wirst du deine Braunschweiger Schwester einmal besuchen?«, fragte er mit trockenem Mund.

»Nein. Leb wohl.«

DIE ANTWORT DES BRUDERS kam schon eine Woche später.
Mit klopfendem Herzen wog sie ihn in der Hand. Er konnte
nur eine Seite umfassen, das war die Abfuhr, die sie vernichten würde, kurz, zynisch.

»Lies ihn mir vor, Flora«, sagte sie schwach, »ich wage
nicht, ihn zu öffnen.«

Sie setzte sich in einen Sessel, schloss die Augen und erwartete ihr Todesurteil.

Flora zückte ihr Lorgnon, das sie seit einiger Zeit ständig um den Hals hängen hatte, öffnete den Brief und las ein
wenig unbeholfen: »Du kannst versichert sein, dass ich Dein
Vertrauen nicht missbrauchen, sondern alles tun werde, was
in meiner Macht steht … Ich habe Podewils gesagt, er solle
an die Schwägerin seines Neffen schreiben …«

Wie er ihren Namen vermeidet, dachte sie gerührt.

»… falls sie entschlossen sei, Baireuth zu verlassen, solle
sie die Zinsen ihres Erbteils erhalten …«

Bei diesen Worten öffnete Wilhelmine die Augen und sah
auf das Bild über ihrem Schreibsekretär. Es war eine Kopie
ihres Kinderbildes von Pesne, das sie ganz besonders liebte.
Es zeigte Fedéric als Dreijährigen und sie im Alter von fünf
Jahren, einen Korb mit Blumen am Arm. Sie griff nach seinem Händchen, das die Trommel und den Schlegel nicht loslassen wollte, als ob sie dem kleinen Bruder den Weg weisen
wollte. Mein Leben lang habe ich ihm den Weg zu zeigen
versucht, dachte sie, jetzt zeigt er ihn mir.

Sie schickte Flora fort, las seinen Brief, las ihn wieder und
weinte vor Dankbarkeit. Sie trat ans Fenster und blickte zum

Gesandtenhaus hinüber. Endlich würde die Verhasste das Haus räumen, endlich konnte sie Friederikes Hochzeit planen und dort ihre Gäste unterbringen, keine hässlichen Auftritte, keine unangenehme Kabale würde dieses große Fest stören. Fedéric, dachte sie, das macht Geschwisterliebe aus. Verständnis ohne Worte, Hilfe ohne Fragen.

Lange stand sie am Fenster, sah auf die Straßen der Stadt, alles schien ihr eifrig, geschäftig, voller Vorfreude auf die große Fürstenhochzeit. Sie verzieh ihm alles, die vermasselte Flucht, seine Kälte und sein Unverständnis in den letzten Jahren, seine spöttischen Bemerkungen über Hahnreie und Zaunkönige.

Fedéric, unsere englische Zukunft wäre eine glänzende gewesen, dachte sie. Stattdessen müssen wir ein Leben aushalten, das uns zu Sklaven macht. Du befreist mich von dieser Feindin, indem du einige Dukaten opferst, nur den kleinen Finger musstest du rühren, um mich von den Felsbrocken zu befreien, die auf meiner Seele lasteten.

Der Himmel färbte sich rosa, wild jagte eine Wolkenbank die andere. Supervilles Kutsche fuhr über den Platz und verschwand in Richtung Erlangen. Etwas zog in ihrer Brust, ein langes Band, das sich um Daniel und sie legte. Loslassen, befahl sie, und das Band schnellte zurück und wickelte sich schmerzhaft um ihr Herz. Folichon winselte.

»Zeit zum Essen, Folichon«, sagte sie mühsam, jedes Wort stieß sie von sich wie einen Steinbrocken.

Lächelnd schritt sie zum Souper, eine Landesfürstin von der eleganten Coiffure bis hin zum zierlichen, mit Seide bezogenen Schuh, lächelnd begrüßte sie Friedrich, der wächsern zurücklächelte. Die Zeit wird seine Wunde schon heilen, dachte sie, es ist kein anderer Schmerz als der des kleinen Jungen, der beim Raufen einen ordentlichen Schmiss bekommen hat. Er weint nicht, weil es weh tut, sondern weil er unterliegt. Nicht seine Wange hat eine Schramme bekommen, sondern seine Eitelkeit, ein Mädchen hat ihn besiegt. Schwermut, dachte sie, ein zu großes Wort für die Schmisse dummer Jungen.

❧ 52 ❧

BIBIENA HATTE EINGELADEN zur Besichtigung, das Innere des Opernhauses sei in der Grundausstattung fertiggestellt. Es war ein frostiger, grauer Märzmorgen des Jahres 1748, aber Wilhelmine leuchtete dieser Tag entgegen. Die Einsamkeit lag um ihr Herz wie eine eiserne Klammer. Aber selbst wenn ich an gebrochenem Herzen sterbe, dachte sie, erst wird Orpheus noch einmal auf dieser Bühne singen.

Die Türen waren noch nicht fertig. Durch die Öffnung, die einmal das Vestibül werden sollte, betrat Wilhelmine das Haus. Bibiena hatte in das steinerne Rechteck des äußeren Baues sanft einen glockenförmigen hölzernen Theaterinnenraum eingebettet. Die Bühne schloss die Glocke an ihrer offenen Seite harmonisch ab. Vom Bühnenboden war noch nicht viel zu sehen, aber unter den offenen Streben sah Wilhelmine zu ihrer Freude viele Arbeiter damit beschäftigt, die schweren Maschinen einzubauen, die blitzschnelle Verwandlungen der Szene ermöglichen würde.

Das große Tor zur Bühne stand offen. Kalte Frühlingsluft wehte hinein, das Licht war das denkbar schlechteste. Dennoch sah sie mit einem Blick, dass die Farben, die Bibiena gewählt hatte, für die Illumination ideal waren. Drei Ränge erstrahlten in weichem Taubenblau, die Füllungen in Türkis, raffiniert gingen die Farben ineinander über. Vor Dumpfheit bewahrten sie die goldenen Verzierungen, mit denen sie bemalt waren.

»Altezza reale! Welche Freude, dass Sie uns beehren!« Bibiena kam ihr entgegen, verbeugte sich, deutete einen Handkuss an.

»Maestro! Erheben Sie sich!« Sie wollte auf die Bühne.

»Attenzione, Altezza, stürzen Sie nicht hinein! Es ist fast neun Fuß tief, wir können fast alle Verwandlungen von unten fahren«, sagte er stolz und erläuterte Details: »Hier kommen die Seilzüge für die Kulissenwagen hin. Wir werden mit Sandsäcken als Gewichte arbeiten, dann können wir die Szene blitzschnell verwandeln.«

»Keine Periakten mehr?«, fragte sie knapp, sie meinte jene prismenartigen Holzteile, die bisher auf der Bühne des umgebauten Redoutenhauses relativ schnelle Verwandlungen ermöglicht hatten.

»Wenn Sie wollen, Altezza, auch Periakten, aber diese ermöglichen Ihnen nur drei schnelle Verwandlungen, für alle weiteren müssen Sie unterbrechen. Diese Kulissenwagen werden von unten mittels Seilzügen und Gewichten verschoben. Das geht wesentlich schneller!«

Beeindruckt sah sie von der Rampe zu den Männern hinab, die die großen hölzernen Walzen und Zahnräder einbauten, nickte dem Maschinenmeister Spindler freundlich zu. Sie benötigte vierzig ihrer kleinen Schritte, bis sie an der Öffnung für das große Bühnentor war. Die Bühne erschien ihr wesentlich tiefer, als sie zu hoffen gewagt hatte. Vor Entzücken schlug sie die Hände zusammen. Bibiena freute sich über ihre Reaktion. »Exakt neunzig Fuß, wie wir besprochen hatten.« Die Bühne war bedeutend tiefer als der Zuschauerraum. Wilhelmine schwieg einen Augenblick. Sie hatte Tränen in den Augen, als sie sagte: »Der Effekt ist überwältigend.«

Die Soffitten würden geradezu eine unendliche Perspektive schaffen. Welche Wirkung hätte das Hafenbild in »Argenore« auf dieser Bühne gehabt! Die Zuschauer wären vermutlich geflüchtet, vor Angst, nass zu werden. Bei dem Gedanken musste sie lachen. Sie nahm Bibiena am Arm und flüsterte: »Wird Apoll mir zürnen? Ist es nicht zu unbescheiden? Man soll den Neid der Götter nicht wecken!«

»Bescheidenheit auf dem Theater?«, fragte Bibiena entgeistert. »Altezza! Wir dienen der Kunst! Wir dienen ihr auf Knien, aber mit aller Pracht! Nein, Altezza reale, Bescheidenheit hat in der Oper nichts verloren!«

Er breitete die Arme aus, als wolle er das gesamte Portal umfassen: »Lassen Sie mich einen Palmenhain hängen mit zehn Soffitten an jeder Seite, Sie werden denken, Sie seien in Afrika, und noch während die Sänger Luft holen, verwandele ich die Szene mit Hilfe der neuen Kulissenwagen in den schauerlichen Innenhof eines Kerkers ... Oh, Serenissimus! Welche Ehre!«

Er sprang von der Rampe hinunter auf Friedrich zu, der im Eingang stehen geblieben war und sich umblickte.

Er kam also doch. Wilhelmines Herz klopfte zum Zerspringen, seit jener Szene an der Tafel hatten sie kein Wort miteinander gesprochen. Voit hatte vermitteln wollen, sie hatte jeden Versuch abgelehnt und sich unpässlich gegeben. Sie hatte die Antwort des Bruders abwarten wollen, bevor sie mit ihrem Mann sprach.

Friedrich begrüßte sie mit formvollendeter Kälte.

Bibiena führte Friedrich an die Rampe und sagte stolz: »Serenissimus werden die größte Bühne Europas sein Eigen nennen können.« Er deutete auf die linke Seite neben der Bühne: »Hier, Serenissimus, werden wir Ihre fürstliche Loge errichten, bekrönt mit dem Markgrafenhut und Ihrem Wappen!«

»Oh nein!« Beide Stimmen ertönten gleichzeitig, Bibiena sah überrascht von einem zum anderen. Wilhelmine betrachtete verlegen den mit Sägespänen und Holzabfällen übersäten Boden. Diese Übereinstimmung, er verabscheute sie, sie verachtete ihn, aber sie wollten dasselbe! Früher hätten sie sich in einem solchen Moment angesehen und gelacht.

Friedrich, der den Blick seiner Gattin ebenfalls mied, sagte: »Ihre grandiosen Bühnendekorationen, Maestro – und ich kann doch davon ausgehen, dass Sie uns zumindest zur Eröffnungspremiere mit Ihren Kreationen beglücken werden? –, sind von dieser Loge ja nicht zu sehen!«

Bibiena hatte sich verbeugt, wie ein Profi, der bereit war, das Angebot, das der Schmeichelei zugrundelag, anzunehmen. Vorsichtig gab er zu bedenken: »Die Königsloge ist immer an der Seite, verehrter Markgraf, sollen nicht die Untertanen gleichzeitig das Bühnengeschehen und die Macht des Herrschers bewundern, dem sie diese Güte verdanken?«

»Sehen Sie, genau das brauchen aufgeklärte Herrscher nicht«, meinte Friedrich ruhig, »wir sind Egoisten: wir nehmen die beste Sicht und die beste Akustik für uns in Anspruch.«

»Und außerdem werden wir eine Krone über unserer Loge und eine über der Bühne haben«, ergänzte die standesbewusste Wilhelmine mit hochmütiger Miene. Sie geht mir auf die Nerven mit ihrem Dünkel, dachte Friedrich.

Bibiena lächelte verbindlich. Das Ansinnen des Fürstenpaares war ungewöhnlich. Er wollte nicht später alles umbauen. Er rief seine Assistenten und befahl ihnen, zwei Stühle nach hinten zu tragen.

»Ich habe Sie gebeten, das Haus schon jetzt in Augenschein zu nehmen, um Ihre Befehle beizeiten ausführen zu können«, sagte er beflissen, »schauen Sie sich in Ruhe um. Vielleicht wünschen Sie außer Ihrer Loge weitere Änderungen.«

Er verbeugte sich und wies auf einige Holzfiguren, die in Kisten auf Stroh lagerten. Alles sei noch unfertig, wenn die Allegorien, die Putten und die blumenumrankten, als Marmor kaschierten Säulen eingebaut seien, bekäme das Haus erst seinen Glanz.

Sie nahmen auf den rasch herbeigeschafften Stühlen Platz. Lange hatten sie nicht mehr allein nebeneinandergesessen. Ihr Blick wanderte durch das dunkle Bühnengehäuse über die Höhle, die noch nicht die Bühne war, nach draußen, wo die große Bühnenauffahrt Licht hineinließ.

»Etwas höher«, meinte Friedrich, um Sachlichkeit bemüht, »unsere Loge sollte so hoch wie zwei Ränge sein. Er ist nicht so weit gekommen, wie ich dachte.«

»Wir hätten das Richtfest bereits im vergangenen Herbst feiern können, wenn du nicht den Bau eines Palais angeordnet hättest«, sagte Wilhelmine bissig.

»Wir hätten bereits Richtfest feiern können, wenn nicht die Ernte im Herbst gewesen und daher die Bauern für Spanndienste keine Zeit gehabt hätten«, antwortete er scharf, »im Übrigen war der Sommer verregnet und die Ernte schlecht, und mit ihr die Abgaben, aber das sind Dinge, von denen Ihro Königliche Hoheit keine Notiz zu nehmen pflegt.«

»Davon nehme ich sehr wohl Notiz, nur sind das vorgeschobene Gründe. Die Wünsche einer gewissen Dame gingen vor. Soll sie in der Loge neben dir sitzen?«

Zum ersten Mal wandte er den Kopf und sah sie an. Im fahlen Licht erschien ihm ihr Profil grau, von Staub umwirbelt. »Wenn du mich verlassen willst, ja.«

Wut flammte in ihr hoch wie ein aufzüngelndes Feuer, aber sie befahl dem Drachen in ihr, ruhig zu sein. Nie wieder im Leben wollte sie eine Szene wie an der Tafel.

»*Sie* wird dich verlassen, nicht ich«, sagte sie kalt.

»Oh! Davon weiß ich ja noch nichts«, entgegnete er sarkastisch.

»Es ist oft so, dass der Herr im eigenen Haus zuletzt erfährt, was geschieht«, konstatierte Wilhelmine kühl, »das Gefühl kenne ich gut. Dachtest du, ich sehe ruhig zu, wie sie das Gesandtenhaus bewohnt, wie du ihr heimlich das komplette Meublement vom Schloss hinüberschickst und ihr im hochherrschaftlichen Ambiente Besuche abstattest?«

»Du siehst bei nichts ruhig zu«, sagte er gepresst. Sie lachte auf.

»Doch, hier in der Oper! Hier werden wir sitzen, stumm, mit kalten Lippen, zuhören, weil wir uns nichts zu sagen haben, zuschauen, damit wir den Hass in unseren Gesichtern nicht sehen müssen.«

Bibiena kam auf sie zu, sie gab ihm eindringliche Zeichen mit Augen und Zeigefinger, er verstand, drehte um und ging zu St. Pierre und Gontard, die gekommen waren und den Markgrafen sprechen wollten.

»Ist nicht so günstig, Signori«, sagte er. St. Pierre verstand. Jeder hatte von dem Rausschmiss der Favoritin gehört, die Markgräfin hatte auf ungewöhnlich harte Art durchgegriffen.

»Soll ich warten?«, bot Gontard an.

»Besser nicht, wenn es sich aufschieben lässt«, meinte Bibiena voller Verständnis für das Paar im Halbdunkel. Alles drehte sich immer um Amore, ob es nun Napolis Fischweiber oder die großen Fürsten waren, das schlug und vertrug sich, da störte man besser nicht.

»Also morgen.« St. Pierre wandte sich zum Gehen, und schon auf dem Weg zur Baustelle hatte er vergessen, weshalb er gekommen war: Nirgendwo im Opernhaus war ein Kamin vorgesehen. Das riesige Haus war nicht beheizbar. Der von der Sonne verwöhnte Italiener Bibiena hatte darüber nicht nachgedacht, und St. Pierre scheute sich, ohne Rücksprache mit ihm und der Markgräfin einen Kamin einzubauen, immerhin war alles aus Holz, ständig hörte man von Theatern, die bis auf den Grund niederbrannten. Eiserne Öfen hatte er vorschlagen wollen.

»Hast du wirklich nicht bemerkt, wie sie deine Position ausnutzte«, erregte sich Wilhelmine währenddessen, »dass es ihr um nichts anderes ging als um Macht und Einfluss?«

Er sah sie schräg an. »Tatsächlich? Und um was ging es Superville, Leibarzt, Bergbaudirektor, Kanzler der Universität …«

»Superville wird an den Braunschweiger Hof gehen«, sagte sie, »und die Gräfin Burghaus wird Baireuth verlassen.«

Er fuhr sich mit der Hand über die Augen. »Wilhelmine«, sagte er eindringlich, »Minni wäre längst fort, wenn ihr Mann Einkünfte hätte …«

»Sowie sie Baireuth verlässt, bekommt sie die Zinsen auf ihr Erbe ausbezahlt.«

Er schwieg. Lange saßen sie dort nebeneinander in einem bitterkalten Rohbau, der das prachtvollste Opernhaus Europas werden sollte, unversöhnlich, hilflos, geschwächt durch Auseinandersetzungen, denen sie nicht gewachsen waren. Sie hatten kein Auge für die entstehende Schönheit, die sie umgab, die brillante Akustik, die raffinierte, allerneueste Bühnentechnik, die lächelnden Figuren der Musen. Aber das Theater ließ sich nicht täuschen, seine sanft geschwungene hölzerne

Glocke in Türkis und Gold umhüllte sie wie ein wärmender Mantel.

Sonsine hätte gewusst, was in einem solchen Augenblick zu tun ist, dachte Wilhelmine, und der Schmerz um das geliebte Fräulein griff nach ihr und ließ sie kurz und trocken aufschluchzen.

Friedrich erhob sich schnell, auf Tränen hatte er nicht die geringste Lust. Er fand auch nicht, dass sie einen Grund zum Weinen hatte. Sie zog alle Fäden, und er zappelte daran wie ein alberner Hampelmann.

»Richten wir die Loge an dieser Stelle ein«, entschied er, »für die alten Tanten. Ich werde ohnehin vorn an der Orchesterbalustrade sitzen während der Vorstellungen.«

❧ 53 ❧

Es war Mai geworden, noch kühl waren die Abende, aber die Tage unter Blüten und frisch erwachtem Grün versprachen heiter zu werden. Minnis Auszug wollte sie nicht erleben, sie fuhr endlich einmal wieder hinaus nach Sanspareil.

»Wir machen uns ein paar schöne Tage, du und ich«, sagte sie zu Friederike und küsste sie in spät erwachter Mutterliebe, sie war so schön geworden, so verständig, und sie sang recht hübsch. Ausgerechnet jetzt, wo sie endlich mit ihrer Tochter etwas anfangen konnte, musste sie sich von ihr trennen.

Morgens schrieb sie an »L'homme«, ihrem neuen Singspiel, das unter dem italienischen Titel »L'huomo« gespielt werden würde. An den Nachmittagen unternahm sie ausgedehnte Spaziergänge mit der Tochter, bereitete sie auf die Hochzeitszeremonien vor, am Abend musizierten sie vierhändig am Cembalo.

Mit Schaudern erinnerte sich Wilhelmine an das feindselige Verhalten der Königin vor ihrer Hochzeit, auf keinen Fall wollte sie Friederike eine solche Mutter sein. Behutsam fragte sie, als sie auf dem mächtigen Felsen im chinesischen Pavillon saßen: »Bist du deinem Bräutigam auch wirklich zugetan?«

Friederike sah träumerisch in die Baumkronen. Zugetan, ein seltsames Wort, es klang nach Sonsine, nach einem vergangenen Jahrhundert. Sie wusste es nicht.

»Wir Frauen haben oft zu hohe Erwartungen an unsere Gatten«, begann Wilhelmine vorsichtig, die sich keine Hoffnungen machte, dass Herzog Karl Eugen ihrer Tochter treu bleiben würde. Dafür war er noch zu unreif.

Friederike spielte mit ihrem kleinen Hund, einem Nachfahren des Bufferle, den der Vater ihr geschenkt hatte. »Ich habe keine Erwartungen«, sagte sie.

»Ehemänner sind nicht wie Liebhaber«, fuhr Wilhelmine vorsichtig fort.

Friederike sah sie erstaunt an. Woher kannte die Mutter den Unterschied?

»Wir müssen sie auch einmal loslassen können.«

»Mutter! Das könnte *ich dir* sagen! Was war das neulich für ein Auftritt beim Souper?«

Eine tiefe Röte breitete sich auf Wilhelmines Gesicht aus.

»Es gibt Dinge, die müssen Frauen sich nicht gefallen lassen«, antwortete sie.

Sie hatte bereits alles für die Rückkehr nach Baireuth am nächsten Morgen vorbereiten lassen, da kam Friedrich mit großem Gefolge heraufgeritten und lud Mutter und Tochter zu einer »Sonnenuntergangs-Surprise«, wie er es nannte.

Auf den schmalen, von Tuffstein gesäumten Wegen gingen sie, von Fackelträgern flankiert, durch die Felseninsel zur Grotte der Kalypso. Sie traten unter den mächtigen weißen Felsen. Direkt dahinter erhob sich das noch unfertige, aber festlich illuminierte Ruinentheater. Steinerne Fratzen aus Tuffstein grinsten sie an. Festlich spielten links und rechts auf den Treppen neben dem steinernen Orchestergraben Trompeter auf. Das Theater war wesentlich kleiner als das auf der Eremitage, über seine Bühne erhoben sich vier aus unbehauenem Tuffstein roh aneinandergemauerte Bögen als natürliche Kulisse, der mittlere scheinbar geborsten.

Friedrich hatte alle Schauspieler der französischen Komödie hinaufkommen lassen, ebenso das Ballett und Wilhelmines kleines Kammerorchester, das die Markgräfin in diesem Augenblick mit einer festlichen Ouvertüre begrüßte.

»Ich weiß wohl, was die Eidechse auf dem zweiten Bogen bedeutet«, flüsterte Friedrich ihr zu, »heute Abend wirst du meine Antwort sehen.«

Sie errötete. Jeder Bogen trug in seiner Mitte ein Wahrzeichen, der erste zeigte die klassische griechische Bühnenmaske, der hinterste die Maske des Trauerspiels, Furcht und Schrecken, die Wirkung der klassischen griechischen Tragödie auf die Zuschauer, sollten die Bögen symbolisieren. Den mittleren Bogen mit dem Symbol der Eifersucht zu dekorieren, war ihre Idee gewesen, als sie, bösartig vor Wut auf die vermeintliche Liebesinsel Friedrichs, heraufgekommen war und einiges an der klassischen Ausstattung durch eisige Ironie in ihr Gegenteil verkehrt hatte.

»Dann weißt du auch, was der dritte Bogen bedeutet?« Er schüttelte nachsichtig den Kopf. Der dritte war geborsten, was sollte er schon Signifikantes darstellen.

»Das Lachen ist heruntergefallen«, sagte sie traurig.

»Die Komödianten werden es schon finden«, meinte er und klatschte in die Hände, damit das Spiel begann.

Friedrich hatte »Das Spiel von Liebe und Zufall« ausgewählt, eine Komödie des großen französischen Spötters Pierre Carlet de Marivaux, neben Moliére und Goldoni Friedrichs Favorit.

»Den Liebenden kommt der Zufall zu Hilfe«, sagte er leichthin, »Seine Majestät König Zufall entscheidet über alles, wir sollten uns nicht so wichtig nehmen.«

Niemals, dachte sie, wenn ich auf diese Majestät gewartet hätte anstatt zu handeln, wo stünden wir jetzt. Verstohlen betrachtete sie Friedrichs vertrautes, ein wenig undeutliches Profil. Er nimmt die Freundschaft als Spiel, die Liebe als Zufall. Er ist leicht, fröhlich, gutherzig. Er ist ein dummer Junge, aber der einzige Mensch, der mich aus trüben Gedanken reißen kann, verschwenderisch breitet er fröhliche Überraschungen vor mir aus wie ein Seidenmantel mit leuchtenden Stickereien.

Sie dachte an »L'huomo« und fügte in Gedanken hinzu: wenn er sich nicht von seinen Zerstreuungen beherrschen lässt. Sie applaudierte lange, saß noch einen Moment da und ließ die Weisheit des Komischen auf sich wirken.

»Ist sie weg?«, fragte sie, ohne Friedrich anzusehen.

»Ja«, sagte er.

»Tut es dir leid?«

»Jetzt nicht mehr. Es war nie bedrohlich für dich.«

»Dachtest du wirklich, sie hat dich um deiner schönen Augen willen geliebt?«

»Hat Superville dich um deiner schönen Augen willen geliebt?«, fragte er, starr auf die Bühne sehend.

»Ich weiß nicht. Es ist nicht mehr wichtig.«

Die Komödie war beendet, Musik spielte auf. Elfen, Berggötter und Waldwesen tanzten auf der grottenartigen Bühne, geheimnisvoll schillerte der Satyr im grünen und roten Flackerschein zwischen den Tuffsteinnischen.

»Gibt es einen Weg, der uns zueinanderführt?«, fragte sie zögernd.

»Er ist ein wenig verschlungen, aber ich bin ebenso entschlossen wie Telemach, ihn einzuschlagen.«

Telemach zeichnet sich nicht gerade durch Entschlossenheit aus, dachte sie, er hat sich von der Nymphe Kalypso umgarnen lassen, aber so sind wir, die Menschen. Vielleicht wird alles gut.

❧ 54 ❧

»Es ist viele Jahre her, Serenissimus«, sagte der Zeitungsschreiber Johannes Groß, »Sie halten mich sicher für unzuverlässig.«

Friedrich legte seine Lupe weg, mit der er einen geschnittenen Stein, einen besonderen Liebling seiner naturkundlichen Sammlung, betrachtet hatte.

»Es ist so viel geschehen«, sagte er, »ich habe die Hoffnung begraben, von meiner Mutter jemals wieder zu hören.«

Groß betrachtete die bunt gesprenkelten Vogeleier, die sorgsam in gläsernen Vitrinen lagen.

»Wir waren alle einmal in einem solchen Ei«, sagte der Markgraf, der seinem Blick gefolgt war, »die Vögel brüten, ziehen ihre Küken groß, und wenn sie flügge sind, ist die Aufgabe der Alten erfüllt.«

Groß betrachtete den Markgrafen, dem er viel verdankte. Er war gealtert, weich, ein wenig schwammig, undeutlich waren seine Züge geworden, während das Gesicht seiner Gattin immer spitznasiger und markanter wurde. Die Neutralitätspolitik, das ständige Vermitteln, das unklare Tun hatte an beiden auf unterschiedliche Art gezehrt, und Preußens König war zu Beginn dieses Jahres 1753 weit davon entfernt, Krieg zu vermeiden.

»Ich habe einen Menschen gefunden, der Ihnen besser Auskunft geben kann als ich, Hoheit«, sagte er. Er holte den Oberhofmeister, der vor dem Kabinett gewartet hatte.

»Lewenhaupt!«, sagte er Markgraf überrascht. Der Schwede hatte als Stallmeister bei ihm begonnen.

»Vor einigen Monaten hatten Sie die Güte, Hoheit, mich zu beurlauben, damit ich mich wieder einmal um mein Gut Stäflö in Schweden kümmern konnte. In Stäflö warf sich mir eine ältere Dame zu Füßen, die mir als Dorothea von Zeidewitz vorgestellt wurde. Sie …«

Lewenhaupt stockte und sah zu Groß. Der nickte aufmunternd.

»Es handelt sich um das Pseudonym Ihrer Frau Mutter, und sie bat mich, Ihnen dies zu geben«, sagte Lewenhaupt rau. Als habe er Angst, zog er hastig einen Umschlag aus dem Ärmel.

Friedrich nahm ihm den Umschlag ab und betrachtete ihn. In einem Land, in dem kein Pfeffer wächst. Seine kräftigen Hände zitterten.

»Sie haben sie gesehen?«, fragte er rau. »Wie sieht sie aus?«

»Wie eine Frau, die gebüßt hat. Sie ist siebenundsechzig Jahre alt, wurde 1734 für tot erklärt und von Kammerherrn Brehmer heimlich nach Schweden verbracht. Sie lebte auf dessen Landsitz mit seiner Schwester und deren Kindern, aber nun verstarb Brehmer ... Hoheit, sie tat mir unendlich leid, ich würde ihr gern helfen.«

Friedrich hatte den Umschlag noch immer nicht geöffnet, starrte darauf.

»Wie?«, fragte er mühsam.

»Sie könnte mit meiner Gattin auf Stäflö ihren Lebensabend beschließen, wenn Sie ihr nur eine kleine Rente aussetzen würden, sie besitzt nichts, nicht einmal eine ordentliche Garderobe ...«

Der Markgraf hob die Hand. Seine Augen glitzerten verdächtig.

Ohne den Umschlag zu öffnen, winkte er die Herren zu einer Vitrine. Er zog die Schublade auf und entnahm ihr ein großes, grau gesprenkeltes Ei.

»Diesem unscheinbaren Ei entschlüpft ein hässliches Küken. Es wächst zu einem starken Adler, kreist hoch über den Bergen und fragt nie wieder nach seiner Mutter.«

Der Markgraf drehte das Adlerei nachdenklich in den Händen. »Darin unterscheiden wir Menschen uns von den Vögeln. Die Angst um meine Tochter wird mich nie verlassen, auch wenn sie inzwischen erwachsen ist.«

Er legte das Ei sorgsam zurück, verschloss die Vitrine und nahm den Umschlag zur Hand.

»Wir werden niemals zulassen, dass es Unserer Mutter schlecht geht«, sagte er. Es war eine offizielle Erklärung, aber seine Stimme klang belegt. »Und jetzt entschuldigen Sie mich, Messieurs.«

Sie gingen. Später sagte Groß, er sehe noch immer den Markgrafen an der Vitrine stehen, den Umschlag in der Hand, mit einem Blick, weit weg, als spiegelten sich die schwedischen Seen in seinen Augen.

Friedrich nahm den fünfarmigen Leuchter und ging zum Alkoven, in dem sein Lieblingssessel stand und das Tischchen mit der Lupe. Als er den Umschlag öffnete, fiel ihm ein Medaillon in die Hand. Eine junge hübsche Frau sah ihn aus dem goldverzierten Oval an. Schmale Lippen, intelligenter Blick aus aufmerksamen Augen, ein Stich ins Hochmütige. Unter das Bildnis hatte eine zittrige Hand den Namen »Dorothea von Zeidewitz« geschrieben.

Er sah in den Umschlag. Nichts sonst. Tief bewegt betrachtete er die Miniatur. Dies war das Gesicht, das sich über ihn gebeugt hatte in Altendorf, mit dem traurigen Blick, ein Abschied für immer, und nun? Er könnte seine Mutter treffen. Er brauchte nur nach Schweden zu fahren.

Nein! Mit einer heftigen Bewegung stand Friedrich auf. Der leere Umschlag wehte auf den Leuchter. Er merkte es nicht. Der Adler ist flügge, dachte er, und verließ sein Kabinett, die Hand fest um das Medaillon geschlossen. Die ersten Flammen züngelten schon, als er die Tür noch nicht hinter sich geschlossen hatte.

❧ 55 ❧

Es knisterte. Unruhig warf sie sich im Schlaf auf die andere Seite. Was knisterte da? Die Ratten? Halb schreckte Wilhelmine aus ihrem Traum, das Knistern war näher gekommen, sie hörte es inzwischen viel deutlicher. Und es kam immer näher.

Sie läuft durch den langen Gang des Schlosses, der immer voll stinkendem Unrat ist. Sie atmet tief ein, immer an dieser Stelle, dann schürzt sie die Röcke und rennt den verhassten Gang entlang. Schnell, schnell! Wird der angehaltene Atem bis zum Ende des Ganges reichen? Wird sie auch dieses Mal wieder dem entsetzlichen Gestank entgehen? Noch höher rafft sie die Röcke, bis zum Knie, hier sieht es keiner, schneller, da vorn ist das Ende, kein Sonnenstrahl erhellt diesen verwahrlosten, stinkenden Gang, schnell, nur schnell weiter!

Es müssen Ratten sein. Sie greifen Kinder an, sie hat davon gehört.

Vorn lebt der König mit seinem Hofstaat im Gepränge seiner Macht, hinten nagen die Ratten. Das ist seine Strafe, die Ratten kommen, weil er zu geizig ist, das riesige Schloss zu unterhalten. Ein Rattenkönig. Hinter den goldenen Roncaillen der Spiegel, jenseits der grinsenden Putten, vermehren sich die Ratten im verwesenden Unrat. Für seine Töchter ist es gut genug, es sind ja nur Mädchen, die er in diesem verwahrlosten Trakt unterbringt. Keuchend rennt sie weiter, gottlob, da steht Sonsine. Zischend stößt sie den angehaltenen Atem aus und füllt die Lungen mit frischer Luft.

»Prinzessin!«

Da ist Sonsine, sie hört sie! Sonsine ruft nach ihr! Das ist unerhört! Sie soll gefälligst zu ihr, der Prinzessin, kommen, wenn sie ein Anliegen hat, sie wird ihr großzügig jederzeit eine Audienz gewähren. Doch jetzt hört sie wieder ganz deutlich: »Prinzessin!«

Trotzig stülpte sie die Unterlippe nach vorn und sank zurück auf ihr großes weiches Kissen.

»Hoheit, kommen Sie heraus! Schnell! Es brennt! Kommen Sie!«

Wer ruft da? Es brennt? Das Schloss brennt? Dann verbrennen auch die Ratten, das alte hässliche Stadtschloss soll ruhig verbrennen, das wird sie nicht aufregen. Bis auf die Grundmauern soll es niederbrennen, und mit ihm der stinkende, eklige Gang. Alles soll brennen, vor allem die Gemächer, die ihr zur Gefängniszelle wurden, weil sie aus diesem erniedrigenden Leben fliehen wollte, diesem Leben voller Qualen, Hunger, Demütigungen, Krankheiten und Schlägen. Sie sieht die Flammen hoch herausschlagen, sie hört das Knistern, es sind nicht die Ratten, es ist das Feuer! Sie klatscht in die Hände vor Freude. Alles ist nur noch ein Häufchen grauer Asche, da! Sie bläst hinein, voller Vergnügen, sieht zu, wie alles wegweht. Dann dreht sie sich zufrieden um und sagt zur Spreeinsel: Siehst du, nun sind wir beide von diesem Monstrum befreit, du bist nur noch Insel, ich bin nur noch Prinzessin, wir können fließen, wohin wir wollen, fließe, alte Spree, fließe!

»Brecht die Tür auf!«

Das Fenster barst. Gierig züngelten die Flammen herein.

Es ist die Leti mit ihrem Leuchter! Die grässliche Leti, warum ist sie wieder da? Der Vater hat sie doch unehrenhaft entlassen und ihr die liebe Sonsine zur Hofmeisterin gegeben! Laut schreit sie: »Sonsine, hilf mir! Rette mich!«

Da kommt die Leti auf sie zu, mit dem bösen Lächeln, das sie immer aufsetzt, wenn sie die Prinzessin bestrafen will. Mit einer feurigen kleinen Zunge leckt sie sich über die Lippen, warum ist ihre Zunge so orange wie ein Kürbis, warum leuchten ihre tückischen kleinen Augen schwefelgelb? Und warum bellt sie? Gleich wird sie ihr den Leuchter an den Kopf werfen, sie hat es schon einmal gemacht, da war sie erst neun Jahre alt, es tut so weh, sie muss sich schützen. Sie zieht die Bettdecke über den Kopf, nur schnell verstecken vor dieser Leti mit ihrer grässlich bellenden Stimme. Aber schon greifen Arme nach ihr, wollen sie aus ihrem Versteck hervorziehen. Sie wehrt sich: »Hilfe! Die Leti will mich brennen!«

»Schnell, Hoheit! Sie müssen hier raus! Schnell!«

Eine schöne, melodische Stimme. Nein, das war nicht die keifende Leti, sie kannte die schöne Stimme, und da erschien das besorgte Gesicht eines Mannes, Leonardi. Sie lächelte ihn an, begriff nichts, er zog sie mit der Bettdecke hoch, und das Hündchen gleich mit, das mit seinem Bellen vergeblich versucht hatte, die Herrin zu wecken.

»Hoheit! Hinaus, es ist nichts mehr zu retten! Kommen Sie! Schnell!«

Nichts ist mehr zu retten? Mit weit aufgerissenen Augen starrte sie ihren Lieblingssänger an, den jungen italienischen Kastraten mit der unerhörten Stimme, Zaghini hat ihn ausgebildet. Wo wird er singen, wenn nichts mehr zu retten ist?

»Das Opernhaus?«, stieß sie mühsam, unendlich langsam aus dem Albtraum erwachend, hervor, aber Stefano Leonardi lächelte wie ein dunkler Engel vor den lodernden Flammen des jüngsten Gerichts und sagte beruhigend:

»Nein, Altezza, regen Sie sich nicht auf, das Opernhaus brennt nicht. Es ist nur das Schloss.«

Auf seinen Armen trug Leonardi sie hinaus, zwischen brennenden Balken in die grimmige Januarkälte des Jahres 1753, ein italienischer Kastrat rettete die preußische Königstochter. Sanft ließ er sie mit ihrem kleinen Hund zu Boden und wollte davoneilen, da packte sie ihn am Arm und schrie, plötzlich in aller Klarheit: »Stefanino! Die Noten! Die Instrumente!«

Leonardi starrte sie einen Moment an, dann stürmte er los, zu retten, was noch zu retten war.

Wilhelmine saß buchstäblich auf der Gasse, zwischen Menschen, die sich anrempelten, zur Seite stießen, um das brennende Schloss zu begaffen. Wild schlugen die Flammen aus den Fenstern in den nachtschwarzen Himmel. Wo blieben die Wassereimer? Warum wurden sie nicht durchgereicht?

Ein Möbelstück polterte vor ihren Füßen auf die Pflastersteine, es war aus einem der zersplitterten Fenster geworfen worden. Sie zuckte zusammen. War das nicht die neue Kommode, die Spindler ihr im vergangenen Jahr nach der letzten französischen Mode gebaut hatte? Die Schubladen fehlten. Gierige Hände griffen nach dem unvollständigen Möbelstück und schleppten es ins Dunkle. Ein Armsessel folgte. Krachend landete er vor ihr. Folichon jaulte auf und verbarg sich in ihren Armen. Wieder griffen Hände nach dem Möbel, tätschelnd und murmelnd beruhigte sie den Hund und sah auf. Sie legte ihre Hand auf die Armlehne. Scheu wichen einige der Leute zurück.

»Die Markgräfin! Schnell weg!«

»Bleibt! Rettet!«, schrie sie, ihre Stimme war metallisch. »Warum rettet ihr nicht?«

Ein Hustenanfall erstickte ihre Stimme. Die Hände, die nach dem Sessel gegriffen hatten, stellten ihn nun auf, griffen nach ihr und hoben sie darauf wie eine Puppe.

»Bleiben Sie mal lieber drauf sitzen, Hoheit, sonst ist der auch noch weg«, meinte die gutmütige Stimme eines Mannes, »die Leute sind nicht gut auf Euer Gnaden zu sprechen.«

Sie blinzelte gegen die Flammen, wer hatte das gesagt?

Sie sah zum Schloss empor, ungehindert schlugen die Flammen aus den Fenstern, immer wieder hörte sie den scharfen Ton berstenden Glases. Um sie herum rannten die Menschen weg, sie machten keine Anstalten, eine Kette zu bilden, um mit den ledernen Wassereimern, die man dafür extra angeschafft hatte, das Feuer zu löschen.

»Ihr bösen Menschen!«, schrie sie außer sich, von Hustenanfällen unterbrochen, »wollt ihr nicht euer Schloss retten, ihr bösen Menschen!«

Eine magere alte Frau mit strohigem weißem Haar humpelte auf sie zu. Aus ihrem zahnlosen Mund kamen rasselnde Geräusche, es schien ein längst verlerntes Lachen zu sein. Hinter ihr bildeten die Flammen einen teuflischen Heiligenschein.

»*Unser* Schloss! Sie nennt es *unser* Schloss!« Sie sah sich um, die Menschen hatten einen Halbkreis gebildet und hörten gebannt zu. »*Unser* Schloss soll das sein, Prinzessin? Ein Schloss, das wir noch nie von innen bestaunen durften?«

Der Kreis wurde enger, von hinten drängten Leute nach.

»Oh, ich vergaß«, unterbrach sich die Alte und brach in höhnisches Gemecker aus,

»ein einziges Mal durfte ich vor vielen Jahren hinein, um die Aussteuer der Prinzessin zu bestaunen!«

Was waren das für Reden? War die Alte irre?

»Eine reiche Aussteuer«, fuhr die Alte kreischend fort, »der Erlös eines einzigen Stückes hätte drei Klafter Brennholz gebracht, genug, um im grimmig kalten Winter nicht zu erfrieren!«

Hörte sie zustimmendes Murmeln aus der Dunkelheit? Waren die Baireuther irre geworden?

»Aber wir haben sie ja ohnehin bezahlt, die Aussteuer, mit unserer Hände Arbeit, um die Prinzessinnensteuer zusammenzubringen. Zehntausend Gulden!«

Nun kamen sie langsam näher. Wilhelmine sah in verzerrte, zerfurchte Gesichter, in dunkle, entschlossene Augen, auf breitbeinig Dastehende mit geballten Fäusten. Fest drückte sie Folichon an sich.

»Zum Lohn sind wir fast krepiert, als die Soldaten das Land verwüsteten, unser Vieh wegtrieben und alles fraßen, was sie kriegen konnten!«, schrie die Alte, deren schmutziges Gesicht nun rot angelaufen war. Aus der Menge schrie eine junge Stimme zustimmend: »Massakriert haben sie uns! Wo blieb der Schutz des Markgrafen, dem wir Frondienste leisten?«

»Zur Flucht haben sie gerüstet!«, schrie eine andere Stimme.

»Türmen wollte sie, als Krieg war, die feine Markgräfin!«, kreischte eine schrille Frauenstimme. Das war Aufruhr! Offener Aufruhr! Wilhelmine klammerte sich mit beiden Händen an den Lehnen fest, der Hund verkroch sich in ihrem Schoß und gab keinen Laut von sich. Nur nicht schreien, dachte sie, Würde und Haltung bewahren.

»Jawohl, flüchten wollten sie, der gesamte Hof, und uns wollten sie unserem Schicksal überlassen!«, bestätigte die Alte. »Aber jetzt sollen wir das Schloss der Herrschaften retten, die uns im Stich ließen!«

Eine männliche Stimme, ruhig und böse: »Wir sollen das Schloss retten, das die Herrschaften selbst angesteckt haben.«

»Wahr ist's gesprochen, der Königlichen Hoheit war das

alte Schloss ja nie vornehm genug! Da legt man mal Feuer, und wenn ein paar armselige Häuser nebenan mit abbrennen, das kümmert die Durchlauchtigsten nicht!«

Die Stimme der Alten überschlug sich beinahe. Sie schwang nun einen Stock in ihrer gichtigen Hand und humpelte damit auf Wilhelmine zu. Wilhelmine schrie auf und hob die Hände schützend über den Kopf. In diesem Augenblick landete der schwere Spiegel aus ihrem Schlafzimmer neben ihr. Er war aus dem Fenster geworfen worden.

Die Alte sprang entsetzt zur Seite, warf der Prinzessin noch einen bösen Blick zu, blickte dann scheu nach oben, als habe der Himmel sich in ihre Auseinandersetzung eingemischt, und hinkte fort. Die Menge zerstreute sich.

Der goldene Rahmen hatte den Sturz bis auf einen kleinen Riss im Holz unbeschadet überstanden. Rußgeschwärzte Spiegelsplitter ergossen sich wie eine erstarrende Lavakaskade auf das Pflaster. Hallo, Königstochter, sagte sie zu den Scherben, dein Schloss ist abgebrannt, die Spiegel der Vorfahren geborsten. Sie griff nach einer Scherbe und betrachtete ihr Gesicht. Ich bin nicht wie der Sonnenkönig, der in seinem Spiegelkabinett paradiert. Wenn ich in große Spiegel sehe, erblicke ich eine magere, blasse Frau, erschöpft vom Leben, geschwächt von Krankheiten, eine Geizlinie um den Mund vom ewigen Sparen. Mit Grauen wendete ich mich ab und miede den entsetzlichen Ort.

Aber in dieser verrußten Scherbe sehe ich, was mir gefällt: eine vom Schlaf rosa überhauchte Wange, das Stück eines schlanken Halses, ein intelligentes Auge, einen wachen Blick. Jedes schön und vollendet, sogar die schmale, blutleere Linie des Mundes, Erbe des Vaters, die sich zu einem spöttischen Lächeln verzieht wie beim Bruder. Keine Angst, nicht um mich, dachte sie, aber dann fiel ihr die Scherbe aus der Hand.

Wo war Friedrich?

Zitternd stand sie auf. Ich muss wieder hinein, dachte sie, womöglich schläft er so fest wie ich. Sie sah nach den Fenstern seines Schlafzimmers. Von diesem Flügel hatten die Flammen am wenigsten übrig gelassen. Verzweifelt presste sie den kleinen Hund an sich.

»Was können wir nur tun, Folichon?«, murmelte sie mit ängstlichem Blick auf das Flammenmeer.

Plötzlich ertönte ein Pfiff, Pferde bahnten sich den Weg durch die Menge. Sie erkannte das besorgte Gesicht des Oberstleutnants von Gleichen.

»Dem Himmel sei Dank, Hoheit!« Er sprang vom Pferd. »Ihr Sänger hat uns benachrichtigt, sind Sie unversehrt?«

Sie packte ihn am Ärmel: »Wo um alles in der Welt ist der Markgraf? Er war am Abend in seinem Naturalienkabinett! Waren Sie nicht bei ihm?«

Nein, Gleichen war an diesem Abend nicht bei ihm gewesen. Wilhelmine sah nach oben, aber da war nichts mehr, nur krachendes Gebälk, Flammen und Qualm. Sie erbleichte. Gleichen fing sie auf und rief einen jungen Offizier seiner Garde heran.

»Bringen Sie die Markgräfin in die Kirche! – Ich mache mich sofort auf die Suche nach dem Markgrafen«, versprach er, saß auf und sprengte im Galopp davon.

Wilhelmine fühlte sich von kräftigen Armen aufs Pferd gehoben. Alles wird in Asche liegen, dachte sie, Folichon fest an sich drückend, und wenn die Stadt verloren ist, ist der böse Wille der hiesigen Leute schuld daran. Statt mit Löscharbeiten zu beginnen, trieben sie sich auf dem Marktplatz herum und hatten offensichtlich die Gelegenheit zu Plünderungen benutzt. Frauen trugen eilig riesige Ballen von Weißzeug fort, Kinder schleppten Kleidung und Hausrat davon, Männer hatten sich offenbar des Weinkellers bemächtigt, denn sie torkelten, Flaschen mit abgeschlagenen Hälsen in den Händen, grölend und Händel anfangend mit denen, die ihnen die Flaschen abjagen wollten.

Die reformierte Kirche füllte sich. Sie beendete ihr Gebet und drehte sich um. Leonardi war gekommen, rußbedeckt, mit ihm fast das gesamte Ensemble der Oper, auch einige Schauspieler und Tänzer sah sie. Langsam erhob sie sich und ging zu ihnen. Jeder trug etwas auf den Armen und legte es ihr zu Füßen. Tränen stürzten aus ihren Augen.

»Thalia sei Dank, alles ist gerettet!«

Sie sah ihre Bibliothek, anscheinend ohne größere Verluste, sah Notenblätter, Musikinstrumente, Rollenbücher, alles schien da zu sein.

»Ich danke euch«, stammelte sie unter Tränen, »möge Gott euch beschützen ein Leben lang, dass ihr euer Leben riskiert habt für einige Seiten Papier …«

»Es ist unser Beruf«, sagte eine der Schauspielerinnen ernst, »was bin ich wert ohne meine Rollen?«

Plötzlich fing sie an zu weinen. Leonardi tröstete sie. Einer der Tänzer, der nur seinen Schlafrock trug, sagte düster: »Wir konnten den Fundus nicht retten. Alle Kostüme sind verbrannt.«

»Wie sollen wir jetzt spielen?«, rief die Schauspielerin weinend. »Alles ist weg, ich kann doch nicht im Morgenhabilléespielen!«

Das war ihre ganze Sorge. Sie hätte tot sein können, in den Flammen umgekommen, aber worum trauerte sie? Um Theaterkostüme, die nicht einmal ihr gehörten, wie es sonst üblich war, sondern die Wilhelmine hatte anfertigen lassen, weil sich ihr ästhetisches Gefühl gegen diese mitgebrachten Kostüme, die nie zusammenpassten, sträubte.

Diese Menschen sind mein Zuhause, dachte Wilhelmine, dies ist das wahre Leben.

Hätte ich gewusst, wie affektiert und oberflächlich das Leben einer Prinzessin ist, wie bedeutungslos die Etiketten und Zeremonien der Welt sind, wie lächerlich sich die unüberbrückbaren Standesunterschiede ausmachen, ich hätte mich als Komödiantin durchgehungert.

Dann sah sie Friedrich durch die Kirchentür kommen. Er lebte! Sie flog ihm entgegen, stolperte, umfing ihn, hielt sich an ihm fest und weinte.

Er wiegte sie in seinen Armen. Lange hatten sie sich nicht mehr so innig umarmt.

»Du lebst«, flüsterte sie, »ich hatte solche Angst …«

»Dass ich verbrannt wäre?« Er sah ihr lächelnd in die Augen, sein Gesicht war rußgeschwärzt wie seine Kleidung. »Nein, so schnell bringt mich nichts um.«

Er drehte sich um und winkte einem Diener, der rußgeschwärzt, aber respektvoll hinter ihm stand. »Sieh, was ich gerettet habe!«

Er griff nach dem flachen Paket, das der Diener ihm reichte.

»Serenissimus haben es höchstselbst aus den Flammen gerettet«, sagte der Diener bewundernd.

»Den Liotard! Den ausgerechnet musstest du retten!« Wilhelmine betrachtete zweifelnd ihr Bildnis. Er trat an ihre Seite, legte den Arm um sie und blickte liebevoll auf das Porträt. »Ich weiß, du liebst es nicht.«

»So pausbäckig, eine viel zu lange Nase, und dabei ein so …«

»Ein so hochnäsiger Blick«, ergänzte er lachend, »eben darum liebe ich es. Es ist ganz meine Prinzessin sur la feuille de myrthe, erinnerst du dich? Wie wir Maria Theresia unsere Aufwartung machten, wie du all deinen Stolz hinunterschlucktest und der künftigen Kaiserin auf harten Stühlen beim Essen zusehen musstest …«

»Sie hatten immerhin Lehnen«, korrigierte sie. Er lachte.

»Ja, harte, unbequeme Holzlehnen! Als Königin von England hättest du an Maria Theresias Seite gesessen, als Markgräfin konntest du froh sein, nicht auf einem Schemel hocken zu müssen. Liotard hat dich so gemalt, wie du bist: eine Königstochter, auch auf einem harten Holzstuhl …«

Er deutete auf das winzige schurkische Lächeln, das der berühmte Pastellmaler ihr in den Mundwinkel gelegt hatte: »Da sitzt sie, die kleine Ironie des Schicksals! Du warst so absolument comme il faut, eine echte Fürstin, die weiß, dass eine Stunde auf einem harten Holzstuhl ihr Land vor Krieg bewahrt. Zum Dank für dieses diplomatische Kabinettstück ist deine gesamte Familie über dich hergefallen.«

»Das hast du gemerkt?«, fragte sie erstaunt.

»Ich liebe dich! Wie soll ich nicht merken, wenn du gedemütigt wirst? Ich habe mit dir gelitten!«

»Du warst doch immer bei Minni«, sagte sie leise, das Pastellbild betrachtend.

»Es war nie zu Ende«, sagte er leise, »vielleicht sind wir Männer so, wir glauben, etwas zu versäumen, wenn wir nur lieben statt unseren Distraktionen nachzugehen.«

»Und wo ist deines?« Liotard hatte in der kurzen Zeit auch die Tochter und Friedrich gemalt.

»Verbrannt!« Er lachte. »Es war nicht halb so gut wie deines!«

Er strich ihr über die verwirrten Haare und flüsterte ihr ins Ohr: »Verbrannt sind auch viele andere Dinge, dafür habe ich gesorgt.«

Er hatte die Gunst der Stunde genutzt, um sämtliche Baurechnungen ins Feuer zu werfen. Er war sehr zufrieden mit sich, die Verschuldung war so hoch, dass er nicht wusste, wie er den Haushalt jemals wieder in die schwarzen Zahlen bringen sollte. Sogar Ellrod, rehabilitiert und in Gnaden wieder auf seinem Posten, sprach in letzter Zeit immer nur vom Sparen, und das klang so langweilig. Woran sollte er sparen? Alles, was er einsparen konnte, waren Dinge, die ihm Spaß machten. Lieber traf er sich mit dem findigen Bankier Moses Seckel, der immer Geld herbeizuschaffen wusste, dessen Zinssatz war nicht übertrieben hoch, vor allem jetzt nicht, da er Seckel die Baugnaden für seine Synagoge direkt neben dem Opernhaus erteilt hatte.

»Ich will nicht bei diesen bösen Leuten bleiben! Ich will weg von hier!«, weinte Wilhelmine aufgebracht.

»Vielleicht«, sagte er gedehnt, »ist dies gerade der richtige Zeitpunkt für unsere Reise nach Frankreich und Italien. Für deine Kur, meine ich. Wir haben sie schon viel zu lange aufgeschoben!«

Sie wischte sich die Tränen aus den Augen, schniefte, betrachtete ihn, als hätte er den Verstand verloren.

»Ich habe eine Idee! Komm! Wir werden Gäste in Montpernys Haus sein, und ich glaube, er hat auch eine Flasche Champagner retten können!«

Mit liebevollen Blicken betrachtete Wilhelmine Friedrich, sein rußgeschwärztes Gesicht, sein zerrissenes Hemd, den verschmutzten Justaucorps. Ein verrückter Mann, ein ewiger Junge, einer, der in dieser Situation nicht verzweifelte, sondern trollige Einfälle bekam.

In dieser Nacht fanden sie keinen Schlaf. Montpernys Weinkeller war zum Wohl hoher Gäste bestens ausgestattet. Er war Superville auf dessen Posten als Direktor des Bauamtes gefolgt, verband das gravitätische Äußere eines Lebemannes in fortgeschrittenem Alter mit Gelassenheit und Sinn für Humor, war ein glänzender Schauspieler und zögerte nicht, immer wieder die ein oder andere Charge in der französischen Komödie selbst zu geben. Geld für die glänzenden

Vergnügungen beschaffte er durch Steuern, die er ständig mit großem Einfallsreichtum erfand, sehr zum Missvergnügen des Volkes.

Großzügig bewirtete er seine rußigen Gäste, nannte ihren Besuch eine hohe Ehre, ließ Waschschüsseln mit gewärmtem Wasser herbeitragen, Kleidung herbeischaffen und holte seine besten Flaschen Bordeaux höchstpersönlich aus dem Keller.

»Sie verlieren nichts, Serenissimus, das Gemäuer mag zwar von Ihren ehrwürdigen Ahnen im vierzehnten Jahrhundert gebaut worden sein, aber man hätte es schon vor Jahren abtragen müssen, die Bausubstanz war mehr als schlecht.«

Wilhelmine und Friedrich pflichteten ihm bei.

»Warum aber abtragen und neu aufbauen?«, fuhr Montperny fort, in sein großes, gutmütiges Gesicht einen schlauen Ausdruck legend, wie ein Bär, der versucht, den Fuchs zu imitieren. Serenissimus habe doch nicht zufällig die neu erbauten Häuser an der Rennbahn gekauft. »Du hast die Häuser an der Rennbahn gekauft, auch das Meyersche Palais?«, fragte Wilhelmine erstaunt. Montperny stellte sein Glas ab und zwinkerte ihr zu. »Madame, ich würde jeden als Verleumder brandmarken, der Serenissimus als Brandstifter bezeichnet, aber wir wollen nicht leugnen, dass das Schloss zu einem günstigen Zeitpunkt abgebrannt ist.«

»Günstig?«, rief sie aus. »Viel zu spät!«

Sie leerte ihr Glas in einem Zug und lachte mit den Männern. Montperny ging zu seinem Schreibtisch. »Wenn sich die Herrschaften einmal hierherbemühen würden …«

Der Plan war von Pierrot, und er war gut, das sah Wilhelmine auf den ersten Blick. »Cachotterien! Du Heimlichtuer!«, sagte sie. Die Herren tranken sich zu und lachten. Pierrot hatte die noch turmlose Kirche zum prunkvollen Schlossportal gemacht und die Häuser, die links und rechts von ihr standen, mit diesem Portal verbunden. Es war ein kleines

Geniestück. Das Ganze sei ein Klacks, versicherte Montperny, pas d'affaire, und in einem Jahr hätten sie ein neues Schloss.

»Und du meinst wirklich, wir können auch Heeculanä …« Wilhelmines Zunge stolperte nach etlichen Gläsern Rotwein über das schwierige Wort. Montperny hatte sich zurückgezogen.

»Herculaneum ansehen«, half ihr Friedrich, »und Florenz, Pisa und Rom? Ja, das meine ich. Wir werden auf lange Zeit keine standesgemäße Hofhaltung haben. Wenn alles geordnet ist, können wir Montperny und Pierrot guten Gewissens allein lassen!«

»Ich will kein neues Schloss«, sagte Wilhelmine mit schwerer Zunge, »so ein dummes Schloss ist viel zu teuer, lass uns reisen bis ans Ende unserer Tage …«

Friedrich lachte. »Verzeih, aber dafür fühle ich mich mit vierzig Jahren noch zu jung, ich hab eine Verantwortung für mein Land. Aber wenn wir jetzt fahren und in einem Jahr zurückkehren, und das Schloss nicht allzu üppig wird …«

»Nich üppich«, bestätigte Wilhelmine und nippte fröhlich an ihrem Weinpokal, »gar nich üppich, ich hasse diesen Bombass, mir reicht die Eremitage mit meinen Spiegelscherben. Prost!«

Sie tranken.

DER GROSSE, LANGE ersehnte Tag war gekommen. Am 10. Oktober 1754, einem nebelverhangenen, feuchtkühlen Morgen, standen die Kaleschen bereit, robuste, gut gefederte Reisekutschen, einfach, ohne Wappen. Aus Kostengründen reiste man inkognito.

Aus dem beinahe fertig gestellten Schloss trat Wilhelmine, in einem neuen Reisekleid aus karmesinrotem Samt, die kurzen Löckchen mit einer weiß gepuderten Perücke nach der neuesten Mode aus dem Gesicht frisiert, was ihre hohe Stirn und die schmale, lange Nase betonte. Sie war fünfundvierzig Jahre und verdeckte kaum sichtbare Falten am Hals mit Schleifen, Spitzen und Bändern. Für die Reise hatte sie ein Seidentuch im Rot des Kleides gewählt und es sich wie eine cravate vorn zu einer Schleife gebunden. Am Abend würde sie es mit einem Spitzenhalsband vertauschen.

Ihre Wangen waren gerötet vor Aufregung, in dieser Nacht hatte sie keinen Schlaf gefunden. Frankreich! Italien! Endlich sollte ihr Traum in Erfüllung gehen. Im vergangenen Jahr hatte sie aus Rom das begehrte Aufnahmediplom der literarischen »Arkadischen Gesellschaft« erhalten. Man erwartete sie dort und würde sie mit allen Ehren empfangen. Nicht als Markgräfin, nein, als Opernkomponistin und Librettistin war sie aufgenommen worden, über zehn Opern hatte sie inzwischen verfasst, und sie war stolz, für ihr Werk geehrt zu werden.

Der Markgraf kam die Treppe herunter und legte ihr sorgfältig einen schwarzen Umhang über die Schultern, dessen Innenseite mit Pelz gefüttert war. Es war ein Pilgermantel.

Weit fiel der schwarze Samt um sie herum bis zum Boden, rote Schleifen rafften die Ärmel, und um die Schultern legte sich ein Band strahlend weißer Jakobsmuscheln.

Feierlich erklärte Wilhelmine: »Cleorinda Aracinzia, die 513. Schäferin im Reiche des Pan, heißt Sie willkommen, liebe Brüder von den Freimaurern. Wir sind Gleiche unter Gleichen, die Losung heißt Mut und Treue. Wollen Sie mit mir nach Arkadien pilgern?«

Sie sah an sich herab und lächelte: »Ich sehe, Sie vermissen Hut, Stab, Tasche und Flasche! Nun, die Musik ist mein Pilgerstab, die Philosophie mein Hut, die Malerei meine Tasche, aber die Flasche …« Sie betrachtete Folichon wehmütig, dann lachte sie auf: »Ich bin närrisch, ich weiß, aber Narrheit ist eine Himmelsgabe, die uns über unser Elend hinwegtäuscht.«

Friedrich schwang sich auf sein Pferd, die Eskorte ritt an. Folichon, den sie heruntergelassen hatte, winselte und versuchte, an ihr hochzuspringen, aber er war alt geworden, es wurde nur ein kläglicher Hüpfer.

Sie beugte sich nieder, eine Träne fiel auf sein schwarzes Schmetterlingsohr.

»Mein bester Reisekamerad, du musst zurückbleiben. Italien ist zu weit für dich.«

Sie küsste ihn auf die feuchte schwarze Schnauze. Sie sollte ihn nicht wiedersehen.

Epilog. Spiegelscherbe

FRIEDERIKE HAT IHR den schwarzen Pilgermantel umgelegt. Unruhig greift sie nach den Muscheln, dreht sie in den Händen, murmelt:

Die Ruhe flieht, wohin ich gehe
Der milde Schlaf hemmt nicht einmal
Des bangen Herzens herbe Qual
Und alles, was ich um mich sehe
Mein Reich, der Thron, mein eignes Haus
Ist voller Schrecken, Angst und Graus.

Mein Opernhaus wird einmal leer stehen, meine Eremitage verfallen, meine Gärten verwildern, meine Noten in Archiven vermodern. Keine begabte Komponistin werden die Historiker vermerken, nein, eine schrille Prinzessin, die das Land an den Bettelstab brachte, frech über ihre Familie herzog und ihren kleinen Köter mehr liebte als ihre unglückliche Tochter. Mein zweifelhafter Ruhm wird sein, dass ich als Verschwenderin dastehe.

Dagegen ist der Ruhm des Königs von Preußen bereits jetzt mit 12 Millionen Talern erkauft, seit zwei Jahren führt er Krieg, und was hat er gewonnen?

Liebster Bruder, ich erschrak bei deinem Brief. Kann denn ein einziges Kriegsjahr deinen Staatsschatz erschöpft haben? Offen gestanden, ist mir das unfasslich. Meine Juwelen stehen dir zur Verfügung. Nimm sie nur ruhig in Anspruch.

Die Frauen von Rom haben auch ihren Schmuck geopfert. Es ging immerhin um ihre Stadt. Hoffentlich hat er noch einen Rest von Anstand und weist mein Angebot zurück.

Wenn ich geahnt hätte, dass es als Prinzessin nicht hinreicht, edle Taten nur als Deckengemälde zu betrachten, dann hätte ich mich als Komponistin durchgehungert.

Mit Macht erstieg ich einst den Thron
Mit Macht werd ich mich auch drauf zu erhalten wissen.
Das Laster wird der Tugend gleich
Wenn wir dadurch ein erst erfochtnes Reich
Und Rang und Hoheit schützen müssen.
Der ist nicht wert dass ihn das Glück erhöht
Der nur aus Furchtsamkeit nichts Sträfliches begeht.

Das Laster wird der Tugend gleich. Und der Krieg belohnt das Laster. In meiner letzten Oper ließ ich die Vernunft siegen. Die Vernunft wird wohl nur auf der Bühne und niemals im Leben siegen, ich erlebe es jeden Tag. Wann wird das Schlachten ein Ende haben?

Ich will nicht pessimistisch sein. Ich bin nur eine Pilgerin auf dem Weg nach Arkadien. Das Operntheater erfordert etwas Großes im Äußerlichen der Vorstellung. Die Augen und das Gemüt müssen auf gleiche Weise gerührt werden. Die Augen durch das Neue und Wahre im Spiel, das Gemüt durch die Musik und die Schilderung der Leidenschaften.

Ich kämpfe um des Ruhmes willen
Die Tugend führt mich in den Streit
Und siegt hier die Gerechtigkeit:
So heißt dies, meine Pflicht erfüllen.
Glückselig, wenn mein Arm der Wetter Wut bezwingt
Die Sonne und zugleich den Frieden wiederbringt.

Schwach ruft sie nach ihren Lieben und greift nach ihren Händen. Wenigstens geborgen, denkt sie, einsam bin ich immer gewesen.

Die Erinnerung. Voltaire in Kolmar. Die riesige Pont du Gard, das gesamte Tal in steinernen Bögen überspannend. Das Meer, ein einziger glitzernder Edelstein bis zum Horizont. Die weißen Segel, das Knarzen der Wanden. Pompej, Herculaneum. Ihr Blick verliert sich in der Ferne, ihre Augenlider zucken. Bring mich nach Rom, Fedéric, dort will ich sterben, im harten Schatten der Zypressen, betäubt vom Honigduft des Oleanders ... Meine Arkadier sollen mich beerdigen, mit Blick auf die Pinienschirme der Via Appia, ein schlichter Marmorstein mit meinem Namen: Cleorinda Arancincia ...

Zu spät. Nie wieder wird sie Rom sehen, nie wieder den Kopf zu den Fresken Michelangelos heben, nie wieder dem schlauen kleinen Papst Benedikt die beringte Hand küssen.

Ach, wie ich diese lebendige, liebenswerte Lustigkeit von Rom vermisse, die mich aus so vollem Herzen lachen machte! Aber das ist ein Traum, für immer zerronnen, wie die glänzenden und purpurroten Wolken als Begleiter der Aurora mit ihr dahinschwinden. Die langweilige Einförmigkeit des Landes hier, die düstere Traurigkeit des Himmels, die Verschlossenheit ihrer Bewohner, das alles zersetzt mein Sein und stürzt es in dieselbe Nichtigkeit, die ich in allem, was mich umgibt, feststellen kann.

Nach Italien, ruft sie plötzlich laut, nach Italien! Sie bäumt sich auf und sinkt zurück auf die Kissen.

Die verkrampften Hände auf der Bettdecke lösen sich.

Weit hat sie die Augen aufgerissen und wispert: Es ist so kalt. Nur kahle Bäume, garstig, ohne Grün. Ein trauriges Sinnbild des Alters. Warum können wir uns nicht verjüngen wie die Pflanzen, ein neues Kleid anlegen und neue Kraft gewinnen? Das gäbe eine spaßige Verwandlung, wenn wir im Winter alt und im Sommer wieder jung würden! Dann brauchte sich niemand die Gebrechen des Alters vorzuwerfen, und wer am wenigsten kindisch geworden wäre, wäre der Klügste. Welcher Trubel dagegen im Sommer! Alle Welt wäre närrisch vor Vergnügen. Alle Gediegenheit wäre verbannt, aber im Grunde wäre man glücklicher.

Sie lächelt. An der Linken hält sie Friederike, an der Rechten Friedrich, fest drückt sie ihre Hände. Dann lässt sie los.

Wilhelmine, Prinzessin von Preußen, Markgräfin von Baireuth, ist tot.

Nachwort

von Christel Nies

DAS MARKGRÄFLICHE OPERNHAUS in Bayreuth ist zuallererst mit ihrem Namen verbunden. Als Tochter des preußischen Königs Friedrich Wilhelm I. (1688–1740) und seiner Ehefrau Sophie Dorothea von Hannover (1687–1757) wurde Wilhelmine von Preußen am 3. Juli 1709 in Potsdam geboren. Ihre Memoiren, ihre Musik, ihre Baukunst und die Geschichtsschreibung zeichnen ein eindrucksvolles Bild. Unter ihren neun Geschwistern war der drei Jahre jüngere Bruder Friedrich, der spätere König Friedrich II. (1712–1786), aufs Engste mit ihr verbunden. Beide teilten die Liebe zur Musik: Sie erlernte in früher Jugend das Spielen auf der Laute und dem Cembalo oder Spinett, sein Instrument war die Flöte. Zur Musikausbildung der Kinder zählten außer dem Instrumentalunterricht alle Bereiche der Musik, darunter Harmonielehre und Komposition. Sie erlebten die Konzerte der preußischen Hofkapelle mit namhaften Musikern, die vermutlich auch ihre ersten Musiklehrer waren. Die Musik der Komponisten Georg Friedrich Händel (1685–1759) und Johann Sebastian Bach (1685–1750) war am preußischen Hofe bekannt und wurde vermutlich hier aufgeführt, sodass auch die Kinder früh damit in Berührung kamen.

Am Hofe von König Friedrich Wilhelm I. ging es hart und lieblos zu. Unter seinen Schikanen hatte – außer dem Hof mit all seinen Intrigen und Ränkespielen – vor allem die Familie zu leiden. Zu seinem Strafregister gehörten für die Kinder harte körperliche Züchtigung, Essensentzug, Einsperren und Verbot von Musikausübung. Häufig lähmten lebensbedrohliche Krankheiten die Familie, unter denen auch Wilhelmine und ihr Bruder Friedrich zu leiden hatten.

Die Vermählung der Töchter zählte zu den wichtigsten Themen der Königsfamilie, konnte doch eine passende Eheschließung für das eigene Land von politischem Nutzen sein. Schon als Wilhelmine acht Jahre alt war, hielt der Vater Ausschau nach einem Ehemann für sie, nach einem, der vor allem ihm genehm war. Nach jahrelangen familiären Streitereien fiel dann, diesmal sogar im Einverständnis mit der inzwischen 22-jährigen Wilhelmine, die Wahl auf Friedrich, den Sohn des Markgrafen Georg Friedrich Karl von Bayreuth. Nach der Hochzeit in Berlin am 30. November 1731 siedelte sich das Paar am markgräflichen Hof in Bayreuth an. Wilhelmine brachte am 30. August 1732 eine Tochter zur Welt: Elisabeth Friederike Sophie von Brandenburg-Bayreuth. Auf die Geburt des erwünschten männlichen Nachkommen wartete man allerdings vergeblich. Wilhelmine versah als Gattin des markgräflichen Thronfolgers alle ihr auferlegten Pflichten trotz häufiger schwerer Krankheiten mit Engagement und Bravour. Daneben hatte sie jedoch die Möglichkeit und Zeit, sich ihren geistigen und musischen Begabungen sowie der Baukunst zu widmen. Im Gegensatz zu ihrem Vater unterstützte ihr Ehemann sie dabei. Ihren Memoiren vertraute sie an: *Nichts bringt den Menschen der Gottheit näher als die geistige Betätigung. Ich widme mich ihr so viel, als meine Gesundheit es zulässt. Auch mit den Regeln der Baukunst habe ich mich etwas zu beschäftigen begonnen. Dann komponiere ich eine neue Oper, deren Plan ich selbst entworfen habe. Den Vormittag widme ich mich der Physik und der Philosophie, und ein paar Nachmittagsstunden lese ich Geschichtswerke.*

Wilhelmine, die nach Bayreuth das Bewusstsein und die Tradition der kurbrandenburgisch-preußischen Hofkapelle mitbrachte, vervollkommnete hier ihre musikalische Ausbildung bei Hofkapellmeister Johann Pfeiffer, dem Lautenisten Adam Falckenhagen und dem Violinisten Franz Benda. Im großen Saal des alten Bayreuther Schlosses und in St. Georgen am See ließ sie schon bald szenische Kantaten aufführen.

Sie widmete sich vor allem der Musik, sie malte und fertigte Entwürfe für die Gestaltung von Schloss Eremitage. In den Jahren 1744 bis 1750 ließ sie das Bayreuther Redoutenhaus zu einem geräumigen Operntheater umbauen und engagierte dafür die berühmten Theaterarchitekten Guiseppe und Carlo Galli da Bibiena. Das Opernhaus folgt dem Typus des italienischen Logentheaters: Das aus Holz gefertigte dreietagige Logenhaus hat als selbsttragende Konstruktion in der steinernen Gebäudehülle eine hervorragende Akustik. Nach vierjähriger Bauzeit wurde das markgräfliche Operntheater 1748 anlässlich der Hochzeit ihrer Tochter Elisabeth Friederike Sophie von Brandenburg-Bayreuth mit Herzog Carl Eugen von Württemberg eröffnet. Das Opernhaus zählt heute in Europa zu den wenigen erhaltenen Theater- und Opernbauten des Barock. 2012 wurde es von der UNESCO in die Liste des Weltkulturerbes der Menschheit aufgenommen.

Rien ne me fait plus de plaisir qu'un bell Opera mes oreilles comuniquent les doux accsens de la voix jusqu au fond de mon Coeur (Nichts macht mir mehr Vergnügen als eine schöne Oper; meine Ohren leiten die holden Töne bis in mein tiefstes Herz.), lässt Wilhelmine wissen.

So sollen es auch die Bürger im markgräflichen Bayreuth empfinden: Die Oper ist Markenzeichen und Visitenkarte der markgräflichen Familie.

1740 komponierte Wilhelmine die Oper *Argenore*, eine opera seria in drei Akten und italienischer Sprache. Die Uraufführung sollte als Geburtstagsgeschenk für ihren Mann am 10. April 1740 stattfinden. Wilhelmine lieferte Inhalt und Musik, Textdichter und Librettist war der italienische Sänger Giovanni Andrea Galletti, der diese Tätigkeit als seine erste theatralische Arbeit bezeichnete. Der Opernstoff gleicht einer antiken Tragödie, die Handlung spielt in der antiken Stadt Sinope am Schwarzen Meer. Es geht um unerfüllte Liebe und Tod und um den tyrannischen König Argenore, dessen Tochter Palmide für die Herren Ormondo, Alcasto und Leonida das Subjekt der Begierde ist. Argenore ist ein übler Herrscher, der seine Affekte wie Rachsucht, Stolz und Zorn nicht im Griff hat.

Dachte Wilhelmine bei der Konzeption des Opernstoffes an ihre traumatische Kindheit und den gewalttätigen Vater? Die Antipoden Vernunft und Emotionalität beinhalten ein Spannungsverhältnis, mit dem sie sich intensiv auseinandersetzte. Als Komponistin kannte sie die strengen Regeln der opera seria, die im Jahr 1690 in den Reformen der Academia degli Arcadi in Italien festgelegt worden waren: Der Instrumentalsatz der Oper ist professionell und sauber ausgearbeitet und entspricht den harmonischen Gegebenheiten der damaligen Zeit. Der musikalische Ausdruck spiegelt seelische Empfindsamkeit neben der strengen Wiedergabe der Handlung. Die Melodik verbindet im Gesang schlichte Kantabilität mit nahezu halsbrecherischen Koloraturen. Für die vielen Triller und Läufe in den Arien ist eine »geläufige Gurgel« (Mozart) vonnöten, den die geschulten italienischen Gesangssolisten erwartungsgemäß wohl mitbrachten. Der italienische Gesangsstil blieb in Deutschland für lange Zeit maßgebend. So wurde ein Auftritt der legendären Sängerin Gertrud Elisabeth Mara (1749–1833) in Kassel mit der Begründung abgelehnt: Elle canta come una tedesca! (Sie singt wie eine Deutsche!)

Die Proben für die Oper liefen zu Beginn nicht ohne Probleme ab. Am 11. November 1738 schrieb Wilhelmine an ihren Bruder Friedrich:

Ich habe eine Menge häuslichen Verdruß. Unsere ganze italienische Truppe verläßt uns bis auf den guten Sänger. Wir hatten furchtbare Revolutionen unter den Musikern ... Die hiesige wurde durch zwei Frauen verursacht. Die Paganelli und die Furiosa sind zwei Teifelsweiber, die von den drei Unterweltsgöttinnen abstammen.

Am 25. März 1740 ließ sie ihn wissen:

In acht Tagen erwarte ich unsere Truppe aus Italien, die das neue Opernhaus einweihen soll. Ich fürchte, sie werden sich wenig Mühe geben; denn der Komponist verdient den Zutritt zum Parnaß nicht. Ich hoffe nur, man wird ihm wegen der Merkwürdigkeit des Falles aus Achtung vor dem schönen Geschlecht Gnade erweisen; denn mit derartigen Dingen haben die Frauen sich bisher noch nicht befaßt. Sobald die Aufführung stattgefunden hat, werde ich Dir ein paar Arien senden, unter der Bedingung, daß Du mir offen sagst, was Du davon hältst; denn ich bin durchaus nicht eingebildet auf meine Kunstleistungen.

Wie später auch Clara Schumann (1819–1896) wusste Wilhelmine nichts von der Existenz anderer Komponistinnen, nicht von Hildegard von Bingen (1098–1179), von Barbara Strozzi (1619–1677), von Elisabeth Claude Jacquet de la Guerre (1685–1729) oder von Francesca Caccini (1587–1641). Letztere hatte als erste Frau in der Musikgeschichte eine Oper komponiert *La liberazione di Rugiero d'Alcina*, die am 3. Februar 1625 in Florenz uraufgeführt wurde. Wilhelmine glaubte wohl, dass sie die erste Komponistin überhaupt sei. Sie bezeichnet ihre Oper *Argenore* als »einen merkwürdigen Fall, dem aus Achtung vor dem schönen Geschlecht

Gnade erwiesen werden sollte«! Ob es sich bei dieser Aussage um Koketterie oder um ihre wirkliche, bescheidene Ansicht der Dinge gehandelt hat, sei dahingestellt.

Etwa 14 Tage vor der Uraufführung der Oper treffen die »Caravans d'Italie« (Reisegesellschaft aus Italien) ein mit sieben Sängerinnen und Sängern sowie einem kleinen Orchester mit einer Flöte, zwei Oboen, zwei Trompeten und einer Continuo-Gruppe mit Streichern. Tänzer und Schauspieler ließ Wilhelmine für andere Theaterprojekte jedoch aus Frankreich anreisen. *Argenore* wurde vermutlich am 10. Mai 1740 in Bayreuth uraufgeführt. Librettist Galletti entschuldigt sich bei Markgraf Friedrich dafür, dass es sich bei diesem Geburtstagsgeschenk um eine Tragödie handele, denn eine Komödie wäre hier angemessener gewesen!

1993, nach 253 Jahren, wurde *Argenore* im Markgrafentheater Erlangen vermutlich erstmals wieder aufgeführt und 2001 ein weiteres Mal in Berlin von Studierenden der Hochschule der Künste. Damit teilt *Argenore* das Schicksal zahlreicher Opern und Kompositionen von Komponistinnen aus Vergangenheit und Gegenwart. Bis heute werden diese von Theatern und Musikveranstaltern ignoriert und nicht aufgeführt. Ist Komponieren auch heute noch weiterhin Männersache?

Wilhelmine von Bayreuth komponierte außer einigen verschollenen Werken zwei Cavatinen zu der Oper *L'Huomo, Festa teatrale* (1754), die anlässlich des Besuches von Friedrich dem Großen in Bayreuth aufgeführt wurden. Des Weiteren komponierte sie 1738 eine Fuge: *mon premier Coup d'essai* sowie eine dreisätzige *Sonate für Flöte und basso continuo*. Auch ein Cembalokonzert in g-Moll von ihrer Hand ist erhalten. Sie stand in Briefwechsel mit Voltaire und bat ihn um ein Libretto für eine neue Oper, in welcher die Hauptrollen möglichst von Frauen bestritten werden sollten. Er jedoch schickte ihr eines, in dem weiterhin Männer das Sagen haben. Sie hat daraus keine Oper entstehen lassen. Mit ihrem Bruder Friedrich war sie zeitlebens, bis auf die kurze Zeit eines Missverständnisses, in herzlicher Verbindung.

Markgräfin Wilhelmine war eine vielseitige und fleißige Künstlerin, die als Malerin, Bauherrin, Komponistin, Intendantin und Verfasserin ihrer Memoiren in die Geschichte einging. Am 14. Oktober 1758 starb sie im Alter von 49 Jahren.

Christel Nies studierte Gesang, Klavier und ev. Kirchenmusik, ist Mutter von vier Kindern und gründete nach Lehraufträgen, Liederabenden und Konzerten im In- und Ausland mit dem Schwerpunkt Neue Musik und Werke von Komponistinnen im Jahre 1990 die Konzertreihe Komponistinnen und ihr Werk, *die sie seitdem leitet. In bisher 115 Konzerten wurden Werke von mehr als 110 Komponistinnen aufgeführt. Sie hält Vorträge und Seminare im In- und Ausland, ist Gast in Rundfunksendungen und Herausgeberin von fünf Buchdokumentationen der Reihe* Komponistinnen und ihr Werk. *Für ihr Engagement und für diese Konzertreihe wurde sie ausgezeichnet mit der Ehrenurkunde für Kultur und Kunst des Hessischen Ministeriums für Wissenschaft und Kunst, mit dem Kasseler Kunstpreis, dem Kasseler Kulturförderpreis, der goldenen Ehrennadel der Stadt Kassel und 2018 mit der Verdienstmedaille des Verdienstordens der Bundesrepublik Deutschland.*

Danksagung

ALS DIESER ROMAN 2009 zu Wilhelmines 300. Geburtstag erschien, war Bayreuth im Wagnerfieber. Dass außer dem Hügel ein grandioses barockes Opernhaus existierte, war zumindest Festspielbesuchern weitgehend unbekannt, ebenso der Weg hinauf auf die Eremitage, vom verschwiegenen Sanspareil nicht zu reden. Aber ein eingeschworener Kreis enthusiastischer Damen und Herren, die »Wilhelmine« nicht für eine Konfektmischung hielten, zeigte sich entzückt, dass der Markgräfin Wilhelmine mit einem neuen Roman gedacht wurde.

Mittlerweile zieren neue Statuen und riesige Wandgemälde mit Wilhelmines Bildnis die Stadt Bayreuth, die Friedrich-Alexander-Universität Erlangen widmete ihr eine Tagung, ihre musikalischen Werke wurden wiederholt aufgeführt, neue Biografien und eine Neuübersetzung ihrer Memoiren erschienen, ein »Markgräfin-Wilhelmine-Preis« wird verliehen. Und last, not least wurde ihr wundervolles Opernhaus von der UNESCO zum Weltkulturerbe erhoben und erstrahlt seit 2018 in neuem Glanz.

Dies alles freut mich sehr, und ich danke dem Gmeiner-Verlag für die Möglichkeit, »Scherben des Glücks« komplett überarbeitet herauszubringen. Mein besonderer Dank gilt meiner Lektorin Claudia Senghaas.

Cornelia Naumann
Königlicher Verrat
Historischer Roman
500 Seiten, 12 x 20 cm
Paperback
ISBN 978-3-8392-1912-6
€ 12,99 [D] / € 13,40 [A]

Paris, 23. November 1407. Ein Mord auf offener
Straße verändert das Leben von drei Frauen entscheidend. Königin Isabel, als bayerische Prinzessin
fremd in Frankreich, verliert ihren besten Freund.
Margaud, Flüchtling vom Lande, wird unversehens
zur Gegnerin der königlichen Politik. Christine de
Pizan, als emanzipierter »Blaustrumpf« verspottet, verstrickt sich in eine aussichtslose Liebe. Die
Königin von Frankreich steht vor einer fundamenta-
len Entscheidung. Muss sie zur Verräterin an ihrem
eigenen Land werden, um es retten zu können?

GMEINER SPANNUNG

WWW.GMEINER-VERLAG.DE
Wir machen's spannend

Cornelia Naumann
Die Portraitmalerin
Historischer Roman
529 Seiten, 12 x 20 cm
Paperback
ISBN 978-3-8392-1498-5
€ 12,99 [D] / € 13,40 [A]

Berlin 1733. Anna ist erst zwölf Jahre alt, als
ihre Mutter stirbt. Sie muss nun den großen
Künstlerhaushalt allein stemmen, dabei hat sie
nur ein Ziel: Maler zu werden wie ihr Vater.
Aber eine solche Karriere ist in ihrem Jahrhundert für eine Frau nicht vorgesehen. Intrigen
und sogar Gewalt sollen der jungen Frau ihren
Willen nehmen. Aber Anna gibt nicht auf und
reist gegen alle Widerstände nach Paris…

GMEINER SPANNUNG

WWW.GMEINER-VERLAG.DE
Wir machen's spannend

Bernhard Hampp
Bayern erlesen!
Lieblingsplätze
192 Seiten, 17 x 24 cm
Paperback
ISBN 978-3-8392-2289-8
€ 25,00 [D] / € 25,70 [A]

Bayern ist ein Bücherland. Große Literaten lebten hier, darunter Thomas Mann und Bertolt Brecht. Geschichtsträchtige Städte wie Nürnberg und Augsburg zählten zu den Hochburgen des Buchdrucks und auch eines der frühsten poetischen Zeugnisse in deutscher Sprache entstand im Freistaat. Der Autor Bernhard Hampp führt auf einer Reise durch Bayern zu Dichterstätten, Büchermärkten sowie einem Schloss voller Kinderbücher und stellt auf unterhaltsame Weise einen Mann mit Eselsohren sowie ein rätselhaftes Findelkind vor. Eine Region zwischen zwei Buchdeckeln – die schönste Art, das Leseland Bayern zu erkunden.

GMEINER KULTUR

WWW.GMEINER-VERLAG.DE
Mensch, Kultur, Region

BAYREUTH.